Quantensprung

Klaus Podirsky / Bruno Würtenberger

Quantensprung

Die Spiritualität der Wissenschaft entfaltet sich
In-*forma*-tion   Resonanz   Bewusst-Sein

BWV · BERLINER WISSENSCHAFTS-VERLAG

Bibliografische Information
der Deutschen Nationalbibliothek

Die Deutsche Nationalbibliothek verzeichnet diese Publikation
in der Deutschen Nationalbibliografie; detaillierte bibliografische
Daten sind im Internet über http://dnb.d-nd.de abrufbar.

ISBN 978-3-8305-1935-5

Umschlagbild: „blüht in der nacht", (2008) von Klaus Podirsky
Umschlaggestaltung: Markus Ertel, Klaus Podirsky

Inhaltsverzeichnis

Inhaltsverzeichnis

Inhaltsverzeichnis

Inhaltsverzeichnis

Zum Anliegen von „Quantensprung"

„Das Gebäude der exakten Naturwissenschaft besteht aus einzelnen Teilen. Der Schritt ... zu einem neu entdeckten, oder neu zu errichtenden erfordert stets einen geistigen Akt, der nicht durch das bloße Fortentwickeln des Bestehenden vollzogen werden kann. ... Die Natur hat uns jetzt aber in der modernen Physik aufs Deutlichste daran erinnert, dass wir nie hoffen dürfen von einer festen Operationsbasis aus das ganze Land des Erkennbaren zu erschließen. Vielmehr werden wir zu jeder wesentlich neuen Erkenntnis immer wieder von Neuem in die Situation des Columbus kommen müssen, der den Mut besaß, alles bis dahin bekannte Land zu verlassen in der fast wahnsinnigen Hoffnung, jenseits der Meere doch wieder Land zu finden."

Werner Heisenberg

Einleitung

„Ein rein verstandesmäßiges Weltbild ohne alle Mystik ist ein Unding." [1] Es ist ein gewagtes Wort des großen österreichischen Physikers und Nobelpreisträgers Erwin Schrödinger, mit dem er 1985 dem gipfelnden Materialismus begegnete. Einsicht und Vermächtnis zugleich, niedergeschrieben in seinem autobiographischen Werk: *„Mein Leben, meine Weltansicht."*

„Das Weltbild steht überhaupt nicht fest. Wir haben gerade erst begonnen, darüber nachzudenken." [2] Betrachten wir es so realistisch und nüchtern wie der bekannte Quantenphysiker und Vorstand des Instituts für Experimentalphysik der Universität Wien, Univ.-Prof. Anton Zeilinger, dann kann man eines mit großer Sicherheit festhalten: Die Menschheit hat kaum erst begonnen die wirkenden Zusammenhänge der Welt zu erforschen. Es ist gerade mal dreißig Jahre her, dass in der Physik – als quasi der *Speerspitze* heutiger Naturwissenschaften – erstmals mutig geäußert wurde, dass in Zukunft für eine moderne Wissenschaftstheorie bezüglich Materie die Bedeutung von Bewusstsein nicht mehr außer Acht gelassen werden dürfe. [3] Das also, was *es* macht – *in* unserer Welt. Das, was Bewusstsein ist, – *als* unsere Welt. Vielleicht ist diese Idee für manche Menschen heute, selbst im Vorwort eines derartigen Buches überraschend und irritierend. Vor allem aber vermutlich, sie aus dem Mund von Fachleuten und Betreibern sogenannter harter Faktenwissenschaften zu vernehmen. Und doch: Wir, also die sich gerne so bezeichnende aufgeklärte Menschheit, sind heute bereits wesentlich unbefangener in der Art unserer Einsichten, als man vielleicht für möglich hielte – insofern man bereit ist, ihren fortschrittlichsten Geistern zu folgen, allesamt herausragende Forscher, Spitzenwissenschaftler und Nobelpreisträger, die im Verlauf dieses Buches zu Wort kommen werden. Das Buch möchte somit Einblick geben, inwiefern In-*forma*-tion dieses gesamte Universum durchdringt, strukturiert, erhält und in seiner Entwicklung vorantreibt. Evolution *ist* Information; Information, die eine enorme Dynamik eingeschlagen hat und unterhält. Information ist überall *da*. Und offensichtlich: auch überall zur gleichen Zeit da, pflanzt sich zeitlos fort, befördert sich zeitlos. [4] Ja, vielleicht existiert In-*forma*-tion gewissermaßen sogar außerhalb von Zeit. Da stellt sich natürlich die bedeutende Frage, *ob* und *wie* wir uns als individuelles Bewusstsein in diese Ebene der In-*forma*-tion – als den-Kosmos-durchlebendes-Wissen – einzuklinken vermögen. Ist so etwas für uns Zeitgenossen innerhalb unserer rationalen Weltsicht fassbar und möglich?

[1] E. Schrödinger: *„Mein Leben, meine Weltansicht."*, Wien / Hamburg 1985, S. 48f, S. 2.
[2] A. Zeilinger: *„Einsteins Schleier – Die neue Welt der Quantenphysik."*, München 2003, Buchumschlag.
[3] Siehe auch Kapitel 16: Materie und Bewusstsein, Anmerkung 25.
[4] Siehe auch Kapitel 18: In-*forma*-tion – und andere Felder ..., Anmerkung 30
     Siehe auch Kapitel 1: Zeit, Anmerkung 23.

Stellt Intuition einen diesbezüglich praktikablen Zugang dar, und was bedeutet, so zu leben, für unsere menschliche Kulturentwicklung?

Die Idee, dieses Buch zu konzipieren, wurde vor nunmehr etwa drei Jahren im Herbst 2007 von Bruno Würtenberger, dem Bewusstseinsforscher und Begründer des *Free Spirit*-Bewusstseins-Trainings, an mich herangetragen. Es ist somit im Grunde ihm und seiner Anregung zu danken, dass Sie nun den Versuch in Händen halten, eine Überschau zu wagen sowie einen Brückenschlag zwischen Bewusstseins-Forschung und Naturwissenschaft, Physik und Kognitionswissenschaften, Evolutions-Forschung und menschheitlichem Schöpfertum (im Sinne individuell-menschlicher Schöpferkraft), Neuro-Biologie und Spiritualität etc. sowie dem heutigen Stand ihrer jeweiligen Einsichten. „... *Wir haben gerade erst begonnen, darüber nachzudenken.*" – klar, dass speziell zu diesem Zeitpunkt der Entwicklung viele der Theorien, mit welchen Forscher staunend versuchen, jenes Neuland zu betreten, zu erfassen, sich noch in der Phase eines – wenn auch mutigen – Abtastens befinden: Es gibt eindeutig nachprüfbare Phänomene und mittlerweile auch die zunehmende Bereitschaft der Wissenschaft diese Phänomene ernst zu nehmen – weil ganz offensichtlich wissenschaftlicher Handlungsbedarf besteht, will man sich nicht (selbst) Ignorantentum vorwerfen (lassen) müssen. Und so werden diesbezügliche Theorieansätze mehr und mehr einem fachlichen Diskussionsprozess unterzogen. Diese Öffnung reißt natürlich künstlich errichtete Erkenntnisgrenzen ein und ermöglicht erstmals offene, weiterführende Kommunikation zwischen Forschungsrichtungen, welche lange Zeit infolge ihrer einengenden Erkenntnis-Dogmen getrennt marschiert sind. Heute sind / werden erste wissenschaftliche Theorien formuliert. Alles Theorien, welche als Charakteristikum an sich tragen, dass sie neue Wahrnehmungserfahrungen, welche einfach nicht mehr übergangen werden können, wissenschaftlich einzuordnen versuchen. Es gibt in diesem Zusammenhang und in diesem Stadium der Forschung daher auch noch viele neue *Ideen auf der Suche nach einer Theorie*. Forscher stoßen heute mutiger als bisher weit über die abgesteckten Grenzen bisheriger Wissenschafts-Rationalität vor und sind somit natürlich auch der unmittelbaren Gegnerschaft etablierter Lehrmeinung ausgesetzt. Das allein ist schon ein Hinweis auf kreative Auseinandersetzungen und im höchsten Maße interessant.

Die Frage: „*Erschafft Bewusstsein unsere Welt – das, was wir wahrnehmen und erleben?*" wird bei vielen Zeitgenossen wohl Kopfschütteln auslösen. Als bewiesen oder beweisbar kann auf diesen neuen Forschungsfeldern zunächst noch weniges gelten – zu jung ist die wissenschaftliche Forschung diesbezüglich. Von den erlebbaren Phänomenen her besehen, spricht heute allerdings bereits vieles dafür – Offenheit vorausgesetzt. Aus konventioneller Wissenschaftssicht reihen sich diesbezügliche Phänomene in die Folge jener Erfahrungen ein, von denen man streng wissenschaftlich sagen muss: Wir wissen im Detail wohl noch nicht *wie*, aber wir konstatieren, *dass* sie existieren und auch für unsere Beobachtungen vorliegen. Auch hier gilt für den Forscher: Es gibt und wird immer eine Differenz geben zum Nicht- oder Noch-nicht-Deutbaren. Es geht hier also zunächst einmal meist um eine in der Sache selbst verankerte Plausibilität der geäußerten Überlegungen – teilweise aber auch bereits um etwas weit darüber Hinausweisendes! Diese Einschränkungen gelten übrigens auch für andere wesentliche Ansätze und Erklärungsversuche in den Wissenschaften. Auch Darwins „*... Evolutionslehre ist eine umfassende und weder beweisbare noch widerlegbare Naturtheorie; sie kann viele Fakten sehr einleuchtend erklären, aber ... es ist mit ihr nicht etwa ein Rätsel eindeutig gelöst ... sie ist plausibel, aber als Weltsicht nicht beweisbar.*" [5]

Verschiedene verblüffende und auffällige Phänomene werfen heute entscheidende Fragen auf: Was ist Materie wirklich? Wie greift *Bewusstsein als Informationsaspekt* in diese Ebene ein? So scheint es heute eben auch wissenschaftlich mehr und mehr plausibel – fast könnte man meinen: gesichert, dass unsere materielle Welt nichts anderes ist als *Information-im-materiellen-Gewand*. Der Beginn ist jedenfalls gesetzt, dieser Einsicht und Erkenntnis auch wissenschaftlich Einlass zu gewähren. Was ist es *wirklich*, was da abläuft? Was ist es, das diese Entwicklung steuert? [6] Felder? – Wirksamkeiten, welche die Welt aus der Ebene der Information / des Bewusstseins neu begründen und Aufbau von Ordnung gestalten? ... „*Wenn Hawking Recht hat, dann gibt es Wahrheit jenseits der naturwissenschaftlichen Erklärung.*" [7] Und so gibt es auch im Bereich der Informationsfeld- oder Bewusstseinsfeld-Forschung, neben einer geradezu erdrückenden Vielfalt neuer Phänomene, wesentliche moderne Erklärungsmodelle und Interpretations-Ansätze, auch wenn zugegebenermaßen erst einzelne wissenschaftlich stringente Beweise vorliegen. Aber: *Es gibt sie!* Und – genau das ist archetypisch: So gestaltet sich *jeglicher* Paradigmenwechsel, wie es ja auch – gerade im 20. Jahrhundert – des Öfteren zu verfolgen und zu beobachten war. Die ersten beiden, unter gewissen Aspekten sogar wohl bereits die ersten drei Phasen eines derartigen Ablaufs liegen bereits hinter uns: 1.) Die Phase des Ableugnens der Phänomene beziehungsweise einer Tabuisierung

---

[5] F. Cramer: „*Chaos und Ordnung – Die komplexe Struktur des Lebendigen.*", Stuttgart 1989, S. 220f
Siehe auch Kapitel 10: Überzeugung und Gesundheit, Anmerkung 3.

[6] Die Wissenschaftsjournalistin und Biographin von Stephen Hawking schreibt zu dem Thema: „*Hawking nimmt im Grunde Thomas von Aquins Argumentation wieder auf, wenn er fragt: „Wer bläst den Gleichungen den Odem ein und erschafft ihnen ein Universum, das sie beschreiben können? Die übliche Methode, mit der die Wissenschaft sich ein mathematisches Modell konstruiert, kann die Frage, warum es ein Universum geben muss, welches das Modell beschreibt, nicht beantworten. ... Ist die einheitliche Theorie so zwingend, dass sie diese Existenz herbeizitiert? ...*" K. Ferguson: „*Gott und die Gesetze des Universums.*", München 2001, S.129, S. 390f.

[7] „*Manche seiner Kollegen würden ihm wohl widersprechen, doch wenn Hawking Recht hat, dann gibt es Wahrheit jenseits der naturwissenschaftlichen Erklärung. Um es in den Worten Thomas von Aquins auszudrücken: ‚Was ist es, das aus der Möglichkeit alles Existierenden etwas macht, das tatsächlich existiert?'. Wie es scheint, handelt es sich um einen Schritt ungeheuren Ausmaßes, der die Einzelheiten der Existenz, so sie einmal zustande kommt, vergleichsweise unbedeutend erscheinen lässt.*" K. Ferguson: „*Gott und die Gesetze des Universums.*", München 2001, S. 129, S. 390f (Th.v. Aquin (1225-1274): *Summa Theologica, Teil 1, 2.Frage, 3.Artikel*; S.W. Hawking: „*Eine kurze Geschichte der Zeit.*", S. 211).

neuer Forschungsansätze; 2.) Bezichtigung der Unwissenschaftlichkeit beziehungsweise Scharlatanerie sowie wissenschaftliche Verketzerung und Ausgrenzung aus der wissenschaftlichen Community; und 3.) notgedrungene Akzeptanz bei Einschränkung des Gültigkeitsbereiches. Phase 3 scheint absolviert und die Entwicklungen befinden sich offensichtlich bereits im Wechsel zu Phase 4. Diese ist momentan noch durch eine Art Kompromiss in Form erstmaliger *Einordnung durch Abänderung des Weltbildes* (*„Primat der Information"* [8]) charakterisiert. Durch die Bereitschaft mutiger Äußerungen renommierter Wissenschaftler ist der Weg hin zum letzten Endes wissenschaftlichen Konsens – im Sinne einer *„Synthese durch Aufheben des* (einstigen) *Widerspruches"* – heute absehbar geworden [9]: Materie *und* Bewusstsein (In-*forma*-tion) letztlich als Eines – als großes Ganzes – begreifen zu können.

Jeder von uns kennt im Grunde genommen selbst diesen Ablauf einer Entwicklung vom Altbekannten, vom Gewohnten hin zu neuen Ufern, aus dem eigenen (Er-)Leben: Zunächst beginnt das meist ja mit Ablehnung und Skepsis. Und erst schön langsam entwickelt sich die Bereitschaft Neues ins eigene Bewusstseinsfeld zu integrieren. Die Erfahrung zeigt, dass die Wissenschaftler zunächst meist auf die gleiche Weise reagieren wie alle anderen Menschen, wenn ihre Überzeugungen in Konflikt mit der Empirie (Wahrnehmung) geraten: Es irritiert und wir alle tun so, als gäbe es den Konflikt nicht, oder übertünchen ihn mit inhaltsleeren Phrasen. Neues zu integrieren, dazu braucht es Unvoreingenommenheit und vor allem – Mut. Und noch etwas: Die Bereitschaft auszuhalten, von allen Sesshaften, Alteingesessenen, belächelt und kritisiert zu werden.

Der bekannte Physiker Werner Heisenberg – wie Erwin Schrödinger einer der wesentlichen Mitbegründer der Quantenmechanik – formuliert folgendes Bild: *„Das Gebäude der exakten Naturwissenschaft besteht aus einzelnen Teilen. Der Schritt ... zu einem neu entdeckten, oder neu zu errichtenden erfordert stets einen geistigen Akt, der nicht durch das bloße Fortentwickeln des Bestehenden vollzogen werden kann. ... Die Natur hat uns jetzt aber in der modernen Physik aufs Deutlichste daran erinnert, dass wir nie hoffen dürfen von einer festen Operationsbasis aus das ganze Land des Erkennbaren zu erschließen. Vielmehr werden wir zu jeder wesentlich neuen Erkenntnis immer wieder von Neuem in die Situation des Columbus kommen müssen, der den Mut besaß, alles bis dahin bekannte Land zu verlassen in der fast wahnsinnigen Hoffnung, jenseits der Meere doch wieder Land zu finden."* [10]

---

[8] A. Zeilinger: *„Einsteins Schleier – Die neue Welt der Quantenphysik."*, München 2003, S. 227 *„Wir können unsere Grundidee also noch radikaler formulieren, da es offenbar keinen Unterschied zwischen Wirklichkeit und Information geben kann, können wir auch sagen: ‚Information ist der Urstoff des Universums'."*, ebenda, S. 217
Siehe auch Kapitel 17: Das Primat der Information, Anmerkung 10, 12, 27, 32, 33.

[9] H. Pietschmann: *„Das Ende des naturwissenschaftlichen Zeitalters."*, Frankfurt / Berlin 1983, S. 118f, S.140.

[10] W. Heisenberg: *„Wandlungen in den Grundlagen der Naturwissenschaft."*, Stuttgart 1980, S. 60f.

Entsprechendes gilt natürlich in noch grundsätzlicherer Weise für (menschliches) Bewusstsein als schöpferisch gestaltender Geist. Was an allerersten Erkenntnisansätzen bezüglich seiner Funktion und Bedeutung vorliegt – ob von psychologischer, geistes- oder naturwissenschaftlich begründeter Forschung vorgebracht – hat eben erst in anfänglichster Weise Einzug in die Zukunft-schaffende-Wirklichkeit gehalten. Wie wirkt Bewusstsein in der Welt? Welche Mächtigkeit als schöpferischer Ursprung – im Kosmos, im Menschen – kommt hier zum Tragen? Entscheidet der Mensch, sich über die Bewusstseinsebene immer stärker in diese Kreation von Ordnung einzubringen und diese liebevoll verwandelnd zu gestalten ...?

Das vorliegende Buch versucht die Keime einer zukünftig ganzheitlichen Weltsicht zusammenzutragen. Es will einerseits den interessierten ZeitgenossenInnen die ersten – auch wissenschaftlich – tragfähigen Brückenpfeiler einer derart neuen Betrachtungsweise des Lebens zur Kenntnis bringen und andererseits die schöpferischen Möglichkeiten einer solchen Weltsicht verdeutlichen. Wir alle ahnen, Wissenschaft kann wohl erst dann so recht – auch vom wissenschaftlichen Laien – gewürdigt werden, wenn sie als menschliches Unterfangen spürbar bleibt, und lebensförderliche Ergebnisse – auch für das persönlich individuelle Leben – liefert. Ein weiteres zentrales Anliegen des vorliegenden Buches ist es, die Begeisterung der Forscherpersönlichkeiten fühlbar werden zu lassen: Was bewegt sie, was leitet sie, was macht ihre Persönlichkeit aus ...?

So wird es in diesem Buch letztlich auch darum gehen, zu verdeutlichen, dass gerade diese neue, wissenschaftlich betrachtet revolutionäre Art die Welt zu begreifen, mit äußerst lebenspraktischen Erkenntnissen und Veränderungen verbunden ist, wie ich das auch selbst in meinem eigenen Leben erfahren habe. Auf vielfältigste Weise fühle ich mich selbst verwandelt und bereichert, durfte staunen und große Dankbarkeit für die Entdeckungen entwickeln, auf die ich an meiner eigenen Biographie gestoßen bin und für diese Art von Forschungen, die ich betrieben habe. Dergestalt liegt diesem Buch das Anliegen zugrunde, alle mir möglich erreichbaren Menschen gleichermaßen – für dieses neue Paradigma der Welt-Werdung, das unser aller Leben verändern kann / wird, zu informieren und zu interessieren. Denn: Nicht nur erschaffen und erschufen sich *durch* In-*forma*-tion die Strukturen unserer Welt, sondern gleichermaßen strukturiert und erschafft Bewusstsein *als* Information – im Sinne von *Überzeugungen als Informationen im Bewusstsein*, wie wir erkennen werden, – diese Welt und unser aller individuelle Welt-Erfahrung. Genau wie andere wissenschaftlich neuartige Thesen mit grundlegender Bedeutung und großer erklärender Reichweite müssen die vorliegenden Aussagen empirischer Erprobung unterworfen werden. Dieser Prozess findet mittlerweile an vielen Stellen auf unserem Planeten statt. Menschen unterschiedlichster Herkunft, Kultur, Bildung etc. arbeiten mit entsprechend angelegten Übungen – wie zum Beispiel jenen des Bewusstseins-Werkzeugs von *Free Spirit* – auf Kursen an der empirischen und praxisorientierten Verifizierung der angesprochenen Thesen und sammeln darüber hinaus persönliche Erfahrungen mit dem jeweils eigenen Bewusstsein.

Die wesentlichen Fragen in diesem Buch werden – wie es auch Heisenberg für seine Physik vorschlägt – „... *vom Menschen und relativ zum Menschen gestellt*" [11] sein. Wie auch dieser große Physiker weiß, sind wir auf diesem Feld oft „... *gezwungen in Bildern und Gleichnissen zu sprechen. ... Wir können auch gelegentlich Widersprüche nicht vermeiden, aber wir können uns doch mit diesen Bildern dem wirklichen Sachverhalt irgendwie nähern. Den Sachverhalt selbst dürfen wir nicht verleugnen. Im Abgrund wohnt die Wahrheit. ... Mir ist bei solchen Diskussionen vor allem wichtig, dass man nicht versuchen darf, den Abgrund wegzureden. Für den Positivisten gibt es dann eine einfache Lösung: Die Welt ist einzuteilen in das, was man klar sagen kann, und das, worüber man schweigen muss. Wenn man alles Unklare ausgemerzt hat, bleiben wahrscheinlich nur völlig uninteressante Tautologien übrig. ... Wir erkennen aber gleichzeitig, dass wir dann, wenn wir in der natürlichen Sprache die Auswirkungen dieser Ordnungen beschreiben wollen, auf Gleichnisse angewiesen sind, auf komplementäre Betrachtungsweisen, die Paradoxien und scheinbare Widersprüche in Kauf nehmen.*" [12] Wir Menschen leben – bis heute mehr oder weniger unbewusst – so wie die gesamte Natur auch, stets *innerhalb* solcher Realität. Freiheit erlangen, Erleuchtung erlangen, bedeutet: *darüber* Bewusstheit zu erlangen und wach zu werden, dieses Prinzip kennend, es intuitiv, kreativ und liebevoll im Dienste der Entwicklung einzusetzen; eine(n) jede(n) andere(n) in ihrem / seinem Schöpfertum als Teil des Ganzen zu erkennen und anzuerkennen ... Ein Meilenstein auf dem Weg, die Liebe in Freiheit in die Evolution einzubringen. „Man sieht (doch) nur mit dem Herzen gut." [13]

Oder – um diese Dimension noch etwas pointierter anzusprechen – seien als letzte Initialzündung für die beginnende Auseinandersetzung bezüglich Bewusstsein, respektive In-*forma*-tion, noch die folgenden an-stößigen Worte des Nobelpreisträgers für Medizin, Konrad Lorenz angeführt: „*Das evolutionsgeschichtlich fehlende Bindeglied zwischen dem Affen und dem Menschen – sind wir.*" [14] So wir bereit sind, diese Worte in ihrer wahren Tiefe aufzufassen, kann es gelingen, einen Zipfel davon zu fassen, um zu erkennen, welche Dimensionen der Entwicklung vor uns liegen: als mutige, kreativ-schöpferische, forschende und intuitive Wesen, am Weg zum Mensch-Sein. Allerdings: Einiger alteingesessener und allzu-lieb-gewordener Auffassungen bezüglich

---

[11] W. Heisenberg: „*Der Teil und das Ganze – Gespräche im Umfeld der Atomphysik.*", München 2002 (1996), S. 246f.

[12] Ebenda, S. 251f.

[13] „*Adieu, sagte der Fuchs, hier ist mein Geheimnis. ‚Es ist ganz einfach: Man sieht nur mit dem Herzen gut. Das Wesentliche ist für die Augen unsichtbar'.*" A. de Saint-Exupéry: „*Der kleine Prinz.*" (1945), Zürich 1992, S. 72.

[14] Zitat, siehe: „*Zeitschrift für angewandte Umweltforschung*" 12 (1999) 4, S. 442-446. Der österreichische Mediziner, Professor für Psychologie und Soziologe Konrad Lorenz erhielt für seine Entdeckungen, den Aufbau und die Auslösung von individuellen und sozialen Verhaltensmustern betreffend, 1973 den „Nobelpreis für Physiologie oder Medizin".
Siehe: http://de.wikipedia.org/wiki/Konrad_Lorenz
Siehe auch Kapitel 7: Epigenetik: Information fürs Genom, Anmerkung 2.

Bewusstsein, Mensch- und Welt-Sein werden wir uns dabei zu entledigen wissen müssen. „*Quantensprung*" bespricht unter anderem auch wesentliche Ergebnisse der modernen Neurophysiologie, indem es namhafte Forscher aus diesem Bereich zu Wort kommen lässt. Trotzdem wird es wohl so sein, dass Sie am Ende der Lektüre dieses Buches keine detailgenaue Sicht davon haben werden, wie das Gehirn *genau* funktioniert. Derartiges ist aber auch nicht zentrales Anliegen der vorliegenden Schrift. Trotzdem: Immer wieder werden Sie auch Ihren Mut-zur-Lücke herausgefordert erleben. Ich möchte Sie vorne ab gerne darin bestärken: Vertrauen Sie darauf, dass sich viele der Lücken wie von selbst schließen werden und bleiben Sie Ihrer Beharrlichkeit treu. Lesen Sie einfach weiter. Was Sie letztlich mitnehmen werden, ist ein Begreifen und sicheres Gespür dafür, wie das *Leben* funktioniert. Und auch, wie *Ihr Leben* funktioniert, oder nicht funktioniert – und warum. Vor allem aber: Wie unbegreiflich wundersam und zugleich kostbar es ist – einfach lebendig zu sein ... Es werden mit Sicherheit auch Fragen offenbleiben – vor allem jene, die nur Sie für sich und in Stille beantworten können. Sie werden staunen ... Gemäß dem Grundsatz: *Traue nie einem Zitat, das Du nicht selbst aus dem Zusammenhang gerissen hast!* – werden in dem Buch wo möglich keine Zitate aus nichtautorisierten Dritt-Quellen verwendet. Weiters wird den angeführten Zitaten jene inhaltliche Länge zugestanden, die es Ihnen als Leser ermöglicht, sich selbst ein Bild zu verschaffen, in welcher Bedeutung das vom jeweiligen Autor Zitierte nur gemeint sein kann. Obwohl „*Quantensprung*" sich dem Anspruch und Wagnis einer möglichst vielschichtigen Zusammenstellung und Darlegung der Zusammenhänge verpflichtet sieht, ist mir als Autor natürlich auch selbst bewusst, dass trotz dieses Anliegens verschiedene Aspekte des Themas im Buch zu kurz kommen beziehungsweise schlicht aus Gründen der Lesbarkeit nicht zu Wort kommen dürfen.

Rote Fäden ...

Der Hauptteil des Buches gliedert sich in fünf Teile:

1. „In-*forma*-tion als kulturbildende Vernetzung"
   Vom menschlichen Verstand, seiner Sprache – und der Kunst
2. „In-*forma*-tion als Träger des Lebens"
   Botenstoffe – Vom Bewusstsein als Körper
3. „In-*forma*-tion als Intuition im Bewusstsein"
   Vom menschlichen Bewusstsein als Freier Geist
4. „In-*forma*-tion als Naturgesetz"
   Physikalisches Da-Sein in Kosmos, Evolution und Leben
5. „In-*forma*-tion als bewusstes Sein"
   Evolution als Weg schöpferischer Bewusstheit

Die fünf Teile des Buches stellen verschiedene *Rote Fäden* dar. Sie wollen einzelne Richtungen von In-*forma*-tion aufzeigen, sowie fachübergreifend, überraschende

Aspekte unserer Welt näherbringen. Die vier Kapitel von Teil 4 des Buches, die sich mit In-*forma*-tion auf der Ebene der kosmologischen Evolution auseinandersetzen, wurden im Buch bewusst nicht an den Anfang gestellt, wo sie *systematisch betrachtet* am besten aufgehoben wären, denn es sind grundlegende und in höchstem Maß spannende Kapitel. Zugleich jedoch auch jene, welche für die Leserin / den Leser thematisch wohl mit die größte Herausforderung bieten. Und so hofft der Autor, dass die LeserIn bis Ende Teil 3 soviel an Feuer und Begeisterung gefangen hat, diese mutmaßliche Schwelle mit Interesse und Bravour zu meistern – um sich danach wohlbehalten im abschließenden Teil 5 wiederzufinden und sich letztlich beschwingt der Conclusio des Buches zu widmen.

Die LeserIn wird in den Zitaten durchwegs auch Erstaunen und Begeisterung der Forscher miterleben, was ja stets hereinspielt, wenn jemand beginnt, diese unsere Welt selbst erstmals mit neuen Augen zu sehen. Es sind meist hochdekorierte Forscher, aber auch Enfants terribles der wissenschaftlichen Community. Beziehungsweise galten die meisten bislang als Enfants terribles. Genau solange jedenfalls, bis es gelungen war, veraltete Wissenschafts-Dogmatik und deren festgefahrene Annahmen zur Strecke zu bringen.

„*Quantensprung*" moderiert primär Spitzenwissenschaftler, Nobelpreisträger und Newcomer verschiedenster Richtungen und Couleurs in deren persönlichem Wortlaut. Das Buch führt Schritt für Schritt zu einer ungewohnten Sicht bezüglich der offensichtlich bedeutsamen Korrelation von Information und Bewusstsein und stellt die Frage: Welchen Stellenwert und welche Bedeutung mag, von dieser Betrachtungsebene besehen, die Information unseres persönlichen Bewusstseins, als einem äußerst spezifisch gefüllten, individuellen Informations-Träger (kulturell, familiär oder religiös bestimmte Überzeugungen, Glaubenssätze, Haltungen), für die Aus-*form*-ung unserer individuellen Biographie haben? Und: Was bedeuten die erkannten Funktionszusammenhänge in einem Kosmos, wo jegliche Existenz als Folge von In-*forma*-tion und Schwingung und ihren formgebenden Resonanzen manifest wurde – ganz im Sinn einer großen Ordnung? Welche Bedeutung hat Resonanz bezüglich des menschlichen Informations-Konglomerats (Bewusstsein) als *das* Übertragungs-Prinzip, als *der* Mechanismus, im Großen wie im Kleinen, für Bereiche wie Gesundheit, Beziehung, Beruf, Eigenverantwortlichkeit, Freiheit – ja, für die menschliche Biographie, ganz allgemein ...?

Letztlich legt das Buch Verständnisgrundlagen und macht eine lösungsorientierte Methode publik – Empirische Bewusstseinsforschung à la *Free Spirit* – die auf zeitgenössische Weise mitvollziehen lässt, wie jeder Einzelne von uns tickt. Und: Welche Bedeutung so einer persönlich-individuellen Forschung beizumessen ist, wenn es darum geht, Aspekte der In-*forma*-tion in unserem Bewusstsein im Bedarfsfall und in übender Wertschätzung zu verändern. Das Buch ist somit auch ein Plädoyer dafür, das Leben und das eigene Da-Sein auf neue Weise zu begreifen – sowie für Eigenverantwortlichkeit, fühlende Verbindlichkeit und Wertschätzung gegenüber der gesamten Schöpfung.

Und es möchte Ihnen, lieber Leser, liebe Leserin, letztlich Inspiration und Anstoß sein, Ihr eigenes Mensch-Sein in entsprechender Freude und Dankbarkeit neu sehen zu lernen und einige dieser vielleicht zunächst unglaublichen Erkenntnisse für das eigene Leben zu nutzen. Es könnte sein, dass Sie nach Lektüre dem eigenen Bewusstsein und der ihm innewohnenden In-*forma*-tion erstmals jene Bedeutung beimessen, welche ihr zusteht.

Ich wünsche allen Leserinnen, allen Lesern spannende Stunden mit den *Roten Fäden* der zusammengetragenen Forschungen und persönlichen Gedanken.

Danksagung

Wiewohl ich während der Arbeit an diesem Buch nicht das Glück hatte, meine eigenen Überlegungen mit speziell kenntnisreichen und geduldigen Kollegen erörtern zu können, so hatte ich dennoch die wunderbare Möglichkeit mit den bedeutendsten Fachleuten eine Art *inneren Dialog* zu pflegen. Nämlich – mit den Autoren all jener Zitate, welche das Buch letztlich zu dem machten, was es geworden ist. Ohne ihre bahnbrechenden Forschungen und Erkenntnisse wäre jeder weiterführende Schritt unmöglich gewesen. Besonders zu nennen sind an dieser Stelle die Neuro-Wissenschaftler Antonio Damásio, John Eccles, Candace Pert sowie die Genetiker Kazuo Murakami und Bruce Lipton, aber auch die Physiker David Bohm, Anton Zeilinger, Antoine Suarez, Hans Peter Dürr, Frank Close und Eric Verlinde. Weiters soll darauf hingewiesen werden, dass auch die bekannten *Grand Old Men of Physics* – Werner Heisenberg, Erwin Schrödinger, Albert Einstein und Carl Friedrich von Weizsäcker – mit ihren ganzheitlichen Gedankenansätzen bereits vor Jahrzehnten gewissermaßen die Grundbausteine für das vorliegende Buch legten. Wie wunderbar! Ebenso dienten Rupert Sheldrakes unermüdliches Engagement sowie Ervin Laszlos künstlerischer Geist im Bereich der Feld-Forschungen. Weiters verdanke ich Paul Cézannes und Pablo Picassos wegweisenden künstlerischen Ideen, mir stets Kraft- und Inspirationsquelle beim Erobern weißer Flecken dieses Neulands gewesen zu sein. Nicht zuletzt gaben auch die sozio-philosophischen Anstöße eines Karl Popper, Ludwig Wittgenstein und Rudolf Steiner spannende Impulse, das vielschichtige Terrain auch von dieser Warte her zu durchdringen. Danke.

Mein Dank gilt vor allem auch all jenen, welche bereits im Vorfeld dieses Buches die zukunftsweisende Bedeutung jener Forscher und Zeitgenossen erkannten und ihnen und ihren Ideen somit im Sinne eines modernen Mäzenentums die nötige Unterstützung und Publizität gaben – Verleger, Medienfachleute, Journalisten ... Im Speziellen aber gilt mein Dank den RedakteurInnen der Bildungsabteilung im ORF, deren Engagement gepaart mit fundiertem wissenschaftlichem Fachwissen und zeitgenössischem Verständnis des öffentlichen Bildungsauftrags zu sehr bemerkenswerten Recherchen und beeindruckenden Interviews führte. Dies hat mich selbst immer wieder auch zusätzlich begeistert und persönlich motiviert.

Mein besonderer Dank gilt jedoch dem Bewusstseinsforscher Bruno Würtenberger und seinem genialen Ausbildungs- und Trainingprogramm *Free Spirit*, empirische Bewusstseinsübungen, deren einfache Durchführung jedem Teilnehmer persönlich erlebbar macht, worüber sich die deskriptive Bewusstseins-Wissenschaft heutzutage meist noch unschlüssig den Kopf zerbricht. Diesem, von Bruno Würtenberger begründeten, Bewusstseins-Training verdanke ich Erfahrungen, welche ich – ohne die getätigten Übungen im Training – mir selbst nie hätte träumen lassen. Weiters ist es seiner Weitsicht und spirituellen Offenheit zu danken, keinerlei Berührungsängste mit der zeitgenössischen Wissenschaft zu kennen, oder gar, ihnen zu erliegen. Ganz im Gegenteil: An Würtenbergers Persönlichkeit wurde mir stets deutlich, wie sich jene derart kontrovers scheinenden Strömungen von Naturwissenschaft und Spiritualität unbekümmert gegenseitig zu impulsieren imstande sind. Ja, wie sie einander im Sinne einer gesunden Komplementarität begeisternd ergänzen! Bruno Würtenberger gab zu diesem ganzheitlich-wissenschaftlichen Buchprojekt nicht nur den Anstoß, sondern unterstützte es auch, indem ich jederzeit auf seine freilassenden, gehaltvollen Texte und Erkenntnisse aus drei Jahrzehnten angewandter Bewusstseinsforschung zurückgreifen konnte. Insofern möchte ich das vorliegende Buch als ein gemeinsames betrachten, und Bruno Würtenberger an dieser Stelle als Initiator und kongenialen Ko-Autor würdigen. Erst im Zusammenhang der Ergebnisse seiner experimentellen Forschungen und im Licht der gleichwohl einfachen wie effizienten *Free Spirit* Bewusstseins-Übungen während der Ausbildung, eröffnete sich mir jener mich begeisternde, gänzlich neue Zugang zu mir teilweise auch bereits bekannten Kenntnissen beziehungsweise Wissen. Im Laufe meiner erweiternden Recherchen auf dem Feld der Kosmologie, Neurowissenschaft, Genetik, Humanbiologie, Informationstheorie und Soziologie etc. konnte dieser Zugang fachübergreifend und weiterführend im vorliegenden Buchmaterial nunmehr veröffentlicht werden. Meinen herzlichsten Dank Dir, lieber Bruno.

Danke auch Peter Felber, für seine interessanten Literaturempfehlungen zu Beginn meiner Recherchen und der Philosophin Irmengard Habbel, welche für mich mit ihrer staunenden Begeisterung eine wertvolle Bestärkung darstellte. Letztendlich mein Dankeschön auch an Monika Edelmann, Ursula Limberger und Andrea Viertl für ihre Unterstützung beim Transkribieren diverser Interview-Texte sowie an Markus Ertel für seine wertvollen Layouttipps in der Endphase. Ebenso danke ich Anna Ertel, meiner Lebensgefährtin, welche mir ihre kostbare Zeit schenkte, um abschließende Korrekturen zu setzen und den MitarbeiterInnen des Berliner Wissenschafts-Verlages. Mein stiller Dank gilt auch allen namentlich hier unerwähnt Gebliebenen.

Last but not least: Mein inniger Dank allen meinen Freunden, die mich durchs Leben begleiten, ob seit langem oder kurzem – ihr seid's mir wichtig ...!

Klaus Podirsky, Wien, 7. März 2011

Kapitel 0: Von der Information zur In-*forma*-tion

Grundlegende Wandlungen in den Wissenschaften

Zahlreiche Forschungsdaten und ihr Zugang, Information betreffend, geben gebotenen Anlass, sich explizit mit dem Begriff der Information – beziehungsweise In-*forma*-tion, um es etwas prägnanter zu definieren, – auseinanderzusetzen. Allerdings: Jeder, der sich in eine ernsthafte Auseinandersetzung mit dieser Materie einzulassen beginnt, wird bald bemerken, in welch dynamischer Entwicklung sich diese, in der Wissenschaft so maßgebliche Begrifflichkeit, gerade befindet. Von Definition daher – keine Rede! Wie auch sollte man sich zu einer definitorischen Festlegung versteigen, wenn das, was definiert werden soll, sich unter der Hand und unter Beobachtung gerade „entpuppt" und einer essenziellen, atemberaubenden Änderung ausgesetzt beziehungsweise hingegeben ist. Vielmehr versucht das Buch, ein lebendiges Bild von diesem Prozess der Wandlung zu zeichnen. Es handelt sich um nichts Geringeres als die Etablierung einer grund-legend neuen Dimension im wissenschaftlichen Verständnis der Gegenwart. Um die Darlegung einer Entwicklung, welche man nicht nur als Zeitgeist-typisch, sondern als wahrhaft Grund-legend für ein modernes Verständnis vernetzter Phänomene sowie ihrer immanenten Zusammenhänge betrachten wird müssen. Univ.-Prof. Dr. Georg Franck von der TU-Wien bezeichnete die vorliegende Arbeit in einem persönlichen Mail somit nicht von ungefähr als Versuch einer „... *grand unified theory auf der Basis des Informationsbegriffs.*"[1] Da musste ich zunächst doch etwas schmunzeln! – aber Professor Franck hatte mit diesem Ausdruck einen, selbst für mich *so* noch nicht gesehen, neuen Aspekt dieser Arbeit ins Spiel gebracht. Eine „*grand unified theory*" – ja, so etwas könnte daraus vielleicht werden, beziehungsweise im Ergebnis *sein* ... Anlass für meine Buch-Dokumentation beziehungsweise Feldforschung-quer-durch-die-Wissenschaften waren jedenfalls allesamt neueste Forschungsergebnisse und jüngste Arbeiten auf den unterschiedlichsten Gebieten. Wie zum Beispiel die in Fachkreisen erst kürzlich gefeierte Gravitations-Theorie des Physikers Verlinde – samt ihren gravierenden kosmologischen Konsequenzen; aber auch maßgebliche Veröffentlichungen modernster Forschung aus den Bereichen Neurophysiologie, Psychoneuroimmunologie, Placeboforschung, Epigenetik, Informationstheorie und verschiedener systemischer Interpretationsansätze der Psychologie. Sie alle verleihen den stattfindenden Entwicklungen jene kaum zu überbietende Eigendynamik sowie ihr mittlerweile offensichtlich unumkehrbares Gepräge. Es sind dies alles fachspezifische Spielarten und Varianten eines entscheidend neuen Aspekts der kosmologisch-evolutiven Bedeutung von In-*forma*-tion, welche die zeitgenössischen Wissenschaften dem Begriff mittlerweile, mehr oder minder stillschweigend, attestieren. In der interdisziplinären Überschau veröffentlichter Forschungsdaten der unterschied-

---

[1] G. Franck: in einem persönlichen Brief-Mail vom 1. März 2011, im Zusammenhang meiner diesbezüglichen Dissertation an der TU-Wien.

lichsten Wissenschaftsfelder begreift man die Zeichen einer dramatischen Veränderung, welche mit schier unfassbar Dynamik und Kraft um sich greift – und der wir gerade beiwohnen dürfen!

So weist momentan alles auf einen radikalen Paradigmenwechsel und einen entscheidenden Bedeutungswandel der physikalisch-kosmologischen Sichtweise von In-*forma*-tion hin: *„Information als Urstoff des Universums"*, wie Anton Zeilinger es so markant formuliert. [2] – Da scheint kosmologisch letztlich kein-Stein-auf-dem-anderen zu bleiben. Und diese Wandlung zieht – wie wir noch sehen werden – wesentliche Fragestellungen im gemeinschaftlich-sozialen Kontext sowie entscheidende individuell-biographische Konsequenzen nach sich. Die Auseinandersetzung mit den Forschungs-ergebnissen führt zu einem spannenden Diskurs bezüglich eines zentralen wissen-schaftlichen Postulats: der Einheit unseres Kosmos. Gelten hier konsistent dieselben Gesetzmäßigkeiten bezüglich Energie, Schwingung und Resonanz – im Großen wie im Kleinen? Können wir an der Art der Wirkungsweise von Naturgesetzen im Bereich der physischen Welt, von Genen und Botenstoffen (Hormonen) im Bereich der Physiologie von Lebewesen etc. auf ein zugrundeliegendes Evolutionsprinzip schließen, nämlich jenes, dass In-*forma*-tion grundsätzlich *vor* oder *mit* der *Form* da ist und nie erst *als Folge* von Form – und ihrem anschließenden menschlichen Erleben ...?! Daraus aller-dings ergäben sich – ohne der Versuchung zu erliegen, menschlichem Bewusstsein, das ja ebenfalls *innerhalb* dieses Kosmos entstanden ist, eine wissenschaftliche Sonderstellung zuzuweisen – weitreichende Konsequenzen, sowohl auf der Erkenntnisebene als auch auf jeglicher sozialer Ebene des Mensch-Seins.

Konsequent gedacht, schwemmt dies nämlich eine sehr alte Idee, wie wir sie seit langem kennen, an die Oberfläche künftiger Entwicklungen: *„Glaubet nur, so wird's euch werden."* [3] oder: *„Glaube versetzt Berge"* [4] – etwas, was im soziologischen Bereich von Motivations-Trainings jeglicher Couleurs, sei es im Spitzensport oder Management, heute längst state-of-art ist: *self-fulfilling prophecies*. Da persönliche Glaubenssätze und Lebenshaltungen etc. – kulturell, familiär und / oder religiös indoktriniert – als schöpferisches In-*forma*-tions-Konglomerat im Bewusstsein ebenfalls *vor* oder *mit* der Form da sind, ist es im Sinne der zu verifizierenden Thesen naheliegend, dass es ebenfalls dieser Informations-Inhalt ist, der *in der Folge* unsere Erfahrungen erschafft, unsere Kultur bedingt und unsere Biographie schreibt. Und weiters: Dass wir bezüglich dieser Welt nur wahrnehmen können – und als unsere Biographie lediglich mit all jenem konfrontiert werden, was mit unserem Bewusstsein – beziehungsweise: seinen Informations-Inhalten – in Resonanz zu kommen vermag.

---

[2] A. Zeilinger: *„Einsteins Schleier – Die neue Welt der Quantenphysik."*, München 2003, S. 217
Siehe auch Kapitel 17: Das Primat der Information, Anmerkung 27.

[3] Siehe auch Kapitel 9: Placebos und Überzeugungen, Anmerkung 13.

[4] Siehe auch Kapitel 9: Placebos und Überzeugungen, Anmerkung 15f.

Fokus des Projektanliegens. Oder: Was es nachzuweisen gilt ...

Hier die expliziten Thesen dieser Arbeit:

These 1:
„In-*forma*-tion ist der Grundstoff des Universums. (A. Zeilinger). Sie existiert grundsätzlich *vor* beziehungsweise *mit* der Form und nicht *in Folge,* sprich: *nach* der Form. In-*forma*-tion ist somit keine emergente, abgeleitete Eigenschaft oder Wirkungsweise im Sinn menschlicher Einsicht und Erkenntnis."

These 2:
„Es gibt In-*forma*-tion-tragende Felder. Sie haben Seins-Charakter, durchdringen alles und existieren jenseits einer eventuell möglichen physikalischen Dimension der Zeit."

These 3:
„Der uns bekannte Kosmos ist die Aus-*form*-ung von In-*forma*-tion und ist von ihr geprägt. Resonanz ist Funktionsmechanismus solcher Übertragung und Aus-*form*-ung."

These 4:
„In-*forma*-tion – und ihre Aus-*form*-ung – wird auf den verschiedenen Lebens-Ebenen repräsent: In-*forma*-tion als Naturgesetz, In-*forma*-tion als biologischer Träger des Lebens (Genetik, Hormone, etc.), In-*forma*-tion als kulturbildende Vernetzung, In-*forma*-tion als Intuition im Bewusstsein, In-*forma*-tion als bewusstes Sein."

These 5:
„In-*forma*-tion und Bewusstsein werden im Menschen synonym."

These 6:
„Intuition ist die Bewusstwerdung von In-*forma*-tion in einem präsenten menschlichen Bewusstsein. Bewertungen sind subjektive Aspekte eines Verstand-dominierten, trennenden Bewusstseins und Emotionen ihr entsprechend subjektiver Ausdruck."

These 7:
„Menschliches Bewusstsein ist ein Konglomerat kulturell-geprägter, familiär-geprägter und individuell-geprägter In-*forma*-tion. Jede menschliche Biographie ist Aus-*form*-ung derartiger In-*forma*-tion des menschlichen Bewusstseins. *Überzeugung schafft Erfahrung.* Alles Leben, alles Erleben und auch jegliche Wahrnehmungen sind Resonanzphänomene. Erst in der Befähigung und Bereitschaft die Verantwortung für die eigenen subjektiven Wertungen, Überzeugungen und Haltungen zu übernehmen, beginnt Verantwortung auf einer realen Ebene tragend zu werden."

These 8:
„In-*forma*-tions-Inhalte sind, auf jeder Stufe des Bewusstseins, der Intuition zugänglich. Menschliches Bewusstsein – im Sinne eines Informationsspeichers – beziehungsweise sein *subjektiv-individueller Anteil als Ich*, kann verändert werden. Der Mensch ist dadurch befähigt, Schöpfer seines eigenen Lebens zu sein. *Der Sager*: Glaube kann Berge versetzen – ist die einstmals ins Wort gebrachte, bildhafte Entsprechung dieser These (Placebo- / Nocebo-Effekt). Jegliche Entwicklung – auch jegliche Kultur- und Individualentwicklung – ist lebendiger Ausdruck dieser These."

These 9:

„Die an der Evolution ablesbare In-*forma*-tions-Dynamik ist das immanente *Wesen der Evolution*. Sie mündet im menschlichen Bewusstsein und somit in der Koexistenz von Augenblicklichkeit und Selbst-bewusster Präsenz."

These 10:

„Vom Standpunkt der In-*forma*-tion sind alle als Evolution bekannte und unbekannte Form- und Strukturbildungen (bis hin zu höherem Leben) und Entropie gegensätzliche Begriffe, weil einander bedingende, inhärente Aspekte der Entwicklung."

Die paradigmatisch neue Rolle von In-*forma*-tion in der Evolution

In den älteren Vorstellungen ist das Weltbild noch vom „Primat des Substanziellen" geprägt. Da sind Landschaften und Lebewesen. Und so etwas wie In-*forma*-tion wird kein anderer Stellenwert beigemessen als jener, die Verkabelung zwischen ihnen abzugeben. Stillschweigend hat sich dies heute geradezu umgekehrt und so gilt es mittlerweile als wissenschaftlich gesichert, dass unterschiedliche Feld-Wirksamkeiten dafür verantwortlich zeichnen, um so etwas wie lebendige Substanz aus einer Ursuppe vorgelagerter Bedingungen erst entstehen zu lassen. Und es prägen seit Längerem auch noch unterschiedliche andere Feld-Theorien – wie „Morphogenetische Felder" – den wissenschaftlichen Diskurs: Informations-Felder im weitesten Sinn. Wenn wir so etwas wie In-*forma*-tion auf ihrer Reise durch die Evolution begleiten, ist es wichtig, ja, geradezu entscheidend, sie erst einmal formal, fast skelettiert, auffassen zu wollen, um sie in ihren verschiedenen Ausprägungen anzuerkennen. In-*forma*-tion geht in der Evolution nicht mit wie ein Schatten, also nachträglich, sondern wie das Knochenmark: immer schon inmitten! – Der Kosmos als Ausdruck, als Aus-*form*-ung von In-*forma*-tion. Diese erscheint mit der ihr immanenten Entwicklungstendenz jeweils *vor* beziehungsweise *mit* der materiellen Form – nie *als Folge* der materiellen Ebene. Sie muss auch etwas mit der Steigerung der Komplexität zu tun haben, ist dies doch die wuchtige Gesamtfolge des Werdens in der Evolution. Auch Hormone und Gene etc. sind ja nichts anderes als Informations-Träger und die heutige Epigenetik weist in entscheidender Weise sogar über diesen Standpunkt hinaus. Da das menschliche Gehirn das komplexeste Gebilde auf Erden ist, ist es nur verständlich, dass in seiner Funktion auch der Weg zu dieser späten Frucht abgebildet ist. Und so weit ist der Bogen in der Arbeit auch gespannt: Bis hin zu jenem Aspekt der In-*forma*-tion, welche jeder Mensch, eingeprägt in seinem Bewusstsein, mit sich trägt und – so die fachliche These – in der jeweils individuellen Biographie *Form* wird.

Neben wissenschaftlichen Befunden angesehener Forscher geht es in der Auseinandersetzung vor allem auch um die Komplexitätssteigerung von In-*forma*-tion als etwas Geistigem. Hans Peter Dürr, emeritierter Direktor am Max-Planck-Institut für Physik in München und Träger des Alternativen Nobelpreises, vor mehr als zehn Jahren anlässlich eines seiner Vorträge in Wien: „*Es gibt keine Dinge, es gibt nur Form und Gestaltveränderung: Die Materie ist nicht aus Materie zusammengesetzt, sondern aus reinen Gestaltwesen und Potenzialitäten. Das ist wie beim Geist: Im Grunde gibt es nur Geist, aber er verkalkt und wir nehmen nur den Kalk wahr, als Materie.*" [5] Die vorliegende Auseinandersetzung behandelt daher auch die kosmologische Rolle von In-*forma*-tion in der Evolution. Unter anderen meint diesbezüglich der renommierte Quantenteleportations-Forscher und Professor an der Uni-Wien, Anton Zeilinger, dass der Information (in der Evolution) infolge quantenphysikalischer Überlegungen sogar ein höherer Stellenwert beizumessen wäre als dem, was ganz allgemein unter Materie verstanden wird. [6] Er besteht sogar darauf, dass jegliche Art materieller Strukturen lediglich das Korrelat – der Ausdruck – von Information und daher nur ihr Ergebnis im physischen Bereich darstelle. Und dieser Physiker bleibt mit seiner Sicht keineswegs allein. Zeilinger: „*Information ist der Urstoff des Universums.*" [7]. Nachzuweisen wird somit sein, ob und inwiefern Evolution In-*forma*-tion IST. In-*forma*-tion, die eine enorme Dynamik eingeschlagen hat und unterhält. Die Arbeit beschäftigt sich weiters mit quantenphysikalischen Experimenten und ihrer Interpretation, derzufolge der Deutung – dass Information überall *da* ist und auch überall zur *gleichen Zeit da* ist [8] – wissenschaftliche Relevanz beigemessen werden muss. Im Sinne einer weiteren Hypothese findet eine Auseinandersetzung mit der Fragestellung statt, ob In-*forma*-tion ihre Existenz jenseits von etwas wie Zeit hat ...

Wissenschaft und Spiritualität – In-*forma*-tion als Brückenschlag

Wie allseits bekannt, sind diese beiden Bereiche menschlicher – ja menschheitlicher – Kultur und Bewusstseins-Entwicklung lange Zeit fein säuberlich getrennt betrachtet worden. Wissenschaftlich besehen haben moderne Auffassungen von Spiritualität ihren Ursprung in Bereichen der Physik – wie erwähnt bereits im letzten Jahrhundert – aber auch im 21. Jahrhundert erhalten sie ein auch wissenschaftlich kongruentes, gänzlich neues Gepräge. Derartige Sichtweisen entkleiden Begriffe wie *Spiritualität*, *Glaube*, *Fühlen* oder *Intuition* von jeglicher tradiert religiöser Vorstellungs-Ebene. Kosmologen, Physiker und Neurowissenschaftler etc., gehen dabei zunehmend von der Bedeutung

---

[5] H.P. Dürr: „*Gott, Mensch und Wissenschaft*", Vortrag in Wien am 10.11.1998, zitiert in: *Der Standard*: „*Materie ist Kruste des Geistes*", Wien 12.11.1998
Siehe auch Kapitel 17: Das Primat der Information, Anmerkung 22.

[6] A. Zeilinger: „*Einsteins Schleier – Die neue Welt der Quantenphysik*", München 2003, S. 213ff
Siehe auch Kapitel 16: Materie und Bewusstsein, Anmerkung 27
Siehe auch Kapitel 17: Das Primat der Information, Anmerkung 25f.

[7] A. Zeilinger: „*Einsteins Schleier – Die neue Welt der Quantenphysik.*", München 2003, S. 217.
Siehe auch Kapitel 17: Das Primat der Information, Anmerkung 27.

[8] A. Suarez: „*Entanglement and Time.*", in: *quant-ph / 0311004*; 2003/11
Siehe auch Kapitel 1: Zeit, Anmerkung 25. Siehe auch: Einleitung, Anmerkung 4.

und Dimension aus, welche etwas – sagen wir mal im weitesten Sinn Geistiges wie In-*forma*-tion – für die Evolution, aber auch für jegliche Ebene von Forschung hat und somit letztlich auch für die Menschenwelt. Hinter allen derartigen Überlegungen verbirgt sich eine wissenschaftliche-Hypothese-am-Weg-zum-Postulat: Die Anerkennung der Existenz Information-tragender Felder, wie sie heutzutage – weltweit – von Spitzen-wissenschaftlern auf Grund ihrer Forschungsdaten beforscht werden. Ein entsprechendes Literaturstudium im Bereich der Wissenschaften zeigt, dass Erkenntnisgrundlagen zu dieser Thematik, auf Grund von Phänomenen unterschiedlichster Art, mittlerweile in geradezu unüberschaubarer Zahl vorliegen. Ob In-*forma*-tion als Naturgesetze im Kosmos, als Botenstoffe im Bereich der Körperphysiologie oder auch als Überzeu-gungen im Bewusstsein. Universum – Leben – Kultur / Biographie. Das alles kann – im Sinne der Thesen dieser Arbeit – auch als Resonanzphänomen von In-*forma*-tion postuliert werden und somit zugleich als ihr Produkt auf unterschiedlichen Ebenen. Experimentell betrachtet, existieren Beobachtungen derartiger Phänomene auf allen diesen Ebenen bereits seit langem. Wissenschaftliche Auswertungen und nachweisliche Daten allerdings werden – aus bekannten Gründen – erst seit kurzem gesammelt und könnten nun auch weiterführend vernetzt werden. Noch überwinden sie allerdings erst selten die Informationsschwellen der nach wie vor unterschiedenen und daher auch getrennt forschenden Disziplinen der Wissenschaft. Hier sieht das vorliegende Projekt u.a. seine selektive, fachübergreifende Aufgabe.

Der Knackpunkt für einen interessebetonten Zugang zur vorliegenden-Thematik liegt wohl in genau jenem Bestreben bezüglich der dynamischen Erweiterung des Informations-Begriffes aus zeitgenössisch-wissenschaftlicher Sicht. Dazu leistet u.a. die Publikation eines Physikers, Univ.-Prof. Eric Verlinde von der Universität Amsterdam, überraschend prägnante Überzeugungsarbeit. Entsprechend dieser jüngst publizierten physikalischen Gravitationstheorie, ihrer Zusammenhänge und Ergebnisse, bilden die beiden Begriffe *Entropie* [9] (im Kosmos) und *Information* (im Kosmos) ein komplemen-täres, inhärentes sowie einander bedingendes Gegensatzpaar: Hand in Hand gehend mit jener unabdingbaren Entropiezunahme (Zunahme der Unordnung) im Universum, ergibt sich eine messbare Zunahme (befreiter) Information beim Zerfall komplexer Ordnungs-Systeme. Und als beobachtbare *Folge* ihres Zusammenspiels erscheint – im Sinne einer Hypothese – das, was wir bislang als Kraft-der-Gravitation bezeichneten. Information wird auch von Verlinde als das Ur-Sprüngliche im Kosmos aufgefasst und alles andere wie: *Energie, Materie, Kraft*, oder eben auch *Gravitation*, nur als Oberflächenphänomene, als abgeleitete Phänomene. [10] Gerade deshalb habe ich mich in der Endphase der Buchproduktion (Februar 2011) entschlossen, diesen möglichen Sprengsatz-moderner-Physiktheorie noch für die erste Auflage von „Quantensprung" ins bereits fertig gedachte

---

[9]   Siehe auch Kapitel 17: Das Primat der Information, Anmerkung 13, 48f.

[10] E. Verlinde, in: „*Ein warmes Grab für die Gravitation – Erwin Verlindens Abschied von einer Natur-kraft*", *ORF Dimensionen – Die Welt der Wissenschaft*, 2010, von R. Czepel / A. Stadler
      Siehe auch Kapitel 17: Das Primat der Information, Anmerkung 54f.

Manuskript einzufügen ... (Näheres am Ende von Kapitel 17, unter: Ein warmes Grab für die Gravitation. Oder: In-*forma*-tion – Urstoff des Universums.)

Persönlich erachte ich diese neue Dimension des In-*forma*-tions-Begriffs wie gesagt nicht nur für Zeitgeist-typisch, sondern auch als Grund-legend, und bin der Auffassung, dass die postulierte Sichtweise dem Verständnis jeglicher Natur- und Kulturentwicklung ein sehr viel anderes Gepräge verleihen wird. Auch bin ich der Meinung, dass die in der fachlichen Auseinandersetzung erarbeitete Plausibilität beziehungsweise Verifizierung der vorangestellten Thesen – sowohl durch Aufarbeitung wissenschaftlicher Forschungsergebnisse, ihrer Interpretationen und Postulate, als auch durch den interdisziplinären Diskurs – die beforschten Phänomene jeglicher Anrüchigkeit – eines, häufig propagierten und religiös motivierten, „Hokuspokus" – entkleiden. Sie müssen daher zukünftig auch nicht ignoriert werden, sondern führen zu erweiterten Sichtweisen in den Wissenschaften. In-*forma*-tion – im Sinne einer geistigen Komponente, die jeglicher Form, jeglicher Aus-*form*-ung zugrunde liegt, kann sich dergestalt als *der* Schlüssel einer ganzheitlichen Betrachtungsweise entpuppen. In diesen Zusammenhang der Betrachtung gestellt, wird das Wort Spiritualität wohl auch naturwissenschaftlich wieder Verwendung finden dürfen, ohne als Forscher mit überkommen, religiös motivierten Vorstellungsinhalten identifiziert zu werden.

Zukünftig wird die Frage nicht mehr sein, *ob* es derartige In-*forma*-tion im Universum gibt, sondern zeitgenössische Forschung und Wissenschaft wird sich vielmehr die Frage stellen – und stellt sich die Frage: „*Wie* eröffnen sich Zugänge zu In-*forma*-tion (als Aspekt einer für alles Physische und Psychische bedeutsamen Feldwirksamkeit) auf den unterschiedlichsten Ebenen, um sie für den Menschen sinnvoll zu nutzen?" Diese Zugänge gibt es bereits – jenseits jeglicher Fach-Hypothesen – verschiedenen Orts in wissenschaftlich durchaus ernstzunehmenden ersten Ausformungen und mit hoher gesellschaftlicher Relevanz: Wir finden sie in so unterschiedlichen Bereichen wie der Systemischen Psychologie (Familienaufstellung), der Physik (Quantenteleportation) und auch im Bereich der Genetik (Mikro-RNA / Epigenetik) oder auch auf dem Feld individueller Bewusstseinsentwicklung sowie angewandtem Intuitionsmanagement u.v.a.

Conclusio

Die Fragen, die sich im Zuge der bisherigen Überschau stellen, lauten somit: Welche effektiven Methoden des Zugangs zu diesen In-*forma*-tions-Feldern gibt es bereits und wie sehen diese Zugänge aus? Welche *Saat* gibt wohl welche *Ernte* ...?! Es wird im Verlauf des Buches zu zeigen sein, inwiefern die Forschungsergebnisse moderner Neurophysiologie, Epigenetik, Immunologie etc. sowie jene der Systemischen Psychologie den vorgegebenen Thesen jenes Maß an Plausibilität zu verleihen imstande sind, dass ihnen künftig wissenschaftliche Relevanz zukommt, aber auch die entsprechende soziale Aktualität, um schöpferisch Verantwortung für uns selbst und diese Erde zu nehmen.

Daran anschließend wird eine Möglichkeit postuliert und skizziert, wie man selbst forschend wieder Zugang zur absichtsvollen Gestaltung der eigenen Biographie findet, um seine eigene Verantwortlichkeit als bewusster Schöpfer neu begreifen zu lernen; mit der Möglichkeit zu erkennen, inwiefern jeder – wir alle! – *stets* SchöpferIn unseres eigenen individuellen Daseins waren / sind, ob wir das nun wollen oder nicht ... Die Arbeit kreist in ihrem Anliegen ebenfalls um eine Auseinandersetzung und Wiederentdeckung des *Fühlens* (durch paradigmatische Differenzierung beziehungsweise definitorische Abgrenzung zwischen Emotion und Fühlen [11]) sowie um die Bedeutung seiner Schlüssel-Kompetenz – der *Intuition* – als Zugangs-Code zum In-*forma*-tions- beziehungsweise Bewusstseins-Feld mit jeglicher personaler oder transpersonaler In-*forma*-tion. Es wird weiters zu zeigen sein, inwiefern *Fühlen* (als eine Art Wahrnehmungs-Organ) wieder-zuerlernen, letztlich dem Erwerb einer Basis-Kompetenz wie *Lesen-lernen* vergleichbar ist. Derjenige, der sich forschend darauf einlässt und wieder darüber verfügt, kann die Dimensionen innerer und äußerer Kommunikation ermessen, die sich dadurch eröffnen. Dies jedenfalls ist die persönliche Erfahrung der beiden Autoren ...

Abschluss dieser Auseinandersetzung ist ein soziologisch intendierter Ausblick: Nachdem die Kognitionsforschung der *Intuition* als Resonanz- und Rückkoppelungsorgan des Bewusstseins bezüglich jenes allesdurchdringenden In-*forma*-tions-Feldes – aber auch dem *Fühlen* als vergessenem 7. Sinn – wieder das entsprechende Maß wissenschaftlicher Zuwendung und Anerkennung zu zollen beginnt, könnte die Menschheitsentwicklung, ausgehend von unserer vornehmlich verstandesgeprägten Episode, eine neue Richtung nehmen ...

„Das Bindeglied zwischen Affe und Mensch sind – wir.“ [12] Das *wir* dieser Einsicht des österreichischen Nobelpreisträgers Konrad Lorenz würde sich dergestalt entscheidend zu Gunsten des Lebens und des Schöpfers im Mensch-Sein verschieben ...

Wissenschaft trifft Spiritualität.

---

[11] B. Würtenberger: „*Free Spirit-Grundkurs – Teil 1*“, Zürich, 2005, S. 16
   Siehe auch Kapitel 14: Intuition, Anmerkung 46
   Siehe auch Kapitel 3: Sprache als Quellpunkt menschlichen Erlebens, Anmerkung 19.

[12] K. Lorenz, zitiert in: „*Zeitschrift für angewandte Umweltforschung*“ 12 (1999) 4, S. 442-446
   Siehe auch Einleitung, Anmerkung 14.

Teil 1 In-*forma*-tion als kulturbildende Vernetzung

Vom menschlichen Verstand, seiner Sprache – und der Kunst

„Ich suche nicht – ich finde. Beim Suchen gehe ich aus von Bestehendem, um bereits Bekanntes im Neuen zu finden. Beim Finden treffe ich auf völlig Neues – auch in der Bewegung. Alle Wege sind offen, und was ich finde ist unbekannt. Es ist ein Wagnis – ein heiliges Abenteuer. Das Ungewisse solcher Wagnisse können eigentlich nur diejenigen auf sich nehmen – die sich geborgen wissen in Ungeborgenheit – die ins Ungewisse geraten und keine Führung erfahren – die sich im Dunkel einem Stern anvertrauen und sich nach höheren Zielen richten – anstatt das Ziel durch die Beschränkungen und Begrenzungen des Mensch-Seins bestimmen zu lassen. Dieses Offenstehen für jede neue Einsicht, für jedes neue Erlebnis – sowohl innerlich als auch äußerlich – ist wesentlich für das Mensch-Sein heute. In aller Furcht vor dem Loslassen – erfährt der moderne Mensch die Gnade getragen zu werden in der Offenbarung von neuen Möglichkeiten.“

Pablo Picasso

Kapitel 1: Zeit

Chronos und Kairos

Bereits die alten Griechen unterschieden zwischen zwei grundsätzlich differenten Aspekten der Zeit. Wiewohl beide Aspekte göttlichen Ursprungs, waren sie doch zwei höchst ungleiche Brüder: Chronos und Kairos. Beide galten als Götter. Zur damaligen Zeit, für die Griechen also und ihre Art das Leben zu begreifen, war Kairos aber jener Aspekt des Zeitlichen, dem zu folgen, eindeutig Vorrang eingeräumt wurde. Und auch wir wollen uns seiner an dieser Stelle bedienen, um den – für unsere Kultur ungewohnt gewordenen – Zeitaspekt des *Jetzt* zu beleuchten. Kairos – er ist es, der die Ewigkeit im Augenblick durchscheinen lässt. Kairos, der Gott-des-rechten-Augenblicks – gilt der griechischen Mythologie zufolge als Zeus´ jüngster Sohn. Er ist es, der die von den Göttern erwählte wahre Wahl der Entscheidung ins-Leben-spricht – den, der Entwicklung immanenten, rechten Zeitpunkt. Der griechische Dichter Poseidippos beschreibt jene Qualität in einem Epigramm in Dialogform: „*Wer bist Du? – Kairos, der alles bezwingt. – Warum gehst Du auf Zehenspitzen? – Ich laufe unablässig. – Warum hast Du Flügel an den Beinen? – Ich fliege wie der Wind.*“ [1] Kairos wird in der griechischen Bildhauerei als blühender Jüngling mit geflügelten Schuhen dargestellt, dem eine Haarlocke in die Stirn fällt, während am Hinterkopf kaum Anzeichen von Haarwuchs erkennbar sind. Davon, so meinen Philologen, komme bis zum heutigen Tag die Redensart: *eine günstige Gelegenheit am Schopf packen*. Ist sie vorbei, kann man sie (am kahlen Hinterkopf) nicht mehr zu fassen kriegen.

Heute würden wir, anstatt von *Kairos* zu sprechen, vermutlich sagen, es ist jene Stimme unserer *Intuition*, die wir als inneren Impuls unserer Wahrheit fühlen oder auch hören und die wir – Mut und Offenheit vorausgesetzt – bereit sind, als stimmig zu erkennen und anzuerkennen, um ihr in unseren Entscheidungen zu folgen. [2] Intuition garantiert den Menschen, den glücklichen Zeitpunkt zu erkennen. Wenn man ihn packt – fährt man wie auf-dem-Golfstrom zum Ziel ... Oder man schöpft ihn aus – im ziellosen Genießen und Erfahren.

Der Begriff *Chronos* stammt ebenfalls aus griechischer Mythologie. Es ist der Gott der Zeit; der versinnbildlichte Ablauf der Zeit, auch: die Lebenszeit. Chronos, er könnte der Schweizer Uhrenindustrie Pate gestanden sein, garantiert das Gleichmaß jedes Trottes und sorgt dafür, dass die messbare Zeit vergleichbar bleibt – trotz Jetlags. Er repräsentiert die Zeit als zugeteiltes Zeitmaß, als festgeschriebene Größe. Chronos wird in vielen antiken Quellen gleichgesetzt mit Kronos, dem jüngsten Sohn des Uranos (des Himmels) und der Gaia (der Erde). Von Kronos berichtet die Mythologie, dass er sich

---

[1] http://de.wikipedia.org/wiki/Kairos.
[2] Siehe auch Kapitel 14: Intuition.

zunächst selbst an die Spitze der Macht setzt, indem er seinen Vater Uranos entmannt. Kronos selbst verschlingt aus Angst, dass ihm durch seine eigenen Nachkommen dasselbe widerfahre, alle seine Kinder unmittelbar nach deren Geburt, bis auf sein jüngstes – Zeus –, das diesem Akt durch eine List der Gaia entkommt. Welches Bild! – Kronos verschlingt gewissermaßen seine eigene Zukunft und wird später doch von seinem jüngsten Sohn – eben jenem Zeus, dem späteren Götter-Vater des Olymp – gestürzt. In der Folge entwickelt sich aus Zeus´ Nachkommenschaft, mit dessen wiederum jüngstem Kind – Kairos – ein gänzlich neuartiges Zeit-Prinzip, das da in die Welt-Entwicklung eintritt. Während Kairos die Menschen also an ihren Entwicklungsstrom anschließt und ihnen somit fördernde Informationen zukommen lässt, verkörperte Chronos für die Griechen das Bild der Endlichkeit von allem-in-der-Zeit-Existenten, das jeweils zugewiesene Maß. Chronos, der Gott der Zeit – den Griechen galt er als abstrakte Vorstellung. Er war daher auch nie Bestandteil der lebendigen griechischen Volksreligion. [3] (Während der Renaissance wurde Chronos in der bildenden Kunst oft auch als alter Greis mit Sichel und Stundenglas dargestellt.)

Bezüglich der Fragestellung: Zeit-Qualität versus Zeit-Quantität?! – war das Match für den *griechischen* Menschen somit bereits entschieden: zugunsten der Qualität der Zeit. Für die rechte Tat zur rechten Zeit – für Kairos. Mit das größte Augenmerk wurde darauf gerichtet, den rechten Zeitpunkt zu (er)kennen – dafür wurden die Orakel befragt. Kairos: Ihm gebührte des Griechen Dank für die Erfüllung einer erfolgreichen Lebensführung. Kairos entschied, indem er die Information des „rechten Zeitpunkts" verkündete über Glück und Unglück – für denjenigen, der bereit war, dem Leben hinge-bungsvoll zu vertrauen.

Auseinandersetzung und Kontemplation zum Thema Zeit

Wer heute von „Zeit" spricht, bezieht sich für gewöhnlich auf das Erleben der Abfolge von Vorgängen sowohl in der Welt als auch im Menschen. Zeit scheint, heutigem Begreifen zufolge, in unserem Bewusstsein quasi als Projektion zu entstehen – um einen Zusammenhang der Erscheinungen herzustellen und zu gewährleisten. Zeit beschreibt somit unterschiedliche Aspekte des Werdens – oder noch allgemeiner ausge-drückt – der Veränderung eines Geschehens in dieser irdischen Welt. Zeit besitzt für den heutigen Menschen sowohl physische wie auch physiologische und psychologische Bedeutung. Sie weist dergestalt auf unterschiedliche Aspekte und Ebenen der Welt hin, gleichermaßen subjektive wie auch – scheinbar – objektive.

Während sich die Physik zu Beginn des 20. Jahrhunderts mit einer Zeit-ohne-Eigen-schaften konfrontiert sah, erkennen namhafte Vertreter der Gegenwartsphysik – unter anderem so arrivierte wie der Nobelpreisträger Ilja Prigogine oder auch Charles W.

---

[3] http://de.wikipedia.org/wiki/Chronos.

Misner [4], etc. – die Zeit mittlerweile in ihrer Relativität, bis hin zu Aspekten ihrer Diskontinuität und Nichtlinearität. So wird sie nicht mehr als *qualitätsentleert* gesehen, sondern zunehmend als *prozessträchtig*. Die Zeit nicht mehr als eine leere Dimension zu deuten, in der sich etwas Inhaltliches abspielt – das ist somit als Vorstellung neuester Forschungfortschritt. *Kairos* hat neuerdings auch hier erkenntnismäßig Einzug gehalten: Man hat es, wissenschaftlich besehen, nicht mehr mit einem gleichgültig ausdruckslosen Zeiten-Strahl zu tun. Nach Einstein ist Zeit am Raumerschaffen und an den Dichteverhältnissen konstitutiv beteiligt, gibt Richtung, trennt zwischen Vergangenheit und Zukunft und trägt den Wandel. Und: Sie webt polare Prinzipien in die Netze der Organismen hinein, strukturierend, auflösend, verjüngend, das Leben versiegen lassend. Vielleicht geht es im Grunde genommen daher weniger darum, sich um eine einheitliche Begriffsbestimmung von Zeit zu bemühen, sondern vielmehr anhand ihrer Differenzierung die unterschiedlichen Bezugsebenen zu charakterisieren, um erst anschließend einen weiteren Schritt zu versuchen. Offensichtlich gebiert, impulsiert das Geschehen um uns und in uns differente Erfahrungsschichten, in welchen scheinbar unterschiedliche Zeitverhältnisse walten. So sind für unser Bewusstsein den verschiedenen Naturreichen ganz offensichtlich unterschiedliche Dimension der Zeit zueigen. Zeit scheint für einen Stein eine bedeutend andere Größenordnung aufzuweisen als für einen Baum, eine Blume, einen Schmetterling oder eben – für uns Menschen. An dieser Unterschiedlichkeit wird für unser Bewusstsein eine evolutive Stufenfolge der Bewusstheit von In-*forma*-tion erkennbar und ablesbar. Wieder eine andere Zeit-Dimension herrscht für ein Kind im Gegensatz zu einem Erwachsenen vor, für einen Träumer beziehungsweise einen wachen Beobachter des äußeren Geschehens. Schlafen, Träumen, Wachen scheint es somit nicht nur im Menschen zu geben, sondern sie spiegeln sich für unser Bewusstsein auch in den Entwicklungen der Naturreiche und somit der Evolution als Gesamtes.

Der deutsche Physiker, Atomforscher und Zeitforscher Dr. Georg Maier: „*Die Frage nach der Zeit stellt sich also in der Schicht des tagwachen, erkennenden Bewusstseins. Unsere Erfahrungen bilden sich jedoch nicht notwendigerweise innerhalb desselben, das heißt wichtige Erlebnisse entstammen wesentlich dumpferen Bereichen unserer Organisation.*" [5]

Als Ur-Form dessen, was wir Menschen mit Zeit bezeichnen, können wir die Gegenwart all jener Erscheinungen auffassen, die physikalisch betrachtet einem elementar

---

[4] I. Prigogine: „*Die Wiederentdeckung der Zeit.*", in: Zimmerli (Hrsg.): „*Geist und Natur.*", München, Bern 1989
Der Physiker Charles W. Misner ist in Fachkreisen vor allem für seine Arbeiten im Bereich der Quantengravitation bekannt. Sein Buch „*Gravitation*", welches er 1973 gemeinsam mit den Physikern J.A. Wheeler und K.S. Thorne verfasste, gilt noch heute in Fachkreisen als die „Bibel" der Allgemeinen Relativitätstheorie. Misner fand eine Lösung zu Einsteins Feldgleichung, heute bekannt unter der Bezeichnung „Misner Space".

[5] G. Maier: „*Stufen der Zeit.*", zitiert in: „*Was ist Zeit? – Die Welt zwischen Wesen und Erscheinung.*", Hrsg. G. Kniebe, Stuttgart 1993, S. 115.

wirksamen Funktionszusammenhang folgen. Jede dieser derartigen Erscheinungen, jede derartige Wahrnehmung, ergibt sich als ausschließlich von ihrer *Gegenwart* her bestimmt. Das heißt, es ist ganz offensichtlich das Sein-als-solches, das da wirkt und *ist*.

Etwas anders scheint es sich überall da zu verhalten – vielleicht aber auch nur auf den ersten Blick – wo etwas Lebendiges, etwas sich Entwickelndes wie eine Pflanze, seine Zeit hat. Es tritt dabei eine eindeutige Richtung der Entwicklung auf: Ein Entwicklungsprozess, der uns als Zeitfolge erscheint und der den Ablauf bestimmt, beziehungsweise *ins-Bild-setzt*, verkörpert. Derartige Prozesse erscheinen ebenfalls eingebunden in eine festgelegte Ereignisfolge *in-der-Zeit*. Auch alle diese Erscheinungen haben Anteil am evolutiven Sein. Sie sind, was sie sind. Ihre In-*forma*-tion entfaltet sich ins Physisch-Irdische und entwickelt sich von Zustandsform zu Zustandform – und doch sind ihre Formen quasi Ausdruck eines Seins – *jenseits-von-Zeit*. Und auch beim Menschen ist die Sache scheinbar zunächst ein wenig anders gelagert: Mittels unseres Verstandes sind wir konditioniert und gewohnt jenen Abstand zu *be-dingen*, der unser Bewusstsein von der Ebene des Seins abtrennt. Dies konstituiert sowohl die uns bekannte Erscheinungsform der Welt als auch der Entwicklungsstufe von Zeit, wie wir Menschen es für gewöhnlich mit unserem heutigen Bewusstsein erleben und auffassen. Aus den Bedingungen eines durch unseren Verstand bedingten beziehungslosen Nebeneinanders beginnen wir neuerlich Bezüge herzustellen, zu begreifen, zu formen. Entsprechend unseres Maßes an Aufmerksamkeit und Hingabebereitschaft entsteht ein neues Gesamtbild dessen, was an Tätigkeit in Wahrheit *an-der-Zeit* ist.

Es ist denkbar, dass sich für unser heutiges Bewusstsein auf diese Weise – im Einzelnen wie auch im Massenbewusstsein der Menschheit – Bewusstheit dafür konstituiert und entwickelt, was als Informations-Geschehen den rechten Entwicklungszeitpunkt erreicht hat, um Form und Gestalt anzunehmen. Für den Alltagsmenschen ist immer *zuerst* das Sein da – das Seiende genau genommen – und dann erst das Bewusst-Sein davon. Aber hintergründig kann das Sein gar kein Seiendes auswerfen, wenn nicht dessen (evolutionäre) Stunde gekommen ist. Es könnte durchaus sein: Erst die sich fühlbar für uns bemerkbar machend *rechte Zeit* lässt uns eine Handlung als gut erkennen und anerkennen. Etwas vorzeitig Erzwungenes, bemüht Erwolltes, beziehungsweise etwas zu spät Angenommenes – beides kann ja evolutiv nur kontraproduktiv wirksam werden. Gerade diesbezüglich dient ein *intuitiver Bezug zur Welt des Werdens*, um diesen rechten Zeitpunkt erfassen zu können. Wir brauchen definitiv ein sehr viel anderes Bewusstsein von Zeit, ein andersartiges Verhältnis zu Zeit. Eines das intuitiver mit der Welt und ihren Erscheinungen umzugehen weiß – und bedeutend lebendiger. Eine linear-mechanische Grundeinstellung wird – und will – solch einen Zeitpunkt wohl nicht erfassen können. [6]

Des Menschen Bezug zu dem, was er als Zeit begreift, hat sich – entsprechend der Ausformung und Entwicklung seines Bewusstseins – im-Laufe-der-Zeit gewandelt.

---

[6] Siehe auch Kapitel 14: Intuition, Anmerkung 8.

Erstmals haben wir uns als Menschheit der Neuzeit heute wieder dahin entwickelt, zu begreifen, dass Zeit mit Sicherheit nicht als eine Art Gefäß aufzufassen ist, als jener ominöse *Zeit-Raum*, in dem die Welt sich entwickelt. Der Philosoph Georg Wilhelm Friedrich Hegel erkannte – seiner Zeit weit voraus – bereits vor mehr als 200 Jahren: *„In der Zeit, sagt man, entsteht und vergeht alles ... Aber nicht in der Zeit entsteht und vergeht alles, sondern die Zeit selbst ist dies Werden, Entstehen und Vergehen, das seiende Abstrahieren, der alles gebärende und seine Geburten zerstörende Kronos ... Die Zeit ist nicht gleichsam ein Behälter, worin alles wie in einen Strom gestellt ist, der fließt und von dem es fortgerissen und hinuntergerissen wird. Die Zeit ist nur diese Abstraktion des Verzehrens. Weil die Dinge endlich sind, darum sind sie in der Zeit, nicht **weil** sie in der Zeit sind, darum gehen sie unter, sondern die Dinge selbst sind das Zeitliche; so zu sein ist ihre objektive Bestimmung. **Der Prozess der wirklichen Dinge macht also die Zeit.**“* [7] *„Der Prozess der wirklichen Dinge ...“* – was für eine immens interessante Formulierung dieses großen Philosophen! Erinnern wir uns der – halb scherzhaften – Bemerkung des Physiker John Wheeler bezüglich Zeit: *„Zeit ist, was verhindert, dass nicht alles auf einmal passiert.“* [8] Derart philosophischer Tiefsinn von fast unauslotbarer Reichweite – er entstammt ausgerechnet der Formulierung eines Physikers ...! Vermutlich war dies ja am Anfang, zur Entstehung unseres Universums, noch nicht *wirklich* das Problem?! Dieses Problem entstand eben erst im-Laufe-der-Zeit, vermutlich letztlich erst Hand in Hand mit der Entwicklung menschlichen Bewusstseins und *durch* unseren Verstand, der sich ohne Zeitstrukturen wohl restlich überfordert fühlen würde, die Kontrolle zu bewahren. Erst in den letzten Jahren schlugen verschiedene namhafte Wissenschaftler Modelle vor, die den Anfang des Alls erklären sollen, wie es dazu hätte kommen können, dass sich das Universum sozusagen „aus-sich-selbst-gebiert“. Ein mathematisierter Vorschlag stammt von den bekannten Kosmologen Stephen W. Hawking und James B. Hartle. Sie wandten *„... die Quantenmechanik für das Universum als Ganzes an, indem sie eine Wellenfunktion angaben, welche die Anfangsbedingungen des Alls festlegt. Demnach gibt es im frühesten Universum noch keinen Unterschied zwischen Vergangenheit und Zukunft. Die Zeit verhält sich wie eine räumliche Koordinate, und ebenso wie es keine Grenze des Raumes gibt, hat die Zeit keinen identifizierbaren Anfang.“* [9]

Es könnte allerdings durchaus sein, dass die Zeit deshalb *keinen identifizierbaren Anfang* hat, weil sie offenbar primär wohl nur eine Projektion unseres irdischen Verstandes darstellt. Ein Konstrukt, um bezüglich unserer Wahrnehmungen über-die-Runden-zu-kommen und nicht völlig überfordert das Handtuch werfen zu müssen.

---

[7] G.W. Hegel: *„Enzyklopädie der philosophischen Wissenschaften.“*, Frankfurt 1970, § 258.

[8] F. Close: *„Luzifers Vermächtnis – Eine physikalische Schöpfungsgeschichte.“*, Berlin 2004, S. 267
    Siehe auch Kapitel 16: Materie und Bewusstsein, Anmerkung 39.

[9] Zitiert nach: *„Warum gibt es überhaupt etwas und nicht nichts?*, in: *Spektrum der Wissenschaft 3/1999*, S. 61.

Vergangenheit – Gegenwart – Zukunft

„Zwischen Vergangenheit und Zukunft steht die Gegenwart, und gerade nach eindringlicher Betrachtung der beiden wird deutlich, dass Gegenwart nicht nur die Nahtstelle bedeuten kann, das flache Zusammenfallen von einem zeitlichen Von-rückwärts-Her und Nach-vorwärts-Hin. **Der Mensch ist im besten Sinne so weit gegenwärtig und anwesend, wie er sich von Vergangenheit und Zukunft löst und zugleich doch Vergangenes und Zukünftiges, das heißt die Kräfte, die er an beiden schulte, in den Augenblick hinein wirksam machen kann.** *Zusammenfassend lässt sich sagen: Vergangenheit enthält Unabänderlichkeit, Gewissheit, Ruhe, Stehenbleiben. Der Mensch hat gehandelt; das Geschehen ist abgeschlossen. Aus der Rückschau auf das Vergangene lässt sich Weisheit gewinnen. Zur Zukunft gehört das Offensein für jegliches Handeln, aber auch absolute Ungewissheit. Der Mensch will und wird handeln; etwas wird geschehen. Zu begegnen ist der Zukunft mit Bereitschaft, Entschlossenheit, Mut, auch Hoffnung, Vertrauen und klarem Vorbedenken. Die Gegenwart ruft zum Handeln auf. Geschehen vollzieht sich. Das Zusammengreifen alles dessen, was an Vergangenheit und Zukunft erfahrbar und zu gewinnen ist, führt zur Geistesgegenwart. ... Am seelischen Erleben des Menschen gestaltet Zeit sich zu Bereichen von unterschiedlicher Färbung, von jeweils sehr andersartigem Eigencharakter. Seelenräume tun sich auf, in denen jegliches Zählen und Messen seinen Sinn verliert. Auch von gleichförmigem Fließen und Strömen ist nichts mehr wahrzunehmen, wenn das menschliche Empfinden sich auf Vergangenheit, Gegenwart und Zukunft hin richtet.“* [10]

Interessant: Für *unser Bewusstsein* verläuft dieses irdische Leben offensichtlich *in-der-Zeit*. Ergebnisse, Veränderungen – bis das Physische die In-*forma*-tion umzusetzen imstande ist – scheinen unterschiedlich viel Zeit zu brauchen. Und doch dürfen wir die These wagen: Es ist im Irdischen nur eine Frage der Zeit, bis In-*forma*-tion wirksam geworden sein und sich entsprechend – in ihrer jeweiligen Form – auch zeigen wird. Dazu der Top-Genetiker Kazuo Murakami: *„Kein Ziel kann erreicht werden, ohne Zeit und manchmal scheinbar unbelohnte Bemühungen in die Vorbereitung zu stecken. Wenn wir dabei den Mut verlieren, dann deshalb, weil es uns an Überzeugung mangelt.“* [11] Von einem derartigen Standpunkt besehen, kann es einem somit zu einer wesentlichen und im Zusammenhang unserer Auseinandersetzung alles-entscheidenden-Frage werden, nämlich: Gehört zur Zukunft neben einem *„Offensein für jegliches Handeln“*, wirklich jene *absolute Ungewissheit*, von der in der obigen Sicht die Rede ist, oder sind, bei einigermaßen ungetrübter Betrachtung eigener Grundhaltungen und Überzeugungen – zur Welt, zu uns selbst – viele der zukünftigen Entwicklungen *durchaus* absehbar und *alles andere* als ungewiss ...? Wir werden dieser Fragestellung in der Folge ebenso

---

[10]   E. Dühnfort: *„Ebenen des Zeiterlebens.“*, zitiert in: G. Kniebe (Hrsg.): *„Was ist Zeit? – Die Welt zwischen Wesen und Erscheinung.“*, Stuttgart 1993, S. 215f.

[11]   K. Murakami: *„Der göttliche Code des Lebens – Ein neues Verständnis der Genetik.“*, Güllesheim 2008, S. 142f.

nachzugehen haben, wie einer erweiterten Sicht bezüglich Vergangenheit. Denn auch hier lässt sich eine für *unser Bewusstsein* sehr viel entscheidendere Sicht erkennen, als jene oben genannte: *„Vergangenheit enthält Unabänderlichkeit, Gewissheit, Ruhe, Stehenbleiben.“* Meiner eigenen Erfahrung nach ist es zwar richtig, dass wir die Vergangenheit in ihren *Geschehensaspekten* nicht mehr ändern können – sehr wohl aber in ihrer Interpretation für unser Bewusstsein, wodurch sich für die Vergangenheit ein maßgeblich anderes Bild ergeben kann. Bruno Würtenberger in den Kursunterlagen des *Free Spirit* Studienlehrgangs in Bewusstseins-Forschung, alias *Free Spirit*-Bewusstseins-Training, unter dem Titel: *Die Vergangenheit ändern: „Hier begegnen wir zunächst einer wortbedingten Grenze: Natürlich scheint die Vergangenheit bereits unabänderlich stattgefunden zu haben. Ich möchte hier nun auch nicht so weit gehen zu erklären, dass sowohl Vergangenheit wie auch Zukunft jetzt geschieht. Aus quantenphysikalischer Sicht ließe sich dies mittlerweile jedoch beweisen – vorerst einmal im mikrokosmischen Bereich. Aber in Zukunft wird sich uns auch das Mysterium der Vergangenheit, die Zeit, offenbaren. (Dies ist jedoch gegenwärtig nicht Thema.) Wir alle haben in der Vergangenheit bestimmte Erfahrungen gemacht und gewisse Situationen erlebt. Darin enthalten ist Freude wie auch Leid. Auch wenn solche Situationen bisweilen sehr weit zurückliegen, so haben sie dennoch oft gravierenden Einfluss auf unser gegenwärtiges Erleben. Vereinfacht sieht das so aus: War die Erfahrung freudig, so versuchen wir dieses Gefühl ständig zu reproduzieren – wir wollen uns wieder so gut fühlen; war sie schmerzhaft, so versuchen wir jenes Gefühl in Zukunft zu vermeiden. Je älter wir werden, desto mehr werden die vergangenen Erfahrungen unsere Gegenwart bestimmen. Nicht umsonst reden die meisten älteren Menschen so oft von ihrer Vergangenheit. Oft sogar je älter, von desto weiter Zurückliegendem. ... Wir können zwar nicht Geschehenes ungeschehen machen, aber wir können nicht-angenommene Gefühle und Erfahrungen integrieren. Indem wir nun also unsere Vergangenheit genauer unter die Lupe nehmen und noch tiefgehender integrieren, verändert sich jedoch auch unser gegenwärtiges Erleben essenziell. ... Die Menschen bemühen sich ja oft ein Leben lang etwas zu erreichen oder zu vermeiden, mühen sich ab, öffnen sich und arbeiten an sich. Leider letztlich ohne Aussicht auf wirklichen Erfolg. Dies lässt sich ändern. Auch hierzu kann Dir Free Spirit wertvolle Dienste erweisen.“* [12]

Der Augenblick – Oder: Von der Dauer-des-Jetzt (Psychische Präsenz-Zeit)

Wie lange dauert ein sogenannter *Augenblick*? Inwiefern trifft eine derartige Terminologie wie „dauert“ überhaupt zu? Hat der Augenblick, hat das Momentane, eine wahrnehmbare Ausdehnung. Konstituiert und bedingt eine derartige Dauer vielleicht gar unser tagwaches, bewusstes Wahrnehmen? Sind es Minuten, Sekunden oder liegt die Realität des Augenblicks wirklich jenseits der Zeit?

---

[12] B. Würtenberger: *„Free Spirit-Grundkurs – Teil 1“*, Zürich 2005, S. 167.

Manchmal kommt uns ein Augenblick wirklich vor wie eine Ewigkeit. Und es gibt eine Unzahl von Berichten, wo Menschen – während sie einen Unfall erlebten – in Sekundenbruchteilen ihr gesamtes Leben an sich vorbeiziehen sahen. Ebenso berichten aber auch Sportler von ganz ähnlich gelagerten Zeitempfindungen: *„Der brasilianische Fußballstar Pelé zum Beispiel erzählt von einer sonderbaren Ruhe, in der sich Raum und Zeit scheinbar auflösten. In diesen Augenblicken habe er das Gefühl, er könne durch seine Gegenspieler regelrecht hindurchlaufen. Der amerikanische Footballstar John Brodie erinnert sich an das Gefühl, alle Zeit der Welt zu haben, während die gegnerischen Verteidiger auf ihn zurasten. Und mancher Fußballtorwart schwört, er habe die Naht des heranschnellenden Balls im Detail betrachten können. Wer diesen Zustand, die sogenannte Zone erreicht, scheint die Zeit gleichsam anhalten zu können.“* [13]

Wieder ist es die Naturwissenschaft, welche philosophisch neue Räume öffnet, diesmal die Physiologie. Im alten Denken war es uns möglich, dem Bild der sogenannten Skala zu vertrauen – unendliche lineare Dauer. Zeit ist doch zählbar?! Das Materiellste, was es gibt: Messbares! Und was offenbart die Physiologie?! Was im Hintergrund der Dauer lauert, ist das Jenseitigste, was es gibt: Sie entzieht sich als ewiger, goldener Raum, ein Bandwurm-von-Jetzten ... Keinerlei Takt ist möglich: Takt, mit dem wir Zeit messen, ist das Künstlichste, was es gibt. Nur weil wir dieses „Bewusstseins-Band“ im Stakkato zirka alle drei Sekunden zerschnipseln, wird es hiesig und zeitlich. Vertraut man nämlich moderner physiologischer Forschung, so scheint die *„Gegenwart des Gegenwärtigen“* (Augustinus) eine im menschlichen Organismus verankerte und festgelegte Größenordnung zu haben: in etwa die Dauer eines Atemzuges. Innerhalb dieses – als Gegenwart empfundenen Zeitraumes – gelingt uns auch ein Vergleich von Zeitintervallen. Deshalb sind in dieser Größenordnung auch die musikalischen Rhythmen angesiedelt. So orientierten sich die Taktmaße der Musik bis ins 18. Jahrhundert hinein noch an Herz- und Atemrhythmus (vergleiche dazu z.B. die Dynamik heutiger Disco-Techno-Rhythmen). *„Es ist zu vermuten, dass sich das Zeiterleben hier auf die biologische Organisation stützen kann, um den kontinuierlichen Zeitfluss zu stoppen, indem dieser in Einheiten von zyklischer Gestalt gegliedert wird.“* [14]

Heutige Wissenschaft kann durchaus einiges zum Phänomen der Zeitwahrnehmung beitragen. Trotzdem: Es herrscht auch heute noch keine letztgültige Einigkeit unter den Forschern, wenn es darum geht, den wahren Taktgeber unseres Zeitempfindens zu benennen. Einer der bekanntesten Zeitforscher der Gegenwart, Professor Dr. Ernst Pöppel, Leiter des Instituts für medizinische Psychologie der Ludwig Maximilians Universität in München, äußert sich in einem Interview dazu mit folgenden Worten: *Wenn man über zeitliches Erleben nachdenkt, muss man die Zeit aus einer anderen Perspektive*

---

[13] Zitiert in: *„Augenblick oder halbe Ewigkeit – Warum wir die Zeit immer anders empfinden.“*, in: ORF *„Dimensionen – Die Welt der Wissenschaft“*, 2008, von S. Geier.

[14] G. Hildebrandt: *„Zeiterleben und Zeitorganismus.“*, zitiert in: G. Kniebe (Hrsg.): *„Was ist Zeit? – Die Welt zwischen Wesen und Erscheinung.“*, Stuttgart 1993, S. 167.

betrachten, als es die klassische Physik tut. ... Wenn ich den Fluss der Zeit betrachte, die Zeit, die außerhalb meiner selbst dahinfließt, dann kann ich z.B. mich orientieren am Begründer der klassischen Physik, Isaac Newton, der mal gesagt hat: ‚Die Zeit – die allgemeine, mathematische Zeit – fließt gleichförmig dahin, ohne Bezug zu etwas Äußerem.' Das ist irgendwie zu einer Selbstverständlichkeit geworden und wenn man so ein Konzept hat, dann kann man sich vorstellen, na ja – dann ist der Augenblick oder die Gegenwart eine nicht ausgedehnte Grenze zwischen Vergangenheit und Zukunft, also ein Punkt. ... Die Idee, die manche hatten, dass der Augenblick gleichsam nur ein Zeitschnitt ist zwischen Vergangenheit und Zukunft, also gar keine Ausdehnung hat, das ist eben eine törichte Auffassung.“ [15] Und weiter: „*Wir haben sehr viele Taktgeber im Gehirn. Nehmen wir den Taktgeber fürs Gehen. Das normale Gehen sind zwei Schritte pro Sekunde. Oder nehmen wir den Taktgeber des Atmens oder den Taktgeber des Herzens, das sind alles Taktgeber, auf die man sich früher bezogen hat. Ich glaube, wir haben aber in der Tat mindestes zwei Taktgeber gefunden, die notwendig sind, damit wir mit Zeit umgehen können.*“

Zeitgenössische Forschung ortet diese Taktgeber, gemäß ihrer naturwissenschaftlichen Stoßrichtung: im Gehirn – in unserem Kopf, wo unser Bewusstsein sämtliche Wahrnehmung abzuholen scheint. Inmitten von bis zu 100 Milliarden Nervenzellen, den Neuronen. Jedes dieser Neuronen ist, wie man heute weiß, mit bis zu 10000 weiteren, sogenannten Netzwerken, verschaltet. Mit so vielen anderen Neuronen kommuniziert also jede Gehirnzelle. Um Reize von außen physiologisch zu verarbeiten, kommunizieren sie mittels feinster elektrischer Impulse. Signale, die wie in einem äußerst komplexen Datennetzwerk hin- und hergehen. Das geht „blitz-schnell“. Und trotzdem scheint es physiologisch eine Weile zu dauern. Computersimulationen derartiger Kommunikation zeigen: Die Zeit, die eine Information braucht, um physiologisch verarbeitet zu werden, folgt eindeutig bestimmten Größenordnungen und Regeln. Pöppel: „*Und die produzieren innerhalb von neuronalen Schaltkreisen Zeit-Quanten von etwa 30- bis 40-Tausendstel Sekunden, oder 30 bis 40 Millisekunden. Das sind kleine Zeitfenster, innerhalb derer Information aus den verschiedenen Bereichen der Sinnessysteme zusammengefasst wird. Und da gibt es mindestens ein Dutzend verschiedene Experimente, die belegen, dass es die zeit-tote, diese zeit-lose Zone von 30 bis 40 Millisekunden gibt, die hergestellt wird durch neuronale Oszillationen in bestimmten – auch bekannten – neuronalen Netzwerken unseres Gehirns.*“

30 Millisekunden – nur um diese Größenordnung zu veranschaulichen: Das ist etwa jene Zeit, die ein Airbag benötigt um sich nach einem Frontalaufprall aufzublasen. Derart kurz sind also die kleinsten Zeitfenster, welche die Physiologie der Wahrnehmung vorgibt. Ohne die Einhaltung dieses Codes – keine geordnete Wahrnehmung beziehungs-

---

[15] E. Pöppel: „*Augenblick oder halbe Ewigkeit – Warum wir die Zeit immer anders empfinden.*“, in: ORF „*Dimensionen – Die Welt der Wissenschaft*“, 2008, von S. Geier (gilt für mehrere Zitate in Folge).

weise Differenzierbarkeit. Bei, zeitlich gemessen, noch kürzeren Abständen zweier Signal-Reize werden diese nicht mehr als unterscheidbar wahrgenommen. Dies gilt für Seh-, Hör- und Tastsinn gleichermaßen. *„Das heißt, es ist ein Fenster, innerhalb dessen alles als gleichzeitig behandelt wird und insofern ist es auch ein zeitloses Zeitfenster. Zeit kommt dort im üblichen Sinne nicht vor – also wie es in der klassischen Physik ja angenommen wird. Das heißt, die Zeit strömt nicht durch uns hindurch, sondern sie wird erst mal zerhackt.“*

Diese Ergebnisse zeigen, dass die Zeit, die unser Bewusstsein als Moment wahrnehmen kann, kein Punkt-auf-der-physikalischen-Zeitachse ist. Dieser Moment dauert offenbar mindestens 30 Millisekunden. Und das ist auch gut so. Denn während im Orchester unseres Gehirns Informationen verarbeitet werden, während elektrische Impulse von einem Nervenbündel zum anderen jagen, vergeht Zeit und *„... dadurch entsteht eine zeitliche Ungenauigkeit im Gehirn. Und um eine Genauigkeit herzustellen, um etwas aufeinander beziehen zu können, muss es – also so hat sich das Gehirn eben entwickelt – ein Zeitfenster geben, innerhalb dessen alles zusammengezogen wird.“* Ein solches Zeitfenster ist somit ein entscheidender und elementarer Funktionszustand unseres Gehirns. *„Dadurch wird es überhaupt erst möglich, dass wir Hören und Sehen aufeinander beziehen können, dass wir mit unserem Gedächtnis umgehen können. Wenn wir unser Gedächtnis absuchen nach Informationen, dann machen wir das in kontinuierlichen – aber zeitlich von einander unterscheidbaren – Zeitschritten.“* Messungen der Gehirnströme zeigen, dass Sinneswahrnehmungen wie Hören, Tasten, Sehen im Gehirn gleichmäßige Schwingungen in unterschiedlichen Arealen auslösen. Das heißt, das Orchester der Neuronen wird dazu initiiert, die elektrischen Impulse gleichmäßig, in einem bestimmten Takt, zu geben. Und diese Taktfrequenz, die jener bislang unbekannte Dirigent vorgibt, liegt bei etwa 30, 40 Millisekunden. Wie wichtig diese Schwingungen offenbar für unser zeitliches Erleben sind, zeigt sich im OP eines Krankenhauses: Wenn ein Patient unter Betäubungsmittel operiert wird, dann verschwinden diese Schwin- gungen im EEG. Professor Pöppel: *„Die Konsequenz ist, wenn man eine Operation hatte, dann wacht man anders auf als aus dem Schlaf. Man hat das Gefühl: Es ist überhaupt keine Zeit vergangen. Während beim oder nach dem Schlaf, da hab ich sehr wohl dieses Gefühl. Das heißt: Es wird überhaupt keine Information verarbeitet, das Hirn ist in einem gleichsam zeit-toten Zustand. Und diese Beobachtung ist für uns eben auch ein wesentliches Argument dafür, dass es diese grundlegende Taktfrequenz gibt, die notwendig ist, um elementare Ereignisse des Bewusstseins überhaupt zu definieren. Das ist sozusagen die hochfrequente Uhr, die wir haben, an der wir uns orientieren, um dann Zeiterleben daraus zu bauen.“*

Diese 30 bis 40 Millisekunden langen Zeitfenster begrenzen unsere Wahrnehmungen somit nach unten; so lange brauchen wir also mindestens, um unterschiedliche Dinge zu sehen, zu hören oder zu ertasten. Diese *physiologisch* bedingte Funktion ist ein verlässlicher Taktgeber unseres Gehirns. In welchem Zeitintervall findet für unser Bewusstsein physiologisch betrachtet also *Gegenwart* statt – diese von unserem Bewusstsein als

Moment erlebte Zeit, die es meist als zwischen-Vergangenheit-und-Zukunft-angesiedelt denkt? Nach unten ist sie durch die etwa 30 Millisekunden langen Zeitfenster begrenzt. Nach oben allerdings ist sie – wie wir schon sagten – laut den Erfahrungen des Hirnforschers Ernst Pöppel, ebenfalls begrenzt.

„Was wir gemacht haben, mit vielen Experimenten, ist, wir haben die Gegenwart einfach gemessen. Und es stellt sich eben heraus: Gegenwart des Menschen liegt etwa bei 2 bis 3 Sekunden." So lange braucht das Gehirn, um die Welt um sich herum einmal zu analysieren. Alle etwa 2 bis 3 Sekunden machen wir uns somit ein neues Bild von der Welt und ordnen unsere Welt gewissermaßen neu. Experimente dazu gibt es viele. „Zeitliche Bühne" nennt Ernst Pöppel dieses Zeit-Fenster. In diesem Intervall wollen unsere Sinne stets gefüttert werden, damit wir die Welt verstehen. *„Wenn wir etwas vergleichen – ob etwas mehr oder weniger ist, was man permanent ja macht! – schöner, besser, leichter, schwerer usw. – dann müssen die beiden Informationen in einem Zeitfenster von 3 Sekunden gegeben werden. Denn wenn der zeitliche Abstand größer ist, dann wird immer das zuletzt Gegebene überschätzt, d.h. das, was vorher gegeben wurde, verschwindet gleichsam aus dem Bewusstsein, und das heißt, wir machen eine falsche Beurteilung."*

Die „zeitliche Bühne" stellt somit eine logistische Funktion unseres Gehirns – und damit unseres Verstandes – dar und das konstant über alle Kulturkreise hinweg! Das Phänomen des Erlebens einer Dauer ist paradox. Erleben wir etwas als interessant, scheint die Zeit vorüberzufliegen, schauen wir später zurück, erscheint sie uns lang. Sind wir furchtbar gelangweilt, zieht sich die Zeit wie ein Gummiband. Erinnern wir uns aber später daran, erscheint dieses quälende Warten eher kurz. Wie ist das möglich? Es ist die „zeitliche Bühne", mit der Professor Pöppel dies zu erklären versucht. Wenn wenig Interessantes passiert in diesem Zeitfenster, dann bekommt unser Gehirn wenig Information. D.h. es wird nur wenig abgespeichert. *„Interessanterweise ist dann der Effekt: Weil es langweilig ist, wird meine Aufmerksamkeit gelenkt auf die Informationsverarbeitung selber und das wird dann als langweilig empfunden. Während wenn viel erlebt, viel verarbeitet wird, dann ist meine Aufmerksamkeit gar nicht mit dem Zeitfluss beschäftigt, sondern es sind die Inhalte, die mich interessieren. D.h.: Jedes 30 Millisekunden-Fenster wird durch neue Information, die wichtig ist um etwas zu erkennen, besetzt. Ich staple sozusagen gleichsam in einem 3-Sekunden-Fenster relativ viel Information. Und dann habe ich auch schon die Erklärung dafür, dass ich etwas als schnell, im Rückblick – oder als lang oder als kurz erleben kann."*

Inzwischen ist die Forschung so weit, auch wenn die Suche nach dem Taktgeber im Gehirn immer noch auf Hochtouren läuft, dass viele Forscher es für höchst unwahrscheinlich halten, dass unser Zeitempfinden von einer Stelle in einem bestimmten Teil unseres Gehirns gesteuert wird. Zwar umstritten, glauben viele Hirnforscher doch, dass das Gehirn seine Zeitwahrnehmung selbst organisiert. D.h.: Erst durch das Zusammenspiel vieler unterschiedlicher Hirnregionen kommt zustande, was unser Bewusstsein als

Zeitwahrnehmung empfindet. Einen physiologischen Dirigenten, der dieses Zusammenspiel steuert, scheint es aber nicht zu geben. [16] Subjektives Zeitempfinden wird heute in Ansätzen erklärbar. Die Wissenschaft meint es sogar zum Teil messen zu können. Wie es entsteht, warum wir Zeit unterschiedlich empfinden, oder auch, was der biologische Sinn davon ist – diese Fragen sind bis heute nicht wirklich zu beantworten, da vieles ungeklärt ist. Univ.-Prof. Pascal Wallisch von der Universität Chicago und Autor der Studie „*Zeiterleben in der Tempogesellschaft*": „*Was mich als Wissenschaftler so interessiert: Man kann ja hier noch Pionier sein, also die wichtigsten Fragen sind noch völlig ungeklärt, völlig offen. Also nicht so wie zum Beispiel in der visuellen Wahrnehmung, wo man nur noch die Details einfügt. Aber in der Zeitwahrnehmung sind die wichtigsten Fragen noch vollkommen offen.*" [17] Der Zeitforscher Pöppel ist sich sicher: „*Wenn die Frage der Zeitwahrnehmung geklärt ist, folgen weitere wichtige Erkenntnisse. ... Erleben – nicht nur Zeiterleben, sondern der Umgang mit der Zeitlichkeit von Information – ist die Grundlage um überhaupt kognitive Prozesse, Denkprozesse, Wahrnehmungsprozesse zu verstehen.*" [18] Fest steht letztlich primär eines – soweit die Wissenschaft: Wir empfinden nie „*Zeit*", sondern lediglich das, was (in ihr) stattfindet.

Vom freien Umgang mit Zeit. Emanzipation bezüglich der Kulturinstitution „*Uhr*"

„*Auf der einen Seite versucht man sich die Zeit einzuteilen. Aber wissen Sie, wenn man in einem ganz dunklen Raum ohne Licht ist, dann wird die Zeit-an-sich zum Problem. Sie wird zu einer richtigen Obsession. Man wird fast besessen von ihr.*" [19] Dies sagt die italienische Journalistin Giuliana Sgrena über die wohl schlimmsten Wochen ihres Lebens. Im Februar 2005 wurde sie im Irak von Unbekannten entführt, eingesperrt und von der Außenwelt abgeschottet. „*Gleich am Anfang wollten sie mir meine Uhr wegnehmen. Ich habe eine Geschichte erfunden, nur um sie zu behalten – habe gesagt, sie sei ein Geschenk meiner Mutter. Ich wusste, wenn sie mir die Uhr wegnehmen, bin ich von der Außenwelt völlig abgeschnitten.*" Giuliana Sgrena verbrachte letztlich vier Wochen in der Gewalt ihrer Entführer. Ein Mensch, der in solch einer Situation nichts hat, um sich in seiner Unfreiheit, Angst und Ruhelosigkeit zu orientieren, oder schlichtweg die Zeit-zu-vertreiben, erlebt solches letztlich als Folter.

Auch wenn es oft allen Anschein hat, als hätte sich die Menschheit unserer Gegenwartskultur von der natürlichen Zeitordnung und ihren Rhythmen fortschreitend

---

[16] Siehe auch Kapitel 10: Überzeugung und Gesundheit, Anmerkung 39.

[17] P. Wallisch: „*Augenblick oder halbe Ewigkeit – Warum wir die Zeit immer anders empfinden.*", in: *ORF Dimensionen – Die Welt der Wissenschaft, 2008*, von S. Geier.

[18] E. Pöppel: „*Augenblick oder halbe Ewigkeit – Warum wir die Zeit immer anders empfinden.*", in: *ORF Dimensionen – Die Welt der Wissenschaft, 2008*, von S. Geier.

[19] G. Sgrena: „*Augenblick oder halbe Ewigkeit – Warum wir die Zeit immer anders empfinden.*", in: *ORF Dimensionen – Die Welt der Wissenschaft, 2008*, von S. Geier (gilt auch für das nächste Zitat in Folge). '

emanzipiert – es gibt die Zeiten, wo wir uns unserer Abhängigkeit von Zeit sehr bewusst werden. Und dies nicht nur in derart extremen Situationen wie der oben erlebten. Wir haben die alte Knechtschaft – auch im alltäglichen Leben – meist lediglich gegen eine neue eingetauscht: jene der Uhr. Zeit scheint essenziell wichtig für das Erleben unserer *Identität*, welche von unserem Verstandesbewusstsein konstituiert und getragen ist. Die heutige Welt da draußen ist, mehr als jemals zuvor, eine *zeitliche Welt* geworden. Werden Menschen von diesem Bezug abgeschnitten, geraten sie – durchaus auch in Alltagssituationen – in Unruhe oder gar Panik.

Ein beredtes Beispiel einer gewachsenen Kultur ohne Einengung durch eine vom Leben abstrahierte, festlegende Zeitmessung – und somit für die Andersartigkeit eines derartigen Bewusstseins – und seines Erlebens ohne Uhr – ist Afrika. Hier werden Kultur und Leben nach wie vor durch eine sehr viel andere Art der Zeiterfahrung bestimmt – die so in den westlichen Industrieländern kaum mehr anzutreffen ist. Jakoba Konaté, der an der Universität von Abidschan (Elfenbeinküste) Philosophie unterrichtet, schildert den Zeitbegriff aus afrikanischer Sicht: *„Tatsächlich ist die Frage nach der Zeit von besonderer Bedeutung. Sie hat nicht nur die metaphysische Tradition der Philosophie beschäftigt, sondern auch die Kulturen unterschiedlich geprägt. Die Verbreitung von Armbanduhren war das Schlimmste, was die Europäer den Afrikanern angetan haben. Wenn man den Zeitbegriff des Afrikaners betrachtet, ist man von seinem großzügigen Umgang mit der Zeit überrascht. Das afrikanische Lebensgefühl kennt keine Herrschaft der Zeit. Es akzeptiert keineswegs die strikte Einteilung von fixer Arbeitszeit und dem Vergnügen danach. So unterbricht der Afrikaner sehr gern seine Arbeit, wenn es darum geht, Feste zu feiern. Das afrikanische Denken stellt den einzelnen konkreten Menschen in den Mittelpunkt der Überlegungen. Nicht die Erkenntnissteigerung auf wissenschaftlichem Gebiet steht im Vordergrund, sondern die Sorge um den einzelnen Menschen. Es ist die Aufgabe jedes Menschen, eine möglichst genaue Kenntnis seiner eigenen Person zu erlangen, seine Stärken und Schwächen, seine Vorlieben und Abneigungen herauszufinden, um dann eine Balance zu erlangen, die ein Zusammenleben in der Gemeinschaft überhaupt erst ermöglicht. Diese Aufforderung: ,Erkenne Dich selbst.' – taucht im afrikanischen Denken immer wieder auf und schließt somit an jene Tradition an, die die Philosophie als Geburtshilfe für ein menschenwürdiges Leben verstand. Philosophie wird daher zu einem Dialog mit den anderen. Die Bedeutung des Humanen, das Offensein für die Sorgen und Nöte der Mitmenschen, ist ein zentrales Anliegen afrikanischer Philosophie: Lebenswelten der Menschen miteinander verbinden, um so die Voraussetzung für ein harmonisches Leben zu schaffen. Dieser Dialog sollte von keinem Dogmatismus belastet werden, wie er etwa in verschiedenen Religionen zum Ausdruck kommt."* [20]

Folgen wir obigen Gedankengängen, wird deutlich, dass es entscheidend sein könnte, als Menschen zu begreifen, dass Uhren ursächlich wohl nicht konstruiert wurden, um

---

[20] J. Konaté, in: *„Philosophie, die an der Zeit ist."*, Transkription, in: *ORF, Radiokolleg, 2009,* von: N. Halmer.

die Zeit zu messen, sondern dass es Maschinen sind, die Menschen entscheidend dabei unterstützen können, ihre Handlungen aufeinander abzustimmen. Viele der anderen Funktionen, für die Uhren heute verwendet werden, stellen leider einen in die Dekadenz geratenen Missbrauch dar und wirken heute mehr und mehr einer gesunden Lebensführung entgegen.

Für den Chaosforscher, promovierten Physiker, Philosophen und Profi-Tänzer Marco Wehr erweist sich das Phänomen menschlicher Hinwendung – weg vom Jetzt und zwecks ständiger Planung hin zu einer zwangweise vorstellbaren Zukunft – als das eigenartigste Dilemma bezüglich Präsenz und Hingabebereitschaft. Und er schreibt: *„Planbarkeit – ein Narkotikum gegen die Angst vor dem Ungestalteten."* [21]

Bruno Würtenberger, diesmal als inspirierter Zeit-Genosse ...: *„Tja, ich denke, wir sollten uns 'mal wieder Gedanken über die Zeit machen. Ich unterscheide grundsätzlich zwischen der herkömmlichen Bezeichnung **Zeit** und **Echtzeit**. Herkömmliche Zeit vergeht. Manchmal rennt sie einem davon, dann wieder scheint sie gar nicht zu vergehen, manchmal schlägt man sie tot und wieder ein anderes Mal verliert man sie. Die normale Zeit ist ein komplett verrücktes Gebilde, wild, unkontrollierbar, unberechenbar, chaotisch und – absolut illusionär. Diese Art von Zeit quält den Menschen, hat die Neigung ihn zu versklaven und so manches Mal auch ihn zum Wahnsinn zu treiben. Eigentlich gar nicht so schlecht für etwas, das eigentlich gar nicht existiert ... Zeit ist immer Vergangenheit. Sobald sie existiert, ist sie schon vorbei. Das Einzige, was Du von ihr sehen kannst, ist somit ihre Leiche. Kennt ihr die Geschichte jener Eingeborenen, die, als ein Schiff mit zivilisierten Menschen an ihrer Insel anlegte, zu diesen sagten: ‚Ihr habt die Uhren, wir aber haben die Zeit!' Was sie erkannt hatten, war genau das: Wer eine Uhr besitzt, kann nur noch jene Zeit erfassen, welche bereits vergangen ist. Denn keine Uhr vermag jemals den Augenblick zu erfassen. Ja, Zeit in diesem Sinne wird immer erst dann wahrgenommen, wenn sie vorbei ist. ... Jedes Mal, wenn Du auf die Uhr schaust, wird Dir tendenziell bewusst, dass Du sterben wirst. Das macht Angst. Und je bewusster Dir das wird – das wirst Du noch bemerken – desto schneller scheint Deine Lebensuhr zu ticken. Je eher ein Mensch sich nach der normalen Zeit richtet, desto größer wird diese Angst werden. ... Die Zeit ernstzunehmen, ist – und macht – krank! Ein Segen für alle älteren Menschen, welche es irgendwann dann doch geschafft haben, die Uhr beiseite zu legen und sich wieder der **Echtzeit** annähern. Echtzeit, das bedeutet für mich: Jene Zeit, in welcher Du vollkommen aufgehst und darob jegliches Zeitgefühl verloren hast. Sie kann ewig dauern. Du wirst jetzt vermutlich denken, dass dies nicht ganz richtig sei, dass Du schon des Öfteren die Echtzeit erlebt hast und sie eigentlich viel zu schnell vorbeiging. Dabei jedoch handelt es sich um einen Irrtum. Wie konntest Du es überhaupt bemerken, dass Du gerade eben noch in Echtzeit versunken oder aufgeblüht warst? Nur, indem Du kurz vor dieser Wahrnehmung wieder aus ihr herausgetreten bist. Denn erst, wenn Du*

---

[21] M. Wehr: *„Welche Farbe hat die Zeit?"*, Frankfurt 2007 S. 40
Siehe auch Kap. 24: Visionen und Ziele, Anmerkung 24.

draußen bist, wenn Du das Zentrum des Seins – jenseits der Zeit – verlassen hast, bist Du in der Lage, es zu bemerken. Innerhalb der Echtzeit hast Du nämlich nicht bloß die Zeit, sondern – Hand in Hand damit – auch Deinen Zeit-zeugenden Verstand vergessen!"
So wie man nur die vergangene Zeit beobachten kann, kann man innerhalb dieser Zeit auch bloß sein vergangenes Leben wahrnehmen. Und da dies relativ unbefriedigend ist, flüchten sich die Menschen in die Zukunft. Da die Zukunft jedoch gleicher Natur ist und sich im selben System befindet, ist auch sie tot. Wenn man wirklich flüchten möchte, dann sollte man sich in die Gegenwart, in den Augenblick flüchten. Es ist das Einzige, was funktioniert. Dort, respektive hier, befindet sich das Leben. Du kannst überall nach ihm suchen, in einem fernen Land, einem schönen Haus, einem tollen Job, einer schönen Frau oder einem schönen Mann. Du wirst es niemals finden können, solange Du es nicht in Dir und im Augenblick suchst. Der normalen Zeit kann man bloß hinterherhinken, nur innerhalb der Echtzeit gelingt es, der Zeit voraus zu sein. Manchmal, wenn ein großer Geist die Menschheit beehrte, sagt man, dass dieser der Zeit voraus war. Und es ist wahr – man kann der Zeit voraus sein! Große Erfindungen, unvergleichliche Symphonien, große Taten werden in Herzen geboren, welche ihrer Zeit voraus sind. Solches ist nicht in Schulen und Universitäten zu lernen. Woher kommt die Genialität solcher Menschen? Wo haben sie das gelernt, wovon wir selbst heute noch so beeindruckt sind? Wieso sind diese Menschen noch derart lange Zeit nach ihrem physischen Ableben so lebendig? – Wer aus der Ewigkeit schöpft, der schöpft für die Ewigkeit! Ja, die so genannte Ewigkeit ist kein Gefüge unendlich-langen-Zeitflusses, wie man gemeinhin annimmt. Sie liegt vielmehr jenseits der Normalzeit im Bereiche der Unvergänglichkeit. Ja, nur in einem Raum der Zeitlosigkeit begegnet man der Unvergänglichkeit, der ewigen Jugend, der Erleuchtung. Jenseits der Zeit liegt unser Ziel der innigsten Sehnsucht. Nur dort schaffen wir es, dem größten aller Wunder zu begegnen: uns selbst. Und nur dort ist es weiters möglich, wahrhaftig einem anderen zu begegnen. Alles außerhalb davon bleibt an der Oberfläche." [22]

Quantenphysik: Jenseits der Zeit. Von wo kosmische Kräfte das Leben bestimmen

Auch in der Welt der Elementarteilchen prägt In-*forma*-tion das wechselseitige Geschehen. Quanten, die kleinsten Elementarteilchen, tauschen – wie mittlerweile vielerorts experimentell bestätigt – Informationen miteinander aus. Die heutige Forschung betrachtete es bis vor kurzem als mehr oder minder wissenschaftlich erwiesen, dass alles, was wir sind und alles, was uns irdisch und kosmisch umgibt, aus sogenannten Quanten bestehe. Doch quantenphysikalische Experimente aus dem Beginn dieses Jahrhundert lassen einen erweiterten Schluss zu, nämlich: dass Informations-Übertragung auf dieser mikrokosmischen Quantenebene offensichtlich jenseits-von-Zeit geschieht.

---

[22] B. Würtenberger: „*Sein im Zentrum der Mitte*", Zürich 2007, S. 193f.

Die beobachteten „Nicht-Lokalitäts-Phänomene" [23] im Experimentablauf gehorchen keiner wissenschaftlich bekannten Informationsübertragung und lassen sich laut dem Experimentleiter, dem an der Uni-Genf arbeitenden Quantenphysiker Professor Antoine Suarez auch nicht in zeitlichen Begriffen, wie *vorher* oder *nachher* interpretieren, sprich einordnen. Sie entziehen sich jeglichem, herkömmlich wissenschaftlichen Verständnis. Was Suarez für sich selbst als naheliegendsten Schluss zu ziehen bereit ist: Das Geschehen auf dieser Mikroebene wird ganz offensichtlich von einem physikalisch ungreifbaren *Intelligenz-Feld* bestimmt. Oder wie er es formuliert: von einer „*unsichtbar mächtigen Intelligenz – allgegenwärtig und allmächtig.*" [24] Und – kann dies etwa bedeuten, dass nichts-und-niemand aus dieser Domain-jenseits-der-Zeit – egal, wie wir sie jetzt in Worten bezeichnen wollen – herausfallen kann. Werden wir etwa alle von dieser In-*forma*-tions-Kraft gelenkt ...? Und: Liegt unsere menschliche Freiheit letztlich darin, bewusstseinsmäßig zu erkennen und anzuerkennen, dass es so ist, um mit dieser Kraft – als vollbewusste Menschen – intuitiv übereinzustimmen ...?! Quasi: als sich-ihrer-selbst-bewusste-Menschen mit dem Sein in Kommunikation zu treten, um letztlich *in Verbindung* zu sein – mit dem Sein jenseits der Zeit (sowie dem sie konstituierenden Verstand)? Doch: Mehr zu diesen Einschätzungen später, an entsprechender Stelle ...

Zurück nun zu Suarez' in Wissenschaftskreisen höchst beachtetem Experiment. Im Detail: Suarez führte sein berühmtes „before-before"- oder „Suarez-Scarani-Experiment" während der Jahre 2002 / 2003 durch; mit geradezu sensationellem Ergebnis. Einerseits bestätigte sich erneut jene eigentümliche „telepathische Fernwirkung" zwischen Quanten, genannt „Nicht-Lokalität". Andererseits stellte sich durch Suarez' raffiniert angelegtes Experiment noch eine andere unglaublich anmutende Realität *jenseits* dieser Mikroebene – sie beeinflussend – heraus. Da man bislang aber weder den Funktionszusammenhang noch den Mechanismus der Informationsübertragung kennt, mutet das Ganze eher wie ein „Wunder" an, als ein physikalisch fassbares, naturgesetzliches Prinzip. Suarez stellte für sein Experiment zunächst jeweils spezielle Photonen („Lichtteilchen") her: Die Laserblitze schießen durch einen Kristall und lassen dabei Photonen-Zwillingspaare entstehen. Die Experimentiervorrichtung zwingt in der Folge beide Teilchen dazu, in entgegengesetzte Richtungen zu fliegen. Auf ihrem jeweiligen Weg passiert ein jedes von ihnen ein raffiniert ausgeklügeltes System von halb durchlässigen Spiegeln. Ein Zufallgenerator programmiert beide Spiegel – unabhängig von

---

[23] „Nicht-Lokalität" ist ein Begriff aus der Quantenphysik und beschreibt das Phänomen, dass Wechselwirkung (Information) – zeitgleich(!) – nicht bloß zwischen zwei Objekten eintreten kann, wenn sie sich am gleichen Ort und zur selben Zeit befinden („Lokalität"), sondern – überraschend – eben auch zwischen zwei Objekten, die sich zur *selben* Zeit an höchst *verschiedenen* Orten befinden.
Siehe auch Kapitel 18: In-*forma*-tion – und andere Felder ..., Anmerkung 35, 41
Siehe auch Kapitel 6: Chaos und Strukturen der Ordnung, Anmerkung 22.

[24] A. Suarez: „*Nicht-lokale Kausalität – Weist die heutige Physik über die Physik hinaus?*", in: H. Thomas: „*Naturherrschaft – Wie Mensch und Welt sich in der Wissenschaft begegnen.*", Köln 1990, S. 142f. Siehe auch Kapitel 19: Leben – ein Diskurs, Anmerkung 17.

einander – mal auf durchlässig, dann wieder auf undurchlässig. Ob die Photonen den Spiegel letztlich passieren, wird von einer Messapparatur hinter den jeweiligen Spiegeln registriert. Da der gesamte Versuchsablauf dem Zufall unterliegt, durfte man vorab annehmen, dass auch das Gesamtergebnis – ob eines der beiden Photonen den eigenen Spiegel passiert oder nicht – eine rein zufällig-chaotische Folge zeigen werde. Nach Einsatz unzähliger Photonen-Pärchen, entsprechend den genannten Zufallsbedingungen, war jedoch das genaue Gegenteil der Fall. Es ergab sich ein überraschend anderes Bild. Der Zufall war aufgehoben – jedes Photon verhielt sich exakt wie sein Zwillings-Geschwister: Passierte das eine Photon seinen Spiegel, kam auch sein Zwilling durch; und umgekehrt: Blieb das eine hängen, war auch für das andere Schluss der Reise. Und mit das Verblüffendste dabei: Es war ohne Bedeutung, ob die Spiegel grad auf Durchlassen oder Stoppen eingestellt waren. Das Experiment zeigt jedenfalls, dass eine Trennung die Teilchen *irgendwie* doch nicht voneinander entzweit – bloß: Wie bleiben die beiden miteinander verbunden?! „Verschränkung" nennt die Physik diesen wundersamen Akt koordinierten Quanten-Informations-Geschehens. Nur: *Wie* allerdings in diesem Fall ein derartiges Geschehen zustande kommt – da geraten auch Quantenphysiker wie Suarez an die Grenzen des menschlichen Geistes: *„Hier ist eine mächtige, unsichtbare Intelligenz am Werk ..."* Das experimentelle „Wunder von Genf" gilt heute jedenfalls als wissenschaftlich ernstzunehmender Hinweis darauf, dass hinter der sichtbaren Welt unsichtbare Kräfte walten, welche das gesamte Geschehen auf unvorstellbare Weise bestimmen. Ausgehend von diesem Experimentergebnis, wird man sich mit wissenschaftlich höchst revolutionären Konsequenzen für die makroskopische Welt anfreunden dürfen: Da alle Materie letztlich aus Quanten besteht, bedeutet dies wohl, dass selbst etwa 14 Milliarden Jahre nach dem „Urknall" noch alles-mit-allem in Kommunikation steht und somit *informativ* verbunden sein dürfte ...

Die aktuelle Frage, welche sich dadurch konkret stellt: Welche Bedeutung haben diese Erkenntnisse für Phänomene wie Intuition, Präkognition (Vorahnung), Reinkarnations-Erfahrungen, Telepathie (Gedankenübertragung) oder auch für die Synchronizität gleichartiger Ereignisse? Könnte es gar sein, dass nichts in unserem Gehirn, beziehungsweise in unserem *Informationsystem alias Bewusstsein* geschehen kann, ohne dass irgendetwas irgendwo im Universum darauf reagiert – und umgekehrt? Bezeichnenderweise deuten diese jüngsten Erkenntnisse der Quantenphysik darauf hin, dass wir aus wissenschaftlich-experimentellen Gründen den Kosmos auf eine völlig neuartige Weise als ein Ganzes ansehen müssen. Welche Ideen entwickeln Quantenphysiker dafür, wie dieses Quantenwissen über Zeit und Raum in alle Teile der Materie – und somit auch in unseren Körper, unseren Geist – eindringen kann?

Welches Verständnis derart *„telepathischer Botschaften"* bestimmt heutzutage vermehrt den wissenschaftlichen Diskurs und wird von Seiten der Quantenphysiker lanciert ...? Dazu – später.

Dies war Suarez' erster Streich, doch der zweite folgt sogleich ...! In einer weiteren Variante seines Versuchs wandelte Suarez sein Experiment nämlich insofern ab, als er die Zwillings-Photonen nun zusätzlich durch ein dynamisches Spiegel-System schickte. Dabei wurden nun auch die Spiegel mit hoher Geschwindigkeit von der „Photonenquelle" wegbewegt. Dadurch befanden sich die Teilchen – wieder nach dem Zufallsprinzip gesteuert – in unterschiedlichen Zeitsystemen: mal in einem *schnellen*, mal in einem *langsamen* System. Mit den Folgen, die Einsteins Relativitätstheorie beschreibt und die experimentell bewiesen sind: In schnellen Systemen – wie Flugzeugen oder Raketen – verläuft die Zeit langsamer (Was immer das naturwissenschaftlich im Detail bedeutet ...)

Es traf jedenfalls auch auf Suarez' Experiment zu: Bei der Messung im *Zeitsystem des stehenden Spiegels* trifft das Photon *hier* früher auf als das andere Photon auf den schnellen Spiegel; bei der Messung im *Zeitsystem des schnellen Spiegel*s trifft das Photon *hier* früher auf als das andere auf den stehenden Spiegel. Welches Teilchen zuerst auftrifft, ist also relativ – es gibt dabei kein absolutes Vorher und Nachher. Das bedeutet: Keines der beiden Teilchen kommt „als erstes" an! Somit steht für eine Absprache über konformes Verhalten keinem von beiden auch nur die geringste Zeit zur Verfügung – dennoch taten sie exakt dasselbe. Suarez' ungeheuerliche Schlussfolgerung: *Bei der Wechselbeziehung zwischen den Teilchen steht die Zeit still. Es ist, als ob bei der Quanten-Telepathie die Zeit außer Kraft gesetzt ist.* Unter dem Titel: „*Entanglement and Time*" (Verschränkung und Zeit; KP.) schreibt Antoine Suarez im November 2003 in einer Ausgabe der Wissenschaftszeitschrift „*quant-ph / 0311004*", seine Darlegung abschließend, Folgendes: „*... Angenommen, diese Ereignisse treten ohne ein Anzeichen von Zeitfluss auf, wie es die Quantenmechanik voraussagt – und auch die Experimentalergebnisse bestätigen – so ist dies genau die Art, wie die Dinge in der Natur geschehen. Als wesentliche Folgerung dieser Experimente zur Quanten-Verschränkung müssen die Überzeugungen fallen gelassen werden, dass physikalische Ursachen (Kausalität) notwendigerweise auf einem beobachtbaren Signal gründen. Quanten-Verschränkung untermauert die Idee, dass die Welt tiefer ist als die sichtbare und sie enthüllt eine Domain des Daseins, die nicht in Begriffen von Raum und Zeit beschrieben werden kann. In diesem nicht-lokalen Quanten-Reich herrscht Bedingtheit ohne Zeit. Die Dinge entwickeln sich, jedoch – ohne dass die Zeit hier vorbeikommt...* " [25] (Übersetzung: KP.)

Wie aber kann die Zeit hier außer Kraft gesetzt sein? Zu einer derartigen Informationsübertragung-jenseits-der-Zeit, erklärt Suarez: Teilchen, die miteinander durch eine Wechselwirkung verknüpft sind, werden zu Bestandteilen eines unteilbaren Systems – sie sind zeitgleich über einen gewissen Raum verteilt. Quanten können sich zur selben Zeit z.B. in Wien *und* Berlin aufhalten: Sie sind non-lokal – sozusagen: überall. Und, hinter dieser Non-Lokalität könnte sich das eigentlich Unfassbare verbergen. Denn eine derartige Vorstellung von *Allgegenwärtigkeit* oder *Allwissenheit* ist, menschheitlich

---

[25] A. Suarez: „*Entanglement and Time.*", in: *quant-ph / 0311004*; 2003/11.

betrachtet, bislang nur aus den Termini von Religionen bekannt. Die Quantenphysik lässt jedenfalls ein völlig neues Weltbild erkennen. Was in diesem Zusammenhang noch aussteht, ist der interdisziplinäre Brückenschlag zur modernen Hirnforschung und eine Klärung der Frage: Was, beziehungsweise welcher Geist, steuert die Quanten, welche unser Universum informell vernetzt halten und somit – naheliegend – auch unser physisches Gehirn und im Weiteren auch unser Bewusstsein? Sind Quanten als Informations-Träger Auslöser eines freien Menschen-Willens, oder ist der Mensch in erster Linie von seinen Emotionen und seiner Intuition gesteuert? Oder ist beides gar dasselbe ...?!

Es gibt allerdings daraus noch eine weitere Konsequenz für Psychologie, Soziologie und Gehirnforschung, die Thematik „Bewusstsein und menschliche Freiheit" betreffend. Näheres dazu aber später in Kapitel 21: Kreative Feldaspekte des Bewusstseins.

Zeit oder – *Echtzeit*?

Die kommenden Zitate in diesem Kapitel sind allesamt von Bruno Würtenberger: „*Wenn Du es eilig hast, dann nimm Dir Zeit. Den Weg des Herzens kann man ganz ruhig, gemächlich und ohne Stress gehen und dennoch kommt man schneller ans Ziel, denn es ist der kürzeste Weg, den es gibt. ... Alles in unserer Welt scheint an bestimmte Zeiträume gebunden zu sein. Ich möchte jetzt hier keine wissenschaftliche Abhandlung über die Zeit verfassen und ich bin mir auch bewusst, dass ich es euch nicht plausibel vermitteln kann, dass es keine Zeit gibt. Und dennoch ist es mir wichtig, euch über die Relativität der Zeit zu berichten. Vielleicht hast Du schon einmal folgende Situation erlebt: Die Uhr in Deiner Küche zeigt fünf nach zwei, jene am Kirchturm gegenüber zeigt zwei, Deine Armbanduhr hat gerade zwei Minuten vor zwei und Dein Wecker steht auf zehn vor zwei. In solchen Situationen bemerkst Du, dass es nicht wirklich einen großen Unterschied macht, ob es nun fünf vor oder fünf nach ist. Du spürst intuitiv, dass diese Art von Zeit eigentlich egal ist und irgendwie willkürlich festgelegt wurde. Natürlich ist Dein Eindruck sehr subjektiv und alles andere als wissenschaftlich, aber so ganz falsch ist er trotzdem nicht. Genau genommen erlebst Du die Relativität der Zeit täglich. Du weißt zum Beispiel, dass fünf Minuten nicht immer fünf Minuten sind ... Etwa dann, wenn Du am Telefon warten musst oder Deine große Liebe am Bahnhof verabschiedest. Oder beim Zahnarzt, da sind wahrscheinlich die fünf Minuten bedeutend länger – erst recht, wenn Du auf dieses Watteröllchen beißen musst, bis die Füllung gehärtet ist – als etwa dann, wenn Dir gerade jemand wohltuend den Nacken massiert? Du erlebst also ganz hochinteressante Zeitphänomene, ohne sie richtig zu beachten. ... Stell Dir bloß 'mal vor, dass Vergangenheit, Gegenwart und Zukunft gleichzeitig existieren. Wie würdest Du es dann begründen, dass die Vergangenheit Dich beeinflusst? Wie wäre es denn mit etwas wie dem Karmagesetz oder mit Deinen vorherigen oder zukünftigen Inkarnationen? Kannst Du Dir vorstellen, wie relativ plötzlich auch ein Begriff wie Räumlichkeit wäre?*

Hast Du schon einmal geträumt im Mittelalter zu sein? Hast Du dort vielleicht sogar gekämpft oder musstest Du in einem anderen Traum schon einmal vor etwas oder jemandem fliehen, hast um Dein Leben gekämpft, mit Menschen gesprochen, sie berührt und gehört, Häuser betreten und Arbeiten verrichtet? Hast Du vielleicht schon jemanden geliebt in Deinen Träumen? Und, waren diese Erfahrungen nicht genauso realistisch wie diejenigen Deines irdischen Alltags? Wer vermag da zu sagen, was Wirklichkeit ist und was nicht? Was, wenn beides Wirklichkeit ist und beide Realitäten gleichbedeutend wären? Was, wenn Du für die Handlungen in Deinen Träumen ebenso verantwortlich wärest wie für jene in Deinem sogenannten täglichen Leben?" [26]

„Und hier noch etwas zum Nachdenken: Die Zeit ist kein Fluss, der vorüberzieht, sie ist immer: jetzt – immer Augenblick. Du wanderst durch die Zeit hindurch! Dies lässt den scheinbaren Zeitfluss entstehen. Eigentlich aber steht die Zeit still, nur Du bewegst Dich durch den Augenblick hindurch ... die perfekte Illusion." [27]

Meditation – kompromisslos gegenwärtig – Oder: Von der Macht der Präsenz

„Die meisten Menschen verstehen unter Allgegenwart, dass man überall gleichzeitig sein müsse und denken, dass das wohl sehr schwierig sei. Und in der Tat, das wäre es auch. Aber in welcher Zeit liegt denn die Gegenwart? Im Hier und Jetzt. Wenn sie also hier und jetzt ist, so bedeutet das, dass Du in dem Moment, wo Du ... im Hier und Jetzt bist, allgegenwärtig bist. Ja, Du bist allem gewahr, was jetzt gerade ist, allem, wo Du gerade bist – und das kann überall sein. Und in der Tat heißt Allgegenwart: überall, wo Du bist, einfach gegenwärtig, voll präsent sein; nicht mehr, aber auch nicht weniger." [28]

„Meditation kann nur im Hier und Jetzt sein. Meditationen, welche Vergangenes oder Zukünftiges zum Inhalt haben, sind keine Meditationen. Meditation ist bedingungsloses Wahrnehmen dessen, was ist. Nicht was war oder sein wird. Über Vergangenes oder Zukünftiges lässt sich bloß nachdenken. Die wirkliche Gegenwart jedoch – der Augenblick – ist undenkbar. Sie lässt Dir keine Zeit zum Denken. Deshalb bezeichnet man den Zustand der Meditation als zeitlos. Nicht weil Zeit im Augenblick nicht existieren würde, sondern weil sie nicht vorhanden ist. Du musst diese Aussage nicht verstehen, trotzdem kannst Du deren Sinn erfassen. Nimm sie einfach 'mal so hin. Solche mysteriösen Aussagen sind wie kleine Samen, man weiß nie, welche Frucht sie entfalten werden. Lässt man sie setzen, lässt man sie ruhen, dann entfalten sie sich früher oder später und geben ihre ganze Pracht preis.

Wenn also Meditation im Augenblick allein möglich ist, so bietet sich keine andere Möglichkeit, als zu beobachten. Beobachte das Jetzt und wenn Du dies lange genug tust,

---

[26] B. Würtenberger: „*Klartext*" (2002), Zürich 2009, S. 118f.

[27] B. Würtenberger: „*Heldenduft*", (noch unveröffentlicht), S. 41.

[28] B. Würtenberger: „*Free Spirit-Grundkurs – Teil 1*", Zürich 2005, S. 177.

wirst Du in eine Gegenwart eintauchen, welche am ehesten als All-Gegenwart bezeichnet werden kann. Immer wenn Du gegenwärtig bist, tauchst Du ins All ein, wirst Du zum Universum und alle Grenzen verblassen im Hinblick auf Dein Sein im Augenblick der Gegenwärtigkeit. Du bist dann immer da präsent, wo Du gerade bist. Das genügt. Das ist Meditation. Sie veranlasst Dich nicht, etwas zu verändern, zu verstehen oder etwas Bestimmtes zu sein. Der augenblickliche Moment ist immer das, was er gerade ist, so wie Du immer nur das bist, was Du bist." [29]

Das ist zeitgenössische Spiritualität – pur, unprätentiös und schlicht: hingabevolle Gegenwarts-Erfahrung. Meditation bedarf heutzutage keinerlei künstlich gesetzter esoterischer Inhalte, sondern: Präsenz und Hingabe an das Da-Sein, an den Moment. Das ist Meditation der *Jetzt-Zeit*: Bewusstheit, waches Lebendigsein und inspiriertes, beobachtendes Erleben des gegenwärtigen Seins. Und das ist es auch, was empirische Bewusstseinsforschung u.a. als bedeutsame Idee beisteuern kann, um auch im persönlichen Kultur-Alltag Verbundenheit, Präsenzbereitschaft und Eigenverantwortung zu befördern, zu befestigen – und letztlich mehr und mehr zu etablieren. [30] Gegenwärtigkeit in jeder Hinsicht ...

---

[29] B. Würtenberger: „*Sein im Zentrum der Mitte*", Zürich 2007, S. 202f.
[30] B. Würtenberger: „*Sein im Zentrum der Mitte*", Zürich 2007, S. 202f.

Kapitel 2: Kunst als Vorläuferin eines neuen Bewusstseins

... vorweg

Einer der bedeutendsten deutschen Künstler des 20. Jahrhunderts, Joseph Beuys, antwortet auf die Frage seines Studenten Johannes Stüttgens an der Staatlichen Kunstakademie Düsseldorf in den 1960-er Jahren „... *was-Kunst-sei?*": „*Kunst ist eine Botschaft. Kunst kommt in Wirklichkeit nicht von können, sondern von **künden**.*" [1] Dieser Auffassungs-Standpunkt trägt bedeutende Konsequenzen in sich, um zu einer sachgemäßen Ein- und Wertschätzung von Kunst vorzudringen. Vor allem in ihrer Bedeutung einer steten „Erneuerin und Aufrührerin", aber auch in ihrer wohl noch wesentlicheren Funktion, nämlich der eines Bindegliedes zwischen Wissenschaftlichkeit und Spiritualität (nicht Religion!), im Menschen und in der Welt ihrer Kultur-Entwicklungen. Joseph Beuys wurde zeitlebens nicht müde, die Kunst auch in ihrer Bedeutung als Grund-Legendes jeglicher Sozialität zu outen und zu verdeutlichen. Für ihn als Künstler war die Idee eines „*erweiterten Kunstbegriffs*" – mit der „*Sozialen Kunst*" als höchster Ausdrucksform menschlichen Schaffens – jedenfalls das zentrale Anliegen schlechthin. So forderte er seine Studenten auch immer wieder vehement dazu auf, persönlich über das „*Verhältnis von Kunst und Leben zu forschen*".

Wer behauptet, die Welt *ist*, was gemessen werden kann – und es gibt solche Auffassungen ja nach wie vor! –, der schließt damit eine Idee und Wirklichkeit, welche Raum- und Zeitgeschehen übersteigt, per se aus. Solch ein Bewusstsein erklärt diese Dimension und alles, was intuitiv aus ihr entsteht, zur Illusion und verleugnet von da auch, dass es In-*forma*-tion, Sinn, Deutung und Bedeutung überhaupt geben kann. Künstler und Kunst reduzieren sich für solch ein Bewusstsein zum netten Wohlstands-phänomen. Von so etwas wie „künstlerischer Intuition" natürlich keine Rede ... Was es aber alles in der verborgenen Fülle zu erfahren gibt, das muss ja vielmehr erst einmal aufgeschlossen werden: Bewusste, echte Erfahrungen werden doch nur dann gemacht, wenn sich persönliches Interesse und Aufmerksamkeit, im Sinne einer (Vor-)Frage an eine Sache, mit persönlicher Reflexion, im Sinne einer (Rück-)Frage nach dem schon mitge-brachten Vorverständnis von ihr, verbinden. Auch künstlerische und spirituelle Erfah-rungen melden sich da im Menschen zu Wort. Es wird in Zukunft darauf ankommen, die uneingeschränkte Vielfalt menschlicher Erfahrungsmöglichkeiten auch für die wissen-schaftliche Forschung zuzulassen sowie in ihrer Wesentlichkeit und Eigenständigkeit anzuerkennen.

Diese Vielfalt stellt *das* Potenzial und somit eine immense Bereicherung zukünftig ganzheitlicher Forschung dar. Jedoch nur dann, wenn wir sie als Mensch und ForscherIn

---

[1] J. Beuys zitiert in: J. Stüttgen: „*Der ganze Riemen*", Köln, 2008 (gilt auch für das nächste Zitat in Folge).

nicht bloß als unnötigen Ballast begreifen wollen, als Vernebelung im Umfeld vermeintlich ausschließlich berechtigter und effizienter Erforschung des Lebens durch wissenschaftliche Experimente.

Unter anderem seit Jahrzehnten auch selbst als Künstler und Maler tätig, fühle ich das Anliegen, der Kunst und den wesentlichen Beiträgen ihrer Protagonisten für die Entwicklung eines neuen Bewusstseins als *Freier Geist*, den gebührenden Stellenwert einzuräumen. Es waren Weg-weisende, Bahn-brechende Impulse, die das kulturelle Bewusstseins-Feld aufpflügten, bestellten und den menschlichen Geist erweitert und beflügelt haben. Wir wollen daher an dieser Stelle unser Augenmerk der Kunst zuwenden, der ihr eigenen Intuitionskraft sowie der Befreiung des menschlichen Bewusstseins im Zuge ihrer Entwicklungen.

„Der Zeit ihre Kunst – der Kunst ihre Freiheit!"

Diese Worte sind in goldenen Lettern über das Tor der Sezession [2] in Wien geschrieben. Sie stehen für den Aufbruch zu neuen Ufern – nicht nur auf dem Feld der Kunst, sondern auch dem des menschlichen Bewusstseins, welches mit und durch die Kunst wächst. Sich frei-wächst: Malen – etwas *um-seiner-selbst-willen-tun!* In der Malerei war mit Ende des 19. Jahrhunderts anfänglich, beziehungsweise mit Beginn des 20. endgültig der Weg frei, Malerei um ihrer selbst willen – um der Farbe willen, der Dynamik der Form willen – zu leben. Damit wurde in der Kunst etwas völlig Neues möglich – eine neue Zeit eingeläutet: Keine Abbilder der Natur mehr, keine vorgestellten Nachschöpfungen von irgendetwas. Etwas diesbezüglich um-seiner-selbst-willen-zu-tun, trug die essenzielle Chance in sich, wieder – wie die Kinder – aufzugehen im Spiel der Farben als dem eigentlichen Element der Malerei. Und dasselbe galt bald auch für andere Bereiche der Kunst. Damit sind heute in der Kunst die Grenzen zu dem, was *Spielen im höchsten Sinn bedeutet* [3], niedergerissen, überschritten. Lassen Sie es mich noch etwas pointierter formulieren: Etwas um-seiner-selbst-willen-tun bedeutet letztlich nicht mehr und nicht weniger als – zu lieben. Dieser Schritt in der Kunst – das In-Frage-Stellen etablierter Sehgewohnheiten sowie die Entrümpelung und Befreiung individueller Wahrnehmung von festen und vorgefassten Vorstellungen – öffnete im 20. Jahrhundert das Bewusstsein auch in anderen Bereichen der Kultur. In den Wissenschaften blieb letztlich nahezu kein-Stein-auf-dem-anderen. Und die vermeintlich als „gesichert" geltenden Wahrheiten

---

[2]   „Sezession" bedeutet „Auszug" – Die Sezession in Wien war als Gebäude das architektonische Zeichen einer Generation junger österreichischer Künstler, die mit der Kunstauffassung der „Väter" brach und gemeinsam die später sogenannte „Moderne" inaugurierte. Viele von ihnen fühlten sich in ihrer Malerei zwar noch der Form verpflichtet, führten diese aber mehr und mehr zur Auflösung und letztlich in die Abstraktion.

[3]   Friedrich Schiller: *„Der Mensch spielt nur, wo er in voller Bedeutung des Wortes Mensch ist, und er ist nur da ganz Mensch, wo er spielt."* F. Schiller: *„Briefe über die ästhetische Erziehung des Menschen."* (1795), Reclam, Stuttgart 2000, 15. Brief, S. 62.

der mechanistisch-reduktionistischen Wissenschaftsgläubigkeit – Dogmen einer veralteten Natur-Vorstellung und Kosmologie: Praktisch *alles* erwies sich als überholt, obsolet. „Ein-Stein" des Anstoßes für das moderne Bewusstsein, welches letztlich zu Beginn der 1920-er Jahre in den umstürzlerischen Erkenntnissen der Quantenphysik gipfelte. Niels Bohr formulieret es damals so: *„Ein Mensch, der von der Quantentheorie nicht schockiert ist, hat sie nicht verstanden!"* [4] ... Doch nun zurück zur kunstgeschichtlichen Entwicklung des ausklingenden neunzehnten Jahrhunderts.

Spielen – künstlerisches Schaffen um-seiner-selbst-willen

Zur Zeit der dynamischen technologischen Entwicklungen des 19. Jahrhundert wurden auch die technischen Grundlagen der Photographie entdeckt und entwickelt. Dadurch wurde der Sinn der damals üblichen Malerei in Frage gestellt, welche vornehmlich versucht hatte, das Leben detailgenau und realistisch abzubilden. Was entstand, war zunächst eine Art Gegenbewegung zur abbildenden Malerei der Ateliers beziehungsweise zur Photographie. Der damals sehr bekannte französische Photograph, Schriftsteller und Luftschiffer Nadar unterstützte die Bewegung einiger junger Maler, welche nicht nach den bisher anerkannten, akademischen Lehrmeinungen malten, sondern eine neue Darstellungsweise zu entwickeln versuchten. Eine neue Art zu sehen entstand in der Malerei: der Impressionismus – um etwa 1860, in Paris. Von Landaufenthalten inspiriert, beginnen sich diese jungen Künstler von den herrschenden Vorstellungen und Konventionen realistischer Malerei zu lösen. Einer der Vorläufer war Edouard Manet; ihr erster großer Vertreter wurde Claude Monet. Ihm folgten die Franzosen Pissarro, Degas, Sisley, Renoir, Cézanne und der Deutsche Corinth.

Paul Cézanne [5] – und das neue Paradigma in der Malerei

„Einen Maler wie mich gibt es alle zwei Jahrhunderte nur einmal. ... Ich bin der Primitive einer neuen Kunst." [6]   Paul Cézanne

---

[4]   Niels Bohr gilt neben Physikern wie Max Planck, Ernest Rutherford, Albert Einstein, Werner Heisenberg und Erwin Schrödinger als einer der bedeutendsten Physiker der ersten Hälfte des 20. Jahrhunderts. Niels Bohr erhielt für seine Verdienste um die Erforschung der Struktur der Atome und der von ihnen ausgehenden Strahlung 1922 den Nobelpreis für Physik.
Siehe auch Kapitel 19: Leben – ein Diskurs, Anmerkung 18.

[5]   Paul Cézanne wurde 1839 in Aix-en-Provence geboren. Nach Schulabschluss musste Paul zunächst in Aix Jus studieren. Er brach dieses Studium aber bald ab und zog nach Paris zu seinem Jugendfreund Emil Zolá, der inzwischen ein bekannter Schriftsteller geworden war. 1862 wurde Cézanne in der berühmten Pariser Akademie *École des Beaux-Arts* als Student abgewiesen. Cézanne blieb in Paris Außenseiter – trotz seiner Kontakte zu den Impressionisten sowie seinem Freund Zolá. Ab 1864 lebte er abwechselnd in Paris und Aix.

[6]   Y. Taillandier: „*Cézanne.*", Vaduz 1991, S. 33, 34.

Cézannes eigene Auffassung bestätigt sich aus heutiger Sicht, da er während seiner persönlichen Entwicklung als Maler gewissermaßen das ganze Spektrum moderner Malerei inaugurierte, vorwegnahm beziehungsweise entwickelte. Cézanne malte zwar eine Weile impressionistisch, doch war dieser Stil für ihn im Grunde ein Durchgangsstadium. Er sagte von sich selbst, dass ihn nicht die flüchtige Wiedergabe heiterer Sinneseindrücke oder oberflächlicher Lichtwirkungen interessiere. Vielmehr suche er nach einer Möglichkeit „... *innere Erregungszustände mittels Form und Farbe wiederzugeben.*" [7] Viele Künstler der Gegenwart beziehen sich daher auch heute noch auf ihn. Der Maler Henri Matisse zum Beispiel sagte von ihm: „*Er ist der Vater von uns allen.*" Damit wurde er zum Wegbereiter des sogenannten Expressionismus.

Bei Cézanne wird die Farbe im Hintergrund nicht schwächer, um eine *Luftperspektive* zu erzielen, welche die Dinge im Hintergrund optisch zurücktreten lässt, sondern sie hat überall im Bild die gleiche Intensität. Dadurch werden die Bilder farbig zu einer Einheit zusammengefasst. [8] (Cézanne: „*Die Farbe ist der Ort, wo unser Gehirn und das Weltall sich begegnen*". [9])

Vor dem Impressionismus, seit der Renaissance, wurden Motive punktgenau abgebildet. Mit Hilfe von Schnüren, welche vom Objekt zum Auge führten (Zentralperspektive nach Dürer), wurden räumliche Objekte auf eine Fläche gezeichnet. Auf diese Weise schuf sich der Maler eine Distanz zu den Objekten der Welt, welche zwar exakt – „objektiv" – dargestellt wurden, aber eben nur so, wie sie physiologisch erschienen. Dieser Stil der Darstellung hielt in der Malerei etwa 400 Jahre. Erste Wandlungen bezüglich derart tradierter Vorstellungen hatten sich bereits in der Romantik angedeutet, als zum Beispiel Kaspar David Friedrich in seine Bilder etwas „Subjektives" hineinbrachte: Der Mensch wurde bei ihm zum kleinen Punkt in der Natur, welche der Maler erlebte. Oder auch bei William Turner – er versuchte bereits, atmosphärische Lichteindrücke malerisch darzustellen. Doch erst der Impressionismus brach diesbezüglich radikal mit der Vergangenheit: Waren bei den Ägyptern alle Darstellungen auf die Unendlichkeit – auf den Horizont – ausgerichtet und in der Renaissance auf einen Fluchtpunkt fixiert, so versuchten sich die Impressionisten erstmals in der Hervorbringung eines Gesamteindrucks – auch subjektiver Art. Die Oberfläche der Dinge – der Objekte – wurde aufgelöst und auf diese Weise die Farbe in Bewegung gebracht. So entstand eine *neue Sehweise* in der Kunst.

Wir können dies auf folgende Weise verdeutlichen: Unsere Augen liefern zwei auf-dem-Kopf-stehende Bilder. Durch unser Bewusstsein werden diese zwei Bilder im Gehirn richtig gestellt und zur Deckung gebracht – zu einem einzigen Bild mit räumlicher Qualität. Dabei sind auch Erfahrungen und bereits bekannte Begriffe im Spiel, sodass wir *meinen*, etwas zu sehen, was aber eigentlich nur eine wie hinausprojizierte Reproduktion

---

[7] E. Schmitt: „*Cézanne in der Provence.*", München 1955, S. 44.

[8] Ebenda, S. 45.

[9] Ebenda, S. 96 (Cézanne, überliefert durch J. Gasquet).

einer Vorstellung ist – die Illusion einer Begrifflichkeits-Wahrnehmung. Dass von jeder erkannten Sache ein Begriff im vorstellenden Denken vorhanden ist, wusste auch Cézanne. Um wirklich *neu* wahrnehmen zu können – beziehungsweise dieses wieder zu lernen, meinte er, müsse man diese Pseudo-Wahrnehmungen ausschalten. Paul Cézanne: *„Wenn ich die geringste Ablenkung habe, die leiseste Schwäche fühle, besonders wenn ich einmal zu viel hineindeute, wenn mich heute eine Theorie fortreißt, die der gestern widerspricht, wenn ich beim Malen denke, wenn ich dazwischenkomme, päng, dann entwischt alles."* [10] Sein Satz: *„Wenn wir nicht sehen lernen wie die Neugeborenen, können wir keine Künstler sein ..."* greift nicht nur einen Gedanken der Bibel [11] neu auf, sondern gibt uns einen Hinweis darauf, dass ausschließlich Unvoreingenommenheit erst wirklich echtes Wahrnehmen ermöglicht! *„Ich will Dir sagen, dass ich vor der Natur hellsichtiger werde."* [12] Diese Mitteilung Cézannes – niedergeschrieben in seinem Brief vom 8. September 1906 – weist uns darauf hin, *wie* die wahre Verbindung mit der Welt, mit dem Leben – die Verbindung des Schöpferischen in uns, sich gestalten will. Es ist die Verbindung des Künstlers-in-uns, des wahrhaft Sehenden, dessen, der mit-dem-Herzen-sieht ...

Die gewohnheitsmäßige Leistung des menschlichen Bewusstseins, Gesehenes so zuzuordnen – indem es versucht bekannte Vorstellung vergleichend zu verknüpfen – dass ein bekannter Begriff im Bewusstsein aktiviert wird, kann man aus folgenden Beispielen ersehen:

Es ist unser Bewusstsein, das den jeweils einzelnen Bildteilen (Buchstaben) – dem Bewusstsein bereits bekannte – Muster oder Begriffe zuordnet. Physiologische Basis für diese Leistung unseres Bewusstseins bietet, wie man heute aus neurowissenschaftlichen

---

[10] Ebenda, S. 100 (überliefert durch J. Gasquet).

[11] Jesus, zitiert nach: *„Die Bibel / Neues Testament."*, Matthäus 18/3: *„Wahrlich ich sage euch: Es sei denn, dass ihr euch umkehret und werdet wie die Kinder, so werdet ihr nicht ins Himmelreich kommen."*.

[12] P. Cézanne, zitiert von K. Dumke anlässlich der Cézanne-Ausstellung in Basel 1989, abgedruckt in: *„Goetheanum" 68. Jahrgang Nr. 41*, Dornach 1989.

Erkenntnissen weiß, die rechte Gehirnhälfte. Ebenso werden *Bruchstücke* von unserem-Bewusstsein-bekannten-Dingen als solche im Bild wahrgenommen. Das Auge zerstückelt im Wahrnehmen alle Dinge, ganz ähnlich wie der Verdauungsapparat unsere Nahrung, und unser Bewusstsein setzt die Dinge durch das Denken wieder zusammen, nährt uns, baut Wirklichkeiten auf. Diese Fähigkeit ist dem menschlichen Bewusstsein möglich, ist ihm gegeben. Sie ist ein stets zugreifendes „Werkzeug". *Mehr* allerdings sollte es *auch* nicht sein. Cézanne schuf in seiner Malerei, durch seine intuitive Wahrnehmungs-Kraft und künstlerische Tätigkeit, ein Übungsfeld der „exakten Phantasie" für den Betrachter seiner Kunst. Nachdem er in seiner Malerei beginnt, bewusst alle Vorstellungen und Begriffe im Malen aktiv aufzulösen, darf der Betrachter einen Neuaufbau leisten: eine *Nach-Schöpfung* sozusagen.

Polyperspektive – der Künstler in uns: Flexibilität der Standpunkte

Betrachtet man die gesamte bisherige wissenschaftliche Entwicklung, so ist es doch zugegebener Weise anmaßend anzunehmen, dass der, dem momentanen wissenschaftlichen Paradigma entstammende Erkenntnisstand, das letzte Wort in rationaler, objektiver Hinsicht wäre. So gelten heute in verschiedenen wissenschaftlichen Bereichen sogenannte *Standardmodelle*. Wissenschaftliche Modelle, welche die meisten Experten zum gegenwärtigen Zeitpunkt akzeptieren. Um im wissenschaftlichen Jargon zu bleiben, sprechen wir hier von *approximativen Theorien*, Theorien, mit denen man zwar in bestimmten Bereichen zufriedenstellend arbeiten kann, die aber nicht für sich beanspruchen können, die ganze Wahrheit zu sein. Es sind eben doch immer wieder neue, kontroverse Phänomene, welche aufhorchen lassen und dazu anregen, einen neuen, erweiterten Erkenntnis-Standpunkt zu suchen.

Die Spitzenwissenschaftlerin Dr. Candace Pert beschreibt diesen zeitgenössisch mutig erweiterten Standpunkt der Erkenntnissuche aus Sicht ihres eigenen Forschungsgebietes, der „Neurowissenschaft" – dem „*... heißesten Forschungsgebiet der akademischen Welt*" [13]: „*Vertrau auf Deine Instinkte – auf Deine Intuition. ... Glaube nicht, dass etwas kompliziert sein muss, um von Nutzen zu sein, denn oft bringen die einfachsten Experimente die eindeutigsten Resultate. ... Stelle die Autoritäten in Frage.*" [14]

Genau das ist es, wo auf dem Gebiet der Malerei die Kubisten mit der Entwicklung der sogenannten Polyperspektive – als wesentlicher Neuerung der Malerei im 20. Jahrhundert – bewusstseinsmäßig Vorarbeit leisteten. Sie lehrt, die Realität von den unterschiedlichsten Standpunkten aus *gleichzeitig* zu betrachten, keine selektiv reduk-

---

[13] Das renommierte US-amerikanische Wirtschaftsmagazin „Forbes" bezeichnete in einer vor ein paar Jahren erschienen Ausgabe die „Neurowissenschaft" als das „*... heißeste Forschungsgebiet der akademischen Welt.*" C. Pert: *„Moleküle der Gefühle – Körper, Geist und Emotionen."*, Reinbeck / Hamburg 1997, S. 16.

[14] Siehe auch Kapitel 23: Bildung der Zukunft, Anmerkung 1f, 2.

tionistische Brille zu tragen, alle Möglichkeiten gleichermaßen im-Kopf-zu-behalten und als Ausdruck ganzheitlich-universeller Wahrheit bestehen zu lassen.

Die heutige Zeit jedoch bietet unserem Bewusstsein gewissermaßen bereits den nächsten Schritt der Reifung und Entwicklung an. Nämlich entsprechend Cézanne, den Künstler-in-uns als geistige Kraft zu realisieren und unserer intuitiven Wahrnehmungs-Kraft Berechtigung und Aufmerksamkeit zuzusprechen. Ansonsten uns die oben angesprochene und beschriebene Eigenschaft und Fähigkeit unseres Bewusstseins – hinausprojizierte Reproduktionen unserer vorgefertigten Vorstellungen als Quasi-Wahrnehmungen einer objektiven Wirklichkeit zu deuten – zum Bremsklotz für die Erweiterung unseres Bewusstseins in neue Bereiche hinein, beziehungsweise sogar zum Fluch, werden kann. So jedenfalls wäre die menschheitliche Entwicklung behindert – oder gar verhindert: Wenn wir nicht selbst die Bereitschaft und Fähigkeit entwickeln uns des „Künstlers-in-uns" bewusst zu werden, sondern lediglich die Bereitschaft zum projizierenden Betrachter perpetuieren wollten ...

Über das existenzielle Wesen der Kunst sagte einst der große Philosoph Friedrich Nietzsche: *„Die Kunst ist nichts als die Kunst. Sie ist die große Ermöglicherin des Lebens, die große Verführerin zum Leben, das große Stimulans des Lebens."* [15]

... schön wär´s, wir alle lassen uns – von jenem Künstler in uns – in neuer Weise zum Leben verführen ... Oder wie schon eingangs gesagt: spielen – um-seiner-selbst-willen-sein, um-seiner-selbst-willen-tun. Mitgehen mit seinem wahrhaftigen Drang zur Tat, Hingabe an die gefühlte Begeisterung aus dem Herzen – Kunst als Lebensweg zur Liebe; *Soziale Kunst*: ihre höchste Form, wenn wir dem Künstler Joseph Beuys in seiner Sichtweise folgen. Präsent-waches Miteinander des Lebens ...

Die Kunst des Findens

Abschließend Pablo Picasso, der Künstler und Frei-Geist, in seinem Buch *„Wort und Bekenntnis"*. Hier hat er bereits 1954 in sehr persönlichen Worten ausgedrückt, wie er seinen Weg als Mensch und Künstler zu finden bereit ist: *„Ich suche nicht – ich finde. Beim Suchen gehe ich aus von Bestehendem, um bereits Bekanntes im Neuen zu finden. Beim Finden treffe ich auf völlig Neues – auch in der Bewegung. Alle Wege sind offen, und was ich finde, ist unbekannt. Es ist ein Wagnis – ein heiliges Abenteuer. Das Ungewisse solcher Wagnisse können eigentlich nur diejenigen auf sich nehmen – die sich geborgen wissen in Ungeborgenheit – die ins Ungewisse geraten und keine Führung erfahren – die sich im Dunkel einem Stern anvertrauen und sich nach höheren Zielen richten – anstatt*

---

[15] F. Nietzsche, zitiert in: P. Gast (Hrsg.): *„Der Wille zur Macht – Versuch einer Umwertung aller Werte."*, München 1980, 12. Auflage
Siehe auch: Kapitel 10: Überzeugung und Gesundheit, Anmerkung 52
Siehe auch: Kapitel 23: Bildung der Zukunft, Anmerkung 2.

das Ziel durch die Beschränkungen und Begrenzungen des Mensch-Seins bestimmen zu lassen. Dieses Offenstehen für jede neue Einsicht, für jedes neue Erlebnis – sowohl innerlich als auch äußerlich – ist wesentlich für das Mensch-Sein heute. In aller Furcht vor dem Loslassen – erfährt der moderne Mensch die Gnade getragen zu werden in der Offenbarung von neuen Möglichkeiten." [16]

---

[16]   P. Picasso: in: „*Wort und Bekenntnis.*"; 1954. Siehe auch Kapitel 14: Intuition, Anmerkung 78.

Kapitel 3: Sprache als Quellpunkt menschlichen Erlebens

Zwillings-Sprache – Intuition und Sprachlosigkeit

Ich bin als eineiiger Zwilling geboren. Dies zu Beginn des Kapitels zu erwähnen, überrascht vielleicht, weil es doch auch als sehr persönlich erscheinende Mitteilung gewertet werden kann. Was es allerdings bei mir bewirkt hat – und laut Ergebnissen der Zwilllingsforschung häufig bewirkt – kann ein Beitrag sein, um etwas Wesentliches bezüglich Sprache zu illustrieren. Es ist eine etwas anders geartete Entwicklung des Sprachbewusstseins, welche sowohl bei meinem Bruder wie auch bei mir selbst, noch im Alter von achtzehn Jahren, nach erfolgreich abgelegter Matura (Abitur) zu auffälligen Ergebnissen führte. Im Zuge eines IQ-Tests, welchem die gesamte Klasse während einer von Schulseite veranstalteten Berufsberatung unterzogen wurde, zeigte sich bei uns beiden eine signifikant mangelhafte Fähigkeit im Umgang mit unserer Muttersprache – gemessen an den damals gängigen Beurteilungskriterien. So kann ich mich noch heute erinnern, dass mir während dieses Tests zum Beispiel einfach keine Synonyme [1] zu den in der Übung vorgegebenen Begriffen einfielen, deren z.B. dritter oder etwa auch fünfter Buchstabe ein „F" gewesen wäre. Wenn ich mich daran erinnere, kann ich noch heute die fast panikartige Begrenzung und Beschämung fühlen, welche ich in dieser Situation erlebte ... Damals, danach, war ich fassungslos und betroffen im Bereich „Sprachliche Ausdrucksfähigkeit" nur 18 von theoretisch 100 möglichen Punkten erreicht zu haben – und meinem Bruder erging es nicht besser. Sprachliche Ausdrucksfähigkeit war somit mein mit Respektsabstand mäßigster Wert aller eruierten Teilbereiche. Heute – etwa 35 Jahre später – darf ich sagen, dass ich Sprache liebe, dass ich mit ihr experimentieren gelernt habe. Das Finden neuer Wortkreationen z.B. in meiner Lyrik, dieses Malen mit dem Anspruch knapp und präzise gesetzter Worte, gehört mit zum Schönsten und Freudevollsten meines Lebens – vielleicht nicht gar so unähnlich, aber ähnlich genüsslich, einer frühen Erfahrung, wie ich sie mit meinem Zwillingsbruder in unserer Kindheit teilte – so wir beide uns überhaupt einer (Zwillings-)Sprache bedienen mussten um uns miteinander zu verständigen. [2] Sprache begeistert mich seither in vielfältigster Weise und ist mit mir und meiner Begeisterung für sie mitgewachsen. Und: Sprache unter unterschiedlichsten Anforderungen und Lebensbedingungen als kreatives Werkzeug zu erforschen und zu erobern, hat sie mir vertraut gemacht. Beziehungsweise: ich mich ihr ...

Ja, was also hat dieses mein Zwillingsdasein und die damit Hand in Hand gehende (Mutter-)sprachliche Retardierung – wohl weil wir des Öfteren nur uns beiden selbst überlassen, uns wortlos bis *eigen-sprachlich* verständigen konnten – mit sich gebracht? Unabhängig von der an uns beiden als 18-Jährigen festgestellten Retardierung *mutter-*

---

[1] „Synonyme": Worte gleicher, beziehungsweise entsprechender, Bedeutung.
[2] Siehe auch Kapitel 14: Intuition, Anmerkung 37.

63

sprachlichen Sprachbewusstseins, wird mir heute ein sehr persönlich gefärbter Umgang mit Sprache sowie eine auffallend kreative Eigenständigkeit mit diesem Werkzeug umzugehen konstatiert. Die Entwicklung bis dahin mag aufwendig gewesen sein und ein erhöhtes Maß an Bewusstheit gebraucht haben, der von mir heute gepflegte Umgang mit Sprache jedoch weist darauf hin, dass eine biographisch erst spät einsetzende Übernahme uns umgebender Sprachmuster die sprachliche Kreativität und Präzision stark mitprägt und gefördert haben könnte. Sprache ist heute jedenfalls mit mein essenziellstes Berufs-Werkzeug und ich verdiene damit den wesentlichsten Teil meines Lebensunterhaltes. So kritisch es sich von einem gewissen Gesichtspunkt auch ausnehmen mag, dieses Kapitel will, von meiner Seite her betrachtet, keinesfalls einen Angriff auf Sprache als solche darstellen. Ganz im Gegenteil: Es ist herrlich sich – *auch* – mit Worten mitteilen zu können und ich genieße die Kraft dieser Gabe! Dass aber Sprache, so wie wir sie ganz alltäglich verwenden, einen enormen Einfluss über unser Bewusstsein auf unsere Wahrnehmungen hat – darauf also, wie uns „die Welt" erscheint und wie wir mit ihr in Verbindung stehen – darauf zielen die kommenden Auseinandersetzungen ab. Vielleicht war es meinem Bruder und mir – als „biologische Klone" sozusagen – länger als anderen Kindern möglich, „erlaubt", eine eigenständig sich entfaltende Weltwahrnehmung und Weltsicht haben, beziehungsweise behalten zu dürfen. Einiges weist jedenfalls für mich darauf hin. So scheint für meinen Zwillingsbruder und mich, ein aus meiner heutigen Sicht sehr wertvoller, bezüglich vergleichbarer Kindesentwicklungen länger andauernder, zunächst *sprachlos-fühlender* beziehungsweise *eigen-sprachlicher* Umgang miteinander und der Welt stattgefunden zu haben. Etwas, dessen Bedeutung für den zwischenmenschlich-kommunikativen Bereich sich mir erst seit wenigen Jahren mehr und mehr verdeutlicht. Vor allem in punkto Verwandlungskraft für unser meist abgekapseltes Individual-Bewusstsein.

Von der „Ver-Dinglichung" der Sprache

„Fischreusen sind da um der Fische willen; hat man die Fische, so vergisst man die Reusen. Hasennetze sind da um der Hasen willen; hat man die Hasen, so vergisst man die Netze. Worte sind da um der Gedanken willen; hat man den Gedanken, vergisst man die Worte. Wo finde ich einen Menschen, der die Worte vergisst, aufdass ich mit ihm reden kann ... Mit einem Brunnenfrosch kann man nicht über das Meer reden, er ist beschränkt auf sein Loch. Mit einem Sommervogel kann man nicht über das Eis reden, er ist begrenzt durch die Zeit. Mit einem Fachmann kann man nicht vom Leben reden, er ist gebunden durch seine Lehre." [3]

Sprache und Denken sind für die Evolution menschlichen Bewusstseins als essenziell zu betrachten. Ihr evolutiver Vorteil scheint auf der Hand zu liegen: Nicht

---

[3] Dschuang-dsi: „*Das wahre Buch vom südlichen Blütenland.*", Düsseldorf / Köln 1969; zitiert in: H. Pietschmann: „*Das Ende des naturwissenschaftlichen Zeitalters.*", Frankfurt/ Berlin 1983, S. 162.

jedes Individuum einer Gruppe musste hinfort alle Erfahrungen selbst machen, sondern Erfahrungen konnten auch weitergegeben werden. Die Überlebenschancen der Menschen stiegen zunächst durch die Herausbildung dieser Werkzeuge und die Möglichkeit einer Informationsweitergabe an ihre Mitmenschen. Letztlich aber erscheint es wesentlich, anzuerkennen, dass die Art und Weise, wie wir (uns) denken und wie wir die Welt unbewusst *durch* unser Denken, *für* unser Vorstellen strukturieren, *alles bestimmen* wird, ja bestimmen muss – und somit auch bestimmt! Die Welt, wie wir sie erleben, einzuschätzen und zu verstehen, ist somit Resultat unseres Denkens, unserer Sprache. Eine Begleiterscheinung – sozusagen als Nebeneffekt – die sich Hand in Hand mit dieser Art die Welt zu erfassen einstellte, war eine künstlich miterschaffene Unterteilung der Welt in „Dinge". Dinge, denen Namen zugeordnet werden konnten, Begriffe, welche im Bewusstsein der Menschen die Welt-der-(Einzel-)Formen immer mehr festlegte. Der Kosmos, welcher in der physischen Welt atomar beziehungsweise energetisch, oder wie immer wir es beschreiben wollen, als Einheit existiert, wurde durch die Gewohnheit unseres Gegenstandsbewusstseins künstlich getrennt. Die Welt zerfiel für unser Bewusstsein – und das nicht erst durch die Naturwissenschaft der Neuzeit – in die Welt, so wie wir sie heute in unserem Bewusstsein kennen. Und schließlich sprach man wohl auch über all die anderen Dinge, wie Gefühle, Ideen – immaterielle Phänomene also – wie wenn wir uns da in einer äußerlich beschreibbaren und unabhängig von uns bestehenden, objektiven Welt befänden. Mehr und mehr schien es wohl, als könnte die Sprache alles Wichtige beschreiben, könnten *wir alle* auf diese Weise *alle Wahrheiten* miteinander teilen – uns mitteilen, jenseits persönlichen Erlebens ... So sprechen wir heute über Zeit als solche, und über noch ganz andere Dinge wie: Wahrheit, Liebe, Gott ... Auch in dieser Entwicklung stellt Philosophie lediglich das Tüpfelchen-auf-dem-i dar. In letzter Konsequenz beschreibt der Nobelpreisträger für Physik (1965), Richard Feynman, noch in den 60-er Jahren des letzten Jahrhunderts diese gewaltige Vereinheitlichung, indem er sie auf diese Kurzform brachte: *„Wenn man einem fremden, intelligenten Wesen in einem einzigen Satz das Wesentliche des naturwissenschaftlichen Weltbildes mitteilen sollte, müsste der Satz zweifellos lauten: Alles besteht aus Teilchen, aus körnigen Strukturen."* [4] Nun, diese Sichtweise ist heute – nur 50 Jahre später – wissenschaftlich überholt. Vielmehr öffnet sich die heutige Wissenschaft – jenseits der Quantenphysik – neuerdings für eine radikal andere Sichtweise der Welt. Spätestens heute sehen wir, dass es unser Denken – und Hand in Hand gehend damit unsere Sprache, die sich daran gebildet hat – ist, welches unsere Welt strukturiert, fragmentiert, ja: In *der* Form, wie sie uns erscheint, überhaupt erst entstehen lässt. Dies entgeht unserem Alltags-Bewusstsein, insofern wir gerne bereit und geneigt sind, Denken und Sprache als getreues Abbild dessen zu betrachten, was die Welt *ist*. Wir geben in unserem Bewusstsein dem Denken und seiner Sprache auf diese

---

[4] R.P. Feynman / R.B. Leighton / M. Sands: „*The Feynman Lectures on Physics Readings.*", London 1963; zitiert in: H. Pietschmann: „*Das Ende des naturwissenschaftlichen Zeitalters.*", Frankfurt/ Berlin 1983, S. 45 (Prof. Dr. Herbert Pietschmann ist u.a. emeritierter Vorstand des Instituts für Theoretische Physik an der Uni-Wien).

Weise – wissenschaftlich ausgedrückt – den Stellenwert eines sogenannten „Axioms" des Erlebens [5]. Auf diese Weise sprechen wir unserem Denken gewohnheitsmäßig eine Art von „Objektivität" zu und messen ihm dadurch eine völlig unverhältnismäßige Bedeutung bei. Was wir in der Folge erleben, ist etwas, wie es einer der wohl renommiertesten Physiker des Zwanzigsten Jahrhunderts und Professor an der Universität London – David Bohm [6] in seinem Buch: *Die implizite Ordnung – Grundlagen eines dynamischen Holismus*" darstellt, „*... dass ein solcher Gedanke eine gründliche Verwirrung stiftet, die alle Lebensbereiche durchdringt und letztlich die Lösung individueller und sozialer Probleme unmöglich macht.*" [7] Dies vornehmlich deshalb, da wir unser Welt-Erleben auf diese Weise einem stetig Trennenden – unserem Verstand – überantworten. Bohm schildert in diesem Zusammenhang höchst plausibel und nachvollziehbar, wie sich unser bisheriges, für „wahr" gehaltenes Welt-Erleben, durch eine Veränderung der Sprache unmittelbar verwandeln kann und schlägt – versuchshalber – kleine Experimente vor, um derart absolut gesetzte und unhinterfragte Strukturen zunächst einmal aufzufinden, um sie sodann für das Bewusstsein sichtbar zu machen. Er sagt: „*In der Tat lernt man am besten begreifen, wie man von einer Gewohnheit (wie sie der übliche Sprachgebrauch zu einem hohen Grad darstellt) geprägt ist, indem man sich gelegentlich auf die Probe stellt, wenn man etwas vom automatischen und gewohnten Trott grundsätzlich Abweichendes tut, und dabei sorgfältig darauf achtet, was dabei geschieht.*"

Ein weiterer von Bohm angesprochener Aspekt in der Erforschung von Neuland ist die rechte Fragestellung. Wie er als Physiker selbst lernte, erliegt der Mensch – auch als Forscher – oft den eigenen Sprachgewohnheiten und neigt dadurch gravierenden Illusionen aufzusitzen. Bohm: „*Ein entscheidender Schritt bei wissenschaftlichen*

---

[5] „*Der klassische Axiombegriff wird auf Euklid und Aristoteles zurückgeführt. Axiom bedeutet klassisch ein unmittelbar einleuchtendes Prinzip ... Als evidentes Prinzip bedarf ein Axiom weder eines Beweises noch ist es einem Beweis zugänglich. In metaphysischer Interpretation ist es durch Evidenz, Gewissheit und ontologische Priorität gekennzeichnet.*" (J.M. Bochenski: „*Die zeitgenössischen Denkmethoden*", 10. Aufl. (1993), S. 78 f.). Ein „Axiom" ist somit etwas, worauf alles andere, was die Welt und ihre Wahrnehmungen erklären will, ruhen durfte und darf. Bis Einsteins Relativitätstheorie waren dies unter anderem etwa auch Raum und Zeit, welche sozusagen als nicht weiter zu hinterfragende Grundgegebenheiten, Grundannahmen gewertet wurden. (Immanuel Kant sprach in seiner „*Kritik der reinen Vernunft*" bezüglich Raum, Zeit und Kausalität als von *Urteilen – oder Anschauungen a priori*.) Derartige Begriffe zum Beispiel können seit den Erkenntnissen von Einsteins Relativitätstheorie beziehungsweise der Quantenphysik heutzutage nicht mehr als *a priori* gewertet werden. Wissenschaftliche Theorien, insbesondere die Physik, beruhen also allesamt auf Axiomen. Aus diesen werden Theorien schlussgefolgert, die im Experiment verifiziert werden. Stehen Aussagen der Theorie im Widerspruch zur experimentellen Beobachtung, so werden die Axiome heutzutage angepasst, basierend auf den erworbenen, erweiterten Erkenntnissen. Genau dies wird hier auch für die Sprache versucht.

[6] Albert Einstein sagte von Bohm, dass er „*... der Einzige sei, der über die Quantenmechanik hinauskommen*" könne. Zitat aus: J. Horgan: „*An den Grenzen des Wissens.*", Frankfurt 2000.

[7] D. Bohm: „*Die implizite Ordnung – Grundlagen eines dynamischen Holismus.*", München 1985, S. 51ff. (gilt für mehrere Zitate in Folge).

Untersuchungen besteht darin, die richtige Frage zu stellen, denn hinter jeder Frage verbergen sich Voraussetzungen, die großteils unausgesprochen sind. Sind diese Voraussetzungen falsch oder verworren, so ist die Fragestellung selbst falsch, das heißt der Versuch, sie zu beantworten, ergibt keinen Sinn. Daher muss man die Tauglichkeit alter Fragestellungen untersuchen. Wahrhaft originäre Entdeckungen in wissenschaftlichen und anderen Bereichen waren tatsächlich in der Regel mit einer solchen Untersuchung alter Fragestellungen verbunden, wodurch deren Untauglichkeit erkannt und somit Platz geschaffen wurde um neue Fragestellungen aufzuwerfen. Dies ist oft sehr schwierig, da sich diese Voraussetzungen meist sehr tief in die Struktur unseres Denkens eingenistet haben. (Beispielsweise erkannte Einstein, dass Fragen, die sich mit Raum und Zeit und dem Teilchencharakter der Materie befassten, wie sie von der Physik jener Tage gewöhnlich gestellt wurden, von verworrenen Vorstellungen ausgingen, die fallengelassen werden mussten, und dadurch war er in der Lage, zu neuen Fragestellungen zu gelangen, die zu grundsätzlich anderen Vorstellungen führten.). Wie wird nun unsere Fragestellung lauten, wenn wir diese Untersuchung unserer Sprache (und unseres Denkens) in Angriff nehmen? Wir gehen von der Tatsache der allgemeinen Fragmentierung aus. Als vorläufigen Einstieg können wir fragen, ob die gewöhnliche Umgangssprache Züge aufweist, die diese Fragmentierung eher bestärken und verbreiten und sie vielleicht auch widerspiegeln. Eine flüchtige Prüfung zeigt, dass ein sehr bedeutender Zug dieser Art das Satzschema ,Subjekt-Prädikat-Objekt' ist, das der Grammatik und Syntax der modernen Sprachen gemein ist. Dieses Schema besagt, dass alles Wirken von einer getrennten Wesenheit – dem Subjekt – ausgeht, um daraufhin ... den Raum zwischen dieser und einer anderen getrennten Wesenheit – dem Objekt – zu durchqueren. ... Dies ist ein allgegenwärtiges Schema, das dazu führt, dass dem Denken im Lebensganzen die Aufgabe zukommt, das Sein in voneinander getrennte Seiende zu unterteilen, also Gebilde, die man sich im Grunde als ihrer Natur nach starr und statisch denkt. Wird diese Sicht bis zum Äußersten getrieben, so gelangt man zur herrschenden naturwissenschaftlichen Weltanschauung, die alles als letztlich aus einer Menge fester Elementarteilchen zusammengesetzt betrachtet." Und Bohm bringt das folgende Beispiel zur Erläuterung: „*Man betrachte zum Beispiel den Satz: ,Es regnet.' Wo ist dieses ,Es', das dem Satz zufolge der ,Regner' ist, der das Regnen besorgt? In gleicher Weise sagen wir gewöhnlich: ,Ein Elementarteilchen wirkt auf ein anderes.' Aber jedes Teilchen ist nur eine Abstraktion von einer relativ gleichbleibenden Bewegungsform auf dem ganzen Feld des Universums. Es wäre also richtiger zu sagen: ,**Elementarteilchen sind stattfindende Bewegungen, die von einander abhängen, weil sie letztlich miteinander verschmelzen und sich gegenseitig durchdringen.**' Dieselbe Beschreibungsform stimmt allerdings auch auf der makroskopischen Ebene. Anstatt also zu sagen: ,Der Beobachter betrachtet einen Gegenstand.' können wir richtiger sagen: ,Beobachtung vollzieht sich in einer ungeteilten Bewegung zwischen zwei Abstrakta, die man üblicherweise den Menschen und den von ihm betrachteten Gegenstand nennt.*"

Mag sein, der letzte Satz im obigen Zitat erscheint auf den ersten Blick etwas befremdend oder an den Haaren herbeigezogen. Doch bedenken wir ´mal: Wie und was würde wohl ein kleines (junges) Kind erleben und – so es das könnte – beschreibend mitteilen? Ein Kind, das noch kein Gegenstandsbewusstsein hat, das sich und die Welt noch nicht als eine – durch unser Erwachsenen-Bewusstsein vermittelte – in Subjekt und Objekt ge-fallene, zer-fallene, ge-trennte Welt „sehen" beziehungsweise „verstehen" gelernt hat. Ein solches Kind ist imstande, alles noch als verflochtenes und im Wechselbezug stehendes Gewebe einer ungeteilten Ganzheit zu sehen. Es lebt noch in einem quasi-kosmischen Bewusstsein – es sagt daher auch *noch nicht: „Ich"*.

Auch wenn die Entwicklung des heutigen Ich-Bewusstseins als ein wesentlicher Schritt zur Freiheit begriffen werden darf – der Weg weiter, wieder zu einer wahren Verbundenheit mit allem-was-ist auf neuer Ebene, steht bereits wieder an. Wenn als berechtigtes Kriterium für „Wahrheit" vom Standpunkt individuell-intuitiver Wahrheits-Suche gelten darf, dass „Beweise" für derartige Wahrheiten nur das Leben selbst zu liefern imstande sei ... [8], wie es vor etwa hundert Jahren der Frei-Geist und Geisteswissenschaftler Rudolf Steiner zur mutigen persönlichen Orientierung als Kriterium formulierte, dann darf einer derart ganzheitlichen Wandlung des Bewusstseins und seiner Weltbetrachtung jedenfalls ein hoher Stellenwert beigemessen werden. Eine derartige Wahrheit universeller Verbundenheit – auf neu errungener Stufe – wird dem Leben und seiner evolvierenden Entwicklung dienen. Ja – wenn ihr nicht werdet wie die Kinder ... [9]

Noch überwiegen bezüglich einer solch revolutionären Wandlung der Weltsicht heutzutage die Skeptiker. Es ist eben gelebte Realität, dass unsere Denkbahnen gleichsam einer nicht hinterfragten, Jahrhunderte lang andauernden *reduktionistischen Axiomatik* (z.B. der jeweiligen Pädagogik) unterworfen gewesen sind. Ziehen wir die Gedanken des großen Physikers, Frei-Denkers und geistvollen Satirikers, Georg Christoph Lichtenberg (1742-1799) heran, der versichert: *„Es ist ein großer Unterschied zwischen etwas glauben und es wieder glauben. Noch glauben, dass der Mond auf die Pflanzen wirkt, verrät Dummheit und Aberglauben, aber es wieder glauben, zeugt von Philosophie und Nachdenken."* [10] Eine derart abgeklärte Offenheit beginnt heutzutage gerade durch die bahnbrechenden Erneuerungen auf dem Feld der modernen Physik, allen voran der Quantenphysik, in zunehmendem Maß wissenschaftliche Relevanz einzufordern – auch wenn die Konsequenzen einstweilen noch recht

---

[8] R. Steiner: *„Die Welträtsel und die Anthroposophie."* GA 54,. Berlin 1905/06, S. 282f. *„Spirituelle Wahrheiten sind nicht fertig, wenn die Logik fertig ist. Spirituelle Wahrheiten sind solche, die mit dem Menschen erst durch das Leben gehen müssen, um voll ausgebildet zu werden."* R. Steiner: *„Die geistig-seelischen Grundkräfte der Erziehungskunst."* GA 305, Oxford 1922, S. 47f.

[9] Jesus, zitiert nach: *„Die Bibel / Neues Testament."*, Matthäus 18/3: *„Wahrlich, ich sage euch: Es sei denn, dass ihr euch umkehrt und werdet wie die Kinder, so werdet ihr nicht ins Himmelreich kommen."*

[10] G.Ch. Lichtenberg: *„Sudelbücher."*, zitiert in: F. Cramer: *„Chaos und Ordnung – Die komplexe Struktur des Lebendigen."*, Stuttgart 1989, S. 118.

zögerlich gesellschaftliche Anerkennung und Bedeutung erlangen. Moderne und eigenständige Übungsansätze in verschiedenen Bewusstseinstrainings – wie auch *Free Spirit* – zeigen bereits in die entsprechende Richtung. Hier werden ernstzunehmende Anläufe genommen, menschliche Entwicklungsgegenwart zu beackern um im menschlichen Bewusstsein einer neuen Verbindung mit der Welt und einer *zukünftigen Verbindlichkeit* das Wort zu reden ... Noch scheint alles – rund um die neue Renaissance-artige Blüte des Bewusstseins und die daraus resultierende neue Freiheit des Menschen – wie ein unfassbares Rätsel: dieser freie, selbstverantwortliche, wirkende Geist, der im Begriffe ist erstmals *wirklich Wirklichkeit* zu werden ...! Vertraut man dem Philosophen Ludwig Wittgenstein, der ja meint: *„Das Rätsel gibt es nicht. Wenn sich eine Frage stellen lässt, dann kann sie auch beantwortet werden. Denn Zweifel kann nur bestehen, wo eine Frage besteht, eine Frage nur, wo eine Antwort besteht und diese nur, wo etwas gesagt werden kann."* [11] – so bemerkt man überracht, dass uns der Weg der Veränderung gegenwärtig doch bereits sehr weit geführt zu haben scheint. „Welt-Anschauung", als das Ergebnis unseres isolierten Subjekt-Welterlebens – Fragmentierendes Welterleben, als Ergebnis einer nicht mehr hinterfragten, subjektbezogenen Weltanschauung – so können wir wohl David Bohms Statement zusammenfassend umreißen.

Doch zurück zu Bohms Überlegungen bezüglich eines Sprachexperiments, um auf diese Weise jenseits des gewohnten Sprach-Rahmens vorzustoßen: Was würde geschehen, wenn wir uns in der Anwendung der Sprache – als Experiment – dazu entschließen, einen Sprachmodus zu verwenden, *„... bei dem die Bewegung die erste Stelle in unserem Denken einnimmt und bei dem dieser Gedanke so dem Sprachbau einverleibt wird, dass wir dem Verb anstelle des Substantivs die Hauptrolle zugestehen."*? [12] Also: dem Tätigkeitswort, der Beschreibung dessen was stattfindet, dem, was an Wandlung von jetzt zu jetzt geschieht, dem Bewegenden, dem Geschehenden, dem Sich-Wandelnden. Wir sehen schon an diesem Versuch des Hinweisens, wie schwer es fällt, ohne Hauptwörter, ohne Verdinglichungen mit unserer Sprache auszukommen, um Wahrnehmungen zu beschreiben. Um zu beschreiben, was „Sein" ist, was abläuft, was sich bewegt, etc. Sprache, unsere gewohnte Sprache, neigt eben nicht nur ständig dazu, ihre eigene Funktion als selbstverständlich anzunehmen, sondern auch dazu, dass sie *„... ständig unter der Hand eine unangebrachte Trennung zwischen Dingen vornimmt ... und uns somit dazu verleitet, uns fast ausschließlich mit dem ausgesagten Inhalt zu befassen, sodass der wirklichen Zeichenfunktion der Sprache selbst nur wenig oder gar keine Beachtung geschenkt wird. Wie aber zuvor ausgeführt, hat der wesentliche Hang zur Fragmentierung gerade hier seinen Ursprung. Da nämlich das gewöhnliche Denken und Sprechen nicht die rechte Aufmerksamkeit auf seine eigene Funktion verwendet, so entspringt diese scheinbar einer von Denken und Sprechen unabhängigen Realität,*

---

[11] L. Wittgenstein: *„Tractatus logico-philosophicus.",* Frankfurt 1971 sowie: *„Über Gewissheit.",* Frankfurt 1984 (gilt auch für das nächste Zitat in Folge).

[12] D. Bohm: *„Die implizite Ordnung – Grundlagen eines dynamischen Holismus.",* München 1985, S. 51ff.

*so dass die in der Sprachstruktur angelegten Teilungen nach außen projiziert werden, als ob man es mit Bruchstücken zu tun hätte, die tatsächlich Brücken in dem **was ist** entsprächen.“*

Dieses *nach außen Projizieren* einer scheinbar unabhängigen Realität, indem nicht *die rechte Aufmerksamkeit auf seine eigene Funktion verwendet* wird – das kommt uns doch nicht unbekannt vor, oder ...?! – Diese gewohnten Muster im Blick auf uns selbst, in einer neu gestaltenden Aufmerksamkeit für uns selbst aufzudecken und sichtbar zu machen, ist implizites und explizites Anliegen der Übungen jeder empirischen Bewusstseins-forschung, zum Beispiel während der Trainingskurse von *Free Spirit*: Jeden Tag (am Kurs) – und später im Leben – die *gewohnten Dinge* von einem gänzlich anderen Betrachtungsstandpunkt ansehen und den Dingen zugestehen, neue und ungewohnte Antworten zu geben. Antworten, die nicht *nur* verstanden werden wollen, sondern erlebt und gefühlt, damit sie in eine neue, innerliche Verbindung mit uns als erlebende Ganzheit gebracht werden können. Erstaunen ist angesagt! Erstaunen, ob so mancher *Wahrheit in neuem Gewand*, intuitiv, wenn auch zunächst fremdartig anmutend. Und doch: erweiternd und daher neues Verstehen und Verständnis ermöglichend. Sowohl für die Wahrheit-im-anderen-Gewand (ganz wörtlich zu nehmen: der andere), als auch für sich selbst – neu, anders gewandet ... Und: damit sicherlich auch wertschätzender und verbundener.

Ein sehr anschauliches anderes Beispiel dafür, wie vorgefertigte Strukturen – diesmal nicht der Sprache, sondern der Betrachtung, der experimentellen Annahme – das Ergebnis beeinflussen beziehungsweise geradezu be-dingen, beschreibt der Quantenphysiker Hans Peter Dürr in seinem Buch *„Das Netz des Physikers“*. Dürr, der lange Zeit Mitarbeiter im Team des Physikers Werner Heisenberg gewesen war, erhielt 1987 den Alternativen Nobelpreis und ist Begründer des Global Challenges Network. Dürr: *„Wenn wir experimentieren, machen wir ja schon eine Auswahl aus der Wirklichkeit. Wir stülpen ein gewisses Raster über die Wirklichkeit und ziehen nur das heraus, was sich gerade auf diese Weise abbilden lässt. Die Wirklichkeit, die wir durch Wissenschaft erzeugen, ist also kein exaktes Abbild der eigentlichen Wirklichkeit, sondern nur ein Abbild von dem, was sich mit dieser Methodik erfassen lässt. Ähnlich wie das Netz des Fischers, das ja je nach Maschengröße Verschiedenes als Wirklichkeit des Meeres erscheinen lässt. Bei einer Maschenweite von fünf Zentimetern kommt man zum Beispiel zur Aussage: Alle Fische sind größer als fünf Zentimeter.“* [13] So weit, wie David Bohm in seiner Sicht der Dinge, ist Hans Peter Dürr offensichtlich nicht bereit zu gehen, wenn er sagt: *„Der Mensch, der sich mit der Wirklichkeit auseinandersetzt, ist Teil dieser Wirklichkeit. Deshalb ist auch das Netz, das er verwendet, etwas, das zur Wirklichkeit gerechnet werden muss. Und deshalb kann man auch nicht sagen, das*

---

[13] H.P. Dürr: *„Das Netz des Physikers.“*, München 1990, S. 64ff (gilt auch für die nächsten Zitate in Folge). Siehe auch Kapitel 5: Überzeugungs-Netze und Leben, Anmerkung 4
Siehe auch Kapitel 17: Das Primat der Information, Anmerkung 27.

Netz und damit auch die wissenschaftliche Wirklichkeit seien frei erfunden. Das muss man im Entwicklungsprozess sehen: Der Wissenschaftler und sein Netz haben sich nicht außerhalb, sondern in der Natur entwickelt. Das Netz ist gewissermaßen ein Werkzeug für das Überleben der Gattung Mensch. Das Werkzeug des Denkens muss also an die Wirklichkeit angepasst sein. So ist zum Beispiel unser Fünf-Zentimeter-Netz adaptiert an eine Erscheinungsform der Wirklichkeit: die Fische. Hätten wir nur Plankton im Ozean, dann wäre das Netz vollkommen nutzlos. Was also das Netz leistet, ist nicht unabhängig von der Natur. Das ist nun beim David von Michelangelo anders: Der ursprüngliche Marmorblock enthält die Gestalt überhaupt nicht. Erst durch das Meißeln kommt sie hinein ..." Was aber, wenn *im Ozean* nicht *Plankton* als so entscheidend Andersartiges wäre, sondern vielmehr etwas bislang noch nicht einmal *Benennbares*? Etwas, für das unsere heutige Sprache, samt ihrem gegenstandsorientierten Denken, welches nur in der Lage ist „scheinbar Verdinglichtes" wahrhaben zu können, gar nicht geschaffen ist ...? Etwas, was uns Menschen, die wir bislang mit einem sprachlichen *Fünf-Zentimeter-Netz* gefischt haben, noch gar nicht mal bekannt beziehungsweise bewusst werden konnte?

In einem Interview mit einer eigenen Äußerung konfrontiert, die eventuell hätte darauf hinweisen können, Professor Dürr sei der Auffassung, dass die Netze der Wissenschaft näher an der Wirklichkeit seien als jene, welche die Künstler über die Welt werfen, antwortet Dürr: „*Nein, ich würde das so nicht ausdrücken ...*" Was also, wenn dieser ausgewiesene Unterschied zwischen den beiden angeführten Bereichen der Wirklichkeit *so* gar nicht existiert, sondern ebenfalls lediglich durch Aspekte unserer Denkmuster und somit unserer Vorstellungen repräsentiert ist? Lassen Sie uns aber noch das oben angeschnittene Beispiel des *David* von Michelangelo weiterführen. Es darf als wunderbares Beispiel gewertet werden, wie menschliche Vorstellungsstrukturen, in atemlos bezaubernder Weise, von Michelangelos Bewusstsein in die äußere Wahrnehmungsebene – im Marmorblock den *David* sehend – hinausprojiziert wurden. Michelangelos künstlerischem Werkzeug verblieb nur noch die Aufgabe, diese klassische Gestalt freizulegen. „*Wenn Michelangelo diesen Marmorblock ansieht, dann erscheint für ihn in diesem Block die Möglichkeit einer Skulptur. Die Beziehung Künstler – Marmorblock erscheint dann als eine höhere Einheit. Im Moment des Anschauens und des dabei aufkeimenden Entschlusses, den David freizulegen, hat sich die Wirklichkeit verändert. Es ist ein neuer Zustand, der allerdings weder sichtbar, messbar oder fassbar ist. Die Veränderung spielt sich in einem für die Wissenschaft nicht erkennbaren Bereich ab. Aber aus der ganzheitlichen Sicht besteht kein Zweifel, dass durch das Denken eine Veränderung der Wirklichkeit stattgefunden hat ... Ich muss hier vielleicht einschränkend sagen, dass **die neue Physik uns in der Tat sagt, dass jede Beobachtung das Beobachtete im Prozess des Beobachtens verändert, weil jede Beobachtung einen Eingriff in das beobachtete System bedeutet.** Das System selbst hat nicht mehr die Eigenschaft des Objektes, eines unabhängig vom Beobachter existierenden Dings. **Wenn der Partner von Michelangelo aber kein so extrem strukturloses Gebilde wie ein Marmorblock wäre, sondern eine hoch geordnete Struktur wie etwa ein anderer Mensch, dann ist viel wahrscheinlicher,*** *dass seine Vorstellung von seinem Gegenüber, diesen Menschen auch nachweisbar und wirklich verändert. Ist dies nicht die Art und Weise, wie symbolische Sprache bei Menschen zur Verständigung führt? Beim Umsetzen vom ganzheitlich Geschauten in eine überprüfbare Sprache wird vieles von der Struktur des Geschauten übertragen, aber das Ganzheitliche geht gerade dabei verloren. Mit unserem analytischen Denken und einer begrifflich scharf gefassten Sprache, am exaktesten in der Kunstsprache der Mathematik, zerbrechen wir notwendigerweise das Ganze in Teile. Wir versuchen dann am Ende das Ganze wieder aus der Summe aller seiner Teile gedanklich zurückzugewinnen. Aber mit diesem zurückgewonnenen Ganzen fangen wir das Ganzheitliche nicht ein, das, wie eine Gestalt, etwas Einheitliches zum Ausdruck bringt, für das es keine Teile gibt. Das einheitliche Ganze, das Ganzheitliche, kann deshalb nicht mehr gedacht werden, sondern nur in unserem Bewusstsein als solches auftauchen. ... Dann sagt man: ‚Aha! Ich sehe jetzt die Grenzen.‘ Ich sehe auch, dass man prinzipiell nur das erfassen kann, was in den Möglichkeiten der Werkzeuge liegt. Und da bleibt ein Haufen Zeug ausgeschlossen, das für mich essenziell und existenziell einen hohen Wert hat. Warum soll ich das eigentlich negieren, abstreiten und ignorieren.“* [14]

Hans Peter Dürr kommt, wie wir sehen, nicht nur was die Sprache betrifft, in individuell gefärbter Weise zur selben Conclusio wie David Bohm. Unser Denken in Dingen und seine begrifflichen Ergebnisse sind *unser eigenes* – beziehungsweise *sein eigenes* – Konstrukt. Alle unsere diesbezüglich erkannten „Wahrheiten“ – letztlich lediglich Hilfsmittel, Krücken zur Erschaffung einer „Welt-als-Modell“ ... Alle Abgrenzungen, die unser Verstand trifft, machen es unmöglich, jene ganzheitliche Struktur, jenes Kontinuum einander gegenseitig be-dingender (da haben wir´s ja schon wieder!), beeinflussender Phänomene zu beschreiben. Und, was bleibt jenseits davon?! Nur: *fühlende Verbindung*, wortloses Wahrnehmen in Stille – Vertrauen in die Fähigkeit eines intuitiven Erfassens ...

Mathematik – Sprache der Wissenschaft

„Erfahrung ist nur dann wissenschaftlich fassbar, wenn ihre Inhalte in unserer Umgangssprache ausgedrückt werden können. Wissenschaftliche Erfahrung muss in diesem Sinn objekthaft werden, denn nur dann lässt sich eindeutig mitteilen, was beobachtet oder gemessen wurde. Die Mathematik ist dabei nur eine besonders verfeinerte Form der Umgangssprache. Sie weist den Begriffen der Sprache eine präzise Bedeutung zu und vermeidet damit jene Mehrdeutigkeit, die von ihrer anderen Funktion herrührt: Symbol und Gleichnis für das Transzendente zu sein. ... Über Transzendenz lässt sich nur in Gleichnissen und Bildern sprechen. Dass wir hinter diesen Bildern die Wahrheit erkennen können, liegt daran, dass wir alle im gleichen Strom des Bewusstseins dahin

---

[14] H.P. Dürr: „*Das Netz des Physikers.*“, München 1990, S. 65f.

fließen." [15] Und noch eine überraschende und auffällige Erfahrung bezüglich Mathematik als Sprache und ihre Konsequenzen für die Wissenschaft lässt sich feststellen: *„In den Gleichungen kommt eine fast unheimlich anmutende Eigenschaft der Mathematik zum Vorschein: Mit wenigen experimentell gefestigten Tatsachen in Verbindung gebracht, kann die Mathematik manchmal eine ganze Sinfonie neuer Phänomene vorhersagen. ... Die Schönheit der Mathematik war in der Vergangenheit oft ein guter Ratgeber auf dem Weg zur Wahrheit.*" [16] Immer schon verstanden es die Physiker, diese Schönheit in der Mathematik als Wegweiser zu nutzen, um ihrem Ziel geradlinig näher zu kommen. Auch in den so genannten *Stringtheorien,* jener Suche nach der *Theory For Everything,* gilt die Schönheit gewisser Eigen-Lösungen mathematischer Gleichungen als Richtschnur, um im theoretischen Ansatz den rechten Weg aufzufassen und letztlich zu finden. Eine reine Überzeugung! Oder warum auch sollte sich in einem vorgeblich völlig zufällig evolvierenden Universum In-*forma*-tion und ihre innere Konstruktion der Welt bloß an so etwas wie einer *Schönheit mathematischer Lösungen* orientieren?! – Interessanterweise aber eben doch eine Überzeugung, die sich bislang durchaus meist bewahrheitete ...

Und wir selbst?! – *Jeder Mensch ein Künstler*

Es ist naheliegend und wie mit Händen greifbar: *In sehr entsprechender Weise wird von uns selbst in unserem Umfeld – ebenso künstlerisch, nur nicht immer im selben Maß wertgeschätzt – exakt das als Kunstwerk Leben freigelegt, was wir hinausprojiziert wahrnehmen – unsere eigenen Vorstellungen.* Es kann somit angenommen werden, dass jede Vorstellung, jegliche inneren Überzeugungsbilder – gepaart mit Kreativität und Phantasie – starke Orientierungshilfen im eigenschöpferischen Tun des Lebens darstellen. Ihre Aus-Wirkungen – im wörtlichsten Sinne – können allerdings ebenso gut „positiver" wie auch „negativer" Art sein: liebevoll – oder zerstörerisch. Kreative Kraft haben diese vorstrukturierenden Überzeugungen, Haltungen und Einstellungen, die wir sie in unseren Ur-teilen etc. ständig unbewusst oder aber bewusst hinausprojizieren, dem Leben, der Welt und auch uns selbst gegenüber, allemal. Was dabei freigelegt wird und entsteht, ist unser Leben als eigenes Werk, als unser Kunstwerk. Ob bewusst, oder unbewusst, es entscheidet *auch* darüber, ob wir uns als *armes Opfer* oder als *freier Kreator* und Tatmensch erleben werden, als lebensfreudiger, mutiger, frei- und selbstbestimmter Mensch in Verantwortung und Erschaffung der eigenen Lebensumstände. *Jeder Mensch ein Künstler* eben, wie dies bereits im 20. Jahrhundert der Künstler Joseph Beuys so treffend zu formulieren wagte. Streng nach diesem Motto sind wir somit alle in unsere Eigen-Verantwortung hereingefordert. Und alle werden wir daher auch letztlich als Menschheit gemeinsam zu suchen haben, welche Visionen, welche Zielsetzungen,

---

[15] Ebenda, S. 111, S. 113.
[16] F. Close: *„Luzifers Vermächtnis – Eine physikalische Schöpfungsgeschichte.",* Berlin 2004, S. 107, S. 287.

welche Maxime wir als innere Stütze benötigen für den Veränderungsprozess hin zu neuen sozialen Lebens-Formen. Der *Sozialkünstler* in jedem von uns ist aufgefordert, ans Werk zu gehen ...!

Nochmals David Bohm: „*Wenn wir nun auf gewöhnliche Weise von der Wahrheit sprechen, so werden wir unweigerlich zur Betrachtung dessen angeregt, was 'das Faktum' genannt wird. Sagt man etwa: 'Dies ist ein Faktum', so ist damit gewissermaßen unterstellt, dass der Inhalt der fraglichen Aussage wahr ist. Aber die Grundbedeutung des Wortes 'factum' im Lateinischen ist 'das Gemachte, die Tatsache' (wie etwa in Manufaktur).* **Diese Bedeutung fällt hier ins Gewicht, weil wir offensichtlich das Faktum in gewissem Sinne wirklich machen.** *Dieses Faktum hängt nämlich nicht nur von dem betrachteten Zusammenhang und unserer unmittelbaren Wahrnehmung ab, sondern auch davon, wie unsere Gedanken unsere Wahrnehmung prägen, und außerdem davon, was wir tun, um unsere Schlussfolgerungen zu überprüfen und sie in praktisches Handeln umzusetzen.*" [17]

Direkte Wahrnehmung – *Fühlen.* Wie Menschen sich verstehen – oder eben nicht

Bruno Würtenberger: „*Der Grund, weshalb wir uns alle so einigermaßen verstehen, liegt in den unzähligen getroffenen Vereinbarungen. In erster Linie denen der Sprache und der Bezeichnung von Dingen, Gefühlen und Wertungen. Wir wissen eigentlich nicht wirklich, wovon die anderen reden, wenn sie uns zum Beispiel sagen, dass dieser oder jener Gegenstand rot ist. Dann wissen wir nicht, ob der andere Rot genau so wahrnimmt wie wir. Wir haben uns irgendwann geeinigt, dass alles, was so aussieht, als 'Rot' definiert wird – mehr nicht. Wir sagen zum Beispiel: 'Oh, das schmeckt aber sauer!', oder: 'Mm ..., das schmeckt süß.' Und wir scheinen uns zu verstehen, aber wie können wir sicher sein, dass wir diese Geschmäcker tatsächlich gleich wahrnehmen? Wir wissen es nicht wirklich. Wir beschreiben stets die Dinge so, wie wir sie gelernt haben, gemäß unseren Vereinbarungen, wie etwas heißt etc. Aber Sicherheit darüber, dass andere wirklich wissen, was ich meine, liefert uns eine solche Art der Kommunikation kaum. Alles ist relativ, weil Wahrnehmung etwas sehr Individuelles ist. ... Die einzige Art der Kommunikation, welche unmissverständlich ist, ist das sich vollkommene Einfühlen in die Welt, in die Bewusstseinsstruktur und die Wahrnehmung von anderen. Und dies gelingt uns nur dann, wenn wir fähig und bereit sind, unsere eigene Welt zu verlassen: Alles was wir wissen und erfahren haben und uns vorstellen – es hinter uns lassen und ganz zu dem werden, was der oder die andere ist. Dies erfordert das komplette Lüften unserer eigenen Schleier der Illusionen, das Weglassen aller kommunikationsmäßigen Parameter, welche wir im Laufe unseres Leben angenommen haben. Um jemanden wirklich zu verstehen, musst Du in der Lage sein, alle Definitionen, welche Dich als*

---

[17] D. Bohm: „*Die implizite Ordnung – Grundlagen eines dynamischen Holismus.*", München 1985, S. 70f.

das ausmachen, was Du zu sein glaubst, loszulassen. Je besser Dir das gelingt, desto eher kannst Du in die Welt der anderen eintauchen und umso besser kannst Du sie verstehen. Der Augenblick des Verstehens liegt jedoch jenseits aller Worte, Erklärungen oder Vergleiche. Jeder einzelne Mensch ist und lebt in einer unvergleichlichen Welt, in einer Dimension, welche man nicht erreicht, solange man noch man selbst ist. Ein erster Schritt in die Richtung andere wahrzunehmen könnte sein, dass Du Dich jedes Mal, wenn Dir jemand sagt, dass er sich so oder so fühlt, fragst: ‚Wie meint er oder sie das?‘ Wenn Du bei Dir beobachten kannst, dass Du sofort weißt, wie sich jemand fühlt, wenn er sagt: ‚Ich fühle mich wütend‘ – oder traurig oder so, dann weißt Du im Grunde genommen bloß, welchen Zustand Du selbst, bei Dir, mit dieser Bezeichnung definiert hast. Ich nenne das Indirekte Wahrnehmung. Die weitaus treffendere Wahrnehmung ist jedoch stets die **Direkte Wahrnehmung**. Eine direkte Wahrnehmung geschieht und ist erst dann möglich, wenn da keine Trennungen mehr existieren zwischen Dir und Deinen Nächsten. Dann erst können wir von einer einheitlichen Wahrnehmung sprechen. Bis dahin beruht unser gegenseitiges Verständnis bloß auf den von uns gemeinsam angenommenen und akzeptierten sprachlichen Konventionen und Vereinbarungen.“ [18]

Und nochmals Bruno Würtenberger: „Spätestens, wenn wir über Wirklichkeit reden, wird klar, wie begrenzt unsere Sprache, unsere Wortwahl ist. Sobald wir über Dinge reden, die unvorstellbar, formlos, zeitlos und unfassbar – weil immateriell sind – sind Worte nicht mehr die geeignete Sprache. Sprache definiert die Dinge durch Begrenzung. Beginnt man jedoch die Wirklichkeit zu begrenzen, befinden wir uns flugs wieder in der Illusion. Die geeignete Sprache, um über Nichtmaterielles zu sprechen, ist nicht materiell, sondern ist: das Gefühl. Solange jedoch das Gefühl vom Kopf überwacht und kontrolliert ist, funktioniert auch die Gefühlssprache nicht. Daher ist es wichtig zu wissen, wie der Kopf Gefühle kontrolliert und begrenzt. Ich versuche es Dir in einfachen Worten zu erklären ... Wenn Du zum Beispiel an Gott denkst, an seine Unbegrenztheit, seine Weite und Grenzenlosigkeit, und wenn Du jetzt 'mal versuchst sie zu fühlen, diese ewige Dimension, dann wirst Du schnell bemerken, dass Dein Verstand ständig Ausschau hält nach Grenzen. Denn der Verstand fühlt sich verloren, sobald keine Grenzen in Sicht sind. Grenzen vermitteln ihm Sicherheit oder besser gesagt: die Illusion von Sicherheit. Ja, in dieser Hinsicht ist der Verstand wie ein kleines Kind: Ohne Grenzen fühlt er sich unsicher. Und wie ein Kind versucht er dann fast zwanghaft irgendwelche Grenzen zu finden. Wenn er keine findet, beginnt er sie sich vorzustellen oder Grenzen herauszufordern. Ein Kind macht das durchaus auch dadurch, dass es leidvolle Situationen erschafft. Und unser Verstand steht dem in nichts nach. Er erschafft oft leidvolle Begrenzungen einfach deshalb, damit er sich nicht verliert. Na ja, wer will denn auch schon den Verstand verlieren? Versteh' mich jetzt bitte nicht falsch, aber um sein Gefühl wiederzufinden, muss der Mensch in gewisser Hinsicht tatsächlich den Verstand verlieren oder besser gesagt: vergessen. Und wenn Du dies nicht absichtlich tust oder tun kannst,

---

[18] B. Würtenberger: „Free Spirit-Grundkurs – Teil 2“, Zürich 2005, S. 15.

kann es sehr wohl sein, dass er sich selbständig von Dir verabschiedet. Bestimmt ist es weitaus angenehmer, selbst entscheiden zu können, wann es hilfreich ist, den Verstand zu gebrauchen und wann es sinnvoller wäre, dem Gefühl den Vortritt zu lassen. Der Verstand verliert sich häufig, nicht indem man wahnsinnig wird oder verblödet, sondern er verliert sich vornehmlich in unseren Emotionen. Was den Menschen jedoch nicht unbedingt weniger irre macht. Der Verstand alleine besitzt weder Vernunft noch Logik und auch keine wahre Intelligenz. Diese Eigenschaften entstehen erst in Verbundenheit mit dem Herzen.“ [19]

---

[19] B. Würtenberger: „*Free Spirit-Grundkurs – Teil 2*“, Zürich 2005, S. 18f.

Kapitel 4: Ich-Bewusstsein versus Wille

Bruno Würtenberger: *„Wenn Dir ein starker Wind entgegenbläst, dann errichte keine Mauern, sondern setze die Segel. Du weißt doch: Nicht woher der Wind weht, ist maßgebend, sondern wie man die Segel setzt!"* [1]

Einzeller und Ich

Erwin Schrödinger – Mitbegründer und zentraler Kopf der Quantentheorie: *„Der Grund dafür, dass unser fühlendes wahrnehmendes und denkendes Ich in unserem naturwissenschaftlichen Weltbild nirgends auftritt, kann leicht in fünf Worten ausgedrückt werden: ‚Es ist selbst dieses Weltbild.'* Es ist mit dem Ganzen identisch und kann deshalb nicht als ein Teil darin enthalten sein. ... Bewusstsein gibt es seiner Natur nach nur in der Einzahl. Ich möchte sagen: **die Gesamtzahl aller ‚Bewusstheiten' ist immer bloß eins.**" [2]

Von welchem Standpunkt immer man etwas betrachten will: Es bedingt, bestimmt das Ergebnis der Betrachtung. Früher war es für mich entscheidend wichtig, für die Auffassung zu kämpfen, dass es etwas wie ein *Ich* – wie ein *Ich-Bin* – geben müsse. Es entsprach diese Auffassung sozusagen meiner biographisch persönlichen Entwicklungs- und Zeitlage – ganz entsprechend den Auffassungen jener Vertreter allzu ernsthaft verfolgter materialistischer Physik. Da musste es ebenfalls etwas wie ein „Ding" geben, ein materiell gedachtes „Etwas", was die bewirkbaren Wirksamkeiten des Menschen hervorrief. Und natürlich gab es in meinen Überlegungen diesbezüglich gute Argumente, welche meine Auffassung zu stützen, beziehungsweise zu untermauern schienen: *Wo etwas bewirkt werden kann, wo etwas wirke, da müsse auch etwas sein: eben ein Ich-Bin – eine wirkende Ebene des Willens.*

Entscheidendes hat sich diesbezüglich verändert, verwandelt. *„Des Menschen Wille ist sein Himmelreich."* Entsprechend meiner geänderten Sichtweise, kann ich dieses Zitat heute neu begreifen, neu fassen. Mitbedingt vom Standpunkt quantenphysikalischer Sichtweise, ist es mir heute möglich, gut und gern jenen Standpunkt zu akzeptieren, von dem aus betrachtet es nicht notwendigerweise ein Ich beziehungsweise Ich-Bin geben muss. Ja, es ist möglich, diesem Be-Wirkenden kein Da-Sein im klassischen Sinn zuschreiben zu müssen und seine sichtbare Wirksamkeit trotzdem anerkennen zu können. Ganz ähnlich, wie kein Vertreter heutiger, zeitgenössischer Physik dem Atom materielles Sein mehr zugestehen muss, nur um eine Erklärung für entsprechende Wirksamkeiten auf physikalischer Ebene liefern zu können. Auf dieser Ebene ist nichts materiell Existentes denknotwendig. Interessant in diesem Zusammenhang ist eine diesbezüglich ausge-

---

[1] B. Würtenberger: *„Free Spirit-Intensivworkshop 1 – Präsenz"*, Zürich 2005, S. 2.
[2] E. Schrödinger, in: *„Zitate und Äußerungen bekannter Physiker."*; http://www.holoenergetic.ch.

sprochen anschauliche Darstellung des österreichischen Physikers Univ.-Prof. Fritjof Capra. Er schreibt in seinem bereits 1988 erschienenen Buch *„Wendezeit – Bausteine für ein neues Weltbild"* bezüglich der „Realität" von Materie auf der mikrokosmischen Ebene – über sogenannte Elementarteilchen: *„Die moderne Physik verwandelte das Bild vom Universum als einer Maschine in die Vision eines unteilbaren dynamischen Ganzen, dessen Teile grundsätzlich in Wechselbeziehung zueinander stehen und nur als Muster eines kosmischen Prozesses verstanden werden können. Auf subatomarer Ebene sind die Wechselwirkungen zwischen den Teilen des Ganzen von grundlegenderer Bedeutung als die Teile selbst. Es herrscht Bewegung, doch gibt es letzten Endes keine sich bewegenden Objekte; es gibt Aktivität, jedoch keine Handelnden; es gibt keine Tänzer, sondern nur den Tanz."* [3]

Welch unglaublicher Wechsel, welch unglaubliche Befreiung der physikalischen Sichtweise auf dem Feld heutiger Wissenschaft: nichts *Materiell-Dingliches* – alles *Energie*. Energie, die ihre hochspezifische Wirksamkeit entfaltet. Können wir diese Art wissenschaftlicher Offenheit auf spirituell-menschliche Ebenen übertragen, so wird deutlich, dass es sich hier um den *Willen* – als eine der *Energie* analoge Wirksamkeit – handelt. [4] Um den Willen als spirituell wirksame Energie-Form. Möglicherweise ist der Unterschied zwischen *spirituell-wirksam* und *physikalisch-wirksam* nur marginal – und gleichfalls lediglich abhängig vom Beobachtungs-Feld gewählter Betrachtungsweise: die *Möglichkeiten menschlicher Erfahrungen beschreibend*, beziehungsweise *Möglichkeiten physikalischer Erfahrungen beschreibend*. Ganzheitlich und umfassend betrachtet jedenfalls steht beides gewissermaßen für: *Möglichkeiten der Erfahrung beschreibend*.

Der Vorsokratiker Parmenides: *„Alles ist Sein, das heißt, alles ist etwas, das ich nicht verstehe, etwas mit dem es keine weitere Bewandtnis hat."* [5] Alles in allem ist es eben gar nicht primär entscheidend, bei irgendwelchen absoluten Denk-Wahrheiten anzukommen. Denn: Wie diese *sein* könnten, können wir vermutlich mit unserem Verstand gar nicht real denken. *„Das Denken selbst ist dieser Bann."* [6]

In unserer Welt des dualistischen Denkens werden wir immer nur auf Lebensaspekte stoßen, die uns jeweils an die zwei-Seiten-der-Medaille gemahnen. Hier besteht die große Herausforderung im Annehmen beider Seiten, um unser dualistisches Denken letztlich

---

[3] F. Capra: *„Wendezeit – Bausteine für ein neues Weltbild."*, Bern / München 1988, S. 97.

[4] Siehe auch: Kapitel 21: Kreative Feldaspekte des Bewusstseins, Anmerkung 11.

[5] Parmen(e)ides von Elea (* um 540/535 v. Chr.; † um 483/475 v. Chr.) war einer der bedeutendsten Vorsokratiker. Sein einziges Werk ist ein Lehrgedicht, das unter dem Titel *„Über das Sein"* bekannt geworden ist. Unbestritten ist der Einfluss des Parmenides auf Platon, über den Parmenides maßgeblich die abendländische Philosophie beeinflusst hat. Platon selbst nennt ihn *„unseren Vater Parmenides"*. http://de.wikipedia.org/wiki/Parmenides
Siehe auch Kapitel 21: Kreative Feldaspekte des Bewusstseins, Anmerkung 12.

[6] P. Bahners: *„Vom Schicksal der Wahrheit nach der Dekonstruktion"*, in: H. Thomas: *„Naturherrschaft – Wie Mensch und Welt sich in der Wissenschaft begegnen."*, Köln 1990, S. 229.

zu überwinden. Nicht-wertende Wertschätzung und absichtsvolles Annehmen („Durch-fühlen") beider Aspekte stellen das Werkzeug dafür dar. Jenseits des ansonsten allzeit wertenden Verstandes, in dieser Art des *erkennenden Fühlens als Wahrnehmungsorgan*, öffnet sich die Welt des Seins. „Es" beginnt zu unserer Wertschätzung zu sprechen: das was *ist*: Phänomene, Wesenhaftes, die Welt-als-Einheit – die Münze als Ganzes also. [7]

Die aus dieser möglichen Einsicht resultierende Chance jedenfalls könnte sein: Uns selbst als Menschen essenzieller als Einheit mit dem Kosmos begreifen und – damit letztlich auch wieder *erleben* zu lernen, um daraus in verwandelter Form lebendig zu handeln.

Univ.-Prof. Herbert Pietschmann, Ordinarius für Theoretische Physik der Uni-Wien zitiert diesbezüglich den Schamanen Don Juan in Carlos Castaneders Bestseller „*Der Ring der Kraft.*" Vorneweg: In diesem Zusammenhang wird unter *Krieger* jene Instanz des menschlichen Bewusstseins gemeint, welche den Kampf gegen den *Parasiten* [8] aufzunehmen bereit ist – den festlegenden und wertenden Verstand, der sich auf Kosten unserer Lebenskraft nährt. Don Juan: „*Ein Krieger handelt so, als sei überhaupt nichts geschehen, weil er an gar nichts glaubt und doch akzeptiert er es unbesehen. Er akzeptiert ohne zu akzeptieren und leugnet ohne zu leugnen. Nie tut er so, als wisse er, noch tut er so, als sei nichts geschehen. Er handelt so, als ob er die Situation in der Hand hätte, auch wenn ihm vielleicht die Hosen schlottern. Diese Art zu handeln vertreibt die zwanghafte Beschäftigung mit den Dingen.*" [9] Gut, Mut braucht´s natürlich schon. Selbst dann, wenn´s im Leben nicht immer ganz so existenziell zugehen wird, wie hier angesprochen ...

Lebenskrisen – Lebenschancen

Der Professor an der philosophischen Fakultät der Universität Wien, Günther Pöltner: „*Nicht zuletzt manifestiert sich die Krise neuzeitlich wissenschaftlich-technischer Rationalität im Ruf nach einem neuen Denken. Dieses soll ein ganzheitliches Denken, ein Einheit-bezogenes Denken, ein Denken in Systemvernetzungen sein. ‚Wir haben fortwährend getrennt, anstatt zu vereinen.'* ... *Nachdem die Welt nach einem oft zitierten Wort Max Webers von der neuzeitlichen Wissenschaft ‚entzaubert' worden ist, soll sie im neuen Zeitalter – wieder ‚verzaubert' werden.* ... *Von woher ist die moderne Wissenschaft und Technologie fragwürdig geworden? Welche Phänomene klagen sozusagen ihr Recht ein?*" [10]

---

[7] Siehe auch Kapitel 17: Das Primat der Information, Anmerkung 35.

[8] Siehe auch Kapitel 20: Wissenschaft und Spiritualität im Konsens, Anmerkung 26.

[9] C. Castaneder: „*Der Ring der Kraft.*", Frankfurt 1976; zitiert in: H. Pietschmann: „*Das Ende des naturwissenschaftlichen Zeitalters.*" Frankfurt / Berlin 1983, S. 167.

[10] G. Pöltner: „*Menschliche Erfahrung und Wissenschaft*", in: H. Thomas: „*Naturherrschaft – Wie Mensch und Welt sich in der Wissenschaft begegnen.*", Köln 1990, S. 237f.

Was zunächst wie eine triviale Feststellung anmutet, in den Naturwissenschaften jedoch oft schlichtweg vergessen wird: Keine Wissenschaft fängt ja einfach *mit-sich-selbst an*, sondern gründet und wurzelt vielmehr in einem Boden, den sie selbst nicht gelegt hat, auf dessen Vorgabe sie jedoch bleibend angewiesen ist. Es ist die lebensweltliche Erfahrung, die jeder Wissenschaft voranging – und noch vorangeht. [11] *„Urteile, die ein System isolieren, sind etwa die metaphysischen Anfangsgründe der Einzelwissenschaften. Die Wissenschaften gehören zu unseren Einteilungen der Wirklichkeit, und wie alle Einteilungen stehen sie im Dienste unserer Zwecke und sind Resultat unserer Arbeit.“* [12]

Hand in Hand damit drängen sich uns essenzielle Fragen auf, wie: Welchen Zwecken will unser wissenschaftliches Forschen letztlich dienen? Und: In welchen Dienst wollen wir unser Arbeiten, unser Forschen, unsere Entwicklungen – letztlich unser Leben – stellen? Andererseits kann uns diese Erkenntnis, in Analogie dazu, auch für die Einsicht öffnen, dass wir selbst als Einzel-Individuen ebenso in einer großen Einheit wurzeln und somit allem Leben verbunden sind. In-*forma*-tion, Bewusstsein, Einheit: Alles steht miteinander in Bezug und teilt sich uns mit, so wir willens sind zu hören – Unsere „Um-Welt“. Univ.-Prof. Günther Pöltner: *„Auch haben wir es nicht mit isolierten Einzeldingen zu tun, vielmehr kommen die Dinge zum Vorschein als in vielfältigsten Beziehungen stehend. Wir sehen einen entlaubten Baum in einem verwilderten, von niemandem mehr betreuten Garten stehen, wir hören, wie Leute miteinander streiten. Und indem wir dieses oder jenes erfahren, ist in all diesen Erfahrungen auf eine freilich kaum merkliche Art das Unendliche mit gegenwärtig. … ‚Im offenen All-Bezug zu leben – mache das Menschsein des Menschen aus’, lautet eine alte Auskunft.“* [13]

Der international renommierte Genetiker Kazuo Murakami ist den verschiedenartigsten Herausforderungen während seines Forscherlebens begegnet. Etwas besonders schwer oder „ernst“ zu nehmen und so seine Be-Geisterung und Freude aus der eigenen Achtsamkeit zu verlieren – dafür hat er eine gewachsene Weisheit als Frucht seines Lebens parat: *„Das Leben ist voller Höhen und Tiefen. Manchmal scheint es ein Ding der Unmöglichkeit zu sein, dann auch noch edle Absichten zu haben. Was können wir tun, um auch in solchen Zeiten enthusiastisch zu bleiben? Mir hilft es dann zu denken, dass wir nicht aus eigener Kraft und eigenem Einfallsreichtum heraus leben, sondern vielmehr durch das unbezahlbare Geschenk, das uns von der Natur gegeben wurde.“* [14]

---

[11] Siehe auch Kapitel 18: In-*forma*-tion – und andere Felder …, Anmerkung 11f, 12.

[12] P. Bahners: *„Vom Schicksal der Wahrheit nach der Dekonstruktion.“*, in: H. Thomas: *„Naturherrschaft – Wie Mensch und Welt sich in der Wissenschaft begegnen.“*, Köln 1990, S. 233.

[13] G. Pöltner: *„Menschliche Erfahrung und Wissenschaft.“*, in: H. Thomas: *„Naturherrschaft – Wie Mensch und Welt sich in der Wissenschaft begegnen.“*, Köln 1990, S. 240.

[14] K. Murakami: *„Der göttliche Code des Lebens – Ein neues Verständnis der Genetik.“*, Güllesheim 2008, S. 133.

Willensfreiheit ...?! – Veränderungen der neurophysiologischen Sichtweise

Selbst so bekannte und vehemente Vertreter materialistischer Neurophysiologie wie der deutsche Forscher Gerhard Roth haben ihren Publikationen der letzten Zeit – bezüglich der Fragestellung „Frei *oder* determiniert?!" – eine wohltuend andere, neue Richtung gegeben. Roth gilt neben Wolf Singer immerhin als *der* deutsche Hirnforscher klassischer Prägung. Seit 1976 Professor für Verhaltensphysiologie an der Universität Bremen, wurde ihm 1989 auch die Funktion des Direktors am Bremer Institut für Hirnforschung übertragen. In einer Rezension seines Buches „*Persönlichkeit, Entscheidung und Verhalten*" [15] in der deutschsprachigen Fachzeitschrift *Spektrum der Wissenschaft 9/2008* finden sich diesbezüglich die folgenden Hinweise: „*Zwangsläufig werfen diese Erkenntnisse philosophische Fragen nach Willensfreiheit und Verantwortung auf. ... Diesen Fragen widmet Roth das letzte Kapitel seines Buches. Es ist zu begrüßen, dass er sich dabei nicht mehr in dem kruden Schema ‚frei oder determiniert?' bewegt, das lange Zeit viele populärwissenschaftliche Beiträge zu dem Thema beherrschte. Während er in früheren Veröffentlichungen noch die Position vertrat, die üblichen Vorstellungen von Willensfreiheit und Verantwortung seien durch die Hirnforschung widerlegt, zeigt er nun, warum es auch dann noch sinnvoll ist von Verantwortung zu reden, wenn wir davon ausgehen, unser Verhalten sei durch neuronale Vorgänge determiniert. Dabei beruft er sich auf ein zentrales Argument aus der philosophischen Debatte um Willensfreiheit: Wenn meine Entscheidungen durch nichts determiniert wären, dann wären sie ein Ergebnis des Zufalls und könnten somit auch nicht mir als Urheber zugeschrieben werden. Damit eine Entscheidung meine Entscheidung ist, muss sie in meinen Motiven und in meiner Persönlichkeit verankert sein. Sie muss also, so paradox das klingen mag, determiniert sein, um überhaupt als meine Entscheidung gelten zu können.*" [16]

Ja, es ändert sich etwas ...! Deutlich wird an diesem Text allerdings auch, dass hier „*verankert sein*" stillschweigend mit „*determiniert*" gleichgesetzt wird. Derartige Gleichsetzungen dürfen durch die neuesten Ergebnisse sowohl epigenetischer Forschung als auch Bewusstseins-Forschung als grundsätzlich überholt gewertet werden. Davon – demnächst mehr.

Die Welt als Spiegel von uns. Oder: Freiheit in Liebe ...

Betrachtet man das Gesagte näher, so kann es uns – in etwas modifizierter Form als sogenannter „Algorithmus", als Gleichung, geschrieben – noch einen weiteren Zusammenhang aufzeigen: Die evolutive Bedeutung und Wichtigkeit des *menschlichen Ego* als Durchgangsstadium und Besonderheit der kosmisch-irdischen Entwicklung.

---

[15] Gerhard Roth, „*Persönlichkeit, Entscheidung und Verhalten.*" Stuttgart 2007.

[16] M. Engel: „*So bin ich halt ...*", Buchrezension zu G. Roth: „*Persönlichkeit, Entscheidung und Verhalten.*", in: *Spektrum der Wissenschaft 9/2008*, S. 102.

Hier also der Versuch einer mathematischen Darstellungs- bzw. Anschreibweise [17]:

$$\frac{\text{LEBEN}}{\text{BEWERTUNGEN}} = \text{FREUDE (am Leben)}$$

$$\frac{\text{FREUDE}}{\text{BEGRENZUNGEN}} = \text{DANKBARKEIT (für das Leben)}$$

$$\frac{\text{DANKBARKEIT}}{\text{HINDERUNGEN}} = \text{LIEBE (zum Leben)}$$

$$\frac{\text{LIEBE}}{\text{SELBST(vor)SORGE}} = \text{ERLEUCHTUNG (als Leben)}$$

... und der Vollständigkeit halber um den Kreislauf wieder – wenn auch auf neuer Ebene – zu schließen ... :

$$\frac{\text{ERLEUCHTUNG}}{\text{„MEISTERFALLE"} \, [18]} = \text{FREIHEIT (im Leben)} = \text{LEBEN}$$

... hier ein paar verbale Erläuterungen zu obiger mathematischer Darstellungsweise:

Der Bruchstrich – besser gesagt, das was darunter geschrieben steht, also der Nenner des Bruches – steht für alle unsere „guten Bekannten": die dem entgegenstehenden, menschlichen *Egoaspekte* (BEWERTUNGEN, BEGRENZUNGEN, HINDERUNGEN, SELBST(vor)SORGE, MEISTERFALLE). Fallen diese Aspekte stark ins Gewicht (repräsentiert durch hohe Zahlen-Werte unter dem Bruchstrich), wird das Ergebnis (rechte Seite der Gleichung) gemindert – jedoch auch umgekehrt (Siehe später!). Und, wenn Da-Seinsfülle (wieder) unser LEBEN bestimmt, beziehungsweise FREUDE, DANKBARKEIT und LIEBE stark zu-Buche-schlagen dürfen (repräsentiert durch hohe Zahlen-Werte oben im Bruch), dann steigert sich ebenfalls das jeweilige Ergebnis (rechte Seite der Gleichung): *Etwas* kommt dann in uns in *Resonanz*. Wissenschaftlich wird ein solcher Prozess als „Rückkoppelung" [19] bezeichnet, mathematisch als „Iteration": Dabei wird die Lösung der einen Gleichung in der Folge in der nächsten Gleichung wieder als Faktor eingesetzt; und so immer weiter – siehe oben. Auf diese Weise erfährt ein derartiger Prozess eine Eigendynamik und schaukelt sich – quasi wie von selbst – in eine neue Dimension auf. Im Bereich von Kosmologie und Chaosforschung begreift man derartige Prozesse meist als „Selbstorganisation". (In der Physik spricht man dann

---

[17] Siehe auch Kapitel 6: Chaos und Strukturen der Ordnung, Anmerkung 32.

[18] Zum Thema „Meisterfalle" Siehe B. Würtenberger: *„Free Spirit-Intensivworkshop 1 – Präsenz"*, Zürich 2005, S. 11.

[19] Siehe auch Kapitel 6: Chaos und Strukturen der Ordnung, Anmerkung 3, 4.

von sogenannten „Phasensprüngen" am Übergang von einem Zustand alter Ordnung – über einen Chaos-Zustand, als kurzfristig eintretender, sich wandelnder Vor-Zustand im Prozess der Neu-Ordnung – zu einer Stufe neuer Ordnung.)

Zum mathematischen Experiment der Veranschaulichung abschließend noch ein wichtiger analoger Entwicklungsaspekt: Gelingt es – durch Bewusstseinsarbeit, wie in einem Bewusstseins-Training à la *Free Spirit* – diese Ego-Aspekte (Aspekte im Nenner des Bruches) mehr und mehr zu integrieren und somit seelisch-geistig eine Verwandlung des Ego-Ichs zu initiieren, werden die den Prozess repräsentierenden Zahlenwerte letztlich Werte *kleiner-als-1* annehmen ... Dadurch aber steigen die Werte der Ergebnisse (rechte Seiten der Gleichungen) stark (exponentiell) an. Für jenen Zustand der Ich-Entwicklung, bei dem die Ego-Aspekte letztlich durch den *Wert Null* repräsentiert werden, gilt das jeweilige Ergebnis der einzelnen Gleichungen – per definitionem – als „mathematisch nicht definiert". Man schreibt für diese Lösung das Zeichen „∞" (unendlich). Erlebt ein Mensch diesen Wandlungs-Prozess im Leben, so tritt auch da etwas – oft beschrieben – Undefinierbares ein. Es wird üblicherweise mit dem Begriff „Erleuchtung" bezeichnet.

Vielleicht kann anhand dieser Darstellung – einmal von einer anderen Ebene der Betrachtung besehen – die enorme, evolutive Chance unserer Menschheitsentwicklung, mit ihrem „Kunstgriff-der-Bewusstseins-Evolution" à la *Ego-Ich*, als *das* wesentliche Durchgangsstadium der kosmisch-irdischen Entwicklung, deutlich werden ... Hier muss gar nichts repariert werden! Wir mögen uns lediglich der Verantwortung bewusst werden, gemeinsam an der Weiter-Entwicklung bewusst schöpferisch teilhaben.

Als Menschheit von Menschen sind wir durch die Ego-Entwicklung und ihre abschließende Integration (liebende Wertschätzung), nicht mehr dieselben wie ohne eine solche Entwicklung. Sondern: gewachsen, hin zu bewusst gelebter Freiheit in Wertschätzung und Liebe. Auch hier gilt: *„Gleiches ist mit Gleichem zu heilen"* [20] – das „Simileprinzip". Wenn der Mensch einmal begriffen haben wird, dass *ER SELBST* es ist, der sein eigenes Leben *ausschließlich selbst* bedingt, dann hört jegliche Art äußerlicher Moral auf, eine sinnvolle Bedeutung zu haben. Wer ein harmonisches Leben leben will, eine liebevolle Beziehung, etc., der wird aktiv mit seiner Selbst-Verwandlung beginnen – sonst wäre er in seinem Ego wohl wenig egoistisch. Das „Ego" – „Schimäre oder Realität" mal dahingestellt – als selbstregulativer Prozess ...? Ja, warum nicht ...?! Derart *selbstregulative* Prozesse sind ja absolut *grundlegend* in der Natur. Mag sein, wir überblicken keine großen Zeiträume. Doch nie hat die Natur etwas geschaffen, was im Gesamtzusammenhang sich nicht letztlich durch seine Eigen-Art auch selbst begrenzt hat – im Gesamtsystem. Und auch „menschlicher Forschergeist" hat derart *selbstregulative Systeme* z.B. in Bereichen der Physik geschaffen – kein Neuland also! So entdeckte z.B. Matthew Boulton gemeinsam mit James Watt den Fliehkraftregler und setzte ihn erstmals 1788

---

[20] Wichtigster und namensgebender Grundsatz der Homöopathie ist das sogenannte Ähnlichkeit- oder Simileprinzip – *„similia similibus curentur"*, wörtlich übersetzt: *„Ähnliches wird durch Ähnliches geheilt."* Siehe auch Kapitel 5: Überzeugungs-Netze und Leben, Anmerkung 12.

zur Drehzahlregelung der Dampfmaschinen ein – je rasanter die Rotationsbewegung wurde, desto mehr drosselte ein ausgeklügelter Mechanismus mittels der Fliehkraft mitrotierender Stahlkugeln die Dampfzufuhr. Ein genialer Trick, sodass rein gar nichts „aus-dem-Ruder-laufen" konnte ... Das Prinzip – einmal *entdeckt und erkannt* – führte zu einer unüberschaubaren Anzahl entsprechender Erfindungen für die unterschiedlichsten physikalisch-technischen Systeme. (Sogar im Bereich der Kernkraftwerks-Technologie gibt´s übrigens derart *selbstregulative Verfahren*. Wird die Neutronen-Kettenreaktion nämlich mit *Wasser* „moderiert", führt die Überhitzung dazu, dass der Kernspaltungs-prozess abflacht, da heißes Wasser jede Kettenreaktion unterbricht. Nur leider: Techno-logisch wird aktuell meist ein anderes Verfahren angewandt. Die Vorfälle in Fukushima / Japan aber könnten eventuell auch auf diesem Gebiet Entscheidendes in Bewegung setzen.) Ich gestehe: Ich bin ziemlich zuversichtlich: *Einmal entdeckt und erkannt* – wird uns das eigene „*Ego*" ebenfalls als eine Art *Selbstregulator* zur Verfügung stehen. Einfach deshalb, weil unser Bewusstsein ansonsten weiterhin ungebremst mit-uns-durchgeht und „unschön" aus-dem-Ruder-läuft. Doch egoistisch, wie wir Menschen, grosso modo, veranlagt sind, wollen wir für uns selbst nichts *explizit Zerstörerisches*. Es wird somit Schritt für Schritt unser aller Absicht werden, derartige Resonanzen *in uns* – und auch *FÜR* uns – herzustellen, sodass die Folgen davon gewährleistet sind: Nämlich dass auch das „eigene System" (*WIR*, jeder von uns!) so ausgerichtet lebendig lebt, „funktioniert", um persönliches Glück und *Glücklichsein* zu ermöglichen: *für uns als Einzelne* und *für uns alle* als Menschheit. „*Liebe Deinen Nächsten wie Dich selbst.*" klingt zunächst wohl ziemlich religiös in unseren Ohren – klingt verdammt nach „Gut-Mensch-Philosophie". Es könnte aber auch als simpler Rat eines „Bewusstseins-Experten" aufgefasst und verstanden werden; nämlich: Doch *nicht zu glauben, den eigenen Pickel könne man im Spiegel ausdrücken, wo jeder von uns ihn bei der Morgentoilette zu Gesicht bekommt*; oder sein eigenes „Dicksein", oder jener verhärmte „bittere-Zug-um-den-Mund-des-Spiegelbildes", etc. Alles so „unfreundlich" am Servierteller präsentiert! Natürlich, zunächst wird man ja vielleicht auf die naheliegende Idee kommen, das was stört, mit „Dem-im-Spiegel" austragen zu wollen, schließlich erzeugt ja – *ganz offensichtlich!* – dieses Spiegelbild unser „sehr mäßiges Gefühl", unsere Enttäuschung, unser „Stirn-runzeln", oder? ... Ja, wir alle haben schon allzu lange versucht „am-Spiegel-herumzu-manipulieren"!? Irgendwann aber versteht den „Spiegel" jedes Kind und sein Funktions-prinzip lernt es später dann sogar in der Schule ...

Es ist heute an der Zeit, dass wir ein essenzielleres „Spiegelgesetz" lernen! [21] Jenes eben, das uns als Erwachsene herausfordert: Die *Welt als Spiegel von uns selbst* zu begreifen. *Resonanz* als zugrundeliegendes, zentrales „Funktionsprinzip". *In-forma-tion* als ihr „Inhalt-gestaltendes" *Sein*. Wir *können* es erkennen und begreifen lernen! *Yes we can!* Dann wird man – zunächst vielleicht nur sich selbst zuliebe – doch irgendwann beginnen, die „Ernährung" (In-*forma*-tion) umzustellen, nicht, weil man ein „besserer

---

[21] Siehe auch Kapitel 22: ‚Systemische Phänomene'.

Mensch" sein will, oder gar meint sein zu „sollen", sondern, weil man begreift, dass es so funktioniert und anders eben nicht. Unsere Bereitschaft die Außen-Welt als *Spiegel* unserer Innen-Welt *erkennen und anerkennen zu wollen* und danach unser Handeln auszurichten, wird dieser Menschheit und unserer Erde wahre „Mündigkeit" und echte menschliche Verantwortlichkeit ermöglichen. Beileibe nicht, indem das „Ego" verdammt werden muss, sondern, indem wir uns gerade auch der Einsichtsfähigkeit seines Verstandes sowie all seiner anderen Möglichkeiten bedienen. Nur das kann, Step-by-Step, dann auch das „Ego" wandeln, weil *es* spürt, dass es angenommen ist. Dann ist Wandlung möglich. – Jeder echte Pädagoge weiß das, jeder systemisch arbeitende Familientherapeut oder Psychiater, jeder Mediator, etc. Wir alle können es wissen. Es gilt somit etwas *in uns selbst* zu wandeln, sodass „Resonanz", in unserer eigenen Biographie, genau jenes Ergebnis sichtbar machen wird, das wir als für uns heilsam und erstrebenswert erachten. *Resonanz als „Spiegelungsgesetz"* – mehr ist es zunächst nicht, worauf wir unser Augenmerk zu richten haben und der, lediglich *scheinbar* von uns unabhängigen Außenwelt, wird – *wie immer!* – nichts übrig bleiben, als damit in Resonanz zu sein. „Echtsein" ohne Selbstbetrug allerdings wäre echt *clever.* Denn: zugekleisterte Pickel, sind halt immer noch – Pickel!

Manche Menschen meinen, dass „*die Menschen nur durch Leid lernen.*" Von einem gewissen Gesichtspunkt betrachtet, mag da schon was dran sein. Allerdings: Ich vertraue auf jenen Aspekt dieser Aussage, dass „*Menschen lernen*". Leid kommt doch nur dann ins Spiel, wenn man nicht bereit ist, bei Zeiten zu lernen. Anyway – meiner eigenen Erfahrung nach lernen die Meisten doch meistens, *bevor alles zu spät ist* – und das Leben geht dann meist lebendiger weiter, als wir es zu denken wagten. Vielleicht ja deshalb, weil „*Das Leben immer liebevoll für uns spielt.*" Und: *Wir* dürfen sogar *auch selbst* bei diesem Spiel mitspielen! ... Mein Plädoyer: Die Spielregel beachten! – Selbst auch *liebevoll für uns zu spielen* vorausgesetzt – werden wir als Menschheit bald mal lernen „erwachsen" zu werden und die immer gleichen, „Spiegel-Polierversuche" („*Ich polier Dir gleich die Fresse!*") bleiben zu lassen. Das wird gelingen, sobald wir uns letztendlich in unserem „Schöpfer-Sein" kennen und anerkennen lernen. Der Preis dafür, der Einsatz: „*Vollständige Verantwortlichkeit bezüglich unsers Spiegelbildes zu gewährleisten.*" Denn, es „könnte" ja „möglicherweise" sein: WIR SIND ES, DIE DAS ALLES ERSCHAFFEN, WAS UNS DA WIE VON AUSSEN ENTGEGEN KOMMT! Und „*das alles auch wertzuschätzen*" meint jene erwachsene neue Art von *Mündigkeit*: Das zu begreifen, um „*es*" baldigst sachgemäß zu handhaben – als „geistige Wesen", die hier auf der Erde damit befasst sind essenzielle „menschliche Erfahrungen" zu sammeln ... Es wird ein *Quantensprung* sein – dafür jedenfalls wurde dieses Buch verfasst ...

Die Grundprinzipien der Funktionsweise menschlichen Bewusstseins sind heute wissenschaftlich erforscht und erkannt; das Bewusstseins-Werkzeug ist entwickelt – und das nicht mal von mir! :-) Alles andere darf wachsen.

... und jetzt – lassen Sie uns aber mal echt konkret werden damit!

Kapitel 5: Überzeugungs-Netze und Leben

„Ob Du glaubst Du kannst es oder ob Du glaubst Du kannst es nicht: Du hast Recht." [1]
Henry Ford

Bruno Würtenberger: *„Die Welt kannst Du nicht verändern, was Du verändern kannst, ist Deine Sichtweise über sie. Ja, wenn Du Dir eine Sichtweise zulegst, die mehr Möglichkeiten beinhaltet, die weniger begrenzt ist, dann wirst Du die Welt auch ganz anders erleben und Dich freier in ihr bewegen können. Du wirst staunen, wie sich die Welt verändert zu haben scheint. Wenn Du also genau hinschaust und beobachtest, was Dir Deine Welt so alles entgegenbringt, Dir ‚beweist', dann weißt Du auch, mit welchen Überzeugungen Du Dich offenbar identifiziert hast. Was immer Du erlebst: Frage Dich – besser noch – schreibe in einem kurzen Satz auf, was passiert ist. Beispiel: Dein Kind macht einen schlechten Schulabschluss, kann nicht den gewünschten Beruf erlernen und lebt dadurch ein unerfülltes Leben. Findest Du da die Überzeugung (ungefähr): ‚Ohne rechte Schulbildung und / oder Studium hat man im Leben keine Chance'? Oder: Deine Ehe oder Beziehung geht auseinander, Du wirst verlassen. Findest Du da eine Überzeugung, die ähnlich ist wie: ‚Beziehungen sind schwierig.'? Oder: Du hast Deinen Job verloren und findest keine neue Anstellung mehr. Kannst Du in Dir vielleicht einen Glaubenssatz ähnlich wie ‚In der heutigen Wirtschaftslage ist es eben schwierig …', entdecken? Oder: Du bist krank und die Krankheit lässt sich nicht heilen. Findest Du da nicht irgendwie eine Überzeugung, einen Glauben, der besagt, dass diese Krankheit eben schwer oder gar nicht zu heilen sei? Wenn Du so vorgehst, wirst Du immer die eine oder andere Überzeugung finden, die verantwortlich sein könnte für das, was Du gerade erlebst. Jetzt kannst Du Dich entscheiden, willst Du versuchen die Welt, die Wirtschaftslage zu verändern oder darauf warten, bis die Wissenschaftler ein Wundermittel gefunden haben und in der Zwischenzeit allenfalls zugrunde gehen? Oder wäre es da nicht Erfolg versprechender hinzugehen und einfach Deine Überzeugungen, Deinen Glauben zu ändern und dementsprechend dann eine andere Realität zu erleben? Weißt Du nicht, dass Dir nach Deinem Glauben geschieht?"* [2] *„Gewisse Glaubenssätze werden frei, andere unfreiwillig gewählt und angenommen, wieder andere werden uns indoktriniert. Erziehung zum Beispiel, so wie sie heute und die letzten Jahrhunderte praktiziert wird und wurde, ist meist reine Indoktrination, deren Ziel es ist, den Willen der Kinder zu brechen, sie gefügig und möglichst anpassungsfähig zu machen. Gehorsamkeit steht an oberster Stelle, jedoch nicht gegenüber der eigenen inneren Autorität, sondern gegenüber äußeren Machthabern wie Eltern, Lehrern, Polizei und Behörden, aber auch gegenüber einem Guru, Gott und seinen Propheten oder anderen Meistern. All dies führt jedoch nicht zu innerer Freiheit und Selbstbestimmung, sondern in Abhän-*

---

[1] Siehe auch Kapitel 18: In-*forma*-tion – und andere Felder ..., Anmerkung 34.
[2] B. Würtenberger: *„Free Spirit-Grundkurs – Teil 1"*, Zürich 2005, S. 73f.

gigkeit und schlechtes Gewissen ob der begangenen Ungehorsamkeiten. Mehr und mehr wird dadurch der Wille des Menschen gelähmt, er wird lethargisch im Denken und begnügt sich mit dem Konsum äußerer Dinge. Alle seine Sinne werden nach außen gerichtet, weg von sich selbst. Und je mehr dieser Wille schwindet, desto größer werden die Bedürfnisse und Wünsche.“ [3]

Die Welt ist die, für die wir sie halten. Oder: *Das Universum spielt immer für uns.*

Erinnern Sie sich: Im Kapitel über Sprache, Wahrnehmung und ihre Erlebniswirklichkeit setzten wir uns mit den Folgen von Sprache als Ausformung unseres fragmentierenden Begrifflichkeiten-Denkens auseinander. Die *Verdinglichung* der Welt war an dieser Stelle Brennpunkt unserer Auseinandersetzung. Die Sprache, die sich mit ihren „Vergegenständlichungen“ und Begrifflichkeiten wie ein Netz über die Welt, ihre Allumfassendheit, ihre Ganzheit wirft, bedingt unsere Sicht der Welt und fördert genau das zu Tage – an die Oberfläche unseres Bewusstseins – was diesem Werkzeug entspricht. Oder etwas plakativer, wie es der Physiker Hans Peter Dürr für die Wissenschaft und ihre Erkenntnisbemühung in seinem Buch „*Das Netz des Physikers*“ formuliert: „*Bei einer Maschenweite von fünf Zentimetern kommt man zum Beispiel zur Aussage: Alle Fische sind größer als fünf Zentimeter.*“ [4]

Vor kurzem wurde mir in einem angeregten Gespräch mit einem Paar – beide Philosophen – etwas diesbezüglich Wesentliches bewusst. Er, der sein ganzes Leben auch äußerst erfolgreich als Architekt arbeitet, bestätigte aus dieser beruflichen Sicht heraus selbst, argumentativ, dass auch Architektur genau jenes Werkzeug widerspiegle, welches sie hervorbringt. Also: CAD-Computer mit ihren 3D-Entwurfsprogrammen, die ihnen entsprechende Formensprache bis hin zu rein additiven Gebäudeformen. Für meine beiden Gesprächspartner stellte sich Dürrs Argument als völlig einleuchtend dar. Mir aber wurde im anschließenden Gespräch über ein zwischen den beiden zutagetretendes persönliches Problem deutlich, wie schwer es Menschen meist fällt, einzusehen, dass auch die angenommenen *eigenen Überzeugungen*, mit denen wir wertend und nach Erleben und Erkenntnis strebend das Leben beobachten und erforschen – nichts anderes darstellen als derartige Netze. Und, dass auch in diesem Zusammenhang die Art der Netze das Ergebnis unserer Wahrnehmungen und somit unserer Erkenntnisbemühungen bedingt ... Hat da jemand zum Beispiel die Überzeugung, *weil* sich das in der Stammfamilie auch schon so bewahrheitet hatte, wie: *Männer stehen nicht zu ihren Frauen und verlassen die Familie* – so wird dieses Netz individueller Aufmerksamkeit, mit dem in der Welt nach entsprechenden Wahrnehmungen gefischt werden will, jene eventuell lediglich 5% an Illoyalität am anderen aufspüren und wir werden sie – meist selbstgerecht und rechthaberisch – als unseren 100%-igen Fang! präsentieren. Die daraus

---

[3] Ebenda, S. 77f.

[4] H.P. Dürr: „*Das Netz des Physikers*“, München 1990, S. 64ff .

weiter resultierenden Handlungen werden das ihre bewirken. Wir wollen damit, wenn möglich, so eingeschätzte „erste Anzeichen" wahrnehmen. *„Und was bedeuten meine tagtäglich aufgebrachten 95% an Loyalität?!"* – mag da zu Recht der Andere fragen.

Wissenschaftliche Untersuchungen zeigen auf, dass derartige Signale, wie z.B. an „Loyalität", selbst wenn sie zu prozentuell überwiegendem Maß als Signale ausgesandt werden, vom „Verstand-Gegenüber" und dessen *Vorstellungs-Netzen*, nicht wahrgenommen werden können. Die Maschenweite des oben definierten Netzes fischt im (definiert) Trüben, die oftmals *definitiv trüben Aussichten* eines somit bereits vorkonzipierten Lebens. Die Wirklichkeit, welche wir alle – und jeder auf seine Weise – erleben, ist somit nachweislich Ergebnis dessen, was wir mental bereits zu wissen meinen. Ja, eigentlich erleben wir daran in gewisser Weise lediglich – uns selbst. Und wir müssen uns klar darüber sein: *Alles, was mit Information, mit Bewusstsein, zu tun hat, ist vernetzt und somit rückgekoppelter Teil einer systemischen Ganzheit, selbst wenn wir noch nicht wirklich wissen, wie.* Systemisch betrachtet, sitzt bei alldem auf der anderen Seite ein vernetztes Pendant, ein anderes menschliches Bewusstsein und fischt mit den ihm eigenen Netzen gleichermaßen im Trüben. Im Fall meiner Gesprächspartner hieß die dazu verlinkte (vernetzte) Überzeugung: *Ich kann mich bemühen, wie ich will, es reicht doch nie, mir zu vertrauen.* Wie derjenige ebenfalls für sich interpretierte beziehungsweise zu erkennen meinte, *weil* das in seiner Stammfamilie auch schon „die Wirklichkeit" gewesen sei. Auf diese Weise wird natürlich jeglicher Versuch, Vertrauen-Förderndes *bemüht* zu kommunizieren, sinnlos. In Verbindung mit dem systemisch vernetzten Gegenüber fällt es aus Gründen der geschilderten „Fischerei-Methode" sozusagen durchs Netz und entgleitet, entzieht sich *grundsätzlich* der Beobachtbarkeit. In der Wissenschaft (Physik) ist diese Problematik bekannt. Sie wird dort als „methodologische Grenze" bezeichnet. Man weiß Bescheid: *Diese* Forschungsmethode (z.B. eine gewisse Betrachtung, ein spezielles Experiment) ist per se nicht geeignet ein gewisses Resultat glaubwürdig zu erzielen – oder auch zu widerlegen. Auf ähnliche Dilemmata und entsprechende Lösungsansätze werden wir im Verlauf unserer Auseinandersetzungen noch des Öfteren stoßen. Wir kommen da später noch darauf zurück.

Der Eine der beiden in dem scheinbar frei gewählten System (oder gleichen wir nicht viel eher einem Stück Holz am Fuße eines Wasserfalls, das immer und immer wieder denselben Weg schwimmt, gefangen, bis ...?!) wird also stets versuchen, zu *beweisen*, dass er vertrauenswürdig sei, während die / der andere versucht (sich) zu beweisen, dass der / die andere genau das *nicht* sei. Unschwer nachzuvollziehen, dass ein derart gelebtes Beziehungs-System *Dauerstress-pur* bedeutet und ungreifbare Ängste schürt. Ständiger Stress – so weiß man heute – schädigt auf Dauer nicht nur nachweislich das Gehirn. Jegliche Art von Stress führt zu vermehrter Ausschüttung der Steroidhormone *Cortisol* und *Adrenalin.* [5] Beide Hormonausschüttungen stellen eine physiologische Schutzfunktion des Körpers dar: Das Stresshormon Adrenalin stimmt den Körper auf eine

---

[5] Siehe auch Kapitel 8: Immunsystem, Anmerkung 22.

kommende Kampf- oder Fluchtreaktion ein und vermag kurzfristig die Aufmerksamkeit für unsere *Außen*-Wahrnehmung zu steigern – was zugleich aber auch stets zu Lasten unseres Immunsystems und unserer Selbstheilungskräfte geht, indem es absichtsvoll zugleich die *Innen*-Wahrnehmung hemmt! *„Das Adrenalinsystem unterdrückt das Immunsystem.“* [6]). Die Umleitung von Energien zugunsten einer Schutzreaktion geht allerdings immer auf Kosten von Wachstum – sowohl körperlich betrachtet als auch mental. Dies ist besonders bei Cortisolausschüttung zu erkennen: Cortisol ist jener Wirkstoff, der bei Prüfungsangst – meist ja nur kurzfristig – die einfachsten Lerninhalte vergessen lässt. [7] Wenn wir aber alles das wissen, dann können wir auch die absehbaren Folgen erahnen – und die Medizin konstatiert dies mittlerweile eindeutig: *Auf Dauer* damit konfrontiert, versetzt Derartiges unseren Organismus, primär jetzt auch physiologisch gesehen – in einen Zustand ständiger Überforderung. Die Folgen davon sind: Flucht, Kampf, oder – Zusammenbruch: die Entwicklung des Syndroms von „Burn-out“ – auch Burn-out einer Beziehung. Und – wie wir zudem ja von uns selbst wissen – wenn man Angst hat, ist man einfach dümmer ... Ebenso zeigen Untersuchungen, dass die Hormone einer Mutter, die ständig unter Stress lebt, die Physiologie des zukünftigen Menschen negativ beeinflussen. Cortisol im Blut der Mutter bewirkt, dass die Systeme von Mutter und Kind von einer *Wachstumshaltung* in eine *Schutzhaltung* übergehen. Diese wachstumshemmenden Auswirkungen des mütterlichen Cortisols führen zu bei Geburt signifikant kleineren Babys. [8]

Doch nun wieder zurück zu dem mir befreundeten Paar und seiner Thematik. Tragisch erscheint zunächst vielleicht, dass *sogar durch Bemühungen* letztlich gar nichts Weiterführendes zu erreichen ist. Bemühungen werden, wie wir sehen, in einem derart *systemischen* Zusammenhang fast ausnahmslos desavouiert, zur Bedeutungslosigkeit degradiert, ignoriert ... Und, vergessen wir nicht: *Jeglicher* Zusammenhang von Bewusstsein und Information in einem Lebenszusammenhang *ist* systemisch! Vielleicht aber liegt in dieser scheinbaren menschlichen Tragik – systemisch gedacht – viel mehr: geradezu ein *Not-wendiges* Übel, ja möglicherweise sogar bereits die Lösung.

Eine der Übungen im Gesamtkontext der *Free Spirit*-Bewusstseinskurse – Hand in Hand gehend mit der schrittweisen Verwandlung der eigenen Lebenswirklichkeit und des Lebensgefühls zu sich selbst – jedenfalls heißt: *„Bemühungen aufgeben“*. – Wir werden

---

[6] B.H. Lipton: *„Intelligente Zellen – Wie Erfahrungen unsere Gene steuern.“*, Burgrain 2006, S. 146f (Original: *„The Biology of Belief: Unleashing the Power of Consciousness, Matter and Miracles“*, San Rafael 2005).

[7] B.H. Lipton: *„Intelligente Zellen – Wie Erfahrungen unsere Gene steuern.“*, Burgrain 2006, S. 174.

[8] Untersuchungen der Neurobiologin Mary Carlson – Professorin für Psychiatrie der Harvard Medical School – an kindlichen Insassen rumänischer Waisenhäusern ergaben, dass, bedingt durch psychischen Stress, ein stets erhöhter Cortisolspiegel messbar war. Je höher der individuelle Cortisolspiegel der Kinder – im Alter weniger Monate bis etwa 3 Jahre – desto schlechter waren ihre Entwicklungschancen. C. Holden: *„Child Development: Small Refugees Suffer the Effects of Early Neglect.“* in: *Science 274(5290): 1076-1077*; 1996.

später darauf noch zurückkommen. [9] Die vermittelbaren Bewusstseins-Werkzeuge von *Free Spirit* entsprechen in gewisser Weise in ihrer Wirkung jenen des Lesen-Lernens: Ist das Prinzip erfasst und kann es angewandt werden, eröffnen sich neue Ebenen ungeahnter Erfahrungen ...

Finden wir zunächst einmal die Offenheit, anzuerkennen, dass es letztlich unsere vom Verstand vorgefertigten Netze sind, mit denen wir unsere gegenwärtige und absehbar zukünftige Wirklichkeit an-Land-ziehen. [10] Daraus erst wird sich auch ein erweitertes Verständnis dessen, was wir als „Verantwortung" bereit sind zu begreifen und zu ergreifen, entwickeln können. Und: Hand in Hand gehend damit, werden wir vielleicht auch Handelnde ... Die alten Vor-Sokratiker kannten und unterschieden zwischen so genannter „gestaltbarer Wirklichkeit" und sich „enthüllender Wirklichkeit". Verantwortlichkeit wurde lediglich für den Aspekt der gestaltbaren Wirklichkeit angenommen. Und die Rechtssprechung damals richtete sich, ganz entsprechend, gemäß dieser philosophischen Sichtweise.

Auch heute geistert vielerorts noch eine derartige Auffassung in menschlichen Gehirnen. Daher wird auch Verantwortung eher folgendermaßen empfunden: *Ich trage in meinem Tun ausschließlich für die mir überschaubaren Ebenen des zwischenmenschlich-sozialen Lebens Verantwortung* – für alles andere, was sich gemeinhin als „zufällig", oder wie immer man es benennen mag, ergibt, könne man doch nicht zur Verantwortung gezogen werden! Mit etwas Bereitschaft Neues zu denken allerdings, wird leicht klar: Die sich – gleichermaßen wohl-meinend wie selbst-betrügerisch – angeblich erst in-der-Zukunft enthüllende Wirklichkeit, die gibt es *so* nicht. Die ist bereits in der Gegenwart absehbar, festgelegt durch unsere Gedanken-Netze. Jeder von uns kennt wohl den idealisierten Gedanken und Satz: „*Die Gedanken sind frei ...*" Dass sie allerdings erstens meist gar nicht so frei sind und weiters offensichtlich durchaus auch unheilsame Wirksamkeiten zu entfalten im Stande sind – daran dürfte wohl kaum noch ein Zweifel bestehen. Deutlich wird, dass viele Menschen auch heute noch *Verantwortung-Haben* mit *Schuld-Haben* gleichsetzen. Ein offensichtliches Relikt so mancher religiöser Tradition und ihrer Überzeugungen – ihrer Netze – die das *Allgemein-Wohl* oder *Allgemein-Unwohl* früherer Lebenszusammenhänge gestaltet haben. Klar: Wer will schon „Schuld" haben?! Vor allem – und schon gar nicht – am *eigenen* Leben und seiner Entfaltung ...

Als entscheidende und letztgültige Frage im oben angeführten Gespräch entpuppte sich jene nach der Bereitschaft, sich selbst der Eigen-Art derartiger *Netze* – sprich: derartiger *eigener Überzeugungen* – bewusst werden zu *wollen*. Vor allem aber: Halten wir es überhaupt für *möglich* und machbar, über den Einsatz dieser Netze selbst bewusst bestimmen zu können? Verantwortung und Selbstbestimmung – oder aber Opfersein?! Daran jedenfalls entscheidet sich beides und damit auch die Art unser Leben zu leben.

---

[9]   Siehe auch Kapitel 8: Immunsystem, Anmerkung 37.

[10] Siehe auch Kapitel 6: Chaos und Strukturen der Ordnung, Anmerkung 17.

Denn: Das Leben – es – kann ja letztlich nur *das* als Ergebnis liefern, was unsere Netze – unsere Überzeugungen – ermöglichen, uns selbst als Fang aufzutischen.[11]

Die eigene Bereitschaft und Offenheit, sich *für* eine derartige Möglichkeit oder *dagegen* auszusprechen, entscheidet auch darüber, ob wir bereit sind, an unsere Freiheit und Selbstbestimmtheit zu glauben und uns somit als *real* verantwortliche Wesen bezüglich unseres Lebens zu verhalten. Daran scheiden sich manche Geister. Und es stimmt: Es braucht Mut. Mut und eine gehörige Portion (Selbst-)Liebe zur Verantwortung seiner selbst – anstelle vorgetäuschter Verhaltens-Bilder. Allerdings – Sollten wir uns diesbezüglich unfrei fühlen (wollen), *weil*: So einfach *kann* das doch nicht sein, derart gewohnte Muster aus der Kindheit zu ändern! – wird unser Lebenstisch immer wieder mit den gleichen Speisen aus unseren Netzen gedeckt sein, selbst wenn uns *die* gar nicht mehr munden. Und wir werden vermutlich nur allzu gerne das Meer, aus dem wir fischen – also „*die anderen*" – dafür verantwortlich erklären, was sich da als unser Leben unerklärlicherweise und unfairerweise entfaltet. Diese „anderen" jedoch wollen alle *partout* nicht begreifen, warum sie diese Unzufriedenheit verantworten sollten. Tja, so eine Rolle will sich eben niemand gerne von jemand anderem anhängen lassen – wir selbst ja bekannterweise auch nicht.

Es scheint also durch unser Bewusstsein irgendwie etwas herausgefischt zu werden aus dem potenziellen Feld des Lebens. Etwas, was ganz offensichtlich mit unserem Bewusstsein zu tun hat, in Korrelation und in Ausrichtung mit den In-*forma*-tionen, über die unser Bewusstsein verfügt. Oder, sagen wir es doch noch deutlicher: mit unserem Bewusstsein, das diese Informationen *ist*. Es scheint etwas – wie *energetisch angelockt* – anzudocken. Ein Physiker, der mit dem Begriff des „*Feldes*" operiert, würde vermutlich sagen: *Da kommt im Feld genau das – und ausschließlich das – in Resonanz, was dieselbe Schwingungsfrequenz hat.* Wir kennen dieses Phänomen ja bestens aus dem Bereich der *elektromagnetischen Felder*, auf deren Basis heute alle technische Kommunikation funktioniert: Mobilfunk, Funkverkehr der Polizei, GPS, Flugsicherung, Radioprogramme, Fernsehprogramme, etc. – all das funktioniert auf Grund desselben Prinzips. Ganz offensichtlich bekommt der Empfänger nur jenes an Information aus der Vielfalt im Feld herein, worauf dieser Empfänger seine Schwingungsebene ausgerichtet hat. Frei übersetzt: Für unsere Art von *Informations-Feld* – oder *Bewusstseins-Feld* – könnten wir sagen: Nur das wird aufgenommen, wahrgenommen, worauf der Empfänger seine *Aufmerksamkeit* ausgerichtet hat, um die entsprechenden Signale aus diesem Feld abzurufen. *Gleiches zieht Gleiches an.*

Dieses Grundprinzip ist menschheitlich betrachtet schon lange bekannt, lange vor jeglicher Tele-Kommunikation. So wie es heute aussieht, ist es *ein* – wenn nicht sogar *das* – Grundprinzip des Universums! Und man könnte es, etwas modifiziert, ja auch so ausdrücken, wie es bereits um 1800 vom Begründer der Homöopathie, dem Arzt und

---

[11] Siehe auch Kapitel 17: Das Primat der Information, Anmerkung 27, 28.

Chirurgen Samuel Hahnemann, ausgesprochen wurde: *„Gleiches ist mit Gleichem zu heilen."* [12]

Das Universum spielt offensichtlich – in-*form*-ell betrachtet – durchaus auch dann *für uns*, wenn wir immer wieder, und scheinbar unveränderlich, die gleichen zwischen-menschlichen Phänomene erleben – solange, bis wir bereit sind, unser Netz, unseren Empfänger – unser Bewusstsein! – anders, neu auszurichten, um nicht die immer gleichen Nachrichten oder, pointierter gesagt: *Nach-Richten* (letztlich *doch* nur die Richt-Sprüche sowie die eigenen vorgefassten Bewertungen unserer Innenwelt ...) aus-aller-Welt zu empfangen. Wenn auch vielleicht nicht ausschließlich immer sogenannte bessere, so doch zumindest neue, interessante, andere ... *Die Dinge sind für unser Bewusstsein ja ganz offensichtlich nicht so, wie* **sie** *sind, sondern wie* **wir** *sind.* Wir haben jedenfalls die Möglichkeit, Lösungsansätze so lange auszuprobieren, bis die für uns rechte Lösung entdeckt ist. Phantasievoll neue Wege zu finden und zu probieren – als Kinder hatten wir diese spielerische Bereitschaft, Ausdauer und Freude allemal; irgendwo in uns ist ja alles da. Es muss lediglich wieder freigelegt werden: mit Phantasie! – Ohne diese Eigenschaft gäbe es wohl auf keinem Gebiet menschlicher Entwicklung irgendeine Erfindung. Im Grunde genommen müssen wir es nur entscheiden und neu wählen, was wir *wirklich* in der jeweiligen Gegenwart in unseren Bewusstseins-Empfänger hereinholen *wollen*. Wie?! – Das kann heutzutage jeder Mensch an Hand einfacher Bewusstseinsübungen – wie zum Beispiel in der *Free Spirit*-Ausbildung – empirisch kennenlernen und mit entsprechender Bereitschaft auch praktizierend erlernen. Es hat dies mit etwas zu tun – mit einer Kraft – die in Verbindung mit dem menschlichen Fühlen wirksam wird: mit Glauben. Wie bereits gesagt: Nicht mit irgendeinem Glaubens-Inhalt im konfessionell-religiösen Sinn. Nicht im Sinn von: an-etwas-Bestimmtes-glauben, sondern mit Glauben als etwas Be-Wirkendes, als verwandelnde Kraft.[13] Diesen Bereich kennt im Übrigen jeder ernstzunehmende Wissenschaftler – meist ohne ihn bewusst zu schätzen: Es kommt nämlich auch keine Wissenschaft ohne dieser Begeisterungs-Kraft aus: Jede neue Einsicht und Erkenntnis wird ja zunächst aus einem intuitiven Wissen, aus einer inneren Überzeugtheit herausgeboren, erschaffen. Noch nie wurde diesbezüglich irgendetwas Neues gefunden, ohne dass ein(e) Forscher(in), mit einer derartigen Kraft begabt, ans Leben, an die Natur der Dinge, heranging – und somit letztlich Unbekanntes, Neuland, jenseits des bereits Bekannten zu finden möglich wurde! Per Zufall oder durch

---

[12] Siehe auch Kapitel 4: Ich-Bewustsein versus Wille, Anmerkung 20.

[13] Interessant, wie dies der bekannte Physiker und Philosoph Univ.-Prof. Carl Friedrich v. Weizsäcker formuliert hat: *„Das führende Element des ‚Glaubens' ist nicht das Fürwahrhalten, sondern das Vertrauen. Fürwahrhalten ist eine intellektuelle Haltung; es ist Zustimmung zu einer Meinung auch ohne Basis des Wissens. Unter Vertrauen hingegen verstehe ich eine Beschaffenheit der ganzen Person, die nicht auf das bewusste Denken beschränkt ist. Wenn wir wirklich vertrauen, dann leben und handeln wir so, wie wir leben und handeln müssen, wenn das, worauf wir vertrauen, wirklich und wahr ist."* C.F. v.Weizsäcker: *„Die Tragweite der Wissenschaft.",* Stuttgart 1976
Siehe auch Kapitel 9: Placebos und Überzeugungen, Anmerkung 23
Siehe auch Kapitel 13: Vertrauen, Anmerkung 11.

pures Nachdenken, soweit sind sich die zeitgenössischen Forscherpersönlichkeiten offenbar einig, finden keinerlei neue Informationen in unser Bewusstsein herein. Der Wiener Mathematiker Univ.-Prof. Dr. Rudolf Taschner [14]: *„Nein! Das würde ich schwer ablehnen, dass eine wissenschaftliche Erkenntnis zufällig passiert ... Theorien liegen in der Luft, die sind sozusagen im Schwange ...“* [15]. Das bestätigt auch der Quantenphysiker Anton Zeilinger, Leiter des Instituts für Experimentalphysik der Universität Wien. *„Wenn jemand Naturwissenschaft betreibt, ohne dass die Intuition eine zentrale Rolle spielt, dann macht er die Physik des vorigen Jahrhunderts und nicht die moderne Physik. Also wir sind Wissenschafter – meine Gruppe – dort bin ich mit Abstand der Älteste, der Zweitälteste ist 20 Jahre jünger als ich. Wir machen Grundlagenwissenschaft und da geht es darum, auf neue Ideen zu kommen, was Neues zu machen und da hilft letztlich nur die Intuition. Wenn Sie auf eine neue Idee kommen wollen – das ist keine logische Herleitung. Ich glaube, keine Wissenschaft ist so konstruiert, dass die wirklich neuen Dinge dadurch zustandekommen, dass man nachdenkt und linear Schlüsse zieht. Sondern es kommt von irgendwoher eine Idee, die ist nicht logisch begründbar, sonst wär´ es ja nichts Neues, sonst wär´ es ja nur eine Folge des Bisherigen.“* [16]

Und – wie nun tun ...?!

Grundsätzliches bezüglich einer Änderung und Neuorientierung eines gegenwärtig problematischen Zustandes hat bereits Albert Einstein erkannt und formuliert: *„Probleme kann man niemals mit derselben Denkweise lösen, durch die sie entstanden sind.“* Wenn es also stimmt, dass die Gedanken – die In-*forma*-tion – von heute die Realität von morgen *sind*, dann ist damit auch klar, wo die Lösung aller menschlichen Dilemmata liegt. Wir bekommen dies – etwas eigenverantwortliche Weltoffenheit vorausgesetzt – ja auch stets von Neuem in den verschiedensten Bereichen menschlicher Kultur (Wissenschaft, Politik, Kunst und Religion, aber auch auf privater Ebene von Beziehung, Familie und Beruf) signifikant vor Augen geführt. Denn: Unser Ego gibt uns *einerseits* Gedanken zu denken vor, welche unsere (kindlich) neugierige Aufmerksamkeit anziehen und denen wir oft wie ausgeliefert erscheinen (wobei „wir“ unser Bewusstsein meint.). *Andererseits* aber versteckt es *vor uns selbst* seine problematischsten Gedanken und Ideen. Nämlich jene, bezüglich den uns nahestehenden geliebten Menschen, aber auch bezüglich uns selbst und letztlich auch die über das Leben als solches, unsere Erde, und: über alles Werden ... Diese Ideen und Überzeugungen wirken dann im Unterbewussten, selektieren die Wahrnehmung und binden gleichfalls unsere Aufmerksamkeit. Alles

---

[14] Rudolf Taschner lehrt an der Technischen Uni in Wien (Inst. für Analysis and Scientific Computing). Er wurde 2004 zum Österreichischen Wissenschaftler des Jahres gewählt.

[15] R. Taschner, in: *„Die Macht des Zufalls – Über das Unplanbare im Leben.“*, Transkription, in: *ORF, Salzburger Nachtstudio, 5.3. 2008*, von: U. Schmitzer.

[16] A. Zeilinger, in *„Gefühltes Wissen – Die Kraft der Intuition.“*, Transkription, in: *ORF, Radiokolleg, 2007*, von: T. Arrieta; Siehe auch: Kapitel 14: Intuition, Anmerkung 18, 20.

in allem – ein Dilemma! *„Was für viele andere Dilemmata gilt, trifft auch hier zu."* – um es mit Joseph Weizenbaum, dem in den 1970-er Jahren führenden Computer-Entwickler am Massachusetts Institut of Technology (MIT) und Professor für *Computer Science*, zu sagen: *„Die Lösung liegt im Verwerfen der Spielregeln, die es hervorgebracht haben. Für das vorliegende Dilemma lautet die entsprechende Regel, dass die Rettung der Welt – und darüber rede ich hier – davon abhängt, andere zu den richtigen Ideen zu bekehren. Diese Regel ist falsch. Die Rettung der Welt hängt nur von dem Individuum ab, dessen Welt sie ist. Zumindest muss jedes Individuum so handeln, als ob die gesamte Zukunft der Welt, der Menschheit selbst, von ihm abhinge. Alles andere ist ein Ausweichen vor der Verantwortung."* [17]

Dieses Dilemma ist also zu lösen, wie andere Dilemmata auch. Seine Wurzel, um sie zu verändern – dem Ego-Ich die Versteckheiten und Geheimnisse zu entziehen, seine Widerstände dagegen zu erkunden, sie wertzuschätzen und dann – *Beharrlichkeit im Umgang mit der einsetzenden Veränderung. Nicht Bemühen um Veränderung, sondern: Beharrlichkeit, was ja nicht dasselbe ist.* Denn, das eine schielt nur aufs Ergebnis, während das andere wertschätzend einen Prozess der Offenlegung, der Wandlung unterstützt, sodass das Abgespaltene sich integrieren kann. So wird letztlich auch die Aufmerksamkeit daraus befreit, um mit den heilsam neuen und freudig schönen Gegenwärtigkeiten zu spielen.

Nun, welches ist die *Spielregel*, die das Dilemma hervorbringt und die es zu *verwerfen* gilt – wie oben angesprochen? Könnte es sein, dass die – falsch verstandene – Regel lautet: „Meine Gedanken sind frei, was ich denke, hat *nur für mich* Bedeutung." Oder: „Zuerst soll'n jetzt mal die *anderen* zeigen, dass sie ernsthaft was an sich selbst ändern wollen, dann bin auch ich gern für den nächsten Schritt offen und bereit!" Oder auch: „Großartig ändern kann sich letztlich doch keiner, das Wesentliche im Leben bestimmen doch die Gene." Oder, siehe oben bei Joseph Weizenbaum: „Für echte Änderungen im Leben muss ich die *anderen* zu den richtigen Ideen bekehren." Oder eben, wie unsere beiden Philosophen: *„So einfach kann das doch nicht sein ...!"*

Der Mediziner und Gehirnforscher Gerald Hüther, Professor für Neurobiologie an der Psychiatrischen Klinik der Universität Göttingen bevorzugt es von *Bildern* zu sprechen – Gedanken-Bildern. Er betont, dass es Bilder gibt, aus denen Menschen Mut, Ausdauer oder auch Zuversicht schöpfen, oder auch solche, welche die Menschen in Hoffnungslosigkeit, Resignation und Verzweiflung stürzen lassen. Daher – so betont er

---

[17] J. Weizenbaum: *„Die Macht der Computer und die Ohnmacht der Vernunft."*, Frankfurt 1977; Joseph Weizenbaum war in den 70-er Jahren des letzten Jahrhunderts einer *der* führenden Computer-Entwickler. Seine Entwicklungen wurden allgemein als *„Meilenstein künstlicher Intelligenz"* gefeiert. Weizenbaum selbst aber wurde durch ein Schlüsselerlebnis zum vehementen Kritiker der einsetzenden Computergläubigkeit. Sich selbst bezeichnete er als *„Dissidenten und Ketzer der Informatik"*. J. Weizenbaum: *„Kurs auf den Eisberg."*, Zürich 1987, S. 15 und: http://de.wikipedia.org/wiki/Joseph_Weizenbaum.

– ist es *alles andere als belanglos*, wie diese inneren Bilder beschaffen sind, welche sich ein Mensch von sich, von seinen Beziehungen zu anderen und der ihn umgebenden Welt macht. Vor allem aber auch von seiner eigenen Fähigkeit, das eigene lebendige Leben nach seinen Vorstellungen zu gestalten. Hüther weist mit großer Eindringlichkeit darauf hin, dass wir viel zu lang ahnungslos zugelassen hätten, dass unsere *inneren Bilder* als unbewusste Vorstellungen in unseren Köpfen herumgeistern und so das Leben, die Nutzung der Gehirne sowie Kultur und Gestaltung unserer Lebenswelt bestimmen. *Es ist – so meint er – mehr als an der Zeit zu begreifen, was diese inneren Bilder sind, wie sie entstehen beziehungsweise woher sie kommen. Denn, nur insofern wir uns der Herkunft und der Macht dieser Bilder bewusst würden, könnten wir auch darüber nachdenken, wie es anzustellen ist, dass künftig wir die Bilder und nicht die Bilder uns bestimmen.* [18]

Für Gerald Hüther ist die historische Beweislast „*erdrückend*": Soweit die Menschheit überhaupt nur zurückdenken kann, haben Menschen offenbar ihre inneren Bilder über die vorgebliche Beschaffenheit ihrer äußeren Welt entwickelt und sie zur Gestaltung dieser Welt benutzt. Dies zu erkennen und anzuerkennen braucht vor allem zweierlei – obwohl es andererseits auf dasselbe herausläuft: Mut und Vertrauen. Vertrauen, Zutrauen zu sich selbst als Schöpfer seiner eigenen Welt. *Sich dieses Vertrauen selbst zu schenken, ist möglich. Es bedeutet nicht mehr und nicht weniger, als die Bereitschaft zuzulassen, sein eigener bester Freund sein zu wollen!* Diese Einsicht fordert dem Menschen durchaus einiges ab und weist dem Menschen etwas zu, wofür er sich bereit zu finden, nur in den seltensten Fällen willig ist: Die Verantwortung für sein Leben vollständig zu sich zu nehmen. Doch, *nur wer bereit ist, diese volle Verantwortung zu übernehmen, findet sich – **aus Gründen innerer Resonanz** – imstande, Veränderungen zu bewirken* – das allerdings ist vielleicht die „Frohe Botschaft" für eine künftig aufkeimende Mündigkeit des Menschengeschlechtes. „*Wir müssen die Konsequenz aus unserer neuen Einstellung ziehen. Die Vorstellung, andere seien für unser Wohlbefinden oder seine Störungen verantwortlich, ist falsch. Bewusst oder – häufiger – unbewusst entscheiden wir in jedem Augenblick, wie wir uns fühlen. Die Außenwelt ist in vielerlei Hinsicht ein Spiegel unserer Überzeugungen und Erwartungen.*" [19] Dies sagt Dr. Candace Pert [20], seit mehr

---

[18] G. Hüther: „Die Macht der inneren Bilder – Wie Visionen das Gehirn, den Menschen und die Welt verändern.", Göttingen 2008, S. 10
Siehe auch Kapitel 6: Chaos und Strukturen der Ordnung, Anmerkung 16f
Siehe auch Kapitel 8: Immunsystem, Anmerkung 38f.

[19] C. Pert: „*Moleküle der Gefühle – Körper, Geist und Emotionen.*", Reinbeck 1997, S. 494.

[20] Dr. Perts Forschungen zum Immunsystem – und damit in Verbindung stehende angewandte Forschungen (Funktion klassischer Immunzellen-Rezeptoren im Gehirn) – führten Mitte der 1980-er Jahre zur Entwicklung der ersten Generation einer neuen Klasse von HIV/AIDS-Medikamenten. Dr. Pert veröffentlichte über 250 wissenschaftliche Artikel auf dem Feld der Immunsystem-Forschung. Sie hatte über viele Jahre die Forschungsleitung im Bereich Brain Biochemistry (Gehirn-Biochemie) im Zweig Klinische Neurowissenschaft des *National Institute of Mental Health* (NIMH) in den USA inne. Weiters wurde sie mit der Aufgabe einer Forschungs-Professur im *Department of Physiology and Biophysics* an der Medizinischen Fakultät der Georgetown University in Washington DC betraut.Ihre mehr als 30-jährige Forschungstätigkeit ebnete den Weg für ein erweitertes Verstehen

als dreißig Jahren federführende Forscherin im Bereich der Neurobiologie und eine der maßgeblichsten MitbegründerInnen der sogenannten Psychoneuroimmunologie. Ihr fachlich begründeter Rat – an jeden, der für ihn bereit und offen ist: *„Streben Sie nach emotionaler Ganzheitlichkeit. Wenn Sie ärgerlich sind oder sich krank fühlen, versuchen Sie Ihren Gefühlen auf den Grund zu gehen. Versuchen Sie herauszufinden, was Ihnen wirklich zu schaffen macht. Seien Sie sich selbst gegenüber immer ehrlich. Schaffen Sie sich einen angemessenen, befriedigenden Ausdruck Ihrer Gefühle.“* [21]

Letztlich beginnt wahre Verantwortung für jeden Einzelnen von uns erst da und insofern, als in jedem von uns sich etwas wie Einsicht durchsetzt – und letztlich mehr und mehr auch die Bereitschaft und der Wille – derart obsolete Vorstellungen darüber, wie Bewusstsein wirkt, aufgegeben zu wollen. Alles andere nämlich bedeutet doch nichts anderes, als genau dieses *Ausweichen vor der Verantwortung* für die jeweils eigene, selbst erlebte Welt – *für unsere Welt!*

Bruno Würtenberger: *„Das Verneinen der eigenen Schöpferkraft gründet auf dem Widerstand gegenüber unserer Verantwortung an allem, was uns widerfährt.“* [22] Die Welt gibt uns immer wieder jene *Signale-der-Selbsttäuschung*, damit wir etwas bemerken: *an uns* bemerken – *nicht an den anderen!* Es ist an der Zeit, die Blickrichtung zu ändern. *Uns selbst* in den Blick zu nehmen, das Leben, das wir erleben, selbst zu verantworten. *Das Universum, das Leben, spielt immer für uns!* – Entweder eine blauäugige Farce, oder aber eine wunderbare Herausforderung, die sich im Leben real stellt: Bereit zu sein, den jeweiligen Standpunkt finden und auch erkennen zu wollen, von dem aus besehen, diese Einsicht mehr ist als nur „würdevoll“ oder „hehr“, sondern als Standpunkt auch „wahr“ für die *eigene* Entwicklung.

„Wer nur tut, was er kann, bleibt, wie er ist.“ [23]

„Die Gedanken sind frei ...“ Ja. Das jedenfalls können sie werden. Dazu wird sich die Menschheit mehr und mehr hinbewegen. Beginnen können wir übrigens durchaus bereits heute damit, so wir uns selbst und der Welt mit ihren Entwicklungen etwas zutiefst Förderliches schenken wollen. Erkenntnismäßig und kulturell sind heutzutage die ersten Schritte getan: Die Bedeutung der Gedankenwelt unseres Bewusstseins als Leben-gestaltende-Information zu erkennen und anzuerkennen. Wie aber funktioniert diese Gestaltung wirklich? Wie ist das möglich? Darüber gibt es bereits verschiedentlich

---

der Kommunikation zwischen Geist und Körper. Sie legte somit die Basis, eine neue Wissenschaftsrichtung mitbewirkend: die Psychoneuroimmunologie. Heute arbeitet Dr. Pert als wissenschaftliche Leiterin einer pharmazeutischen Firma.

[21] C. Pert: *„Moleküle der Gefühle – Körper, Geist und Emotionen.“*, Reinbeck / Hamburg 1997, S. 497.

[22] B. Würtenberger: *„Free Spirit-Grundkurs – Teil 1“*, Zürich 2005, S. 44.

[23] B. Würtenberger: *„Free Spirit-Grundkurs – Teil 1“*, Zürich 2005, S. 89.

Erkenntnisse, moderne Theorieansätze und auch praktische Umsetzungen und Anwendungen in Bewusstseins-Trainings – wie jenem von Free Spirit – dessen verwandelnde Effizienz dem Autor aus eigener Erfahrung bekannt ist. Hier finden sich präzise gesetzte Übungen, welche zu verblüffenden und berührenden Umsetzungen ins Leben führen. Das Free Spirit-Trainingprogramm kann am besten als „wohl-überlegt-assortierter-Werkzeugkasten-hochwertiger-Bewusstseinstechniken" beschrieben werden. Als Erfahrungs-induzierte Begleitung und professionell eingeführte Hilfe-zur-Selbsthilfe, um die in jedem Menschen schlummernde, schöpferische Eigenverantwortlichkeit anzusprechen und das Selbst-Vertrauen neu zu motivieren. Ein unglaubliches – und unglaublich effizientes – Kurs-Konzept!

Was wir ganz unabhängig von all der erlebbaren Unentschlossenheit und Zaghaftigkeit, Borniertheit und dem vermeintlichen Unvermögen, ebenso immer wieder von neuem erleben dürfen, macht mich letztlich doch hochgradig optimistisch: Es liegt in der Natur des Menschen, Unbekanntes zu ergründen, Unbegreifliches verstehen zu wollen. Das ewige *Mantra* des kreativen Wissenschaftlers lautet wohl: *Wo ist unbetretenes Neuland, wo ...?!* – Und solange sich nichts an unserer menschlichen Neugier ändert, werden wohl in den Wissenschaften stets weitere Schritte auf unbekanntes Land gesetzt werden, neue Entdeckungen stattfinden, In-*forma*-tionen offenbar werden – davon können wir ausgehen ... – Ja: Das Leben ist spannend!

Abschließend nochmals Bruno Würtenberger: „*Das ganze Universum liegt Dir zu Füßen! Es ist nicht vorgesehen, dass irgendetwas geschehen könnte, was Dir ernsthaft schadet. Dies geschieht nicht aus irgendeiner Wertung irgendeines Gottes, sondern ist die logische Folgerung dessen, dass wir unsere eigene Welt in unserem eigenen Universum des Geistes erschufen. ‚Gott selbst' ist dafür zuständig, dass dies alles überhaupt möglich ist. Es macht also gar nicht erst Sinn, nach einem anderen Verantwortlichen zu suchen, als Du selbst. Alles, was die Menschen mit Schicksal, Zufall oder Karma bezeichnen, sind unbewusst vorgenommene, eigene Kreationen. Die darin enthaltenen Gefühle können wir nicht umgehen, weil fühlen* **leben** *heißt. Wir haben jedoch die Möglichkeit, diese Gefühle körperlich und seelisch oder geistig zu erleben. Ja, diese zwei Möglichkeiten gibt es: eine schmerzhafte und eine erkenntnisreiche. Und nun rate 'mal, wer sich zwischen diesen beiden Möglichkeiten entscheiden kann?*" [24] „*Je mehr Platz also in Deinem Bewusstsein ist, desto mehr Möglichkeiten tun sich auf. Je unbegrenzter Deine Innenwelt ist, desto unbegrenzter präsentiert sich Deine Außenwelt. So können wir alle in derselben Welt leben, ohne die gleiche Erfahrung zu machen. Ganz gemäß dem Sprichwort: ‚Wir leben zwar alle unter demselben Himmel, haben aber nicht alle den gleichen Horizont'. Ja, ohne dass Du Deinen Horizont erweiterst, stellen sich keine anderen Erfahrungen ein! Nicht die Welt ist begrenzt, sondern Dein Bewusstsein. Nicht die Welt macht etwas mit Dir, sondern Du mit ihr. ... Nicht Deine Erziehung, Bildung oder finanzielle Situation ist verantwortlich dafür, dass Du gewisse Ziele nicht erreicht hast oder erreichen kannst,*

---

[24] Ebenda, S. 92.

sondern Du. Wenn Du es anders siehst, dann ist das für mich o.k.. Aber als Opfer hast Du erst recht keine Möglichkeit Dich zu verwandeln, dann kannst Du nur mehr auf die Gunst des Lebens, Deines so genannten Schicksals, warten. Warum? Weil Du als Opfer Deine Macht bereits abgegeben hast. Du bist nicht mehr Ursprung über das Leben, sondern das Leben ist es über Dich. Dein Leben ist dann nicht mehr ein phantastisches Abenteuer, was es eigentlich ist, sondern ein Überleben. ... Also keine sehr erbaulichen Aussichten. Wichtig für mich ist einfach, es Dir gesagt zu haben, dass es eine Lösung gäbe, sofern Du bereit bist, Dich zu verändern." [25]

Um dem Augenblick frei zu begegnen, gilt es, flexibel genug zu sein, sich dem Leben in jedem Augenblick präsent und ohne Wertungen oder vorgefasste Meinung zu stellen. Dann aber doch – spontan – den für seine spezifische Auffassung passenden Rahmen zu entwickeln und jeden Augenblick als das zu erkennen, was er ist. Ergebnisse modernster Hirnforschung hin oder her. Was frei ist – ist eben per definitionem nur frei, insofern es nicht determiniert ist. Das bedeutet im Konkreten für unser Bewusstsein eben auch: Seine individuellen, kulturellen und spirituell-religiösen Schubladen, Vorurteile und bewertenden Wahrnehmungs-Filter integriert zu haben. Welche Freiheit wäre das denn wohl sonst?! Gut, wir sind natürlich alle auf dem „Weg". Ein erster Schritt: Damit beginnen, auch der eigene Beobachter zu sein und allenthalben „Stopp!" sagen zu lernen, wenn wir erneut bemerken, dass wir grad eben schon wieder alt-bekannten Mustern aufsitzen.

---

[25] Ebenda, S. 74.

Teil 2 In-*forma*-tion als Träger des Lebens

Botenstoffe – Vom Bewusstsein als Körper

„Biochemische Botenstoffe sind zu intelligentem Handeln fähig. Fortwährend übertragen sie Informationen und organisieren eine ungeheure Vielfalt von bewussten und unbewussten Aktivitäten. Diese Informationsübertragung findet in einem Netzwerk statt, das alle unsere Systeme und Organe miteinander verbindet und alle unsere Gefühlsmoleküle als Kommunikationsmittel in Anspruch nimmt. So entsteht vor unseren Augen das Bild eines ‚mobilen Gehirns' – eines Organs, das sich durch unseren Körper bewegt und seinen Sitz überall zugleich hat, beileibe nicht nur im Kopf. ... Heute wissen wir, dass diese Komponente, der Rezeptor, ein einziges Molekül ist, vielleicht das eleganteste, außergewöhnlichste und komplizierteste Molekül, das es gibt. ... Ein durchschnittliches Neuron (eine Nervenzelle) dürfte mehrere Millionen Rezeptoren auf seiner Oberfläche tragen. ... Im Prinzip haben Rezeptoren die Funktion von Sensor-Molekülen – Scannern. Genauso wie Augen, Ohren, Nase, Zunge, Finger und Haut des Menschen, sind auch die Rezeptoren Sinnesorgane – nur auf zellulärer Ebene. Sie treiben in den Membranen ihrer Zellen, tänzeln, vibrieren und warten darauf, dass sie Nachrichten von anderen kleinen vibrierenden Geschöpfen aufnehmen können.“

Candace Pert

Kapitel 6: Chaos und Strukturen der Ordnung

Chaosforschung – Systemische Ordnung im Bereich der Nichtlinearität

Aus welchen Aspekten auch immer betrachtet – es entsteht ganz unweigerlich der Eindruck, dass es, *hinter* den Gesetzen des Universums oder auch *ihnen innewohnend*, „Geist" gibt. Nirgendwo in der Natur – in dieser unfassbar komplexen Ordnung – haben wir, hat die Menschheit, etwas wie „Geistlosigkeit" feststellen können, nicht einmal in den unberechenbaren Systemen, welche gerade die Chaoswissenschaftler erforschen. Denn auch dort gibt es geheimnisvolle und herrlich schöne Muster und Strukturen. Selbst der deprimierenden Vorstellung eines Universums, das unerbittlich fortschreitend der sogenannten „Entropie" verfällt, steht das reale Bild einer Wirklichkeit entgegen, wo auf allen Ebenen Weiterentwicklung, hin zu Komplexitäten höchster Ordnung, stattfindet. Die Wissenschaft bezeichnet diese auffällige Tendenz – ziemlich *nichtssagend*, wie ich meine – als „Selbstorganisation". Mittlerweile deutet auch wissenschaftlich betrachtet immer mehr darauf hin, dass das Universum ohne diese unfassbare, geheimnisvolle Tendenz zur Organisation gar nicht existieren könnte. Wenngleich diese Ordnung andererseits wohl auch niemals jenes Maß an Ausschließlichkeit und Perfektion anzunehmen gedenkt, wie es Mechanisten und Deterministen noch vor wenigen Jahrzehnten vorschwebte. Von Stephen Hawking und anderen namhaften Kosmologen wird dieses Evolutionsprinzip als „Anthropisches Prinzip" [1] bezeichnet: die Entwicklung des Kosmos hin zum Leben höherer Ordnung – letztlich zu intelligenten Lebewesen mit der Fähigkeit der Selbstreflexion wie dem Menschen (griech.: Anthropos). Es ist heute die Zeit angebrochen, wo wir auf den unterschiedlichsten Forschungsebenen beobachten können, dass der (kartesianische) Reduktionismus sich aufschwingt, einen ganz neuen, spannenden – und ganzheitlichen – Aspekt hinzuzugewinnen: das Leben als Ausdruck nicht-definierbarer, nicht-linearer Ordnung.

Die sogenannte Chaos-Theorie ist ein wissenschaftsphilosophisches Erklärungsmodell für das Entstehen und die Entwicklung des Kosmos, der Erde und des Lebens. Sie bringt sehr plausibel die verschiedensten Phänomene, Ereignisse und Entwicklungen in Zusammenhänge. In vielerlei Hinsicht lässt sie sich aber auch auf die Entwicklungsprinzipien sowohl der Politik, der Gesellschaft und der Kultur übertragen. Besonders in

---

[1] S. Hawking: „*Eine kurze Geschichte der Zeit.*", Reinbek 1988, S.160f
„*Würden sich manche Naturkonstanten nur minimal von ihrem Wert unterscheiden, wäre ein totes und steriles Universum ohne Leben entstanden. Dieser Zusammenhang wird von den Naturwissenschaftlern als ‚Kosmologische Feinabstimmung' und von den Philosophen als ‚Anthropisches Prinzip' bezeichnet und gehört für die Theologen in das Gebiet von ‚Intelligent Design'. ... Für mich sind die Bezeichnungsweisen als ‚Kosmologische Feinabstimmung', ‚Anthropisches Prinzip' und ‚Intelligent Design' im Endeffekt nur unterschiedliche Betrachtungsweisen und Erklärungen des gleichen Phänomens.*" H. Oberhummer, „*Kann das alles Zufall sein? – Geheimnisvolles Universum.*", Salzburg 2008, S. 140. Siehe auch Kapitel 15: „*Im Anfang war ...*", Anmerkung 10.

den vergangenen Jahren hat man der Chaostheorie erhöhte Aufmerksamkeit geschenkt, weil sie die totalitären Thesen unserer Wissenschaftstheorien in Zweifel gestellt und damit auch die Glaubwürdigkeit wissenschaftlicher Prognosen fragwürdig gemacht hat. Eine ihrer überraschendsten Thesen besagt, dass unserem vermeintlich ausschließlich von Gesetzmäßigkeiten gesteuerten evolutionären Geschehen – sei es physikalischer oder biochemischer Art – ein im Grunde gesetzloses Verhalten zugrunde liegt. Dennoch scheint diese chaotische Unordnung, in welcher das Unvorhersehbare mehr waltet, als das Geordnete, Regelhafte, in sich wiederum organisierte Wirkungsweisen zu zeigen. Sie arbeitet nach einem vorher unbekannten Muster, das aber dennoch in seiner Eigendynamik eine kontinuierliche, in sich logische Abfolge zeigt. Die „Logik" dieses prozessualen Geschehens allerdings ist in der Regel erst rückwirkend erkennbar. [2]

Der Physiker und Chaosforscher Joseph Ford meint, in unverhüllter Anspielung auf Einsteins *„Gott würfelt nicht!"*, jedoch kontrovers dazu: *„Gott würfelt mit dem Universum. Doch sind die Würfel präpariert. Und das Hauptziel der Physik ist heute, herauszufinden, nach welchen Regeln sie präpariert worden sind und wie wir sie für unsere eigenen Zwecke benutzen können."* [3] Und sie wären verblüffender Weise sogar so präpariert, dass *„... im Verlauf vieler Würfe die Lebensformen nicht nur überleben, sondern sich auch verbessern – und zwar mit der Wahrscheinlichkeit eins."*. „Wahrscheinlichkeit eins" – bedeutet in diesem Zusammenhang: *Stufe höchster Wahrscheinlichkeit.* Von diesem Standpunkt betrachtet ist Evolution etwas, was sich treffend als „Chaos mit Rückkopplungen" beschreiben lässt. Nur: Woher mag diese unglaubliche *Präparierung im Würfelspiel der Evolution* kommen? Woher stammt all die In-*forma*-tion, welche Höherentwicklung bewirkt – von den Feinabstimmungen zwischen den physikalischen Konstanten [4] hin zu den morphogenetischen Feldaspekten organischen Lebens und den Bewusstseins-Feldern menschlichen Geistes? Liegt dieser Entwicklung eine wie immer geartete Zielgerichtetheit zugrunde? [5] Ja, gibt es etwas wie Bewusstsein oder Gewahrsein in diesem Kosmos und durchdringt *„Etwas Großes"* – wie es der Top-Genetiker Kazuo Murakami nennt – dieses Universum ...?! Die Frage nach etwas verborgen Zweckhaftem wird immer wieder auch von Seiten der Evolutionslehre gestellt [6] Univ.-Prof. Wolfgang Schad von der Universität Witten-Herdecke weist in diesem Zusammenhang darauf hin, dass eine Zweckmäßigkeit in der Natur sehr auffällig erscheine und stellte die Frage, was man mit *Zweck* eigentlich meine. Denn: *„Zwecke erreicht man durch Mittel.".* Indem man einen Zweck verfolge, suche man die Mittel, um diesen Zweck zu verwirklichen.

[2]   Siehe auch Kapitel 17: Das Primat der Information, Anmerkung 7.

[3]   J. Ford: *„What is Chaos that we should be mindful of it?"*, zitiert in: P.C.W. Davis: *„The New Physics.",* Cambridge 1989, S. 345 (gilt auch für das nächste Zitat in Folge).

[4]   Siehe auch Kapitel 15: *„Im Anfang war ..."*, Anmerkung 2
      Siehe auch Kapitel 18: In-*forma*-tion – und andere Felder ... , Anmerkung 6.

[5]   Siehe auch Kapitel 17: Das Primat der Information, Anmerkung 7.

[6]   W. Schad: *„Evolution in der Sicht der modernen Biologie.",* Transkription aus: *Dialoge,* Wien, 2. März 2001 (gilt auch für die nächsten Zitate in Folge).

Mittel und *Zweck* seien daher zwei sich bedingende Begriffe – wie *Ursache* und *Wirkung*, welche zusammengehören. Das Begriffspaar *Zweck-Mittel* beinhalte eine eindeutig prospektive Deutung bezüglich der Zukunft. Von Zweck dürfe man nur reden, wenn irgendwo *Bewusstsein* da wäre. Wolfgang Schad in der diesbezüglichen Diskussion: *„Wenn wir von Zweck in der Natur reden, so ist dies nur möglich, wenn wir von Psychischem* (von Bewusstsein, KP.) *in der Natur reden.“* [6] Professor Wolfgang Schad sieht in der Verwendung des Begriffes „Teleonomie" (Ziel-gerichtet, jedoch nicht durch ein Ziel-gesteuert), wie er heute in der Biologie anstelle von „Teleologie" (Ziel intendiert, also sehr wohl ein Ziel verfolgend) – verwendet wird, einen wissenschaftlich manipulierenden Missgriff. Er konstatierte im Zusammenhang mit dieser Begriffsbildung ein *„... metaphorisches Verwenden des Teleologischen im Blick zurück.“* Eigentlich wäre *„... derartiges rein kausal begriffen unernst:* **Teleologie wird lediglich Teleonomie genannt.**“ Kein Wunder, wissen wir doch, welch eminente Scheu und heroischer Widerstand die reduktionistische Wissenschaft diesbezüglich beherrscht?! [7] Doch: Etwas wie Bewusstsein in der Welt und für diesen Kosmos als möglich zu erachten – braucht auch heute noch eine gehörige Portion Mut – wie auch gleichermaßen Demut – sowie Unvoreingenommenheit. Einfach deshalb, weil sich gleichzeitig damit alles „zwanghaft-Kontrollieren-Wollende" unseres Menschenverstandes als Farce entlarven würde. Geist schafft bekanntermaßen Ordnung. Ja, dieser schöpferische und freie Geist würde bleiben – doch der schäbig-kleingläubige „Kontroller" müsste weichen. Das *Risiko*, welches unser Verstand in wahrer menschlicher Freiheit ortet / ahnt, ist in dieser Welt ganz offensichtlich wirklich *part of the game*. Wir wissen: Unser Verstand kennt die untergründige Angst vor beidem nur allzu gut! In-*forma*-tion als anerkannt transmaterielles, geistiges Prinzip – wie auch immer dies nun in dieser Welt beheimatet ist, beziehungsweise in dieses Universum gekommen sein mag – ist momentan gerade im Begriff diese Hürde, wissenschaftlich besehen, zu nehmen ... Als entscheidend für eine unverstellte Sicht auf die reale Bedeutung und den Stellenwert heutiger Naturwissenschaft entpuppt sich mehr und mehr, was die Wissenschaft nüchtern und unvoreingenommen von sich selbst zu sagen weiß: *„Die Physik redet nicht genauer als die Sprache der lebensweltlichen Erfahrung, sondern sie redet von etwas anderem als diese. ... Die Naturwissenschaft erklärt Bedingungen, nicht aber das von ihnen abhängige Gesamtphänomen.“* [8]

---

[7] Erinnern wir uns an die bildhaft-pointierte Ausdrucksweise John Haldanes in diesem Zusammenhang, der sagt: *„Die Teleologie ist für den Biologen wie eine Mätresse: Er kann nicht ohne sie leben, aber er will nicht mit ihr in der Öffentlichkeit gesehen werden.“*
G. Pöltner: *„Menschliche Erfahrung und Wissenschaft.“*, in: H. Thomas: *„Naturherrschaft – Wie Mensch und Welt sich in der Wissenschaft begegnen.“*, Köln 1990, S. 248, S. 250
Siehe dazu Kapitel 18: In-*forma*-tion – und andere Felder ..., Anmerkung 25
Siehe dazu Kapitel 20: Wissenschaft und Spiritualität im Konsens, Anmerkung 6.
[8] G. Pöltner: *„Menschliche Erfahrung und Wissenschaft.“*, in: H. Thomas: *„Naturherrschaft – Wie Mensch und Welt sich in der Wissenschaft begegnen.“*, Köln 1990, S. 248, S. 250.
Siehe dazu Kapitel 20: Wissenschaft und Spiritualität im Konsens, Anmerkung 6.

Durch die Chaos- und Systemforschung ändert sich momentan das Verständnis von Wissenschaftlichkeit nachhaltig und grundlegend. Dies hat mit systemischen Aspekten zu tun, welche dieser Forschungsrichtung immanent sind. Vorhersagbarkeit ging verloren und ist daher auch kein Hauptaspekt derartiger wissenschaftlicher Forschung mehr – was sie mit der Quantenmechanik gemeinsam hat. Dies unterscheidet die wissenschaftliche Sichtweise dieser beiden Forschungsrichtungen von ihren klassischen Vorläufern. Universitätsprofessor Dr. Karl W. Kratky vom Institut für Experimental-physik der Universität Wien: *„Andererseits stellt sich heraus, dass chaotische Systeme erstaunlich leicht gesteuert werden können* (bis vor wenigen Jahren glaubte man noch das Gegenteil; KP.). *Es sei darauf hingewiesen, dass dem System dabei keine Bewegung von außen aufgezwungen wird, sondern eine bereits latent vorhandene aus dem System herausgeholt wird, ... die inneren Prozesse die Hauptrolle spielen. Dazu genügen sehr kleine Einwirkungen, was nicht viel Energie benötigt. Chaos und dessen Regelung ist also kein Betriebsunfall der Natur, sondern hat sich im Lauf der Evolution als optimal herausgestellt. ... Für die Chaossteuerung gibt es aber doch noch Probleme mit der alten Wissenschaft. ...Vielleicht gerade deshalb, weil sie zwar funktioniert, aber das genaue Verständnis dafür fehlt, warum sie funktioniert?"* [9] In dieser Äußerung zeigt sich ein weiteres Charakteristikum der Chaosforschung, welche längst gesichert innerhalb der anerkannten Wissenschaft steht: Das Konstatieren einer systemdynamischen Tatsache bedeutet noch nicht, auch das zugrunde liegende Gesetz zu (er)kennen.

Ganz ähnlich klingt es auch auf einem Symposion namhafter Vertreter der Wissen-schaft: *„Wahrheit wird nicht selten verwechselt mit vollkommener Erkenntnis. Wer sagt, dass es Wahrheit gibt, behauptet damit noch nicht, dass man sie ganz erkenne."* [10] Die daraus resultierende (notwendige) Akzeptanz gegenüber mangelnder Vorher-sagbarkeit und mangelndem Verstehen des Wirkzusammenhangs bedeutet zugleich auch einen starken Appell an die Unvoreingenommenheit, ein Plädoyer für den Mut zu ungewohnter Standpunkt-Wahl in der Anschauung: mit einem Minimum übernommener Annahmen Unbekanntes erfassen zu wollen und neue Grundlagen zu eröffnen. *„Die Wissenschaft von den nichtlinearen dynamischen Systemen ist gegenwärtig modernste Forschung. Nichtlineare vernetzte dynamische Systeme zeigen ganzheitliches Verhalten, d.h. versucht man einen Teil des Systems zu isolieren, so beeinflusst man zugleich auch alle anderen Teile. Morphologisch streben nichtlinear vernetzte Systeme häufig frakalen Strukturen zu* [11], *deren Hauptmerkmal es ist, dass sie selbstähnlich sind: Sie tragen im*

[9] K.W. Kratky: *„Interaktivität, Rückkopplung und Chaossteuerung."*, in: *„Niederenergetische Bioin-formation – Physiologische und Physikalische Grundlagen für Bioresonanz und Homöopathie."*, in: *Schriftenreihe der Wr. Internationalen Akademie für Ganzheitsmedizin Bd.17*, Wien 1997, S. 93ff.

[10] M. Rothweiler: *„Wissenschaft und Weltverständnis – Schlussaussprache."*, in: H. Thomas: *„Naturherrschaft – Wie Mensch und Welt sich in der Wissenschaft begegnen."*, Köln 1990, S. 272 Siehe dazu Kapitel 10: Überzeugung und Gesundheit, Anmerkung 66.

[11] Die historischen Spuren der Chaostheorie und der Frakalen Geometrie sind vielfältig. Vorläufer sind Poincaré und die beiden Göttinger Gelehrten Georg Christoph Lichtenberg (Mathematiker

Kleinen quasi holographisch die Ganzheit selbstähnlich in sich. ... Das dynamische Langzeitverhalten chaotischer Systeme ist nicht vorhersagbar: bestenfalls kann man jenen Bereich (Attraktor) angeben, auf dem die Systemdynamik liegt." [12] Diese Aussage des Atomphysikers und Professors am Atominstitut der Österreichischen Universitäten Herbert Klima weist auf zweierlei hin: erstens auf das Phänomen der „Selbstähnlichkeit" und zweitens auf den Aspekt des „Attraktors" [13] als mathematisch fassbare Ordnungsstruktur eines nichtlinearen dynamischen Systems (wie z.B.: Leben). Fraktale Geometrie und Topologie gelten als wesentliche Bestandteile der Chaostheorie. Seit Ende der 1970-er Jahre erforschen Mathematiker und Naturwissenschaftler gleichermaßen Phänomene, die trotz strengem naturwissenschaftlichem Determinismus als prinzipiell nicht prognostizierbar erkannt wurden. Dabei wird deutlich, dass auch bei diesen Phänomenen der Übergang von überschaubaren Ordnungsstrukturen ins Chaos nicht zufällig abläuft, sondern gewissen mathematischen Mustern – *Attraktoren* – folgt. Gemeinsam verschaffen Chaostheorie und Fraktale Geometrie der Welt des sogenannt Nichtlinearen entsprechende Geltung. Lineare Modelle kennen kein Chaos und daher ist es auch kein Wunder, dass lineares (eindimensionales) Denken oft zu kurz greift, wenn es um die Annäherung an die natürliche Komplexität des Lebens geht.

Informationstheorie – Oder: Vom Unterschied, der einen Unterschied ausmacht.

„Der Standpunkt, den ich zum Verständnis der Körper-Geist-Frage vorschlage, bedient sich der Informationstheorie, einer wissenschaftlich anerkannten Disziplin mit verifizierbaren Gesetzen und Theorien, die sich genauso gut auf die Naturwissenschaften wie auf das Geschäftsleben oder die Geisteswissenschaften anwenden lassen. ... Information als Brücke zwischen Geist und Materie, Psyche und Soma ... ist brauchbar zum Verständnis des menschlichen Körpers: Physische Prozesse sind keine ‚Dinge', sondern dynamisch. Sie finden in einem offenen, fließenden System statt. Daher passt hier die Metapher (hier und in Folge pseudonym verwendet für: Paradigma; KP.) von der Information besser als die von Materie und Kraft." [14] – Für die Vorreiterin in der Psychoneuroimmunologie, Candace Pert, war es der entscheidende Baustein und Schritt für ihr eigenes Verständnis von In-*forma*-tion, als sie erkannte, dass in anderen Bereichen

---

und Physiker; 1742–1799) und David Hilbert (1862–1943; Mathematiker). Von Lichtenberg ist die folgende geometrische Formulierung und Beschreibung bekannt: „Alles ist sich gleich, ein jeder Teil repräsentiert das Ganze." Damit hat er *den* zentralen Begriff der Fraktalen Geometrie, die „Selbstähnlichkeit" erkannt und vorweggenommen.

[12] H. Klima / B. Lipp / H. Lahrmann: *„Möglichkeit niederenergetischer Bioinformation – Physiologische und Physikalische Grundlagen für Bioresonanz und Homöopathie.",* in: *Schriftenreihe der Wiener Internationalen Akademie für Ganzheitsmedizin, Band 17,* Wien 1997, S. 40.

[13] Unter „Attraktoren" versteht man in der Chaostheorie system-spezifische Zahlenwerte, welche für die Entwicklung eines Systems charakteristisch sind, ohne dass dadurch seine Entwicklung determiniert (vorbestimmt, festgelegt) erscheint.

[14] C. Pert: *„Moleküle der Gefühle – Körper, Geist und Emotionen.",* Reinbeck 1997, S. 391f.

der Wissenschaft bereits eine fundierte und anerkannte Forschungsrichtung entwickelt worden war, welche die von ihr entdeckte Körper-Geist-Kommunikation dem „*Mythos und Makel des Esoterischen*" enthob. Unter anderem war auf diesem Feld Gregory Bateson, Biologe, Sozialwissenschaftler, Kybernetiker und Philosoph, u.a. Professor an der Harvard Universität, mit federführend. Seine Arbeitsgebiete umfassten anthropologische Studien sowie das Feld der Kommunikations- und Lerntheorie. Aber auch Fragen der Erkenntnistheorie, der Ökologie, der Naturphilosophie und Linguistik spielten für ihn eine wesentliche Rolle. Bateson behandelte die genannten wissenschaftlichen Gebiete nie als getrennte Disziplinen, sondern lediglich als verschiedene Aspekte und Facetten, in denen seine systemisch-kybernetische Denkweise zum Tragen kam. Batesons Gedanken und Arbeiten waren stark geprägt von den psychologischen Überlegungen Freuds und C.G. Jungs – und im vorliegenden Zusammenhang – eben auch von Claude Shannon, der als Begründer der Informationstheorie gilt. [15]

Für Perts Begreifen des von ihr mitentdeckten und erforschten neurophysiologischen Informationsgeschehens war, das *Informationstheorie-Gesetz* als wissenschaftliches Statement kennenzulernen, ganz entscheidend: *Information reicht über Zeit und Raum hinaus, sie ist nicht an die engen Grenzen von Materie und Energie gebunden.* Pert fand darin *den* entscheidenden Schlüssel für ihr rationales Verständnis des Gesamtzusammenhangs. Pert: „*Die Definition, die Gregory Bateson für die Information gefunden hat, war:* **Information ist der Unterschied, der einen Unterschied ausmacht. Es ist dies der Unterschied für den Beobachter.** *Das ist ein außerordentlich wichtiges Konzept in der Informationstheorie, weil das System durch die Einbeziehung des Beobachters in die Gleichung ein neues Intelligenzniveau erhält. In der alten Metapher ignorieren wir den Beobachter, weil wir jeden subjektiven Einfluss auf die Bestimmung der Wirklichkeit vermeiden möchten. In der neuen Metapher spielt der Beobachter eine wichtige Rolle bei der Definition der Wirklichkeit, weil hier die Beteiligung des Beobachters von entscheidender Bedeutung ist!*" [16] Von diesem Gesichtspunkt aus betrachtet wird auch verständlich, warum und inwiefern jegliches Ereignis von jedem Bewusstsein anders wahrgenommen und erlebt wird, vor allem aber auch etwas gänzlich anderes bedeuten und bewirken kann. *Das wahrnehmende Bewusstsein – als vorgeprägter beziehungsweise gefüllter Informations-Pool jeglicher Lebensform auf dieser Erde – bestimmt mittels Resonanz auch über jenen Aspekt der Information, welcher ankommen und aufgefasst werden kann!* „Teich" beispielsweise trägt als Information daher für einen Frosch etwas völlig anderes in sich und bewirkt und fördert bei ihm eine andere Reaktion als beim Menschen. „Teich" birgt aber auch für *verschiedene Menschen* höchst unterschiedliche Informationen. Für einen Biologen liegen darin andere Informationen und Interpretationen als für einen Freizeitsportler und dessen Badebedürfnisse, oder einen Feuerwehrmann, welcher einen Waldbrand zu löschen hat. Es kommt eben *nur gerade*

---

[15] http://de.wikipedia.org/wiki/Gregory_Bateson; Bateson hatte übrigens mit seiner Arbeit auch großen Einfluss auf die System- und Familientherapie.

[16] C. Pert: „*Moleküle der Gefühle – Körper, Geist und Emotionen.*", Reinbeck 1997, S. 393.

das im jeweiligen Bewusstsein in Resonanz, was in Resonanz kommen kann und *will*! Haltungen, Stimmungen und jegliche vorgegebene Festlegungen im Bewusstsein wie Überzeugungen, Wertungen, Emotionen, Bedürfnisse – all das erschafft die Erfahrungsebene – bedingt das (Er)leben! [17]

Resonanz und *Rückkopplung* spielen in der Chaosforschung und Informationstheorie eine entscheidende Rolle. Bateson beurteilt die Entdeckung der Rückkoppelung als den bedeutendsten Erkenntnisaspekt, den die Menschheit als Bissen-vom-Apfel-der-Erkenntnis – seit Platon – genommen hätte. Das Konzept der Rückkopplung stammt aus der Kybernetik, der wissenschaftlichen Untersuchung von Steuerungsprozessen in verschiedenen Systemen. Der Wortteil „kyber" kommt vom griechischen „kybernetes", Steuermann. Dieser steuert das Schiff, indem er die Ruderstellung beständig entsprechend den Informationen – der sogenannten Rückkopplung eben – verändert. Pert: *„Das gleiche Prinzip gilt für das psychosomatische Netzwerk, das ganz ähnlich arbeitet wie bei einem Boot, das nach einer Reihe von Rückkopplungsschleifen ausgerichtet wird. Durch die Freisetzung von Neuropeptiden, die an Rezeptoren binden, verschicken Zellen ununterbrochen Nachrichten an andere Zellen und die empfangenen Signale veranlassen die Zelle, Veränderungen – in dem Fall sind sie physiologischer Art – vorzunehmen. Informationen gehen aber auch an die peptidsezernierenden Zellen* [18] (Peptid ausschüttenden Zellen; KP.), *worauf diese mehr oder weniger davon produzieren. ... Der Organismus ist ein geschlossener Informationskreislauf."* [19]

Durch die Forschungsergebnisse der Psychoneuroimmunologie ist es den Wissenschaftlern in den letzten beiden Jahrzehnten auf äußerst faszinierende Weise gelungen *„... Neuropeptide und ihre Rezeptoren in neuem Licht zu sehen: nämlich, dass sie das* **biochemische Substrat des Gefühls** *sind. Die Gefühle sind der Informationsgehalt, der über das psychosomatische Netzwerk ausgetauscht wird. Ein Prozess, an dem die vielen Systeme, Organe und Zellen beteiligt sind. Wie Information bewegen sich die Gefühle zwischen den beiden Bereichen von Geist und Körper hin und her – im materiellen Bereich als Peptide und ihre Rezeptoren – und im immateriellen Bereich als Empfindungen, die wir erleben und Gefühle nennen. ...* **Meine Zellen sprechen buchstäblich miteinander und das Gehirn beteiligt sich eifrig an diesem Gespräch.** [20] Und Pert weiter: *„Wenn also der Fluss unserer Moleküle nicht vom Gehirn gesteuert wird, und wenn das Gehirn nur ein Knotenpunkt unter anderen ist, drängt sich natürlich die Frage auf: ‚Woher kommt die Intelligenz, die Information, die unseren Körpergeist regiert?' Wir wissen, dass Information eine unendliche Fähigkeit zur Expansion und Zunahme hat und dass sie nicht an die Gesetze von Zeit und Ort, Materie und Energie gebunden ist. Folglich*

---

[17] Siehe auch Kapitel 5: Überzeugungs-Netze und Leben, Anmerkung 10, 11.

[18] Siehe auch Kapitel 10: Überzeugung und Gesundheit, Anmerkung 48-51
Siehe auch Kapitel 8: Immunsystem, Anmerkung 9.

[19] C. Pert: *„Moleküle der Gefühle – Körper, Geist und Emotionen.",* Reinbeck 1997, S. 394ff.

[20] Ebenda, S. 399f.

kann sie nicht zur materiellen Welt gehören, die wir mit unseren Sinnen wahrnehmen, sondern muss in einem eigenen Reich existieren, das wir mit dem Gefühl, dem Geist, der Seele wahrnehmen – einem ‚Inforeich'! ... Information! Sie ist das fehlende Bindeglied, das uns ermöglicht, die kartesianische Trennung von Körper und Geist zu überwinden, weil Information definitionsgemäß weder zum Geist noch zum Körper gehört, aber mit beiden Kontakt hat. Wir müssen akzeptieren, dass sie einen eigenen, neuen Bereich beansprucht, den wir vielleicht ‚Inforeich' nennen können und der noch auf seine wissenschaftliche Erkundung wartet." [21]

Ganz ähnlich der bekannte Quantenphysiker und Forscher an der Universität Genf, Antoine Suarez: „*Warum zeigen Physiker zunehmend Interesse für solche Fragen? Der Grund ist meines Erachtens, dass in den letzten Jahren gewisse Dinge in der Physik geschehen sind, die auf Wirklichkeitsbereiche hinweisen, die den Bedingungen von Raum und Zeit nicht unterworfen sind, auf Wirklichkeitsbereiche also, die jenseits-der-Physik liegen.*" [22]

Ja, nicht nur die (Quanten-)Physiker (an)erkennen mittlerweile (Be)*Reiche*-jenseits-der-Physik, sondern erstaunlicherweise auch einige der Neurobiologen. Spannend! Und: Ist etwas einmal ausgesprochen, so fällt es nach und nach wie-Schuppen-von-den-Augen, und Forscher fragen sich dann nicht zum ersten Mal, wie es möglich gewesen ist, solange wie blind daran vorübergegangen zu sein, als forschendes Wesen ... Die nun allerorts um sich greifenden Erkenntnisse beginnen nicht bloß wissenschaftlich salonfähig zu werden und Kompetenz zu erreichen, sondern verändern zunehmend auch das alte, statische Weltbild. „*Die Informationstheorie befreit uns aus der Falle des Reduktionismus und seinen Dogmen des Positivismus, Determinismus und Objektivismus. Obwohl diese Grundpostulate abendländischer Wissenschaft seit dem 16. und 17. Jahrhundert tiefe Wurzeln in unserem Bewusstsein geschlagen haben, konstituiert die Informationstheorie eine so neue Sprache – eine so ausdrucksreiche Sprache von Kraft und Reaktion – dass sie uns hilft, aus unseren alten Denkmustern auszubrechen. Jetzt können wir uns anschicken, **ein anderes Modell des Universums zu entwerfen** und darin einen neuen Platz für uns suchen.*" [23]

Das vielleicht größte Missverständnis der Welt ...?!

Lassen Sie uns nun einmal in einen scheinbar sehr viel anderen Bereich von Resonanzen schauen: Das Leben – und seine Zwischenmenschlichkeiten ...

---

[21] Ebenda, S. 477, S. 400.

[22] A. Suarez; „*Nicht-lokale Kausalität – Weist die heutige Physik über die Physik hinaus?*", in: H. Thomas: „*Naturherrschaft – Wie Mensch und Welt sich in der Wissenschaft begegnen.*", Köln 1990, S. 132. Siehe auch Kapitel 21: Kreative Feldaspekte des Bewusstseins, Anmerkung 12.

[23] C. Pert: „*Moleküle der Gefühle*", Reinbeck / Hamburg 1997, S. 400.

Bruno Würtenberger: *„Mensch heißt Geist (lat.: mens), das ist etwas, was wir immer sind. Doch die Bezeichnung Mensch verweist auf die Menschlichkeit. Den Menschen mangelt es an Menschlichkeit, nicht an Geist. Geist ist allgegenwärtig, belebt und durchdringt jeden und jede von uns ununterbrochen. Doch Menschlichkeit fordert viel. Sie fordert Dich auf, Dich allen so zu zeigen, wie Du bist. Dies erfordert viel Mut, Selbstbewusstsein und Demut. Doch es erfordert noch viel mehr, nämlich, dass Du bereit bist, jeden Menschen so zu nehmen, wie er ist, mit allem, was ihn ausmacht."* [24]

Es wäre ja doch so einfach, wären *die anderen* nur nicht so blind für unser liebevolles Wohlverhalten ihnen gegenüber. Da schenkt man den anderen Menschen seine hingebungsvollste Zuwendung, überschüttet sie geradezu mit Aufmerksamkeit, zeigt sich von seiner besten Seite: unterstützend, verständnisvoll, gar großzügig und – nichts!?! Man demonstriert diesen Ahnungslosen ja schon mehr als deutlich, *wie* es sich gehört unter Freunden und somit auch, was man berechtigterweise auch von ihnen für sich erwarten können möchte. Schließlich gibt es da ja dieses Sprichwort: *Wie man in den Wald hineinruft, so schallt es heraus.* Das kennt doch jede(r), oder?! Und obwohl die Anzahl derjenigen, die sich – ob des *unter-Umständen-missverständlichen-Verständnisses* dieses Sprichwortes – massiv und meist nicht wiedergutzumachend, vom Leben enttäuscht von eben diesem zurückziehen, oder sich (weiter) verhärten, wird dies *„missverständliche" Verständnis* von Generation zu Generation weiter tradiert und prägt die erfolglosen Versuche enttäuschter Gut-Menschen. Irgendwie scheint es leider so *gar nicht* zu funktionieren, wie man es doch so gerne hätte: Propagierte und den Mit-Menschen vorgelebte Fairness wird von den anderen einfach nicht entsprechend honoriert. Und unser liebevolles Verständnis, Mitgefühl oder gar Wertschätzung kommt auch nicht postwendend und adäquat retour. Hilfestellungen und tatkräftige Unterstützungen, die man sich selbst ja auch *„alles-andere-als-leicht"* abringt oder gar *„Geschenke"*, die man gibt – alles ohne Erfolg! Oft grade ganz im Gegenteil! Dabei ist man ja selbst doch *auch* so bedürftig! ... Sie bemerken natürlich: So pointiert und ausnahmsweise einmal kein-bisschen-weichgezeichnet beginnt sich die eigene Stirn, ob dieser Darstellung, denn doch ein wenig zu krausen oder skeptisch zu runzeln. Irgendwie kennt solche Ent-Täuschungen ja vermutlich (fast) ein jeder aus eigener schmerzvoller Erfahrung. Doch: Hier wird ja wohl ganz *offensichtlich* etwas überzeichnet, oder?!

Was bislang jedoch völlig ausgespart blieb, ist der *Blick auf einen selbst.* Wie geht man denn eigentlich mit sich selbst um? Wer von diesen „enttäuschten Seelen" geht mit sich auch nur annähernd gleichermaßen unterstützend, hilfreich, wertschätzend, mitfühlend, verständnisvoll, liebevoll, fair oder gar – großzügig um?! Ich wage zu behaupten: Keine! Wer von diesen Enttäuschten wartet sich selbst gegenüber mit *echten* Geschenken auf, oder kleinen Aufmerksamkeiten? Keiner! Ich kenne das von einem „guten Freund-aus-Wien" (auch so kann man über sich selbst sprechen ...). Was tut man nicht alles hingebungsvoll, *damit* die *anderen* erkennen, was diese *anderen* für einen

---

[24] B. Würtenberger: *„Free Spirit-Grundkurs – Teil 1"*, Zürich 2005, S. 129.

selbst (für mich!!!) doch *bitte, bitte, bitte!* tun mögen ...?! [25] Weil selbst, *für sich selbst* ...?! – nein! – sich selbst gegenüber darf man ja beileibe nicht so agieren, *das* wäre ja wohl zu offensichtlich und eindeutig egoistisch!

Betrachten wir dieses frustrierende Geschehen aber nun einmal zur Abwechslung von der Ebene der In-*forma*-tion. Da wird leicht verständlich, warum dieses zur Schau gestellte Verhalten und *diese Art* von „in-den-Wald-hineinrufen" so *gar nicht* funktioniert, ja gar nicht funktionieren *kann*! Das Motiv *sind* ja gar nicht die anderen und ihre Bedürfnisse! Sonst könnte ja gar nichts ent-täuschen. Man würde genau das und genau so viel geben, wie man freien Herzens geben will, weil es genau so einfach für einen selbst stimmt. Aber *man* gibt ja in diesem klassisch ernüchternden Geschehen irgendwann längst unverhältnismäßig mehr, als man *wirklich* gerne geben will. Es ist primär unser Selbst-Bild, das wir damit bedienen, beziehungsweise *unsere eigenen* Bedürfnisse, die wir – indirekt – *von den anderen* erfüllt haben wollen. Anstatt die Verantwortung für uns und unsere Bedürfnisse selbst zu übernehmen, machen wir es den anderen vor, wie *sie doch endlich* uns gegenüber agieren mögen – sollten! – an unserer statt. Das ist ziemlich verrückt – und *kommt-daher-auch-ziemlich-verrückt!* Jedenfalls nicht so, wie wir es wohl wünschen ...

Ich selbst konnte jene Information, die ich früher unermüdlich und permanent aussandte, erst in Durchführung einfacher, jedoch hoch effizienter Übungen während meines ersten Bewusstseinstrainings erkennen, aufdecken und verändern. Übungen, die mir ermöglichten, mich mal mit mir und meinem Umgang mit mir zu beschäftigen sowie den, diesen Umgang initiierenden, unheil-vollen Überzeugungen. Informationen, welche sich durch mein Denken und Handeln mir gegenüber stets neu generierten. Was ich auf diesem Pfad der liebevollen Veränderung begriff: (Selbsternannte) Sklaven erschaffen sich ihre Sklavenhalter gleich mit. Tja, so ist das in einem Sinn-vollen Universum ... Wie der Volksmund weiß: *Wo Tauben sind, da fliegen Tauben zu.* Dies spricht ja gleichfalls das Grundgesetz von Rückkopplung und Resonanz an. Jeder kann sich indes im Sinne der eigenen Befriedung – sowie der eigenen Fiedfertigkeit – nur selbst auffordern, daraus die entsprechenden Konsequenzen zu ziehen, um die Inhalte (Tauben – oder auch: Heuschrecken etc.) bewusst auszuwählen – aus Liebe zu sich selbst. Aber auch als Schutz vor absehbarer und maßloser Ent-Täuschung sowie deren Folgen: Missachtung und / oder Aggression gegen „die anderen" – die Mit-Menschen im eigenen Film, von dem man letztlich *doch auch selbst* Regisseur ist ...

Interessant ist es auch, einmal ganz unbefangen und ungeniert auf das Leben dieser „vom-Leben-ach-so-Enttäuschten" zu schauen. Dabei wird eine stets ähnliche Qualität erkennbar: selbst-verordnetes-Sklaventum. Liebloses, meist unerbittlich gnadenloses Aus-Nutzen und Aus-Schlachten der eigenen Ressourcen. *Sklaven* zeichnen sich

---

25 Siehe auch Kapitel 19: Leben – ein Diskurs, Anmerkung 26
    Siehe auch Kapitel 20: Wissenschaft und Spiritualität im Konsens, Anmerkung 15f.

dadurch aus, dass sie im Gefängnis ihrer eigenen (Lebens-)Lügen gefangen sitzen. Z.B. der Lüge, „Opfer-zu-sein". Diese Überzeugung wird sich durch Resonanzen mit dem Informationsfeld immer wieder im Leben erschaffen und die verbliebene Aufmerksamkeit auf: *Ich bin Opfer* fixieren. Daher werden sich bestimmte Dinge im Leben stets wiederholen: Die Menschen erleben dann immer wieder dasselbe oder ein ähnliches Gefühl – eines, gegen das sie eben Widerstand haben und das gerade deshalb ihre Aufmerksamkeit wie magisch anzieht. *Aufmerksamkeit* bedeutet auf der Ebene von Bewusstsein dasselbe wie *Energie*. Da persönliche Widerstände im Individual-Bewusstsein der Menschen ebensoviel Aufmerksamkeit wecken und binden wie individuelle *Wünsche*, unterstützen *beide* gleichermaßen menschliche Muster und bewirken biographische Realitäten – gut bekannt als „self fulfilling prophecies". *Die Bewusstseins-Energien von Wunsch und von Widerstand müssen somit vom Gesichtspunkt der Resonanz als gleichwertig eingestuft werden, wenn es darum geht, Wirklichkeit zu erschaffen.* Widerstand-zu-haben scheint in gewissem Sinn sogar die effizienteste Möglichkeit zu sein, etwas andauern zu lassen. Offensichtlich gilt hier, was im englischen Sprachraum als Sprichwort bekannt ist: „*What someone resists – persists!*"

Bruno Würtenberger: „*Wenn sich in Deinem Leben die meisten Dinge immer wieder zu bestätigen scheinen, dann heißt das nicht, Du hättest Recht, sondern: ,Du bleibst stehen.' Denn Du bist als Lebewesen ein Prozess.*" [26] „*Erkunde solche Situationen und wenn Du das* **wesentliche** *Gefühl entdeckst, dann fühle es doch einfach mit dem Free Spirit-Integrationsverfahren (DIP) auf. Du wirst staunen, was dann passiert! Blockierte Aufmerksamkeit lässt Dich also immer wieder mit ähnlichen Menschen, Situationen, Jobs und anderem in Kontakt kommen, so lange, bis Du die damit verbundenen Gefühle integriert hast. ... Es macht deshalb so viel Sinn, die eigene blockierte Aufmerksamkeit zu lösen, weil Aufmerksamkeit Energie ist. Blockierte Energie fehlt uns. Wenn wir sie von dort wieder lösen, wo sie festgefahren und blockiert ist, dann strömt die gesamte dort verhaftete Energie wieder zu uns zurück. Wir werden dadurch aufmerksamer, stärker und bewusster. Ziel ist es, wieder zu unserem ursprünglichen Potenzial von 100% zurückzukommen. Du kannst Dir kaum vorstellen, über wie viel Energie und Power wir verfügen können, wenn alle Aufmerksamkeit wieder da ist!*" [27]

Jeder möge da doch selbst die ins (eigene) Universum ausgesandte Information aufspüren und für sich dingfest machen. Das ist nicht gar so schwierig. Aber auch hier ist es wie überall im Leben: Entscheidend ist es noch nicht, die Dinge „*im-Kopf-zu-verstehen*", sondern sich dafür zu erwärmen, sie sachgemäß zu ändern. Sich dafür die Ressourcen endlich liebevoll zur Verfügung zu stellen, statt sie weiter zu „verbraten" und auf die *anderen* zu zählen und diese anderen, anstatt seiner selbst, in die Verantwortung – oder gar „Schuld" zu nehmen.

---

[26] B. Würtenberger: Mitteilung an die Assistenten während der *Free Spirit*-Trainerausbildung, Kisslegg 24.1.2010.

[27] B. Würtenberger: „*Free Spirit-Grundkurs – Teil 1*", Zürich 2005, S. 133.

Vielleicht kann das Sprichwort „*Wie man in den Wald hineinruft, so schallt es heraus.*"
vom Standpunkt der Information und Resonanz ein neues, Sinn-volleres Verständnis
enthüllen. Ja: Es mag eine vielleicht harte, wohl aber gleichzeitig höchst heilsame
Einsicht, sein: So rufen wir in den Wald hinein, und *so* schallt es deshalb zurück. *Es ist
der Umgang mit uns selbst; es ist unser Universum, in das wir hineinrufen! Kein anderes*:
„Sklave-und-Sklavenhalter" – viel spricht dafür: Es sind dies lediglich die zwei Seiten
ein und derselben Medaille. Natürlich: Da gibt es sehr, sehr viele Menschen, die sich im
Leben wünschen, vornehmlich von *den anderen* geliebt zu werden – mehr jedenfalls, als
sie bereit wären, sich selbst zu lieben. Das verbindet diese Menschen wohl irgendwie alle
miteinander, macht es aber um nichts weniger zerstörerisch und bestärkt genau diesen
„*Feldaspekt*" im Massenbewusstsein der Menschheit. Wir müssen allen Ernstes sagen:
Gott sei Dank ist diese Lösungsstrategie um *Liebe-und-so-weiter* ... zu bekommen – ganz
offensichtlich als Realität und Möglichkeit nicht vorgesehen in unserem Universum. Ob
wir das jetzt einer weisen Voraussicht „Höherer Ebenen" zusprechen, oder es schlicht als
„Resonanzphänomen" verstehen wollen, ist ja in seinen Auswirkungen für unser Leben
zunächst ziemlich unerheblich. In jedem Fall ist es eben das (Beste), was uns in diesem
Universum passieren kann. Denn: Wir würden wohl (fast) alle sofort der Versuchung
erliegen, uns in die gröbsten und selbstzerstörerischsten Abhängigkeiten zu begeben –
wenn dies unsinnigerweise doch möglich wäre. Es scheint also dafür gesorgt zu sein,
dass uns in dieser Welt, real betrachtet, *niemals* jemand anderer wahrnehmbar mehr an
Gaben der Großzügigkeit, Wertschätzung und Liebe entgegenbringen kann als wir *für
uns selbst* – also für jenen Teil des Universums, den wir selbst verkörpern und dem somit
unsere primäre Verantwortung gilt. Zuwendung, Mitgefühl und Liebe für uns selbst sind
somit *der* Schlüssel, damit uns alle diese Gaben, ohne die Gefahr uns ansonsten in Sucht
und Abhängigkeiten zu stürzen, auch von außen zuteil werden können – und dürfen.

So betrachtet, erlangen Aspekte von Geist, Spiritualität oder auch Liebe etwas höchst
Lebenspraktisches und real Fassbares. Etwas, was dem Leben und der Lebendigkeit dient,
anstatt uns selbst – aus Angst vor unserer eigenen Größe – zu schwächen. Und auch wenn
man womöglich in seiner Biographie gerade selbst unter derartigen *Ungerechtigkeiten-
dieser-Welt* leidet: Man versuche sich doch einmal „probehalber" für diese Realität
zu öffnen und sich vom oben genannten Standpunkt besehen – wenn auch vielleicht
zunächst einmal lediglich „als-Denkmöglichkeit!" – einzugestehen: Alles ist eventuell
durchaus sehr weise eingerichtet und *gut-so-wie-es-ist*. Dann eröffnet sich die Chance
im Leben auch leichter, diese Resonanz-Realität anzuerkennen und *mit* ihr zu leben,
statt *gegen* sie. Und dann: Sich aus persönlicher Wertschätzung umgehend kompetente
Unterstützung holen und mutig für sich einstehen und handeln.

„*Liebe Deinen Nächsten wie Dich selbst.*" [28]. Und weiters: „*Tut Gutes denen, die
euch hassen.*" [29]. Ich vermute, fast jeder kennt diese Textstellen aus der Bibel. Nur, die

---

[28] Jesus, zitiert nach: „*Die Bibel / Neues Testament.*", *Matthäus 22/39.*
[29] Ebenda, *Lukas 6/27.*

Auslegung wird aus unserem Resonanz-Zusammenhang besehen einfach eine andere sein dürfen. Wir werden wohl *öfters-als-uns-vielleicht-lieb-ist* erkennen, dass wir mit dieser zweiten Aufforderung meist primär auch selbst gemeint sind. So war dieser Hinweis im originalen Anliegen ganz sicherlich nie als eine Aufforderung zu irgendeiner Form von religiösem Gutmenschentum gemeint. Was für ein revolutionärer und äußerst hilfreicher, 2000 Jahre alter Hinweis – wenn man die Realität von Resonanz im Universum bereit ist anzuerkennen ... Damit wird wohl auch jener auf den ersten Blick „*zutiefst-unchristlich-anmutende*" Gedanke ganz leicht verständlich: „*Denn wer da hat, dem wird gegeben werden, und er wird die Fülle haben; wer aber nicht hat, dem wird auch, was er hat, genommen werden.*" [30]

„Liebe ist keine theoretische Angelegenheit ..."

Bruno Würtenberger fasst im seinem empirischen Studienlehrgang und Bewusstseins-Training diese Gedanken auf seine Weise: „*Nur wer den Mut hat, das Leben zu leben, welches er sich selbst erschaffen hat, gewinnt. Nur wer den Mut hat, sich nicht mehr gegen das Leben, so wie es ist, zu wehren, wer aufgehört hat zu kämpfen und sich dem Fluss des Lebens hingibt, nur der wird ein Ziel wie Erleuchtung erlangen. Mut ist keine theoretische Angelegenheit. Schmerz ist keine theoretische Angelegenheit. Freude ist keine theoretische Angelegenheit. Liebe ist keine theoretische Angelegenheit. Das Leben ist keine theoretische Angelegenheit. Das von Dir geschaffene Leben will gelebt, erfahren werden, so transformiert es sich. Wird es nur theoretisiert, wird es bloß verdrängt und wie alles Verdrängte, drängt es sich früher oder später wieder auf ...*" [31]

„*Mein Rat ist also: Suche das Ideal in Dir. Werde zu dem, was Du bist und orientiere Dich an Deinem Inneren. Alle äußeren Ratgeber können Dir zwar raten, aber deren Rat führt Dich nicht näher zu Dir, sondern eher noch weiter weg. Es ist nicht wichtig, dass Du so wirst wie andere glauben, dass es gut sei, sondern so, dass Du vollkommen authentisch und Du selbst bist. Dies mag nicht so verlockend klingen, jedoch führt es Dich eher zum Ziel, als dass Du Dich verleugnest und unzufrieden mit Dir bist. Es entsteht dadurch nämlich eine enorme Spannung in Dir, der Du nicht lange Herr sein kannst. Sie macht Dich nervös und angespannt. Durch diese Reizbarkeit bist Du auch nicht mehr bereit, andere Standpunkte und Ansichten zu respektieren. ... Wirkliche Perfektion ist: perfekt Du selbst zu sein. Alles andere ist verlogen und unehrlich, nicht echt, nicht Du. Und selbst so liebt Dich Gott über alles! Gottes Liebe kann nicht erkauft werden, durch welche Taten auch immer. Gottes Liebe ist immer bei Dir und Du wirst sie mehr und mehr spüren können, je mehr Du Dich selbst spürst, und Du wirst Gott mehr und mehr erleben können, wenn Du bereit bist, Dich selbst zu erleben. Wenn Du bereit bist, ja zu sagen, Dich anzunehmen und endlich aufhörst, Dich selbst abzulehnen. Du brauchst*

---

[30] Ebenda, *Matthäus 25/29.*
[31] B. Würtenberger: „*Free Spirit-Grundkurs – Teil 1*", Zürich 2005, S. 21.

keine Angst zu haben. Das Einzige, was Dir dabei passieren kann, ist glücklich zu werden, Deine Bestimmung zu finden und zu erfüllen. Sicher hast Du schon schlechtere Geschäfte getätigt. Die Erfolgsrechnung ist ganz einfach:

Leben minus Bewertung gleich Lebensfreude.
Lebensfreude minus Begrenzung gleich Dankbarkeit.
Dankbarkeit minus alles, was Dich daran hindert: gleich Liebe, und
Liebe minus Eigenbedarf gleich Erleuchtung." [32]

Und? – Ist es nicht längst an der Zeit, unser eigenes (Er-)Leben in unsere eigene Verantwortung zu nehmen?! – Werden Sie ihr eigener bester Freund. [33]

Ordnung und Chaos – *Normopathen* versus *ver-rückt*

Der Kosmos und seine Entwicklung – *Leben* genannt – kennt beides: sowohl Ordnung als auch Chaos. Gleichermaßen kennt auch die menschliche Kultur und ihre Entwicklung beides. *Ordnung* mag auf den ersten Blick zwar für Entwicklung wesentlicher erscheinen als *Chaos*. Dennoch, betrachten wir es realistisch, so wird deutlich, dass (nicht nur) für die Entwicklung im Kosmos beide Pole gleichermaßen ihre Bedeutung haben. Oder besser gesagt: ganz im Gegenteil! Gerade die *Anomalien* sind es, welche die Entwicklung von Leben geprägt, ja es gerade erst ermöglicht haben – worauf wir ja bereits in Kapitel 1: *„Im Anfang war ..."* hingewiesen haben. [34] Zum Beispiel jene mehr als nur auffällige Anomalie von Wasser, welche ja lediglich unter annähernd irdischen(!) Druckverhältnissen und Bedingungen physikalische Realität erlangt; oder auch das *„dissidente Abweichlertum"* unserer Erde im Reigen aller Planeten von der *Fibonacci-Form-Norm* [35] Ähnliches können wir aber auch für jedwede Kulturentwicklung konstatieren, wie dies kürzlich Gerhard Pretting in der Sendung *„Kontext – Sachbücher und Themen"* im ORF formulierte: *„Normalität und die Abweichung davon sind kulturell festgelegte Werte, die sich im Laufe der Zeit immer wieder ändern. Und nur, weil jemand anders ist, heißt das noch lange nicht, dass er behandelt werden muss. Diese Abweichler sind oft das Salz in der Suppe. Sie sprengen die Konventionen der Gesellschaft und bringen diese so weiter. Gefährlich sind sie nur äußerst selten; man sollte sich vor den durch und durch Normalen, den Normopathen viel eher fürchten, als vor jenen, die als ,irre' bezeichnet werden."* [36] Und der Psychiater Manfred Lütz, Chefarzt des Krankenhauses in Köln-Porz:

---

[32] B. Würtenberger: *„Free Spirit-Grundkurs – Teil 1"*, Zürich 2005, S. 110.

[33] Siehe auch Kapitel 4: Ich-Bewusstsein versus Wille, Anmerkung 17.

[34] Siehe auch Kapitel 15: *„Im Anfang war ..."*, Anmerkung 15.

[35] K. Podirsky: *„Fremdkörper Erde – Goldener Schnitt und Fibonacci-Folge und die Strukturbildung im Sonnensystem."*, Frankfurt 2004, S. 145, S. 168, S. 286.

[36] G. Pretting, in: *„Irre! Wir behandeln die Falschen."*, Transkription, in: *ORF Kontext – Sachbücher und Themen. 11.12. 2009*, von: G. Pretting.

„Normopathen nennt man mit leichter Ironie Menschen, die so wahnsinnig normal sind, dass es weh tut. Wenigstens der Umgebung. Doch schon solche Ironie kann gefährlich sein. Denn Humor, die Infragestellung seiner selbst, ist verbissenen Normopathen völlig fremd. Es fehlt ihnen die Leichtigkeit, vielleicht auch manchmal der Leichtsinn." [37]

---

[37] M. Lütz: *„Irre! Wir behandeln die Falsche – Unser Problem sind die Normalen."*, Kempen 2009.

Kapitel 7: Epigenetik: In-*forma*-tion für´s Genom

Epigenetische Vererbung

Schon lange waren Forscher der Auffassung, dass Darwin mit seiner Evolutions-theorie zwar etwas Wesentliches erkannt hätte, dass aber die Realität dieser Evolution den zeit-lichen Anforderungen, dem zeitlichen Bedarf einer Entwicklung als Folge reinen Zufallsgeschehens durch Mutation, in keinster Weise entspreche. Daher wurde die Darwinsche Theorie, nicht bloß wegen ihrer völligen Vernachlässigung von Kooperationsaspekten und deren gleichberechtigter Bedeutung in der Evolutions-Entwicklung – wofür sie ja bereits seit längerem im Fadenkreuz kritischer Wissen-schaftler und Zeitgenossen aus der Ökologiebewegung stand – als unvollständig und wissenschaftlich unbefriedigend eingestuft. Sondern sie erschien neuerdings auch Forschern aus Bereichen der Kosmologie, Astronomie, Physik, aber auch führenden Biologen und Genetikern bezüglich weiterer entscheidender Aspekte in zunehmendem Maß unschlüssig. So befand man es wissenschaftlich als „… *absolut unwahrscheinlich, dass ein isoliertes Genom, das mittels zufällig erzeugter Mutationen arbeitet, eine neue und funktionsfähige Mutante hervorbringt. Wenn eine solche Mutante tatsächlich erzeugt wird – und im Laufe der Evolution war dies immer wieder der Fall – dann muss die Mutante des Genoms in präziser Korrelation zu den Bedingungen in der Umgebung des Organismus stehen. … Der Astrophysiker Fred Hoyle* [1] *wies darauf hin, dass die Wahrscheinlichkeit, dass dieser Prozess ausschließlich zufällig geschieht, genauso hoch ist wie die Wahrscheinlichkeit, dass ein Hurrikan, der über einen Schrottplatz hinwegfegt, ein funktionierendes Flugzeug zusammenbaut. Konrad Lorenz* [2] *war zwei Jahrzehnte zuvor zu einer ähnlichen Schlussfolgerung gelangt. … Der Grund ist, dass es nicht ausreicht, wenn Mutationen eine oder mehrere positive Veränderungen in einer Spezies bewirken; die Veränderung muss umfassend sein. Die Evolution von Federn beispiels-weise bringt kein Reptil hervor, das fliegen kann: Radikale Veränderungen in Muskulatur und Knochenstruktur sind ebenso erforderlich wie ein schnellerer Stoffwechsel, der die Kraft für einen längeren Flug liefern kann. Es ist unwahrscheinlich, dass jede Innovation für sich allein betrachtet einen evolutionären Vorteil bietet. Im Gegenteil: Es ist sogar wahrscheinlich, dass ein Organismus dadurch untauglicher wird als die Form, aus*

---

[1] Fred Hoyle galt zeitlebens als renommierter Querdenker. Er glaubte zwar nicht an den „Big Bang" und war es dennoch selbst, der erstmals diesen Begriff „Big Bang" – „Urknall" – prägte. Dies war in den neunzehnfünfziger Jahren im Rahmen einer Vortragsserie – und war als Verunglimpfung der vorherrschenden Meinung gemeint. Der britische Forscher galt als einer der einflussreichsten Astronomen seiner Zeit. Während seines Lebens wurden ihm alle wesentlichen wissenschaftlichen Ehrungen zuteil – außer dem Nobelpreis.

[2] Konrad Lorenz erhielt für seine Entdeckungen, den Aufbau und die Auslösung von individuellen und sozialen Verhaltensmustern betreffend, 1973 den „Nobelpreis für Physiologie oder Medizin" verliehen. Siehe auch Einleitung, Anmerkung 14.

der er hervorgegangen ist. Wenn das aber der Fall ist, dann hätten die gnadenlosen Mechanismen der natürlichen Selektion ihn bald eliminiert." [3]

Es war daher ein wissenschaftliches Aha-Erlebnis der besonderen Art und galt als *die* wissenschaftliche Sensation, als die Gen-Wissenschaft bald nach Beginn dieses einundzwanzigsten Jahrhunderts das Goldene-Kalb-der-Darwinschen-Evolutionstheorie schlachtete und es mittlerweile bereits zügig ausweidet. Ein neues Paradigma setzte sich durch: *Nicht nur die individuell-angestammten Gene – auch deren spezifisch-individuelle Schaltpläne werden vererbt!* Die biowissenschaftliche Forschung machte somit ungeahnte und erstaunliche Fortschritte und überstieg auch die Erwartungen derjenigen bei weitem, die in diesem Bereich beschäftigt sind. Zu Ende des letzten Jahrhunderts noch waren die Gen-Forscher der Meinung, mit dem Knacken des Gen-Codes allein könnten sie das „*letzte Geheimnis des Lebens*" entschlüsseln, aber „*... dann wurde uns zunehmend klar, dass das Leben nicht so einfach gestrickt ist. Je gründlicher wir auch nur eine einzelne Zelle erforschen, desto mehr begreifen wir ihre immense Komplexität.*" [4] Das, was auf diesem Feld heute wissenschaftlich gesichert ist, galt noch vor wenigen Jahren für die meisten Forscher als völlig aus der Luft gegriffen, als geradezu *undenkbar* und somit im höchsten Grad unwissenschaftlich.

Die wissenschaftlichen Grundlagen zu dieser radikal neuen Erkenntnis lieferten die rasanten Entwicklungen im Bereich der sogenannten „Epigenetik" [5] und die damit verbundenen Erkenntnisse der letzten fünf Jahre. Sogenannte DNA-Methylierungen schalten Gene an oder aus, lassen Gene „*anspringen*" – oder auch „*verstummen*". Tierversuche mit Mäusen zeigen zum Beispiel, dass sich lediglich durch Zugabe von Soja in die Nahrung deren Hautfarbe (Fellfarbe) ändern ließ – und infolge auch noch *vererbt* wurde. [6]

Das Epigenom gilt entsprechend neuesten Forschungen heute als *der* alles-entscheidende Motor der biologischen Evolution, als eine zweite Informations-Ebene neben der wissenschaftlich bisher alleinseligmachenden Information aus dem Bereich der Genetik. Univ.-Prof. Renato Paro, führender Epigenetiker an der ETH-Zürich (Department of Biosystems Science and Engineering): „*Wir sehen heute auf allen Ebenen untersuchter Organismen: Es werden – ganz im Gegensatz zu früheren wissenschaftlichen Überzeugungen – über die sogenannte epigenetische Vererbung, erworbene*

---

[3] E. Laszlo: „*HOLOS – die Welt der neuen Wissenschaften.*", Petersberg 2002, S. 47ff.

[4] K. Murakami: „*Der göttliche Code des Lebens – Ein neues Verständnis der Genetik.*", Güllesheim 2008, S. 7. Kazuo Murakami ist seit mehr als 40 Jahren an der Spitze der wissenschaftlichen Klonforschung tätig und einer der „dekoriertesten" Genforscher.

[5] „Epigenetik": Die Lehre der Wirkungen von außerhalb der Zelle auf die Aktivierung beziehungsweise Deaktivierung der angestammten Gene in der Zelle über chemische Substanzen sowie Ernährung, Botenstoffe, Peptide – aber auch mentale Einflüsse wie Gedanken, Haltungen. Umwelteinflüsse im weitesten Sinn ...

[6] Siehe selbes Kapitel, Anmerkung 10.

Eigenschaften, welche den Pflanzen und Tieren bezüglich ihrer Lebensumstände gut tun, an die nächste Generation weitergegeben." [7] Die *Epigenetik* stellt – pointiert gesagt: „wissenschaftlich-neuerdings" und, überkommenen wissenschaftlichen Dogmen zum Trotz, *das* wirksame Werkzeug der Evolution schlechthin dar, um aktiv und effizient ins Erbgut einzugreifen. Unser Erbgut, so lässt sich die gegenwärtige wissenschaftliche Meinung zusammenfassen, ist somit wesentlich flexibler als zunächst angenommen. Die Entdeckung des sogenannten „genetischen Schaltplans" (Epigenom) – vor allem aber seine entscheidende Bedeutung für die biologische Entwicklung – mit Beginn des 21. Jahrhunderts, nach jener des genetischen „Bauplans" (Genom) Ende der 90-er Jahre des letzten Jahrhunderts – erweitert Darwins Evolutionstheorie um ein essenzielles *missing link*. Der Genetiker Kazuo Murakami fasst es für sich so zusammen: „*Ein Genie ist jemand, dessen Gene, die die Generationen vor ihm, an ihn vererbt haben, plötzlich durch irgendetwas aktiviert wurden. ... Mittelmäßige Leistungen bedeuten einfach nur, dass die Gene des Kindes nicht eingeschaltet sind – noch nicht. Man kann nie sagen, wann und wodurch ein Talent entfacht wird. ... Es ist möglich, dass unsere Gene nicht nur die von einer Generation zur nächsten weitergegebenen Erinnerungen und Fähigkeiten beinhalten, sondern auch die des gesamten Evolutionsprozesses, der sich über mehrere Milliarden Jahre erstreckt. Dass der menschliche Embryo im Mutterleib den Prozess der Evolution wiederholt, lässt darauf schließen, dass diese Informationen in den Genen der ersten Zelle enthalten sind. In den Genen jedes Einzelnen ist das Potenzial der gesamten Menschheit enthalten. ... Alles ist möglich, solange wir den leidenschaftlichen Wunsch und die Energie haben, es zu tun. Das einzige Hindernis ist der Gedanke: Ich kann nicht.*" [8] Und weiter: „*Das Ziel der Natur ist Vielfalt. Es ist unerheblich, ob Menschen mit hohem IQ untereinander heiraten, oder solche mit niedrigerem IQ. Das Potenzial bleibt ungeachtet der Kombination immer das gleiche. Jeder kann die in seinem Inneren schlafenden wunderbaren Talente entfalten. Alles, was man tun muss, ist, die eigenen Gene zu aktivieren.*" [9]

Manchmal, so scheint es, müsste man als Forscher einfach nur bereit sein, die Augen offen zu halten, dann sähe man und – dann staunt man. Aber in den 1990-er Jahren schienen die wichtigsten Fragen der Biologie beantwortet zu sein, denn: Die Forscher „*wussten*" ja, wie die Erbinformation bei Pflanzen, Tieren und Menschen gespeichert ist: auf dem Erbmolekül, der sogenannten DNA-Doppelhelix. Und man lernte auch ziemlich schnell diese Erbinformation zu lesen. Weltweit wurde das Erbgut von Bakterien, Pflanzen, Tieren und letztlich auch jenes des Menschen in Forschungsprojekten Gen für Gen entziffert. Wissenschaftler übertrugen Erbinformationen von einer Art auf eine andere, von Tieren auf Pflanzen, von Menschen auf Tiere. Die Möglichkeiten und Entwicklungen der Gentechnik schienen absehbar – wiewohl geradezu unbegrenzt. „*Wir*

---

[7] R. Paro: „*Der Darwin Code*", Transkription eines Interviews, in: *ORF 3-Sat, hightec, 12.1. 2009.*

[8] K. Murakami: „*Der göttliche Code des Lebens – Ein neues Verständnis der Genetik.*", Güllesheim 2008, S. 57f.

[9] Ebenda, S. 59.

begannen in den frühen 90-er Jahren mit unseren Pflanzenexperimenten. Wie es oft so ist, kam der Fortschritt durch ein unerwartetes Ergebnis." [10] – Sir David Baulcombe, Universitätsprofessor und Pflanzengenetiker aus Großbritannien, arbeitete damals an der Universität Norwich, heute ist er in Cambridge tätig: „*Wir wollten Pflanzen gentechnisch so verändern, dass sie unempfindlich sind für bestimmte Viruskrankheiten. Deshalb schleusten wir Gene in die Pflanzen ein. Mit ihnen wollten wir verhindern, dass Viren sich in den Pflanzenzellen vermehren können. Das war jedenfalls unser Konzept. Wir machten das Experiment und alles verlief nach Plan. Die Pflanzen wurden resistent gegen das Virus. So weit so gut. Bis wir auf die Idee kamen, nachzugucken, ob das Gen auch korrekt arbeitet. Tatsächlich: Das Gen war da – aber es war stumm ...! Das ergab doch keinen Sinn! Das Gen zeigte Wirkung, obwohl es doch ausgeschaltet war. Bis wir herausfanden: Irgendetwas hatte das Gen ausgeschaltet und gleichzeitig das Virus unschädlich gemacht. Durch diesen merkwürdigen Mechanismus war die Pflanze resistent geworden.*" Gemeinsam mit seinem Kollegen Andrew Hamilton machte sich Baulcombe auf die Suche nach der Ursache. Warum waren, obwohl das Gen verstummt war, keine Pflanzenviren mehr nachweisbar?! Was war die biologische Ursache für diesen Effekt? Sie fanden schließlich ein kleines RNA-Molekül. Es ist inzwischen berühmt geworden – der erste Vertreter einer neuen Klasse von Molekülen, welche Gene stumm schalten können: Mikro-RNAs. Der Mechanismus heißt heute RNA-Interferenz. Biologisches Neuland war betreten. Die beiden Forscher hatten einen Mechanismus entdeckt, der die Aktivität von Genen erklärt. Gene stellen Erbinformation dar, gespeichert auf dem Erb-Molekül DNA. Ist ein Gen aktiv, wird eine Abschrift erstellt: eine sogenannte Boten-RNA. Sie trägt die Information für die Herstellung eines Proteins. Die Mikro-RNAs können einzelne Boten-RNAs erkennen, verbinden sich mit ihnen und zerstören diese, bevor sie ihre Information weitergeben können. So entsteht kein Protein oder nur zu wenig. „*Wir können heute besser erklären, wie die Aktivität von Genen reguliert wird. Dieses Forschungsfeld entwickelt sich rasant. Sie können sicher sein: Die Biologielehrbücher müssen umgeschrieben werden.*"

David Baulcombe und Andrew Hamilton würden in den Lehrbüchern als Entdecker der RNA-Interferenz erwähnt, wären sie nicht so vorsichtig gewesen. Da sie erst prüfen wollten, ob ihre Experimente tatsächlich wiederholbar sind, dauerte es eine Weile, bis sie die Ergebnisse veröffentlichten. Zu lange. Andere Kollegen waren schneller: Craig C. Mello und Andrew Z. Fire aus den USA hatten nämlich genau denselben Mechanismus entdeckt: an Fadenwürmern der Art „*C. Elegans*" [11] und hatten schneller veröffentlicht. Somit wurden letztlich sie die Entdecker der RNA-Interferenz und erhielten für diese ihre Entdeckung auch 2006 den „Nobelpreis für Medizin oder Physiologie".

---

[10] D. Baulcombe: „*Neuland – Kleine RNAs verändern das Weltbild der Biologie.*", Transkription, in: *ORF Dimensionen – Die Welt der Wissenschaft, 2008*, von: M. Lange / M. Winkelheide (gilt für zwei Zitate in Folge).

[11] „Caenorhabditis Elegans": Siehe auch: Kapitel 10: Überzeugung und Gesundheit, Anmerkung 13.

Der neue Wissenschaftszweig – die RNA-Interferenz – lässt viele Erkenntnisse der Genetik in einem neuen Licht erscheinen. Heute weiß man nicht mehr nur um die Wichtigkeit der genetischen Information auf dem Erbmolekül, sondern auch um die epigenetische Schlüsselrolle, welche die kleinen RNA-Moleküle bei der Regulation und Steuerung der Gene spielen. Nur wenige Jahre nach deren Entdeckung sind kleine RNA-Moleküle zu einem der wichtigsten Instrumente der Wissenschaft und der Biotechnologie geworden und sind aus der Grundlagenforschung nicht mehr wegzudenken. Fachleute meinen, sie hätten bereits heute die Wissenschaft stärker verändert als Stammzellen, Gentherapie oder Klontechnik. Fast jeder auf diesem Forschungsgebiet nutzt heute die RNA-Interferenz. Und dennoch: Es sind längst nicht alle Fragen beantwortet. So züchtete ein Forscher in Nizza Gen-Mäuse: genetisch einheitliche Mäuse. Alle diese Tiere müssten „*eigentlich*" gleich aussehen: braunes Fell, dunkler Schwanz. Aber, da gab es immer wieder ein paar Tiere, die anders aussahen. Sie hatten weiße Pfoten und weiße Schwanzspitzen. Francois Cusin schaute sich die Gene der Mäuse genauer an, denn: Er wollte wissen, wie die Fellfarbe vererbt würde. Cusin: „*Der Effekt sieht aus wie bei einer genetischen Veränderung, einer Mutation. Aber wir haben gezeigt: Es ist nicht das Erbmolekül – die DNA –, die verändert ist. Stattdessen haben wir kleine RNA-Moleküle gefunden und zwar in den Spermien der Mäusemännchen. Das war eine Überraschung! Denn diese RNA-Moleküle waren tatsächlich verantwortlich dafür, dass die Mäuse weiße statt dunkle Schwanzspitzen hatten.*" [12]

Auf Grundlage mittlerweile zahlreicher ähnlicher Beobachtungen vermuten die Forscher, dass es sich dabei nicht um eine Kuriosität handelt, sondern um ein neues, bislang unbekanntes biologisches Grundprinzip, wonach Vererbung über kleine RNA-Moleküle erfolgt. *Vererbt werden somit keine Gene, sondern Gen-Aktivitäten.* Diese Form der Vererbung jenseits der Gene scheint ganz offensichtlich bei allen Säugetieren vorzukommen – daher auch beim Menschen. Davon ist Francois Cusin überzeugt. „*Auch in den Spermien von Männern stecken viele kleine RNA-Moleküle. Die Forscher, die das entdeckten, konnten nicht viel anfangen mit ihrem Fund. Wir können ihnen jetzt eine mögliche Erklärung bieten. Die RNA kann im Embryo die Gene an- und ausschalten. Sie steuert also die Genaktivität.*"

Unbekannt allerdings ist noch, auf welche der Gene die RNA, die da in den Spermien mitreist, im Detail Einfluss nimmt. Diesbezüglich steht die Wissenschaft noch ziemlich am Anfang. Dennoch: Das neu entdeckte „*biologische Grundprinzip*" bedeutet wissenschaftlich – aber auch kulturell und gesellschaftspolitisch besehen – eine echte Sensation, mit den weitreichendsten Konsequenzen. Hier eröffnen sich völlig neue Dimensionen, für jegliche bewusste Entwicklung. Unabsehbar! Alles verweist auf ein unbegrenztes, „*individuell lernfähiges*" Genom. Ein Genom, welches über das bereits

---

[12] F. Cusin, in: „*Neuland – Kleine RNAs verändern das Weltbild der Biologie.*", Transkription, in: *ORF Dimensionen – Die Welt der Wissenschaft, 2008*, von: M. Lange / M. Winkelheide (gilt auch für das nächste Zitat in Folge).

oben angeführte, epigenetisch induzierte, biologische Grundprinzip in jeder Hinsicht – weil bis in die Vererbung hinein – praktisch unbeschränkte Entwicklungschancen besitzt, beziehungsweise ermöglicht.

So ist es innerhalb kürzester Zeit auch überraschend still geworden um jene jahrzehntelang behaupteten, wissenschaftlich aber viel zu kurz greifenden Auffassungen darwinistischer Evolutionstheorie und Genetik. Welcher Forscher würde heute noch zu behaupten wagen, das Genom allein lege fest, was ein (menschlicher) Organismus im Leben erfahren werde?! *Lern- und Entwicklungsprozesse, bis ins Genom hinein, können Menschen während ihres eigenen Lebens – und bis in ihre Nachkommenschaft – genetisch wachsen lassen.* Und das, ganz ohne die für Wandel und Veränderung von Seiten der Wissenschaft immer wieder behauptete Notwendigkeit genetischer Mutation. Dies lässt auch die extrem effizienten Entwicklungsabläufe während der relativ kurzen Zeit der Evolution verständlich werden. Alteingesessene Festlegungen wissenschaftlicher Dogmatik purzeln heute allerorts. Die überraschenden, aber nunmehr als wissenschaftlich gesichert geltenden Erkenntnisse weisen uns in eindrücklicher Weise darauf hin – ja, stoßen ein neues Tor geradezu weit auf – in welch verblüffender Weise auch hier jegliche Art der In-*forma*-tion von außerhalb des Organismus, *auf* und *in* unserem Organismus, maßgeblichen Einfluss auf seine Entwicklung hat. Sei dies nun über Nahrung oder sonstige auf den Organismus wirkende Einflüsse (hierzu zählen auch mentale Überzeugungen und ihre wirksamen Einflüsse, wie sie zum Beispiel bei Placebowirkungen auftreten [13]). So konnte auch bei Forschungen an identen Genomen von Menschen (Zwillings-Forschung an ein-eiigen Zwillingen – genetischen Klonen; KP.) die offensichtlich entscheidende Bedeutung z.B. unterschiedlicher Ernährungsgewohnheiten und somit Lebenseinstellungen, Lebenshaltungen (*Man ist, was man isst!*) nachgewiesen werden. Diese haben ihre Bedeutung nicht nur für gesundheitliche Belange des *gegenwärtig* lebenden Organismus – sondern auch für das *weiterzugebende* Erbgut. Seit die wissenschaftlichen Augen der Forscher dafür geöffnet sind, häufen sich auch die entdeckten Fakten genetisch-epigenetischer Wirkungen auf das Leben der Organismen und ihr Erbgut. Dass die Natur zunächst allerdings offensichtlich keinerlei wertende Auswahl dieser Wirkungen vornimmt – es wirken sowohl förderliche als auch lebenshinderliche Faktoren über diesen epigenetischen Mechanismus bis ins Genom – weist diesbezüglich auf die Bedeutung unseres Bewusstseins ganz im Allgemeinen hin. Aber auch auf die Bedeutung bewusst ergriffener menschlicher Freiheit, nämlich: Uns um unsere normativen, abgespeicherten Muster – alias Lebens-Haltungen – wirklich zu kümmern! Es bedarf somit fühlender Wertschätzung gegenüber uns und dem eigenen Leben, um wesentliche und nötige Neujustierungen epigenetisch wirksam werden zu lassen und zu verankern – auch im Sinne der heranwachsenden zukünftigen Menschheit.

Nochmals, abschließend, der Top-Genetiker Professor Murakami, welcher bereits 1997 – und somit lange vor der fachlichen Anerkennung der oben beschriebenen

---

[13] Siehe auch Kapitel 9: Placebos und Überzeugungen, Anmerkung 1.

bahnbrechenden epigenetischen Forschungserfolge in den letzten 3 bis 5 Jahren – in der japanischen Erstausgabe seines Buches *„Inochi No Angou"* – *„Der göttliche Code des Lebens – ein neues Verständnis der Genetik"*, wie folgt formulierte: *„Meine Experimente und die anderer Wissenschaftler haben gezeigt, dass die Umwelt und andere äußere Faktoren tatsächlich die Funktionsweise unserer Gene verändern können. Auf den Punkt gebracht wissen wir jetzt, dass schlafende Gene aktiviert werden können. Wenn es um die Umwelt oder äußere Reize geht, denkt man eher in materiellen Begriffen, ich aber beziehe auch die psychologische Ebene mit ein.* **Die Auswirkungen psychologischer Stimuli oder Traumata auf unsere Gene – mit anderen Worten die Verbindung zwischen Genen und Geist – rücken zunehmend in den Blickpunkt des Interesses.** *... Im Grunde stehen alle diese Phänomene direkt mit der Funktionsweise unserer Gene in Verbindung. Das Ergebnis kann unterschiedlich ausfallen, je nachdem welche Einstellung die jeweilige Person hat. ... Hier existieren Indizienbeweise, die es untermauern. Ich bin der Überzeugung, dass mit weiteren Forschungen in naher Zukunft die Auswirkungen unseres psychologischen Zustands auf unsere Gene aufgezeigt werden können."* [14]

Gerade unter diesem Gesichtspunkt aber können praktikable Klarheit und intuitive Einfachheit von Übungen während eines Bewusstseins-Trainings in ihrer Bedeutung für die individuelle Gesundung gar nicht hoch genug eingeschätzt werden – wie ich dies auch selbst erlebt habe. Übungen wie jene des *Free Spirit*-Studienlehrgangs (Grundkurs) sind dafür nicht nur äußerst hilfreich, sondern geradezu Goldes-wert. Dies wird jedem, der sich darauf einlässt, innerhalb weniger Stunden solch eines Trainings deutlich, da die integrative Wirkung jedes Mal unmittelbar gefühlt werden kann. Dann, wenn der eigene „*Geist*" wieder ungehindert die Seele zu durchdringen vermag, die eigene Wertschätzung wieder fühlbar wird und sich das individuelle Wohlbefinden, bis in die Physiologie hinein, gesundend zu ändern beginnt.

---

[14] K. Murakami: *„Der göttliche Code des Lebens – Ein neues Verständnis der Genetik."*, Güllesheim 2008, S. 14.

Kapitel 8: Immunsystem

Das menschliche Immunsystem

Univ.-Prof. Gerhard Zlabinger: *„Das Immunsystem hat sehr viele Facetten, wie es reagieren kann. Aber je nach Information, die an das Immunsystem herangetragen wird, wird eben dieses Immunsystem dann in entsprechender Weise reagieren.“* [1] *„Es ist erstaunlich vor wie vielen verschiedenen Erregern oder Schadstoffen unser Immunsystem schützt und das sehr, sehr effizient.“* [2] Daran beteiligt sind nicht nur die weißen Blutkörperchen – die sogenannten Leukozyten [3] – sondern auch Antikörper und Botenstoffe sowie die Organe des Lymphatischen Organsystems. Zu diesem zählen das Knochenmark, der Thymus, die Milz, die Lymphknoten, die Mandeln sowie weitere lymphatische Zellen an den möglichen Haupteintrittspforten von körperfremden Mikroorganismen, also am Verdauungs-, Atem- und Urogenitaltrakt. Die weißen Blutkörperchen, von denen es unterschiedliche Typen gibt, werden je nachdem im Knochenmark, im Thymus oder in der Milz gebildet und gelangen – hauptsächlich über die Lymphbahnen – ins Blut. Die große Frage sei noch immer – so Gerhard Zlabinger, Leiter des Instituts für Immunologie der Medizinischen Universität Wien [4] – wer diesen Zellen nach ihrem Entstehen sagt, wo sie hinwandern sollen. Wo sie aus dem Blutkreislauf aussteigen sollen – denn auch das tun sie! Und, wenn sie ausgestiegen sind, wohin sie letztlich weiterwandern sollen. Ja: Wie wird das lokale Milieu für derart komplexes Verhalten hergestellt? Wie gelingt es dem Organismus diese Zellen zu steuern und zu beeinflussen? Aus „welcher Ecke“ kommt letztendlich die rechte Information und wer setzt die Impulse, ob und wie eingegriffen wird? Mehr und mehr weisen die Fakten darauf hin, dass Botenstoffe des Nervensystems das Immunsystem beeinflussen und umgekehrt, Botenstoffe des Immunsystem, die Funktion des Nervensystems.

In-*forma*-tions-Fluss, wie er komplexer also kaum sein könnte, unter wissenschaftlicher Beobachtung, um daran zu lernen. Dem diesbezüglich aktuellsten Wissenschaftszweig, der „Psychoneuroimmunologie“ [5], gelingt bereits heute, psychosomatische Wurzeln jeglicher Erkrankung schlüssig nachzuweisen. Es ist ein gleichermaßen spannendes wie auch äußerst komplexes, wissenschaftliches Forschungsfeld. Dies vornehmlich

---

[1] G. Zlabinger, in: *„Von Killerzellen und Antikörpern – Das menschliche Immunsystem.“*, Transkription, in: *ORF Radiokolleg, 2009*, von: E. Schütz
Siehe auch Kapitel 22: Systemische Phänomene, Anmerkung 17.

[2] B. Grubeck-Loebenstein, in: *„Von Killerzellen und Antikörpern – Das menschliche Immunsystem.“*, Transkription, in: *ORF Radiokolleg, 2009*, von: E. Schütz.

[3] Siehe auch Kapitel 12: Fühlen, Anmerkung 5.

[4] G. Zlabinger, in: *„Von Killerzellen und Antikörpern – Das menschliche Immunsystem.“*, Transkription, in: *ORF Radiokolleg, 2009*, von: E. Schütz.

[5] Siehe auch Kapitel 9: Placebos und Überzeugungen, Anmerkung 8
Siehe selbes Kapitel, Anmerkung 22-24.

deshalb, da beide Systeme für sich betrachtet bereits extrem kompliziert sind, und ihre Vernetzung sowie ihr Austausch die Sache nicht gerade einfacher machen. So ist es momentan zentraler Inhalt gegenwärtiger Forschung, diese mittlerweile anerkannten Zusammenhänge auch bezüglich ihrer detaillierten Funktionsmechanismen zu erforschen und dingfest zu machen.

Nicht weniger komplex ist auch der Prozess, durch den die Zellen – im Speziellen die sogenannten T-Zellen – die Fähigkeit erlangen, zwischen körper-*eigen* und körper-*fremd* zu unterscheiden. Von dieser Fähigkeit hängt es ab, ob das Immunsystem körpereigene Strukturen, die keine Gefahrensignale aussenden, unangetastet lässt. Dabei müsse man wissen, so die Immunologin sowie Professorin an der Österreichischen Akademie der Wissenschaften, Beatrix Grubeck-Loebenstein: *„Die T-Zelle verlässt im Unterschied zu anderen hämatopoetischen Zellen das Knochenmark nicht als reife Zelle, sondern als unreife Zelle und wandert dann zum Thymus, das ist ein drüsenartiges Organ, das vor dem Brustbein gelagert ist und die T-Zelle kann nur dort eine reife Zelle werden, also voll funktionsfähig."* [6]

Das Immunsystem ist neben dem Gehirn wohl das komplexeste System jedes Organismus. Nicht zuletzt deshalb, weil es im ganzen Körper präsent ist. Und: Das individuellste ist es aus heutiger wissenschaftlicher Sicht allemal. Auch finden im Immunsystem die verblüffendsten Prozesse statt. Mit der Thymusdrüse z.B. hat In-*forma*-tion für unseren Organismus eines der medizinisch außergewöhnlichsten Organe erschaffen, welches wir heute kennen. Ein Ort, wo die neu gebildeten und zunächst stets unreifen Immunzellen spezifische Lernfelder – Trainings- und Erkennungsfelder – vorfinden, um für ihre spätere Schutzfunktion individuell gerüstet zu sein! Hier im Thymus – so Ludger Klein, Professor für Immunologie an der Ludwig Maximilian Universität in München – lernt die T-Zelle zwischen *selbst* und *fremd* zu unterscheiden. Es wird sozusagen abgetestet: „Bin ich eine gute oder bin ich eine schlechte Zelle?" Die sozusagen „schlechten" T-Zellen sind die, die eine körpereigene Struktur angreifen. Und das zeigt sich dem Thymus – als diesbezüglich organisierendes Organ – in einer derart organisierten „Qualitätsprüfung" vorab in diesem Auswahlverfahren. Der Thymus ist dazu in der Lage, da In-*forma*-tion ihm auf verblüffende Weise ermöglicht – mittels eines Mechanismus, den man noch nicht versteht, im Thymus-Organ selbst, *sämtliche Zell-Strukturen des gesamten, physiologischen Körper-Organismus* herzustellen. Dies ermöglicht den jugendlichen, unreifen T-Zellen, im Thymus die körpereigenen Strukturen in Vorbereitung auf ein potenziell späteres Einsatzfeld, schon mal „probehalber" kennenlernen zu können. Univ.-Prof. Klein und sein Team haben herausgefunden, dass der Thymus selbst *alle* derartigen Zellstrukturen produzieren kann, die normalerweise nur in ganz bestimmten Organen, wie etwa im Auge oder im Magen,

---

[6] B. Grubeck-Loebenstein, in: *„Von Killerzellen und Antikörpern – Das menschliche Immunsystem."*, Transkription, in: *ORF Radiokolleg, 2009*, von: E. Schütz
Siehe auch Kapitel 22: Systemische Phänomene, Anmerkung 18

vorkommen. Man darf den Thymus berechtigterweise somit als eine Art „physiologischen Simulator" bezeichnen. Und: Zeigen T-Zellen (wissenschaftliche Abkürzung für: „Thymus-abhängige Lymphozyten"; KP.) in dieser Art Trockentraining im Thymus die Eigenschaft, Körpereigenes anzugreifen, so erhalten sie durch Thymus-eigene Botenstoffe (Peptide) als Information, den Auftrag zur Selbsttötung. Im Thymus werden die T-Zellen demnach auf immunologische Toleranz getrimmt. Der Erwerb der benötigten immunologischen Toleranz hat aber noch ein weiteres Standbein: Potenziell gefährliche T-Zellen werden im Thymus auch umerzogen. Dann spricht man von „regulatorischen T-Zellen". Professor Klein: *„Also ist der Thymus schon mehr als nur ein Kindergarten. Hier wird bereits ordentlich geschult. Die im Thymus umerzogenen, regulatorischen T-Zellen haben jedenfalls die Aufgabe, überzogene oder gegen körpereigene Strukturen gerichtete Immunreaktionen einzubremsen."* [7]

Falls bei einem Menschen aber nun eine sogenannte Auto-Immunerkrankung wie Multiple Sklerose oder Typ1-Diabetes auftritt, dann kann man sich schon fragen, warum und wo da etwas schief lief oder läuft – bei dieser grundsätzlich so genial geschaffenen „Erziehung" der T-Zellen. Wo im Organismus kam denn diese eventuelle Fehlinformation her. Oder, ist da etwa an der Peripherie – wo die reifen T-Zellen ja im Blut zirkulieren – die Toleranz fehlgeleitet worden? Die Forscher verfügen heute noch über keine Information, warum sich die eine autoaggressiv reagierende T-Zelle selbst liquidiert, die andere aber eine sogenannte „regulatorische T-Zelle" wird. Man versucht daher zu erforschen und zu lernen, wie man aus einer sozusagen „schlechten", autoaggressiven T-Zelle, eine „gute" machen kann. In Tiermodellen funktioniert das sogar bereits. Ludger Klein: *„Es gibt z.B. Typ1, also Autoimmun-Diabetes-Modelle bei Tieren, und wenn man in diese Mäuse regulatorische T-Zellen, die experimentell hergestellt worden sind, reingibt, dann kann man damit Typ1-Diabetes unterdrücken."*

Bis zum Einsatz derartiger Behandlung von Autoimmunerkrankungen beim Menschen kann es hingegen eine Weile dauern. Noch sind einfach zu viele Fragen offen. Interessanterweise und medizinisch betrachtet doch ziemlich überraschend, beginnt sich der Thymus bereits bald nach der Geburt zurückzuentwickeln und spätestens ab einem Alter von 40 bis 50 Jahren muss dann jeder Mensch ohne Thymus auskommen. Daher gibt es auch bereits erste medizinische Versuche, den Thymus durch einen Immunbotenstoff – das Interleukin 7 – in späteren Jahren wieder zum Wachsen zu bringen.

Trotz der enormen Fortschritte der letzten Jahre ist die immunologische Forschung noch weit davon entfernt, all die faszinierenden Steuerungs-Prozesse zu verstehen, mit denen das Immunsystem sich selbst reguliert, impulsiert, steuert beziehungsweise entwickelt. Irgendwie wird im System ständig, über vielfältige und höchst individuelle Prozesse, Information generiert, welche den Zellen hilft, das rechte Maß in ihren

---

[7] L. Klein, in: *„Von Killerzellen und Antikörpern – Das menschliche Immunsystem."*, Transkription, in: *ORF Radiokolleg, 2009*, von: E. Schütz (gilt auch für das nächste Zitat in Folge).

Abwehrreaktionen zu finden. Dies gelingt nicht immer gleichermaßen, sondern führt mitunter zu fehlgeleiteten Reaktionen wie bei Autoimmun-Erkrankungen (z.B. Multiple Sklerose, oder Morbus Crohn), wo Botenstoffe (Informations-Träger) das Immunsystem gegen körpereigene Strukturen mobil machen, oder sich bei Krebs als machtlos „behaupten". Ein deutliches Zeichen für die Fragilität in diesem so sensiblen Bereich immunologischer Prozesse. Wo aber haben diese „Fehl-Informationen" ihre Wurzel?! Die Psychoneuroimmunologie bietet dafür neuartige, systemische Antworten. [8]

Jeder Einzelne von uns bekommt natürliche Antikörper sozusagen bereits in die Wiege gelegt. Sie gehören zur sogenannten angeborenen Immunität. Dies stellt eine Art von Grund-Information dar, um im Bedarfsfall in rechter Weise auf die äußere Welt und ihre Einflüsse – „In-*forma*-tion" – zu reagieren. Sie unterscheiden sich gravierend von jenen Antikörpern, die vom Immunsystem als mögliche Antwort nach einem Kontakt des Organismus mit einem Anti-Gen gebildet werden. Ein Anti-Gen ist somit alles, was vom Immunsystem als *fremd* erkannt werden kann. *„Und jetzt versuchen wir herauszufinden, wie man die Produktion dieser natürlichen Antikörper anregen kann, damit man höhere Spiegel im Plasma und im Blut erzielt. ... Man weiß, dass die unterschiedlichen Zellen Botenstoffe bilden, ohne die gar nichts geht im Immunsystem und die auch bestimmen, in welche Richtung eine Immunantwort geht."* [9], so der Biochemiker, Molekularbiologe und Immunologe, Univ.-Prof. Wilfried Ellmeier.

Das Immunsystem ist, wie wir sehen, ein äußerst komplex funktionierendes, hochgradig vernetztes Informations-System. Man kann sich daher eigentlich nur wundern, dass nicht viel häufiger etwas schiefläuft. Ob sich eine Reaktion gegen Fremdes einstellt, hängt laut Professor Zlabinger vom Institut für Immunologie der Universität Wien auch davon ab, wo dieser Kontakt stattfindet. *„Wenn das in einer Umgebung stattfindet, die eher eine Reaktion fördert, dann wird es natürlich zur Aktivierung des Immunsystems kommen. Wenn das in Bereichen stattfindet, wo eben eine Immunreaktion eher unterdrückt wird, dann wird es nicht zur Immunreaktion kommen. Es gibt eben da den Begriff der immunprivilegierten Organe; da gibt es Bereiche im Organismus, innerhalb derer ein Transplantat angenommen wird. Das heißt, hier kommt es eben üblicherweise – unter Normalbedingungen, unter nicht entzündlichen Bedingungen – nicht zur Ausbildung einer Immunantwort."* [10]

Immunprivilegierte Organe sind zum Beispiel: das Auge, das Gehirn, das Nervensystem, der Knorpel und auch Organe des Reproduktionstraktes. *„Und man glaubt, dass*

---

[8] Siehe auch Kapitel 22: Systemische Phänomene, Anmerkung 12
Siehe selbes Kapitel, Anmerkung 17f.

[9] W. Ellmeier, in: *„Von Killerzellen und Antikörpern – Das menschliche Immunsystem."*, Transkription, in: *ORF Radiokolleg, 2009*, von: E. Schütz.

[10] G. Zlabinger, in: *„Von Killerzellen und Antikörpern – Das menschliche Immunsystem."*, Transkription, in: *ORF Radiokolleg, 2009*, von: E. Schütz (gilt auch für die nächsten Zitate in Folge).
Siehe auch Kapitel 17: Das Primat der Information, Anmerkung 13, 14.

das Immunsystem deswegen in diesem Bereich nicht aktiv ist, weil offensichtlich diese Bereiche für das Überleben so wichtig sind – von vitalem Interesse für einen Organismus sind – dass man da lieber das Immunsystem nicht hinlässt, weil es sonst mehr Schaden anstellen würde, als es hier Nutzen bringt." Da ist allerdings wohl die Frage naheliegend, wer denn wohl „man" sei, der da in-*form*-iert ...?!

Und noch etwas ist frappant. Nämlich, dass unser Immunsystem offenbar auch in der Lage ist, eine Art von Gedächtnis zu entwickeln. Univ.-Prof. Martha Eibl von der Universität Wien: *„Das Immunsystem hat die Fähigkeit, mit ganz wenigen Zellen auf ein Anti-Gen zu reagieren. Diese Zellen werden aktiviert, vermehren sich beim ersten Kontakt und bilden einen ganzen Stab von Gedächtniszellen. Beim Zweit- oder weiteren Kontakten werden dann diese Gedächtniszellen in Aktion gesetzt, damit der Organismus schneller und intensiver reagieren kann. Das ist das Prinzip, das wir bei den Impfungen benützen.*" [11] Auch hier glit also: Informationen erschaffen Informationen, erschaffen Informationen ... – eine Kaskade derartiger Botenstoffe organisiert Erhalt und Schutz des Organismus – manchmal jedoch auch seinen eigenen Untergang.

Die reduktionistische Sichtweise, mittels Impfungen *Information* zielgenau ins Immunsystem einzuschleusen, hat sich stark gewandelt. So ist – laut Christoph Binder, Gruppenleiter am Forschungszentrum für Molekulare Medizin der Österreichischen Akademie der Wissenschaften – bei allen Vorteilen von Impfungen – Vorsicht angesagt, weil man damit doch in hochgradig komplexe Zusammenhänge eingreift, *„... wenn man eigentlich oft gar nicht weiß, was man noch außer der spezifischen Immunreaktion, die man verursachen möchte, auslöst an Folgewirkungen dieser Immunreaktion.*" [12] Und eine weitere, ähnlich klingende Stimme, die des Professors für Immunologe an der Universität Heidelberg Dr. Stefan Meuer: *„... sodass wir heute davon ausgehen müssen, dass Impfungen mehr machen, als wir früher gedacht haben – nämlich einfach nur einen Abwehrschutz gegenüber einem Virus zu erzeugen –, sondern, dass sie auch an dem Gesamtsystem etwas schrauben. Theoretisch zumindest muss man sagen: So ein Impfstoff macht mehr, als nur die Schutzwirkung auszulösen! ... Das Immunsystem hat ganz lebenswichtige Aufgaben, und wenn man daran sozusagen herumschraubt, dann sollte man möglichst wissen, was man tut. Wir kennen das ja, dass die Neben-wirkungen, die Langzeitnebenwirkungen von Medikamenten, mit denen man das Immun-system behandelt, schwerwiegend sind.*" [13] Ganz entsprechend der kanadische Medizin-historiker und Professor an der Universität Toronto Dr. Edward Shorter: *„Da es sich beim Immunsystem um ein derart komplexes System handelt, kann man sich natürlich*

---

[11] M. Eibl, in: *„Von Killerzellen und Antikörpern - Das menschliche Immunsystem.*", Transkription, in: *ORF Radiokolleg, 2009*, von: E. Schütz.

[12] C. Binder, in: *„Von Killerzellen und Antikörpern – Das menschliche Immunsystem.*", Transkription, in: *ORF Radiokolleg, 2009*, von: E. Schütz.

[13] S. Meuer, in: *„Von Killerzellen und Antikörpern – Das menschliche Immunsystem.*", Transkription, in: *ORF Radiokolleg, 2009*, von: E. Schütz.

leicht vorstellen, dass die geringste Veränderung an einer Zellpopulation, an einem derartigen Mechanismus, natürlich mit Folgeerscheinungen vergesellschaftet ist, die dann viele andere Zellen auf den Plan ruft – die dann selbst wieder versuchen, dem gegenzusteuern. Bei einer derart komplexen Situation ist es auch sehr, sehr schwierig vorauszusagen, was passieren wird, wenn ich jetzt irgendwo an einer kleinen Stellschraube irgendwas verändere." [14] Soweit einige Forscherpersönlichkeiten gegen das heute meist zur Schau gestellte Maß an *gutgemeinter Blauäugigkeit* und fachlicher Unbekümmertheit. Impfungen *„schrauben"* somit am Gesamtsystem. Die im System kursierende, hochgradig individuelle, In-*forma*-tion wird dadurch massiv manipuliert. Nochmals der Immunologe Professor Meuer: *„Was dann passiert, ist sehr, sehr individuell unterschiedlich und das wird auch so bleiben. Es ist bewusst so gemacht. Denn dadurch, dass wir uns voneinander unterscheiden, sind wir nicht alle auf einmal angreifbar und auszulöschen, ja das trifft immer nur Einzelne, es ist dies eine Überlebensstrategie der Natur."* [15] Mittlerweile wird bereits der medizinisch vermutete Zusammenhang zwischen Impfungen und dem Ansteigen von Allergien ernsthaft wissenschaftlich diskutiert. Vor diesem Hintergrund geht es medizinisch betrachtet um eine seriöse „Nutzen-Risiko-Abschätzung", wie Dr. Fatima Ferreira, Professorin im Fachbereich Molekulare Biologie der Universität Salzburg und unlängst zu Österreichs Wissenschaftlerin des Jahres (2008) gekürte Allergologin, meint: *„Es ist keine Frage, dass Schutzimpfungen an sich hilfreich sind, denn dadurch konnte unter anderem die Kleinkindersterblichkeit gesenkt werden. Auf der anderen Seite stellt sich die Frage: Lernt das Immunsystem dasselbe, egal ob es sich mit geimpften, abgeschwächten Erregern auseinandersetzt oder gegen die volle Erkrankung ankämpft?"* [16]

Die Immunologie ist ein Forschungszweig der Medizin, der in ganz besonderem Maße im Fluss ist. Informations-Träger, Botenstoffe der unterschiedlichsten Art, wurden und werden entdeckt. Die regulatorischen T-Zellen sind nur *ein* Beispiel dafür. Als weitere wissenschaftliche Sensation darf gewertet werden, dass sogar noch in den letzten beiden Jahren (2007-2009) bislang unbekannte, neue Immunzellen identifiziert wurden. Die sogenannten TH17-Zellen: Entdeckt!!! – ein entscheidendes *Missing-Link* der Immunologie sozusagen.

Und nur so geht es wissenschaftlich auch voran. Dazu der Quantenphysiker Anton Zeilinger im Interview anlässlich der Eröffnung des „IST-Austria", des österreichischen „Institut of Science and Technology": *„Forschen heißt: Fragen stellen. Und nur so geht Forschung vor sich."* [17] Fragen, auch unvoreingenommen und ungeniert: Inwiefern

[14] E. Shorter, in: *„Von Killerzellen und Antikörpern – Das menschliche Immunsystem.",* Transkription, in: *ORF Radiokolleg, 2009,* von: E. Schütz.

[15] S. Meuer, in: *„Von Killerzellen und Antikörpern – Das menschliche Immunsystem.",* Transkription, in: *ORF Radiokolleg, 2009,* von: E. Schütz.

[16] F. Ferreira, in: *„Von Killerzellen und Antikörpern – Das menschliche Immunsystem.",* Transkription, in: *ORF Radiokolleg, 2009,* von: E. Schütz.

[17] A. Zeilinger, in: *ORF Ö1-Mittagsjournal, 30.5. 2009,* Transkription eines Interviews.

Psyche und Geist, beziehungsweise „In-*forma*-tion (im) als Bewusstsein" krank – andererseits eben aber auch gesund macht ...

Psychoneuroimmunologie [18] – Von In-*forma*-tionen, die aus der Psyche kommen

Der Mediziner und Universitätsprofessor Matthias Beck: „*Psychoneuroimmunologie ist von dem, sagen wir, rein naturwissenschaftlichen Zugang heutzutage der umfassendste Ansatz, um dem Phänomen von Krankheit auf die Spur zu kommen.*" [19]

Es ist der neue Forschungsbereich der sogenannten *Psychoneuroimmunologie* – der aus der Psychosomatik hervorging –, welcher heute diesbezüglich völlig neuartige Einsichten ermöglicht. Klar ist mittlerweile, wie Nerven-, Hormon- und Immunsystem miteinander kommunizieren und sich auf diesem Weg gegenseitig beeinflussen. Und: Dass jene In-*forma*-tion, die aus unserem Bewusstsein (Un-Bewusstsein), aus unserer Psyche kommt, in ihrer Bedeutung für alle diese hochsensiblen Prozesse ganz enorm ist, da ihr Einfluss entweder unterstützt oder eben auch schädigt. Das sind jene bislang entscheidenden Erkenntnisse, welche wir diesem neuen Forschungsfeld verdanken.

Ganz entsprechend versucht es Candace Pert, eine der wesentlichen Pioniere der Psychoneuroimmunologie, in Worte zu fassen: „*So entsteht vor unseren Augen das Bild eines ‚mobilen Gehirns' – eines Organs, das sich durch unseren ganzen Körper bewegt und seinen Sitz überall zugleich hat – beileibe nicht nur im Kopf.*" [20]

In einem Aufsatz unter dem Titel „*Was ist Psychoneuroimmunologie?*" fasst der Psychologe, Univ.-Prof. Ulrich Kropiunigg, vom Institut für medizinische Psychologie der Universität Wien, jene Fragen zusammen, von denen das große Interesse an Psycho-neuroimmunologie ausgeht. Es sind naheliegende Fragen, wie: Warum erkrankt nicht jeder bei gleicher Disposition an Tuberkulose? Bei Nachweis des „*Heliobacter Pylori*" an Magengeschwüren, bei Vorliegen eines Rheumafaktors akut an Rheuma? Warum erkrankt jemand gerade dann an einer Monate andauernden Serie von Infektionen, seit eine ambivalente Liebesbeziehung begonnen hat? Warum bekommt jemand einen Asthmaanfall am Heimatbahnhof – nach vorheriger jahrelanger Anfallsfreiheit, oder verändert sich die Symptomatik von chronischer Rhinitis zur Neurodermitis, seit eine unerwiderte Liebesbeziehung nach monatelangem Kampf aufgegeben wurde? [21]

---

[18] Siehe auch: Kapitel 9: Placebos und Überzeugungen, Anmerkung 8
Siehe auch Kapitel 12: Fühlen, Anmerkung 6
Siehe auch Kapitel 22: Systemische Phänomene, Anmerkung 12.

[19] M. Beck, in: „*Psychoneuroimmunologie – Neue Erklärungsmodelle für Krankheit und Gesundheit.*", Transkription, in: *ORF, Dimensionen – Die Welt der Wissenschaft, 2008*, von: E. Schütz.

[20] C. Pert: „*Moleküle der Gefühle – Körper, Geist und Emotionen.*", Reinbeck 1997, S. 10.

[21] U. Kropiunigg, in: „*Psychoneuroimmunologie – Neue Erklärungsmodelle für Krankheit und Gesundheit.*", Transkription, in: *ORF, Dimensionen – Die Welt der Wissenschaft, 2008*, von: E. Schütz.

Unser Immunsystem wird also offensichtlich nicht nur über Botenstoffe des Immunsystems selbst moduliert oder beeinflusst. Es war Universitätsprofessor Hans Lassmann, Neuroimmunologe und langjähriger Leiter des Zentrums für Hirnforschung an der Medizinischen Universität Wien, dem es als einem der ersten Forscher – in teils parallel geführten weltweiten Forschungen – gelang, nachzuweisen, dass Botenstoffe des Nervensystems auf Zellen des Immunsystems wirken und somit Botenstoffe des Immunsystems die Funktion von Neurotransmittern übernehmen können. Was heute weiters außer Streit gestellt erscheint, ist die offensichtliche Tatsache, dass das Immunsystem rückgekoppelt – gesundheitsstrategisch durchaus sinnvoll! – auch wieder die Psyche beeinflusst.

Der Psychoneuroimmunologe, Christian Schubert, Professor an der Medizinischen Universität in Innsbruck: *„Wenn man krank geworden ist, etwa eine grippale Infektion hat, ... dann kommt es zu einer Freisetzung von Immunstoffen, von Zytokinen. Die können über verschiedene Mechanismen die Blut-Hirnschranke durchqueren – eine wesentliche Notwendigkeit, um überhaupt zentral wirksam zu werden – und hier dann ein Verhalten induzieren, das wir alle kennen, wenn wir erkrankt sind: Wir ziehen uns zurück, wir werden müde, wir schonen uns, wir essen weniger, ziehen uns auch aus sozialen Beziehungen zurück. Das könnte Sinn machen, dass wir hier auch nicht unsere Infektion weitervermitteln. Also das Immunsystem führt ganz strategisch zu einer – man kann fast sagen – leicht organischen Depression, um uns sozusagen die Energie aufrechtzuerhalten oder zu konservieren, die nun nötig ist, um sich mit dem Erreger auseinanderzusetzen. Also, was man früher noch geglaubt hat, es wäre dies eine unspezifische Schwächung des Organismus, wenn wir uns zurückziehen, das wird heute als ein hochstrategisches Verhalten des Immunsystems gesehen, uns sozusagen wieder gesund zu machen.“* [22] In-*forma*-tion – also auch hier ...!

Ähnliches gilt heute übrigens auch für schwerwiegendere Erkrankungen bereits als medizinisch erwiesen. Somit hat sich in Medizinerkreisen mittlerweile die Idee des *„Sickness Behaviour“* durchgesetzt und damit eine auffällige Wandlung der Sichtweise. Solcherart begriffen, kann Schwäche auch als gesundheitsfördernd betrachtet werden. Andererseits – folgt man Christian Schubert – gibt es mittlerweile *„... heute auch bereits eine gute Datenlage, dass chronischer Stress oder Depression das Immunsystem beeinflussen“*. [23] Immunzellen wachsen unter Stress einfach erwiesenermaßen schlechter. Diese aber braucht der Organismus im Krankheitsfall, damit überhaupt eine funktionierende Immunität möglich ist, um erfolgreich mit Erkrankungen umzugehen. Fachspezifisch spricht man von *„Immunsupression unter Stress“*. Weiters sind die *„... natürlichen Killerzellen in Aktivität und Zahl erniedrigt. Das sind ganz robuste Ergeb-*

---

[22] C. Schubert, in: *„Psychoneuroimmunologie – Neue Erklärungsmodelle für Krankheit und Gesundheit.“*, Transkription, in: *ORF, Dimensionen – Die Welt der Wissenschaft, 2008,* von: E. Schütz.

[23] Siehe auch Kapitel 5: Überzeugungs-Netze und Leben, Anmerkung 5, 6.

nisse unter chronischem Stress. Wir wissen eben auch, dass es Anteile des Immunsystems gibt, nämlich diese Entzündungsanteile, die unter chronischem Stress erhöht sind. Das ist ein Wechselspiel.", so Professor Schubert. Auch Wunden heilen nachweislich unter Stress schlechter und selbst latente Virusinfektionen, die im Körper symptomlos schlummern, können unter Stress reaktiviert werden. So kann also ein Immunsystem, das wie bei Krebs massiv gegen entartete Zellen vorgeht, immunspezifisch depressiv machen. Andererseits kann aber auch eine mental bedingte Depression das Immunsystem schwächen. Und es kann auch beides sein ... So konnte zum Beispiel durch ein Experiment an Studenten gezeigt werden, dass sich bei jenen, die unter psychischer Belastung standen, nach einer Impfung weniger Antikörper bildeten als bei jenen, denen es – experimentell herbeigeführt – gut ging. Eine weitere Studie bestätigte: Menschen, die sich seelisch wohlfühlen, weisen geringere Blutspiegelwerte jenes entzündungsfördernden Botenstoffs (Interleukin 6) auf, der an chronischen Entzündungen beteiligt ist. Für dieses, das Immunsystem stärkende, eudaimonische Wohlbefinden ist nach Christian Schubert eines besonders ausschlaggebend: *„Soziale Beziehungen, positive, soziale Beziehungen sind der Faktor, der das Immunsystem in positive Richtung bringt.*" [24]

Immunität – *Eudaimonisches Wohlbefinden* und psycho-mentale Faktoren

Forscher fanden in Versuchsprogrammen, auf der Suche nach Faktoren, welche Entzündungsprozesse einbremsen können, somit heraus, dass Wohlbefinden – und zwar eine bestimmte Art des Wohlbefindens – die Ausschüttung von Interleukin 6 senken kann. Hier unterscheidet die Soziopsychologie zwischen *eudaimonischem Wohlbefinden* und sogenanntem *hedonistischem Wohlbefinden.* Univ.-Prof. Dr. Carol Ryff, Leiterin des *Institute on Aging* und Professorin für Psychologie der Universität Wisconsin-Madison hat ihr diesbezügliches Konzept bereits 1989 veröffentlicht. [25]

Kurz ein Blick zu dieser Wohlbefindens-Idee: Hedonistisches Wohlbefinden zielt drauf ab, nach dem Prinzip *„komme-was-da-wolle"* Unternehmungen zu haben, dem reinen Lustprinzip zu frönen. Eudaimonisches Wohlbefinden entsteht aber zum Beispiel durch längerfristiges Schaffen selbstgesteckter persönlicher Ziele, im Erleben und Finden eines persönlichen Sinns im Leben; auch in Verbindung und im Zusammenhang mit längerfristigen Beziehungen. Hedonisten leben somit mehr auf ihre spontane Lust und den Erfolg hin, während eudaimonische Menschen stärker auf Beziehung und auf langfristige Selbstverwirklichung hin orientiert leben. Es zeigt sich nun in klinischen Studien, dass Menschen, die eher eudaimonisches Wohlbefinden gelebt haben und leben, im Alter – das gilt allerdings auch für Jüngere – im Blut verringerte Interleukin 6-Werte

---

[24] C. Schubert, in: *„Psychoneuroimmunologie – Neue Erklärungsmodelle für Krankheit und Gesundheit."*, Transkription, in: *ORF, Dimensionen – Die Welt der Wissenschaft, 2008,* von: E. Schütz.

[25] Siehe: http://psych.wisc.edu/faculty/bio/ryff.html; http://midus.wisc.edu/miduspis/ryff.php.

aufweisen. Dies steht ganz im Gegensatz zu hedonistischen Personen oder jenen, die sich überhaupt schlecht fühlen. [26, 27] Folgt man diesen Fakten, so kann man sagen, dass Psychosoziale Faktoren ganz offensichtlich für unsere Immunität von größter Bedeutung und in höchstem Maße prägend sind. Im Alter – aber wohl nicht nur im Alter – scheinen neben funktionierenden guten sozialen Beziehungen auch Autonomie (d.h. das Gefühl, nicht unter dem Einfluss oder seelischem Druck von anderen zu stehen), Selbstakzeptanz und seinen Lebenssinn gefunden zu haben, jene Faktoren zu sein, die das eudaimonische Wohlbefinden und damit das Immunsystem stärken.

Univ.-Prof. Zlabinger: *„Das Immunsystem ist sicherlich in sehr, sehr großem Ausmaß abhängig von allen Informationen, die an das Immunsystem herangetragen werden. Da gibt es sehr, sehr viele Faktoren, die auf das Immunsystem einen Einfluss haben, und auf die dann das Immunsystem auch in entsprechender Weise reagiert, beziehungsweise auf die sich das Immunsystem in entsprechender Weise einstellt. Also: Insofern ist es natürlich vorstellbar, dass hier – welche Mediatoren auch immer hier einwirken und von wem auch immer sie ausgesandt werden – diese das Immunsystem beeinflussen können."* [28] Entsprechende Ergebnisse ihrer Forschungen fasst Candace Pert im Folgenden so zusammen: *„Ich möchte deutlich machen, dass wir es mit einem ‚Zwei-Wege-Kommunikationssystem' zu tun haben. Gewiss, die Ausschüttung von Endorphinen kann Schmerzlinderung und Euphorie bewirken. Umgekehrt können wir aber auch durch unsere Geistesverfassung eine Endorphinausschüttung veranlassen. ... Ich denke mir die **mentalen Phänomene gerne als Boten, die Information und Intelligenz aus der immateriellen Welt in den Körper bringen, wo sie sich durch ihr physisches Substrat, die Neuropeptide und ihre Rezeptoren, manifestieren."* [29]

Es scheint letztlich an uns selbst zu liegen, wie wir eben mit dem Leben umgehen wollen, *welche Haltungen* wir absichtsvoll einzunehmen willens sind. *Was* wir über uns und andere – oder auch über das Leben selbst – *„glauben"* wollen. Kurz: *Welche* Überzeugungen uns *wie* zu leben veranlassen. Einmal mehr ist also nicht die Frage: *Was soll ich glauben?!* – sondern: *Was will ich glauben?* entscheidend! [30] Ich selbst bin es, der sich hier liebevoll und wertschätzend Unterstützung geben kann, so er / sie / ich es will! Dazu M.A. Patrick Bahners, Redakteur für Geistes- und Sozialwissenschaften der FAZ, auf einem Wissenschaftler-Symposion: *„Wir verlassen uns zum Beispiel auf die Wahrheit der Naturgesetze, obwohl wir keinen Begriff dieser Wahrheit haben und*

---

[26] Aus: *„Psychoneuroimmunologie – Neue Erklärungsmodelle für Krankheit und Gesundheit.",* Transkription, in: *ORF, Dimensionen – Die Welt der Wissenschaft, 2008,* von: E. Schütz.

[27] Siehe auch Kapitel 13: Vertrauen, Anmerkung 9
Siehe auch Kapitel 23: Bildung der Zukunft, Anmerkung 23, 24.

[28] A. Zeilinger, in: *„Psychoneuroimmunologie – Neue Erklärungsmodelle für Krankheit und Gesundheit.",* Transkription, in: *ORF, Dimensionen – Die Welt der Wissenschaft, 2008,* von: E. Schütz.

[29] C. Pert: *„Moleküle der Gefühle – Körper, Geist und Emotionen.",* Reinbeck 1997, S.478.

[30] Siehe auch: Kapitel 9: Placebos und Überzeugungen, Anmerkung 12.

sie nicht gegen jeden Einwand verteidigen könnten. Auf die Wahrheit der Naturgesetze verlassen wir uns immer nur in einem Kontext, der wesentlich ein praktischer Kontext ist. Wir verlassen uns auf gewisse Wahrheiten, wenn wir gewisse Zwecke erreichen wollen. Um dieser Zwecke willen setzen wir immer etwas aufs Spiel, da wir uns dessen, worauf wir uns verlassen, ja nie ganz sicher sein können. Was wir aufs Spiel setzen, sind eigentlich sogar wir selbst, insofern das, was wir sind, sich in dem ausspricht, was wir für wahr halten, in unseren Wahrheiten, unseren ,herrschenden Gedanken' (Nietzsche). Jedesmal, wenn wir einen Zweck verfehlen, müssen wir entscheiden, ob wir alles, was wir für wahr gehalten haben, auch weiterhin für wahr halten wollen. Wenn wir glauben, um unserer anderen Zwecke willen, Wahrheiten aufgeben zu müssen, werden wir unserer Identität, unserer Dauer in der Zeit zuliebe, mit **den** *Wahrheiten anfangen, die für unser Leben die geringste Bedeutung haben und* **erst zuletzt die Wahrheiten aufgeben, die für unser Leben fundamental sind. ... Was wir weiterhin für wahr halten, hängt nicht von der Sache ab, sondern von unseren Zwecken. ... Weil alles, was uns angeht, relativ ist, ist nichts, was uns angeht, beliebig. ... Für die Spieler hat ihr Spiel einen Sinn, den Sinn, den sie ihm geben.**" [31]

In dieselbe Kerbe schlägt Univ.-Prof. Christian Wiedermann mit seiner Feststellung, dass eben auch die individuelle Art des Umgangs mit persönlich motiviertem Stress ein gravierender Faktor sei. Denn, es haben ja viele Menschen großen Stress und werden doch nicht krank. Stress und Depression ließen sich aber eben nicht auf Befehl vertreiben und eine kämpferische Persönlichkeit sich nicht nach Bedarf umhängen wie ein Mantel. Zu untersuchen sei, so Wiedermann, inwieweit sich etwa durch Entspannungsübungen oder Psychotherapie eine *Immunmodulation* erreichen ließe. [32]

Interessant lesen sich in diesem Zusammenhang auch die vielfältigen Fallbeispiele im Lehrbuch „*Psychoneuroimmunologie*" der beiden Universitätsprofessoren Manfred Schedlowski und Uwe Tewes. Hier soll – ergänzend – lediglich eines zitiert werden, welches in anschaulicher Weise auch die Anfänge dieser wichtigen Forschungsrichtung beschreibt: „*In einer vielbeachteten randomisierten und kontrollierten psycho-onkologischen Studie, die 1989 in der Zeitschrift ,Lancet' veröffentlicht wurde (Spiegel et al., 1989), konnte ein Effekt eines psychologischen Gruppen-Interventionsprogramms (wöchentlich neunzig Minuten für die Dauer von einem Jahr) auf die 10-Jahres-Überlebenszeit bei Patientinnen mit metastasierendem Brustkrebs demonstriert werden: Die Patientinnen der Interventionsgruppe, die in wesentlichen prognostischen Kriterien mit denen einer Kontrollgruppe parallelisiert waren, überlebten im Mittel doppelt so lange (36 versus 18 Monate) nach Beginn der Intervention im Vergleich zu den Patientinnen*

---

[31] P. Bahners: „*Vom Schicksal der Wahrheit nach der Dekonstruktion.*", in: H. Thomas: „*Naturherrschaft – Wie Mensch und Welt sich in der Wissenschaft begegnen.*", Köln 1990, S. 230f.

[32] C. Wiedermann, in: „*Psychoneuroimmunologie – Neue Erklärungsmodelle für Krankheit und Gesundheit*", Transkription, in: *ORF, Dimensionen – Die Welt der Wissenschaft, 2008*, von: E. Schütz.

der Kontrollgruppe. Wäre bei einer chemotherapeutischen Therapie ein so deutlicher therapeutischer Effekt erzielt worden, so hätte dies mit Sicherheit eine Erprobung in den onkologischen Zentren mit dem Ziel der Verbesserung der Patientenversorgung und einer Replikation der Ergebnisse zur Folge gehabt." [33] So aber löste diese (frühe) Studie dazumal, vor bereits mehr als 20 Jahren(!) hauptsächlich Skepsis aus. Erst in den letzten Jahren bestätigte sich dieser Effekt in weiteren klinischen Untersuchungen. Ähnlich fassungslos bis anklagend Candace Pert in ihrem Buch *„Moleküle der Gefühle"*: *„Gelenkte Vorstellungstechnik war zu meiner großen Überraschung eines der Verfahren, bei denen sich in empirischen Studien zweifelsfrei gezeigt hatte, dass sie die Heilungsraten von Krebspatienten beeinflussen können. Warum ließ man nicht weiter und gründlichere Untersuchungen folgen?!*" [34]

So läuft letztlich wohl ziemlich alles auf die rechte Frage an sich selbst hinaus, und in weiterer Folge auf die Bereitschaft, sich von der – meist uneingestanden – *„schlechten"* Lebensführung zu verabschieden, und *sich-selbst-liebevoll-auch-soviel-wert-zu-sein*, um sich eine neue Lebensausrichtung zu geben. Wie richte ich mich selbst neu *aus* – und auch: *auf! ...?* Bin ich bereit, mir innerlich ein mentales Seelen-Milieu zu schaffen, welches ich nicht beständig durch – weiteren Stress produzierendes, subtil-unterdrückendes – Bemühen meine aufrechterhalten zu müssen, nur um für mich selbst doch einwenig anders zu *wirken*, als ich wirklich bereit bin zu *sein*?! Dafür reicht klassisches *„Positiv Denken"* allerdings nicht. Denn *positiv-denken* praktizieren doch nur diejenigen, welche untergründig gerade Gegenteiliges fühlen. Und: Fühlen wirkt physiologisch grundsätzlich stärker als denken. Was im Gegensatz zu *„bemühen" durchaus angebracht* wäre, ist: *selbst gewollte Beharrlichkeit*. Beharrlichkeit im Umgang mit der eigenen Unterstützung und dem Wohlwollen und Glauben an sich selbst.

Dazu die Psychoneuroimmunologin Dr. Candace Pert: *„Die Tendenz, unsere Gefühle außer Acht zu lassen, ist eine ideologische Altlast, ein Restbestand des immer noch herrschenden Paradigmas, das den Blick lediglich auf die materielle Ebene der Gesundheit, die Körperlichkeit, einengt. Dabei sind die Gefühle ein Schlüsselelement der Selbstvorsorge, denn nur durch sie können wir uns in das Gespräch des Körpergeistes einmischen.*" [35]

Keine Psychotherapie und auch keine Entspannungsübung – nichtsdestotrotz aber äußerst effizient: das empirische und praxisorientierte Bewusstseins-Training à la *Free Spirit*. Was diesbezüglich auf einem derartigen einwöchigen Training-Kurs verwandelt werden kann, kann nur ermessen, wer es selbst getan und an sich in der Folge die Konsequenzen im Leben erfahren hat. Die Integration derart *„heil-loser Muster"* auf dem Kurs hat nichts mit subtiler Ablehnung beziehungsweise Unterdrückung solcher seelischer Haltungen aus Angst oder Vermeidung zu tun. Es ist auch keine Therapie oder

---

[33] M. Schedlowski / U. Tewes: *„Psychoneuroimmunologie"*, Heidelberg 1996, S. 493.

[34] C. Pert: *„Moleküle der Gefühle – Körper, Geist und Emotionen."*, Reinbeck 1997, S. 340.

[35] Ebenda, S. 436.

psychotherapeutische Aufarbeitung – es wird in den Übungen lediglich auf spezielle Weise etwas ins Fühlen gebracht – und dadurch aus dem Widerstand des *Nicht-fühlen-und-nicht-erleben-Wollens* erlöst. [36] Danach hat im Leben interessanterweise auch jegliches *gut-wollende und ständige Bemühen* ausgedient. [37]

„Sich bemühen" – es bedeutet letztlich doch nichts anderes als: noch nicht erkannt und begriffen zu haben, welcher unbezwingbaren Übermacht an *noch-Unbewusstem*, Unintegriertem man sich real gegenübergestellt sähe – so man zu sehen lediglich mal bereit wäre. Ein dergestalt absehbar aussichtsloser Kampf mit einem bereits ausgewiesenen Verlierer ...?! Wozu?! Was nach derart – verlorenem – Kampf jeweils bleiben wird, sind: Projektion auf andere, Frust, Ent-Täuschung. Andererseits: Dann ist der Weg vielleicht irgendwann doch freigeräumt für echte Veränderung im Bewusstsein – und echte Verantwortung für sein eigenes Sein. Der persönliche *Tanz-um-das-Goldene-Kalb* „Selbstbild" sowie jeglicher krampfhafte Versuch, es „*be-müht*" abzusichern, weicht mühe-losem Sein: Integrität *ist* ...

Abschließend nochmals die nur scheinbar platte Binsenweisheit als Motto jeglichen systemischen Verhaltenstrainings: „*Wer etwas verändern will, muss etwas ändern.*" [38] Das aber bedeutet: Fühlen und das scheinbar Unerquickliche als in seine eigene Verantwortung gehörend, anzunehmen: *Integration = Anerkennung = Zu-sich-Nehmen = Veränderung.*

---

[36] Siehe auch Kapitel 13: Vertrauen, Anmerkung 9
    Siehe auch Kapitel 12 Fühlen, Anmerkung 29.
[37] Siehe auch Kapitel 5 Überzeugungs-Netze und Leben, Anmerkung 9.
[38] Siehe auch Kapitel 10: Überzeugung und Gesundheit, Anmerkung 24.

Kapitel 9: Placebos und Überzeugungen

Heilung durch *„Einbildung"* ...?!

Im Bereich der sogenannten Psychoneuroimmunologie ist die immunologische Wirksamkeit und heilende Bedeutung real gelebter Zuversicht – nicht zu verwechseln mit dem, was wir landläufig unter „Zweckoptimismus" verstehen – mittlerweile wissenschaftlich außer Streit gestellt: der sogenannte *Placebo-Effekt.* Es ist die Erwartung von Besserung, die sich auf das Ergebnis auswirkt – ein außerordentlich überzeugender Hinweis für die Wirkung des *„Geistes"* am Heilungsprozess. Aber auch in vielerlei anderer Hinsicht überträgt sich offensichtlich der Glaube an die heilende Wirksamkeit einer Handlung. In seinem Buch *„Timeless Healing"* [1] äußert sich der Arzt und Professor für Medizin an der Harvard Universität, Herbert Benson zu eigenen Forschungen sowie den verblüffenden Ergebnissen von Doppelblindversuchs-Programmen; unter anderem bezüglich der Wirksamkeit von sogenanntem Handauflegen an verschiedenen US-Kliniken. Der Wissenschaftler kommt hier – die Forschungs-Daten resümierend – letztlich sogar zu dem Schluss, dass der Glaube an derartige Wirkungen im menschlichen Gehirn fest verdrahtet sei.

Placebo heißt auf Deutsch: *„Ich werde gefallen."* Sowohl der Patient, als auch der Arzt können somit in diesem Sinn eine Wirkung zum Placebo-Effekt beitragen. Obwohl auch bereits in universitären medizinischen Ausbildungsprogrammen erste Änderungen Einzug halten: Es ist nach wie vor schade, dass den Ärzten noch immer zu selten beigebracht wird, sich intensiver mit dem Placebo-Effekt zu beschäftigen. Allein historisch betrachtet, verfügten die behandelnden Ärzte früherer Zeiten im Umgang mit vielen Krankheiten – aus heutiger Sicht – ja über wenig wirksame Methoden der Heilung. Über lange Zeit war es allgemein üblich, Wunden mit Arsen zu behandeln, Krankheiten mittels Aderlass. Und dann gab es da ja noch diverse andere eher dubiose Heilmittel, unter anderem das berühmtberüchtigte Klapperschlangenöl ... In der Anwendung dieser Mittel lebte – beruhigend im Hintergrund – so manches ärztlichen Bewusstseins wohl die Auffassung, die auch der heutige Volksmund noch kennt: Nützt´s nichts – so schadet´s auch nichts. Heute wissen die Forscher, dass eventuelle Verbesserungen im Zustand der Patienten damals wohl ausschließlich auf Placebo-Wirkungen zurückzuführen waren. Und zweifellos ging es manchen Patienten nach diesen Behandlungen auch tatsächlich besser. Mindestens jenem – konservativ geschätzt – einen Drittel der Bevölkerung, das sich, heutigen Forschungen entsprechend, als für den Placebo-Effekt auffallend und nachweislich empfänglich erweist. Die Geschichte der Medizin ist, so gesehen, also auch die Geschichte des Placebo-Effekts. Und auch heutzutage gilt noch: Wenn ein Arzt – solch eine Autorität-im-weißen-Kittel – eine Behandlung voller Überzeugung vorschlägt, so glaubt der Patient einfach, dass sie wirkt. Und ganz gleich, ob es sich

---

[1] H. Benson: *„Timeless Healing"*, New York 1996.

um eine Zuckerpille oder eine echte Droge handelt, tut sie das dann eben auch. Hier wirken somit unser bewusstes „Für-möglich-Halten" und folglich unsere körpereigenen Botenstoffe, also jenes „Unbewusst-den-Körper-Organisierende" – nennen wir es mal „Körper-Geist" – in äußerst effizienter Weise als selbstheilendes Potenzial zusammen. Auch beim unbewusst wirkenden Körper-Geist handelt es sich selbstverständlich um In-*forma*-tion, um Anteile von Bewusstsein. Die entscheidende Frage bei all diesen Phänomenen ist doch lediglich, inwiefern und inwieweit unser *bewusster* Verstand fähig ist, die verschiedenen Bewusstseins-Lagen wahrzunehmen und infolge dann auch bereit ist, diese anzuerkennen; oder wie bislang leider üblich – nicht anzuerkennen.

Vom Standpunkt einer reduktionistischen, Substanz-basierten Medizin dürften sie ja *eigentlich* nicht wirken, jene Tabletten ohne Wirkstoff, die nur aus Zucker oder Stärke bestehen. Und doch tun sie es. Wenn auch nicht bei allen Menschen und allen Leiden gleichermaßen (Obwohl! – Vielleicht würden sie es ja *doch* können, wenn auch *wir* das Unsrige dazu unterstützend zulassen könnten ...?!) Doch, warum wirken sie überhaupt? *Glaubst du an mich – heile ich Dich!* Da ist wohl mehr als nur ein Körnchen Wahrheit dran ... Andere Fragen sind wissenschaftlich betrachtet noch offen. Zum Beispiel, wie lange die Wirkung anhält, ob Placebos etwa auch Nebenwirkungen haben, oder: Wie man Placebos in der alltäglichen Praxis besser nutzen könnte. Neueste Forschungen geben darauf mittlerweile erste Antworten, auch wenn zugegebenermaßen die Frage, wie „genau" Placebos funktionieren, bis heute wissenschaftlich noch nicht restlos geklärt ist. Leider wird gerade dies immer wieder als Grund vorgeschoben, warum die in dem Zusammenhang ganz offensichtlich förderlichen Wirkungen von der Pharma-Industrie und Medizin ignoriert werden, beziehungsweise kurioserweise geradezu unerwünscht sind.

Trotzdem: In letzter Zeit haben sich mehr und mehr angesehene Wissenschaftler damit beschäftigt. Die vorliegenden Ergebnisse zeigen, dass nicht nur altertümliche und fragwürdige Behandlungen vergangener Jahrhunderte den heilenden Placebo-Effekt hervorzubringen imstande waren, sondern auch so hochentwickelte medizinische Technologien wie die Behandlung im OP – die Operation. Eine im Jahre 2002 im „*New England Journal of Medicine*" veröffentlichte Studie der *Baylor School of Medicine* überwachte Patienten mit schweren Knieschmerzen, die sich operieren lassen wollten (Moseley et al., 2002). Dr. Bruce Moseley, der Leiter der Untersuchung, wusste, dass die Knieoperation seinen Patienten half. Und er bekannte außerdem auch selbst, dass „*... alle guten Chirurgen wissen, dass es im Bereich der Operation keinen Placebo-Effekt gibt.*" Dr. Moseley wollte jedoch für sich herausfinden, welche Art von Operation seinen Patienten am besten half. Er teilte die Patienten der Studie in drei Gruppen auf: In der einen wurde dem Patienten der geschädigte Knorpel abgeschliffen und in der zweiten wurde das Gelenk gespült und damit alles Material entfernt, das eine Entzündung verursachen konnte. Beides gilt heute als übliche Standardbehandlungen für chronische Knieentzündungen. Die dritte Gruppe in diesem klinischen Versuch wurde jedoch nur zum Schein operiert. Der Patient wurde betäubt, Dr. Moseley machte die drei Standard-Einschnitte und redete und bewegte sich so, als führe er eine Operation durch – er planschte sogar mit Salzwasser um für den tief Betäubten die Geräusche der Kniewaschung nachzuahmen. Nach vierzig Minuten nähte Moseley die Schnitte wieder zu, wie er es bei einer gewöhnlichen Operation auch getan hätte. Alle drei Gruppen erhielten genau die gleiche postoperative Behandlung, zu der auch ein Gymnastikprogramm gehörte. [2] Die Ergebnisse waren – medizinisch betrachtet – schockierend. Alle real Operierten erfuhren wie erwartet Besserung. Doch der Placebo-Gruppe ging es genauso gut! Trotz der Tatsache, dass jedes Jahr 650.000 arthritische Knie operiert werden, was jeweils ungefähr 5000 Dollar kostet, war für den Operateur spätestens jetzt die Sache klar. *„Ich glaube nicht, dass eine arthroskopische Operation des Knies bei Osteoarthritis eine größere Besserung bewirkt, als es der bloße Placebo-Effekt kann, und daher empfehle ich sie nicht mehr.“* [3] Dies sagt Dr. Moseley, Professor für Orthopädie im Baylor College in Houston und einer der leitenden Ko-Autoren dieser Studie. Nicht die Operationskünste des operierenden Arztes haben also diesen Menschen geholfen. Vielmehr initiierte die Operation ihre Heilkraft hauptsächlich über den Umweg einer Art indirekten Wirkungsweise – nämlich: Kraft ihrer Autorität. Der Nutzen der Operation war offensichtlich mehr oder weniger allein dem Placebo-Effekt zuzuschreiben. Die mehr als spektakulären Ergebnisse schockierten nicht nur das arrivierte, medizinische Establishment, sondern begannen auch die Regenbogen-Presse und das Fernsehen zu interessieren, welche die erstaunlichen Ergebnisse in äußerst sprechenden Bildern darstellten. So wurden Mitglieder der Placebo-Gruppe gezeigt, die wandern gingen und Basketball spielten – alles Dinge, die vor ihrer „Operation" völlig undenkbar und ihnen unmöglich waren. Man hatte dieser Patientengruppe letztlich erst zwei Jahre nach der Operation mitgeteilt, dass an ihrem Knie gar nichts verändert worden war. Tim Perez, ein Mitglied dieser Gruppe, konnte vor der Operation nur mit einem Stock gehen – jetzt spielte er mit seinen Enkeln Fußball. Er brachte das Thema seiner Heilung bei einem Interview im Discovery-Channel auf den Punkt, als er erklärte: *„In dieser Welt ist alles möglich, wenn man es sich in den Kopf setzt. Ich weiß, dass unser Geist Wunder vollbringen kann.“* [4] Bruno Würtenberger: *„Jetzt ist die Zeit, wo es sich lohnt den Blick auf alternative Heilmethoden zu richten! Es gibt keine unheilbaren Krankheiten, es gibt nur unheilbare Patienten, und was zuerst geheilt werden muss, ist die Einstellung sich selbst, seinem Nächsten und der Krankheit gegenüber. Wenn Du es vermagst Deine Krankheit als Freundin willkommen zu heißen und sie zu lieben, benötigst Du nur mehr wenige Therapien, um große Erfolge zu verzeichnen. Beginne gerade jetzt, indem Du aufhörst ‚schwarz' oder ‚grau' zu malen. Male ‚weiß' und lass Dein Leben wieder farbenfroh, nicht-polar, einheitlich, ganz, heil sein. Erkenne Dich als einen Teil der Fülle, der Göttlichkeit, die Du schon immer warst, bist und sein wirst!"* [5]

---

[2] Siehe auch Kapitel 14: Intuition, Anmerkung 38.

[3] B. Moseley, zitiert: http://www.cbc.ca/health/story/2002/07/10/knee_surgery020710.htm.

[4] T. Perez, zitiert nach: B. Lipton, „*Intelligente Zellen*", S. 138.

[5] B. Würtenberger: „*Free Spirit-Grundkurs – Teil 2*", Zürich 2005, S. 45.

Ein anderes beeindruckendes Experiment zum Placebo-Eeffekt, mit möglicherweise weitreichenden Folgen für den Sport, stammt vom Neurowissenschaftler Dr. Fabrizio Benedetti aus Turin. Es zeigt in eindrücklicher und höchst signifikanter Weise auf, wie „Geist" über unser körpereigenes Informationsnetzwerk in höchst effizienter Weise wirksam wird. Benedetti ließ Probanden im Labor „Faustdrücken". Dies taten sie unter sogenannten „is-chemischen Bedingungen", also mit blutleeren Blutgefäßen, was äußerst schmerzhaft ist. Der Versuchsleiter Univ.-Prof. Benedetti: *„Wir haben den Probanden während der Übungen zwei Wochen lang Morphium gegeben. Solche Präparate sind in realen Sporttrainings erlaubt, nicht aber später im Wettkampf. In der dritten Woche, in der der Wettkampf bei uns im Labor stattgefunden hat, haben wir das Morphium durch ein Placebo ersetzt."* [6]

Ergebnis: Das Placebo (in dem Fall Wasser) vermittelte im Körper einen Morphium ähnlichen Effekt. Benedetti: *„Das Hauptergebnis ist, dass es im Sport möglich ist, die Sportler mit einem Narkotikum, wie zum Beispiel Morphium, derart zu konditionieren, dass sie Schmerzen länger aushalten. Am Tag des Wettkampfes kann man dann das pharmakologische Präparat durch ein Placebo ersetzen: zum Beispiel frisches Wasser. Frisches Wasser kann man nicht als Doping-Substanz im Blut oder Urin entdecken. Bei einer Dopingkontrolle könnte also kein Dopingmittel gefunden werden."* Doch, wie wird – wissenschaftlich betrachtet – ein derartiger *„Dopingeffekt-ohne-Doping"* wirksam und möglich? Physiologisch betrachtet läuft im Gehirn nachweislich dasselbe ab – einerlei ob ein Schmerzmittel zugeführt wird oder ob der Körper von sich aus für Schmerzreduktion sorgt, indem er körpereigene Schmerzmittel, Opioide, ausschüttet, wie das beim Placebo-Effekt der Fall ist. Und jedes Mal werden im Gehirn dieselben Opiat-Rezeptoren besetzt. Dies konnte mit der Substanz Naloxon in Untersuchungen nachgewiesen werden. Naloxon ist ein Opioid-Blocker, der verhindert, dass der Körper schmerzhemmende Opioide freisetzen kann. In dem Fall tritt bei Schmerzpatienten tatsächlich auch keinerlei Placebo-Reaktion auf. Interessant ist, dass körpereigene Schmerzhemmung auf unterschiedlichste Weise ausgelöst oder auch gefördert werden kann. Einerseits veranlasst sie der gesunde Körper, im Moment nach einer akuten Verletzung, selbst: Wir spüren daher im ersten Moment der Verletzung zunächst keinen starken Schmerz. Oder auch – wie oben angesprochen – durch manipulative Konditionierung. Wie man heute aber auch weiß, ebenfalls durch das psychische Gefühl von etwas wie Geborgenheit. Einem kranken Kind, dem ein vertrauter Mensch Mitgefühl entgegenbringt und auch Trost zuspricht, geht es schneller wieder besser. Und dies gilt grundsätzlich für jeden Menschen! – Auch für Erwachsene.

Richten wir den Blick auf die Aufgabe und Haltung arrivierter Trainer während Bruno Würtenbergers *Free Spirit*-Training in angewandter Bewusstseins-Forschung: Auch da wird die *Grund-legende* Bedeutung eines psychosozialen Kontextes deutlich. Ja, hier

---

[6]   F. Benedetti, in: *„Wie Placebos wirken."*, Transkription eines Interviews in: *ORF, Dimensionen – Die Welt der Wissenschaft, 2008* von M. Meier (gilt auch für die nächsten Zitate in Folge).

wird er geradezu *wie-mit-Händen-greifbar*: Die Trainer schaffen dabei mit ihrer steten Präsenz während der Übungen des Kurses eine derartige förderliche Atmosphäre, indem sie den individuellen Wandel und die vielschichtigen Erlebnisse und Einsichten lediglich mit der Haltung höchster Achtung wertschätzend begleiten. Somit wird im Raum eine erlebbare Leichte und Wärme erfahrbar – sozusagen als energetischer Katalysator. Dies erscheint als beste Unterstützung für die Menschen in ihrem je eigenen Erfahrungsprozess. Das Motto dafür, schlicht: *Liebe als Bereitschaft begreifen, einen Raum zu erschaffen, wo Veränderung möglich wird ...* Von ganz ähnlichen Erfahrungen und ihrer Bedeutung weiß auch der Mediziner Fabricio Benedetti zu berichten: *„Was sich heute herausstellt, ist, dass der psychosoziale Kontext rund um den Patienten und rund um die Behandlung, Moleküle im Gehirn aktivieren kann. Und diese Moleküle binden an genau dieselben Rezeptoren wie Medikamente. Das kann gute oder schlechte Effekte haben. Ich kann einem Patienten ein wirkungsloses Medikament geben und ihm sagen, dass es nützt – dann wird es tatsächlich oft nützen. Oder ich kann einem Patienten sagen, dass es schadet – dann schadet es tatsächlich oft. Das ist ein Nocebo-Effekt."* Der Mediziner Dr. Klaus Linde, vom Zentrum für Naturheilkundliche Forschung an der TU München, aus seiner Erfahrung: *„Ich will Ihnen ein Beispiel sagen: Wenn man in einer klinischen Studie von Placebo-Respons spricht – also von einer Pharmastudie beispielsweise – dann gibt es Hinweise, dass, je häufiger die Patienten Kontakte zum Arzt im Rahmen dieser Studie haben, desto stärker ist die Placebo-Respons."* [7]

Neue Erklärungsmodelle für Krankheit und Gesundheit

Auch die sogenannte *Psychoneuroimmunologie* [8] nahm ihren Anfang aufgrund von Experimenten und zunächst unerklärlichen Phänomenen, ähnlich jenen des zuvor zitierten Turiner Neurowissenschaftlers Dr. Benedetti. Es waren jene bahnbrechenden Untersuchungen der beiden Forscher Robert Ader und Nicholas Cohen zu Beginn der 1980-er Jahre. Mit der Psychoneuroimmunologie begann dazumal eine neue Ära der Psychosomatik. Die beiden beobachteten, wie im Rahmen eines ihrer Experimente viele ihrer Versuchstiere unerklärlicherweise starben. Ihr Experiment sah folgendermaßen aus: Die Forscher hatten ihren Tieren über längere Zeit Wasser vorenthalten. Anschließend boten sie den Versuchstieren gleichzeitig mit einer Saccharin-Lösung (Süßstoff) auch Zyklophosphamid an, eine chemische Substanz, die zu schweren Nebenwirkungen im Verdauungstrakt führt, aber auch zu einer starken Unterdrückung des Immunsystems. Als die beiden Forscher den Tieren nach einiger Zeit lediglich Saccharin, ohne Beigabe von Zyklophosphamid, gaben, zeigte sich, dass nur das Saccharin, für sich allein verabreicht, in der Folge imstande war, eine – zum Tod führende – Störung des Immunsystems der Tiere

---

[7] K. Linde, in: *„Wie Placebos wirken."*, Transkription, in: *ORF Dimensionen – Die Welt der Wissenschaft, 2008*, von: M. Meier.

[8] Siehe auch Kapitel 8: Immunsystem, Anmerkung 18.
   Siehe auch Kapitel 12: Fühlen, Anmerkung 6.

auszulösen. Schlussendlich kam es bei den Tieren, allein durchs Riechen des Saccharins, welches die Versuchtiere davor immer nur in Verbindung mit dem Zyklophosphamid kennengelernt hatten, zur tödlichen Schwächung ihres Immunsystems. Ader und Cohen kamen durch diese Experimente zu dem doch überraschenden Schluss: *„Wenn man diese Reiz-Paarung, diese Kopplung zwischen den beiden Reizen, öfters macht, reicht am Ende nur mehr die Gabe des gesundheitlich unbedenklichen Saccharins aus, um die gesundheitsschädigenden Reaktionen des fortan nicht gegebenen zweiten Stoffes im Immunsystem hervorzurufen.“* [9]

Aus diesem Verständnisansatz ergab sich die Fragestellung, ob und inwieweit sich das menschliche Immunsystem zum Beispiel unter Hypnose, oder eben auch ganz grundsätzlich durch jegliche etablierte persönliche Überzeugung im Bewusstsein beeinflussen lässt. Heute weiß man, dass dieser Funktionszusammenhang *grundsätzlich* besteht, und es dieser Wirksamkeitsmechanismus ist, der zu Krankheits-, aber auch Spontanheilungs-Phänomen führt. Doch davon gleich im nächsten Abschnitt.

Auch der Name der neuen Forschungsrichtung geht übrigens auf den amerikanischen Forscher Robert Ader, Professor für Medizin und Psychiatrie an der Universität von Rochester zurück, der 1981 unter dem Titel *„Psychoneuroimmunologie“* einen Sammelband zum damaligen Stand des Evidenz-basierten Wissens über die Zusammenhänge zwischen Nerven-, Hormon- und Immunsystem herausgab. Seither wurde das Wissen über die Interaktionen dieser komplexen Systeme durch eine Vielzahl von Forschungsarbeiten erweitert.

Selbstheilung

„Der Begriff der Selbstheilung existiert schon seit alters her. Der Körper heilt sich dabei selbst, ich meine aber, dass man dies auch anders ausdrücken kann: Die Gene befehlen dem Körper, sich selbst zu heilen. Mit anderen Worten, der Körper ist mit einem eingebauten Heilungsprogramm ausgestattet. Im Körper kann nichts passieren, was nicht bereits in den Genen geschrieben steht. Zu unserem Glück können unsere Gene aus zahllosen Optionen wählen; der große Anteil jener Gene, die nicht genutzt werden, trägt die Möglichkeit zur Selbstheilung in sich. Was demnach heute von unseren Genen zum Ausdruck gebracht wird, ist nicht das letzte Wort. Gute Gene können eingeschaltet und schädliche abgeschaltet werden. Wir alle haben Gene, die Krankheiten verursachen können, und gleichzeitig Gene, die Krankheiten unterdrücken können. Es sind bereits sowohl Krebs verursachende als auch Krebs hemmende Gene gefunden worden; wenn sie gemeinsam existieren, halten sie das Gleichgewicht. Mit anderen Krankheiten ist es ebenso. Das Wichtige dabei ist das Gleichgewicht. [10]

---

[9] Zitiert in: *„Psychoneuroimmunologie – Neue Erklärungsmodelle für Krankheit und Gesundheit.“*, Transkription, in: *ORF, Dimensionen – Die Welt der Wissenschaft, 2008* von: E. Schütz.

[10] K. Murakami: *„Der göttliche Code des Lebens“*, Güllesheim 2008, S. 47f.

Aktuell sind die Placebo Diskussionen vor kurzem durch die Ergebnisse der weltweit größten Akupunkturstudie erneut aufgeflammt. In dieser Studie wurden die Daten von einer Viertelmillion deutscher Schmerzpatienten berücksichtigt. Menschen mit chronischen Kopfschmerzen, chronischen Rückenschmerzen und chronischen Kniegelenksschmerzen wurden in drei Gruppen eingeteilt. Eine Gruppe bekam eine standardisierte schulmedizinische Behandlung, zum Beispiel mit Bewegungstherapie, Physiotherapie und Arzneimitteln. Eine zweite Gruppe erhielt eine Akupunktur-behandlung nach der Traditionellen Chinesischen Medizin (TCM) und für die dritte Gruppe ließ man sich – ähnlich wie in der bereits anfangs angesprochenen Studie von Dr. Moseley – etwas Spezielles einfallen: eine Schein-Akupunktur. Da wurde zwar auch gestochen, aber sehr oberflächlich und mehrere Zentimeter abseits der Akupunkturpunkte. Dr. Klaus Linde hat einen wesentlichen Teil der Studie mitbetreut. Er sagt dazu: *„Die Ergebnisse sind insgesamt ziemlich frappierend. Man kann eigentlich querdurch sagen, dass Akupunktur ganz offensichtlich recht gut wirkt, also dass ein erheblicher Anteil der Patienten eine klinisch relevante Besserung hatte. Was bei chronischen Schmerzen ja nicht so ohne weiteres zu erreichen ist. Der Erfolg liegt so bei etwa 50 %."*[11]

Es gab allerdings noch weit größere Überraschungen! – Nochmals der Arzt Klaus Linde: *„Das Verrückte ist, dass sich in fast allen dieser Studien, die diese ‚Schein-Akupunkturkontrolle' hatte, ein teilweise gleich guter, manchmal ein kleinwenig schlechterer Effekt gezeigt hat. Und das frappierendste Ergebnis, das jetzt die Arbeitsgruppe – vor allem, die die Bochumer Studien, also die sogenannten Gerax-Studien gemacht hat – herausbekommen hat, ist, dass es dort zum Teil deutlich besser war, als durch die Leitlinien-basierte Standard-Therapie; d.h: als eine Therapie, die von den wissenschaftlichen Fachgesellschaften als die bestverfügbare angepriesen oder beurteilt wird. Das allerseits am meisten Frappierende ist wohl, dass eben auch die ‚falsche Akupunktur' für zwei der Indikationen – nämlich beim chronischen Rückenschmerz und bei der Knie gelenksarthrose – besser war, als die Leitlinien-basierte Standard-Therapie."*

So stellt sich die Frage: Ist also auch Akupunktur nichts als hochwirksames Placebo?! Egal wo, Hauptsache, man sticht? Wirkt es primär, weil es *gefällt?* – Darauf weist ja dieses Wort „Placebo" gerade auch hin. Es scheint jedenfalls in unserem, von Natur aus auf Saluto-Genese, auf Gesundung, ausgerichteten *Körper-Geist* einen entscheidend wichtigen Informations-Impuls auszulösen.

Nochmals Klaus Linde mit (s)einem Versuch der Erklärung: *„Man muss sich vorstellen, dass diese Patienten im Durchschnitt zwölf Mal gekommen sind und also eine Nadelungsbehandlung bekommen. Es ist davon auszugehen, dass eigentlich alle leichten Schmerzreize, die wiederholt gegeben werden, eine gewisse Wirkung auf das Schmerz gedächtnis haben. Das heißt, man geht davon aus, dass ein Teil dieser Wirkung*

---

[11] K. Linde, in: *„Wie Placebos wirken.",* Transkription, in: *ORF Dimensionen – Die Welt der Wissenschaft, 2008,* von: M. Meier (gilt auch für die nächsten Zitate in Folge).

möglicherweise durch einen leichten Schmerzeffekt, den man sozusagen setzt, der nicht unbedingt punktspezifisch ist, ausgeübt wirkt."

Die Akupunktur hat – mittlerweile auch im Westen – ein ausgesprochen gutes Image. Das kommt dabei als nicht unwesentliches Moment natürlich noch dazu, kein zu vernachlässigender Faktor für den Placebo-Effekt, wie Klaus Linde weiß: *„Es scheint so zu sein, dass eine positive Einstellung zu der Therapie auch noch einmal die Wahrscheinlichkeit erhöht, einen guten Respons zu bekommen. Ich nehme an, dass man, im Gesamten gesehen, wohl eine Kaskade von ineinandergreifenden Effekten hat."* Trotzdem: Für die Lehre der Traditionellen Chinesischen Akupunktur, mit ihrem Konstrukt fest vorgegebener Punkte und energetischer Meridiane, sind die Ergebnisse der Studie verständlicherweise *„problematisch"*. Und das, obwohl ja auch hieran deutlich wird, dass es ja auch ihr alteingesessener Glaube an diese ihre bewährte Methode ist, der das Massenbewusstsein bestimmt und die Heilung in höchstem Maße unterstützt.

Fassen wir es kurz in etwas anderer Weise zusammen: Erstens scheint hier offenbar zu gelten: Ein leichter Schmerz-Reiz vertreibt sozusagen einen starken Schmerz! Und zweitens: Die wesentliche Rolle und Bedeutung für Beginn und Möglichkeit der Heilung scheint nicht die gängig zweifelnde Frage unseres Verstandes zu spielen: *Was **soll** ich glauben?!* sondern die Frage: *Was **will** ich glauben?* [12] Worauf bin ich also bereit mein Vertrauen zu richten? *Will* ich mich überhaupt *wirklich* unterstützen?! Bin ich bereit, an die Möglichkeit meines Gesund-Werdens auch wirklich glauben zu *wollen*? Dass der eigene Glaube helfen kann ist mittlerweile auch wissenschaftlich außer Streit gestellt. Ob ich es allerdings glauben will, haben wir selbst außer-Streit-zu-stellen. Nicht durch den Verstand mit (s)einem opportunistischen Positiv-Denken-Wollen, sondern durch ein neu erfühltes Wissen, dass wir gesund *sind*, sowie unsere innere Verbindung mit dieser Wahrheit unseres „hellen Geistes" (etymologisch: Mittelhochdeutsch, Holländisch: „heel" = heil, ganz). Auf die radikale Bedeutung dieses Wandels im Bewusstseins werden wir auch noch ausführlicher zurückkommen. Diese Art von *Glauben*, dieses Für-möglich-Halten sowie die Kraft der Offenheit auf etwas Unbekanntes zuzugehen und darauf fühlend zu vertrauen, nimmt in unserer Kultur auffallend zu. Es scheint, unter diesem Vorzeichen betrachtet, mehr und mehr damit zu tun zu haben, was wir – gerade auch durch die für unseren Verstand erstaunlichen Versuchsreihen und Ergebnisse neu sensibilisiert – mittlerweile bereit sind, unter dem Begriff „Medizin" zu fassen, anstatt es billig mit Esoterik abzutun. Viel scheint mittlerweile dafür zu sprechen, dass auch in unserer westlich-verstandesmäßig bestimmten Medizin die Jahrhunderte alten, künstlich gesetzten Grenzen wieder fallen, dieser „Eiserne Vorhang" eines reduktionistischen Menschenbildes. Und, dass wir im Begriff sind, uns wieder einem holistisches Verständnis zu öffnen: Nur wenn wir bezüglich Medizin und Spiritualität denselben Grundsätzen Gültigkeit beimessen, kann *nachhaltiges Gesunden* die entsprechende Unterstützung finden – beziehungsweise so erst möglich werden.

---

[12] Siehe auch Kapitel 8: Immunsystem, Anmerkung 30.

Die Wirksamkeit und Effizienz eines solchen Herangehens – wenn auch in gänzlich anderer Weise – kann während der *Free Spirit*-Schmerz-Übungen (Übung 23 und 24: „*Schmerzen lösen*", beziehungsweise „*Das Schmerz-Thema lösen*") simultan persönlich erlebt werden. Auch diese Übungsansätze arbeiten erfolgreich nach demselben Prinzip: Sind wir *absichtsvoll und ohne Wertung* bereit, den Schmerz (physischer oder psychischer Schmerz) zu fühlen, lassen wir ihn also für uns fühlbar und ohne Widerstand zu – so kann diese In-*forma*-tion auch auf die unbewusste Ebene unseres Körper-Geistes wirken und dort, gestützt auf die Intelligenz und Weisheit seines Botenstoff-Netzwerks, den Heilungsprozess physiologisch und mental in Gang setzen.

Die weise Verbindung von Medizin mit dieser Art von „Glauben" ist uns ja auch in unserer westlichen Kultur durchaus bekannt. Sie wurde jedoch als Reaktion der Aufklärung auf die allseits bekannte kirchlich-dogmatische Engstirnigkeit, leider sozusagen als *Kind-mit-dem-Bade-ausgeschüttet*. Denn diese medizinisch-spirituelle Heilkraft wurde auch für unsere westliche Kultur als Weisheit, als „*Weg, Wahrheit und Leben*" formuliert: „*Darum aber sage ich euch: ,Alles, was ihr bittet in eurem Gebet, glaubet nur, dass ihr's empfangen werdet, so wird's euch werden.*" [13], oder auch: „*Dein Glaube hat Dich gesund gemacht.*" [14] Wir kennen natürlich auch aus anderen Bereichen des gesellschaftlichen Lebens, dass Überzeugungen ansteckend sind; zum Beispiel in der Werbung: So entsteht Mode. So entsteht eine Veränderung in der Art des Bauens, der Architektur, der Kultur. Wenn genügend Menschen daran glauben, dass sie, so sie *mit-der-Mode-gehen* auch mit dem „Zeitgeist" in Verbindung stehen, kann Wohlgefühl und Zufriedenheit beim Kunden erzeugt beziehungsweise ausgelöst werden. Sollten Sie jetzt das Gefühl haben, dass Sie Derartiges nicht begrüßen würden, weil wir natürlich wissen, wohin das auch führen kann und in der Vergangenheit ja auch führte, dann sei Ihnen diese Wertung natürlich unbenommen. Ich vermute, wir stimmen trotzdem im Erkennen und Konstatieren der angesprochenen *Wirkungen* überein, und nur darum geht es zunächst mal hier. Glaube wirkt eben unabhängig davon, ob wir in unseren *bewussten Wertungen* inhaltlich damit übereinstimmen (wollen würden) oder nicht. Diese Tatsache aber darf durchaus unser Nachdenken anregen und unsere Entscheidung beeinflussen, *womit* wir da übereinstimmen *wollen*. Gerade, wenn es so offensichtlich auf unser inneres Übereinstimmen ankommt, was wir – bis ins Physiologische – erleben werden.

Die eminente Bedeutung des menschlichen Bewusstseins, seine innere Ausrichtung sowie jene des Massenbewusstseins wird heute auch auf einem fast schon kuriosen Feld deutlich: Während es früher des Bewusstseins eines Franz von Assisi bedurfte – von dessen missionarischem Eifer bekannt ist, dass er auf einer Reise in den Orient und angesichts der Ungläubigkeit des Sultans von Palästina, vor diesem die so genannte *Feuerprobe* ablegte und über glühende Kohlen ging, um die „Wahrheit seines christlichen Glaubens" zu bestätigen – ist dies heute praktisch jedem möglich, der solches selbst

---

[13] Jesus, zitiert nach: „*Die Bibel / Neues Testament.*", *Markus 11/24.*
[14] Jesus, zitiert nach: „*Die Bibel / Neues Testament.*", *Markus 5/34.*

erleben will. So wurde es in den letzten Jahren in Manager-Trainings zur Mode (nicht bei *Free Spirit*!), derartige *Feuerläufe* in die Seminare einzubauen. Hier geht es um mentale Ausrichtung und um ein Herstellen der Offenheit, beziehungsweise der Öffnung für eine ungewohnt neue Ebene, welche jenseits unseres, in alten Vorstellungsmustern blockierten, Verstandes liegt. Da mittlerweile immer mehr Teilnehmer erleben, dass es ohne Verbrennungen möglich ist *über-glühende-Kohlen-zu-gehen* und immer mehr Menschen von diesen Phänomenen auch hören, wird es natürlich sukzessive immer leichter, sich darauf einzustellen, einzulassen, *es-zu-können*. (Halten Sie es eigentlich für möglich, dass man als körperlicher Mensch nicht nur über glühende Kohlen, sondern gar „*über-das-Wasser-gehen*" kann – oder sich gar „*unsichtbar-machen*" [15]? Oder auch: Dass man irgendwo in der Landschaft des Heimatlandes plötzlich – und für jeden hörbar! – die Stimme eine Freundes aus Übersee vernehmen kann?! Sorry, richtig: *Das gibt´s ja heute wirklich schon!*) Oder betrachten wir beobachtbare Phänomene der Fähigkeiten von übermenschlichem Körperkräfte-Einsatz, wo eine Mutter unter Extrembedingungen nachweislich imstande ist, mehr als eine Tonne zu heben, um ihr darunter eingeklemmtes und gefährdetes Kind hervorzuziehen ... Solche und ähnliche Erfahrungen sind ja heute hinlänglich bekannt. Glaube und Wille können ganz offensichtlich *Berge versetzen*. Erwähnen möchte ich an dieser Stelle allerdings, dass ich dies durchaus im vollen Bewusstsein sage, dass sich meiner Einsicht und Auffassung nach das *eigentliche* Wunder weniger im *über-das-Wasser-Gehen* ausmachen lässt, sondern vielmehr im *auf-der-Erde-Gehen* eines wirklich freien, erwacht-erwachsenen menschlichen Bewusstseins – was ja auch zentrales Anliegen des vorliegenden Buches ist.

Placebo – Nocebo

Der Placebo-Effekt ist – unaufgeregt und ganz schlicht gesagt – im Grunde etwas höchst Alltägliches. Etwas, das ständig stattfindet. Es passiert umso häufiger, wenn es bereits einmal funktioniert hat. Nach dem Genuss von zu viel Alkohol hilft zum Beispiel ein Aspirin oft schon – bevor es seine Wirkstoffe abgegeben hat. Der Grund?! Die Wirkung wird erwartet. Das gilt im Guten wie im Schlechten. Der Neurowissenschaftler Serge Mageau von der Universität Québec in Kanada veranschaulicht dies mit einem Beispiel: *„Nehmen wir an, Ihnen war übel, weil Sie krank waren und haben damals irgendetwas*

---

[15] Laut dem Wissenschaftler und Physiker Michio Kaku, Professor für Theoretische Physik an der Universität New York – er gilt als *„einer der weltweit bedeutendsten Physiker"* (SPIEGEL Online) – gibt es physikalische Unmöglichkeiten ersten, zweiten und dritten Grades. „Physische Unsichtbarkeit" nimmt laut Kakus Einschätzung den Rang einer *physikalischen Unmöglichkeiten ersten Grades* ein. Dies bedeutet: Eine technische Umsetzung bis zur ökonomische Marktreife wird innerhalb der nächsten 2-3 Jahrzehnte erwartet. Pilotprojekte mit einer neuartigen Substanz beweisen deren technische Fähigkeit, den jeweils räumlichen Hintergrund eines Objektes optisch an dessen Vorderseite sichtbar werden zu lassen, sodass nur noch durch z.B. Sandbestrahlung der Körper sichtbar würde. M. Kaku: *„Die Physik des Unmöglichen."*, Hamburg 2008, S. 38ff, S. 59.

getrunken. Wenn Sie dieses Getränk das nächste Mal riechen, sind Sie konditioniert und es kommt zu einer sogenannten Nocebo-Reaktion, das ist das Gegenteil einer Placebo-Reaktion. Sie brauchen gar nichts trinken. Der bloße Geruch reicht schon, dass Ihnen schlecht wird."[16] Serge Mageau war es auch, der bereits in den 90-er Jahren des letzten Jahrhunderts mit Probanden Tests durchführte, und so die Macht der Erwartungshaltung veranschaulichen konnte. Es gelang ihm, einen physiologischen Mechanismus, der als Schmerz-hemmend bekannt ist, im Laborversuch in sein physiologisches Gegenteil zu verkehren! Normalerweise gilt Folgendes als verlässliches Schmerzlinderungsmittel: Wenn auf der einen Hand durch starke Hitze oder Verbrennung Schmerz entsteht, die andere Hand in ein Becken kaltes Wasser zu tauchen. Dazu der Forscher selbst: *„Das schaltet ein System an, das körpereigenes Opioid freisetzt und auch andere Botenstoffe wie Serotonin oder Adrenalin. Dadurch werden Schmerzen gehemmt. Das ist ein sehr starkes System. Es reduziert die Schmerzempfindung um bis zu 50 %. So stark, wie wenn sie Morphium bekämen. Nun, was haben wir im Labor gemacht ...? Wir haben einige gesunde Probanden ausgewählt und ihnen gesagt, dass sie mehr Schmerzen spüren werden, wenn sie ihre Hand in kaltes Wasser tauchen. ‚Was für ein fieses Experiment!' haben sie gesagt. Aber sie haben es für die Wissenschaft gemacht. Wir haben ihnen mit Hitze Schmerzen auf einer Hand zugefügt. Es ist dann genau das passiert, wovon wir ausgegangen sind. Wir haben den Effekt total umgedreht. Das endogene System war blockiert, es gab überhaupt keine Schmerzhemmung.*"

Die beschriebene Wirkung gilt als Nocebo-Effekt. Und auch diese Wirkung von Erwartungen bestätigt sich auf dem weiten Feld alltäglicher Erfahrung. Menschen sprechen allerdings durchaus unterschiedlich stark auf Placebos und Nocebos an. Das „Verhexen" im Voodoo oder auch die Erfolge sogenannter Wunderheiler, aber auch nachweisliche Spontanheilungen lassen sich damit erklären. Der Baseler Psychiater Dr. Jakob Bösch hat Erfahrungen damit. Er arbeitet teilweise mit spirituellen Heilern zusammen. Jakob Bösch: *„Ich habe Leute kennengelernt, die gesagt haben: ‚Ich wurde vor 20 Jahren geheilt.' Diejenigen, die ich selber verfolgen konnte, die haben zum Teil dramatische Besserungen erlebt. ... **Und das ist eine Quintessenz, die ich von allen diesen Methoden eigentlich ziehe: Es hat mit den Menschen selber zu tun, mit dem, der Heilung sucht.** Ja, eigentlich mit beiden. In dem Sinne gilt auch nicht die Indikation für bestimmte Krankheiten. Man sagt: Alle Krankheiten können im Prinzip geheilt werden, aber nicht bei jedem Menschen und nicht von jeder Heilerperson.*"[17]

Heiß diskutiert wird die Frage, ob es eine typische Placebo-Persönlichkeit gibt. *„Nein.*", sagt der Tübinger Psychologe, Univ.-Prof. Paul Enck. Er ist Forschungsleiter für psychosomatische Medizin und Psychotherapie an der Universität Tübingen. Sein

---

[16] S. Mageau, in: *„Wie Placebos wirken*", Transkription, in: *ORF, Dimensionen – Die Welt der Wissenschaft, 2008*, von: M. Meier (gilt auch für das nächste Zitat in Folge).

[17] J. Bösch, in: *„Wie Placebos wirken.*", Transkription, in: *ORF, Dimensionen – Die Welt der Wissenschaft, 2008*, von: M. Meier.

Forschungs-Schwerpunkt: *Selbstheilungskräfte des Körpers und Placebo-Effekt.* Der Forscher hat – ausgehend von der obigen Fragestellung – wissenschaftliche Studien im Nachhinein daraufhin untersucht. Auffällige Korrelationen ergaben sich dabei unter anderem zum Beispiel bei Bauchschmerzen zwischen *Placebo-Empfindlichkeit und Übergewicht* oder zwischen *Placebo-Empfindlichkeit und Nichtrauchen.* Paul Enck: „*In dieser Studie waren alle Placebo-Responder Nichtraucher. Kein einziger Raucher dabei, von 35! Das ist überzufällig und deswegen ein Hinweis. Und das könnte nun wiederum zweierlei sein: Das könnte etwas Psychologisches sein. Die könnten über empfindlich sein, übersuggestibel, glauben, was auf der Packung steht: ‚Rauchen schadet Ihrer Gesundheit‘. Oder aber, sie könnten den biologischen Mechanismus haben, der sie überempfindlich macht – zum Beispiel gegenüber Nikotin. Der dann – was man bei Nikotin eigentlich kennt, dass Nikotin das Belohnungssystem aktiviert – dass dieser Mechanismus dann nicht auftritt. Aber das sind sozusagen Hinweise aus einer Studie bei hunderttausend Studien. Es gibt sicherlich in jeder Studie Leute, die nicht auf Placebo reagieren. Aber es gibt auf der anderen Seite natürlich auch Leute, die in der einen Studie nicht reagieren und in der anderen Studie halt reagieren. Also das lässt sich im Moment sicherlich nicht so mit einem einfachen Persönlichkeitsprofil vorhersagen.*“ [18]

Der Placebo-Effekt ist nicht nur bei Schmerzen oft beobachtet worden, sondern zum Beispiel auch bei Depressionen, Asthma und bei der Parkinson-Krankheit. Diese ist von Zittern, Steifheit der Muskeln und verlangsamten Bewegungen gekennzeichnet. Der Neurologe und Parkinson-Spezialist Univ.-Prof. John Stössl von der British Columbia Universität in Vancouver / Kanada hat mit Bild-gebenden Verfahren festgestellt, dass Scheinmedikamente die motorischen Leiden der Kranken annähernd gleich gut lindern wie echte Medikamente. Eine doppelte Schlüsselrolle dabei spielt der Botenstoff Dopamin. Professor Stössl: „*Wir haben Folgendes gesehen: Wenn die Patienten gedacht haben, dass sie eine wirksame Injektion zur Minderung der Parkinson-Symptome bekommen, wurde viel Dopamin freigesetzt. Dazu muss man wissen, dass die Symptome von Parkinson auf einen Mangel an Dopamin im Hirn beruhen. Als Neurologen wissen wir, dass das Dopamin die Motorik steuert, aber es hat noch eine andere wichtige Rolle: Es signalisiert Belohnung. Wenn Sie krank sind und Sie bekommen eine Behandlung, nach der Sie sich besser fühlen, so ist das eine Belohnung. Deswegen denken wir, dass für den Placebo-Effekt ganz allgemein die Stimulierung des Belohnungssystems im Hirn erforderlich ist, und dass das Dopamin nicht nur bei der Placebo-Wirkung von Parkinson eine Schlüsselrolle spielt, sondern bei allen Placebo-Effekten.*“ [19]

Und – vielleicht überraschend – auch bei Tieren kann im Immunsystem Ähnliches bezüglich eines Placebo-Effekts beobachtet werden wie bei Menschen. Dies haben unter

---

[18] P. Enck, in: „*Wie Placebos wirken.*“, Transkription, in: *ORF, Dimensionen – Die Welt der Wissenschaft*, 2008, von: M. Meier.

[19] J. Stössl, in: „*Wie Placebos wirken.*“, Transkription, in: *ORF, Dimensionen – Die Welt der Wissenschaft*, 2008, von: M. Meier

anderem Versuche mit Ratten gezeigt. Während der klinischen Versuche haben die Tiere eine süßliche Flüssigkeit zu trinken bekommen, kombiniert mit einem Medikament, dass das Immunsystem beeinflusst. Das Immunsystem wurde auch dann noch verändert, wenn die Ratten nur mehr die süßliche Flüssigkeit bekamen, ohne das Medikament. Manfred Schedlowski vom Institut für Medizinische Psychologie- und Verhaltens-Immunbiologie der Universität Duisburg-Essen hat solche Tests mit Immun-unterdrückenden Substanzen durchgeführt. Er hat gezeigt, dass derartige Konditionierungen des Immunsystems nicht nur bei Ratten funktionieren, sondern eben auch bei Menschen. Professor Manfred Schedlowski: *„Und zur Zeit versuchen wir uns diesen Fragen zu widmen, die da enorm wichtig sind. Beispielsweise die Frage: ‚Wie lange hält dieser Lerneffekt im Immunsystem an?' Da kann man noch nicht viel dazu sagen. Eine wichtige Frage: ‚Wie spezifisch ist das?', ‚Macht das genau das Gleiche wie das Medikament auch?' Da sind wir schon ein bisschen weiter und sehen schon, dass es relativ spezifisch ist – dieser Lernprozess. Und der dritte Aspekt: ‚Die Frage, die wir bisher auch nicht so eindeutig klären können: Konditionieren wir denn auch die schädlichen Nebenwirkungen dieser Medikamente mit? Das machen wir anscheinend nicht. Weil, solche Konditionierungsprozesse, die wir so gelernt haben, laufen über einen anderen Weg – über einen anderen molekularbiologischen Weg wahrscheinlich auch. Und insofern ist die Wahrscheinlichkeit eher groß, dass wir diese negativen unerwünschten Nebeneffekte nicht mitkonditionieren."* [20]

Derartige Placebo-Forschungen und Erkenntnisse sind medizinisch von eminenter Bedeutung, da mehr und mehr deutlich wird, dass das Immunsystem auch selbst bei der Entstehung vieler Leiden die Hauptrolle zu spielen scheint. Zum Beispiel bei Allergien. Allergiesymptome lassen sich, wie wir heute wissen, über die klassische Konditionierung mit Placebos lindern. Das hat die Essener Psychoneuroimmunologin Dr. Marion Hagemann-Goebel bei Menschen mit Hausstaubmilben-Allergie nachgewiesen.

Worauf es letztlich ankommt, ist die medizinische Anerkennung und Anwendung des praktisch-medizinischen Nutzens von Placebos. Der Tübinger Medizinethiker Urban Wiesing, Professor für Ethik und Geschichte der Medizin an der Philosophischen Fakultät der Universität Tübingen hat sich in seinem Buch *„Wer heilt, hat Recht"* mit diesem Problem eingehend beschäftigt und schlägt als Lösung vor: Bewusst nutzen, was gute Ärzte seit Jahrhunderten tun, nämlich den Placebo-Effekt (be)achten. Der sei nämlich *„... weit mehr als ein Placebo!"* Spricht man in einer klinischen Studie – also einer Pharmastudie zum Beispiel – von Placebo-Respons, dann gibt es Hinweise, dass Placebo-Respons umso stärker ist, je häufiger die Patienten Kontakte zum Arzt im Rahmen dieser Studie haben. Das heißt, die Zeit, die ein Patient mit dem Arzt verbringt, scheint einer der Prädiktoren für Placebo-Respons zu sein. Der Tübinger Psychologieprofessor Paul Enck: *„Wenn Sie so wollen: Gute Ärzte machen das. Die wissen, dass ein 30 Minuten Gespräch effizienter*

---

[20] M. Schedlowski, in: *„Wie Placebos wirken.",* Transkription, in: *ORF, Dimensionen – Die Welt der Wissenschaft, 2008,* von: M. Meier; Siehe selbes Kapitel, Anmerkung 9

ist als die Verschreibung eines Rezepts." [21] Auch auf diesem – diesmal physiologischen – Feld, scheint sich einmal mehr die These des bekannten österreichischen Quantenphysikers und Leiters des Instituts für Experimentalphysik der Universität Wien, Anton Zeilinger, zu bestätigen, der für seinen Bereich als Folge seiner Forschungen erkannt hat: *„Das Weltbild steht überhaupt nicht fest. Wir haben gerade erst begonnen, darüber nachzudenken.*" [22] Was jedoch auf diesem Feld – trotz aller noch bestehender Unklarheiten – wissenschaftlich bereits deutlich erwiesen ist: Es gibt ganz offensichtlich – wie auch im zuvor angeführten Beispiel angesprochen (*Rauchen schadet Ihrer Gesundheit.*) – eine *physiologisch signifikant wirksame Bedeutung* von gefühlsmäßig anerkannten Überzeugungen – ob einem diese Überzeugungen bewusst sind, oder nicht! Und: Es gibt ganz offensichtlich nichts Grundlegenderes, Wirksameres, als das Gefühl – *positiv* oder *negativ* –, welches von unserem Glauben an eine Sache, an eine Vision, Idee als Wirksamkeit „in-die-Welt" gesetzt wird. Einerlei, ob Außen- oder Innen-Welt! [23]

Die für uns als Menschheit und für unsere Zukunft alles-entscheidenden Fragen scheinen einer auch wissenschaftlich ernstzunehmenden Klärung zuzusteuern: *,Wie entsteht Wirklichkeit?' ,Wie entsteht Gesundheit?'* – Werden *so* Wirkungen erfolgreich in Gang gesetzt ...?! Wenn ja: Unabsehbar, welche Bedeutung für eine revolutionär neue Pädagogik daraus erwachsen könnte – von den Konsequenzen für ein zukünftiges Gesundheitswesens ganz zu schweigen!

Dazu abschließend der Physiker Univ.-Prof. Frank Close – Leiter der Abteilung für Theoretische Physik am berühmten Rutherford Appleton Laboratory und Forscher am Europäischen Zentrum für Elementarteilchenphysik CERN [24]: *„Eines Tages werden wir vielleicht Strukturen finden, die wir uns im Traum nicht vorstellen können.*" [25]

---

[21] P. Enck, in: *„Wie Placebos wirken."*, Transkription, in: *ORF, Dimensionen – Die Welt der Wissenschaft, 2008*, von: M. Meier.

[22] A. Zeilinger: *„Einsteins Schleier – Die neue Welt der Quantenphysik."*, München 2003, Buchumschlag. Siehe auch Einleitung, Anmerkung 2
Siehe auch Kapitel 15: *„Im Anfang war ..."*, Anmerkung 14, 15.

[23] Siehe auch Kapitel 5: Überzeugungs-Netze und Leben, Anmerkung 13.

[24] Europäisches Centrum für Elementarteilchenphysik – CERN – bei Genf.

[25] F. Close: *„Luzifers Vermächtnis – Eine physikalische Schöpfungsgeschichte."*, Berlin 2004, S. 271.

Kapitel 10: Überzeugung und Gesundheit

Neues Bewusstsein – für eine neue Welt

Vieles spricht dafür, dass wir heute in einer Zeit umfassender Wandlung leben. Vielleicht kann sich diese Einschätzung auch daran verdeutlichen, dass heute die vormals natürliche Angst des Menschen *vor* der Natur nunmehr vermehrt umschlägt in eine Angst *um* die Natur – um die Gesundheit dieses Planeten. Eine Sorge, welche letztlich wohl Sorge um Wohl und Wehe des Menschen selbst darstellt – um seine Gesundheit, sein Leben und – Überleben auf dieser Erde. Welches sind die diesem Zeitalter der Wandlung entsprechenden, neuen und kreativen sowie eigenverantwortlichen Möglichkeiten, durch unser Bewusstsein und unseren Willen, als Zeitgenossen gestaltend in diese Welt und ihre Entwicklungen einzugreifen …?! Es haben sich heute viele neue Felder wissenschaftlicher Forschung eröffnet. Forschungsfelder, die uns überraschend Neues finden lassen. Und, wir werden als Menschheit notwendigerweise auch neue Wege einzuschlagen haben, wenn jene entscheidenden Veränderungen Platz greifen wollen, welche diese Welt und die heutige Zeit-Situation von uns Menschen einfordern. Das vergangene Zeitalter der Analyse wird einem der Synthese weichen müssen …

Phänomenologische Theorien – und darüber hinaus …

Der Arzt und Anthropologe DDr. Matthias Beck, mit Zusatzstudien im Bereich Psychosomatische Medizin, Pharmazie und eben Anthropologie, hat bereits vor Jahrzehnten in seiner Dissertation, als er sich mit dem Phänomen und Krankheitsbild von Allergien auseinandersetzte, erkannt, dass hinter solchen Symptomen eben auch seelische Phänomene verborgen seien. Vielleicht nicht allzu neuartig – könnte man sagen. Für ihn allerdings war es eine Einsicht, die sein diesbezügliches Interesse ein Leben lang nicht mehr losließ. Und auch wenn er im Moment keine Forschung in diesem Bereich betreibt, so verfolgt er doch sehr genau, was es an wissenschaftlichen Publikationen dazu gibt. Beck: *„Bis vor 10, 15 Jahren dachte man, dass die Information für den Körper – auch für Krankheit und Gesundheit – in den Genen liegt. Man sucht dann das Gen für Fettleibigkeit, man sucht das Gen für Diabetes und ich weiß nicht was. Das ist aber eine sehr eindimensionale Sicht der Dinge, denn man weiß inzwischen, dass Gene aktiviert werden müssen und inaktiviert werden müssen. Und diese Aktivierungsprozesse, die laufen ab durch die sogenannte Epigenetik. Epigenetik: unter dem Begriff versteht man alles, was um die Gene herum auf die Genetik Einfluss hat."* [1] Wie diese Aktivierung im Detail funktioniere, das beginne man erst zu verstehen. Aber auch er weiß: Es gibt längst mehr als nur Hinweise, dass diese Aktivierung auch von unserem Denken und Fühlen beein-

---

[1] M. Beck, in: *„Psychoneuroimmunologie - Neue Erklärungsmodelle für Krankheit und Gesundheit."*, Transkription, in: *ORF, Dimensionen – Die Welt der Wissenschaft, 2008*, von: E. Schütz.

flusst wird. Auf allen diesen neuen Forschungsfeldern haben wir es zunächst mit etwas zu tun, was man im Sinne des bedutenden österreichischen Philosophen Sir Karl Popper, als *„phänomenologische Theorien"* bezeichnet [2]. Mit etwas also, was zunächst meist durch keine *bekannten* fundamentalen Prinzipien motiviert scheint, sondern lediglich aus dem Bemühen heraus zu begreifen ist, gewisse Beobachtungen zu beschreiben, um sie zu verstehen. Das haben derartige Theoriebildungs-Ansätze bis heute mit so namhaften physikalischen Theorien wie der *Quantenmechanik*, der *Superstringtheorie* oder auch dem Konzept der *Dunklen Materie im Kosmos* gemeinsam – aber auch, wie bereits erwähnt, mit Darwins *Evolutionstheorie*. [3] Es gibt somit immer wieder *Ideen auf der Suche nach einer Theorie*. Vor allem interdisziplinäres Interesse an einer lebensvollen Ganzheit, ihren vielfältigen Zusammenhängen und der Erschließung ihres Sinns stehen hier Pate, sind treibende Kraft der Suche, oder noch besser: des Findens.

Interessant ist, dass sich jedoch mittlerweile – auf dem hier vorgestellten Feld – die gefundenen Fakten und auffälligen Phänomene mehr und mehr auch in einen wissenschaftlichen Kontext einordnen lassen. So „boomen" in den sogenannten Kognitionswissenschaften die Versuche, durch die Entwicklung diesbezüglich neuer Theorien auch dem wissenschaftlichen Interesse zu genügen sowie derartige Phänomene auch modernen wissenschaftlichen Forschungszweigen zugänglich zu machen und ihnen einzugliedern. Einige davon sind bereits fundierter und weiter entwickelt, anderes steckt noch in den Kinderschuhen.

Zu den bereits oben angeführten Aspekten wollen wir uns nun exemplarisch mit jenen Forschungsdaten und Theoriebildungen auseinandersetzen, welche mir selbst bislang am plausibelsten und fundiertesten erscheinen. Wir wenden uns daher zunächst der Theorie des Zellbiologen und Begründers der Neuen Biologie, Univ.-Prof. Dr. B.H. Lipton, zu.

Intelligente Zellen – Oder: Wie Bewusstsein / In-*forma*-tion unsere Gene steuert

Liptons neue Theorie versucht aus zellbiologischer Sicht zu beschreiben, wie mentale Prozesse, innere Einstellungen und Überzeugungen unsere Gene – und damit unser Leben – steuern. Seine Theorie stellt ketzerisch nichts Geringeres in Frage als das Dogma der heute gängigen Lehrmeinung: das sogenannte „Primat der Gene" – welches besagt, dass Gene unser Leben bestimmen und, dass *sie* es wären, welche die Funktionen des Organismus steuern. Lipton entwickelte durch seine Forschungen die gängige Lehrmeinung weiter, indem er – ausgehend von gesichertem Wissen (*„Gene können sich nicht selbständig an- und ausschalten!"*) – sein Forschungsfeld vor etwa 30 Jahren auf dem Feld der – mittlerweile von der Fachwelt so bezeichneten – „Epigenetik" eröffnete.

---

[2] „Phänomenologische Theorien" beschreiben Sachverhalte oft erstaunlich präzise. Sie sind dicht an der Wirklichkeit, erklären aber (noch) nicht die hinter den Phänomenen liegende Tiefenstruktur. Siehe: http://rosw.cs.tu-berlin.de/voelz/PDF/Arbeitsmethoden.pdf.

[3] Siehe auch Einleitung, Anmerkung 5.

Die Wissenschaft von jenen molekularen Mechanismen, mit denen die Gen-Aktivitäten (im Zellkern) durch Interaktion der Zelle mit Stoffen aus der Zellumgebung (Botenstoffe im Blut), gesteuert werden. Liptons Hauptforschungsfeld war die „Zellmembran" – quasi das „*Gehirn der Zelle*" – wie Lipton sagt [4]. Die Epigenetik stellt mittlerweile einen der aktivsten Bereiche moderner medizinischer und biologischer Forschung dar. Professor Lipton: „*Ich glaube, die Zellen lehren uns nicht nur etwas über die Mechanismen des Lebens, sondern zeigen uns auch, wie wir ein reiches, erfülltes Leben führen können, ... für mich sind diese Erkenntnisse das kleine Einmaleins der Biologie. Sie halten sich vielleicht für ein Individuum, aber als Zellbiologe kann ich Ihnen versichern, dass Sie eigentlich eine kooperative Gemeinschaft aus ungefähr 50 Billionen einzelligen Mitgliedern bilden.* [5] ... *Obwohl der Mensch aus Billionen von Zellen besteht, gibt es in unserem Körper keine einzige Funktion, die nicht bereits in der Einzelzelle angelegt ist. Jede Eukaryote* (Zelle mit Zellkern; KP.) *besitzt eine funktionale Entsprechung zu unserem Nervensystem, Verdauungssystem, Atmungssystem, Ausscheidungssystem, Drüsensystem, Muskel- und Skelettsystem, Kreislauf- und Fortpflanzungssystem, sogar ein primitives Immunsystem.* [6] ... *Das Überleben der Zelle hängt schließlich von ihrer Fähigkeit ab, dynamisch auf jede Veränderung ihrer Umgebung zu reagieren.* [7]. Ein interessantes Detail dazu steuert der Spitzen-Genetiker Kazuo Murakami bei, wenn er auf Folgendes hinweist: „*Vor etwas mehr als 50 Jahren wurde eine bedeutende Entdeckung gemacht: Alle Lebensformen haben den gleichen Gencode. Das bedeutet, dass alles – ob Schimmelpilz, E. coli-Bakterium, Pflanzen, Tiere oder Menschen – nach demselben Prinzip funktioniert. Die Grundeinheit jedes Lebewesens ist die Zelle, die Gene bestimmen die Zellfunktion und arbeiten nach gemeinsamen Prinzipien. Das ist der Beweis dafür, dass alle Lebensformen ursprünglich aus einer einzigen Zelle stammen. ... Da alles ursprünglich derselben Quelle entspringt, sind wir alle miteinander verwandt.*" [8] Wir alle, sämtliche Lebensformen auf dieser Erde also – erwiesenermaßen miteinander verwandt! Und alle sind außerdem – worauf uns Lipton hinweist: eine „*... kooperative Gemeinschaften einzelliger Mitglieder.*" Möglicherweise kann bereits diese schlichte Tatsache unser Bewusstsein als Menschen berühren und Wesentliches verändern: *Alle Lebensformen dieser Welt – zelluläre Geschwister und somit biologisch eins!* – eine

---

[4] B. Lipton: „*Intelligente Zellen – Wie Erfahrungen unsere Gene steuern.*", Burgrain 2006, S. 87, 12.

[5] Ebenda, S. 26. Zur selben Überzeugung kommt übrigens auch der renommierte Genetiker Kazuo Murakami. Er gewann 1990 den begehrten „Max Planck-Forschungspreis" und das Wissenschafts-journal „*Science*" bezeichnete seine Arbeit als „*kreativste Entdeckung der letzten Jahre in diesem Bereich*". Murakami: „*Jede Zelle in Ihrem Körper ist ein unabhängiger, lebender Organismus.*" K. Murakami: „*Der göttliche Code des Lebens – Ein neues Verständnis der Genetik.*", Güllesheim 2008, S. 113;   Siehe auch Kapitel 7: Epigenetische Vererbung, Anmerkung 1
Siehe auch Kapitel 22: Systemische Phänomene, Anmerkung 19.

[6] K. Murakami: „*Der göttliche Code des Lebens – Ein neues Verständnis der Genetik.*", Güllesheim 2008, S. 37.

[7] Ebenda, S. 84.

[8] Ebenda, S. 27.

Ganzheit mit gemeinsamer, evolutiver Vergangenheit, welche auch jeder menschliche Embryo im Frühstadium seiner Embryonal-Biographie durchläuft. [9]

Auch wenn 1953 – also heute bereits vor mehr als 50 Jahren – die beiden Physiker James Watson und Francis Crick mit ihrer Entdeckung der DNA-Doppelhelix gefeiert wurden und die Schlagzeile durch die Presse ging: „*DAS GEHEIMNIS DES LEBENS ENTDECKT !*" – ist Bruce Lipton überzeugt: „*Das wahre Geheimnis des Lebens liegt nicht in der berühmten Doppelhelix. Es liegt in den genial einfachen, biologischen Mechanismen der magischen (Zell-)Membran – jenes Mechanismus, durch den Ihr Körper Umweltsignale in Verhalten umsetzt.*" [10]. Ihm gelang der Zugang zu den neuen Einsichten völlig unerwartet – auf einer Karibikinsel. Wichtig für ihn und seine innere Bereitschaft sowie seine Öffnung zugunsten der eigenen, revolutionären Interpretation der vorliegenden Forschungsdaten sei es damals gewesen – so beschreibt er es selbst in seinem Buch „*... weit genug weg gewesen zu sein, um die Welt ohne die Scheuklappen der dogmatischen Überzeugungen unserer Zivilisation zu sehen.*" [11]. Jeglicher Austausch von Informationen in der Biosphäre – vermutlich aber im gesamten Kosmos – erscheint aus der Sicht der Neuen Biologie *nichts an Zufälligem* in sich zu tragen, sondern stellt schlicht und einfach „*... eine Methode der Natur (dar), das Überleben der Biosphäre zu sichern.*" [12]. Auch auf der zellulären, genetischen Ebene findet in jedem Organismus ständig ein sogenannter Gen-Austausch statt. Gene sind – als Anlagen – wohl da. Zweierlei, so kann festgehalten werden, ist gemäß heutiger Forschung richtig: Gene stellen die physische Erinnerung dessen dar, was sich als Organismus im Laufe der Evolution einmal entwickelt hat. Und: Gene, beziehungsweise Gen-Wirkungen, welche der Organismus benötigt, werden erst durch eine Information, durch ein Signal aus der Zell-Umgebung, aktiviert. Insofern bleibt alles Vererbte, welches als Gen eventuell mit dem Verhalten beziehungsweise den Eigenschaften einer Person in Zusammenhang steht, inaktiv, bis es durch irgendetwas ausgelöst wird. Das revolutionärste und somit bedeutendste Verdienst Liptons ist aber vermutlich, bereits vor mehreren Jahrzehnten erkannt zu haben, wofür Generationen von Biologen vor ihm – „blind-geprägt" von konservativ-etablierter Wissenschaftsauffassung – die indoktrinierten Forscheraugen verschlossen waren: Es gibt einfach bei weitem nicht genügend Gene, um davon ausgehend, die Komplexität menschlichen Lebens beziehungsweise menschlicher Krankheiten zu verstehen. Zur Veranschaulichung: Der mikroskopisch kleine Fadenwurm *Caenorhabditis Elegans* mit seinen „*... exakt 969 Zellen und einem einfachen Gehirn mit ungefähr 302 Zellen*", verfügt über ein Genom von 24 000 Genen, der „*... menschliche Körper mit seinen über fünfzig Billionen Zellen enthält nur 1500 Gene mehr als der mikroskopisch kleine, wirbellose, tausendzellige Wurm.*" [13] In einem Kommentar zu den

---

[9] Siehe auch Kapitel 19 Leben – ein Diskurs, Anmerkung 9.
[10] B.H. Lipton: „*Intelligente Zellen – Wie Erfahrungen unsere Gene steuern.*", Burgrain 2006, S. 75.
[11] Ebenda, S. 23.
[12] Ebenda, S. 45.
[13] Ebenda, S. 64.

überraschenden, für viele Forscher diesbezüglich geradezu unfassbaren Erkenntnissen des Human-Genom-Projektes, sagte der Nobelpreisträger David Baltimore, einer der anerkanntesten Genetiker, im Jahr 2001: *„Falls im menschlichen Genom nicht noch viele Gene vorhanden sind, die unsere Computer nicht erkennen können, müssen wir zugeben, dass wir unsere im Vergleich zu Würmern und Pflanzen zweifellos größere Komplexität nicht durch ein Mehr an Genen gewonnen haben. Die Erkenntnis dessen, was uns unsere Komplexität verleiht – das enorme Verhaltensrepertoire, die Fähigkeit zu bewusstem Handeln, eine bemerkenswerte Körperbeherrschung, unsere genau auf die Umweltveränderungen abgestimmten Reaktionsmöglichkeiten, unsere Lernfähigkeit – muss ich noch mehr aufzählen?! – bleibt eine große Herausforderung für die künftige Forschung.“* [14] Die Forschungs-Ergebnisse des Human-Genom-Projektes zwingen heute auch den traditionellen Rest der Forschergemeinschaft grundsätzlich andersartige Vorstellungen über die Steuerung der Lebensprozesse in Erwägung zu ziehen.

Es sind die, den DNA-Chromosomenstrang einhüllenden, schützenden Proteine [15], welche durch ihre An- oder Abwesenheit – das einzelne Gen im Zellkern umhüllend – dessen Aktivität steuern. Proteine, welche selbst wiederum von Wirkstoffen im Zellplasma informiert werden, etc. Verfolgt man diese Wirkungskette in der Gegenrichtung – also von den Genen weg nach außen – dann steht die gesamte Informationskette letztlich unter dem Einfluss von Umweltsignalen. Oder besser gesagt: Unter dem Einfluss dessen, wie unser Gehirn mit dem ihm eigenen Informationsstand (alle indoktrinierten Überzeugungen, Bewertungen, Ängste, angelernten Haltungen, etc.) die Außenwelt-Wahrnehmungen auffasst, interpretiert und folglich – entsprechend physiologisch agiert. Dies geschieht durch sogenannte Botenstoffe (Hormone, Endorphine, Histamine, etc.), welche durch Befehle des Zentralnervensystems (Gehirn), ausgeschüttet von Drüsen, in den Blutkreislauf freigesetzt werden. Botenstoffe werden nach heutigem Forschungsstand als essenziell für das Zusammenspiel der Zellen in einem lebendigen Zellverband (Organismus, Lebewesen) betrachtet. Sie halten unter anderem steten Informationsfluss zwischen den Zellen aufrecht und werden am Ende der Informations-Kaskade letztlich von den entsprechenden Rezeptoren – den Sinnesorganen der Zelle auf der Zellmembran – absorbiert und aufgenommen [16]. So wird die Information durch die Membran hindurchgeschleust und ans Zytoplasma der Zelle weitergeleitet.

---

[14] D. Baltimore: *„Our genome unveiled.“* in: *Nature 409*: S. 814-816, Übersetzung, zitiert in: B.H. Lipton: *„Intelligente Zellen – Wie Erfahrungen unsere Gene steuern.“*, S. 64.

[15] Protein ist der Grundbaustein des Phänomens, das wir „Leben“ nennen. Unser menschlicher Körper verfügt über etwa 100 000 verschiedene Proteine, um zu funktionieren. (KP.)

[16] Die „Antennen“ der Rezeptoren (Integrale Membran-Proteine: IMPs) können übrigens auch Schwingungsenergie-Felder wie Licht und Klang empfangen (Biolumineszenz als rein energetische In-*forma*-tionsübertragung und Kommunikation zwischen den Zellen – durch so genannte kohärente Biophotonenstrahlung). Diese Rezeptor-Antennen vibrieren wie Stimmgabeln, wenn in der energetischen Umgebung der Zelle eine Schwingung auftritt, die damit in Resonanz ist. Dann verändert sich die elektrische Ladung des Proteins und der Rezeptor verändert seine Form. T.Y. Tsong *„Deciphering the language of cells.“*, in: *Trends in Biochemical Science*, s 14: 89-92 (1989).

Die Informations-Kette vom Gehirn hin zum einzelnen Gen schließt sich: Interpretierte Umweltsignale wurden in (Zell-)Verhalten umgesetzt ...

Für alle, die an weiterer, detaillierterer Information Interesse haben, sei Bruce Liptons Buch „*Intelligente Zellen – Wie Erfahrungen unsere Gene steuern.*", wärmstens empfohlen. Es liest sich über lange Strecken wie ein (wissenschaftlicher) Krimi, verfasst von einem Top-Wissenschaftler. Hier noch eine weitere Lese-Kostprobe zum Thema „Bio-Evolution" – vom Einzeller zum Mehrzeller und damit auch zum Menschen: „*Um intelligentes Verhalten zu zeigen, braucht die Zelle eine funktionierende Membran mit Rezeptoren (für die Wahrnehmung) und Effektoren (für die Handlung)* [17]. *Diese Protein-Komplexe (Rezeptoren = ,Schalter') sind die grundlegenden Einheiten der zellulären Intelligenz. Bei der Untersuchung dieser grundlegenden Wahrnehmungseinheiten haben wir die Zelle auf ihre fundamentalen Grundelemente reduziert. In diesem Zusammenhang ist es wichtig, daran zu erinnern, dass es in jeder Zellmembran Hunderttausende dieser ,Schalter' gibt. Das Verhalten einer Zelle kann also nicht durch die Beobachtung eines einzelnen Schalters verstanden werden, sondern nur durch Berücksichtigung der Gesamtheit aller Schalter. Das ist ein ganzheitlicher Ansatz (auf den ich im nächsten Kapitel noch weiter eingehen werde). Auf der zellulären Ebene ist die Geschichte der Evolution im Wesentlichen eine Geschichte der Maximierung der grundlegenden ,intelligenten' Einheiten, also der Rezeptor- und Effektor-Proteine der Zellmembran ... Im Laufe der Evolution erweiterte sich die Zellmembran, doch dieser Erweiterung waren physische Grenzen gesetzt. An einem gewissen Punkt war die dünne Zellmembran nicht mehr in der Lage, die zunehmende Masse an Zytoplasma zu halten ... Als die Zellmembran diese kritische Ausdehnung erreichte, war die Evolution der Einzeller an ihrer Grenze angelangt. Die ersten drei Milliarden Jahre gab es nur Einzeller auf diesem Planeten, weil die Entwicklung erst weitergehen konnte, als die Zelle eine neue Möglichkeit fand, ihre Wahrnehmung zu erweitern. Um klüger zu werden, fingen die Zellen an, sich mit anderen Zellen zusammenzuschließen. Sie bildeten mehrzellige Gemeinschaften, in denen sie die Wahrnehmung untereinander verteilen konnten ... In den mehrzelligen Gemeinschaften fingen die Zellen an, sich zu spezialisieren. Diese Arbeitsteilung kommt in unseren verschiedenen Geweben und Organen zum Ausdruck. Im Einzeller wird zum Beispiel die Atmung durch die Mitochondrien ausgeführt. In einem mehrzelligen Organismus entsprechen die Mitochondrien den Milliarden spezialisierter Lungenzellen. Ein weiteres Beispiel: Die Bewegung des Einzellers entsteht durch die Interaktion zytoplasmischer Proteine namens Aktin und Myosin. In einem Mehrzeller haben die Gemeinschaften spezialisierter Muskelzellen die Aufgabe der Bewegung übernommen, von denen jede über große Mengen an Aktin und Myosin verfügt. Ich wiederhole diese Dinge hier noch einmal, weil ich betonen möchte, dass es zwar die Aufgabe der Membran einer einzelnen Zelle ist, die Umwelt wahrzunehmen und in angemessene Reaktionen umzusetzen, dass*

---

[17] Gemeinsam wirkt der Rezeptor-Effektor-Komplex wie ein Schalter, der Umweltsignale in Zellverhalten übersetzt. B.H. Lipton: „*Intelligente Zellen – Wie Erfahrungen unsere Gene steuern.*", S. 82.

diese Funktionen in unserem Körper jedoch von einer speziellen Gruppe von Zellen übernommen wurden, die wir Nervenzellen nennen ... Selbst unser kompliziertestes Organ, das Gehirn, offenbart uns seine Geheimnisse leichter, wenn wir so viel wie möglich über das ‚Gehirn‘ der Zelle wissen, die Membran."[18]

Lipton betont an verschiedenen Stellen seines Buches, dass auch die in den letzten etwa 700 Mio. Jahren sich entwickelten mehrzelligen Gemeinschaften, die wir als Pflanzen, Tiere – oder auch als Menschen – bezeichnen, die der Evolution bekannten Signalmoleküle der Einzeller verwenden: *„Indem sie das Freisetzen und die Verteilung dieser steuernden Signalmoleküle genau regulierten, konnten die Zellgemeinschaften ihre Funktionen koordinieren und als ein Lebewesen agieren ... . Die Gemeinschaft kann nur funktionieren, wenn sich alle Beteiligten auf einen gemeinsamen Plan einlassen.*[19] *... Die komplexen Verhaltenskontrollen, die ein mehrzelliger Organismus zum Überleben braucht, liegen in seiner zentralen Informationsverarbeitung. Als sich die komplexeren Tiere entwickelten, übernahmen spezialisierte Zellen die Aufgabe, den Informationsfluss der verhaltenssteuernden Signalmoleküle zu überwachen und zu organisieren. Diese Zellen bildeten ein weit verbreitetes Nervennetzwerk und eine zentrale Verarbeitungsstelle: das Gehirn. Die Funktion des Gehirns besteht darin, in der Gemeinschaft den Austausch zwischen den Signalmolekülen zu koordinieren. Konsequenterweise muss sich in einer Zellgemeinschaft jede Zelle den informierten Entscheidungen der höchsten Wahrnehmungsautorität fügen – dem Gehirn.*[20] *Das Gehirn kontrolliert das Verhalten der Körperzellen. Dieser wichtige Punkt sollte berücksichtigt werden, wenn wir die Zellen unserer Organe und Gewebe für unseren Gesundheitszustand verantwortlich machen.*"[21].

---

[18] B.H. Lipton: *„Intelligente Zellen – Wie Erfahrungen unsere Gene steuern.*", S. 85ff.

[19] Siehe dazu Kapitel 22: Systemische Phänomene, Anmerkung 28-30.

[20] Lipton: *„Meine aufregendste Entdeckung bestand darin, was geschah, wenn ich meinen Zellkulturen gleichzeitig Histamin und Adrenalin zufügte. Ich stellte fest, dass die vom Zentralnervensystem freigesetzten Adrenalinsignale stärker sind als die lokal erzeugten Histaminsignale ... Im Zweifelsfall folgen die Zellen den Anweisungen des ‚Oberbosses‘ des Nervensystems, selbst wenn es einem örtlichen Reiz widerspricht. Ich fand meine Ergebnisse sehr aufregend, denn ich war davon überzeugt, dass sie auf der Ebene der einzelnen Zelle etwas aussagten, was sich auf mehrzellige Organismen übertragen ließ, nämlich, dass der Geist – über das Adrenalin des zentralen Nervensystems – stärker ist als der Körper, dem das lokale Histaminsignal entspricht. ... Wenn sich die Zellen zu mehrzelligen Gemeinschaften zusammenschließen, folgen sie der ‚kollektiven Stimme‘ des Organismus, selbst wenn diese Stimme ein selbstzerstörerisches Verhalten verlangt. **Unsere Physiologie und unsere Verhaltensweisen halten sich an die ‚Wahrheiten‘ der zentralen Stimme, ganz egal, ob sie konstruktiv oder destruktiv sind.** B.H. Lipton: „Intelligente Zellen – Wie Erfahrungen unsere Gene steuern.*", S. 134f, S. 165.

[21] Ebenda, S. 128f; Lipton betont allerdings auch, dass es eindeutig mehr braucht „*... als ‚positives Denken‘, um Kontrolle über unseren Körper und sein Leben zu erlangen. ... Die neurologischen Verarbeitungskapazitäten des Unterbewusstseins sind dem Bewusstsein haushoch überlegen. Wenn also die Wünsche des Bewusstseins den Programmen des Unterbewusstseins widersprechen, raten Sie mal, wer da wohl gewinnt?*" B.H. Lipton: *„Intelligente Zellen ...*", S. 125f.

Reflexverhalten wird durch genetisch festgelegte Instinkte an die Nachkommen weitergegeben. Es ist immer das Unbewusste, welches reflexartig und gewohnheitsmäßig handelt. Evolutionär entwickelte sich jene Spezialisierung als Teil des Gehirns, den wir als „Limbisches System" kennen: Hier werden – physiologisch betrachtet – chemische Kommunikationssignale in Empfindungen übersetzt, die von allen Zellen der Gemeinschaft wahrgenommen werden. Einerseits treten so die Umwelt-Interpretationen unseres Bewusstseins als Emotionen in Erscheinung, andererseits werden die dem Bewusstsein eigenen Informationen (vorgeprägte Haltungen, gewohnte – meist unbewusste – Vorstellungen und Überzeugungen = Bewertungen) dazu führen, die Welt auf bestimmte Weise wahrzunehmen. Dadurch führt unser Bewusstsein (mit seinen bewussten wie auch unbewussten Aspekten) letztlich *selbst* die Emotionen herbei – erzeugt sie sozusagen – und erlebt diese, fühlt diese dann, entsprechend der dem Bewusstsein bekannten Bewertungen. Ein verstärkender Kreislauf beginnt, beziehungsweise setzt sich fort ...

Durch die Evolution des Gehirns bot sich den Organismen aber auch die Chance, aus Lebenserfahrung zu lernen. Alle Arten neu erworbenen Verhaltens wurden auf diese Weise konditioniert. Unser menschliches Unterbewusstsein – so stellt der Biologe Bruce Lipton fest – ist „... *nicht mehr und nicht weniger als eine emotionslose Datengrundlage, deren Aufgabe nur darin besteht, Umweltsignale wahrzunehmen und die entsprechend programmierten Verhaltensweisen aufzurufen – ohne Fragen zu stellen, ohne zu urteilen. Das Unterbewusstsein ist unsere programmierbare ‚Festplatte', in die unsere Lebenserfahrungen abgespeichert werden. Die Programme sind fest verankerte, durch bestimmte Reize ausgelöste, Verhaltensweisen. Solche Reize können durch das Nervensystem im Außen wahrgenommen werden oder in Form von Emotionen, Genuss oder Leiden aus dem Körperinneren stammen. Wenn ein Reiz wahrgenommen wird, löst er automatisch die Verhaltensreaktion aus, die beim ersten Erleben dieses Reizes erlernt wurde."* [22] Auch bei uns Menschen finden (frühkindliche) Lernprozesse auf diese Weise ungefiltert in unser Unterbewusstsein herein. Auch Menschen werden so konditioniert, oder wie wir das treffender formulieren wollen: indoktriniert. Wir sprechen von etablierten Gewohnheiten. Diese werden – meist unbewusst und damit umso effizienter! – uns in unserem Erleben bestimmen. Solange, bis wir bereit sind, dieses vorprogrammierte Verhalten des Unterbewusstseins durch die Fähigkeit der Selbstreflexion unseres zunehmend selbstbewussten Geistes – erstens zu beobachten, zweitens wahrzunehmen, zu erkennen und, so wir wollen, drittens: zu unterbinden. Ein Prozess, der dem zugrunde liegt, was wir als freien Willen bezeichnen dürfen. Oft genügt es schon, selbstbeobachtend präsent in der Gegenwart zu sein und zu *fühlen* [23] – anstatt sich selbst von seinem Denken ängstlich in die Zukunft entführen zu lassen oder rechthaberisch Erinnerung-verwaltend in die Vergangenheit. Erst einmal ganz bewusst: „STOP!" sagen. Um dann, gemäß dem Motto diverser systemischer Verhaltenstrainings: „*Wenn Sie etwas*

---

[22] B.H. Lipton: „*Intelligente Zellen – Wie Erfahrungen unsere Gene steuern*", S. 165.

[23] Siehe auch Kapitel 13: Vertrauen, Anmerkung 8, 9.

ändern wollen, müssen Sie etwas ändern." [24] – das Stattfindende neu zu erleben. Es wird in diesem Zusammenhang von der Wichtigkeit *positiver Konnotation* gesprochen [25], was in letzter Konsequenz nichts anderes bedeutet als: real *gefühlte* Um-Interpretation der ansonsten, gemäß unbewusster Programmierung, erlebten Wahrnehmung. Insofern steuert *alles* real Gefühlte unsere Biologie. Wie? – Das eben bestimmen unsere *bewusst* gesetzten, heilsamen oder unheilsamen, liebevollen oder lieblosen Überzeugungen oder eben jene, oftmals wenig liebevollen, im Unbewussten kursierenden, aber dadurch nur umso machtvolleren Überzeugungsmuster. (Kürzlich musste ich schmunzeln; da las ich in einem entsprechenden Zusammenhang den vom Autor Ron Smothermon dafür sehr treffend gesetzten Begriff: „Zeugs". Ansonsten also bestimmt *unser Zeugs* unsere Welterfahrung! [26])

Es scheint sich also auch hier alles um In-*forma*-tion zu drehen, wie das auch bereits in einem früheren Kapitel angeklungen ist. Etwas, was im Bereich der Physik des ausklingenden 20. und nunmehr 21. Jahrhunderts erkannt wurde und seither ganz allgemein in völlig neuem Licht gesehen wird; eben im Sinne von In-*forma*-tion, als Geschehen eines schöpferisch-evolutiven Funktionsablaufs. Etwas also, was *da* ist, *bevor* es Form wird.

Liptons These – mittlerweile gestützt durch das enorme Forschungspotenzial auf den im Rampenlicht der Forschung stehenden Gebieten wie „Signaltransduktion" (Forschung bezüglich der Informationspfade von der Außenseite der Zellmembran zur Innenseite; KP.) sowie „Epigenetik" (Erforschung der Chromosomenproteine; KP.) – besagt letztlich das Folgende: ***Das biologische Verhalten kann durch unsichtbare Kräfte (unter anderem z.B. auch durch Gedanken) gesteuert werden.***" [27] Und: Information und ihre Kommunikation (nicht nur zwischen den Zellen, aber auch da) sind die tragenden Säulen der Evolution. *„Der Informationsfluss wirkt ganzheitlich. Die Bestandteile der Zelle sind in ein komplexes Gewebe von Austausch, Feedback und Feedforward eingebunden."* [28] Das ganze Buch spiegelt die seiner erfolgreichen Forschung zugrundeliegende Überzeugung, dass sich „... *die Natur in ihrer ganzen wundervollen Harmonie an sehr einfache Muster hält."* [29] Seine Forschungen erhärten in sehr sprechender Weise die frühen Thesen des Biologen Jean-Baptiste de Lamarck (1809) [30] – übrigens Hand in Hand gehend mit der modernen Zellbiologie –, welcher somit als eigentlicher Evolutions-Pionier zu werten ist. Er hat anerkanntermaßen [31] nicht nur bereits 50 Jahre vor Darwin die Evolution als

---

[24] A. Molnar, B. Lindquist: *„Verhaltensprobleme in der Schule – Lösungsstrategien für die Praxis."*, 5. Auflage, Dortmund 1997, S. 28.

[25] Ebenda, S. 81ff.

[26] R. Smothermon: *„Drehbuch für Meisterschaft im Leben."*, Bielefeld 1986, S. 12f.

[27] B.H. Lipton: *„Intelligente Zellen – Wie Erfahrungen unsere Gene steuern."*, S. 82.

[28] Ebenda, S. 101.

[29] Ebenda, S. 33.

[30] J.B. Lamarck: *„Philosophie Zoologique."*, Paris 1809.

[31] E. Mayr: *„Evolution and the Diversity of Life."*, Cambridge 1976.

wissenschaftliche Tatsache eingeführt, sondern im Gegensatz zu Darwin auch erkannt, dass diese Evolution auf einer *instruktiven und kooperativen Interaktion* zwischen ihren Lebensformen und deren Umgebung fußt und dergestalt den Organismen ermöglicht zu (über)leben und sich in einer dynamisch evolvierenden Welt zu entwickeln. [32]

Liptons kurz gefasste Erkenntnis als Ergebnis seiner zellbiologischen Forschungen, welche er selbst gleich an den Beginn seines Buches setzt: *„**Nicht die gen-gesteuerten Hormone und Neurotransmitter kontrollieren unseren Körper und unseren Verstand – unser Glaube und unsere Überzeugungen kontrollieren unseren Körper, unser Denken und damit unser Leben.**"* [33] Und am Ende des Buches: *„Wir sind für alles in unserem Leben verantwortlich, sobald wir erkannt haben, dass wir für alles verantwortlich sind."* [34] Abschließend noch der Aufruf des Forschers – vor allem auch an die zukünftigen Eltern in seiner Leserschaft: *„Die Natur hilft dem Kind einfach, in dieser Umgebung so gut wie möglich zu überleben. Doch auf Grund der neuesten Erkenntnisse haben Eltern jetzt die Wahl: Sie können aktiv ihre limitierenden Kernüberzeugungen (‚limiting beliefs') sorgfältig umprogrammieren, bevor sie ein Kind in die Welt setzen. ... Die Gene sind wichtig – aber ihr Potenzial kann nur durch bewusste Elternschaft und reichhaltige Chancen im Umfeld verwirklicht werden."* [35]

Selbstbewusster Geist – Der Pianist und sein Klavier

Durchaus ähnlich betrachten es übrigens der Neurowissenschaftler und Nobelpreisträger Sir John Eccles [36] und der bekannte österreichische Philosoph Sir Karl Popper, wenn sie darauf hinweisen, *„... dass etwas vollkommen Andersartiges als das physische System irgendwie auf das physische System einwirkt. ... Die neuronale Maschinerie fungiert dort als das Medium, das unentwegt wandelt und multikomplex in Zeit und Raum ist. Es ist für alle Operationen des selbstbewussten Geistes zuständig. ... Ich glaube, das ist eine radikale Absage an alles, was in der Vergangenheit präzise definiert worden ist ..."* [37]

John Eccles und Karl Popper diskutierten im September 1974 gemeinsam ihre These eines *selbstbewussten Geistes* und legten sie sozusagen als ihr naturwissenschaftlich-

---

[32] B.H. Lipton: *„Intelligente Zellen – Wie Erfahrungen unsere Gene steuern."*, S. 42.

[33] Ebenda, S. 28.

[34] Ebenda, S. 178.

[35] Ebenda, S. 176f.

[36] John Eccles erhielt 1963 den Nobelpreis für Medizin, gemeinsam mit Alan Hodgkin und Andrew Huxley. Sie erhielten ihn für ihre Entdeckungen über den Ionen-Mechanismus, der sich bei der Erregung und Hemmung in den peripheren und zentralen Bereichen der Nervenzellenmembran abspielt. Wie wir sehen: Ein sehr ähnliches und offensichtlich für ganzheitliche Forschungsinterpretationen ergiebiges Forschungsfeld, wie jenes von Bruce Lipton und – wie wir später gleich noch sehen werden – von Candace Pert.

[37] K. Popper / Eccles: *„The Self and Its Brain – An Argument for Interactionism."*, New York 1977 (*„Das Ich und sein Gehirn."*, München 2002 (1989) S. 559).

philosophisches Vermächtnis auch in Buchform dar. Der Titel: *„The Self and Its Brain – An Argument for Interactionism."* Der Außergewöhnlichkeit dieser ihrer These – trotz streng wissenschaftlich ermittelter Fakten – waren sich dazumal beide bewusst. Zu seltsam und außergewöhnlich muteten die Konsequenzen von Eccles Forschung die Forscher selbst an. Doch, für jede wirklich erneuernde Entdeckung muss man als Forscher nicht nur zur rechten Zeit vorbereitet am rechten Ort sein. Man muss auch den Mut haben, sich von bestehenden Denkmustern lösen zu können. Vor dem Hintergrund vorherrschend mechanistisch-reduktionistischer Wissenschafts-Philosophie vor 35 Jahren wäre es an sich nur zu verständlich gewesen, wenn Eccles mit jener, die Forscher-Gemeinschaft irritierenden, Interpretation seiner neurowissenschaftlichen Forschungsergebnisse hinter dem Berg gehalten hätte. Andererseits: Die Geschichte der Wissenschaft – vornehmlich vielleicht der Physik und Chemie – ist gezeichnet von der Tragik jener Forscher, die geniale Forschung betrieben, jedoch nicht Frei-Geist genug waren, sich über die Lehrmeinung des herrschenden Zeitgeistes erheben zu können, um so das Unerwartete wahrzunehmen. So übersahen solche Forscher jeweils die wirkliche Bedeutung dessen, was sich da an Großartigkeit vor ihren Forscheraugen abspielte. Zu linear denkend, griffen sie mit ihren jeweiligen Interpretationen zu kurz. Es braucht eben das Genie, um derart intellektuelle Sprünge zu wagen. Eccles zu seiner revolutionär ganzheitlichen Interpretation der Ergebnisse, für die er den Nobelpreis erhalten hatte: *„Dies ist eine ganz wankende Hypothese. Mir schwindelt bei dem Gedanken daran! Der selbstbewusste Geist dringt in diese Mannigfaltigkeit ein und synthetisiert sie und bringt sie zu einer Einheit von Augenblick zu Augenblick. ... Wir stehen nun jenseits jeglichen Prozesses, der eine physische Basis in der Welt 1 besitzen könnte, und das ist es, warum wir etwas ganz anderes einführen müssen, nämlich den selbstbewussten Geist in Welt 2* [38] *... Falls, wie vermutet, der selbstbewusste Geist keinen speziellen Teil der Welt 1 darstellt, das heißt von der physischen und biologischen Welt, so besitzt er wahrscheinlich andersartige fundamentale Eigenschaften. ... Das ist es, wo diese Vorstellung von Interaktion auf solche Ungläubigkeit der Leute treffen wird, die es gewohnt sind plattfüßig in Welt 1 zu leben! Wie können sie sich überhaupt schulen, diese Art von Ideen anzunehmen, die wir nun für die tatsächliche Weise entwickeln, in der wir Bewusstsein erlangen, und in der der selbstbewusste Geist über die Großhirnrinde spielt und in Wechselwirkung steht. ... Im Gegensatz dazu verleihen wir nun dem selbstbewussten Geist eine Meister-rolle in seiner Beziehung zum Gehirn."* Popper: ***„Das heißt, ich glaube, dass das Ich irgendwie auf dem Gehirn spielt, wie ein Pianist auf dem Klavier."*** Eccles: *„Der selbst-bewusste Geist ist nicht an die unmittelbaren Ereignisse, wie sie im Gehirn vor sich gehen, gefesselt, aber er beurteilt sie fortwährend und betrachtet sie in Beziehung zu vergangenen Ereignissen und zu antizipierten zukünftigen Ereignissen."* [39]

---

[38] Zitat: „*... eine gewissermaßen ‚transzendente Welt' des Bewusstseins*" K. Popper / Eccles: „*Das Ich und sein Gehirn.*", München 2002 (1989), S. 611, S. 63.

[39] K. Popper / Eccles: „*Das Ich und sein Gehirn*", München 2002 (1989) S. 600, S. 451, S. 561, S. 585, S. 563; Siehe auch: Kapitel 1: Zeit, Anmerkung 16.

Ganz ähnlich einer der wohl renommiertesten Neurowissenschaftler, der Professor für Neurologie und Psychologie, Dr. António R. Damásio – seit 2005 mit der Leitung des *Brain and Creativity Institute* an der Universität von Southern California betraut; hier aus seinem Buch – *„Ich fühle, also bin ich.“*: *„Ich habe das Buch damit begonnen, dass ich die Geburt und den Augenblick, da wir ins Licht treten, als sprechende Metaphern für unser Bewusstsein beschworen habe. Sobald das Selbst dem Geist zur Kenntnis gelangt ist, verbringen wir zwei Drittel unseres Lebens ohne Pause im Licht des Geistes und gelangen uns selbst zur Kenntnis. Und nun, da die Erinnerung an so viele Kenntnisnahmen unseres Selbst die Person geschaffen hat, die wir sind, sind wir sogar in der Lage, uns selbst vorzustellen, wie wir im Licht über die Bühne gehen. Das alles beginnt höchst bescheiden mit dem schlichten Empfinden, dass sich unser lebendes Sein in einer Beziehung zu einem einfachen Ding innerhalb oder außerhalb unserer Körpergrenzen befindet.* [40] Fazit seiner Forschungen: *„Kreativität – die Fähigkeit, neue Ideen und Artefakte hervorzubringen – setzt mehr voraus, als das Bewusstsein je zu leisten vermag.“* [41]

Ist der Leib selbst nur *Sender* oder eben – auch – *Empfänger*? Warum eigentlich Rückkoppelungen in der Physik erkennen und freimütig anerkennen und bislang oft wissenschaftlich so große Scheu an den Tag legen, Rückkoppelungen zwischen *Form* (Physis) und In-*forma*-tion (Geist) anzuerkennen ...?! Die zentrale Frage, auf die sich vermutlich die wissenschaftliche Klärung zuspitzen wird, ist jene, ob die an dieser Stelle exemplarisch geäußerte, mutige Offenheit moderner ganzheitlicher Forschungsansätze ausreicht, um die Idee eines derartigen „Klavierspielers" in den sich entwickelnden Naturwissenschaften hoffähig zu machen. Momentan denkt der zahlreich etablierte Rest der (Forscher-)Belegschaft in den meisten Fällen – wohl aus Gründen einer vermeintlich notwendigen geistigen Selbstbeschränkung – noch nicht über das rein materialistisch entwickelte, kosmologische Begriffssystem eines *selbstorganisierenden Chaos* [42] hinaus; an und für sich ja auch bereits ein durchaus revolutionär anmutender Gedanke.

---

[40] A.R. Damásio: *„Ich fühle, also bin ich – Die Entschlüsselung des Bewusstseins.“* TB, Berlin 2009, S. 377; Siehe auch Kapitel 13: Intuition, Anmerkung 43.

[41] Ebenda, S. 378.

[42] Unter *„selbst-organisierendem Chaos"* verstehen viele Chaosforscher eine sich aus den materiellen Strukturen entwickelnde Ordnung. Eine sehr interessante und darüber hinaus weisende Sicht vertritt Friedrich Cramer, Professor für Organische Chemie in Darmstadt und Direktor im Max-Planck-Institut für Experimentelle Medizin in Göttingen (1989), wenn er schreibt: *„Formbildung wird weder allein strukturell noch allein mathematisch erklärbar sein. ‚Selbstorganisation' ist eine stark verkürzte Ausdrucksweise für eine Grundeigenschaft von Materie: ‚Selbstorganisation (Formenbildung) im Evolutionsfeld'. ... Selbstorganisation ist das Schöpfungspotenzial der evolvierenden Materie, und das gilt für die gesamte Materie. ... Nie war der Materiebegriff so reduziert und ausgehöhlt wie heutzutage in unserer Alltagsvorstellung. ... Die Untersuchung ergibt dann, dass der vielfach noch gängige naturwissenschaftliche Materiebegriff geopfert werden muss. Aber warum eigentlich nicht? ... Materie in der Evolutionsfeldtheorie ist ideenträchtig.“* F. Cramer: *„Chaos und Ordnung.“*, Stuttgart 1989, S. 230ff . Siehe auch Kapitel 17: Das Primat der Information.

Was wir wissenschaftlich konstatieren können, drückt der Forscher und Wissenschaftsphilosoph Univ.-Prof. Dr. Ervin Laszlo wie folgt aus: *„Die Gehirnfunktion steht zwar in Korrelation zum Bewusstsein, aber es ist nicht bewiesen, dass sie das Bewusstsein auch tatsächlich erzeugt. Dies ist ein wichtiger Unterschied. Die Tatsache, dass zwischen komplexen neuralen Strukturen und einer hohen Bewusstseinstufe mit klar gegliederten Bildern, Gedanken, Gefühlen und einer Fülle unterbewusster Elemente eine Verbindung besteht, bedeutet noch nicht, dass das Bewusstsein selbst auf diese Strukturen zurückzuführen wäre ... Die Annahme, dass das Gehirn das Bewusstsein erzeugt, ist nur einer von vielen Wegen, auf denen wir uns die Beziehung von Gehirn und Geist vorstellen können. Es ist der materialistische Weg.“* [43] Gemäß den Erkenntnissen kontemporärer Wissenschaft werden – beziehungsweise scheinen – biologische Prozesse auf der materiellen Ebene durch chemische Prozesse gesteuert, diese wiederum durch elektrische Impulse und elektrische Impulse letztlich durch die zugrunde gelegte genetische Ebene. Entsprechend materiell-reduktionistischer Forschungen liegen die Wurzeln jener *eigengesetzlichen Grundlagen* derartigen Wirkens somit in der Erbsubstanz und deren Strukturen begründet. Die Suche nach den Wirkungszusammenhängen endet für sie somit auf der strukturellen Ebene. Selbst dieses Forschungsergebnis schuldet eine Auseinandersetzung mit der Tatsache, dass *„Strukturen selbst bereits nicht mehr als materiell zu werten sind“*, auch wenn sie Materie als Trägermedium für ihre Eigenart benutzen. Auf allen wissenschaftlichen Gebieten – ob Biologie, Soziologie, Politik, aber auch Physik – beweist sich: Steuerungsprozesse in der Natur sind *nie von derselben Qualität wie jene Vorgänge oder jene Prozesse, die sie steuern*. Es wäre jedenfalls nicht stringent, sondern ein Widerspruch in sich, die *Voraussetzungen* des Materiellen in der Welt ebenfalls materiell zu denken. Struktur ist Form. Und: *„Form follows function.“* [44] Die Form folgt der Funktion. Auch hier haben wir somit einen nichtmateriellen Schlüssel (Funktion) als Information – ein *geistiges* Prinzip ist vorherrschend. Damit ist aber die rein physikalisch definierte Ebene der Wirksamkeit überschritten. Struktursequenzen höchster Ordnung liegen offensichtlich dem Physischen zugrunde. Oder, um es mit den Worten des Wissenschafts-Philosophen Ludwig Wittgenstein zu sagen: *„Die Lösung des Rätsels des Lebens in Raum und Zeit liegt außerhalb von Raum und Zeit.“* [45]

Doch kommen wir zurück zu Sir Eccles und Sir Popper: Welcher Weitblick, welche Radikalität im wissenschaftlichen Diskurs vor bereits mehr als 30 Jahren! Solche Radikalität setzt wirklich ein hohes Maß an geadeltem, selbstbewusstem Geist voraus. Aber: Wer, wenn nicht ein Nobelpreisträger mit dem nötigen Stehvermögen und ein

---

[43] Laszlo: *„HOLOS – Die Welt der neuen Wissenschaften.“*, Petersberg 2002, S. 140.

[44] *„Form follows function“* – galt als *das* Gestaltungsparadigma einer ganzen Generation von Architekten und Designern der so genannten „Moderne“. Funktion und Form wurden damit auf sehr bezeichnende Weise aufeinander bezogen. Die Folge davon – eine starke Vereinfachung der Formen und ein Bloßlegen der Funktion: Das Funktionsprinzip selbst hatte zu sprechen begonnen. Siehe auch Kapitel 17: Das Primat der Information, Anmerkung 13.

[45] L. Wittgenstein, zitiert in: *Spektrum der Wissenschaft 10/2008*, S. 8.

gereifter Philosoph im Rang eines Karl Popper sind wohl zu solchen Aussagen fähig?! Abgeklärt, gereift und mutig genug, ihre fachliche Reputation zu riskieren. Bei derartiger Bereitschaft, die internationale *Forscher-Gemein-Schaft* ganz ungeschminkt mit so radikal anmutenden Interpretationen der Forschungsergebnisse zu konfrontieren, weiß jeder Forscher, dass in der Reaktion der Kollegen eine nicht zu unterschätzende Gefahr liegt. Nun, die strittigsten Kriterien ihrer Sicht scheinen durch das mittlerweile erweiterte, vorliegende wissenschaftliche Faktenmaterial mehr und mehr gefestigt und die beiden Forscher in ihrem damaligen Weitblick im Wesentlichen bestätigt. Es gilt eben nach wie vor der Grundsatz beziehungsweise die etwas bitter anmutende Einsicht, welche der berühmte Physiker, Nobelpreisträger und Begründer der Quantenphysik, Max Planck, so formulierte: *„Eine neue wissenschaftliche Wahrheit pflegt sich nicht in der Weise durchzusetzen, dass ihre Gegner überzeugt werden und sich als bekehrt erklären, sondern vielmehr dadurch, dass die Gegner allmählich aussterben und die heranwachsende Generation von vornherein mit der Wahrheit vertraut gemacht ist.“* [46]

Potenzieller Schöpfungs-Raum – Die Physik des Erschaffens und Ent-Schaffens

Vermutlich hätte man vieles von dem, was heute in der Physik – wenn auch vielleicht unter anderem Namen – längst Gang und Gebe geworden ist, früher als Metaphysik bezeichnet. Und vieles von dem, was *heute* gern als „metaphysisch" hingestellt wird, könnte sich bald schon – für ein aufgeschlossenes Bewusstsein – als Selbstverständlichkeit unserer physischen Realität entpuppen. Bruno Würtenberger sucht diesbezüglich – mit wissenschaftlichen Bildern – um entsprechende Offenheit zu werben: *„Manchmal mangelt es uns an geeigneten Vorstellungen bezüglich des Prozesses, welcher abläuft, wenn wir etwas erschaffen oder integrieren – also ent-schaffen. Hierzu möchte ich Dir als Vergleich ein Beispiel geben, welches sich an die Physik anlehnt: Alles, was nicht materiell greifbar oder zu begreifen ist, nennen wir Möglichkeit oder Wahrscheinlichkeit oder Potenzialität. Diese potenziellen Wirklichkeiten befinden sich zunächst als reine Wahrscheinlichkeit in einem nicht definierbaren Raum. Sie sind also theoretisch durch ihre Nichtexistenz vorhanden und beweisen sich sozusagen durch diese Nichtexistenz.*

Nun lass Dich davon nicht verwirren und versuche nicht, dies mit dem Verstand begreifen zu wollen, ich glaube nicht, dass er dazu wirklich in der Lage ist. Betrachte diesen virtuellen Raum einfach 'mal als gegeben. Er beinhaltet einfach alles das, was an wahrscheinlichen Wirklichkeiten möglich wäre. Möglich ist letztlich alles, was man sich vorstellen kann. Jedoch auch das, was Du Dir möglicherweise heute noch nicht, aber in 20 Jahren schon vorstellen kannst. In dem Maße, wie Dein Bewusstsein wächst, kannst Du mehr oder weniger aus jenem Raum schöpfen. Er beinhaltet alles, auch das scheinbar Unmögliche. Dieser Raum, von dem ich spreche, ist für mich ähnlich einer

---

[46] M. Planck: *„Vorträge und Erinnerungen."* Stuttgart 1949; zitiert in: H. Pietschmann: *„Das Ende des naturwissenschaftlichen Zeitalters.",* Frankfurt / Berlin 1983, S. 85.

Traumwelt, welche alle noch nicht geträumten Träume beinhaltet. Er steht für mich eine Ebene über der sogenannten ‚Akasha-Chronik', welche als Weltgedächtnis ein Begriff diverser alter spiritueller Traditionen ist. Dieses ‚Weltgedächtnis' bezeichnet den Raum, welcher alle geträumten und / oder gelebten Wirklichkeiten beinhaltet.

Nun aber zurück zu jenem Raum, den ich fortan als ‚Potenziellen Schöpfungs-Raum (PSR)' bezeichnen werde. Wir wissen, dass letztlich alles Schwingung, dass alles Energie ist, was wir wahrnehmen können. Nun, welcher Natur auch immer dieser PSR ist, wir verfügen offenbar über die Möglichkeit, diesen in Schwingung zu versetzen und damit erfahrbare Wirklichkeiten zu erschaffen. Wenn wir jedoch etwas in unserer Realität erfahren wollen, so müssen wir achtsam sein, dass wir nicht Schwingungen erzeugen, welche sich gegenseitig wieder aufheben (neutralisieren), ansonsten lösen sie sich auf, bevor sie ihre Stofflichkeit erreicht haben. Zum Heilen oder bewussten Neutralisieren von gesetzten Ursachen jedoch ist genau dies äußerst angebracht.

Stell Dir 'mal vor, Du wirfst einen Stein ins Wasser. Dieser erzeugt Wellen. Sie schwingen sich fort bis zum Ufer und gehen dann (jedoch für uns nicht mehr wahrnehmbar) in die Erde weiter und breiten sich über unseren gesamten Planeten aus. Wirfst Du nun jedoch zwei Steine ins Wasser, so werden sich die entstandenen Wellen am Berührungspunkt neutralisieren oder je nachdem wird die stärkere Welle die schwächere überlagern und umformen. Um zum Beispiel eine Krankheitskreation zu neutralisieren, welche mit einer, rein hypothetisch angenommenen Schwingung von −1 erschaffen wurde, muss man ihr die Schwingung +1 entgegen setzen (−1 plus +1 ist gleich Null). Somit erreicht man also den Zustand von vor der Krankheit. Nun ist hier leider keine Garantie dafür gegeben, dass man dann nicht erneut dieselbe Ursache setzt, weil das Bewusstsein dadurch ja noch nicht gewachsen ist. So macht es also Sinn, dem −1 eine +2, 3 oder 4 etc. entgegen zu schwingen, wodurch dann eine Interferenz entsteht, welche etwas Neues hervorbringt. Wie geschieht das nun? Wir können also, einem Schöpfer, einer Schöpferin gleich, durch unsere Gedanken oder Vorstellungen eine unbestimmte Menge des PSR in Schwingung versetzen, welche in der Folge präzise jenes als Realität zu erzeugen beginnt. Je nachdem, wie stark der von uns gesetzte Impuls ist, desto schneller und deutlicher wird sich die entsprechende Realität manifestieren. ‚Wunsch' und ‚Widerstand' haben diesbezüglich bekanntermaßen besonders viel energetisches Potenzial. Gewisse andere Ursachen, welche über einen eher schwachen, weil mit Zweifel oder Unsicherheit gesetzten Impuls verfügen, können bisweilen sehr lange Zeit brauchen, um sich zu manifestieren, sodass wir ihn schlussendlich erfahren werden. Oft so lange, dass wir sie vergessen und nicht mehr wissen, dass wir sie überhaupt gesetzt haben. In östlichen Traditionen spricht man dann von ‚Karma', in westlichen von ‚Schicksal' oder ‚Vorsehung'. Atheisten, Materialisten oder einige Wissenschaftler nennen es ‚Zufall'. Ich nenne es eine ‚Vergessene Kreation' (VK). Nun, je nachdem, ob es sich dabei um etwas handelt, was ich mir gerade wünsche oder als wünschenswert empfinde, als hilfreich, gut oder schlecht, werde ich mich als Schöpfer dessen anerkennen oder verleugnen. In der Folge betrachtet der menschliche

Verstand solche VK entweder als Strafe, Ungerechtigkeit oder schlechtes Karma – oder eben als das Gegenteil.

Genau betrachtet, handelt es sich bei Deinem Schöpfungsimpuls um eine Information, welche menschliche, bewusstseinsmäßige Resonanz auslöst. Deshalb erlebst Du, ich und wir alle die Dinge immer genau zum rechten Zeitpunkt. Nun hast Du bloß noch die Möglichkeit, es abzulehnen oder anzunehmen. Es sei denn, Du lebst Free Spirit! [47]

Moleküle der Gefühle – Bewusstsein und Gesundheit

„Für mich ist der entscheidende Gesichtspunkt, dass **Gefühle im Körper als chemische Informationsstoffe** *existieren, als Neuropeptide und Rezeptoren, und dass sie noch in einer anderen Dimension vorkommen, die wir als Fühlen, Inspiration, Liebe erleben und die jenseits der körperlichen Welt liegt. Die Gefühle bewegen sich hin und her, fließen ungehindert zwischen den beiden Dimensionen. Insofern verbinden sie die materielle und immaterielle Welt. Vielleicht ist es dieses Phänomen, das fernöstliche Heiler als feinstoffliche Energie, als ‚Prana‘, bezeichnen – die Zirkulation emotionaler und spiritueller Information durch den Körpergeist. Wir wissen, dass die Gesundheit des physischen Körpers mit dem Fluss der biochemischen Gefühlsstoffe zu tun hat. Meine Arbeit hat mich gelehrt, dass Gefühle eine physische Realität besitzen.“* [48]

Zeitlich koinzident mit Liptons Forschungsweg, welcher ihn vom *Gehirn der Zelle* – der Zellmembran mit ihren Protein-Komplexen – zur Informationsinstanz des Gehirns bei Mehrzellern, im Sinne eines Parallelismus, führte, verfolgte die Neurowissenschaftlerin Dr. Candace Pert mit ihren Forschungen die gerade entgegengesetzte Stoßrichtung – mit denselben Resultaten. Die renommierte Wissenschaftlerin untersuchte über 25 Jahre lang das menschliche Gehirn und erkannte dabei die Parallelen zu den Funktionsweisen der Zellmembran, des zellulären Gehirns. Erforschungen der informationsverarbeitenden Rezeptoren in den Nervenzellmembranen führten sie zur Entdeckung, dass die gleichen neuronalen Rezeptoren auch in den Körperzellen auftreten. Die These, welche sie in ihrem vielbeachteten Buch *„Moleküle der Gefühle – Körper, Geist und Emotionen.“* vertritt: Der menschliche Geist sitzt nicht nur im Kopf, sondern ist durch Signalmoleküle im ganzen Körper verteilt. Und: Emotionen entstehen nicht nur durch ein Feedback der Umweltinformationen des Körpers, sondern der *seiner-selbst-bewusste-Geist* kann auch durch das Gehirn, durch sein Denken, „Gefühlsmoleküle" erzeugen und das System damit überlagern. So kann der angemessene Einsatz des Bewusstseins einen kranken Körper gesunden lassen, während eine unterdrückende und unangemessene Kontrolle der Gefühle einen gesunden Körper krank machen kann. Sie selbst formuliert es in ihrem Buch folgendermaßen: *„Die Verbindung zwischen Körper und Geist wird – zu dieser*

---

[47] B. Würtenberger: *„Free Spirit-Grundkurs / Trainerunterlagen/Kursbegleitend“*, Zürich 2005, S. 10f.

[48] C. Pert: *„Moleküle der Gefühle – Körper, Geist und Emotionen"*, Reinbeck 1997, S. 472.

Erkenntnis bin ich gelangt – durch die Gefühle hergestellt. Dieser eher ganzheitliche Ansatz ergänzt die reduktionistische Auffassung, erweitert sie eher, als sie zu ersetzen und ermöglicht ein neues Verständnis von Gesundheit und Krankheit. [49]

Derartiges bestätigt auch der heute am Krankenhaus Bozen tätige Arzt und Universitätsprofessor Dr. Christian Wiedermann, der dies in den 1980-er Jahren während seines damaligen Forschungsaufenthalts in den USA erleben konnte. Nämlich: Dass es so wie in lymphatischen Organen, etwa in der Milz, auch im Gehirn nicht nur Rezeptoren für das bekannte Stresshormon Adrenalin, sondern auch für bis dahin kaum bekannte Neuropeptide gibt. Mit Hilfe der von Pert neu entwickelten Methode gelang es, die Rezeptoren-Verteilung im Gehirn darzustellen. Und „... *da habe man gesehen*", so Professor Wiedermann, „... *dass die Verteilung der Neuropeptid-Rezeptoren im Gehirn ganz, ganz differenziert ist, und man postulierte, dass dort, wo im Gehirn zum Beispiel ,Emotion stattfindet', besonders hohe Konzentrationen von solchen Neuropeptid-Rezeptoren sind. Und was wir in der Milz gesehen haben, ist, dass wir auch dort für die verschiedenen Neuropeptide ganz unterschiedliche Muster der Neuropeptid-Rezeptorexpression sehen. Und eines der Postulate ist dann natürlich gewesen, dass Neuropeptide eine offensichtliche Rolle auch für die Immunregulation spielen müssen.*" [50]

In-*forma*-tion beobachten, wie sie kommunikativ tätig ist, Peptide als Botenstoffe benutzt, um biologische Verständigung zu gewährleisten. Wow – welch spannendes und kreatives Arbeits- und Forschungsfeld! Es war jedenfalls der Sog der Faszination, welcher Pert unterstützte, mehr als 25 Jahre lang an vorderster Front der Hirnforschung mitzuarbeiten, sodass sie – gestützt auf eigene neuropharmakologische Forschungsergebnisse – zu jener wissenschaftlich neuen Sicht, zu jenem verwandelten Verständnis von Gesundheit und Krankheit fand. Was Pert allerdings, sowohl bezüglich ihrer (oft Nobelpreis-gekrönten) Kollegen, als auch der eigenen Forschungen erleben musste und ihre Herausforderung noch steigerte, war: „*Wirklich neue, bahnbrechende Ideen werden nur selten von Anfang an akzeptiert, egal von wem sie stammen.*" [51] Trotzdem: Heute erobert das wissenschaftlich fundierte, neue Paradigma die Köpfe der dekoriertesten Wissenschaftler. Und auch „... *wesentliche Repräsentanten der Schulmedizin scheinen zu wissen, dass die Wissenschaft unaufhörlich voranschreitet und dass vieles von dem, was man ihnen vor zwanzig Jahren, ja selbst vor zehn Jahren, während des Medizinstudiums beigebracht hat, heute veraltet und nicht einmal mehr anwendbar ist.*" [52] Eine wachsende Zahl von Wissenschaftlern hat offensichtlich begriffen, dass die Menschheit sich in einer wissenschaftlichen Revolution befindet und ist bereits auf diesen Zug

---

[49] Ebenda, S. 23.

[50] C. Wiedermann, in: *„Psychoneuroimmunologie – Neue Erklärungsmodelle für Krankheit und Gesundheit"*, Transkription, in: *ORF, Dimensionen – Die Welt der Wissenschaft, 2008*, von: E. Schütz.

[51] C. Pert: *„Moleküle der Gefühle – Körper, Geist und Emotionen."*, Reinbeck 1997, S. 25.

[52] Ebenda, S. 16.

aufgesprungen: „*Das Establishment begegnet dem Neuen Paradigma.*"[53] Und trotzdem: Wie immer in Übergangsphasen, wirft ein derartig neues Paradigma zu Beginn stets mehr herausfordernde Fragen auf, als es vielleicht zunächst an handfesten Antworten zu geben imstande ist. Mag sein, der von Candace Pert geprägte und plakativ bis flapsig anmutendes Satz: „*Gott ist ein Neuropeptid.*"[54], wirkt auf den ersten Blick ebenfalls stark vom Zeitgeist des wissenschaftlichen Materialismus angehaucht. Liest man jedoch ihr gesamtes Buch, so spürt man (fast) auf jeder Seite die hochgradige Begeisterung an ihren revolutionären Entdeckungen mitschwingen. Dann kann man mit Freude den Überschwang verstehen, der Perts Geist zu solchen Formulierungen beflügelt hat.

Wissenschaftliches Neuland zu betreten, rührt im Wissenschaftler-Herz eben in sehr besonderer Weise am Funken der Begeisterung. Pert erkannte unter anderem in den von ihr entdeckten und von ihr auch erstmals synthetisierten Peptiden die biochemischen Grundlagen von Bewusstsein und Bewusstheit – sozusagen die *physiologischen Korrelate des Gefühls.*[55] Und: Wie Bewusstsein buchstäblich die Materie und Physiologie verwandeln und einen vollkommen neuen Körper zu erschaffen imstande ist. Für die Forscherin Pert gilt der menschliche Organismus als Kommunikationsnetzwerk, als biochemische Verbindung zwischen Geist und Körper. Auch hier – wie in der Physik: eine neue Sicht, ein neues Paradigma – und seine unabsehbaren *konzeptiven Folgen* auf allen menschlichen Ebenen[56]. Information und deren Kommunikation: Pert konnte zeigen, „*... wie die Gefühlsmoleküle jedes System unseres Körpers steuern, und dass dieses Kommunikationssystem in Wahrheit ein Beweis für die Intelligenz des Körpergeistes ist, eine Intelligenz, die die Weisheit besitzt, nach Wohlbefinden zu streben ... und: wie wir uns diese Intelligenz zu Nutze machen können.*"[57] Faszinierend, zu erkennen, dass „*... die chemischen Stoffe in unserem Körper, Neuropeptide und ihre Rezeptoren, die biologischen Substrate unseres Bewusstseins sind und sich als unsere Gefühle, Meinungen und Erwartungen manifestieren. Auf diese Weise beeinflussen sie nachhaltig, wie wir auf unsere Welt reagieren, sie erleben. ... Biochemische Botenstoffe sind zu intelligentem Handeln fähig. Fortwährend übertragen sie Informationen und organisieren eine ungeheure Vielfalt von bewussten und unbewussten Aktivitäten. Diese Informationsübertragung findet in einem Netzwerk statt, das alle unsere Systeme und Organe miteinander verbindet und alle unsere Gefühlsmoleküle als Kommunikationsmittel in Anspruch nimmt. So entsteht vor unseren Augen das Bild eines ‚mobilen Gehirns' – eines Organs, das sich durch unseren Körper bewegt und seinen Sitz überall zugleich hat, beileibe nicht nur im Kopf. ... und das so für die intelligente Organisation dessen sorgt, was wir Leben nennen.*"[58] Zentrales Anliegen von Candace Pert ist, mit ihrem Buch zu

---

[53] Ebenda, S. 25.

[54] Ebenda, S. 17.

[55] Ebenda, S. 17.

[56] Siehe auch Kapitel 17: Das Primat der Information, Anmerkung 33, 35f.

[57] C. Pert: „*Moleküle der Gefühle – Körper, Geist und Emotionen.*", Reinbeck 1997, S. 24.

[58] Ebenda, S. 9f.

vermitteln, wie wesentlich und wichtig diese Forschungsergebnisse für die Menschen sind und dass in ihnen allen die Möglichkeit schlummert, den eigenen Lebens- und Gesundheitszustand zu verändern. Die Bereitschaft der eigenen Verantwortung will dergestalt wieder eingemahnt werden. Außerdem ist es der Erlebnisbericht einer Spitzenwissenschaftlerin, welche begriffen hat, dass zeitgenössische Wissenschaft in weiten Kreisen der Bevölkerung erst dann recht gewürdigt werden kann, wenn deutlich wird, dass sie ein zutiefst menschliches Unterfangen ist. Auch hier gilt ihr Anspruch: Gefühle wirken sich auf die Wissenschaft genauso aus wie auf Gesundheit und Krankheit ... An dieser Stelle wollen wir Candace Pert nun zu genau *dem* Inhalt zu Wort kommen lassen, der vorzugsweise ihre Begeisterung und Faszination weckte – die Rezeptoren – Perts zentraler wissenschaftlicher Forschungsgegenstand. Was Pert hierzu schreibt, rechtfertigt ein etwas längeres Zitat ... *„Heute wissen wir, dass diese Komponente, der Rezeptor, ein einziges Molekül ist, vielleicht das eleganteste, außergewöhnlichste und komplizierteste Molekül, das es gibt. Ein ‚Molekül' ist der kleinstmögliche Teil eines Stoffes, der noch als dieser Stoff erkannt werden kann. Jedes einzelne Molekül einer gegebenen Substanz besteht aus kleinsten Materieeinheiten – Atomen wie etwa Kohlenstoff, Wasserstoff und Stickstoff – die in einer für den Stoff typischen Anordnung miteinander verbunden sind. Das lässt sich als chemische Formel ausdrücken oder, noch informativer, durch ein Diagramm wiedergeben. Unsichtbare Kräfte sorgen dafür, dass die Moleküle sich anziehen und sich zu erkennbaren Stoffen zusammenschließen. Mit einem gewissen Energieaufwand lassen sich die unsichtbaren Anziehungskräfte auch überwinden. Beispielsweise bringt Wärmeenergie Eiskristalle zum Schmelzen und verwandelt sie in Wasser, das zu Dampf wird, wenn sich die Moleküle so rasch – mit so viel Energie – bewegen, dass sie sich von einander lösen und in alle Richtungen davonfliegen. Trotzdem bleibt die chemische Formel für jeden Zustand gleich – in diesem Fall H_2O, zwei Wasserstoffatome verbunden mit einem Sauerstoffatom – egal, ob es sich bei dem Zustand um einen eisigen Festkörper, eine wässrige Flüssigkeit oder einen farblosen Dampf handelt. Im Gegensatz zu den kleinen unbiegsamen Wassermolekülen, deren Gewicht nur 18 Einheiten des Molekulargewichts umfasst, wiegt das größte Rezeptormolekül mehr als 50 000 Einheiten. Im Unterschied zu den gefrorenen Wassermolekülen, die schmelzen oder sich in Gas verwandeln, wenn ihnen Energie zugeführt wird, reagieren die flexibleren Rezeptormoleküle auf Energie und chemische Reize mit Schwingungen. Sie winden sich, flattern und summen sogar, während sie die Form wechseln, wobei sie häufig zwischen zwei oder drei bevorzugten Formen oder Konformationen hin- und herspringen. Im Organismus sind sie stets an einer Zelle befestigt, wo sie auf der öligen Außengrenze der Zelloberfläche, der Membran, schwimmen. Denken Sie an Seerosen auf einer Teichoberfläche; wie die Seerosen haben auch die Rezeptoren Wurzeln, die sich mehrfach durch die flüssige Membran schlängeln und tief ins Zellinnere reichen. Die Rezeptoren sind, wie gesagt, Moleküle und bestehen aus Proteinen, winzigen Aminosäuren, die zu faltigen Ketten verflochten sind. Sie sehen aus wie eine mehrfach ineinander verschlungene Perlenkette. Würde man jeder*

Rezeptorart, die man bisher identifiziert hat, eine eigene Farbe zuweisen, würde sich die Zelloberfläche in ein buntes Mosaik aus mindestens siebzig verschiedenen Farben verwandeln – 50 000 Exemplare einer Rezeptorart, 10 000 einer anderen, 100 000 einer dritten und so fort. Ein durchschnittliches Neuron (eine Nervenzelle) dürfte mehrere Millionen Rezeptoren auf seiner Oberfläche tragen. ... Im Prinzip haben Rezeptoren die Funktion von Sensor-Molekülen – Scannern. Genauso wie Augen, Ohren, Nase, Zunge, Finger und Haut des Menschen, sind auch die Rezeptoren Sinnesorgane – nur auf zellulärer Ebene. **Sie treiben in den Membranen ihrer Zellen, tänzeln, vibrieren und warten darauf, dass sie Nachrichten von anderen kleinen vibrierenden Geschöpfen aufnehmen können.** Auch diese bestehen aus Aminosäuren und treiben – ‚diffundieren' lautet das wissenschaftliche Wort – in den Flüssigkeiten der Zellumgebung heran. Häufig beschreiben wir diese Rezeptoren als ‚Schlüssellöcher', obwohl das sicherlich keine ganz treffende Bezeichnung für Gebilde ist, die sich in ständiger Bewegung und rhythmischen Schwingungen befinden. Sie ballen sich in der Zellmembran zusammen, während sie auf die richtigen chemischen Schlüssel warten. Diese nähern sich in der extrazellulären Flüssigkeit und suchen sich das passende Schlüsselloch aus, das heißt, den richtigen Rezeptor – ein Prozess, der ‚Bindung' heißt. Bindung, das ist Sex auf molekularer Ebene! Und was hat es mit diesem chemischen Schlüssel auf sich, der am Rezeptor andockt und ihn veranlasst zu tanzen und sich zu wiegen? Das verantwortliche Element bezeichnet man als ‚Ligand'. Das ist der chemische Schlüssel, der am Rezeptor bindet, das heißt, in ihn eindringt wie der Schlüssel ins Schlüsselloch. Dadurch verursacht er eine Störung, die das Molekül veranlasst, sich neu zu organisieren, seine Form zu verändern, bis – klick! – eine bestimmte Information Eingang in die Zelle findet. Wenn auch der Schlüssel, der ins Schlüsselloch passt, die Standardmetapher ist, so verlangt der Vorgang doch nach einer dynamischeren Beschreibung: vielleicht zwei Stimmen – Ligand und Rezeptor – die den gleichen Ton treffen und durch die erzeugte Schwingung ein Tor zur Zelle öffnen. Was dann geschieht, ist einigermaßen verblüffend. Nachdem der Rezeptor eine Nachricht erhalten hat, überträgt er sie von der Zelloberfläche tief ins Innere, wo sie eine weitreichende Veränderung des Zellzustandes bewirken kann. Unter dem Einfluss der Nachricht, die der Ligand überbracht hat, nehmen winzige ‚Maschinen' („Effektoren" [59]) ihre Arbeit auf und setzen eine Kettenreaktion biochemischer Ereignisse in Gang: Sie stellen neue Proteine her, treffen Entscheidungen über die Zellteilung, öffnen und schließen Jonenkanäle, fügen energiereiche chemische Gruppen wie die Phosphate hinzu und nehmen sie fort – um nur einige dieser Vorgänge zu nennen. Kurzum, das Leben der Zelle, das, was sie in einem gegebenen Augenblick vor hat, hängt davon ab, welche Rezeptoren sich an ihrer Oberfläche befinden und ob sie von Liganden besetzt sind oder nicht. Global können sich diese winzigen physiologischen Phänomene auf der Zellebene als tiefgreifende Veränderung des Verhaltens, der körperlichen Aktivität

---

[59] Ein Signalstoff *außerhalb* der Zelle, der als Informations-Träger, als Botenstoff zum Rezeptor der Zelle wirkt, wird als „Ligand" bezeichnet. Jene Botenstoffe im Zellplasma der Zelle, hin zum Zellkern und seinen Genen, als „Effektor". Siehe selbes Kapitel, Anmerkung 16, 17.

und sogar der Stimmung manifestieren." [60] Kein Wunder, dass das US-amerikanische Wirtschaftsmagazin *Forbes* in einer seiner vor kurzem erschienenen Ausgaben die „Neurowissenschaft" als das *„heißeste Forschungsgebiet der akademischen Welt"* bezeichnet. Interessant, wie sich laut einer der erfolgreichsten Vertreterinnen dieses *heißesten Forschungsgebietes* – Dr. Candace Pert – die „Philosophie der hochbegabten Köpfe" zusammenfassen lässt: *„Gib Dich nicht mit der herrschenden Meinung zufrieden. Finde Dich nicht mit dem Gedanken ab, dass sich etwas nicht machen lässt, weil die wissenschaftliche Literatur sagt, es lasse sich nicht machen. Vertrau auf Deine Instinkte – auf Deine Intuition. Leg Deiner Phantasie keine Fesseln an. ... Glaube nicht, dass etwas kompliziert sein muss, um von Nutzen zu sein, denn oft bringen die einfachsten Experimente die eindeutigsten Resultate. Führ das Experiment durch! ... Stelle die Autoritäten in Frage."* [61]

Wahrhaft moderne, zukünftige Wissenschaft und Forschung will mehr, als bloß bisherige Einsichten und Erkenntnisse verwalten. Sie wird daher mit daran zu erkennen – und zu messen – sein sowie auch Erfolg haben, insofern es ihr gelingt, nachhaltig der Versuchung zu widerstehen, bezüglich herrschender Annahmen, Meinungen und Denkgewohnheiten in der eigenen Zunft jegliche Form vorauseilenden Gehorsams abzulegen. All das muss hinter sich gelassen werden. Unbequeme Schnitte am allzu Gewohnten und unabsehbare Schritte sind aktiv und bewusst zu wagen ...

Zusammenfassung

Vom Anliegen motiviert, zu einem wirklichkeitsgemäßen Verständnis von „Geist", von Bewusstsein, im Sinne von In-*forma*-tion vorzustoßen, scheint mir entscheidend, sich in dieser Ausführlichkeit mit der Entwicklung molekularbiologischer Forschung zu beschäftigen. Denn gerade vonseiten dieser Forschungsrichtung zeigen sich heute die mit am vielversprechendsten Wandlungen in den Grundlagen moderner Forschung. [62] Es sind die Entwicklungen jener biologischen (Gen)Forschung, welche maßgebliche Impulse für eine wissenschaftliche Klärung der spirituellen Frage: *„Was ist Geist?"* setzen könnten – und auch setzen werden, so wie die Entwicklungen momentan voranschreiten. Ein Paradigmenwechsel ist absehbar. Wissenschaftshistoriker der Zukunft werden – so vermute ich – *schmunzelnd und augenzwinkernd* vom „Ideal des Materialismus" sprechen, wenn es darum geht, zu erläutern, wie es – angesichts einer vermeintlich

---

[60] C. Pert: *„Moleküle der Gefühle – Körper, Geist und Emotionen"*, Reinbeck 1997, S. 28ff.

[61] C. Pert: *„Moleküle der Gefühle – Körper, Geist und Emotionen"*, Reinbeck 1997, S. 28ff.

[62] *„Der Aufbau des Organismus wird nach einem Programm organisiert. Wer aber organisiert das Programm? ... Ohne die Einsteinsche Frage nach dem ‚Wozu?' ausführlich zu diskutieren, müssen wir aber doch fragen: Inwiefern gibt es das Phänomen der Selbstorganisation? Wann und auf welches Substrat wirkt sie? ... Jedenfalls kann der Geist nicht aus Materie als Überbau entstanden sein. Eher ist es umgekehrt."* F. Cramer: *„Chaos und Ordnung – Die komplexe Struktur des Lebendigen."*, Stuttgart 1989, S. 227, S. 228, S. 229.

aufgeklärten Wissenschaftlichkeit möglich war – bis ins 21. Jahrhundert! – eine derart pseudo-paradigmatische Konsequenz aufrechtzuerhalten. Nämlich: diese Welt und ihr Werden ohne *etwas wie Geist* zu denken. Man wird im Blick zurück erkennen, wie der Widerstand und Kampf gegen reaktionär-religiöse Vorstellungs-Derivate von „Geist" erstens genau diesen Aspekt antiquiert religiösen Geistes aufrecht erhielten und zweitens, den darüber hinaus weisenden Blick vernebelten. Die Lösung liegt darin – Geist völlig neu zu denken: Geist im Sinn von etwas wie In-*form*-ation eben – oder im Bereich des Menschen – von *Bewusstsein, Gewahrsein* oder wie immer es bezeichnet werden mag. Die Physik des beginnenden 21. Jahrhunderts bietet dafür bereits wesentliche erste Ansätze. [63] Und doch: Wir werden diesen Ungeist wohl noch eine Weile walten sehen. Jene Wissenschaftlichkeit wird auch weiterhin „alles Menschenmögliche" argumentativ bemühen – bis sich die Fruchtlosigkeit eines derartigen Standpunktes von selbst erwiesen haben wird. Kampflos wird das Feld vermutlich nicht geräumt, davon dürfte auszugehen sein. Es wäre ja nicht das erste Mal! Erinnern wir uns: Es bedurfte – in Analogie zu den nunmehrigen Fragestellungen – Pasteurs genialer Versuche, bis bewiesen war und man *wirklich* wusste, dass sich aus Anorganischem nicht spontan Organisches bilden kann. [64] Viele Wissenschaftler scheinen sich nicht der bisherigen Beschränkung ihrer Wirklichkeitserfassung bewusst, oder aber halten für irrelevant, was mit der ihnen bekannten wissenschaftlichen Methode nicht erfasst werden kann. „*Naturwissenschaft mit ihrer analytischen Methodik, ihrer auf Exaktheit zielenden, fragmentierenden Denkweise scheitert an der Erfassung der eigentlichen Bedeutung der Wirklichkeit, die sich nur aus der Wechselbeziehung von allem mit allem, der Einbettung des Einzelnen im Ganzen erschließt. ... Insbesondere ist das durch dieses Denken erzeugte Abbild ihrer Wirklichkeit wertfrei und nicht Sinn behaftet*", bekennt der Physiker und Träger des Alternativen Nobelpreises Hans Peter Dürr, „*... da es bei seiner Konstruktion aus dem ganzheitlichen Sinnzusammenhang der eigentlichen Wirklichkeit herausgelöst wurde.*" [65]

Die Ganzheitlichkeit könnte mit der Erforschung molekularer Netzwerkstrukturen in das Denken zukünftiger Generationen von Wissenschaftlern Einzug halten. Alles wird wohl davon abhängen, wann es endgültig gelingt, den „Genetischen Determinismus" – durch seine eigenen Forschungsergebnisse – zu überwinden. Erinnern wir uns an den Ausspruch des Physikers Carl Friedrich von Weizsäcker und sein Anliegen bezüglich einer ganzheitlichen Auffassung der Wirklichkeit, wenn er sagt: „*Das physikalische Weltbild hat nicht unrecht mit dem, was es behauptet, sondern mit dem, was es*

---

[63] Siehe auch Kapitel 16: Materie und Bewusstsein, Anmerkung 5.

[64] Vor kaum mehr als 200 Jahren versuchte die wissenschaftliche Forschung noch zu begründen, auf welche Weise sich der Flusskrebs aus dem Flusssand bildet. Erst Louis Pasteur (1822-1895) konnte durch seine denkwürdigen Versuche zeigen, dass es ausschließlich und immer eines organischen Keimes bedarf, damit sich ein Organismus entwickeln kann.
Siehe auch Kapitel 14: Intuition, Anmerkung 7, 9, 22.

[65] H.P. Dürr: „*Das Netz des Physikers.*", München 1990, S. 21, S. 48.

verschweigt." [66] Ganzheitliches Denken, so will man betonen, hat ja nichts zu tun mit der Abschaffung eines rationalen, analytischen Denkens in den Wissenschaften, sondern mit seiner Erweiterung und Bereicherung zugunsten eines tiefergehenden Begreifens. [67] Diesbezüglich will auch das vorliegende Buch seinen Teil beisteuern.

Abschließend nun noch die Sichtweise von Bruno Würtenberger, der in seiner Ausbildung in empirischer Bewusstseins- und Kommunikationstechnik unter der Überschrift *„Eine neue Strategie ist nötig."* schreibt: *„Ich nenne diese neue Strategie: Die Strategie der Nächstenliebe. Sind im Kriegsbeispiel die Fremden unsere Nächsten, so sind es in Sachen Gesundheit unser Körper und unsere Organe. Nur was Du liebst, kannst Du verstehen, weil Du bereit bist, einen anderen Standpunkt einzunehmen. Der Körper teilt Dir immer genau mit, was er braucht, um seine Gesundheit aufrechtzuerhalten, man muss nur hinhören. Wir sollten den Kampf gegen irgendetwas oder -jemand beenden und Integration anstreben. Gesundheit, Nächstenliebe und Frieden werden viel einfacher erreicht, indem man das unterstützt, was man haben möchte, anstatt das zu bekämpfen, was man nicht will. Dadurch ist die gesamte Aufmerksamkeit auf das Ziel und nicht die Behinderungen gerichtet, was zur Folge haben wird, dass Du Deine Ziele mit Leichtigkeit verwirklichen kannst. Das ist Psychologie. Den Feind zu bekämpfen, ist aus Unwissenheit entstandene Dummheit."* Und weiter: *„Jetzt ist die Zeit, wo es sich lohnt, den Blick auf alternative Heilmethoden zu richten! Es gibt keine unheilbaren Krankheiten, es gibt nur unheilbare Patienten, und was zuerst geheilt werden muss, ist die Einstellung sich selbst, seinem Nächsten und der Krankheit gegenüber. Wenn Du es vermagst, Deine Krankheit als Freundin willkommen zu heißen und sie zu lieben, benötigst Du nur mehr wenige Therapien, um große Erfolge zu verzeichnen. Beginne gerade jetzt, indem Du aufhörst ,schwarz' oder ,grau' zu malen. Male ,weiß' und lass Dein Leben wieder farbenfroh, nicht-polar, einheitlich, ganz, heil sein. Erkenne Dich als einen Teil Gottes, der Du schon immer warst, bist und sein wirst!"* [68]

---

[66] C.F. v. Weizsäcker: *„Zum Weltbild der Physik."*, Stuttgart 1954, S. 25.
[67] Siehe auch Kapitel 20: Wissenschaft und Spiritualität im Konsens, Anmerkung 23.
[68] B. Würtenberger: *„Free Spirit-Grundkurs – Teil 2"*, Zürich 2005, S. 43f.

Teil 3 In-*forma*-tion als Intuition im Bewusstsein

Vom menschlichen Bewusstsein als Freier Geist

„Zuerst ist eine Schöpfung ein Gedanke. Dieser verdichtet sich so lange, bis er eine feinstoffliche Form annimmt. Diese Form beinhaltet ein bestimmtes Gefühl. Beides verdichtet sich nun mehr und mehr, so lange, bis es eine physische Ausdrucksform findet, entweder als Gefühl, Schmerz, Situation oder als sonstige Erfahrung. Es gibt grundsätzlich zwei Methoden, diesen Prozess zu beschleunigen: ‚Wunsch' und ‚Widerstand'. Je mehr Wunsch oder Widerstand in Bezug auf eine Kreation vorhanden ist, desto stärker wird sie sich in der Folge manifestieren. ... Materie besteht aus Energie. Energie wird, sobald sie durch Bewusstsein oder Gedankenkraft verdichtet wird, zu Materie. Materie ist somit eher eine verdichtete Information als eine feste Masse. Energie ist wellenartig. Durch Verdichtung verwandeln sich die Wellen in etwas wie ‚Teilchen'. Das ist Metaphysik. Durch Verdichten der Wellen zu Teilchen erschaffen wir unsere Realität – genauso, wie ein Zauberer Dinge oder Situationen augenblicklich erschaffen kann. Er programmiert einfach die zu verdichtende Energie mit einem bestimmten Programm. Wenn dies auch für die meisten Menschen noch in weiter Ferne liegt, so musst Du dennoch wissen, dass Du selbst dies ununterbrochen vollbringst.“

Bruno Würtenberger

Kapitel 11: Erfahrungslernen

Bewusstseinsforschung und Neuro-Pädagogik

Zunächst Bruno Würtenberger, der Lebens-Praktiker: *„Es ist nie die ‚reine Theorie',
die Dir zu einem weiteren Bewusstsein hilft, sondern die Erfahrung. Es geht bei Free
Spirit immer in erster Linie um Erfahrungen – nicht um mitgeteiltes Wissen. Wissen ist
nebensächlich und wertlos im Vergleich zu Deiner Erfahrung. ... Ja, und selbst wenn Du
mal eine Übung nicht richtig durchführst, sie vielleicht falsch verstanden hast und etwas
ganz anderes machst, denke daran: Auch daraus kannst Du etwas erkennen, auch dann
machst Du ja eine Erfahrung! Anstatt Dich zu verurteilen, wertschätze die gegenwärtige
Erfahrung und danach wiederhole die Übung einfach."* [1]

Ähnliche Gesichtspunkte vertritt der Schweizer Kinderarzt und Psychiater,
Univ.-Prof. Dr. Norbert Herschkowitz, in seinem Interview zum Thema „Hirnreifung des
Menschen(-Kindes)", wenn er darüber spricht, wie die Gehirn-Entwicklungen primär
mit erworbenen Fähigkeiten korrelieren: *„Wenn wir den Lebensweg des Kindes zurück-
verfolgen, sehen wir, dass es im Prinzip immer die gleiche Triebkraft ist, die es antreibt
zum Lernen – es geht um die Erfahrung der Welt. Die Welt besser zu verstehen und mehr
in dieser Welt zu erleben. ... Wir haben früher gedacht, dass das Gehirn gewissermaßen
dadurch programmiert wird – ähnlich wie so ein Computer – dass man nur oft genug den
Lernstoff oben reinfüllt. ... Es ist ein obsoletes Modell, weil wir inzwischen gelernt haben,
dass es im Leben gar nicht so sehr auf dieses auswendig gelernte Wissen ankommt.
Und auf einmal kommt dieser neue Begriff in die Erziehungs- und Bildungsdebatte,
nämlich ‚erfahrungsbedingte Neuroplastizität', d.h.:* **Nicht durch Auswendiglernen von
Sachverhalten wird das Gehirn geformt, sondern durch das Machen von Erfahrungen.**
*Und das bedeutet, dass man jetzt Räume schaffen muss, in denen Kinder Erfahrungen
machen. Ich geb' mal ein konkretes Beispiel: Kinder brauchen z.B. Gelegenheiten, um
Aufgaben zu übernehmen, an denen sie wachsen können. Das findet kaum noch statt
in der Schule."* [2] Auf die Frage, an welchen Aufgaben ihre Kinder wachsen könnten –
so erzählt der Hirnforscher, Univ.-Prof. Gerald Hüther von der Universität Göttingen
– bekomme er von Eltern meist zur Antwort: *an Hausaufgaben*, oder: das würde in der
Musikschule oder im Förderunterricht passieren. Aber klar sei, dass man *„... nur an
Aufgaben wachsen könne, die man sich selbst gesucht habe."* [3]

---

[1]   B. Würtenberger: *„Free Spirit-Grundkurs – Teil 1"*, Zürich 2005, S. 40.

[2]   N. Herschkowitz, in: *„Neuropädagogik – oder: Was Schule heute leisten sollte."*, Transkription, in:
ORF Radiokolleg, 2009, von: P. Weber.

[3]   G. Hüther, in: *„Neuropädagogik – oder: Was Schule heute leisten sollte."*, Transkription, in:
ORF Radiokolleg, 2009, von: P. Weber.

Silent Knowledge – Wie Erfahrung und Gespür unser Können prägen

„Ich denke zunächst einmal an ganz banale Alltags-Tätigkeiten wie Zähneputzen, Treppensteigen, Zeitungsartikel lesen oder so komplexe Sachen wie einer grammatikalischen Regel folgen. Und meine Behauptung wäre die, dass man dazu ein Wissen benötigt, das einem als Wissen überhaupt nicht erkennbar wird, sondern erst in dem Moment als Wissen gewissermaßen auftaucht, wenn etwas nicht mehr funktioniert. Also wir verwenden ein praktisches Wissen, ein Alltagswissen, um das zu tun, was zu tun ist, ohne uns im Klaren darüber zu sein – dass wir über dieses Wissen verfügen." [4] Das sagt Dr. Thomas Alkemeyer, Professor für Soziologie an der Universität Oldenburg. Es macht verständlich, warum es überhaupt *menschenmöglich* ist, dass Hunderte von Menschen in einer dicht frequentierten Fußgängerzone aneinander vorbeigehen, ohne miteinander zu kollidieren: Sie alle werden von einem Wissen geleitet, das sie *nicht* theoretisch gelernt haben – und das man auch gar nicht *theoretisch* lernen kann. [5]

Erfahrungswissen stellt somit eine Form des Wissens dar, das sich nur durch Lernen aus dem eigenen (mutigen) Tun entwickeln kann. Bei dieser Art von Wissen handelt es sich nicht um theoretisches, sondern um meist kaum verbalisierbares und somit nicht wirklich mitteilbares Wissen. Es gilt somit gewissermaßen als das schweigende, weil nicht verbalisierbare Wissen. Wissenschaftlich wird es als „implizites Wissen" gehandelt – oder in der Fachsprache eben als „Silent Knowledge". Erfahrungswissen ermöglicht die Ziele einer Tätigkeit oder Arbeit bestmöglich zu erreicht. Intuition und Erfahrung spielen in diesem Kontext optimal zusammen. Der Soziologe Univ.-Prof. Fritz Böhle spricht von „*gefühltem Wissen*" und meint: „*Durch Gefühl lassen sich Dinge in der Welt begreifen, erfahren, deuten, beurteilen. Und, gefühltes Wissen ist eine Grundlage, um kompetent handeln zu können.*" [6] Erfahrungswissen bezieht sich einerseits auf Sachverhalte, andererseits auf die Vorgehensweise, auf das *Know-How* im Prozess. Erst die Verschränkung beider Wissensbereiche ermöglicht dem Menschen sachgemäß, effizient und sicher handeln zu können. Und doch wird dieses praktische Wissen, ohne welches unser Leben nicht möglich wäre, im staatlichen Bildungs- und Wissenschaftsbereich bislang vergleichsweise wenig beachtet und beforscht.

Welche Rolle können *Erfahrung* und *gefühltes Wissen* – *Gefühl* – im konkreten Berufsleben spielen? Zum Beispiel in einem Frisiersalon. Schauen und Fühlen bestimmen hier die Vorgehensweise. Gefühltes Wissen, das Zusammenspiel vieler Sinne sowie Offenheit für das Erfassen der Person sind zur optimalen Berufsausübung entscheidend und wesentlich. Dies bestätigt Claudia Munz, Gesellschafterin und wissenschaftliche Mitarbeiterin der Gesellschaft für Ausbildungsforschung und Berufsentwicklung in

---

[4] T. Alkemeyer, in: *„Learning by doing – Wie Erfahrung und Gespür unser Können prägen."*, Transkription, in: *ORF Radiokolleg, 2007*, von: J. Caup.

[5] Siehe auch Kapitel 23: Bildung der Zukunft, Anmerkung 11.

[6] F. Böhle, in: *„Learning by doing – Wie Erfahrung und Gespür unser Können prägen."*, Transkription, in: *ORF Radiokolleg, 2007*, von: J. Caup. Siehe auch Kapitel 12: Fühlen, Anmerkung 41.

München. Nicht von ungefähr erfahren Friseurinnen und Friseure bei Ihrer Tätigkeit auch eine unbeabsichtigte Erweiterung ihrer Berufsrolle. Manche Kundinnen und Kunden wenden sich nicht nur bezüglich der Frisur an sie, sondern auch mit Lebensproblemen. Irgendwie wird *zum-Friseur-gehen* zur Vertrauenssache: *„Man lernt mit Menschen umzugehen. Man lernt Menschen zu ‚lesen'. Man fühlt dann irgendwann, was braucht der jetzt. Braucht der jetzt Aufmerksamkeit, braucht der jetzt einfach Ruhe. Und das ist natürlich schon Übungssache, dass man das erkennt.“* [7]

Vom Schatz im Acker. Warum verstandene Erfahrung das Handeln wertvoll macht

„Es entspricht zwar nicht unseren Vorstellungen von Wissen, aber wir können sagen: ‚Das Kriterium ist eigentlich nicht primär, ob ich das messen kann oder rational beurteilen, sondern ob es zur Handlung befähigt.' Also wenn ich das Kriterium mache, ob es hilft, Probleme zu lösen, dann komme ich zum Ergebnis, dass es offenbar auf dieser Basis möglich ist, also soweit es notwendig ist, mit Hilfe des gefühlten Wissens Probleme zu lösen, dass wir – und das ist ja die Erkenntnis – mit dem wirkenden Begriff des Wissens gar nicht zurecht kommen, um intelligentes Handeln beschreiben zu können, um kritische Situation zu bewältigen.“ [8] – sagt der Soziologe, Volkswirt und Psychologe Fritz Böhle, Vorstandvorsitzender am Institut für Sozialwissenschaftliche Forschung in München und im deutschen Sprachraum einer der führenden Forscher auf dem Gebiet des praktischen Wissens. Erfahrungswissen, Handlungswissen, implizites oder gefühltes Wissen, das Lernen-durch-Tun – all diese Begriffe leiten sich vom pädagogischen Fachausdruck *„Learning by doing“* ab. Geprägt wurde dieser Begriff erstmals von Robert Baden Powell, dem Gründer der Pfadfinderbewegung. In der wissenschaftlichen Diskussion gilt John Dewey [9] als wesentlicher Begründer dieses Ansatzes. Er hat Handlungsorientierung mit Erfahrungsorientierung verknüpft und damit einen Leitbegriff für die Projektorientierung geschaffen. Dieses mittlerweile auch wissenschaftlich erprobte Konzept beruht auf der Einsicht, dass *echte* Lernerfolge prinzipiell nur möglich sind, wenn Dinge ausprobiert werden und – erst anschließend – reflektiert.

Von einer etwas anderen Warte aus, diese Sicht durchaus aber ergänzend, der Top-Genetiker Kazuo Murakami: *„Ich nenne diesen Hinter-den-Kulissen-Aspekt ‚Nachtwissenschaft', im Gegensatz zur ‚Tagwissenschaft', die aus Vorträgen, Untersuchungen von Gegenständen unter dem Mikroskop oder Präsentationen von Forschungsergebnissen auf Konferenzen besteht. Die Tagwissenschaft ist rational und*

---

[7]   C. Munz, in: *„Learning by doing – Wie Erfahrung und Gespür unser Können prägen.“*, Transkription, in: *ORF Radiokolleg, 2007*, von: J. Caup.

[8]   F. Böhle, in: *„Learning by doing – Wie Erfahrung und Gespür unser Können prägen.“*, Transkription, in: *ORF Radiokolleg, 2007*, von: J. Caup.

[9]   John Dewey (1859 – 1952), amerikanischer Philosoph, Psychologe, und Bildungsreformer, dessen Gedanken und Ideen zunächst in den Vereinigten Staaten, später auch weltweit großen Einfluss fanden.

objektiv und besitzt eine klare und systematische Logik. Die Nachtwissenschaft hingegen gewinnt wichtige Hinweise aus Intuition, Inspiration und ungewöhnlichen Erfahrungen – anders ausgedrückt: aus menschlichen Fähigkeiten und Vorgängen, die normalerweise nicht mit Wissenschaftlern assoziiert werden. Man könnte sagen, die Tagwissenschaft stellt die handfesten Ergebnisse der Forschungen dar, während die Nachtwissenschaft ein Teil des Prozesses ist, durch den diese Erkenntnisse zustande kommen. Tatsächlich beginnen die großen wissenschaftlichen Entdeckungen und Erfindungen überwiegend mit der Nachtwissenschaft. ... Überraschenderweise ist es zunächst einmal wichtig, nicht allzuviel zu wissen, wenn man sich auf neue Forschungen einlässt. ... Je kenntnisreicher jemand ist, desto wahrscheinlicher hat er Bedenken gegen neue Forschungsprojekte. Im Gegensatz dazu beginnen Unerfahrene mit größerer Wahrscheinlichkeit ohne Zögern mit etwas Neuem. Unwissenheit ist ein Segen, weil sie sich so direkt in die Sache hineinstürzen. Aus dieser Furchtlosigkeit entstehen oft große Leistungen. Buckminster Fuller, einer der wichtigsten Innovatoren des 20. Jahrhunderts, drückte es so aus: Er empfahl, besser ein Universalist als ein Spezialist zu sein. ... Zu große Abhängigkeit von Wissen lässt unsere Intuition abstumpfen." [10]

Unwissenheit als Segen anzuerkennen, um offen zu sein für alles Neue ... Welch ein Credo! Hören wir dazu doch noch das folgende Bekenntnis von Masaru Ibuka, einem der zentralen Mitbegründer der Sony Corporation, auf die Frage nach dem Geheimnis seines Erfolges: *„Rückblickend glaube ich, dass ich Glück hatte, kein Experte zu sein. Hätte ich zu der Zeit Tonbandgeräte oder Transistoren vollständig verstanden, dann wäre ich viel zu eingeschüchtert gewesen, um mich an so etwas heranzuwagen. Als ich später mehr darüber erfuhr, war ich entsetzt über meine eigene Tollkühnheit.*" [11]

Professor Böhle geht es in seiner Arbeit darum, gefühltes Wissen in seiner eminent praktischen Bedeutung nachzuweisen und begreifbar zu machen: *„Das ist vielleicht auch ein neuer Zugang zu dem Begriff des Gefühls, wenn man Zahlen zeigen kann, dass gefühltes Wissen – andere Worte sind ja auch Erfahrungswissen, implizites Wissen – auf einer besonderen Handlungsweise, sprich einem besonderen Umgang mit der Welt beruht, konkret einem Umgang mit Gegenständen. Wir nennen das den ‚erfahrungsgeleiteten Umgang mit der Welt'. Bei diesem spielen nämlich die Sinne eine sehr große Rolle. Man benutzt die Sinne sehr umfassend. Alle Sinne, nicht nur eben das Auge, sondern auch die Tastsinne – das Gespür in den Händen. Auch wenn wir das Auge nehmen, geht es nicht nur darum, ganz präzise Information wahrzunehmen, sondern eine Situation in seiner Ganzheit. Und am schönsten kann man das am Hören demonstrieren, dass man nicht nur einen Ton registriert, wie einen Piepton, den man exakt beschreiben kann, sondern dass man aus einem Geräusch – ganz ähnlich wie der Musiker – eine Qualität des Geräu-*

---

[10] K. Murakami: *„Der göttliche Code des Lebens – Ein neues Verständnis der Genetik.*", Güllesheim 2008, S. 84ff.

[11] M. Ibuka, in: K. Murakami: *„Der göttliche Code des Lebens – Ein neues Verständnis der Genetik.*", Güllesheim 2008, S. 84.

sches wahrnimmt und anhand dieser Qualität, ein Urteil fällen kann über die Dinge, die dieses Geräusch erzeugen. Also etwa in der Metallindustrie: Ob hier ein Werkstück richtig bearbeitet wird, oder ob sich ein Fehler anbahnt. Das kann man an der Qualität – nicht an der Höhe, sondern an der Qualität des Geräusches – erkennen." [12] Dies ist vor allem in vielen Produktions- und Verfahrensprozessen in der Industrie wichtig, bei denen unvorhersehbare und oftmals kritische Situationen entstehen, die umgehend richtig erkannt werden müssen. Denn nur so können Schäden rechtzeitig diagnostiziert und behoben werden. Ein Beispiel: *„Nehmen Sie eine chemische Anlage. Die wird heute automatisch gesteuert, das kann man alles berechnen im Labor. Aber so eine chemische Anlage steht im Freien, nicht unter einer Glaskappe, wie im Labor. Nun haben Sie das Problem, dass eine solche Anlage im Sommer anders reagiert als im Winter, weil Kälte, Witterungseinflüsse zu geringfügigen Unregelmäßigkeiten führen. Und das sind genau Situationen, die man nun einfach nicht vorhersehen kann, und deswegen kann man diese Anlagen letztlich auch nicht vollautomatisch steuern, sondern es braucht den Menschen, der bei diesen Unregelmäßigkeiten eingreift. Ähnliches finden sie übrigens auch bei U-Bahnen und bei Flugzeugen, und deswegen ist es ja auch eine Illusion zu glauben, man könne da in Zukunft den Menschen vollständig ersetzen. Man hat bisher angenommen, dass auch in solchen Situationen der Unregelmäßigkeit, der Überraschungen, ein rationales Handeln das Richtige ist. Und da stellt sich jetzt genau raus: Das ist es eben nicht. Sondern genau da brauche ich andere Fähigkeiten, denn genau jetzt wird eben etwas gefordert – mit Dingen umzugehen, die man nicht präzise bestimmen kann, die man nicht präzise berechnen kann, die man in der Schnelligkeit, in der sie sich ereignen, gar nicht richtig analysieren kann. Nun hat man entweder die Möglichkeit im negativen Sinn zu improvisieren oder sich durchzuwursteln, wie es bisher geheißen hat, oder gefährlich zu handeln. Oder, wie wir erkennen: andere menschliche Fähigkeiten zu nutzen und – jetzt kommt die Betonung – systematisch zu lernen und zu entwickeln. Denn es handelt sich hier nicht um ein bloßes Bauchgefühl, oder etwas, was man eben im Sinne eines Genies hat oder nicht, sondern das sind Fähigkeiten, die man genauso lernen kann und lernen muss, wie anderes Wissen und Können."* [13] Dies sagt der Soziologe Manfred Krenn. Er arbeitet an der Forschungs- und Beratungsstelle *Forschungswelt FORBA* in Wien und hat seit 2003 einen Lehrauftrag am Fachhochschul-Studienlehrgang *„Sozialarbeit im städtischen Raum"*. Schwerpunkte seiner Arbeit sind technischer und organisatorischer Wandel, Arbeitsbeziehungen und Erfahrungswissen. Krenn hat mehrere Studien zum Thema verfasst, unter anderem *„Erfahrungsgeleitetes Arbeiten in der automatisierten Produktion."* Darin beschäftigt er sich mit den neuen Anforderungen an die Personalpolitik, Ausbildung und Arbeitsgestaltung. *„Wenn Sie sich so eine Papiermaschine vorstellen, die ist 200 m lang und 12 m hoch. Da schießt die 12 m breite Papierbahn mit*

---

[12] F. Böhle, in: *„Learning by doing – Wie Erfahrung und Gespür unser Können prägen."*, Transkription, in: *ORF Radiokolleg, 2007*, von: J. Caup.

[13] M. Krenn, in: *„Learning by doing – Wie Erfahrung und Gespür unser Können prägen."*, Transkription, in: *ORF Radiokolleg, 2007*, von: J. Caup (gilt auch für die nächsten Zitate in Folge).

70 km/h durch die Maschine, 24 Stunden am Tag, 365 Tage im Jahr. Das ist eine sehr kapitalintensive Industrie und weil eben das so computergesteuert funktioniert, gewinnt man den Eindruck: Diese Technik läuft von alleine. Sie müssen sich vorstellen, an so einer Papiermaschine gibt es mehrere tausend Messpunkte, die fast jeden Winkel dieses Produktionsprozesses kontrollieren. Ja. Und trotzdem, gerade durch diese technische Komplexität, führen oft kleine Verunreinigungen an irgendeiner Stelle dazu, dass nicht die gewünschte Qualität produziert wird. Und die kann man auch mit den ausgefeiltesten, technischen Methoden nicht herausfiltern. Die Arbeiter aber, aufgrund ihrer langjährigen Erfahrung, gehen verschiedene Punkte ab, oder aus Intuition an die richtige Stelle und reinigen das in einer zweiminütigen Aktion, und es läuft wieder. Ja. Das heißt: Der große Vorteil von erfahrungsgeleitetem Arbeiten ist, dass Sie sich anbahnende Störungen erkennen können, schon lang ehe das am Computerschirm aufscheint. Wenn es einmal am Computerschirm aufscheint, ist es schon eine ausgewachsene Störung, und das bedeutet meistens Stillstand, Reparatur, was bei diesem kapitalintensiven Betrieb ja hohe Kosten verursacht."

Das berufs- und ausbildungsmäßige Hemmnis besteht darin, dass alle derartigen, den Produktionsprozess begleitenden, intuitiven und erfahrungsgeleiteten Eingriffe vom Management meist noch immer nicht als entscheidende Faktoren für den Produktionsablauf bewertet werden. Dies wiederum verstärkt den Eindruck, dass für die Produktion hauptsächlich technisches und Prozesswissen erforderlich und daher auszubilden sei. So wird der Irrtum prolongiert. Erfahrungswissen sei in computergesteuerten Abläufen kaum mehr von Bedeutung; das Gegenteil aber ist der Fall. *„Wenn sie jetzt in so eine Papierfabrik hineinkommen, herrscht ein unbeschreiblicher Lärm. Ja? Und uns haben die erfahrenen Papierfacharbeiter erzählt, wenn sie in der Früh reingehen, dann hören sie schon einmal, gewissermaßen: Wie ist denn die Melodie der Papiermaschine? Und wenn irgendetwas von der gewohnten Melodie abweicht, stutzen sie und wissen, irgendwas stimmt da nicht, und gehen dem nach. Für uns ist das undifferenzierter Lärm. Für die Jungen – die nehmen das häufig gar nicht mehr wahr, weil sie fast ausschließlich in der Leitabteilung sitzen – gehen diese Elemente so verloren. Das heißt Erfahrungslernen – ‚Learning by doing‘ – passiert häufig an diesen Anlagen nur mehr virtuell und nicht mehr in der Realität. Und das kann zunehmend zu einem Problem werden, vor allem in der Verbindung mit diesem technokratischen Blick auf den Produktionsprozess, dass es eigentlich gar nicht mehr notwendig sei, Erfahrungswissen zu haben."* Wenn das Management Personal wegrationalisiert, werden nicht selten ältere und erfahrene – weil teurere – Mitarbeiter entlassen. So geht oft ein enormer Erfahrungsschatz verloren, was sich langfristig stets nachteilig auf den Produktionserfolg auswirkt. *„Erfahrungsgeleitetes Wissen kann man nicht in ein Lehrbuch schreiben."* – meint Manfred Krenn. Erfahrungswissen sei stark an die Person des Arbeiters gebunden. Wie im Leben ganz allgemein, verdichtet und entwickelt sich jegliches Erfahrungswissen Hand in Hand gehend mit der Entwicklung der Persönlichkeit. *„In dem einen Betrieb hat man es versucht, Erfahrungswissen zu enteignen, es zu technisieren, auf technische Systeme* *zu übertragen. Das haben wir in einem Betrieb der Zuckerindustrie gefunden, wo die Kocher eine sehr strategische Stellung im Produktionsprozess gehabt haben, weil die genau den richtigen Zeitpunkt für die Sättigung der Zuckerlösung erkannt haben. Aber man hat nie gewusst – woran erkennen sie das? Und das ist früher wie ein Geheimnis vom Vater an den Sohn weitergegeben worden, und gewissermaßen in der Familientradition haben sie sich damit ihre Stellung in der Fabrik sichergestellt. Jetzt hat man wieder, als die Automatisierung vorangeschritten ist, versucht mit Messungen usw. das irgendwie rauszufiltern und zu übertragen. Es ist dies bis heute nicht so richtig gelungen. Weil halt die Kocher auch nicht richtig angeben können, woran sie es jetzt wirklich merken. Es hängt ja auch damit zusammen, dass die Roh- und Hilfsstoffe, die verwendet werden, unterschiedliche Qualität aufweisen. Einmal sind sie so beschaffen, dann das nächste Mal wieder anders. Das heißt, man kann nicht immer standardisiert mit den gleichen Messgrößen da durchfahren. Und die Arbeiter, die haben das im Gefühl. Die haben das im Gespür und reagieren dann auf diese Unterschiede. Ja, sie erkennen das dann an irgendwelchen, an ihre Persönlichkeit gebundenen Aspekten."*

Was macht kompetent? Oder: Vom Stellenwert reflektierter Praxis für die Theorie

„Ich glaube, gerade was eben die Gesamtgestalt betrifft, ist natürlich der Mensch, wenn er hier viel Erfahrung hat – ,glücklicherweise', sag ich auch – heute noch immer der Maschine überlegen. Nicht?!" [14] Das sagt Christiane Spiel, Professorin für Wirtschafts- und Bildungspsychologie an der Universität Wien. Die Frage, wie dieses Erfahrungswissen weitergegeben werden kann, ist für die künftige berufliche Bildung ein äußerst entscheidender Faktor. *„Wenn ich jetzt wirklich bei dem Beispiel, sagen wir Medizin bleibe, ist es z.B. für einen jungen Arzt oder Ärztin in Ausbildung sicher sehr hilfreich, wenn man von einem erfahrenen Praktiker, bei dem es ja wirklich sehr stark in einer Praxis um die Diagnostik geht, lernt. Und da ist es ja wichtig, dass der entscheidet: ,Muss ich sofort handeln?' ,Zu welchem Facharzt schicke ich, oder muss das wirklich sofort ins Spital, weil das wirklich etwas ist, das lebensbedrohlich ist?!' Und, dass ich dort lerne: ,Wie komme ich dahin, dass ich stimmig handeln kann?' Ich sage jetzt nur ein Beispiel, das ich wirklich konkret von einem Mediziner habe: Er sagt z.B., er werde dann hellhörig bei Patienten, die er schon sehr lange hat, wenn die zu ihm kommen, und mit ihm lange reden. Und zum Schluss dann sagen – ganz zum Schluss, wo sie eigentlich gehen wollen: ,Na ja, eigentlich, da habe ich da noch so eine Sache ...'. Wenn sie es zum Schluss bringen, ist das nämlich ein Indikator dafür, dass sie eigentlich Angst haben, dass gerade das etwas vielleicht doch wirklich Gefährliches sein kann. Und wenn der Arzt dann nicht auf das einsteigt, sie sich für sich selbst beruhigt fühlen und weggehen ...?! Das ist aber meistens dann wirklich was Gefährliches. Und genau da hakt der Arzt*

---

[14] C. Spiel, in: „*Learning by doing – Wie Erfahrung und Gespür unser Können prägen.*", Transkription, in: *ORF Radiokolleg, 2007*, von: J. Caup (gilt auch für die nächsten Zitate in Folge).

dann halt nach." Nun, Erfahrungswissen der geschilderten Art ist nicht in Lehrbüchern zu finden, ist aber andererseits für die ärztliche Praxis von entscheidender Bedeutung. Erfahrene Ärzte haben bei einer Differenzialdiagnose, aufgrund der Wahrscheinlichkeit des Auftretens einer Krankheit, die Fähigkeit entwickelt, relativ schnell und treffsicher die Krankheit zu bestimmen. Und das ist zudem sowohl effizienter als auch ökonomischer, anstatt langwieriger diagnostischer Zusatzuntersuchungen. An der Universität – sagt Christiane Spiel – gäbe es derzeit noch viel zu wenige Lernmöglichkeiten, um Fakten-wissen in Handlungswissen umzusetzen,. Dazu ein Beispiel. *„Bei uns gibt es in der Sozialpsychologie sehr viele Theorien, wie sich Menschen in Gruppen verhalten. Warum sie vor gewissen Sachen Ängste haben, wer in einer Gruppensituation sozusagen eine Art Gruppenführer wird – wer vielleicht ein Außenseiter ist und dergleichen. Da gibt es nicht nur eine Theorie, sondern mehrere. Ein Handlungswissen wäre für mich, dass ich nicht nur sage, ich kann jetzt auswendig die ganzen Theorien heruntersagen, sondern ich kann, wenn ich in eine Gruppensituation hineinkomme, auch Vorhersagen machen, warum werden sich welche Menschen wie verhalten, beziehungsweise kann ich es auch aufgrund meines Faktenwissens beeinflussen, indem ich mich in einer bestimmten Weise verhalte. Und da kommen wir jetzt auch zu diesem interessanten Punkt, dass die Theorie zwar sehr schön das vorhersagt, aber die Praxis dann natürlich immer von den betei-ligten Personen abhängt, sodass man das nicht 100 % vorhersagen kann. Und dieses Erproben, wo funktioniert es, wo funktioniert es besser, warum nicht besser und wie kann ich das selbst in so einer Situation steuern, das ist sozusagen dann das Austarieren. Und ich glaube, da leisten die institutionellen Bildungssysteme aus meiner Sicht noch zuwenig, um das wirklich zu erzielen."*

Fühlen lernen: Die Signale unseres Körpers deuten und kreativ nützen

„Es sind Leute, die betrunken waren, angekommen. Es waren keine Leute, die psychisch krank waren. Es haben sich Leute vor unseren Augen geschlagen, es sind Farbbeutel geflogen, es sind Eier geflogen, die RAF war zu Besuch, es ist jemand vor meinen Augen gestorben, ich hatte jemand, der mir nach dem Leben trachtete und Demonstrationen haben stattgefunden. Also alle Furchtbarkeiten dieser Welt, mit denen ich anfangs natürlich mehr oder weniger – eher weniger – geschickt umging. Weil, wenn Sie in solche neuen Situationen geraten, sind Sie ja erst mal baff und wehrlos und eiern und schwimmen, und deshalb merken sie dann: Es ist irgendwie besser, schwimmen zu lernen. Dass, wenn die Flut kommt, sie dann doch ein bisschen besser schwimmen können, nicht?!" [15]

Schwimmen lernen, d.h. in kritischen Situationen mit viel Gespür *intuitives Wissen* umzusetzen – das war über Jahrzehnte tägliches Brot der Journalistin Carmen Thomas.

---

[15] C. Thomas, in: *„Learning by doing – Wie Erfahrung und Gespür unser Können prägen.*", Transkription, in: *ORF Radiokolleg, 2007*, von: J. Caup (gilt auch für die nächsten Zitate in Folge).

Thomas war Moderatorin der Radio-Life-Sendung: *Hallo Ü-Wagen* beim Westdeutschen Rundfunk. Eine Sendung, die seit 1974, mit einem damals bahnbrechenden Konzept, auch heute noch auf große Resonanz stößt. Benannt nach dem Radioübertragungswagen ging es darum, dass das Radio raus aus dem Studio, hin zu den Menschen auf der Straße kommt. Natürlich mit all den Risiken, die solche Unternehmungen in sich bergen. Carmen Thomas, die heute als Medienberaterin arbeitet, musste neben ihrer fachlichen Qualifikation als Journalistin lernen, mit schwierigen, weil nicht vorhersehbaren Situationen und Menschen zu Rande zu kommen. Ein Können, das durch Hingabebereitschaft, echte Präsenz, kritische Reflexion und intuitives Gespür wachsen konnte. *„Sie spüren es ja, wenn Sie etwas begegnen, was Sie nicht mögen, dann merken Sie, Sie kriegen so ein ‚Knödelgefühl' im Hals. Und wenn Sie das ernst nehmen lernen, dass Ihr Körper Ihnen – vor ihrem Hirn – sagt, dass jetzt irgendwas passiert, was Sie nicht mögen, und wenn Sie das systematisch deuten und abbauen lernen, dann verstehen Sie mehr über Kommunikation."* Carmen Thomas lernte darauf zu achten, wenn sich ihre Schilddrüse meldete. Wenn sie also einen *dicken Hals* bekam, der anzeigte, dass da etwas für sie nicht stimmte. Diese leiblich vermittelten Gefühle wahrzunehmen, zu deuten und sie für die Bewältigung einer Situation zu nützen – das lehrt Carmen Thomas heute in ihren Kommunikationstrainings. Sie ist überzeugt davon, dass Intuitionsintelligenz trainierbar ist und zur Basis einer professionellen Kommunikation gehört. *„Im Zusammenhang mit der professionellen Kommunikation gibt es interessante Kompetenzstufen. Nämlich, die Menschen befinden sich in einem Stadium der ‚unbewussten Inkompetenz', das heißt, sie ahnen gar nicht, was sie alles nicht ahnen und was sie lernen könnten. Wenn sie dann jemand begegnen, der sich da etwas mehr damit beschäftigt, geraten sie in das Stadium der ‚bewussten Inkompetenz'. Das heißt sie merken plötzlich: ‚Mensch ich kann tatsächlich was lernen, was dieser andere Mensch vielleicht kann!' Wenn sie dann ein bisschen trainieren – und die Trainingsidee ist das alleraller Wichtigste – dann merken sie plötzlich: ‚Mensch, jetzt kann ich was, was ich vorher nicht konnte.' Wenn sie noch mehr üben, können sie das Neue bald sogar wie Autofahren. Nämlich, dass sie das Stadium der ‚unbewussten Kompetenz' erreichen. D.h. sie müssen nicht mehr überlegen, wenn einer auf die Straße kommt: ‚Was muss ich jetzt tun mit den Händen und Füßen?' – sie tun einfach. Und so müssen sie diese Sachen auch trainieren, von denen ich hier jetzt die ganze Zeit rede. Und dann kommt ein ebenso herrliches, wie gefährliches Stadium, nämlich das der Selbstzufriedenheit. Dann sagen sie wohl: ‚Das kann ich, das kenn ich alles schon.' – und so. Aber oben auf den Stufen steht eben Sokrates und sagt: ‚**Wer glaubt, etwas zu sein, hat aufgehört etwas zu werden.**' Daneben steht der Cicero und sagt: ‚**Fang nie an aufzuhören, höre nie auf anzufangen.**' Und ebenso steht da auch Laotse und sagt, wie es geht, nämlich: ‚**Meisterschaft entsteht durch Wiederholung und Vertiefung.**' Also früher waren meine Sendungen, Sitzungen oder Coachings nur gut, wenn ich eine gute Beziehung zu meinem Gegenüber hatte und die Sonne schien und ich keinen Liebeskummer hatte oder sonst irgendwas. Während, heute ist egal, was mit mir persönlich ist. Ob ich das Gegenüber leiden kann oder nicht, spielt praktisch keine Rolle* *mehr, und wie das Wetter ist, spielt auch keine Rolle mehr, weil professionell sein, heißt: unabhängig von diesen Faktoren zu werden. Und das macht einfach Freude, wenn Sie dann nicht mehr davon abhängig sind. Und Sie spüren das, dass Sie auf diesem hohen Niveau immer sein und das leisten können."*

Das Grundelement gelingender menschlicher Kommunikation heißt: *„emotionale Kompetenz".* Dieses gefühlte Wissen erwirbt man nicht aus der Kenntnis psychologischer oder kommunikationstheoretischer Ideen. Theorien können einen kritischen Reflexionshintergrund für das praktische Können bieten. Theoretisches Wissen ersetzt aber nicht den Erwerb durch Erfahrung. Professor Wolfgang Müller-Commichau lehrt Sozialpädagogik an der Goethe-Universität in Frankfurt. *„Wichtig scheint mir, sich klarzumachen, was Wissen überhaupt ist. Wissen, denke ich, sind verarbeitete Informationen. Tagtäglich stürzen auf jeden von uns mannigfaltige Informationen ein. Wir haben ganz viel mit unterschiedlichsten Eindrücken jeden Tag zu tun und das gilt für Kinder und Jugendliche oder für Lernende ganz allgemein. Diese Informationen werden aber nicht automatisch zu Wissen. Sondern erst, wenn diese Informationen verarbeitet worden sind, dann werden sie zu Wissen. Die Verarbeitung erfolgt vom Individuum so, dass es sich fragt – es ist kein bewusster Vorgang – unbewusst fragt, inwieweit brauche ich diese Informationen. Hat es Sinn, ist es notwendig, ist es sinnvoll, sie in mir abzuspeichern, sodass sie als Wissen verfügbar sind. Das Kriterium für die Verarbeitung von Information zu Wissen ist zentral: ihre Brauchbarkeit, die Nützlichkeit. Und die wiederum lässt sich am ehesten beantworten, wenn das Individuum zurückschaut auf andere vergleichbare Situationen. Dann also, wenn ich den Eindruck habe – und das passiert im Unterbewusstsein – es ist sinnvoll, Information zu Wissen zu verarbeiten, dann wird aus dem Neuen, was da an mich herankommt, auch Wissen. Dieses, dann so quasi verinnerlichte Wissen, also die verarbeiteten Informationen, werden angereichert und gefühlt. Gefühle sind dabei. Und dann kommt diese Intuition dazu. Es ist verfügbar als verarbeitete Informationen, die zu Wissen geworden sind. Da ist Intuition dann etwas, das es auch in der jeweiligen Situation quasi zu Tage fördert. Sodass, wenn Menschen es dann zulassen – gerade auch, wenn es so extreme Situationen, schwierige Situationen der Entscheidung sind – dann ist es als intuitives Wissen verfügbar, das aber auch eine Basis hat in objektiven Wissensbeständen."* [16]

Intelligente Körper – Von der Faszination sportlicher Könnerschaft

„Embodied Intelligence heißt, dass man feststellt, dass menschliches Handeln nicht bewusstseinmäßig gesteuert ist – weil, das nahm man ja an, man meinte, man könne das Bewusstsein wie ein Programm abbilden – sondern dass es offenbar eine Intelligenz

---

[16] W. Müller-Commichau, in: *„Learning by doing – Wie Erfahrung und Gespür unser Können prägen."*, Transkription, in: *ORF Radiokolleg, 2007,* von: J. Caup.

gibt, die im praktischen Handeln eingebettet ist." [17] – Der Soziologe Fritz Böhle lehrt auch Sozioökonomie der Arbeits- und Berufswelt an der Universität Augsburg und untersucht, wie bereits erwähnt, seit Jahren die andere Seite des Handelns. Ihm geht es um das gefühlte Wissen, um „Embodied Intelligence", verkörperte Intelligenz. Für ihn erscheint die wissenschaftliche Reflexion über die Grundlagen des praktischen Wissens noch unterentwickelt.

Ein wichtiger Pionier der Rehabilitation des Erfahrungswissens ist der 1997 verstorbene amerikanische Philosoph und Yale-Professor, Donald Schön. Dieser ging in seinem Buch „*The Reflective Practitioner: How Professionals Think in Action*" der wesentlichen Frage nach, wie Experten arbeiten und handeln. Und Donald Schön kam unter anderem zum Ergebnis, dass dieses Handeln in erster Linie *nicht-Theorie-geleitet* ist. Mit „Experten" sind jedoch keineswegs primär Wissenschaftler gemeint, sondern auch Künstler und vornehmlich auch Sportler. Böhle: „*Fußballspielen, Ballspielen, alles dies sind weder rein motorische Handlungen, noch Dinge, die permanent kognitiv gesteuert werden. Das ist etwas, was in unserem Denken eigentlich nicht richtig vorhanden ist. Wir unterscheiden immer zwischen bewusstem Handeln oder routinemäßig unbewusstem. Und so hatte man ja auch angenommen, Treppensteigen oder Fußballspielen oder ein Glas in die Hand nehmen, sind Dinge, die man kognitiv, rational gelernt hat und die dann absinken in unbewusste, motorische Handlungen. Nun stellen wir aber fest: Man hat die oft gar nicht kognitiv, rational gelernt. Also schon das Lernen passiert anders. Und zweitens sind es nicht motorische Handlungen, sondern es sind intelligente Handlungen. Offenbar selbst bei einer solch einfachen Sache wie Treppensteigen muss der Körper permanent abgleichen. Jede Treppe ist anders, man muss Gewichtsverlagerungen vornehmen, etwas was man mit dem bewusstseinsmäßigen Modell des Hirns nicht abbilden kann. Und aufgrund solcher Erkenntnisse kommt man zum Begriff der ‚Embodied Intelligence'. Offenbar haben wir in unseren praktischen Handlungen eine eigenständige Intelligenz eingebaut. Wo man ja dann auch sagt, nichts ist schwieriger – so betrachtet – als einen Nagel in eine Wand mit einem Hammer zu schlagen, weil jeder Hammer anders ist, jede Wand anders ist, und trotzdem können wir das als Menschen. Es ist also Intelligenz. Für meine Begriffe ist es gar nicht so mystisch. Sie müssen nur mal schauen, wie lange Kinder brauchen, um einigermaßen gehen zu lernen oder sich einigermaßen geschickt zu bewegen. Es liegt eher in unserer Kultur, dass wir diese Dinge als etwas Minderwertiges betrachten. Wir haben noch keinen wirklichen Blick für die Intelligenz dieser Vorgänge.*" Aber nicht nur das. Vielen fehlt auch der Blick dafür, wieviel verkörperte Intelligenz den wirklich exzellenten Sportler ausmacht. *Der französische Philosoph Pierre Botieux stellt fest, dass nie das gewusste, sondern immer nur das ‚gefühlte Wissen' – als Können – in unserem Leib steckt.* Und: Es dauert, bis dieses praktische Wissen in Fleisch und Blut übergegangen ist, bis es sozusagen „sitzt".

---

[17] F. Böhle, in: „*Learning by doing – Wie Erfahrung und Gespür unser Können prägen.*", Transkription, in: *ORF Radiokolleg, 2007*, von: J. Caup (gilt auch für das nächste Zitate).

Praktisches Wissen, oder Erfahrungswissen ist eine Leib-eigene Erfahrung. Z.B. bei einem Fußballspieler: Erst Beinarbeit, Kraft, Schnelligkeit, Kenntnis, Konzentration und Umsicht zusammen ermöglichen die überraschende Aktion eines genialen Spielzugs. Fußballspielen fußt also auf einer Kreativität, die nicht in einem fertigen Produkt, sondern im steten Vollzug existiert.

„Ich glaube, das ist das, was einen guten, einen richtig guten Spieler, auszeichnet: dass er nie aufhört zu lernen, sondern immer alles aufsaugt aus seiner Umgebung, was er für sich selbst, für sein Spiel, für seine Position brauchen kann." [18] Dies sagt Toni Polster, einer der wohl erfolgreichsten und populärsten Fußballspieler Österreichs und begehrter Profispieler in der deutschen Bundesliga. *„Fußballer soll man mit Körper, Geist und Seele sein"*, ist Polster überzeugt. Ballbeherrschung, Training, Taktik – alles das ist ganz wesentlich. Doch vor allem: die Präsenz, die aufmerksame Beobachtung des Spiels, um den jeweils entscheidenden Moment eines Spielzugs zu erfassen. Es ist die Erfahrung aus hunderten Fußballspielen, die einem Routinier dazu verhilft, blitzschnell und intuitiv auf *der* Position zu laufen, auf welcher der Ball nach einem Pass oder einer Flanke landen wird und – so Polster – eine gewisse Besessenheit, im Moment des Spiels völlig verbunden zu sein, eins zu sein mit dem Ereignis.

Was in neuester Zeit oft versucht wird, nämlich das Fußballspiel zu verwissenschaftlichen, stößt beim Soziologen Fritz Böhle auf massive Skepsis – praktische Erkenntnisse könnten *so* wenige gewonnen werden: *„Man lernt Taktiken, man überlegt, man entwickelt Strategien und hat dann nämlich zwei Möglichkeiten: Entweder man geht davon aus, der Fußballer denkt ständig nach, überlegt, welchen Zug mache ich, welche Strategie entwickle ich? Oder das andere Modell: Er trainiert das, übt das so häufig, dass es quasi vollautomatisch abläuft. Das andere, dass es rein motorisch abläuft, funktioniert auch nicht, darin besteht ja gerade die Raffinesse des Spiels, dass es Überraschungen hat. Und nun denken wir, dass es da offenbar etwas dazwischen gibt. Es ist offenbar eine Fähigkeit zu antizipieren, wie ein Ball fliegt und dann rechtzeitig loszulaufen. **Es gibt so was wie eine periphere Wahrnehmung, die Fähigkeit – ich glaube, Beckenbauer hatte das zum Beispiel – dass er eben nicht punktuell wahrnimmt, sondern ein Spielgeschehen in der Gesamtheit.** Und das ist eine ganz besondere Art – das kann man physiologisch nachweisen – der Benutzung unseres Auges. Übrigens, der Philosoph, Hermann Schmitz* [19], *beschreibt das ja auch, dass wir die Fähigkeit haben, Dinge, die auf uns zukommen, uns einzuverleiben. Wir nehmen die tatsächlich in unseren Körper auf und können daher Dinge, die ganz woanders stattfinden, subjektiv nachvollziehen und daraus dann Handlungen ableiten."* [20]

---

[18] T. Polster, in: *„Learning by doing – Wie Erfahrung und Gespür unser Können prägen."*, Transkription, in: *ORF Radiokolleg, 2007*, von: J. Caup.

[19] Hermann Schmitz, Professor für Philosophie an der Universität Kiel.

[20] F. Böhle, in: *„Learning by doing – Wie Erfahrung und Gespür unser Können prägen."*, Transkription, in: *ORF Radiokolleg, 2007*, von: J. Caup.

Auf die angesprochene *„periphere Wahrnehmung"*, andernorts auch *„Intuition"* genannt, welche die zukünftige Handlung eines Mitspielers antizipieren kann, bauen Sportler auch in anderen Sportarten. Z.B. im Boxen, Ringen, Judo und Karate. Thomas Alkemeyer ist Professor für Sportsoziologie an der Universität Oldenburg: *„Ringen – und speziell Boxen – erscheinen selbstverständlich auf den ersten Blick als sehr rohe Sportarten. Wenn man sich damit eingehender beschäftigt, wird deutlich, dass die Ringer oder Boxer über ein unerhört feines Gespür für den anderen verfügen müssen, gewissermaßen über die Fähigkeit, sich so in den anderen hineinzuversetzen, dass sie dessen Aktionen vorwegnehmen, vorausahnen, um sich darauf einstellen zu können."* [21]

Der Arzt und Professor für Empirische Pädagogik und Psychologie an der Universität Regensburg, Dr. Hans Gruber, hat die Grundlagen sportlicher Intelligenz untersucht. Dabei fand er heraus, dass Profisportler zunächst auf einem Grundstock von jahrelangem, gezieltem Training aufbauen. Weiters entwickeln Mannschaftssportler einen besonderen Spielsinn, also eine erhöhte Aufmerksamkeit für die Situation und den Verlauf eines Spieles. Sie können auf größere Wissensbestände durch ihre Erfahrung zurückgreifen und haben durch eingefleischte Bewegungsmuster Freiraum für ungewöhnliche Spielzüge. Hans Gruber schildert dies am Beispiel des US-amerikanischen Eishockeyprofis Wayne Gretzky, von dem bekannt ist, dass er bereits mit sechs Jahren in einer Mannschaft für Zehnjährige spielte und auch dort bereits für Tore sorgte. Als Zehnjähriger stellte er in der Saison 1971/72 einen bis heute unerreichten Rekord in der Brantford-Atom-League (Ontario-Schülerliga) auf: Er erzielte in 85 Spielen 378 Treffer und 139 Assists. 1978 gab Wayne Gretzky als 17-Jähriger sein Debüt in der World Hockey Association (WHA) für die Indianapolis Racers. [22] *Gefühltes Wissen* par excellence – Gretzky konnte bereits extrem früh den Zugang dafür legen ... Gruber: *„Wayne Gretzky war auch berühmt dafür, dass er extrem viel geübt hat, extrem gute Bewegungsmuster sehr gut einstudiert hatte und dann zusätzlich eben den Freiraum hatte, ungewöhnliche Dinge ausprobieren zu können. Berühmt geworden ist seine Geschichte, als er im Spiel hinter dem gegnerischen Tor stand, den Torhüter in Schach gehalten hat, der sich nicht entscheiden konnte, in ein Eck zu gehen, weil er im selben Augenblick ja ins andere gehen würde. Und er hat dann da entschieden, den Puck mit dem Schläger über das Tor hinweg an den Helm des Torhüters zu spielen, sodass er von dort ins Tor reingehen würde. Das ist eine ganz große Großtat. Eine der Sachen, die ihn berühmt gemacht haben, dass er hier das Zutrauen hatte und die Fähigkeit, sehr ungewöhnliche Dinge zu tun, gerade weil er ein sehr großes, sehr stabiles Repertoire an gewöhnlichen Dingen sehr, sehr sicher verfügbar hatte und dadurch dann eben auch den nötigen Freiraum."* [23]

---

[21] T. Alkemeyer, in: *„Learning by doing – Wie Erfahrung und Gespür unser Können prägen."*, Transkription, in: *ORF Radiokolleg, 2007*, von: J. Caup.

[22] http://de.wikipedia.org/wiki/Wayne_Gretzky.

[23] H. Gruber, in: *„Learning by doing – Wie Erfahrung und Gespür unser Können prägen."*, Transkription, in: *ORF Radiokolleg, 2007*, von: J. Caup.

Gefühltes Wissen: Wenn Mensch und Maschine zu einer Einheit werden

„Ein Motorrad zu fahren ist ein Handwerk. Das kann man erlernen wie Autofahren, aber es ist nicht hochgradig kompliziert, das ist relativ simple Bedienung, die mit einer gewissen Übung relativ einfach beherrschbar ist. Aber ein Motorrad ist ein Fahrzeug, das letztlich mit dem ganzen Körper bewegt werden will, und es bedeutet auch, Gefühle, Emotionen damit einzubinden und ein bisschen ein Ohr dafür zu entwickeln, was einem so ein Motorrad mitteilen will. Und insofern würde ich schon behaupten, dass es – sagen wir mal – zwei Ebenen gibt, um so ein Ding zu bewegen. Zum einen nämlich als klassischer Bediener, der oben aufsitzt und damit von A nach B fährt. Und dann gibt es halt noch den wirklichen ‚durch-und-durch-Motorradfahrer‘, der auch seine Sinne ausgerichtet hat für sein Fahrzeug und wirklich spürt – mit seinem ganzen Körper spürt, an Händen, Füßen, Hintern – was da vor sich geht.“ [24] Der ehemalige, zweifache deutsche Motorradmeister, Thomas Kuttruf, arbeitet heute als Public Relations Manager bei KTM in Mattighofen. Er sieht einen großen Unterschied zwischen *ein-Motorradfahren* und *Motorradfahren*. Der Unterschied besteht im gefühlten Wissen, das ein erfahrener Biker sich im Zusammenspiel von Mensch und Maschine erarbeitet hat. Es ist ein Wissen, das man mit dem Körper spürt und das in der mitunter ziemlich erdigen Motorradsprache „das Popometer" genannt wird: *„Ich selber würde das beschreiben als eine Art Sensor, der dazu dient, die Vorgänge, die Reaktionen, die Bewegung – sowohl von dem Motorrad, aber auch von der Umgebung, wahrzunehmen. Ich fühle auf dem Motorrad, wenn ich mich locker verhalte, wenn ich mich darauf einlasse mit meinem Motorrad zu kommunizieren und mit der Umwelt – dann fühle ich in meinem Körper, in meinem Popometer, da spüre ich die Fahrzustände des Motorrades, ob es beschleunigt, ob es verzögert, ob es unter Last steht. Ich spüre, wie der Zustand der Straße ist, ich spüre, ob es nass ist. Eine nasse Straße fühlt sich für mich ganz anders an als eine trockene Straße – ob es glatt ist, ob es rutschig ist, ob es griffig ist, ob ich gerade viel Haftung zur Verfügung habe oder nicht, das sind Sachen, die mir das Popometer in Form eines Sensors, so möchte ich es mal bezeichnen, einfach mitteilen kann."*

Der Sportsoziologe Thomas Alkemeyer, spricht im Zusammenhang mit Sportarten wie Motorradfahren, Schifahren oder Surfen von einem gefühlten Wissen, das erst aus der Beherrschung und der Verbindung von Mensch und Gerät wirksam wird: *„Es handelt sich tatsächlich um eine fast symbiotische Beziehung zwischen Leib und Gerät, um Körper-Technik-Symbiose, die man auch wiederum in anderen Bereichen hat. Beispielsweise in der Arbeitswelt, die aber am Sport besonders gut zu beobachten ist. Es gibt bestimmte Voraussetzungen dafür, dass diese Symbiosen eingegangen werden können, und dann entsteht gewissermaßen aus der Verbindung von Mensch und Gerät ein neuer, dritter, ein hybrider Akteur aus Mensch und Technik, aus Leib und Technik, der zu Dingen in der Lage ist, zu denen keine Seite der Beziehung von sich aus in der Lage wäre. Also*

---

[24] T. Kuttruf, in: *„Learning by doing – Wie Erfahrung und Gespür unser Können prägen."*, Transkription, in: *ORF Radiokolleg, 2007*, von: J. Caup (gilt auch für das nächste Zitat in Folge).

ein BMX-Radfahrer ist mit seinem BMX-Rad ein anderer als ohne das Rad und kann sich neue Bewegungs- und Erfahrungsräume erschließen, genauso wie das Rad ohne den Nutzer ein unbelebtes Objekt ist und im Grunde genommen erst lebendig wird, wenn es auf einen Nutzer trifft, der in der Lage ist, viel aus diesem Gerät rauszuholen." [25] So dehnt sich das bewusste Sein – unser Bewusstsein – mit all seiner Bewusstheit weit über die, vom Zeitpunkt der Geburt an, inaugurierte und somit irgendwann dann für unser Alltagsbewusstsein etablierte und als „*meines*" erlebte eigene Körpergrenze hinaus aus und integriert Teil-Aspekte der sogenannten Außenwelt ins Erleben des eigenen Selbst. *Die präsente eigene Bewusstheit erlangt im Akt solchen Fühlens quasi die Qualität eines neuen Organs der Wahrnehmung.* Wer mit seinem Fühlen derartig geweitet, gewissermaßen am Rande seines ausgedehnten Selbst, wahrnimmt, erlebt ein Maß an Wahrnehmungsgewissheit und Sicherheit im persönlichen Handeln, das für andere Menschen an ein Wunder zu grenzen scheint. Und doch ist es nicht mehr als ein *Sich-verbunden-Fühlen* – ein Gefühl von Einheit-Sein – nicht bloß innerhalb seines eigenen Körpers –, sondern darüber hinaus. Wir beginnen uns dann wieder mit einem außerkörperlichen Aspekt beziehungsweise Teil der Welt verbunden zu fühlen. Die Welt beginnt in gewisser Weise *ich* zu werden! Nicht für den Verstand, aber für das Gefühl. Wir sind angeschlossen: Ein sehr besonderes Erlebnis, das während des *Free Spirit* Bewusstseins-Training initiiert und methodisch-didaktisch präzise aufgebaut im *Authentischen Fühlen* – und in gewandelter Form – im *Ich-Bin Fühlen* erfahren wird. [26] Spätestens nach dieser Erfahrung weiß man wieder, dass man grundsätzlich mit allem verbunden ist, außer man reduziert sich automatisch und ganz unbewusst – und das tun wir erwachsenen Menschen für gewöhnlich – auf die gefühlten Erfahrungsgrenzen der eigenen Körperlichkeit. Oftmals reduzieren Menschen diese Wahrnehmungsebene – zum Beispiel bei Sorgen und Angst – noch weiter, sodass sie sich nur noch in ihren Gedanken wiederfinden und Bewegungs-Souveränität und Präsenz, auch bezüglich des eigenen Körpers, für sie schlichtweg unmöglich ist.

Doch wieder zurück zum hingegebungsvollen Motorradfahren. Erfahrene Fahrer schauen selten auf ihren Tourenzähler. Sie spüren an den motorischen Vibrationen am eigenen Leib, ob und wann der Motor nach dem nächsthöheren Gang verlangt, lange bevor er sich im kritischen Grenzbereich befindet. Profifahrer müssen allerdings eine noch viel ausgefeiltere sensorische Technik entwickeln, um ihren Konkurrenten im Rennen davonzufahren. Sie sind nicht nur *eins* mit der Maschine, nein, sie sind auch eins mit der Kurve, sie fühlen den Straßenbelag, den Gegner neben oder vor sich. Es ist ein Eins-Sein weit über die eigene Körperlichkeit hinaus, ein Einswerden mit dem, was begeistert. Sie empfinden sich vielleicht ähnlich eins mit diesen „Formationen" wie

---

[25] T. Alkemeyer, in: „*Learning by doing – Wie Erfahrung und Gespür unser Können prägen.*", Transkription, in: *ORF Radiokolleg, 2007*, von: J. Caup.

[26] Siehe auch Kapitel 1: Zeit, Anmerkung 30; Siehe auch Kapitel 12: Fühlen, Anmerkung 38
  Siehe auch Kapitel 22: Systemische Phänomene, Anmerkung 43

Vögel im Flug. Ihr Wahrnehmungs-Organ, ihr Ich-Bin-Gefühl von *Meinigkeit* [27] ist auf die gesamte Situation ausgedehnt und geweitet: zeitlich und räumlich. In-*forma*-tion *ist*. Präsenz *ist*. *„Eine richtig schnelle Rundenzeit auf dem Motorrad realisiere ich, indem ich später bremse, indem ich ein bisschen früher aufs Gas gehe. Indem ich einfach die Bewegungsabläufe (... beschleunige) – ein Rennmotorrad steuert man wirklich einfach ganz intensiv mit dem Körper, die Füße, die Hände, die Finger, die Schenkel, alles lenkt und steuert das Motorrad. Und das schnell zu koordinieren, sicher zu koordinieren, das ist, denk ich, sagen wir mal der Schlüssel zum Erfolg, der letztlich mit einer gewissen Abgeklärtheit, mit einem gewissen Einsatz, mit einer gewissen Risikobereitschaft gewonnen wird. Ich könnte natürlich jetzt auf einem Blatt Papier aufschreiben, wie ich in Hockenheim eine Rundenzeit von 1,07 mit dem Motorrad fahren kann, was relativ schnell ist, aber diese Anleitung dann von jemandem, der vielleicht auch in Hockenheim eine 1,10-er Runde fährt, umzusetzen, dass der dann noch um 3 Sekunden schneller fährt, ist fast unmöglich.“* [28] Im Rennsport sind die zeitlichen Unterschiede zwischen dem Erstgereihten und den Nachfolgenden sehr gering. Und doch kann es in der Siegerlogik zumindest eine ganze Welt ausmachen. Auch Thomas Kuttruf musste sich eines Tages mit diesem bleibenden Unterschied anfreunden – wohl oder übel: *„Ich sehe das mittlerweile extrem sportlich. Ich habe mich natürlich schon gefragt, warum ich keine Yacht in Monaco liegen habe. Letztlich entscheidet, sagen wir mal, diese Zeit. So eine 1,06-er Zeit in Hockenheim. Das ist das, was ein absoluter Top-Superbike-Meister wie Andi Meklau fährt. Da verlier ich so eine gute Sekunde. Der Andi Meklau verliert aber auf einen Rossi auf jeden Fall 2 Sekunden. Jetzt sagen wir, liegen zwischen dem Kuttruf und dem Rossi 3 Sekunden. Es sind nicht mehr. Wirklich nicht. Aber die 3 Sekunden, die sind's, die werde ich nie finden. Und genau die 3 Sekunden entscheiden zwischen Bürojob und 20 Millionen Dollar-Vertrag. **Genau diese 3 Sekunden, die liegen im gefühlten Wissen, die liegen nicht in einem asketischen Körper, die liegen nicht in unendlichen Millionen von Testkilometern, diese 3 Sekunden hat der in seinem gefühlten Wissen an Vorsprung.** Und die wird er bis an sein Lebensende mir voraushaben.“* Wobei Valentino Rossi eben auch bereits elfjährig über jenes gefühlte Wissen verfügte, um mit neun Siegen die regionale Go-Kart-Meisterschaft gewinnen zu können. Dieses ausgedehnte Präsenz-Erleben war ihm wohl – wie uns allen – bereits in die Wiege gelegt. Kleinkinder haben nicht bloß diese angeborene Baby-Schwimmfähigkeit, sondern auch ein natürliches Gefühl der Einheit und Ausgedehntheit in der Welt. Dieses Ur-Gefühl wurde ganz offensichtlich bereits sehr früh von seinem Vater gefördert – in diesem Fall einseitig für das Motorrad fahren – und konnte so nie völlig verloren gehen oder verkümmern. Rossis Markenzeichen ist die Startnummer 46, die er, wie auch schon sein Vater Graziano

---

[27] „Meinigkeit“ – ein Definitionsbegriff aus der Psychologie und Philosophie: *Das, was man als zu sich gehörig erlebt, angefangen vom Bein bis zur Meinung, Vorstellung und den daraus sich ergebenden Folgerungen.“* http://www.mouche.ch/Philo-Definitionen-Meinigkeit.htm.

[28] T. Kuttruf, in: *„Learning by doing – Wie Erfahrung und Gespür unser Können prägen.“*, Transkription, in: *ORF Radiokolleg, 2007*, von: J. Caup (gilt auch für das nächste Zitat in Folge).

Rossi, seit Jahren für sich beansprucht. Mit nur 12 Jahren gewann Valentino sein erstes Minibike-Rennen. Ab dem Alter von 14 Jahren fuhr er Straßenrennmaschinen und bereits mit achtzehn Jahren war er dann Motorrad-Weltmeister in der 125er-Klasse. [29]

Abschließend der Genetiker Kazuo Murakami, der die bereits angeklungene Bereitschaft zur vollen Präsenz – von Polster „Besessenheit" genannt – mit seinen Worten als Wissenschaftler beschreibt: *„So ist die Forschung – man weiß es nicht, außer, man versucht es. Es gibt immer eine Möglichkeit, aber nie eine Garantie. Allerdings gilt das nur für die ‚Tagwissenschaft'.* **In der ‚Nachtwissenschaft' muss der Forschungsleiter unerschütterlich an das gewünschte Ergebnis glauben. ... Und wenn ein Forschungsleiter beschließt, dass ein Ziel im Bereich des Möglichen liegt, dann werden die Menschen um ihn herum das ... glauben. Allerdings muss er von ganzem Herzen davon überzeugt sein. ...** *Wenn Menschen enthusiastisch einer Sache nachgehen, möchten sich andere interessanterweise daran beteiligen."* [30]

---

[29] http://de.wikipedia.org/wiki/Valentino_Rossi#Sportliche Karriere.
[30] K. Murakami: *„Der göttliche Code des Lebens – Ein neues Verständnis der Genetik."*, Güllesheim 2008, S. 88.

Kapitel 12: Fühlen

Fühlen – Verbindung mit der Einheit allen Seins

Fühlen ist ja etwas, was wir Menschen ganz offensichtlich mit allen Lebewesen gemeinsam haben. *Fühlen ist jedenfalls imstande, die Verbindung mit der Einheit allen Seins herzustellen.* Und, es könnte sogar sein, dass die gesamte Schöpfung ‚In-*forma*-tion‘ auf genau diese Weise ins Dasein einschreibt, respektive: ver-körpert. *Fühlen.* Damit ist keineswegs „Emotion" gemeint, sondern ein „*Wahr-nehmen*" jenseits der Filter unseres Verstandes und somit ein „*In-Verbindung-Sein*" ohne Bewertungen. Fühlen im Sinne des Erstellens einer Kommunikations-Verbindung; eine Art „*Wahrnehmungsorgan*", wie im letzten Kapitel angesprochen – wenn Sie so wollen. Etwas jedenfalls, was selbst mir völlig überraschend, als vermeintlich ausschließlich intellektuellem Kopfmenschen, während einer der Bewusstseins-Übungen von *Free Spirit*, telepathische Wahrnehmung ermöglichte. Bruno Würtenberger dazu: „*Fühlen ist eine Eigenart aller Lebewesen. Dazu zähle ich Menschen, Tiere, Pflanzen, Wasser, Steine, Gegenstände sowie andere, unbekannte Lebensformen. Wie die Menschen fühlen, verändert sich vom Säugling zum Erwachsenen genauso, wie es sich von Zeitalter zu Zeitalter verändert hat. Zu Beginn befanden und befinden sich jedenfalls alle Wesen im Zustand des Eins-Seins. Danach folgen das authentische Fühlen, das gefilterte Fühlen und dann das reaktive. Am unteren, respektive untersten Ende der Skala befindet sich der reine Kopfmensch. ... Ich empfehle Dir Folgendes: Werde zum Beobachter aller Gefühle, die Du empfindest. Beobachte sie, fühle sie und zwar, ohne sie gleich zu beurteilen und zu bewerten. Dabei wirst Du entdecken, dass die Dinge äußerst spannend und interessant sind. ... Wenn sich diese unbefangene Neugier wieder einstellt und gelingt, dann wird Fühlen und Leben wieder wahrhaft abenteuerlich. Vieles wird dann völlig neu erfahren und das Leben wird intensiv wie nie zuvor. Nehmen wir als Beispiel das Wetter: Wenn es regnet, fühlen sich viele Menschen nicht so gut. Hätten sie zuvor jedoch einige Monate in der Wüste gelebt, so würden sie sich vermutlich phantastisch fühlen. Da gäbe es jedoch noch eine andere Variante, jenseits von ‚schönem‘ oder ‚schlechtem‘ Wetter – einfach ‚Wetter‘. Kaum einer kennt dieses Gefühl: ‚Einfach Wetter‘, jenseits von Bewertung und Interpretation aufgrund irgendeiner Erfahrung. Das ist spannend! Wie fühlt es sich überhaupt an, ‚Wetter‘? Dies ist dann ‚Authentisches Fühlen‘ – also ‚Fühlen‘.*" [1]

Gefühle und Botenstoffe – Geist-Körper-Kommunikation und In-*forma*-tion

Durch die Ergebnisse ihres langjährigen interdisziplinären Forschungsansatzes als Psychoneuroimmunologin mit zusätzlichem Schwerpunkt auf Endokrinologie war Candace Pert bereits damals klar, dass „*... sich das Gehirn im Informationsaustausch mit*

---

[1] B. Würtenberger: „*Free Spirit-Grundkurs – Teil 1*", Zürich 2005, S. 96, S. 99.

dem Immunsystem" befindet. [2] Doch allein schon dieses belegbare Ansinnen *„... dass der Geist sich auf den Körper auswirken könne, galt als schlechthin skandalös."* Das war etwas – so Pert – was sich *„... nach philosophischem Idealismus anhörte: Der Geist beherrscht die Materie – und war eine These, die man 1984 besser esoterischen Kaliforniern oder antiquarischen russischen Ladenhütern überließ."*

„Mens sana in corpore sano." – *Ein gesunder Geist lebt in einem gesunden Körper.* Gemäß des alten materialistischen Paradigmas wurde dies pseudo-sinngemäß dann sogar mit: *Nur in einem gesunden Körper wohne ein gesunder Geist,* übersetzt. Und stillschweigend wurde die Idee verstandesmäßig letztlich so uminterpretiert, dass ein kranker Geist die naturgemäße Folge eines kranken Körpers wäre. Und das ist bis heute noch die gängige Denkweise und Meinung.

Was aber, wenn gilt: *Corpus sanum per mentem sanam – Ein gesunder Körper durch einen gesunden Geist* – also: durch gesunde(nde) Gedanken? Nichts könnte das heraufdämmernde neue Paradigma wohl rigoroser beschreiben als diese Komplementarität, als diese Umkehrung.

Candace Pert hatte im Zuge ihrer Krebsforschungen bereits zu Beginn der 80-er Jahre des 20. Jahrhunderts auf den Immunabwehr-Zellen die genau gleichen Rezeptoren aufgefunden, wie sie diese schon zuvor in den 70-er Jahren auf den Nerven-Zellen im Gehirn entdeckt hatte – und in weiterer Folge ebenfalls auf den Zellen anderer Organe, des sogenannten „endokrinen Systems". [3] Damit war für sie verständlich geworden, *wie* und auch *dass* alle diese Zellen als *Mini-Organe* konzipiert sind und auserwählt, in exakt gleicher Weise auf Botenstoffe (Peptide) im Blutkreislauf anzusprechen. Dadurch werden sie alle mit denselben, entsprechenden Informationen versorgt. Sowohl Immunabwehr-Zellen als auch Krebs-Zellen reagieren somit auf Informationen des bewussten und unbewussten Geistes – wie sie selbst formuliert. Pert: *„Unser Ansatz war bedrohlich interdisziplinär und bedeutete – dazumal – eine Verletzung vieler traditioneller Grenzen zwischen den Disziplinen, bürokratischen Abteilungen und medizinischen Fachgebieten. ... Meiner Ansicht nach hatte sie der Nachdruck, den das alte Paradigma auf die Trennung und Autonomie der einzelnen Disziplinen legt, blind für die Bedeutung ihrer Daten gemacht. Unter diesen Umständen konnten sie nicht verstehen, dass alles auf eine einzige Schlussfolgerung hinauslief: Nerven- und Immunsystem stehen in enger*

---

[2] C. Pert: *„Moleküle der Gefühle – Körper, Geist und Emotionen."*, Reinbeck 1997, S. 262f (gilt auch für die nächsten Zitate in Folge).

[3] *„Das Hormonsystem, oft auch als endokrines System (endo = ‚innen', krinein = ‚ausscheiden') bezeichnet, ist ein Organsystem zur Steuerung der Körperfunktionen, die sich vom Wachstum über die Fortpflanzung bis hin zum täglichen Verdauungsvorgang erstrecken. Das Hormonsystem übt seine Funktion durch über dreißig verschiedene Hormone aus. Die Hormone, chemische Botensubstanzen, werden über den Blutkreislauf (endokrin) zu ihren Zielorganen geleitet oder entfalten ihre Wirkung direkt auf Nachbarzellen (parakrin). Die Wirkung wird über spezielle Rezeptoren an der Plasmamembran der Zellen vermittelt."* Zitiert aus der Online Enzyklopädie *Wikipedia*: http://de.wikipedia.org/wiki/Endokrines_System.

Kommunikation. ... Michael und ich waren uns durchaus bewusst, dass unsere Ergebnisse ausgesprochen revolutionär und eine massive Bedrohung für das herrschende Paradigma waren – unterstrichen sie doch die Rolle des Geistes bei Wachstum und Entwicklung von Krebstumoren. ... Alte Paradigmen (jedoch) sind zäh ... Langsam und mühsam rang sich die wissenschaftliche Gemeinschaft zu der Erkenntnis durch, dass diese Entdeckung ... den Weg zu einer erfolgreichen Heilmethode, einem Wundermittel, eröffnen könnte. Doch bevor man sich wieder ernsthaft mit dieser Möglichkeit beschäftigte, gingen erst einmal zehn Jahre ins Land. Es ist eine Schande, dass das Tor, das wir vor mehr als einer Dekade aufgestoßen haben, erst jetzt allgemeine Beachtung findet und auch das nur in der Form von Grundlagenforschung, nicht von klinischen Versuchen, also dem Rahmen, in dem man konkrete Behandlungsmethoden testet." [4]

Was genau beinhaltete dieser *neue paradigmatische Griff* auf dem Gebiet der modernen Neurowissenschaften? Was ist es, was diesen neuen Ansatz, Körper und Geist zu begreifen, am stimmigsten charakterisiert? Und, was ist dieses, in seinen Konsequenzen nach wie vor unabsehbare Erkenntnisfeld des neuen Paradigmas, auf dem eine Handvoll innovativer Forscher – mit vorne dabei: Candace Pert – über Jahre hinweg angefeindet und einsam auf weiter (Forscher)Flur das Feld absteckten und bestellten?! Pert – von ihrer Ausbildung betrachtet Pharmakologin mit einer Post-Graduat-Ausbildung im Bereich der Neurologie, und ihr Mann Michael Ruff – ein Immunologe – erkannten, dass sie durch ihre Forschungen auf ein körperweites Kommunikationssystem gestoßen waren, welches sie sich nunmehr anschickten zu beschreiben. Sie erkannten die bislang von den Neurowissenschaftlern verwendeten Begriffe *Neuro-Peptid* und *Neuro-Rezeptor* als sprachlich irreführend, insofern die Vorsilbe „neuro" fälschlicherweise darauf verwies, beide wären lediglich im Nervensystem anzutreffen. Stattdessen ließen sich diese Botenstoffe und ihre Rezeptoren auf den Zellen, über den gesamten Körper verteilt, auffinden. So zum Beispiel im Rückenmark, im Darm und im gesamten Immunsystem (dieses besteht aus Milz, Knochenmark, Lymphknoten, Leukozyten, ...) etc.. *„Wir beschrieben ein körperweites Kommunikationssystem, eines, das unserer Ansicht nach sehr alt ist und den ersten Versuch des Organismus darstellt, Informationen über Zellgrenzen hinweg zu übermitteln."* [5] Dies galt in den 1980-er Jahren noch als veritable Bedrohung des bestehenden Paradigmas: Was herkömmlicher Weise als getrennt angesehen wurde, sollte *in Wahrheit* untereinander in Wechselwirkung stehen ...?! Da schienen unter anderem eigene, alteingesessene Pfründe ernsthaft gefährdet! Vor allem wohl deshalb, weil es für bislang als getrennt geltende Forschungsrichtungen eventuell bedeutete, nunmehr mit anderen Forschungsrichtungen kooperieren zu sollen, vorhandene Forschungsgelder zu teilen sowie bisherige Eigenständigkeiten und vermeintliche Freiheiten einzubüßen. So jedenfalls schien es die herrschende Wissenschaftskaste zunächst einzustufen. Daher wurde die *Seriosität der vorgelegten Fakten* zunächst durchgängig geleugnet.

---

[4] C. Pert: *„Moleküle der Gefühle – Körper, Geist und Emotionen."*, Reinbeck / Hamburg 1997, S. 264f, S. 262, S. 268, S. 266.

[5] Ebenda, S. 271.

Heute, zwanzig Jahre später allerdings, gibt es diese übergreifende, interdisziplinäre Forschungsrichtung: die „*Psychoneuroimmunologie*".

Es ist jene Forschungsrichtung, welche mittlerweile von vielen Wissenschaftlern innerhalb der Neurowissenschaften als *die* zukunftsweisende Richtung für praxisorientierte medizinische Forschung am Menschen schlechthin gesehen wird. [6] Die bereits damals vielleicht wesentlichste Erkenntnis der Forscherin und ihrer Mitarbeiter aber war wohl, dass alle im Körper kursierenden Peptide „*gefühlsbestimmend*" und „*von entscheidender Bedeutung für den Gesamtzustand unserer Gesundheit sind.*" [7] Selbst auf die Frage, welche sie sich als Forscher zu stellen hatten: *Welchem Zweck dienen solche Kommunikationsprozesse?* – konnten sie von unterschiedlichen Ebenen der Betrachtung schlüssige Antworten präsentieren. Unter anderem dient dieses derart umfassend zusammenhängende, nicht-hierarchische Informationssystem, welches Information – über alle Systemgrenzen hinweg – vermittelt und anbindet, dem *Geist-des-Organismus*. Nämlich: seinen Körper sinnvoll mit Leben zu durchdringen. „*Die informationstechnische Natur dieser biochemischen Substanzen veranlasste Francis Schmitt vom MIT 1984, den Ausdruck ‚Informationsstoffe' einzuführen, ein wunderbar deskriptiver Terminus zur Beschreibung aller Botenmoleküle und ihrer Rezeptoren sowie ihrer Funktion, Gehirn, Körper und Verhalten zusammenzuschließen. ... Also ist das Thema, über das wir nun schon seit geraumer Zeit sprechen: Information. Möglicherweise ist es deshalb sinnvoller, bei diesen Fragen stärker auf die psychologische als auf die neurowissenschaftliche Perspektive einzugehen, denn der Wortbestandteil ‚psycho' legt natürlich die Untersuchung des Geistes nahe, die zwar das Studium des Gehirns umfasst, aber auch darüber hinausgeht. Ich stelle mir den Geist als den Informationsfluss zwischen Zellen, Organen und Körpersystemen vor. Und da es zu den Eigenschaften des Informationsflusses gehört, dass er auch unbewusst sein kann – unterhalb der Ebene des Gewahrseins stattfindet – sehen wir ihn auf der autonomen oder unwillkürlichen Ebene unserer Physiologie am Werk. **Der Geist, wie wir ihn erleben, ist immateriell, doch er hat ein physiologisches Substrat, das sowohl vom Körper als auch vom Gehirn gebildet wird. Man könnte auch sagen, dass er ein nichtmaterielles, nichtphysisches Substrat besitzt, das mit dem Fluss dieser Information zu tun hat. Der Geist ist also das, was das Netzwerk zusammenhält, häufig unterhalb der Bewusstseinsschwelle tätig ist und dafür sorgt, dass die großen Systeme nebst ihren Organen und Zellen in einer intelligent orchestrierten Symphonie des Lebens zusammenwirken.** So gesehen können wir das ganze System als ein psychosomatisches Informationsnetz bezeichnen, das die ‚Psyche', das heißt alles, was offenkundig nichtmaterieller Natur ist – Geist, Gefühl und Seele – mit dem ‚Soma' vereint, der materiellen Welt der Moleküle, Zellen und Organe. Geist und Körper, Psyche und Soma. Diese Auffassung, nach der der Organismus ein Informationsnetzwerk ist, weicht prinzipiell von der alten, der Newtonschen oder*

---

[6]   Siehe auch Kapitel 10: Überzeugung und Gesundheit, Anmerkung 60f
     Siehe auch Kapitel 8: Immunsystem, Anmerkung 18, 19.
[7]   C. Pert: „*Moleküle der Gefühle – Körper, Geist und Emotionen.*", Reinbeck 1997, S. 278.

mechanistischen Anschauung ab. Im alten Paradigma haben wir den Körper unter dem Blickwinkel von Energie und Materie verstanden: Festverdrahtete Reflexe, verursacht durch elektrische Reizung an Synapsen, durchlaufen den Körper in mehr oder weniger mechanischer, reaktiver Weise – ein Entwurf, der wenig Raum für Flexibilität, Veränderung oder Intelligenz lässt. Sobald wir diesen Prozess durch Information ergänzen, erkennen wir eine Intelligenz, die die Abläufe steuert. Dann entsteht Verhalten nicht mehr durch Energie, die auf Materie einwirkt, sondern durch Intelligenz in Gestalt von Information, die in alle Systeme fließt. ... Aus dem gleichen Grund beschwören heute einige alternative Heilkundige, Chiropraktiker beispielsweise, die ‚angeborene Intelligenz' des Körpers. Doch für die Schulmedizin gibt es keinen intelligenten Organismus ...“ [8]

Auf den ersten Blick scheint das von Candace Pert vorgestellte Konzept vielleicht nicht eben revolutionär neuartig. Verfolgt man ihre Gedankengänge jedoch quer durch ihr gesamtes Buch, so wird deutlich, dass sie dem Leser Zeit lässt, Schritt für Schritt nachzuvollziehen, *was* da eigentlich gesagt wird ...! Hier meldet sich eine Wissenschaftlerin zu Wort, die ihren Mitmenschen ihre teils unfassbaren Forschungsdaten auf einigermaßen fassbare Weise nahezubringen versucht. Nur ein paar Seiten weiter, ein interessanter, sehr viel weiterführender Ansatz, um zum eigentlich faszinierend Neuen vorzustoßen: *„Das Konzept des Netzwerks, das die wechselseitigen Verbindungen aller Systeme des Organismus unterstreicht, widerspricht dem herrschenden Paradigma in mancherlei Hinsicht. Volkstümlich bezeichnet man diese Beziehungen häufig als ‚die Macht des Geistes über den Körper'. Doch meine Forschungen lassen auf andere Zusammenhänge schließen. **Der Geist beherrscht nicht den Körper, er wird Körper – Geist und Körper sind eins.** Für mich ist der von uns nachgewiesene Kommunikationsprozess – der durch den ganzen Organismus reichende Informationsfluss – der Beweis dafür, dass der Körper lediglich die äußerste Manifestation des Geistes ist, sein Ausdruck im materiellen Raum.* [9] *‚Körpergeist', eine Bezeichnung, die von Dianne Connelly vorgeschlagen wurde, bringt die aus der chinesischen Medizin gewonnene Auffassung zum Ausdruck, dass der Körper nicht vom Geist zu trennen ist.* [10] *Wenn wir uns im Folgenden näher mit der Rolle beschäftigen, die die durch (Neuro)Peptide vermittelten Gefühle im Körper spielen, wird sich deutlich zeigen, dass die Gefühle ein entscheidender Schlüssel zum Verständnis von Krankheiten sind.“* [11]

In sehr signifikanter Art weisen auch die Experimente des japanischen Psychologen Genji Sukamura auf Rückkoppelungseffekte zwischen Körper-Haltung beziehungsweise Körpersprache und Psyche hin. Er bat Menschen ins Forschungslabor und versetzte

---

[8] Ebenda, S. 282ff.

[9] H.P. Dürr: zitiert in: *Der Standard*: *„Materie ist Kruste des Geistes.“*, Wien 12.11.1998
Siehe auch Kapitel 17: Das Primat der Information, Anmerkung 22.

[10] Der Begriff *„Körpergeist“* findet sich allerdings auch bereits viel früher an vielen Stellen im Werk des Geisteswissenschaftlers Rudolf Steiners, der auch in eben diesem Sinn als von einer Einheit dieser beiden Ebenen beim lebenden Menschen spricht.

[11] C. Pert: *„Moleküle der Gefühle – Körper, Geist und Emotionen.“*, Reinbeck 1997, S. 286.

sie dort unter ärztlicher Aufsicht und Betreuung in eine depressiv niedergedrückte Stimmung. Dr. Sukamura: *„Wenn man sie jedoch eine expansive, stolze Körperhaltung einnehmen ließ, erholten sie sich davon. Ihre Gefühlslage wurde neutral. Nahmen die Versuchsteilnehmer hingegen eine gebeugte Körperhaltung ein, änderte sich die negative Stimmung nicht. Daher denke ich, wenn wir uns depressiv fühlen, sollten wir eine aufrechte, expansive Körperhaltung einnehmen.“* [12] Ganz offensichtlich kennt unser Körper den seelisch-körpersprachlichen Ausdruck von Freude und Stolz – wenn wir Menschen zum Beispiel unsere Brust recken und vor Freude wachsen, nachdem wir etwas vollbracht haben – aber auch, dass wir wie ein *begossener Pudel* dastehen, nach vorne geneigt und mit zusammengezogenen Schultern, wenn wir uns unglücklich fühlen. Rückbezüglich lässt sich ganz offenbar auch die inner-emotionale Verfassung über die eigene Körperwahrnehmung beeinflussen. So künstlich einem dieses autosuggestive und amerikanische *Fake it, until You make it!* vielleicht auch vorkommen mag, es scheint unabhängig davon, psychologisch-wissenschaftlich besehen, durchaus etwas dran zu sein. Pert wusste, wenn es sich als richtig erweisen würde, dass auch Immunzellen Endorphine bilden können – und auch bilden –, dann „*... ist das Immunsystem ein schwimmendes endokrines System, ein Schwarm winziger Hypophysen!*“ [13] Perts Untersuchungsergebnisse bestätigten diese Annahme, „*... indem sie unwiderleglich auf die Existenz eines chemischen Mechanismus verwiesen, mit dessen Hilfe das Immunsystem nicht nur mit dem endokrinen System kommunizieren kann, sondern auch mit dem Nervensystem und Gehirn.*“ [14] Schon mit früheren Arbeiten hatten sie und ihre Kollegen ja den überzeugenden Beweis angetreten, dass das Gehirn mit vielen Körperteilen in Verbindung steht. Nur beim Immunsystem hatte man immer eine Trennung von den anderen Systemen vorausgesetzt. Diese Annahme war mithin widerlegt. Candace Pert selbst fasst ihre Erkenntnisse in den folgenden Worten zusammen, wobei sie den Gefühlen den wesentlichsten physiologischen Stellenwert einräumt: *„Kurzum, ich möchte hier deutlich machen, dass das Gehirn auf molekularer Ebene sehr eng mit dem Rest des Körpers verzahnt ist, so eng, dass der Begriff ‚mobiles Gehirn‘ eine treffende Beschreibung des psychosomatischen Netzwerks ist, über das intelligente Information von einem System zum anderen gelangt. Jede Zone, jedes System des Netzwerks – das neuronale, hormonale, gastrointestinale und immunologische – ist so beschaffen, dass es durch Peptide und botenspezifische Peptidrezeptoren mit jedem anderen kommunizieren kann. Sekunde für Sekunde findet in unserem Körper ein umfassender Informationsaustausch statt. Stellen wir uns vor, jedes dieser Botensysteme besäße eine spezifische Tonlage, eine Erkennungsmelodie, steigend und fallend, lauter und leiser, gebunden und ungebunden, und stellen wir uns weiter vor, wir könnten diese Körpermusik hören, dann wäre die Summe dieser Klänge die Musik, die wir Gefühle nennen. Gefühle. Die Neuropeptide und Rezeptoren,*

---

[12] G. Sukamura, in: *„Gefühle – Wegweiser für die Seele.“*, Transkription, in: *ORF Dimensionen – Die Welt der Wissenschaft, 2008*, von: U. Geuter.

[13] C. Pert: *„Moleküle der Gefühle – Körper, Geist und Emotionen.“*, Reinbeck 1997, S. 245.

[14] Ebenda, S. 249.

*die biochemischen Stoffe des Gefühls, sind, wie ich gesagt habe, die Botenstoffe, die durch Informationsübertragung die großen Körpersysteme zu einer Einheit zusammenschließen, einer Einheit, die wir als Körpergeist bezeichnen können. Also dürfen wir nicht länger so tun, als hätten Gefühle geringere Bedeutung als die konkrete, materielle Substanz. Vielmehr müssen wir sie als Zellsignale begreifen, die an der Übersetzung von Information in physische Realität beteiligt sind – buchstäblich an der Verwandlung von Geist in Materie. **Gefühl ist das Bindeglied zwischen Materie und Geist; es wechselt zwischen ihnen hin und her und beeinflusst beide.** ... Wir wiesen nach, dass neben Immunzellen noch viele andere Arten von Krebszellen chemotaktisch auf Neuropeptidsignale reagieren. Dieser Prozess nahm eine Schlüsselstellung in unserer Theorie über die Körper-Geist-Grundlage des Krebses und anderer Krankheiten ein, besonders wenn sie Teil des psychoimmunoendokrinen Systems waren. Da, wie wir festgestellt hatten, so viele Peptide aktiv sind, konnten wir eine neue These aufstellen: ‚Krebszellen haben Neuropeptidrezeptoren.' Diese Behauptung wich erheblich vom herrschenden Dogma ab und hatte daher weitreichende Konsequenzen, die zu untersuchen wir und andere gar nicht abwarten konnten. ... Zweifellos haben die klassischen Physiologen das autonome Nervensystem in Hinblick auf seine neurochemische und neuroanatomische Vielfalt und Reichweite erheblich unterschätzt. Doch angesichts unserer neuentdeckten Fähigkeit, diesen faszinierenden Verbindungen nachzuspüren, fallen die Beschränkungen der Vergangenheit allmählich fort. ... Ich hatte das Gefühl, die alte geistige Haut abzustreifen, die letzten Überreste, die mich noch mit dem alten Paradigma verbanden."* [15]

Wenn Sie die Details an dieser Stelle gerade zu überfordern scheinen, dann lassen Sie hier mal los und gönnen Sie sich eine Pause. Beziehungsweise mag der- oder diejenige, welche(r) gerade nur an dem Ergebnis interessiert ist, die folgenden beiden Zitate einfach überspringen. Es wird in der Darstellung lediglich versucht, über das Faktum eines *gleichen und grundlegenden Informationsnetzes im Einzeller und in uns* schlüssig auf die „Einheit allen Lebens" zu verweisen. Pert: *„Die Forschungsergebnisse zeigen immer deutlicher, dass sich die Rolle der Peptide nicht darauf beschränkt, einfache und singuläre Reaktionen einzelner Zellen und Systeme hervorzurufen. Vielmehr haben Peptide die Aufgabe, die Organe und Systeme des Körpers zu einem einzigen Netz zu verflechten, das auf interne wie externe Umweltveränderungen mit komplexen, fein abgestimmten Verhaltensweisen reagiert. Die Peptide sind die Notenblätter mit den Noten, Phrasen und Rhythmen, die dem Orchester – unserem Körper – ermöglichen, als geschlossene Einheit zu spielen. Und die Musik, die dabei zustande kommt, ist die Stimmung oder Empfindung, die Sie subjektiv als Gefühle erleben ... "* [16] Wie Pert berichtet, konnte die Forscherin B. O´Neil an einem einzelligen Tierchen der Gattung Tetrahymena zeigen, dass „... *auf der Oberfläche seiner einzigen Zelle ... genau die gleichen Opiatrezeptoren auffindbar sind, wie wir sie im Gehirn haben. Verblüffenderweise stellt dieser primitive*

---

[15] Ebenda, S. 289, 263, 213, 255.
[16] Ebenda, S. 224.

Einzeller viele Peptide her, unter anderem Insulin und Endorphine, die auch der Mensch produziert. Mithin kommen in den frühesten und einfachsten Lebensformen die gleichen Grundbausteine vor wie in den komplexesten und höchstentwickeltsten Organismen. Wie es vier Grundstoffe gibt [17], die alle DNA der lebenden Organismen kodieren, so gibt es eine bestimmte, wenn auch noch nicht endgültig bestimmte Anzahl von Informationsstoffen, die die Kommunikation oder den Informationsaustausch kodieren, der für das Verhalten aller Systeme in allen Lebewesen verantwortlich ist, egal, ob diese Kommunikation inter- oder intrazellulär ist, zwischen einzelnen Organen stattfindet, zwischen Gehirn und Körper oder zwischen Individuum und Individuum ... Überlegen Sie einmal, was es bedeutet, dass das gleiche grundlegende Informationsnetz im Einzeller und in uns anzutreffen ist. Wenn diese Peptide und ihre Rezeptoren – die Gefühlsmoleküle – nicht nur seit ihrer Entstehung in den frühesten und einfachsten Lebensformen erhalten geblieben sind, sondern sich auch zu jenem unendlich komplexen psychosomatischen Netzwerk weiterentwickelt haben, das wir im menschlichen Körper entdeckt haben, so ergibt sich daraus der Schluss, dass sie in der Evolution eine einflussreiche und entscheidende Rolle gespielt haben. Für mich ist das ein verblüffender Beweis für die Einheit allen Lebens. Wir Menschen haben ein Erbe: die Moleküle des Gefühls – mit einem der bescheidensten Lebewesen von winzigen Ausmaßen, einem Einzeller, gemeinsam. Und das, obwohl wir uns im Laufe unserer Stammesgeschichte zu einem Geschöpf mit Milliarden Zellen von erstaunlichen Fähigkeiten entwickelt haben." [18]

Glücklichsein und Gesundheit

Wie bereits angeführt, gilt es mittlerweile auf Grund des Forschungsstandes als erwiesen, dass Gefühle entscheidende Auswirkungen auf das Immunsystem und damit auf die Gesundheit des Körpers haben. Rein naturwissenschaftlich betrachtet, handelt es sich bei Gefühlen um den psychischen Ausdruck biochemischer Stoffe (Peptide), welche somit deren „*... physiologische Substrate*" [19] – beziehungsweise „Korrelate" [20] – darstellen. Wir haben es hier mit dem „*... molekularen Fundament dessen, was wir als Empfindungen, Sinneswahrnehmungen, Gedanken, Impulse, vielleicht auch als Geist oder Seele erleben*" [21] zu tun: Gefühle, als psychologische Signale des Körpers, oder eben auch ihr Gegenteil, Blockaden von Gefühlen.

Natürlich erschien und erscheint die Idee einer „*chemischen Grundlage der Gefühle*" vielen Wissenschaftlern des ausklingenden 20., aber auch noch unseres 21.Jahrhunderts – zunächst als ziemlich absurd. Alles die Folge tradierter und somit von der Forscher-

---

[17]   Siehe auch Kapitel 15: „*Im Anfang war ...*", Anmerkung 3.
[18]   C. Pert: „*Moleküle der Gefühle – Körper, Geist und Emotionen.*", Reinbeck 1997, S. 295f.
[19]   Ebenda: S. 197.
[20]   „*Substrat*" – Grundlage, Substanz; „*Korrelat*" – einander wechselseitig bedingende Aspekte.
[21]   C. Pert: „*Moleküle der Gefühle – Körper, Geist und Emotionen.*", Reinbeck 1997, S. 197.

Allgemeinheit weitgehend akzeptierter Theorien. Über große Strecken reduzierte sich die Experimental-Psychologie auf die Erläuterung des sogenannt Beobacht- und Messbaren.

Interessanterweise jedoch vermutete bereits der berühmte Evolutionsforscher Charles Darwin – aufgrund artenübergreifender Untersuchungen der Physiologie von Gefühlen bei Tier und Mensch – dass die *Gefühle ein Schlüsselaspekt der natürlichen Selektion* sein müssen. [22] Wie tut der Körper also Stimmungen kund? Darwins diesbezügliche Vorhersage fußte auf der Beobachtung, dass die „*... physiologische Basis der Gefühle während der gesamten Evolution erhalten geblieben sei.*"; sie tritt auf den verschiedenen Entwicklungsstufen des Tierreichs wieder und wieder in Erscheinung. Aus dieser bezeichnenden Tatsache postulierte er ihre „*... entscheidende Funktion für das Überleben der Arten.*" Obwohl oder: weil Darwin selbst zu seiner Zeit noch nichts über die Konzepte der Biochemie und Genetik wusste, sprach er von der „*Physiologie der Gefühle*". Ein weiteres Beispiel seiner vorausschauenden Ideen, wie wir heute auf Grundlage der zeitgenössischen psychoneuroimmunologischen Forschungen erkennen können. Somit wurde deutlich, dass dieses System des Lebens – gestützt auf Befunde der neurophysiologischen Ebene – über ungeheure Zeiträume der Evolution beibehalten worden ist. Es besagt und verdeutlicht dies ja nichts anderes als seine grundlegende Bedeutung für das Überleben der Arten. Die Tatsache, dass die nunmehrigen Entdeckungen der Weitsicht Darwinscher Kriterien entsprechen, war für die fündig gewordene Forscher-Community mithin ein wichtiger Hinweis, dass „*... Neuropeptide und ihre Rezeptoren plausible Kandidaten für den Sitz der Gefühle*" [23] sein könnten.

Die vorliegenden Ergebnisse bilden das Fundament für neue Theorien über die Verbindung von Körper und Geist. Sie führen jedenfalls zu einigermaßen radikal anmutenden Folgerungen auf dem Feld der Neurowissenschaften im Allgemeinen sowie zum Einfluss emotionaler Vorgänge auf Gesundheit und Krankheit im Speziellen, wie sie wohl bis vor Kurzem nicht für möglich erachtet wurden.

Nachdem nunmehr geklärt ist, welche Bedeutung (Neuro)Peptide im Allgemeinen haben, lassen Sie uns anhand einiger weniger Beispiele hören, was diese körpereigenen Boten- und Wirkstoffe – diese Gefühlsmoleküle und Informationsträger – konkret für die Gesundheit leisten: „*Ein weiterer möglicher Einflussbereich des Immunsystems betrifft Viren. Um in eine Zelle zu gelangen, benutzen Viren die gleichen Rezeptoren wie Neuropeptide. Je nachdem, welche Menge des natürlichen Peptids in der Umgebung eines bestimmten Rezeptors vorhanden ist und dort binden kann, fällt es dem Virus, welches in diesen Rezeptor passt, leichter oder schwerer, in diese Zelle einzudringen. Da also die Gefühlsmoleküle an dem Prozess beteiligt sind, der einem Virus den Eintritt in die Zelle ermöglicht, erscheint die Annahme logisch, dass **unsere Gefühlsverfassung**

---

[22] C. Darwin: „*Der Ausdruck der Gemütsbewegung bei den Menschen und den Thieren.*", Nördlingen 1972 (gilt auch für die nächsten Zitate in Folge).

[23] C. Pert: „*Moleküle der Gefühle – Körper, Geist und Emotionen.*", Reinbeck 1997, S. 202.

Einfluss darauf hat, ob wir einer Virusinfektion erliegen oder nicht. Das könnte erklären, warum ein Mensch nach Angriff des gleichen Virus kränker wird als ein anderer. Ich weiß nicht, wie es Ihnen ergeht, aber ich werde nie krank, wenn ich vorhabe zum Schilaufen zu fahren! Ist es denkbar, dass eine gehobene Stimmung, die erwartungs- und hoffnungsvolle Vorfreude auf eine Reise oder Unternehmung gegen bestimmte Viren schützt? Eine mögliche Erklärung dafür könnte die Tatsache sein, dass das Rheovirus, das nachweislich für Erkältungen verantwortlich ist, zum Eindringen in die Zelle den Noradrenalinrezeptor verwendet – ein Informationsstoff, der nach herrschender psychopharmakologischer Auffassung bei glücklichen Gemütszuständen ausgeschüttet wird. Wenn wir also glücklich sind, kann das ‚Rheovirus' vermutlich nicht in die Zelle gelangen, weil dann das Noradrenalin alle potenten Virenrezeptoren in Beschlag genommen hat. [24]

Dass Lachen gesund ist, hat wohl jeder schon mal zu hören bekommen. Intuitiv haben die Menschen schon in früheren Zeiten die heilsame Wirkung von Lachen erkannt. Der Körper braucht offensichtlich das Lachen als lebensbejahende, lustvolle Erfahrung. Geisteszustand, Gedanken, Stimmung und Gefühle, die vom schulmedizinischen Modell vollkommen außer Acht gelassen werden, spielen hier eine wichtige Rolle im Gesundungsprozess beziehungsweise für Gesundheit ganz allgemein. Lachen – das ist mittlerweile auch physiologisch erwiesen – bewirkt körperlich eine Endorphin- ausschüttung, also die Ausschüttung von sogenannten Glückshormonen. Außerdem ist bereits seit den 1970-er Jahren über Tierversuche, aber auch über Versuche mit Menschen durch den Mitbegründer beziehungsweise Namensgeber der *Psychoneuroimmunologie*, Robert Ader – Professor für Medizin und Psychiatrie an der Universität Rochester – und Univ.-Prof. Howard Hall von der Princeton University (1990), erwiesen, dass das Immunsystem – als Bindeglied zwischen Körper und Seele – trainierbar ist; als „*... ein weiterer Beweis dafür, d*ass *geistige Reize, die Physiologie verändern können. ... In den wegweisenden Experimenten, die Hall an der Case Western Reserve University in Ohio durchführte, ... wies Hall unter Verwendung mehrerer Kontrollgruppen nach, dass Versuchspersonen, die kyberphysiologisch* [25] *vorbereitet worden waren, die Aggressivität ihrer Leukozyten mit Hilfe dieser Techniken erhöhen konnten, was durch Speichel und Blutproben gemessen wurde. Bis zu Halls Arbeiten gab es nur anekdotische Berichte über einen Zusammenhang zwischen Hypnotherapie und klinischen Erfolgen bei Warzen und Asthma, beides Erkrankungen, für die möglicherweise unbewusst kontrol- lierte Immunveränderungen verantwortlich sind. Aber es gab keine Untersuchungen der Veränderungen auf Zellebene und keine Arbeiten, die die Einflussmöglichkeit bewusster Kontrolle belegen. **Hall hat als erster nachgewiesen, dass psychologische***

---

[24] Ebenda, S. 290.

[25] „*Der Wortteil ‚kyber' kommt vom Griechischen ‚kybernetes', ‚Steuermann' und bezeichnet in diesem Zusammenhang Selbststeuerungstechniken wie Entspannungstraining, Visualisierung, Autohypnose, Biofeedback und autogenes Training.*" C. Pert: „*Moleküle der Gefühle – Körper, Geist und Emotionen.*", Reinbeck / Hamburg 1997, S. 292.

Faktoren, das heißt, bewusste Interventionen, die Zellfunktionen des Immunsystems direkt beeinflussen können. Wenn sich das Immunsystem durch bewusste Intervention verändern lässt, was bedeutet das für die Behandlung schwerer Erkrankungen wie Krebs? Die Idee, dass es einen Zusammenhang zwischen Gefühlen und Krebs geben könnte, ist jedenfalls nicht neu." [26]

Unabhängig voneinander haben verschiedenste Studien an unterschiedlichen Universitäten nachgewiesen, dass Krebspatienten mit unterdrücktem Gefühlsausdruck – und meist verbunden damit auch einem höheren Maß an Selbstverleugnung – sich langsamer erholten, über schwächere Immunkräfte verfügten und meist größere Tumore hatten, als die Patienten der charakterlich gegenteiligen Kontrollgruppe. [27] Pert: *„Wut, Trauer, Angst – diese emotionalen Erfahrungen sind nicht negativ an sich; wir brauchen sie zum Überleben. Wut brauchen wir, um Grenzen festlegen zu können; Trauer, um Verlust zu bewältigen; und Angst, um uns vor Gefahr zu schützen."* [28] Candace Pert bekennt sich in ihrem Buch *„Moleküle der Gefühle"* zu der Überzeugung, *„... dass alle Gefühle gesund sind, weil Gefühle für die Verbindung von Geist und Körper sorgen."* [29] Und: dass es entscheidend sei, sich diese Gefühle bewusst zu machen und sie auch zu fühlen [30], damit sie nicht weitergären und unkontrollierte Ausmaße annehmen können.

Hierzu nochmals Bruno Würtenberger im *Free Spirit*-Grundkurs, den Übungen zur Thematik *„Blockierte Aufmerksamkeit und Widerstand"* während des ersten Studien-lehrgangs in empirischer Bewusstseins-Forschung, vorangestellt: *„Jeder Mensch kommt mit einem gewissen Maß an Aufmerksamkeit zur Welt. Dieses Maß sei: 100 %. Es wird jedoch relativ schnell und drastisch reduziert durch Angst, Unehrlichkeit, Geheimnisse, Wünsche und Sorgen. Ich vermute, dass die allermeisten Menschen nur noch höchstens 30 % ihrer ursprünglichen Aufmerksamkeit besitzen. Das heißt: Sie besitzen natürlich schon noch hundert Prozent, jedoch ist die meiste Aufmerksamkeit blockiert und fixiert auf Dinge, welche nicht integer sind. Was letztlich integer, aufrichtig und ehrlich ist, muss jeder für sich selbst entscheiden. Nun, was heißt blockiert? Blockiert heißt, dass Deine Aufmerksamkeit an gewissen Dingen, Situationen, Menschen oder Gefühlen festklebt, sie ist dort fixiert. Bei vielen Dingen ist uns das bewusst, bei anderen nicht. Manchmal verdrängen wir unsere Fixiertheit, indem wir einfach so tun, als würden wir es nicht bemerken. Manchmal ist es auch richtig offensichtlich – vor allem für unsere Mitmenschen. Auch wenn wir immer wieder an bestimmte Dinge denken müssen, ohne es wirklich zu wollen, spricht man von fixierter oder blockierter Aufmerksamkeit. Ebenso hat es mit blockierter Aufmerksamkeit zu tun, wenn sich bestimmte Dinge in Deinem*

---

[26] C. Pert: *„Moleküle der Gefühle – Körper, Geist und Emotionen."*, Reinbeck 1997, S. 291.

[27] L. Temoshok, University of California / San Francisco, 1980-er Jahre.

[28] C. Pert: *„Moleküle der Gefühle – Körper, Geist und Emotionen."*, Reinbeck 1997, S. 294f.

[29] Ebenda, S. 437.

[30] Siehe auch Kapitel 13: Vertrauen, Anmerkung 9
Siehe auch Kapitel 8: Immunsystem, Anmerkung 36.

Leben stets wiederholen. Du erlebst ja dann immer wieder dasselbe oder ein ähnliches Gefühl, eines, gegen das Du eben Widerstand hast. Erkunde solche Situationen und wenn Du das wesentliche Gefühl entdeckst, dann löse es ab jetzt doch einfach mit dem Free Spirit-Integrationsverfahren auf. Du wirst staunen, was dann passiert! Blockierte Aufmerksamkeit lässt Dich also immer wieder mit ähnlichen Menschen, Situationen, Jobs und anderem in Kontakt kommen, so lange bis Du die damit verbundenen Gefühle integriert hast. Es macht deshalb soviel Sinn, die eigene blockierte Aufmerksamkeit zu lösen, weil Aufmerksamkeit ‚Energie' ist. Blockierte Energie fehlt uns. Wenn wir sie von dort wieder lösen, wo sie festgefahren und blockiert ist, dann strömt die gesamte dort verhaftete Energie wieder zu uns zurück. Wir werden dadurch aufmerksamer, stärker und bewusster. Ziel ist es, wieder zu unserem ursprünglichen Potenzial von 100 % zurückzukommen. Du kannst Dir kaum vorstellen, über wie viel Energie und Power wir verfügen können, dann, wenn alle Aufmerksamkeit wieder da ist! ... Etwas erleben können heißt: Es ohne Widerstand fühlen. Und wenn Du keine Angst (Widerstand) mehr davor hast, Dinge zu erleben, gegen die Du Widerstand hast oder vor denen Du Dich fürchtest, dann gibt es schon eine wesentliche Kraft weniger, welche solche Situationen in Deinem Leben erschafft. Und sollten dennoch hin und wieder solche Situationen oder Erfahrungen in Deinem Leben auftauchen, dann fällt es Dir in Zukunft viel, viel leichter, sie einfach zu erleben, zu fühlen und schon verschwinden sie wieder. Und auf diese Art und Weise kannst Du auch sicher sein, dass Du sie nicht verdrängst, sondern augenblicklich, im gegenwärtigen Moment, integrierst. Deshalb sollst Du Dir die Freiheit erwerben, auch Gefühle, die Du nicht 'magst', erforschen und fühlen zu können." [31] *„Fühlen ist der Schlüssel. Nur indem Du die Dinge, Situationen, Überzeugungen, Widerstände, Wünsche und Ängste fühlen kannst, hast Du die Möglichkeit, sie auch auflösen zu können. Ohne sie zu fühlen, wirst Du sie bloß im Kopf auflösen. Sie werden sich dann jedoch schneller, als Dir lieb ist, aus Deinem Unterbewusstsein heraus, wieder neu erschaffen. Lege also größten Wert auf das Fühlen! Wenn Du etwas lange genug fühlst, dann löst es sich von alleine auf. ... Was genau passiert beim Erschaffen und Auflösen von Erschaffenem? – Zuerst ist eine Schöpfung ein Gedanke. Dieser verdichtet sich so lange, bis er eine feinstoffliche Form annimmt. Diese Form beinhaltet ein bestimmtes Gefühl. Beides verdichtet sich nun mehr und mehr, so lange, bis es eine physische Ausdrucksform findet, entweder als Gefühl, Schmerz, Situation oder als sonstige Erfahrung. Es gibt grundsätzlich zwei Methoden, diesen Prozess zu beschleunigen: ‚Wunsch' und ‚Widerstand'. Je mehr Wunsch oder Widerstand in Bezug auf eine Kreation vorhanden ist, desto stärker wird sie sich in der Folge manifestieren. Ich zitiere aus dem Kapitel über erweiterte Wahrnehmung: Materie besteht aus Energie. Energie wird, sobald sie durch Bewusstsein oder Gedankenkraft verdichtet wird, zu Materie. **Materie ist somit eher eine verdichtete Information als eine feste Masse.** Energie ist wellenförmig. Durch Verdichtung verwandeln sich die Wellen in ‚etwas wie Teilchen'. Das ist Metaphysik. Durch Verdichten der Wellen zu Teilchen erschaffen wir unsere Realität – genauso, wie ein Zauberer Dinge oder Situationen*

---

[31] B. Würtenberger: *„Free Spirit-Grundkurs – Teil 1"*, Zürich 2005, S. 133f.

augenblicklich erschaffen kann. Er programmiert einfach die zu verdichtende Energie mit einem bestimmten Programm. Wenn dies auch für die meisten Menschen noch in weiter Ferne liegt, so musst Du dennoch wissen, dass Du selbst dies ununterbrochen vollbringst." [32]

Die Psychoneuroimmunologin Candace Pert, zur mehr oder minder gleichen Thematik, mit einem entsprechenden Hinweis auf *verschiedene Arten intentionalen Trainings: „Selbst wenn wir uns emotional ‚festgefahren' haben, wenn wir auf eine Version der Wirklichkeit fixiert sind, die uns nicht besonders dienlich ist, gibt es immer eine biochemische Möglichkeit für Veränderung und Weiterentwicklung. Die meisten Aufmerksamkeitsverlagerungen unseres Körpergeistes vollziehen sich unbewusst. Während Neuropeptide unsere Aufmerksamkeit durch ihre Aktivitäten lenken, sind wir an der Entscheidung, was verarbeitet, erinnert und gelernt wird, nicht bewusst beteiligt. Wir haben aber die Möglichkeit, uns einige dieser Entscheidungen bewusst zu machen, besonders mit verschiedenen Arten intentionalen Trainings, die genau zu diesem Zweck entwickelt wurden – das Bewusstsein zu erweitern. Durch Visualisierung können wir beispielsweise die Durchblutung eines Körperteils verstärken und dadurch das Angebot an Sauerstoff und Nährstoffen erhöhen.* [33] *Giftstoffe werden fortgeschafft und die Zellen genährt. Wie dargelegt können Neuropeptide die Durchblutung verschiedener Körperbereiche verändern – die Durchblutungsrate ist ein wichtiger Aspekt der Zu- und Verteilung begrenzter Ressourcen in unserem Körper. … Angesichts der spektakulären und raschen Wandlungen, die in diesen Therapien gelegentlich zu beobachten sind, glaube ich, dass verdrängte Gefühle im Körper – im Unbewussten – durch die Ausschüttung von Neuropeptiden gespeichert werden und dass Erinnerungen an ihren Rezeptoren sitzen. Manchmal, wenn auch nicht immer, kommt es zu solchen Verwandlungen durch die emotionale Katharsis, die für viele Körper-Geist-Therapien typisch ist, besonders wenn es ihnen um die Befreiung von Gefühlen geht, die sich im psychosomatischen Netzwerk verfangen haben."* [34]

Dr. Elmer Green, leitender Arzt an der *Mayo-Klinik* in den USA, hat Biofeedback dazumal als erster zur Behandlung von Krankheiten eingesetzt. Er formulierte seine Erkenntnisse auf diesem Feld folgendermaßen: *„Jede Veränderung im physiologischen Zustand ist von einer entsprechenden bewussten oder unbewussten Veränderung im geistig-emotionalen Zustand begleitet, und umgekehrt, ist **jede Veränderung des geistig-emotionalen Zustands von einer entsprechenden Veränderung im physiologischen Zustand begleitet.**"* [35] Endorphine sind ebenfalls zentral

---

[32] B. Würtenberger: *„Free Spirit-Grundkurs – Teil 1"*, Zürich 2005, S. 124f.

[33] Etwas, was übrigens jeder – und nicht nur Jogis fortgeschrittener Stufe! – selbst ausprobieren kann. Physiologische Prozesse dieser Art können durch Konzentration leicht kontrolliert und beeinflusst werden. Beispielsweise kann jeder, und das häufig schon beim ersten Selbstversuch, die Temperatur seiner Hand – äußerlich bemerkbar – um fünf bis zehn Grad erhöhen.

[34] C. Pert: *„Moleküle der Gefühle – Körper, Geist und Emotionen."*, Reinbeck 1997, S. 222f.

[35] E. Green: *„Biofeedback. Eine neue Möglichkeit zu heilen."*, Freiburg 1978.

daran beteiligt, dass der erste Schmerz nach einer Verletzung zunächst nicht spürbar ist. Wie Studien belegen, setzt der Körper in solchem Fall sofort diese von Art Peptiden frei. Dasselbe geschieht übrigens nachweislich auch bei Schmerztherapie, beziehungsweise Schmerzneutralisation bei Operationen mittels Akupunktur. Auch bei derart absichtsvoll und professionell gesetzten Verletzungen, mittels Akupunkturnadeln auf Akupunkturpunkten, setzt der Körper derartige Botenstoffe frei, welche lokal narkotisierend wirken. [36] In China operieren Ärzte mittels dieser Methode sogar am offenen Herzen. Solche Filmberichte stießen noch in den 70-er Jahren des zwanzigsten Jahrhunderts bei Vertretern westlicher Schulmedizin auf prinzipiellen Unglauben. Das hat sich ja radikal geändert. Akupunktur wird heute an praktisch jeder – auch westlichen – Universität gelehrt und wie ich selbst aus eigener Operationserfahrung im größten Wiener Unfallkrankenhaus weiß, mit Erfolg angewandt.

Gefühle als Bindeglied zur Welt. Oder: *Learning by doing*

Der vor allem durch seine Arbeiten zur Bewusstseinsforschung international bekannt gewordene Neurowissenschaftler António R. Damásio von der University in Iowa – seit 2005 Professor für Neurologie und Psychologie an der University of Southern California – leitet dort das *Brain and Creativity Institute*. Das Ehepaar Damásio, das teilweise auch gemeinsam forscht und publiziert, gehört zu den derzeit angesehendsten Neurologen der Welt [37]: *„Am Ende erweist es sich vielleicht als die verblüffendste Idee dieses Buches, dass das Bewusstsein als ein Gefühl begonnen hat, ein besonderes Gefühl zwar, aber doch ein Gefühl. Ich weiß noch, warum ich angefangen habe, mir das Bewusstsein als ein Gefühl vorzustellen und es scheint mir nach wie vor ein vernünftiger Grund zu sein: Das Bewusstsein **fühlt** sich an wie ein Gefühl, und wenn es sich anfühlt wie ein Gefühl, dann ist es vielleicht auch ein Gefühl. ... Damit sind wir vielleicht dem Geheimnis des Bewusstseins auf der Spur: Die Abbildung der Beziehung zwischen einem Objekt und dem Organismus wird zum Fühlen eines Gefühls. Die geheimnisvolle Erste-Person-Perspektive des Bewusstseins entsteht aus einem neu entdeckten Wissen – einer Information, wenn Sie so wollen – die als Gefühl zum Ausdruck kommt. ... Wenn wir Gefühle zu den Grundelementen des Bewusstseins erklären, sind wir natürlich verpflichtet, uns eingehender mit dem Wesen des Gefühls auseinanderzusetzen. Woraus bestehen Gefühle? Was für Wahrnehmungen sind Gefühle? Diese Fragen lassen sich gegenwärtig noch nicht ganz beantworten. Sie bewegen sich an der äußersten Grenze unserer wissenschaftlichen Erkenntnisse.“* [38] *„Wie oben erwähnt, befinden sich Gefühle möglicherweise an eben jener Schwelle, die das Sein vom Erkennen trennt, und stehen*

---

[36] Siehe auch Kapitel 9: Placebos und Überzeugungen, Anmerkung 11.

[37] http://de.wikipedia.org/wiki/Ant%C3%B3nio_Dam%C3%A1sio#Leben.

[38] A.R. Damásio: *„Ich fühle, also bin ich – Die Entschlüsselung des Bewusstseins.“* TB, Berlin 2009, S. 374ff ; Siehe auch Kapitel 14: Intuition, Anmerkung 43.

damit in einer privilegierten Beziehung zum Bewusstsein." [39] Bewusstsein und Fühlen – wenn es stimmt, was hier hochgradig vermutet wird, dann ist auch klar, warum es die *Gefühle* sind, ja das *Fühlen* als solches, welches die wahre Bedeutung für jegliches Lernen besitzt. Eine wahre Pädagogik der Zukunft – mit Zukunft! – wird sich daher auch entschließen müssen, genau darauf zentral Bedacht zu nehmen. [40] Der Soziologe Univ.-Prof. Fritz Böhle – er lehrt Sozioökonomie der Arbeits- und Berufswelt an der Universität Augsburg – beschreibt Handlungswissen als das *gefühlte Wissen*, als etwas, was seiner Auffassung nach, gewissermaßen die komplementäre Seite des intelligenten Handelns darstellt. Böhle: *„Wir verstehen unter Wissen normalerweise etwas, was sich reflexiv beurteilen lässt, explizit darstellen lässt. Gefühle hingegen sind etwas, über das erstens sehr schwierig zu sprechen ist und was zweitens auch sehr schwierig darstellbar ist – bestenfalls in Metaphern, Symbolen – es hat also eigentlich nichts mit Wissen zu tun. Jetzt sprechen wir einmal bewusst von ‚gefühltem Wissen', nämlich mit dem Hinweis, dass man offenbar über Gefühle auch etwas über die Welt erfährt. Wissen heißt ja, dass ich etwas über die Welt weiß, etwas erkannt habe, dass ich etwas weiß, was zum Handeln befähigt. In diesem Sinn sprechen wir von gefühltem Wissen. Durch Gefühl lassen sich Dinge in der Welt begreifen, erfahren, deuten, beurteilen, und gefühltes Wissen ist eine Grundlage, um kompetent handeln zu können.*" [41]

Conclusio

Nach einer vornehmlich verstandesgeprägten Episode der Menschheitsentwicklung scheint *Fühlen* – dieser *versunkene 7. Sinn* – für die Forschung wiederentdeckt zu sein. Diese Wiederentdeckung des Fühlens vom Standpunkt neuester Wissenschaft ermöglicht in weiterer Konsequenz aber auch einen zukünftig nächsten Schritt. Nämlich die Erkenntnis und Einsicht bezüglich der Bedeutung seiner Schlüsselkompetenz – der *Intuition* – als „Zugangs-Code" zum Bewusstseins-Feld mit jeglicher personaler oder transpersonaler In-*forma*-tion. Fühlen wieder lernen – das wird demjenigen, der es praktiziert schnell deutlich – ist vergleichbar dem Erwerb einer Basiskompetenz wie *Lesen-lernen*. Erst derjenige, der wieder darüber verfügt, kann ermessen, welche Dimensionen innerer und äußerer Kommunikation sich eröffnen.

Wir werden im kommenden Kapitel zunächst dem Forschungsaspekt *Vertrauen* Vorrang einräumen, bevor wir uns danach, in Kapitel 14, der *Intuition* als Empfangs-, Resonanz- & Rückkoppelungsorgan des Bewusstseins und als Verbindung zu jener alles durchdringenden Ebene kreierender In-*forma*-tion, zuwenden werden.

---

[39] Ebenda, S. 58.
[40] Siehe auch Kapitel 23: Bildung der Zukunft, Anmerkung 6, 9, 11, 21.
[41] F. Böhle, in: *„Learning by doing – Wie Erfahrung und Gespür unser Können prägen."*, Transkription, in: *ORF Radiokolleg, 2007*, von: J. Caup;
Siehe auch Kapitel 11: Erfahrungslernen, Anmerkung 4-6.

Kapitel 13: Vertrauen

Bevor man das *Licht-der-Welt* erblickt

„Selbstvertrauen würde ich definieren als das Gefühl, mich auf mich selber verlassen zu können, vielleicht auch als eine Mischung aus Mut und Lebensgestimmtheit." [1] So fasst es die Psychotherapeutin und Viktor-Frankl-Preisträgerin der Stadt Wien, Dr. Elisabeth Lindner, für sich zusammen. Sie begreift Vertrauen als *„etwas Sehendes"*, als etwas, das *„... sich immer auf etwas, was außerhalb von uns liegt, bezieht."* Das – so Lindner – ist *„... sozusagen ein Akt der Selbsttranszendenz, dass man sich auf etwas verlassen können muss, auf das man eigentlich keinen Einfluss hat. Das ist die große Vertrauensleistung. Dahinter steht natürlich eine Entscheidung: Dass ich eine gewisse Vertrauensbereitschaft in die Welt, in andere Menschen habe, und dass eine gewisse Vertrauenswürdigkeit vorliegt."*

Wolfgang Müller-Commichau, Professor an der Johann Wolfgang Goethe-Universität (Fachbereich Erziehungswissenschaften) in Frankfurt am Main ist Autor der Bücher *„Verstehen und verstanden werden."* sowie *„Fühlen lernen. Emotionale Kompetenz als Schlüsselqualifikation."*. Eine zentrale Basis, damit jemand intuitiv handeln kann – und es sich auch gestattet – ist ein gesundes Selbstvertrauen, sagt Wolfgang Müller-Commichau: *„Ich kann zu einer größeren emotionalen Kompetenz gelangen, wenn ich mir erstens versuche immer bewusst zu machen, welche Gefühle ich, gerade in belasteten oder belastenden Situationen, habe. Das heißt: **Der erste, zentrale Teil von emotionaler Kompetenz besteht in der Fähigkeit, in mich hineinzuhören. Der zweite Teil besteht darin, dass ich es schaffe, mehr und mehr mich auf andere Personen einzulassen, man spricht von Empathie, mich hineinversetzen in eine andere Person und quasi mit ihren Augen – aus ihr heraus – die Welt zu sehen, und dabei auch mich.** Der dritte zentrale Aspekt, der zur emotionalen Kompetenz gehört, ist die Fähigkeit, ein Miteinander zu praktizieren, das für beide gut ist und nicht nur für mich. Auch nicht nur für mein jeweiliges Gegenüber, sondern für beide. Und der vierte zentrale Aspekt besteht darin, dass ich Grenzen, Belastungsgrenzen in mir selbst wahrnehme und daraus Konsequenzen ziehe. Das sind die vier zentralen Elemente emotionaler Kompetenz."* [2]

Die Fähigkeit zu vertrauen, ist ein Potenzial, mit dem wir geboren werden und es wird aktiviert durch die ersten Erfahrungen, die wir machen. Der Begriff Vertrauen geht auf das gotische Wort „trauan" zurück, was soviel bedeutet wie „treu", „stark", „fest". Wer vertraut, ist sich der Wahrheit einer Handlung oder eines Sachverhaltes sicher. Er glaubt an die Verlässlichkeit anderer sowie an sich selbst. Vertrauen im letzteren

---

[1] E. Lindner, in: *„Vertrauen. Führt. Weiter."*, Transkription, in: *ORF Radiokolleg, 2006*, von: J. Caup, K. Steger (gilt auch für das nächste Zitat in Folge).

[2] W. Müller-Commichau, in: *„Learning by doing – Wie Erfahrung und Gespür unser Können prägen."*, Transkription, in: *ORF Radiokolleg, 2007*, von: J. Caup.

Sinn ist somit ein personaler Akt des Selbstbezugs und der Beziehung zu anderen. Elisabeth Lindner unterscheidet drei Dimensionen des personalen Vertrauens: *„Also es ist Vertrauen natürlich auch immer gekoppelt mit Selbstvertrauen, dass jemand sich irgendeiner Sache gewachsen fühlt. Das wäre dieses Selbstvertrauen. Das Vertrauen in den Anderen, wäre zu wissen, dass der Andere auch verbindlich ist, und dass man sich drauf verlassen kann, dass er hält, was er verspricht. Und das Dritte wäre das Vertrauen in die Zukunft. ... Aber der Ausgangspunkt ist dieses Selbstvertrauen und drum haben wir das bei diesem 4-Schritte-Modell – diesem Konfliktmodell – auch als ersten Punkt: die Selbstklärung. Um einmal herauszufinden, was man selber will, bevor man sozusagen mit allen Ungereimtheiten und allen inneren Konflikten und Ambivalenzen auf den anderen losgeht, was ja sehr oft in Streitsituationen passiert. Dass man einmal alles dem anderen hinwirft, ohne dass man selber schon ganz klar ist, worum es eigentlich geht und was man will."* [3]

Der Mensch kommt mit zwei grundsätzlichen Begabungen und Bedürfnissen auf die Welt. Mit dem grundsätzlichen Wunsch nach Geborgenheit und Verbundensein sowie gleichzeitig mit dem Wunsch, immer wieder, an jedem neuen Tag, über sich selbst hinauszuwachsen. So begreift es Gerald Hüther, Mediziner, Gehirnforscher und Professor für Neurobiologie an der Psychiatrischen Klinik der Universität Göttingen. Und er sagt weiter: *„Das Faszinierende am Vertrauen ist eigentlich, dass wir ja alle mit einem uneingeschränkten Vertrauen auf die Welt kommen. Das heißt, jeder Mensch bringt mit seiner Geburt das Vertrauen immer wieder neu mit auf die Welt und dann geht es uns verloren. Und das ist kein Naturgesetz und das ist auch nicht in irgendwelchen Verschaltungen des Hirns begründet."* [4] Sicherheit gebendes Vertrauen – so sind wir von unserer menschlichen Natur aus angelegt. Nach der Geburt macht der Säugling aber eben auch erste Erfahrungen, die dieses absolute Vertrauen in Frage stellen. Das Baby wird zwar von der Mutter gepflegt, genährt und gehalten. Aber von einer Mutter eben, die berechtigterweise auch eigene Bedürfnisse hat. Professor Hüther. *„Es muss dann lernen, dass die Mutter auch nicht immer da ist. Das Kind muss vielleicht auch erfahren, dass die Mutter Probleme damit hat, das Kind anzunehmen, wenn die Schwangerschaft so verlaufen ist, dass die Mutter sich nicht auf das Kind einstellen konnte. Und dann hat die Mutter nicht diese Fähigkeit, sich so ganz auf dieses Kind einzulassen und das merken Kinder. Kinder merken, ob sie ganz und gar gemeint sind, ob sie, so wie sie sind, gewollt sind und so wie sie sind geliebt werden. ... Und dann fangen Eltern eben an, Kinder nach ihrer Vorstellung zu erziehen und haben Erwartungen, wie das dann sein müsste und was das Kind zu welchem Zeitpunkt alles können müsste. ... Und was dabei sehr leicht aus dem Blick gerät, ist, dass während der ersten Jahre es überhaupt nicht um die Aneignung von Wissen geht, um dieses sogenannte Sachwissen, sondern dass Kinder primär lernen,*

---

[3] E. Lindner, in: *„Vertrauen. Führt. Weiter."*, Transkription, in: *ORF Radiokolleg, 2006*, von: J. Caup, K. Steger.

[4] G. Hüther, in: *„Vertrauen. Führt. Weiter."*, Transkription, in: *ORF Radiokolleg, 2006*, von: J. Caup, K. Steger (gilt auch für die nächsten Zitate in Folge).

indem sie Erfahrungen machen. Und die meisten Erfahrungen machen wir nonverbal. Die machen wir, indem wir in das Gesicht des anderen schauen und erkennen, ob er mich mag und ob er mich vor allen Dingen so mag, wie ich bin. Und das können Kinder sehr genau unterscheiden, ob sie gemeint sind, oder ob jemand gemeint ist, der nur in der Vorstellungswelt dieser Eltern existiert."

Die vorgefertigten Bilder, die Eltern von ihren Kindern haben – und dann auch noch als Realität erfüllt haben wollen(!) – sind ein wesentlicher Grund, dass Kinder sich nicht gesehen und angenommen fühlen. Die Diskrepanz zwischen dem elterlichen Anspruch und der kindlichen Realität verunsichert das Selbstvertrauen der Kinder. *„Ein zweiter Punkt ist der, dass Kinder eine unglaubliche Begeisterung am Gestalten und am Entdecken haben. Und dann feststellen müssen, dass sie mit ihrer Entdeckerfreude doch nicht so erwünscht sind ... Und damit geht ihm auch ein ganz wesentlicher Teil des Vertrauens verloren, nämlich das Vertrauen, dass es eben mit seiner Neugier und mit seiner Gestaltungslust erwünscht ist. ... Dann verschwindet das Vertrauen zu sich selbst. Und ein dritter Punkt – der sehr wichtig ist für den Verlust des Vertrauens – besteht darin, dass Kinder heute in einer Welt aufwachsen, in der alles viel zu perfekt ist. ... Also das ist eigentlich das Gleiche, wie es uns allen geht. Wir wollen irgendetwas machen, wir wollen zeigen, dass wir was können und dann kommen sie alle: die Klugscheißer, die Besserwisser und die Alleskönner und machen uns unsere Lust am Selbermachen kaputt."*

Sein oder Nichtsein – Das Ringen des Menschen zwischen Angst und Vertrauen

Der deutschstämmige, amerikanische Psychologe und Professor für *Human Development* an der Harvard Universität, Erik Erikson, nennt das: „basic trust" – was man mit *Grundvertrauen* oder auch *„Vertrauen-in-einen-Grund"* übersetzen kann. Ein gut ausgebildetes Grundvertrauen ist nach Erikson das Zeichen einer gesunden Persönlichkeit. Unter Vertrauen versteht er ein Gefühl des *Sich-verlassen-Dürfens*, und zwar sowohl im Bezug auf die Glaubwürdigkeit anderer wie auch die eigene Zuverlässigkeit. Die Erkenntnis des Säuglings in dieser Lebensphase: *Ich bin, was man mir gibt.* Doch er muss in dieser oralen Phase auch lernen, die Verbundenheit mit der Mutter aufzugeben und damit zurechtzukommen, dass sie nicht ständig präsent sein kann und das macht Angst, mit der der Säugling aber positiv zurechtkommen muss. Hierzu der an der Universität Marburg lehrende Tiefenpsychologe Gerhard Marcel Martin – mit Lehraufträgen unter anderem in New York und am C.G. Jung-Institut in Zürich. Er bezieht sich auf die Entwicklungsaufgabe des Säuglings in dessen erster Lebensphase, jene Ausbildung von Ur-Vertrauen. Professor Martin: *„Die Urangst ist: ‚Lebe ich, oder lebe ich nicht?' Also: ‚Sein oder Nichtsein' ist die Urangst; und die Angst, die die menschliche Existenz – und schon tierische Existenz – lebenslang begleitet. Die Angst vor dem Einbruch sozialer Kontakte, vor Isolierung, vor physischer und psychischer Bedrohung. Und dem* *gegenüber ist der Aufbau von Vertrauen auf dieser elementarsten Ebene so unendlich wichtig und gelingt über Körperkontakt, über hinreichende Ernährung, über die Stimme, über den Geruch, über den Blickkontakt."* [5]

Der Arzt und Psychotherapeut Dr. Wolf Büntig leitet das ZIST, ein Zentrum für persönliche und berufliche Fortbildung zur Entwicklung menschlicher Kompetenz im bayrischen Penzberg. Auch er sieht in der Frühentwicklung das Fundament für Beziehungs- und Vertrauensfähigkeit. Allerdings sollte das – seiner Meinung nach – nicht dazu führen, dass Eltern und insbesondere Mütter sich unter dem Druck von lebensfremden Idealen überfordern. *„Die ideale Mutter ist nicht die, die alles richtig macht und damit das Kind braucht, als Barometer für ihren Perfektionismus, sondern die ideale Mutter ist eine Mutter, die in einer lebendigen Ich-Du-Beziehung zum Kind ist. Die sich auch mal ärgert, die auch mal grob ist, die aber das Kind als dieses Kind, als eigene Person, sieht. Winnicott definiert: ‚Die ideale Mutter ist die good-enough Mutter. Und wenn die Mütter den Selbstbeweis bleiben lassen könnten – ‚Ich bin ein lebenswerter Mensch, weil ich eine gute Mutter bin!' – ja, ich glaube, den Kindern ginge es besser."* [6] Eltern, die nicht bereit sind, ihre Kinder als diejenigen, die sie sind, zu sehen und annehmen zu können, weil sie ihre eigenen Vorstellungen mehr lieben als die realen Kinder, erzeugen seelisches Leid. Denn die Kinder bekommen nicht, was sie brauchen und was angemessen wäre, sondern lernen, sich den Vorstellungen anderer zu unterwerfen. Etwas, was uns selbst, später als Erwachsene – nicht nur in der Beziehung zu den eigenen Kindern – wieder begegnet, sondern auch in unserer Beziehung zu uns selbst, zum Entwicklungswesen in uns selbst, zu dem, was die Psychologie oft als *Inneres Kind* bezeichnet. Wolf Büntig über den (früh)kindlichen Konditionierungsprozess: *„Wir merken zwar eine Diskrepanz zwischen unserem Selbstgefühl und den Bildern der Eltern, aber wir unterwerfen uns den Bildern der Eltern, weil wir es nicht aushalten können, dass die ein anderes Bild haben von uns, als wir sind. Das heißt, wir unterwerfen uns deren Normen und durch diese Unterwerfung unter die Normen anderer entwickeln wir das, was ich die ‚Normopathie' nenne. Das heißt: ein Leben nach den Normen anderer – bei gleichzeitigem Verlust der Autonomie, also des Kontaktes zu unserer eigenen, inneren Gesetzlichkeit ..."*

Wie das kleine Kind diesen Prozess erfährt, kommt wohl jedem von uns auch aus unserem Erwachsenenleben durchaus bekannt vor. Die von Wolf Büntig angesprochene „Normopathie" macht, wie schon der Name „Pathie" sagt, krank. *„Wir haben eine ganz interessante Arbeit von einem Dr. Kissen aus dem Jahr 63, glaub ich, der zeigen konnte, dass bei Tumorkranken die Tumore in Abhängigkeit von der Starre des Selbstbildes wuchsen. Je starrer die Selbstvorstellungen einer Person waren, je weniger Spielraum*

---

[5]   G.M. Martin, in: *„Vertrauen. Führt. Weiter."*, Transkription, in: *ORF Radiokolleg, 2006*, von: J. Caup, K. Steger.

[6]   W. Büntig, in: *„Vertrauen. Führt. Weiter."*, Transkription, in: *ORF Radiokolleg, 2006*, von: J. Caup, K. Steger (gilt auch für die nächsten Zitate in Folge)
      Siehe auch Kapitel 6: Chaos und Ordnung, Anmerkung 36, 37.

sie sich erlaubte – ‚Ich bin so und so!' – umso schneller wuchsen die Tumore. Je ‚ausgefranster' diese Selbstbilder waren, umso langsamer wuchsen die Tumore. Also jemand, der sagen konnte: ‚Ja, ich bin eigentlich schon meistens ziemlich gescheit, aber manchmal auch saublöd, ich bin eigentlich schon ein treuer Mensch, aber manchmal juckt mich schon was anderes.'... Wenn jemand diesen Spielraum in sich hatte, die inneren Impulse wahrzunehmen – nicht unbedingt um sie auszuagieren, aber einfach zuzulassen, dass das auch zu ihm gehörte – umso langsamer wuchsen die Tumore. **Wir werden an diesen Identifikationen mit Bildern krank, wenn sie nicht der inneren Wahrheit entsprechen.** *Und wir können körperlich krank werden davon, ja. Also ich glaube, dass ein Gutteil der psychosomatischen Störungen auf eine solche Diskrepanz zurückgeht, zwischen dem, wer wir sind und dem, wer wir glauben sein zu müssen. Und wenn man nicht weiß, was man braucht, dann schluckt man viel, was einem schadet und meidet viel, was einem gut tut. Und dann wird man krank, das ist sehr einfach."*

Das Vertrauen, dass es gut ist, *selbst* zu sein, ist in der Kindheit leicht zu zerstören. Und es wird im späteren Erwachsenenleben nur mühsam gelernt, beziehungsweise erlitten. Aber es ist möglich und notwendig, sagt der Neurobiologe Gerald Hüther. **„Das sind Sternstunden im Leben eines Menschen, wenn er Gelegenheit hat, solche verkabelnden Anteile von Begabungen, die er eigentlich mal besessen hat und die er unterdrücken musste, wenn er die wiederfinden darf. Das sind Sternstunden deshalb, weil dann plötzlich wieder etwas zu blühen beginnt. Dann macht das Leben auf einmal wieder Spaß.** *Dann merkt man plötzlich, dass man in dieser Welt zu Hause ist. Und das Tolle an diesem Beispiel ist, dass es zeigt, wo das Vertrauen wieder entstehen kann, nämlich dass man anderen Menschen die Gelegenheit gibt, wieder zu sich selbst zurückzufinden und wieder Vertrauen zu sich selbst zu schöpfen. Ich glaube nicht, dass man einem anderen Menschen Vertrauen schenken kann oder Vertrauen geben kann; dass der damit irgendetwas anfangen kann, außer dass man ihm damit die Kraft gibt, sich selbst wiederzufinden. Und das lässt ihn offen werden und bringt ihn in die Situation, dass er etwas zu verschenken hat, nämlich Vertrauen."* [7]

Schau, trau, wem? Vom Risiko des Vertrauens

„Vertrauen entsteht erstens dadurch: Dass man sein eigenes Misstrauen bemerkt. Dazu hilft es, wieder zu fühlen. Und zweitens wächst Vertrauen dadurch, dass Sie es schenken. Je mehr Vertrauen Sie schenken, umso mehr haben Sie. Das ist eine paradoxe Geschichte. Je mehr Sie lieben – ja, Ihre Liebe verschenken – umso mehr Liebe erleben Sie." [8] Das sagt der Arzt und Psychotherapeut Dr. Wolf Büntig. Wir können vertrauen, weil uns

---

[7] G. Hüther, in: „Vertrauen. Führt. Weiter.", Transkription, in: *ORF Radiokolleg, 2006*, von: J. Caup, K. Steger.

[8] W. Büntig, in: „Vertrauen. Führt. Weiter.", Transkription, in: *ORF Radiokolleg, 2006*, von: J. Caup, K. Steger (gilt auch für das nächste Zitat in Folge).

zuerst vertraut wurde. Vertrauen wächst, indem wir es verschenken. Vertrauen steht im Zentrum jeder positiven Beziehung, die auf Zukunft angelegt ist. Soweit das Ideal. Real leben wir im Bezug auf andere nicht nur im Vertrauen, sondern auch mit einer Portion Misstrauen. Denn es gibt wohl kaum jemanden, der nicht schon von anderen enttäuscht und verletzt wurde, oder selbst andere verletzt hat – selbst wenn dies nicht aus böser Absicht geschah. Um für andere vertrauensvoll sein zu können, muss ich wissen, *wer* ich bin, *was* ich will – oder eben auch nicht will. Doch wie kann ich das erfahren? Wolf Büntig: *„Der Königsweg für mich ist ‚fühlen'. Wirklich im Moment innehalten und schmecken: Tut mir das jetzt gut, oder tut es nur meinem Image gut? Bin ich froh, weil ich es fühle, oder bin ich froh, weil irgendwas sich so einstellt, wie ich es erwartet habe? Bin ich zufrieden, weil ich etwas erreicht habe, oder fühle ich wirklich Frieden in mir? Viele Leute sind gar nicht mehr fähig dazu und die brauchen dann starke Signale, um wieder zu sich zu finden."* [9]

Starke Signale – das können psychosomatische Krankheiten sein, der Verlust des Arbeitsplatzes, aber auch der Bruch einer Lebensbeziehung. Manchmal beeinträchtigen ungelöste Kindheitsprobleme leidvoll das spätere Beziehungsleben. Wenn beispielsweise die frühe Bindung zur Mutter nicht gelungen ist, oder die Ablösung missglückt, wird diese Mutter-Kind-Dynamik auf die späteren Beziehungen des Erwachsenen übertragen. Die Folgen sind unheilvolle Verstrickungen und Angst vor intimen Beziehungen. Zum Beispiel: *„Weil sie in großer Zahl sehr frühe Verlassenheit erlebt haben, sodass sie jetzt – völlig unbewusst – Beziehung befürchten, weil die mit Verlassenheit in ihrer Erfahrung verbunden ist. Und für einen Säugling tut es furchtbar weh. Und man fürchtet, dass wenn sich jemand von einem trennt, dass man die gleiche Verlassenheit, den gleichen Schmerz erlebt und dass es genauso wehtut, wie für den Neugeborenen. Was nicht der Fall ist, was man aber nur lernen kann und herausfinden kann, wenn man sich wieder auf Beziehung einlässt, wenn man Trennung riskiert und da dann merkt, dass es für einen 50-Jährigen nicht mehr so weh tut wie für einen Neugeborenen. Wir müssen riskieren, dass es wieder wehtut, um eine neue Erfahrung machen zu können. Mit der Zeit lernt man dabei, wem man trauen kann und wem nicht."* (W. Büntig).

Dieses Lernen ist nicht selten ein Leidensweg. Meistens fühlen wir uns dabei als *Opfer-der-Umstände*, als Opfer der anderen – ohne zu bemerken, dass *die anderen* gar nicht wesentlich anders mit uns umgehen, als wir es *auch selbst* mit uns tun! [10]

In Bruno Würtenbergers praxisbezogenem Studienlehrgang in empirischer Bewusstseins-Forschung (*Free Spirit*-Training) wird dieses *Spiegelbild-der-Welt* den auszubildenden Studenten, meist zum ersten Mal, bewusst und erlebbar. Sie bemerken, dass die äußere Welt des alltäglichen Lebens vielleicht nur deshalb mit denselben, stets

---

[9]   Siehe auch Kapitel 8: Immunsystem, Anmerkung 27, 33, 35
      Siehe auch Kapitel 12: Fühlen, Anmerkung 28
      Siehe auch Kapitel 22: Systemische Phänomene, Anmerkung 31.
[10] Siehe auch Kapitel 6: Chaos und Ordnung, Anmerkung 24-31.

wiederkehrenden Erlebnissen „hausieren" ging und noch geht, um anzustoßen, etwas Entscheidendes *an-uns-selbst* zu erkennen, und so erst eine Möglichkeit zu schaffen, all das liebevoll zu integrieren und somit auch zu verändern. *Zuerst kommt auf diesem Erfahrungsweg immer die unangenehme Wahrheit, die es in einem ersten Schritt anzuerkennen gilt: Es ist immer in und an uns selbst, was da unsere Wirklichkeit bedingt! In-forma-tion wird immer und in jedem Fall zur Form – ob wir das nun im Einzelfall wollen oder nicht!* Leider neigen wir argumentativ – vor uns selbst und vor den anderen – meist zunächst primär dazu, uns selbst lieber als *Opfer-der-äußeren-Umstände* sehen und in der Folge auch darstellen zu wollen anstatt als *Täter*. Irgendwie scheint es wohl immer noch *so-viel-verzeihbarer* und damit *ent-schuld-barer* ...?! Zu begreifen, dass wir ALLE – jeder von uns, nicht nur einig wenige –, durch jenes uns überantwortete Schöpfertum unseres Bewusstseins in jedem Fall Täter *sind*, lässt uns erst zu real eigenverantwortlichen Menschen werden.

Nicht „Schuld" stellt sich als Thema, sondern gelebte „Eigen-Verantwortung". Ohne diese Einsicht und Akzeptanz kann und wird Veränderung nicht möglich. Darüber hinaus aber resultiert daraus eine im höchsten Maße auch wunderbare und vermutlich durchaus angenehme, wenn auch eigen-verantwortliche Wahrheit: Weil *wir* es sind, weil *nur wir* es verantworten, haben *wir* auch eine realistische Chance, es selbst zu ändern. Ansonsten wäre jegliche Form nachhaltiger Veränderung – ohne Machtausübung auf andere und ohne Übergriffe(!) – auch gar nicht möglich. Soweit die „Frohe Botschaft". „*Steter Tropfen höhlt den Stein*", besagt ein altes Sprichwort. So auch hier: Der Ansatz, dass unser Bewusstsein – durch *etwas-Weises-in-uns-selbst* – wieder und wieder solcherart zur Selbsterfahrung (mit der Möglichkeit der Selbsterkenntnis) angestoßen wird, besitzt ein letztlich höchstes Maß an Effizienz. Verbirgt sich darin in letzter Konsequenz doch erst die Chance auf Erfolg und echte Heilung. Entscheidend ist wohl, die Tatsache anzuerkennen: *Eine Veränderung der Resonanz-Strukturen unseres Bewusstseins mit dem kosmischen Bewusstsein gelingt nicht allein im Kopf. Dafür braucht es etwas Unmittelbareres, nämlich unser ganzheitliches Fühlen.*

Im Grunde genommen ist es eigentlich ganz naheliegend. Denn: „*Wer im Leben leidet, hat auch eine Ahnung davon, dass ihm etwas fehlt.*" [11] Auch wenn man im Leiden manchmal noch nicht weiß, *was* es ist – so Hunter Beaumont, Professor für Tiefenpsychologie an der Universität München: „*Man sieht manchmal, man vertraut, weil man sich einbildet, dass die Sachen sich entfalten, wie man erwartet. Und dann entsteht manchmal ‚Enttäuschung'. Das heißt wieder auf Deutsch – das sind so wunderschöne Wortspiele – man merkt in der Erwartung: Man hatte sich getäuscht, und es entfaltet sich nicht, wie man es ‚erwartet' hat. Das heißt: Das Vertrauen, das man in der Erwartung hatte, hat sich nicht bestätigt. Und **diese** Art Vertrauen ist eine Illusion. Das machen viele Menschen. Viele Menschen erleben deswegen Ent-Täuschung. Wenn*

---

[11] H. Beaumont, in: „*Vertrauen. Führt. Weiter.*", Transkription, in: *ORF Radiokolleg 2006*, von: J. Caup, K. Steger (gilt auch für die nächsten Zitate in Folge).

man den Sachen vertraut, dass sie sich entfalten, wie sie sich entfalten, nicht, wie man das erwartet – wird man nie enttäuscht." Dies aber setzt voraus, dass man im Laufe des Lebens ein Grundvertrauen in das Leben entwickelt hat, das unabhängig von *einzelnen* Erwartungen und Enttäuschungen stabil bleibt.

Um zu vertrauen, müssen drei Aufgaben bewältigt werden, sagt Hunter Beaumont. Erstens gilt es zu überprüfen, ob die eigenen Annahmen über den Sachverhalt oder eine Person stimmen. „*Man muss auch die entsprechenden Fähigkeiten entwickeln, die man bräuchte, um mit einem Zusammenbruch fertigzuwerden. Das kann man im Vorfeld schon machen. Zweite Ebene – psychotherapeutische Ebene – ist: Man lernt Verhaltensmuster in der Kindheit. Man lernt, wie man mit der eigenen Familie umgeht, was man von der Familie erwarten kann. Man passt sich dem an, man hat als Kind keine Wahl. Das ganze, große Geschenk der Psychotherapie ist, dass wir Möglichkeiten haben, als Erwachsene die gelernten Gewohnheiten zu überprüfen, ob sie noch stimmig sind, ob wir noch in derselben Welt oder im selben Umfeld leben, wie wir sie in der Kindheit bewohnt haben. Und wenn nicht: Wir haben bestimmte Möglichkeiten, diese gelernten Gewohnheiten später zu revidieren und neue Gewohnheiten zu entwickeln. Diese dritte Ebene von Grundvertrauen ins Sein kommt durch eine spirituelle Arbeit. Das heißt, man schult die Wahrnehmung für die tieferen Ebenen des Seins, die uns tatsächlich tragen oder nicht tragen. Und man verlässt sich darauf, dass man getragen wird.*"

Vertrauen durch Begegnung und Auseinandersetzung

„*Also ich glaube, Vertrauen gewinnt man dann, wenn man sich auf das Leben einlässt und wenn man vor dem Wunder des menschlichen Lebens einfach mal staunt und dann aus diesem Erleben heraus spürt: Da gibt es eine Kraft, die die Welt im Innersten zusammenhält. Und wenn ich diesen Urquell in mir spüre, dann gibt es eigentlich keinen Grund, ihn nicht ebenso auf eine Beziehung zu übertragen.*" [12] Das sagt die Schweizer Psychotherapeutin Julia Onken, die zahlreiche Bestseller über die Probleme in Paarbeziehungen geschrieben hat. Wer sich selbst vertraut, glaubt, dass er mit dem, was auf ihn zukommt, angemessen umgehen kann. In diesem Vertrauen können wir gelassen existieren. Wie steht es mit dem Vertrauen in andere? Welche Rolle spielt Vertrauen in Beziehungen, speziell in Paarbeziehungen? Was setzt eine reife Beziehung diesbezüglich voraus? Julia Onken: „*Also, ich muss die Zumutung, überhaupt Leben meistern zu sollen, die muss ich selbst übernehmen und da gibt es niemand, der mir das abnehmen kann. Und das heißt natürlich auch, die verschiedenen Aufgaben, die mir gestellt werden, zu überwinden, an ihnen zu wachsen, um einst eine reife Person zu werden und diese Arbeit kann mir niemand abnehmen. Und der Partner schon grad gar nicht. Dem Partner mute*

---

[12] J. Onken, in: „*Vertrauen. Führt. Weiter.*", Transkription, in: *ORF Radiokolleg, 2006,* von: J. Caup, K. Steger (gilt auch für die nächsten Zitate in Folge)
Siehe auch Kapitel 5: Überzeugungs-Netze und Leben, Anmerkung 13.

ich zu, dass er es mit mir aushält, immer im Hinblick auf dieses Urvertrauen, in diese letzte Quelle, die in uns sprudelt. Und dann denke ich, dann wird Beziehung gelingen und Leben ebenso." "Sich auf das Leben einlassen – und staunen!" Die vorgeschlagene Lösung reiht sich in angemessener Weise in jene Erfolgsratgeber-Slogans ein, klingt gut und ist es wohl auch. Und doch stellt sie für die meisten Menschen, die sich verletzt und unsicher fühlen, zunächst nicht mehr als einen jener gutgemeinten „Rat-Schläge" dar, welche – ohne zuvor Entscheidendes *wirklich* integriert und nachhaltig verwandelt zu haben – oftmals die Tendenz haben nur noch tiefer ins „Schlamassel" zu führen. Ja, da gibt es „... *eine Kraft, die die Welt im Innersten zusammenhält.*" Da gibt es etwas in uns, was sich wirksam entfalten kann. Ob es sich allerdings als *heilend* entpuppen wird, hängt in erster Linie und entscheidend vom Samen ab, der zuvor von uns selbst neu in unser Bewusstsein gelegt werden will. Ansonsten sind weitere Ent-Täuschungen – weil in unserem Bewusstsein unverändert und seit langem angelegt – vorprogrammiert. So hat jegliches positive Denken oder *aufmunternd-schulterklopfende-Gehabe* wenig Aussicht auf entsprechende Heilung. Um sich nämlich wieder voll und in Wertschätzung *auf das Leben einzulassen*, muss man erst wieder erneut *Einlass-zu-sich-selbst* finden.

Bruno Würtenberger – zu gewissen Bewusstseinserfahrungen auf dem Weg zu wahrem Vertrauen: „*Danach – ‚leider' erst danach – erfährt man, dass genau diese Unsicherheit die einzig wahre Sicherheit bietet. Zuvor war Wissen Sicherheit. Danach ist es: ‚Vertrauen'. Vertrauen ist nur möglich, wenn man nicht ‚weiß'. Du siehst also: die Menschen verstehen Vertrauen immer falsch. Vertrauen entsteht nicht, wenn man jemand länger kennt, sondern, wenn man liebt. Vertrauen entsteht aus Liebe und Liebe ist Vertrauen ...*" [13] „*Deine ganz persönliche Revolution ist genau dort gefragt, wo Du gerade stehst. Du selbst kannst an der gegenwärtig stattfindenden, globalen Revolution mitwirken, ja. Wie? Indem Du nicht mehr den alten traditionellen Werten folgst; zumindest den meisten von ihnen nicht. ... Wende Dich hin zum Universum und seiner Schöpferkraft, welche in Deinem Herzen, schon seit Ewigkeiten, Heimstatt genommen hat. Entwickle wieder so etwas wie Selbstvertrauen. Dies hat nichts mit Egoismus zu tun, sondern damit, dass Du Dich wieder Deinem wahren Selbst zuwendest und auf Dein Gefühl vertraust! Trau Dich ‚Ja' zu sagen, wenn Du ‚Ja' fühlst und ‚Nein', wenn Du ‚Nein' fühlst. Lebe nicht mehr gemäß gesellschaftlicher Vorgaben, sondern folge dem Ruf Deines Herzens. Immer. Nimm im Besonderen dann keine Rücksicht, sollten Deine persönliche Integrität und Wahrhaftigkeit gefährdet sein. Lebe wahrhaftig. Lebe Dein Leben und gib Dich dem Leben wieder voll und ganz hin!*" [14]

Es geht ganz offensichtlich um eine gefühlte *Hygiene-des-Stimmigen* im eigenen Leben und eigenen Bewusstsein. Wenn dies aus Wertschätzung und Liebe zu sich selbst gelingt, beginnt sich etwas wie Vertrauen zu entfalten. Ein wahrhaft berührendes Erlebnis. Im Rahmen der Bewusstseins-Forschungen während des *Free Spirit* Studien-

---

[13] B. Würtenberger: „*Revolution*", Zürich 2007, S. 253.
[14] Ebenda, S. 16.

lehrgangs sind diese Schritte erfahrungsgemäß jedem Menschen möglich: mitfühlend sich wieder *selbst-vertrauen* lernen. Und in dem Maß, wie die entsprechende Kraft im Bewusstsein frei wird, frei von Ängsten und Verbiegungen, werden die Folgeschritte weitreichender. Ein solcher Einlass in unser Ureigenstes, Wesentlichstes, wird uns genau dann möglich und gewährt, wenn wir uns – uns selbst gegenüber – wieder bereit finden zu echter Anerkennung und Wertschätzung. Sich selbst wieder die Würde als Mensch zurückzugeben, sie sich selbst neu zu schenken, das will wieder gelernt sein! – und es *kann* auch wieder gelernt sein. Und dann ... dann entsteht, voll neu gefühlter Dankbarkeit für das Erleben der Kostbarkeit des eigenen Menschseins, ganz von allein das Bedürfnis, dieses Mit-Gefühl auszudehnen – auch auf die Welt und die anderen Mit-Menschen. Öffnung, ohne sich diesbezüglich etwas mühevoll oder auch bemüht zu verordnen ...

Eine derartig vollzogene *Zwiesprache-mit-sich-selbst* legt die Basis zum Zwiegespräch mit dem anderen Menschen ... In diesem Zusammenhang spricht der Arzt und Psychotherapeut Joachim Galuska, Direktor der Heiligenfeld-Kliniken für psycho-somatische Medizin in Bad Kissingen, von „Paar-Zwiegesprächen". Galuska empfindet sie als „*reinigend und vertrauensfördernd*". Ganz ohne Worte, zunächst einmal nur spüren, was da in mir ist. Das ist die Voraussetzung für echte Empathie, für echtes *Mit-fühlen Können* mit einem anderen Menschen, sagt Joachim Galuska. „*Wenn wir an den inneren Ort unserer Seele gehen, in dieser Offenheit, in dieser Präsenz, dann können wir in uns selbst fühlen und spüren und nachvollziehen, was ein anderer Mensch, der uns begegnet, zum Ausdruck bringt. Das nennen wir Empathie, ja. Das heißt, ich kann mich einfühlen. In Wirklichkeit ist es mehr ein Resonanzphänomen. Das heißt also, er löst etwas in mir aus und das kann ich fühlen. Mitfühlen ist sozusagen im Grunde, dass ich in meiner Seele etwas von seinem Sein fühle. Vielleicht sogar ein Gefühl dafür kriege, wie seine Seele in der Welt steht, wie er sozusagen als Seele fühlt, denkt, handelt. In diesem Fühlen entsteht dann beim Anderen natürlich eine Resonanz. Er fühlt sich vielleicht verstanden, er öffnet sich auch wiederum gegenüber dem, was ich zum Ausdruck bringe, ja. Und dann passiert dieses Mysterium, wenn wir gemeinsam uns aufeinander einstimmen, wenn etwas in uns gegenseitig zum Klingen kommt und wir an diesem inneren Ort verweilen, entsteht plötzlich so ein Gefühl von: ‚wir', von Gemeinschaft, von Gemeinsamkeit. Wir erleben jetzt gemeinsam diesen Moment, wir sprechen jetzt gemeinsam miteinander, wir fühlen und teilen irgendetwas Gemeinsames. Und wenn man das vertieft, dann kann es sogar sein, dass man so etwas fühlt wie die Seele unserer Verbindung.*" [15] Wir stehen als Gesellschaft vor der Herausforderung, herauszufinden, wer wir sind und wie wir in Zukunft unsere Welt bauen wollen. Wird es eventuell eine Gesellschaft sein, in der die Starken über die Schwachen regieren, oder wollen wir eine Kultur des wechselseitigen Vertrauens aufbauen. Dr. Galuska: „*Also die Globalisierung macht uns das ja enorm klar. Das ist ja nicht nur ein wirtschaftlicher Prozess, sondern es ist auch ein kultureller*

---

[15] J. Galuska, in: „*Vertrauen. Führt. Weiter.*", Transkription, in: *ORF Radiokolleg, 2006*, von: J. Caup, K. Steger (gilt auch für die nächsten Zitate in Folge).

Prozess. Wir gehören zusammen, egal wo wir auf diesem Planeten leben und wie wir uns selbst verstehen, ja. Alles das, was wir ausdrücken und ausleben, beeinflusst auch die anderen. Denn die Frage ist ja so: ‚Sind wir in unserem Innersten Ausbeuter, ja oder nein?‘, ‚Sind wir in unserem Innersten Ressourcen-Verschwender, ja oder nein?‘ Wir sind das als Menschen, aber ist das unser Wesen, ja? Also es ist zurzeit die große Frage herauszufinden, wer wir sind. Um Werkmann [16] *zu zitieren: ‚Wer wir wirklich, wirklich sind.‘ Meiner Meinung nach ist das Entscheidende, dass wir das umkippen müssen, dass wir uns nicht beherrschen lassen von den Identitäten, wie sie uns vorgelebt werden in der Gesellschaft, aufhören uns beherrschen zu lassen vom Diktat des ökonomischen Denkens, sondern dass wir das ökonomische Denken in den Dienst von unseren Vorstellungen darüber stellen, wie wir uns als Menschheit weiter entwickeln wollen.“*

Wirtschaftsfaktor *Vertrauen*. Oder: Warum Vertrauen führt

„Wenn wir kreativ sein wollen, dann müssen wir spielen können, dann müssen wir uns entspannen können, dann müssen wir unseren Geist öffnen. Ich würde sagen, der Zugang zur Intuition ist die zentrale Quelle der Kreativität. Das läuft meistens unbewusst ab, aber wir können auch heutzutage mehr Intuition aktiv nutzen, versuchen bewusst intuitiv zu sein. Dafür müssen wir in einen inneren Bewusstseinszustand gehen, der offen ist, der weit ist, der lauscht, der nach innen lauscht, der nach außen lauscht, ja?! Aber dieser innere Ort kann sich nur dann entfalten, wenn eine Atmosphäre da ist, die das zulässt, und das hat eben viel mit Vertrauen und Anvertrauen, mit sich gegenseitig anvertrauen zu tun.“ Kreativ arbeitende Menschen wissen, wie wichtig Innenschau und ein Raum des Vertrauens ist. Kreativität und Innovation gelten auch als die Motoren des wirtschaftlichen Erfolges. Doch die ökonomischen Strukturen bieten dafür derzeit noch wenig Raum, obwohl alle nach Innovation rufen. Dabei belegen wissenschaftliche Untersuchungen, dass Unternehmen, die Vertrauen-basiert arbeiten, größtenteils kreativer und erfolgreicher sind, als jene, die zentralistisch und autoritär geführt werden. Kenner der „Zyklentheorie“ nach Nikolai Dmitrijewitsch Kondratjew wissen: *Ein neuer Zyklus beginnt immer entlang der Knappheiten und Probleme, die der vorherige Zyklus erzeugt hat.* Als „*... größte Knappheit des 21. Jahrhunderts*“ bezeichnet der Trendforscher Matthias Horx in diesem Zusammenhang: „*das Vertrauen*“. Der Wirtschafts- und Gesellschaftskontrakt der Zukunft müsse deshalb auf dem *Trust-Factor* liegen, schreibt er im Trendreport 2009. [17]

Interessanterweise gibt es auch eine Korrelation zwischen Vertrauen und Gemeinwohl. Manfred Prisching, Professor für Soziologie an der Universität Graz: „*Es*

---

[16] Klaus Werkmann, Diplom-Psychologe; leitet eine Praxis für Verhaltenstherapie, systemische Organisationsberatung und Familientherapie in Konstanz am Bodensee und bietet neue Lösungsansätze im Bereich Wahrnehmungsblockaden und Konflikte (Coaching, Supervision, Mediation).

[17] M. Horx, in: „*Trendreport 2009*“, http://www.zukunftsinstitut.de.

gibt ganz interessante vergleichende Untersuchungen über unterschiedliche Länder, wo man die Leute gefragt hat, in welchem Maße sie zwischenmenschliches Vertrauen haben, meistens von der Sorte: ,Glauben Sie, dass man im Allgemeinen den anderen Menschen vertrauen kann?', oder so. Das sind die Fragestellungen und da hat sich gezeigt, dass in jenen Ländern und Gebieten, wo die Leute ein relativ hohes Maß an Vertrauen in die Institutionen, in das System und in die Mitmenschen haben, dass dort auch eine hohe Korrelation zum Wohlstand besteht. Das heißt Vertrauen ist nützlich. Vertrauen ist nicht nur etwas, was zwischen den Menschen ein besseres Leben schafft, sondern offensichtlich auch etwas, das wirtschaftliches Wachstum und wirtschaftliche Entwicklung fördert." [18] Der studierte Jurist, Dr. Tom Bäumer, ist Vorstandvorsitzender der Württembergischen Versicherung in Deutschland. Nach vielen Jahren ambivalenter Erfahrungen als Personalchef will Bäumer heute als Generaldirektor im Unternehmen die Vertrauenskultur fördern. Die Motive dabei sind nicht nur sozialer Art, wie er zugibt, sondern sie lassen sich auch positiv in Zahlen messen. "*Natürlich basiert die Wirtschaft auf dem Handeln – Austausch von Leistung – aber letztlich sind es immer Menschen, die miteinander handeln und das gilt auch bei Arbeitsverträgen, wo es darum geht, dass man seine Arbeitskraft eben für andere zur Verfügung stellt, um Waren oder Dienstleistungen herzustellen. Und das gelingt am besten dann, wenn man sich als Mitarbeiter wohl fühlt, wenn einem Vertrauen entgegengebracht wird, weil man alles tun wird, um dieses Vertrauen auch zu rechtfertigen, das motiviert zu Höchstleistung. Misstrauen dagegen demotiviert, man schaltet einfach zurück, macht Dienst nach Vorschrift und das ist letztlich dann auch messbar an den Zahlen, an der Krankheitsquote und schließlich auch in der Kundenzufriedenheit, die wir immer wieder messen, weil demotivierte Mitarbeiter werden auch die Kunden schlecht behandeln.*" [19] Schnelle Märkte, flexible Arbeitsstrukturen, virtuelle Organisationsformen. Diese modernen, wirtschaftlichen Strukturen lassen sich nicht mit den herkömmlichen Führungsmethoden bewältigen. Kostenminimierung, Effizienz und Innovation geht da hin: in ein Klima des Dialogs und des Vertrauens, sagt Tom Bäumer: "*Ein guter Abteilungsleiter geht aus seinem Zimmer raus, zu seinen Mitarbeitern, kuckt wie es denen geht, was die tun, redet mit denen, macht unmittelbar Rückmeldung zu Themen, die auf den Tisch kommen und ein schlechter Abteilungsleiter zitiert die Leute zu sich und kommt aus seinem Zimmer nicht raus. Das heißt, er agiert wie ein Machthaber, der sich oben hält, aber gute Führungskräfte führen von vorne und sind nicht oben.*"

Der Gehirnforscher Univ.-Prof. Dr. Gerald Hüther von der Universität Göttingen: "*Wir brauchen Erzieher und auch Eltern, die in der Lage sind, Kinder zu ermutigen und einzuladen und zu inspirieren. Und da haben wir das Problem: Das haben wir alle nicht gelernt. Wir haben gelernt, wunderbar Kinder abzurichten und Verhaltensweisen*

---

[18] M. Prisching, in: "*Vertrauen. Führt. Weiter.*", Transkription, in: *ORF Radiokolleg, 2006*, von: J. Caup, K. Steger.

[19] T. Bäumer, in: "*Vertrauen. Führt. Weiter.*", Transkription, in: *ORF Radiokolleg, 2006*, von: J. Caup, K. Steger (gilt auch für das nächste Zitat in Folge).

zu erzeugen – das nennen wir dann Erziehung, aber Potenzial-Entfalter sind wir nicht. Und ich glaube, da bräuchten wir eine andere Kultur. Da bräuchten wir eine Kultur, die nicht darauf beruht, dass der Einzelne sich auf Kosten von anderen aufwertet, indem er die anderen abwertet. Sondern wir bräuchten eine Kultur, in der sich jeder einzelne Mensch – vor allen Dingen die Erwachsenen – riesen Mühe geben, in dem Anderen das zu erkennen, was da an Potenzialen angelegt ist. Und, die dann auch jeden einzelnen Erwachsenen dazu bringt, dass er ein ,Einlader', ein ,Ermutiger' und ,Inspirierer' wird für die anderen. Und wenn das Lehrer können, dann sprechen die Erfolge im Allgemeinen für sich, weil unter diesen Bedingungen Kinder dann tatsächlich ihre Potenziale entfalten und dann können die zum Teil Dinge lernen und ihre Potenziale wieder entfalten, wo man vorher gedacht hat, das sei gar nicht mehr möglich. Aber das bedarf eben dieser anderen Beziehungskultur.“ [20]

Und Ähnliches – so Gerald Hüther – gelte ebenso auch für die Arbeitswelt. *Das Erfolg versprechende Konzept der Zukunft sind, dem Neurologen Hüther zufolge, nicht streng geordnete Hierarchien, sondern sogenannte „Supportive Leaders“ (unterstützende Führungspersönlichkeiten). Diese aber unterscheiden sich von autoritären Führungskräften des vergangenen Industriezeitalters dadurch, dass sie sich nach all ihren Kräften drum bemühen, die Potenziale ihrer Mitarbeiter zur Entfaltung zu bringen.*

Für Führungskräfte hat „Management by trust“ – also ein Management basierend auf Vertrauen – auch Konsequenzen. Sie müssen lernen Macht abzugeben, auf Kontrolle zu verzichten. Das gelingt einstweilen nur wenigen. Management ,by-Angst' beziehungsweise Misstrauen ist noch vielerorts die Regel. *„Also das Misstrauen entsteht heute relativ schnell einfach dadurch, dass jeder auf seiner Baustelle Bescheid weiß. Aber rechts und links von einem passiert so viel, was man nicht mitkriegt und dann wundert man sich und fühlt sich vielleicht auch manchmal hintergangen oder schlecht informiert. Das heißt, der wichtigste Punkt ist: schnelle, rasche Information und die Wahrheit sagen. Die Wahrheit klärt, alles andere führt nur zu Misstrauen und zu Verunsicherung. Die Transparenz, die Authentizität und vor allem die rasche Rückmeldung – ohne diese rasche Rückmeldung brechen Ihnen trotzdem ihre guten Vorsätze weg, wenn sie zu spät kommen. Hier spielt Zeit eine ganz wichtige Rolle.“* [21]

Führungskräfte, die in Wirtschaftsunternehmen nicht nur gute Leistungen, sondern auch ein positives Arbeitsklima schaffen wollen, sollten darauf schauen, dass es ihnen selbst seelisch gut geht, sagt Tom Bäumer. Sonst verbreiten sie nur Stress und Ärger. Wer Verantwortung für andere trägt und Vertrauen schaffen will, sollte daher auf sein Herz schauen – und das nicht nur im medizinischen Sinn. *„... Dass insbesondere Führungs-*

---

[20] G. Hüther, in: „*Kreativität – Wie Kinder lernen.*“, Transkription eines Interviews anlässlich der Alpbacher Technologie-Gespräche, in: *ORF Dimensionen – Die Welt der Wissenschaft, 4.9. 2009*, von: F. Tomandl.

[21] T. Bäumer, in: „*Vertrauen. Führt. Weiter.*“, Transkription, in: *ORF Radiokolleg, 2006*, von: J. Caup, K. Steger (gilt auch für das nächste Zitat in Folge).

kräfte, die ihr Herz verloren haben, einfach rigide mit ihren Mitarbeiten umgehen und dabei gar nichts Schlimmes dran finden und damit eben dieses Vertrauen zerstören – was aber die Basis ist für erfolgreiches Wirtschaften. Weil die Beispiele der Höchstleister zeigen, dass sie eine Vertrauenskultur haben und eine Teamkultur. So etwas können rigide Menschen gar nicht aufbauen."

Innere Sicherheit schafft Vertrauen. Äußeres Sicherheitsstreben und Kontrollzwänge zeugen eher von vermehrter Selbstunsicherheit. Das gilt nicht nur für Unternehmen, sondern auch für familiäres wie gesellschaftliches Zusammenleben. Der Arzt und Psychotherapeut Wolf Büntig: *„Die Gesellschaft wird gestaltet durch Individuen. Und je mehr selbstunsichere Menschen es gibt, umso mehr bauen sie auf äußere Sicherheit und umso schlechter wird wieder die Beziehung, denn wir sind keine füreinander verfügbare Gegenstände, sondern wir sind Mitmenschen. Und ich habe schon in den 70-er Jahren der Befreiung durch Unfreie misstrauen gelernt. Das war das Anliegen der jungen Linken, die zu uns in die Gruppen kamen. Sie hatten den subjektiven Faktor entdeckt und sie haben bemerkt, dass sie andere nicht befreien konnten, die Gesellschaft nicht befreien konnten, weil sie selber gebunden waren in reaktiven Strukturen, ja, in ihrem Verhalten durch die Beziehung zu den Eltern motiviert waren. Die Gesellschaft war eigentlich ‚Mama'. Und die wollten sie befreien. Und das ist ein Irrweg. Sie können für die Mutter nichts tun. Sie können sie nur so nehmen, wie sie ist."* [22]

Jenseits von Angst – Von Kindern lernen, worauf es im Leben ankommt ...

Dieses permanente Jonglieren mit Optionen, die existenzielle Konsequenzen nach sich ziehen, verursacht Dauerstress, Unsicherheit und Misstrauen in die Zukunft. Der Journalist und Ökonom Christian Felber ist Autor des Buches: *„50 Vorschläge für eine gerechtere Welt"*. Felber, Mitbegründer von *Attac*-Österreich, sieht die Ursache für das grassierende Misstrauen in der Gesellschaft in den dominanten ökonomischen Strukturen. Gegen das Dogma von Konkurrenz und Verdrängungswettbewerb setzt auch Christian Felber auf ein Modell, das sich am Gemeinwohl orientiert. Felber: *„Der Gegenvorschlag zu dieser Kombination aus grenzenlosem Eigennutzstreben und Konkurrenz wäre ein gemeinwohlorientierter Wirtschaftsansatz über die Kooperation. Man sieht das einerseits in alternativen Gesellschafts- und Wirtschaftsmodellen, dass das erlernbar ist und dass das auch funktioniert. Und andererseits: Auch bei Kindern kommt es ganz entscheidend darauf an, ob man sie zu Konkurrenz erzieht oder ob man sie zu Kooperation erzieht. Und der Kommunismus ist deshalb fehlgeschlagen – der Realsozialismus – weil die Kooperation, das war eine diktierte, das war keine freiwillige, es war innerhalb einer Diktatur, es war zentralistisch verordnete Kooperation und die kann natürlich nicht funktionieren. Die Kooperation müsste eine sein, die von den*

---

[22] W. Büntig, in: *„Vertrauen. Führt. Weiter."*, Transkription, in: *ORF Radiokolleg, 2006*, von: J. Caup, K. Steger.

Menschen getragen ist. Und das würde voraussetzen, dass der einzelne Mensch etwas zählt und genau das war im Kommunismus nicht der Fall. Drum wäre mein Vorschlag, dass man ein neues Wirtschaften, einen wirklich dritten Weg, keinen ‚schein-dritten' Weg, sondern einen wirklich dritten Weg wählt, der auf die ethischen Grundkoordinaten – Gemeinwohlorientierung, Kooperation, aber auch das Individuum – zählt und auf seine Kreativität." [23]

„Das Ziel ist nicht, aus Geld mehr Geld zu machen, sondern das Ziel ist die bestmögliche Befriedigung der Bedürfnisse aller. Und das inklusiv – einerseits. Das heißt, dass es allen gut geht und nicht nur einem Teil; und andererseits nachhaltig: das heißt, dass auch insgesamt in der gesamten Lebensgemeinschaft und auch, was die ökologischen Lebensgrundlagen betrifft, niemand zu Schaden kommt. Das heißt, das ist einmal ein ganz anderes Ziel." Dies sagt Christian Felber von *Attac*-Österreich.

Am Weltmarkt fraßen – und fressen derzeit immer noch – die Starken die Schwachen, die Großen die Kleinen. Spätestens jedoch durch die Finanzkrise 2008 hat ein erstes Umdenken – auch im politisch-ökonomischen Bereich eingesetzt. Dass die Ausgewogenheit der Wirtschafts-Finanz in Zeiten des Neoliberalismus nur durch den Freien Markt bestimmt werden dürfe, hat den Status eines unumstößlichen neoliberalen Glaubensgrundsatzes längst eingebüßt. Zu deutlich wurde sichtbar, was geschieht, wenn der – vermeintlich – Starke, ohne Rücksicht auf soziale und ökologische Rahmen-bedingungen, Preise und (Börsen)Kurse bestimmt. Aber, Frage an uns selbst: Wie gehen wir denn mit uns selbst oder auch den Menschen in unserer nächsten Umgebung um?! Welche Schritte zu unternehmen, ist jeder Einzelne von uns willens, um in absehbarer Zeit anders, mitfühlender und wertschätzender mit den unterdrückten Teilen *in uns selbst* umzugehen und infolge auch mit jenen der Menschen in unserer allernächsten Umgebung ...? Auch diesbezüglich gibt es in jedem von uns *ökologische Lebensgrund-lagen*, die allerdings unseren eigenen Organismus betreffen und somit das Vertrauen in uns selbst neu begründen würden. Sodass auch in diesem – unserem – Organismus *„... nichts und niemand zu Schaden kommt!"* Und auch das wäre einmal ... *ein ganz anderes Ziel.*

Noch allerdings ist es bei den meisten Menschen nicht so weit. Denn noch immer werden wir in unserer Gesellschaft geradehin erzogen, das aufzugeben, was unser Wesen ausmacht, beziehungsweise das, was wir uns *wirklich* wünschen. So jedenfalls sieht es der Gehirnforscher Gerald Hüther, Professor für Neurobiologie an der Psychiatrischen Klinik der Universität Göttingen. Dadurch – so Hüther – verlieren wir unser Selbstvertrauen und das Vertrauen in die Welt: *„Ursprünglich waren wir mal jemand, der daran geglaubt hat, dass es möglich ist, jeden Tag über sich selbst hinauszuwachsen und gleichzeitig in enger Verbundenheit zu den anderen zu bleiben. Das sind die zwei Grundbedürfnisse, mit*

---

[23] Ch. Felber, in: *„Vertrauen. Führt. Weiter."*, Transkription, in: *ORF Radiokolleg, 2006*, von: J. Caup, K. Steger (gilt auch für das nächste Zitat in Folge).

denen sich jeder Mensch auf den Weg gemacht hat nach seiner Geburt. Und dann haben wir alle feststellen müssen im Laufe unseres Lebens – die einen stärker, die anderen weniger stark –, dass das beides gleichzeitig nicht geht. Und dann gibt es welche, die haben dann für sich den Weg beschritten, dass sie wohl über sich hinauswachsen, zum Teil Professoren werden, Künstler werden, sonst was für bekannte Leute werden und dabei verlieren sie alle Bindung. Erfolgreich sein in unserer Gesellschaft heißt ja: ‚nicht-ganz-sein'. Um erfolgreich zu sein in einer wettbewerbsorientierten Gesellschaft, muss man einzelne Teilfertigkeiten entwickeln. Und die möglichst stark. Und das ist das, was der Wettbewerb tatsächlich forciert. Er forciert die Spezialisierung des Menschen auf einzelne seiner ursprünglich angelegten Möglichkeiten. Einzelnes, von dem, was in uns ist, wird entwickelt und zur Blüte gebracht – auf Kosten anderer Fähigkeiten. Und das wissen wir alle. Wir wissen, dass in uns etwas schlummert, was nicht wachsen durfte. Wir könnten von unseren eigenen Kindern wieder lernen, worauf es im Leben tatsächlich ankommt." [24]

„... von unseren eigenen Kindern wieder lernen, worauf es im Leben tatsächlich ankommt" beginnt wohlweislich – weil aller Voraussicht nach – damit, dass wir wieder fühlen und Vertrauen fassen lernen, dass wir *so,* wie wir sind, *wirklich* gemeint sind. Genau so! Was weder bedeutet, dass wir uns darauf festlegen, dass wir *nur so* gemeint sind, wie wir uns bislang kennengelernt haben, noch, dass Veränderung und Entwicklung nicht berechtigt wären. Tatsächlich können wir das Vertrauen haben, dass wir so viel größer sind, als all unsere Vorstellungen es fassen können, dass jegliche neue Erfahrung innerhalb unseres Seins möglich und wert ist, sie zu erleben. [25] Die Psychoneuroimmunologin Candace Pert: *„Wir haben gelernt, unserem Körper und unseren Gefühlen zu misstrauen, uns an äußere Autoritäten zu halten, statt an unsere innere Kraft. Lernen Sie sich selbst vertrauen."* [26] Dies ist wohl uneingeschränkt für jegliche Ebene gemeint. Im umfassendsten Sinn wahr – weil lebens-förderlich – wird es ohne Einschränkung auch von ärztlicher Seite empfohlen.

---

[24] G. Hüther, in: *„Vertrauen. Führt. Weiter."*, Transkription eines Interviews in: *ORF Radiokolleg, 2006,* von: J. Caup, K. Steger.

[25] Siehe auch Kapitel 19: Leben – ein Diskurs, Anmerkung 20-27.

[26] C. Pert: *„Moleküle der Gefühle – Körper, Geist und Emotionen."*, Reinbeck 1999, S. 474f

Kapitel 14: Intuition

„Das Leben lässt sich nicht belügen, es ist klar wie ein magischer Spiegel, der uns alles genau so zeigt, wie es wirklich ist. Um dies zu erkennen, um diese Sprache zu verstehen, um in diesem Buch mit sieben Siegeln, dem Buch des Lebens – Deines Lebens – lesen zu können, benötigst Du die Fähigkeit der Intuition sowie eine große Portion an Ehrlichkeit und Bereitschaft zur Selbsterkenntnis." [1]. Soweit zunächst Bruno Würtenberger.

Was ist Intuition?

Wir werden uns am Vorgehen des Physikers Werner Heisenberg – dem neben Einstein wohl bedeutendsten Physiker des 20. Jahrhunderts und Begründer der Quantentheorie – ein Vorbild nehmen und uns an seiner Art des Vorgehens orientieren. Heisenberg stellte im Zusammenhang seiner Forschungsarbeit zunächst stets *„Spiel-Regeln"* auf, anstatt – wie viele seiner Kollegen – *„... mit einem wohl definierten Kalkül zu operieren"*. Wichtig für ihn war *„... die Selbstkonsistenz solcher ‚Spielregeln' aufzuzeigen und nachzuweisen"*, um im nächsten Schritt *„... verstehend, die zugrunde liegende formale Struktur voll zu durchschauen"* und *„... das Wesentliche zu erkennen."* [2] Und: *„Gedanken mehr als Keime wirken lassen."* [3] Das soll auch uns in diesem Zusammenhang zunächst leiten.

Was also *ist* Intuition? Und warum wird von zeitgenössischen Wissenschaftlern gerade der Intuition in der Erkenntnissuche so wesentliche Bedeutung beigemessen?! Wie hat es der geniale Physiker Werner Heisenberg „intuitiv gemacht", während seiner Arbeit immer wieder Einsichten in überraschend neue Bereiche seiner Forschungen zu gewinnen? Sein langjähriger Forschungs-Mitarbeiter und Träger des alternativen Nobelpreises, der Physiker Hans Peter Dürr, zeichnet folgendes Bild: *„Heisenberg hat es immer so ausgedrückt – und das ist typisch für ihn als Künstler – dass er, wenn er neue Einsichten gewonnen habe, nie eigentlich das Gefühl gehabt hätte, wirklich etwas Neues entdeckt zu haben, sondern mehr das Gefühl, sich an etwas wiederzuerinnern, was er früher schon gewusst, aber wieder vergessen hatte. Es ist alles schon irgendwie da, aber es ist noch nicht griffig, weil es eben nicht exakt ist. Es ist als Gestalt da und deswegen noch nicht greifbar. Vielleicht etwas extrem ausgedrückt, empfinde ich das Künstlerische als das Unmittelbarere und Anschaulichere bei der Naturbetrachtung. Es entspricht einer dynamischen Betrachtungsweise im Gegensatz zur statischen, um ein Gegensatzpaar von Heisenberg zu verwenden. Er sagt, dass man hier in einer ganz anderen Weise zur Erkenntnis komme. Nämlich nicht, indem man feste und genau definierte Begriffe aneinander reiht und so Linien und Strukturen schafft, sondern indem*

---

[1] B. Würtenberger: *„Free Spirit-Grundkurs – Teil 1"*, Zürich 2005, S. 77.

[2] H.P. Dürr: *„Das Netz des Physikers."*, München 1990, S. 127f.

[3] Ebenda, S. 63f (gilt auch für das nächste Zitat in Folge).

man die Gedanken mehr als Keime wirken lässt, die auswachsen und neue Triebe bilden und dann als das überwuchern, was man Gesamtwirklichkeit nennt."

In der Online-Enzyklopädie Wikipedia ist zum Thema „Intuition" heutzutage das Folgende zu lesen: „*Intuition (v. lat.: intueri = betrachten, erwägen) ist die Fähigkeit, Einsichten in Sachverhalte, Sichtweisen, Gesetzmäßigkeiten oder die subjektive Stimmigkeit von Entscheidungen ohne diskursiven Gebrauch des Verstandes, also etwa ohne Schlussfolgerungen, zu erlangen. Das vom Substantiv ‚Intuition' abgeleitete Adjektiv ist intuitiv. Intuition steht letztlich hinter aller Kreativität. Der danach einsetzende Intellekt führt nur noch aus oder prüft bewusst die Ergebnisse, die aus dem Unbewussten kommen. ... Eine Begabung, auf Anhieb eine gute Entscheidung treffen zu können, ohne die zugrunde liegenden Zusammenhänge explizit zu verstehen. Auch: schnelle Einsicht in Zusammenhänge und ihre Erkenntnis ohne bewusste rationale Ableitung oder Schlüsse. In diesem Zusammenhang sind auch auf Intuition beruhende neue Ideen und Erfindungen zu sehen, die auf der Grundlage einer Eingebung oder Intuition entstehen. Weiters: Die Fähigkeit, Eigenschaften und Emotionen eines Menschen in Sekundenbruchteilen unbewusst oder bewusst komplex zu erfassen, basierend auf der instinkthaften Differenzierung von Freund und Feind in geschichtlicher Zeit. Heutzutage eine trainierbare Wahrnehmungsform, deren Problemfelder in der Differenzierung gegenüber Projektionen, Vorurteilen und in der Bewusstmachung, Formulierung liegen. ... Die unbewussten Gründe für eine bestimmte Entscheidung. ... Eine besondere Form der Eingebung oder Intuition ist der Geistesblitz, bei dem unerwartet ein neuer Gedanke entsteht.*" [4]

Es scheint somit etwas „da-zu-sein", auf das der Mensch hören, horchen kann – vielleicht auch freien Willens gehorchen kann. Etwas, worauf er antworten kann, indem er / sie darauf hört. Kann es sein, dass auf diese Weise auch der höchst individuelle und durchaus intime Aspekt, nämlich: *etwas zu verantworten*, eine völlig neue Qualität erhalten kann? Einem „inneren Gegenüber" mit seiner ureigensten Tat zu antworten – dem eigenen Seins-Grund sozusagen, der eigenen inneren Stimme. Bruno Würtenberger in einem Seminarvortrag am 14. März 2009 in Wien dazu: „*Magie ist die Methode, Gedanken, Gefühle und Handlungen in Einklang zu bringen.*" Dass sich mittlerweile auch die Kognitionswissenschaft der Erkenntnis-Phänomene von Intuition angenommen hat, um sie zu erforschen, d.h. um ihre Bedingungen zu klären, unter denen sie sich *einzustellen-bereit-ist*, zeigt sich an diesbezüglich neuen, eigenen universitären Forschungsbereichen zu diesem Thema – und am boomenden Buchmarkt. Der deutsche Psychologe und Kognitionswissenschaftler Georg Gigerenza ist Leiter des Berliner Max Planck Instituts für Bildungsforschung. Er hat soeben ein neues Buch mit dem Titel „*Bauchentscheidungen*" verfasst. Er definiert Intuition folgendermaßen: „*Eine Intuition ist ein Urteil, das drei Kriterien erfüllt: Erstens ist es ganz schnell im Bewusstsein da. Wir wissen nicht, warum wir dieses Gefühl haben. Und es ist dennoch stark genug, um unsere Handlungen zu leiten. Eine Intuition ignoriert viel Information und konzentriert*

---

4   http://de.wikipedia.org/wiki/Intuition.

sich nur auf die ein, zwei oder drei wesentlichen Gründe. Und das widerspricht auch den gängigen Rationalitätstheorien. Dennoch ist es oft so, dass intuitive Urteile schneller sind und man auch einen guten Grund hat, ihnen zu vertrauen." [5]

Die Wissenschaft meint heute zu wissen, dass dies genau deshalb möglich ist und funktioniert, weil wir – unbewusst – weit mehr ‚wissen', als wir wissen, dass wir wissen! Ein konkretes Beispiel aus Gigerenzas Buch „Bauchentscheidungen": *„Ein guter Freund von mir stand eines Tages zwischen zwei Freundinnen, die er beide liebte, begehrte und bewunderte. Unfähig eine Entscheidung zu treffen, erinnerte er sich an den Rat, den Benjamin Franklin einst seinem Neffen Harry in einer ähnlichen Situation gegeben hatte: ‚Wenn Du zweifelst, notiere alle Gründe – pro und kontra – in zwei nebeneinanderliegenden Spalten auf einem Blatt Papier und ordne ihnen Zahlen je nach Wichtigkeit zu. Und wenn Du alle Gleichwertigkeiten auf beiden Seiten gestrichen hast, kannst Du sehen, wo noch ein Rest bleibt.' Harry war sehr erleichtert, dass eine logische Formel existierte um seinen Konflikt zu lösen. Also nahm er sich die Zeit und schrieb alle wichtigen Gründe auf, die ihm einfielen. Als er das Ergebnis sah, geschah etwas Unerwartetes. Eine innere Stimme sagte ihm, es sei nicht richtig. Da erkannte Harry zum ersten Mal, dass sein Herz bereits entschieden hatte: gegen die Kalkulation und zugunsten des anderen Mädchens. Er war nicht der Erste, der erkennen musste, dass unser Denken mit den Prozessen kollidieren kann, die wir als Intuition bezeichnen."*

Neue Strategien – Unternehmens-Führung im Umbruch

Motiviert durch die dynamischen Anforderungen der heutigen (Arbeits-)Welt, werden wir als Menschen mehr und mehr an mögliche Entwicklungsschritte herangeführt und erkennen die Herausforderungen der Entwicklungsgegenwart: Es geht um ein reales Erwachsen-Werden des Menschen. Das bedeutet: mehr und mehr die Fähigkeit der eigenen Präsenz zu steigern sowie die Bereitschaft zur eigenen Verantwortung zu mehren – letztlich: Diese in der vollen Fülle zu nehmen. *Erwachsen-Werden* – da steckt eben auch *wach* drinnen. Ein Erwachen für die Art und Weise, wodurch Prozesse in dieser kosmischen, irdischen und zwischenmenschlichen Welt bedingt sind, wie sie ablaufen und „funktionieren" Dies steht an – zunächst aber vornehmlich auch und *gerade* für die Prozesse in jenem Teil der Welt, welcher „man-selbst" ist. Wie?! – Durch Steigerung der Präsenz-Fähigkeit infolge der Bereitschaft der eigenen Intuition Bedeutung zuzuerkennen und ihr handelnd zu folgen.

Die Entwickler für zeitgenössisches Management-Knowhow propagieren heutzutage in Präsenz-Trainings unterschiedlicher Qualität und Provenienz die Bedeutung von derartigen Intuitions-Entscheidungen. Und ihre Anwender in den Chef-Etagen

---

[5]   G. Gigerenza, in: „Gefühltes Wissen – Die Kraft der Intuition.", Transkription, in: ORF, Radiokolleg, 2007, von: T. Arrieta (gilt auch für das nächste Zitat in Folge)..

anerkennen diese in Team-Sitzungen mittlerweile als – auch ökonomisch – innovativ. Mittlerweile wird ein derartiges Vorgehen sogar als marktrelevant erkannt und als geradezu unverzichtbar eingestuft. Nun reagieren mehr oder weniger zwangsläufig selbst die zeitgenössischen Kognitionswissenschaften – etwas verspätet – darauf und ziehen nach, indem sie einen Paradigmenwechsel diagnostizieren: *Weg von der Ratio – hin zum Gefühl.* Spätestens seit der Aufklärung wurde der Triumph der Vernunft über das Irrationale gefeiert und gepredigt. *Erst denken – dann handeln!*, hieß es. *Das Wäg- und Messbare ist das Verlässliche. Vernunft siegt.* So und ähnlich klangen die Leitsätze einer kopflastigen Ratio-Kultur. Jahrzehntelang galten Gefühle als wenig verlässlich. Heute jedoch beginnt auch die Wissenschaft laut darüber nachzudenken, ob diese Art von „Aufgeklärtheit" nicht ausgedient haben könnte, eventuell doch passé sei.

Der Leiter der Abteilung für Klinische Psychiatrie und Psychotherapie der Medizinischen Hochschule Hannover, Universitätsprofessor Hinderk Emrich, zu Kreativität und Verstehen: *„Ich glaube, dass die Neurobiologie der letzten Jahre etwas sehr Wichtiges getan hat, nämlich das Gefühl zu nobilitieren. Dem Gefühl werden jetzt viel vornehmere und ernsthaftere Eigenschaften zuteil, als das vorher der Fall war, weil eigentlich in gewissem Sinne der Aufklärungsimpuls, der von Descartes angestoßen wurde, immer auf die reine Kognition gesetzt hat."* [6] Georg Gigerenza erachtet diese altgediente Haltung ebenfalls für überholt und zieht exemplarisch folgendes Resümee: *„Die klassische Entscheidungstheorie, die sagt Ihnen ja – und auch manche Beraterfirmen, Unternehmensberater – man soll für jede Entscheidung alle ‚Pros' und ‚Kons' gewichten. Aber wenn Sie sich mal selbst vor Augen halten, wie Sie Ihre Entscheidungen treffen, dann sieht es oft anders aus. Also, wie haben Sie sich Ihren Partner fürs Leben gewählt? Ich habe viele von den Vertretern der klassischen Entscheidungstheorie – die immer sagen ‚So müsste es sein: alle Pros und Kons gewichten und berechnen' – diese Frage gestellt und ich habe nur einen gefunden, der gesagt hat: ‚So hab ich es gemacht!'. Der ist allerdings jetzt wieder geschieden. Nach den klassischen Theorien müssten Entscheidungen nach nur einem guten Grund einfach immer schlecht sein. Wenn man noch mehr Gründe berücksichtigt usw., dann muss man doch eigentlich immer besser sein. Wir haben – ich glaube zum ersten Mal – in den Sozialwissenschaften vor ungefähr zehn Jahren nachgewiesen, dass das falsch ist. Nämlich dass es viele Situationen gibt, wo ein einziger guter Grund zur besseren Entscheidung führt als die höchst komplexen, mathematischen Methoden, die immer als Rationalität an sich gelten. Und das ist ganz spannend. Da wir gute Evidenz haben, dass **Intuition oft nur nach einem guten Grund geht** und den Rest vernachlässigt, ist das ein weiterer Nachweis, dass in diesen Situationen Intuitionen tatsächlich besser sind als mathematische Verfahren."* [7] Georg Gigerenza ist überzeugt:

---

[6] H.M. Emrich, in: *„Gefühle – Wegweiser für die Seele."*, Transkription, in: *ORF Dimensionen – Die Welt der Wissenschaft, 2008,* von: U. Geuter.

[7] G. Gigerenza, in: *„Gefühltes Wissen – Die Kraft der Intuition."*, Transkription, in: ORF, Radiokolleg, 2007, von: T. Arrieta (gilt auch für das nächste Zitat in Folge)
Siehe auch Kapitel 1: Zeit, Anmerkung 1-3.

Wer auf seine innere Stimme hört, fährt besser. Noch überwiegen des Öfteren aber wohl nach wie vor die alten Strömungen in der Lehrmeinung, wie: *Besonnenes, analytisches und pragmatisches Vorgehen führen zum Erfolg.* Änderungen dauern eben. Das bestätigt auch Georg Gigerenza: *„Es ist ein Paradigmenwechsel und wir erleben es ja auch, dass der Widerstand sehr, sehr stark ist. Denn die klassischen Ansätze denken ja immer noch, dass mehr Information besser ist – und das ist nicht der Fall. Und dass mehr Zeit immer besser ist – und das ist auch nicht der Fall. Intuitive Urteile sind ja gerade dadurch definiert, dass sie keine Zeit brauchen. Die sind ‚in-einem-Augenzwinkern' da.“*

Jedenfalls beginnt man sich neuerdings doch vielerorts anders zu orientieren und ebenso auch anders zu denken. Eigentlich war es bereits Ende der Neunzigerjahre des 20. Jahrhunderts, dass sich in den Neurowissenschaften das Blatt zu wenden begann. Damals wurden die bahnbrechenden Experimente des Neurowissenschaftlers António R. Damásio von der Universität in Iowa bekannt. Damásio schildert das erstaunliche Experiment in seinem Buch *„Ich fühle, also bin ich.“* Er ging in seinem Experiment mit Glückspielkarten damals so vor, dass den Probanden mehrere Stapel mit Karten zum Abheben vorgelegt wurden. Die Karten waren so präpariert worden, dass gewisse Stapel größere Gewinne abwarfen als andere. Das wurde den Teilnehmern jedoch erst nach einer Weile deutlich. Im Schnitt äußerten sie erst nach der fünfzigsten Karte den konkreten Verdacht, dass gewisse Stapel besser waren als andere. Anhand der Hautleitungsreaktionen konnte Damásio – mittels Elektroden, die den Erregungsgrad in der Haut durch das Schwitzen beim Abheben maßen – nachweisen, dass die Probanden bereits ab der zehnten Karte die glücksbringenden Stapel unbewusst erkannt hatten, weit früher, als ihre Ratio sich dies bewusst machte. Es waren diese mittlerweile berühmten Experimente Damásios, welche auf dem Gebiet heute als wissenschaftlich federführend gelten: Das Unterbewusste „weiß“ intuitiv – also fühlend – bedeutend früher, weil ungehinderter, Bescheid. Damásio: *„Wie das Gehirn ohne Bewusstsein ‚erkennt', dass einige Stapel gut und einige schlecht sind, ist die entscheidende Frage.“* [8] Der Harward-Psychologe und Autor des Buches *„Emotionale Intelligenz“*, David Goleman, bringt es so auf den Punkt: *„Wir wären gut beraten, vom Fetisch des Intellekts abzurücken und eine Kultur der emotionalen Weisheit anzustreben.“* [9]

Oliver Vitouch, Professor für Psychologie und Kognitionsforschung an der Alpen Adria Universität Klagenfurt: *„Intuition ist ein Phänomen, das in der kognitiven Psychologie und in den Kognitionswissenschaften lange Zeit eher vernachlässigt worden ist. Das mag damit zusammenhängen, dass es immer so ein bisschen den Anruch des Esoterischen, Unklaren, Geheimnisvollen hatte. Mittlerweile ist man aber in der Kognitionswissenschaft soweit, dass klar ist, dass sehr viele handlungsleitende*

---

[8] A.R. Damásio: *„Ich fühle, also bin ich – Die Entschlüsselung des Bewusstseins.“* TB, Berlin 2009, S. 360f.

[9] D. Goleman: *„Emotionale Intelligenz.“*, München, Wien 1996
Siehe selbes Kapitel, Anmerkung 46, 47.

Prozesse beim Menschen sicherlich nicht bewusst – jedenfalls nicht vollständig bewusst – ablaufen und das lässt sich mit dem Begriff der Intuition, also der Ahnung, der Eingebung, des gefühlten Wissens, wo auch Emotionen eine Rolle spielen, emotionale Bewertungen, Präferenzen, Prävalenzen, sehr gut in Zusammenhang bringen." [10] Der menschliche Verstand ist in der Lage, bis zu fünfzig Basiseinheiten von Informationen (BIZ) pro Sekunde zu verarbeiten. Das Unbewusste dagegen schafft in derselben Zeitspanne Millionen von BIZ zu integrieren. In jeder Sekunde verarbeiten unsere Sinne mehrere Millionen BIZ, doch nur ein kleiner Teil davon gelangt ins Bewusstsein. Kaum 0,1 Prozent der tatsächlichen Gehirnaktivität wird uns in jedem Moment bewusst – so die Expertenmeinung. Das Meiste passiert somit automatisch und ohne dass wir etwas davon mitbekommen.

Der Bewusstseinsforscher Würtenberger: *„Wir können zwar nicht Geschehenes ungeschehen machen, aber wir können nicht-angenommene Gefühle und Erfahrungen integrieren. Auch wenn wir uns nicht mehr bewusst an alles erinnern können, so weiß unser Bewusstsein dennoch alles. Das menschliche Gehirn: Es registriert alles und viel mehr. Es kann nichts vergessen. Dies scheint wohl ein Mangel zu sein, wäre es manchmal doch so schön und hilfreich, gewisse Erfahrungen wirklich vergessen zu können. Das Gehirn kann das nicht."* [11]

Intuition – Treffsicherheit: Schwören können – beim *Bauche-des-Experten*!

Ein spektakuläres Beispiel für die Sicherheit von Intuition bei Experten liefert der Wissenschaftsjournalist Bas Kast von der Zeitschrift *„Die Zeit"*. Bast berichtet im Februar 2006 von einem Vorfall, als in den 1980-er Jahren dem Getty Museum in Los Angeles eine teure griechische Jünglingsstatue angeboten wurde. Wie er recherchierte, rückte man der vorgeblich antiken Plastik vierzehn Monate lang mit Hi-Tech-Geräten auf den Marmor-Leib – Elektronenmikroskop, Massenspektrographie, Röntgendiffraktions- und Röntgenfluoreszenz-Untersuchungen. Eindeutiger Befund: *Das Kunstwerk ist echt!* Kurz vor Abschluss des Kaufvertrages sah sich auch Thomas Hoving, ehemaliger Leiter des *Metropoliten Museum of Art* in New York, die Figur an. Das Erste, was ihm durch den Kopf schoss, war: *Frisch!* Nicht eben ein Wort, das einem beim Anblick einer zweieinhalbtausend Jahre alten Statue einfallen sollte. In der Folge meldeten andere Experten ebenfalls spontan Zweifel an: Den Leiter der Archäologischen Gesellschaft in Athen überfiel – als er dann den Jüngling zum ersten Mal sah – gar ein *Frösteln am ganzen Körper* und das Gefühl *uns würde eine unsichtbare Wand trennen* – wie er es nannte. Tatsächlich stellte sich letztlich heraus, dass die Statue – für die der Kunsthändler zehn Millionen Dollar verlangt hatte, aus einer Fälscherwerkstatt in Rom stammte. Die

---

[10] O. Vitouch, in: „*Gefühltes Wissen – Die Kraft der Intuition.*", Transkription, in: *ORF, Radiokolleg, 2007*, von: T. Arrieta.

[11] B. Würtenberger: *„Free Spirit-Grundkurs – Teil 1"*, Zürich 2005, S. 167f.

monatelangen, teuren wissenschaftlichen Untersuchungen erwiesen sich als wertlos. Eine Handvoll Kunstkenner aber war jeweils in Sekundenschnelle zu einem treffsicheren Urteil gekommen: mit ihrem Bauchgefühl.

Wann aber können wir uns auf unser Bauchgefühl wirklich verlassen – und wann eher nicht ...? Gerd Gigerenza legt eigene Erfahrungskriterien an: Man möge sich auf seine Intuition verlassen, sofern man sich in der Materie auskennt. Und wenn Sie sich – sozusagen als Profi – auskennen, dann überlegen Sie nicht lange. So etwas kann für die Handlung sogar ziemlich kontraproduktiv sein, da das „... *ganze Wissen im Körper steckt und Aufmerksamkeit auf das eigene Tun schadet. Das gilt für Menschen, die viel Erfahrung haben in einem Bereich. Das würde nicht gelten für Menschen, die sozusagen jetzt völlig neu sind.*" [12]

Ganz Ähnliches schlägt die Neuropharmakologin Dr. Candace Pert auch in ihrem Buch „*Moleküle der Gefühle – Körper, Geist und Emotionen*" vor: „*Wenn ein Experiment partout nicht gelingen will, ist es oft eine gute Idee, sich den Kopf auszulüften und zu warten, bis einem das Unbewusste die richtige Antwort präsentiert.* [13]

Erfahrung scheint somit ein wesentlicher Faktor mit im Spiel zu sein. Aber auch die Bereitschaft alles zuzulassen, was sich da einstellen mag. Diesbezüglich erläutert der Philosophieprofessor an der Uni-Wien, Dr. Günther Pöltner: „*Was alles es in ihrer verborgenen Fülle im Grunde zu erfahren gibt, das muss vielmehr erst aufgeschlossen werden: Erfahrungen werden nur dann gemacht, wenn sich die Vorfrage nach der Sache verbindet mit der Rückfrage nach dem schon mitgebrachten Vorverständnis von ihr. Auch künstlerische und spirituelle Erfahrungen melden sich im Menschen zu Wort. Es kommt darauf an, die Vielfalt menschlicher Erfahrungsmöglichkeiten zuzulassen und in ihrer Eigenständigkeit anzuerkennen, diese Vielfalt als eine Bereicherung, nicht aber als eine Verdeckung einer – vermeintlich – ausgezeichneten Erschließung des Lebens in Gestalt des wissenschaftlichen Experiments zu interpretieren.*" [14]

Mit spielt aber auch die Fähigkeit zu echter Präsenz, zur Bereitschaft mit einer Situation wirklich eins zu sein, sich ihr hinzugeben – was wohl auch durch langzeitige Erfahrung und damit erworbene Sicherheit gesteigert wird. Entscheidend für das *eigene Leben und Lebensgefühl* könnte sein, sich im Bereich des Zwischenmenschlichen getrost einmal selbst die Frage zu stellen, inwiefern man sich berechtigt zutraut, Experte – also: „Profi" – im Umgang mit anderen Menschen zu sein. Oder – noch besser – „Amateur"; also jemand, der das, was er macht, aus (oder mit) Liebe (lat.: *amāre* = lieben, etwas gerne tun) macht. Jemand, der die Fähigkeit erworben hat, *guten Mutes* auf diesem Feld

---

[12] G. Gigerenza, in: „*Gefühltes Wissen – Die Kraft der Intuition.*", Transkription, in: *ORF, Radiokolleg, 2007,* von: T. Arrieta.

[13] C. Pert: „*Moleküle der Gefühle – Körper, Geist und Emotionen.*", Reinbeck / Hamburg 1999, S. 83.

[14] G. Pöltner: „*Menschliche Erfahrung und Wissenschaft.*", in: H. Thomas: „*Naturherrschaft – Wie Mensch und Welt sich in der Wissenschaft begegnen.*", Köln 1990, S. 251.

loszulassen, ohne das bekannte, *schräge Bauchgefühl*, gleich den sozialen Boden unter den Füßen zu verlieren. Was kann uns dabei unterstützen, gerade auf jenem Feld, wo es um Frieden geht, um gemeinsame Entwicklung mit uns und für uns und unsere Umgebung, *Profi* oder auch *Amateur*, im besten Sinne des Wortes, zu werden?! Intuitionssicherheit hat ja auch mit Selbst-Sicherheit, Selbst-Vertrauen – mit Vertrauen ganz allgemein zu tun. [15] Mit Verbunden-Sein also, mit Verbindlichkeit – *innerer* Verbindlichkeit vor allem. Etwas also, wo viele zentralen Überzeugungs-Ebenen mitspielen müssen und diesbezüglich vorerst einmal viel „liebloser Schrott" entsorgt, integriert sein will. Es ist an dieser Stelle auch ehrlich und ohne Selbstbetrug die Frage zu klären: *Bin ich selbst überhaupt einigermaßen mitfühlend interessiert an den (anderen) Menschen und – an mir selbst?! Bekomme ich diese Wesen im eigenen Herzen überhaupt irgendwie mit ...?!* Wenn nein – dann steht wertschätzende Öffnung an: sowohl für uns selbst als auch für die anderen um uns.

Ansonsten gilt: Jeder von uns hat doch jahrelange Erfahrung auf dem Feld der Zwischenmenschlichkeit. Was uns dann eventuell noch am Weg zu unserem zwischenmenschlichen Expertentum behindern konnte, ist – unser Umgang mit uns selbst. Das sind Unehrlichkeiten, Selbst-Betrug und Treulosigkeiten, die wir uns selbst angetan haben. Da steht es bei jedem – ohne moralischen Zeigefinger, sondern verständnis- und liebevoll – an, sich Rechenschaft zu geben. Denn auch das lässt sich Schritt für Schritt ändern – manchmal sogar in einem einzigen Aufwaschen, mit einer entsprechend gestalteten Übung. Zum Beispiel mittels der *Free Spirit* Übungen zum Thema *Identitäten* oder auch der sogenannten *Integration-Clearing-Liste*, uva. Ist das aber einmal durchgefühlt und geklärt, steht der, jedem von uns eigene, anvertraute Erfahrungsschatz voll zur Verfügung und unserem Expertentum nichts mehr im Wege. Dann spätestens darf man auch wieder das volle Zutrauen in sich setzen und den Mut aufbringen, seinem Gefühl, der inneren Stimme des Herzens zu vertrauen, weil keine korrupten Anteile mehr den inneren Blick trüben. Diplomatisches „Bemühen" hat dann ausgedient. Nachhaltigkeit ist eben auch in seelischen Bereichen sinnvoll – nicht bloß in der Ökologiebewegung ...

Ja, Experte im friedlichen Miteinander kann jeder werden, der sein persönliches Tun mit großer Selbst-Verständlichkeit und in bewusst ergriffener Eigenverantwortlichkeit ausführt. Je weniger Hintergedanken zu verdrängen oder zu verbergen sind, desto mehr Bewusstseinskraft ist frei, Information zu sammeln, auszustrahlen, präsent zu sein – zu wachsen. Dann strahlt diese Energie ganz ohne unser Zutun auch wieder hinaus: Wir haben Zugang zur gesamten Information des Seins und können uns auch auf unsere Intuition verlassen. Kognitionsforscher Oliver Vitouch hat ein sprechendes Beispiel, wie Intuition einem Profi das Leben retten kann, während ein Laie in derselben Situation vielleicht umkommen würde. *„Experten in einem bestimmten Bereich sagen: Gerade in kritischen Situationen verlassen sie sich auf ihre Intuition. Und ein relativ gut untersuchtes Beispiel*

---

*sind Feuerwehrmänner bei Großbränden, die also unter Lebensgefahr versuchen, Personen aus einem brennenden Gebäude zu retten oder zum Beispiel zu verhindern haben, dass das Gebäude vollständig einstürzt. Die sagen relativ häufig, dass sie zum Beispiel unmittelbar vor einem Einsturz ein eigenartiges Gefühl haben und sich dann – auf **der** Basis – in Sicherheit bringen. Zum Teil wird jetzt versucht im Nachhinein zu eruieren, worauf dieses eigenartige Gefühl beruht. Ein punktueller Befund wäre, dass Geräusche beziehungsweise das Fehlen von Geräuschen – besondere Stille – manchmal eine besondere Rolle spielen. Der betreffende Feuerwehrmann erinnert sich zurück, dass es in dieser Situation – ein Brand ist ja üblicherweise etwas sehr Lautes, Prasselndes – plötzlich eigenartig ruhig geworden ist. Und das war in dem Falle eine Situation, an die er sich nicht erinnern konnte. Eine jedenfalls, die ihm ein Gefühl von Irregularität und in dem Fall von Gefahr vermittelt hat. Daraufhin ist er aus dem Gebäude hinaus, und unmittelbar danach ist es in sich zusammengestürzt."* [16]

Dass Expertenwissen allerdings nicht notwendigerweise und immer „das-Maß-aller-Dinge" sein muss, weiß auch der Kognitionswissenschaftler Gerd Gigerenza: *„Es gibt Untersuchungen – wir haben selbst solche Untersuchungen gemacht – die darauf hinweisen, dass Aktienexperten die Aktienkurse nicht besser vorhersagen können als der durchschnittliche Laie. Nur – der durchschnittliche Laie weiß das nicht und es ist auch im Interesse vieler Personen, dass er das nicht weiß. Der Laie hört immer wieder, dass sich ‚Otto-Normalverbraucher' nicht selbst an den Aktienmarkt rantrauen sollte, sondern dazu die Insider brauche und ihre Beratung. Nach den Studien, die ich kenne, ist das nicht so."* [17]

Was diese Untersuchungen offensichtlich bestätigen, ist, dass es letztlich wohl doch nur indirekt mit Expertenwissen zu tun hat – viel mehr vermutlich mit einem gesunden G´spür und der nötigen inneren sowie äußeren (Selbst-)Sicherheit. Noch einmal Gerd Gigerenza: *„Man muss es den Leuten auch sagen. Denn es ist oft so, dass intuitive Urteile da sind, die genauso gut – oder besser – sind als profundes Wissen. Aber die Personen, die die Intuition haben, trauen es sich nicht zu – und es wird ihnen auch ausgeredet. Es ist auch so, dass wir in der Schule alles Mögliche lernen: Mathematik, Algebra, Geometrie. Aber eines lernen wir nicht: intuitives Urteilen!"*

Intuition und innovative Wissenschaft

Es gibt auch noch ganz andere Bereiche, wo Intuition etwas zu leisten imstande ist, was durch Nachdenken alleine einfach nicht möglich ist: In der Wissenschaft. Wesentlich neue Erkenntnisse in den Wissenschaften sind praktisch immer intuitiver Art. Manchmal

---

[16] O. Vitouch, in: *„Gefühltes Wissen – Die Kraft der Intuition."*, Transkription, in: *ORF, Radiokolleg, 2007*, von: T. Arrieta.

[17] G. Gigerenza, in: „Gefühltes Wissen – Die Kraft der Intuition.", in: ORF, Radiokolleg, 2007, von: T. Arrieta (gilt auch für das nächste Zitat in Folge).

wird das in den späteren Veröffentlichungen zwar verschleiert und der Erkenntnisvorgang *im Rückblick rationalisiert*, als in sich logisch stringenter, also schlüssiger Ablauf und klarer Weg ausgewiesen und genau so dann auch publiziert. Doch in Wirklichkeit ist der Erkenntnisvorgang ganz gegensätzlich verlaufen – keinesfalls derart rational und linear ... Vielleicht ist Ihnen ja die berühmte Anekdote des bekannten Chemikers Friedrich August Kekúle bekannt, wie er die molekulare Struktur des Benzols entdeckte, den sogenannten „Benzol-Ring"? Die kreative Kraft der Intuition verhalf ihm in einem Tagtraum dazu, wie er selbst berichtet: *„Da saß ich und schrieb an meinem Lehrbuch, aber es ging nicht recht. Mein Geist war bei anderen Dingen. Ich drehte den Stuhl nach dem Kamin und versank in Halbschlaf. Wieder gaukelten die Atome vor meinen Augen. Mein geistiges Auge unterschied jetzt größere Gebilde von mannigfacher Gestaltung. Alles in Bewegung, schlangenartig sich windend und drehend und siehe: ‚Was war das?!' Eine der Schlangen erfasste den eigenen Schwanz und höhnisch wirbelte das Gebilde vor meinen Augen. Wie durch einen Blitzstrahl erwachte ich. Auch diesmal verbrachte ich den Rest der Nacht, um die Konsequenzen der Hypothese auszuarbeiten."* [18] So also hat Kekúle den Benzolring entdeckt. Es war dies zugleich die Geburtsstunde der Organischen Chemie. Er hatte sein durchdachtes Problem an die Weisheit des Unbewussten abgegeben und kam so zu einer Lösung, die der Verstand alleine nicht zustande gebracht hatte. Allerdings, auch da: Expertenwissen oder vielmehr: die gefestigte Erfahrung Experte-zu-sein! – und somit das Vertrauen in sich selbst, war ausschlaggebend. *„Der Zufall bevorzugt den vorbereiteten Geist."*, wie der französische Mikrobiologe Louis Pasteur [19] einst sagte. Solcher *Zu-Fall* – herbeigeführt durch die Weisheit der Intuition – spielt gerade in den modernen Naturwissenschaften meist *die* zentrale, wesentliche Rolle; und – nicht vornehmlich die Ratio, wie man vielleicht meinen könnte.

Derartiges bestätigt sich auch für den renommierten Quantenphysiker Anton Zeilinger: *„Wenn jemand Naturwissenschaft betreibt, ohne dass die Intuition eine zentrale Rolle spielt, dann macht er die Physik des vorigen Jahrhunderts und nicht die moderne Physik.* [20] Seine Experimente zur „Quantenteleportation" brachten Zeilinger den Spitznamen „Mr. Beam" ein. 1997 gelang es dem Forscher erstmals mit Photonen – also mittels Lichtteilchen – Informationen zu übertragen. *Anton Zeilinger: „Vor vielen Jahren, als wir unsere ersten Experimente zur Teleportation gemacht haben – Informations-übertragung also – da hat mir die Intuition gesagt: ‚Es muss irgendwo eine Möglichkeit geben, dass man zwei Teilchen, die jetzt von verschiedenen Ecken kommen und die man zusammenbringt und die man misst – dass die ihre Identität vergessen'. Damals haben wir uns irgendwie gesagt, das muss irgendwie mit einem Spiegel gehen, der die Teilchen genau reflektiert usw. Und hin und her – nach einiger Zeit ist es gegangen. Es ist offenbar immer ein bisschen ein Gefühl dabei. Es ist offenbar viel Gefühl dabei und es*

---

[18] F.A. Kekúle: *„Band 1, Leben und Wirken."*; Berlin 1929.

[19] Siehe auch Kapitel 10: Überzeugung und Gesundheit, Anmerkung 55.

[20] A. Zeilinger, in: „Gefühltes Wissen – Die Kraft der Intuition.", in: ORF, Radiokolleg, 2007, von: T. Arrieta (gilt auch für das nächste Zitat in Folge).

ist auch dieses Herumdiskutieren mit verschiedenen Leuten dabei. Ein anderes Beispiel war auch, als wir überlegt haben bezüglich dieser berühmten Quanten-Nichtlokalität – also wo ein System ein anderes beeinflusst über große Entfernungen – da hab ich das Gefühl gehabt, wenn es mehr als zwei Teilchen sind, drei oder vier, da muss die Sache noch viel wilder sein. Und da haben ein paar Leute gesagt, das ist ein Blödsinn, das sind ja nur zwei, drei, vier! Warum soll das interessant sein? Und ich hab dann einen Kollegen überreden können, das mathematisch auszurechnen und: Recht hab ich gehabt. Das ist eine spannende und zentrale Sache geworden heute – für Quantencomputer zum Beispiel."

Wer der inneren Stimme nachgibt und gelernt hat, ihr zuzuhören, gelangt zu neuen Lösungen. Doch damit sich diese innere Stimme zu entfalten vermag, ist ein aufgeschlossenes und tolerantes Arbeitsklima erforderlich – in sich selbst, aber natürlich auch im Um-Feld, im Team. Es ist wohl etwas wie *den-schlauen-Kerl-in-uns-mal-loslassen*, das einen *im Moment(!)* anschließt an jenen offensichtlich unbegrenzten Bereich des „Wissens", an ein Feld der Intelligenz, der In-*forma*-tion, wo offensichtlich alles andocken kann, wozu man selbst – als der oder die man ist – in Resonanz zu kommen vermag. Zeilinger: *„Das erinnert mich jetzt ein bisschen an meinen ersten Besuch in den USA am MIT* [21] *1977. Die erste Erfahrung, die ich dort hatte, war, dass man Ideen, die auch ich hatte – damals war ich ja ein ganz junger Mensch – sehr, sehr positiv gegenübergestanden ist. Wenn jemand eine neue Idee gehabt hat, musste er die nicht groß begründen, sondern alle haben gleich angefangen mitzudiskutieren und sich zu überlegen: Was kann das bringen?! Wohl wissend, dass die meisten Ideen, die man hat, zu nichts führen. In Österreich hab ich das nicht so kennengelernt. In Österreich hab ich sehr oft ein Feedback gehabt: Naja, es wird schon irgendein anderer diese Idee gehabt haben. So neu wird das ja wohl nicht sein. Es wird schon nicht gehen, warum sollst grad Du auf was Neues kommen usw. Und dieses Klima einer positiven Einstellung gegenüber Ideen ist etwas, das ich versuche in meiner Gruppe zu fördern, wo immer es geht. Und es funktioniert! Bei uns kommen wirklich Leute auf neue Ideen und das ist eigentlich ein wesentlicher Motor für wissenschaftlichen Erfolg."* [22] Anton Zeilingers Erkenntnisse aus der Quantenphysik haben ihn dazu geführt, sich von einem Weltbild, in dem alles logisch erklärbar und deterministisch abläuft – also nach feststehenden Gesetzen – zu verabschieden. Die kreative Kraft der Intuition, die immer neue Ideen hervorbringt, ist seiner Ansicht nach ein Indiz beziehungsweise sogar ein Beleg dafür, dass es zielführend ist, diesen anderen Weg zu gehen. Der Quantenphysiker Zeilinger: *„Eine interessante Frage ist ja, wo neue Ideen herkommen. Meine persönliche Meinung*

---

[21] *„Das MIT – das Massachusetts Institut of Technology – gilt als eine der weltweit führenden Universitäten im Bereich von technologischer Forschung und Lehre.";* zitiert aus: Wikipedia: http://de.wikipedia.org/wiki/Massachusetts_Institute_of_Technology

[22] A. Zeilinger, in: „Gefühltes Wissen – Die Kraft der Intuition.", in: ORF, Radiokolleg, 2007, von: T. Arrieta (gilt auch für das nächste Zitat in Folge).
Siehe auch Kapitel 5: Überzeugungs-Netze und Leben, Anmerkung 16.

ist, dass das Verständnis dafür innerhalb des derzeitigen Paradigmas der Hirnforschung nicht möglich sein wird. Denn das derzeitige Paradigma der Hirnforschung heißt, dass wir deterministische, biologische Maschinen sind. Und eine deterministische biologische Maschine kann grundsätzlich nicht auf etwas Neues kommen, das ist nicht möglich. Das heißt, ich bin überzeugt, dass die Ideen, die wir durch Intuition haben, irgendwie einem anderen Mechanismus entsprechen. Und dass sie darauf hinweisen, dass wir mehr sind als deterministische Automaten."

Über ganz ähnliche Erfahrungen berichtet die Wissenschaftlerin Candace Pert [23] in ihrem Buch „*Moleküle der Gefühle*". Sie beschreibt ein für ihre berufliche Laufbahn entscheidendes Erlebnis während ihres Vortrags auf einem Fachkongress auf Hawaii zum Thema Aids. Durch ihre erfolgreichen Studien zur Verbindung zwischen Immunsystem und Gehirn wurde der Forscherin und ihren Mitarbeitern bereits damals eine Schlüsselstellung in der gerade beginnenden Aids-Forschung zugewiesen. Pert: „*Als schließlich die Reihe an mir war – ich war die letzte Referentin auf der Tagesordnung – ging ich aufs Podium und berichtete über unsere Forschungsergebnisse. Ich schilderte, wie wir ein T4-ähnliches Molekül im Zuge unserer Hirnkartierung entdeckt hatten, wobei sich besondere Massierungen im Hippocampus und Kortex [24] ergeben hatten. Dann erschien Joannas Dia vom Affenhirn auf der Leinwand und gab das farbige Muster wieder, welches das T4-Molekül dort hervorrief. Während ich es bewundernd anblickte, wurde mir plötzlich ein merkwürdig veränderter Bewusstseinszustand bewusst. Als ich zu sprechen begann, erschien mir meine Stimme vollkommen fremd, als käme sie aus weiter Ferne. ‚Unsere Daten lassen eindeutig darauf schließen, dass der T4-Rezeptor [25] ein Neuropeptid-Rezeptor sein könnte, da sein Muster an diejenigen*

---

[23] Siehe auch Kapitel 10: Überzeugung und Gesundheit, Anmerkung 37-43

[24] Hippocampus und limbischer Kortex bilden mit der sogenannten Amygdala die Kernstrukturen des „limbischen Gehirns". Dieser Gehirnteil gilt für die klassische Neurowissenschaft als *das* emotionale Hirngebiet schlechthin. Genau in diesem Hirnareal aber, mit seinem klaren Zusammenhang zu emotionalem Verhalten, konnte Pert das Vorhandensein von bis zu 95 % aller dazumal entdeckten Neuropeptid-Rezeptoren nachweisen. Dieser Nachweis ließ in ihr über die Jahre die Idee reifen, dass es so etwas wie „Gefühls-Moleküle" gebe. C. Pert: „*Moleküle der Gefühle – Körper, Geist und Emotionen.*", Reinbeck / Hamburg 1997, S. 201f.

[25] Der sogenannte „T4-Rezeptor" ist jenes spezifische Molekül an der Zellmembran-Oberfläche, durch welches das HIV / Aids-Virus in die Zelle eindringt – sozusagen das „Einfallstor" für dieses Virus – diese infiziert und das Immunsystem und letztlich auch das Gehirn zerstört. Gelingt es, jene körpereigenen Botenstoffe (Liganden) zu identifizieren, welche ebenfalls an genau diesem Rezeptor binden, so kann impftechnisch dafür gesorgt werden, dass die entsprechenden (T4-)Rezeptoren jeder Zelle vornehmlich vom entsprechenden Liganden besetzt werden, um so erfolgreich mit dem HIV-Virus um die Rezeptoren zu konkurrieren, sodass das Virus selbst nicht zum Zuge – und somit nicht in die Zelle – kommen kann. *Entsprechende Wirkungszusammenhänge sind heutzutage für das ‚Erkältungskrankheiten-Virus' (Rheo-Virus) mittlerweile erwiesen, welches am selben Rezeptor bindet wie das Glückshormon ‚Noradrenalin'. Daher versteht man heute besser, dass und warum ‚glückliche' Menschen diesbezüglich resistenter gegen derartige Infektionskrankheiten sind.* C. Pert: „*Moleküle der Gefühle – Körper, Geist und Emotionen.*", Reinbeck 1997, S. 304 (S. 290).

bekannter Hirnpeptid-Muster erinnert', erklärte ich, während die Worte, die meinen Mund verließen, einen eigenartigen Nachhall zu haben schienen. Und dann fuhr ich völlig unvorbereitet, und zu meiner eigenen Überraschung, fort: ,Wenn wir den körpereigenen Peptid-Liganden finden könnten, der am T4-Rezeptor bindet, ließe sich daraus möglicherweise ein einfaches, nichttoxisches Medikament gewinnen, welches das Virus am Eindringen in die Zelle hindert.' Tiefes Schweigen herrschte, während meine Zuhörer und ich diese erstaunlichen Worte verdauten. Hatte ich soeben eine Forschungsrichtung für die Suche nach einem Aids-Mittel vorgeschlagen? Dabei war mir der Gedanke eben erst gekommen. Und dann vernahm ich eine lautere Stimme, dieses Mal nicht als meine zu erkennen und für andere nicht hörbar, denn sie ertönte nur in meinem Kopf. Es war eine energische männliche Stimme, die befahl: ,Das solltest Du tun!' Nun war ich keineswegs daran gewöhnt, Stimmen zu hören, die meine Vorträge kommentierten, daher nahm ich zunächst an, es handle sich um eine halluzinatorische Nachwirkung unserer anstrengenden Klettertour (am Vortag). Doch die Logik dieses Forschungsansatzes war so zwingend, dass ich der Stimme Vertrauen schenkte. Sogar der Umstand, dass es sich um eine eindeutig männliche Stimme handelte, vermochte meine feministische Empfindlichkeit nicht zu verletzen, denn egal, wer oder was diese Stimme war – Halluzination, Gott oder meine eigene höhere Einsicht: Mir leuchtete unmittelbar ein, was sie mir auftrug! Meine ganze wissenschaftliche Laufbahn, so schien es, war eine Vorbereitung gewesen zur Beantwortung der Frage, die ich gerade gestellt hatte: ,Welches körpereigene Peptid bindet am HIV-Rezeptor in Gehirn und Immunsystem, und wie lässt sich eine synthetische Version davon herstellen, die den Rezeptor blockiert und damit das Eindringen des HIV in die Zelle verhindert?' ... Das war so logisch, dass ich nicht begriff, warum es mir nicht schon vorher eingefallen war. ..." [26] Für die infolge durchzuführenden Experimente wählten Pert und ihr Team aus vielen möglichen Peptiden nach einer Woche intensiven Brütens letztlich zunächst eines aus. Eines, von dem Pert sagt, dass sie „*... zu Recht oder Unrecht annahmen, es verwende möglicherweise den gleichen Rezeptor wie HIV. Das war zwar nicht der Fall, aber wie sich herausstellen sollte, hatten wir doch den Hauptgewinn gezogen – **wir hatten die richtige Wahl aus den falschen Gründen getroffen**. ... Ich weiß noch, dass ich zu Anfang der Experimente voller Erwartung, aber auch voller Besorgnis war, als schickte ich mich an, in ein Schwimmbecken ohne Wasser zu springen. Offenbar hatte jede Phase dieses Projekts unter der Einwirkung einer schwer zu beschreibenden Mischung aus Intuition und / oder mystischer Intervention und / oder reinem Glück gestanden, die meiner damaligen wissenschaftlichen Geisteshaltung alle ziemlich verdächtig waren.*" [27]

Intuition – vermutlich versteht jeder Wissenschaftler doch etwas ein wenig anderes darunter. Mit Sicherheit aber steht hinter dieser Formulierung bei jedem ein jeweils sehr persönliches Erlebnis, wo er / sie sich selbst in der eigenen Forscher-Treffsicherheit

---

[26] C. Pert: „*Moleküle der Gefühle – Körper, Geist und Emotionen.*", Reinbeck 1997, S. 309f.
[27] Ebenda, S. 312f.

weiser erschien, als er / sie es von sich selbst real für möglich gehalten hätte. Und in gewisser Weise führt die Intuition uns genau dazu: zu einem *Wissen-jenseits-der-(bekannten)-Realität.*

Ähnliches weiß der Wissenschaftler Kazuo Murakami bezüglich einer Entscheidungssituation während seiner Renin-Forschungen zu berichten. Murakami: *„Die Geschichte unserer erfolgreichen Entschlüsselung von menschlichem Renin ist auch ein vorzügliches Beispiel für den enormen Lohn, den man erhält, wenn man der eigenen Intuition vertraut. Um gute Forschungsergebnisse zu erzielen, muss ein Wissenschaftler seine Intuition einsetzen. Tatsächlich glauben einige, dass die Intuition über Erfolg oder Misserfolg eines Forschungsprojektes entscheiden kann. Die Intuition spielt aber auch für viele Vorhaben außerhalb der Wissenschaft eine Rolle. Wir wissen, dass es klug ist, unserer Intuition zu folgen, aber wir stellen nicht gerade oft die Verbindung zu konkreten Ergebnissen in unserem Leben her. Nehmen Sie das Rennen meines Labors gegen das Pasteur-Institut (der Großmeister in der Forschung; KP.). Mein Bauchgefühl spielte eine Schlüsselrolle für unseren Triumph. Wie ich bereits erwähnte, hatten wir noch nicht einmal angefangen das Gen zu entschlüsseln, während das Pasteur-Institut bereits 80 % geschafft hatte. Als ich Shigetada Nakanishi, einen Experten für Gen-Technik, den ich nicht nur kannte, sondern den ich außerdem auch noch zufällig in einer kleinen Kneipe in Deutschland traf, mir seine und die Hilfe seines Labors anbot – nachdem ich gerade erfahren hatte, dass das Pasteur-Institut fast mit der Entschlüsselung fertig war –, hing das Schicksal in der Schwebe. Hätte ich auf sein Hilfsangebot geantwortet: ‚Vielen Dank für Ihr freundliches Angebot, aber ich denke, wir sollten uns besser aus der Sache zurückziehen.' – dann wäre das das Ende der Geschichte gewesen. Obwohl es im Nachhinein seltsam erscheint, war meine intuitive Reaktion: ‚Gott ist auf unserer Seite. Wir haben gewonnen!', und ich traf eine Entscheidung, die aus objektiver Sicht wohl sehr unklug schien."* [28]

Alchemie – Supraleiter und Intuition

Intuitives Vorgehen braucht es auch auf dem Forschungsgebiet moderner Supraleiter. Nicht unähnlich Alchemisten, wählen und kombinieren Forscher ihre Proben aus fast unbegrenzten Kombinationsmöglichkeiten. Die Anordnung ähnelt, wie wir noch sehen werden, in vielem den überlieferten Texten sogenannter alchemistischer Versuchsreihen.

Nur wenige wissenschaftliche Entdeckungen wurden von der Fachwelt so euphorisch aufgenommen wie Paul Chus Hochtemperatur-Supraleiter Entdeckung. Der Physiker Chu und sein Team hatten 1987 die chemische Zusammensetzung eines elektro-

---

[28] K. Murakami: *„Der göttliche Code des Lebens – Ein neues Verständnis der Genetik.",* Güllesheim 2008, S. 96, (S. 91).

technischen Werkstoffs komponiert, entdeckt. Auf diese Weise wurde jenem Phänomen „Supraleitung im *technologischen Ranking* über Nacht jener Sprung ermöglicht, der es vom Rang einer physikalischen Kuriosität in den Status einer zukünftig energietechnischen Alltagsrealität hievte: 92 Kelvin [29] „Sprungtemperatur" [30] – also 92 Grad über dem absoluten Nullpunkt von 273,2 ° C. Damit war es das erste Mal gelungen, in einem künstlich design-ten Material widerstandslose elektrische Leitfähigkeit – und das oberhalb der Temperatur des billig und leicht herzustellenden flüssigen Stickstoffs (77 Kelvin) – zu erzielen. Die technisch betrachtete „Temperatur-Schallmauer" war durchbrochen. *„Es war dies die technologische und psychologische Barriere, gegen die alles ‚Kalte' gemessen wird. Jedes Phänomen, gleichgültig wie bemerkenswert: Unter 77 Kelvin ist es eine esoterische Kuriosität ohne viel praktischen Nutzen. Flüssigen Stickstoff aber kann jeder kaufen."* [31]
Die reale Nutzbarkeit war ab sofort absehbar! *„Das Yttrium-Barium-Kupfer-Oxid war ganz der Stoff, aus dem Science-Fiction Romane sind. ... Paul Chu hatte jahrelang auf dem Gebiet der Supraleitung gearbeitet und vergebens nach dem schwer zu definierenden HochtemperaturSupraleiter gesucht, der das esoterische Phänomen in Realität verwandeln würde. ... **Das Studium der Supraleitung war ebenso Kunst wie Wissenschaft. ... Forschung erfordert Fähigkeit und Hingabe**, aber sie erfordert auch etwas Glück. Chu besitzt eine ansteckende Gutherzigkeit. Die vielen Rückschläge im ‚Supraleiterspiel' nimmt er mit Zen-geprägter Ruhe auf. Dies inspiriert sein Team, mit ihm unkonventionelle, intuitive Wege zu gehen. ... Man hatte es mit einer neuen Klasse von Supraleitern zu tun. Und: Konventionelles Wissen war hier nicht mehr länger anwendbar. Der Druck wurde auf 10000 Atmosphären erhöht. Niemals zuvor hatte man so eine phantastische Wirkung des Druckes bei einem Supraleiter beobachtet. ... Um drei Uhr am Nachmittag des 29. Januar rief Maw-Kuen Wu bei Paul Chu an: Das Team in Alabama hatte die, wie sie hofften, beste Probe fertiggestellt. Das neue Y-Ba-Cu-Gemisch war feinkörnig und schwarz wie der ursprüngliche La-Ba-Cu-Supraleiter. Abweichend von den anderen 2-1-4-Proben [32] besaß die Alabama-Probe jedoch einen deutlichen Anflug von Grün. Um fünf Uhr nachmittags wurde die Messung gemacht. Bei 93 Kelvin stürzte der Widerstand ab. Es gab keinen Übergangseffekt. Sie alle wussten, dass*

---

[29] Die Kelvin-Skala entspricht bzgl. der Skalierung der Celsius-Skala. Sie beginnt allerdings beim „absoluten Nullpunkt" – also bei - 273,2 °C (0 Kelvin = - 273,2 °C; 0 °C = + 273,2 Kelvin).

[30] Unter „Sprungtemperatur" eines Supraleiters versteht man jene Temperatur, unterhalb der das Material elektrisch widerstandslos leitfähig wird. Der Widerstand fällt an jener Grenze *sprunghaft* gegen Null ab. Die Ursache der hohen Sprungtemperaturen – welche für einzelne Materialien mittlerweile bereits bei etwa 140 Kelvin (- 133,2 °C) liegen – ist wissenschaftlich nicht bekannt. *„... man vermutet antiferromagnetische Spin-Spin-Wechselwirkungen, die durch die spezielle Gitterstruktur der keramischen Supraleiter entstehen. Alternativ gibt es auch Modifikationen ... oder gänzlich neue Erklärungsansätze wie das ‚Bi-Solitonen-Modell'.* (Solitonen stellen physikalische Besonderheiten dar und sind durch die Chaostheorien erstmals erklärbar geworden.) ... *Nach dem bisherigen Stand der Theorie scheint jedoch Supraleitung bei Zimmertemperatur (+ 20° C = ca. 293 K) nicht möglich zu sein.".* Siehe: http://de.wikipedia.org/wiki/Hochtemperatursupraleiter.

[31] R.M. Hazen: *„Wettlauf um Kelvin 90 – Das Tagebuch einer aufregenden Entdeckung.",* in: *Bild der Wissenschaft, 11/1989,* S. 118f.

[32] Die Bezeichnung: „2-1-4-Probe" beschreibt das Mengen-Verhältnis der drei unterschiedlichen Materialien Yttrium-Barium-Kupfer des Supraleiter-Werkstoffes.

diese Entdeckung die Welt verändern würde ..." [33] Verfolgt man die jahrelangen Bemühungen der verschiedenen Forscherteams in der Supraleiterforschung sowie ihr technologisch-experimentelles Vorgehen bezüglich des Material-Designs, so kann ihr diesbezügliches Vorgehen, wie bereits gesagt, am besten damit verglichen werden, was man sich aus dem esoterisch anmutenden Bereich der Alchemie [34] erzählt. Ohne – mangels „*Werkspionage*" – das Vorgehen in *diesem konkreten* Fall genau zu kennen, könnte folgende Beschreibung – wenn auch im Detail frei erfunden – einen derartigen Herstellungsprozess, technologisch durchaus treffend, repräsentieren: *Man nehme 2 Teile des Ausgangsstoffes A, zerreibe die Substanz, bis sie in der Konsistenz und Korngröße von 0,1 µm [35] vorliegt. Nun Substanz B vorbereiten. Man erhitze sie auf mehrere 100 °C um sie anschließend schockartig abzukühlen und auszukristallisieren; dann auf die entsprechend benötigte Konsistenz zermalen. Nun füge man die halbe Menge an Substanz B der Substanz A zu, vermenge beide und erhitze über die Schmelztemperatur beider Substanzen. Danach: Den Druck kontinuierlich auf mehrere 1000 Atmosphären steigern, ohne die Temperatur zu ändern. In der Folge: schockartige Abkühlung und Druckminderung, sodass ein Aushärten beider Substanzen zu einer amorphen Masse einsetzt. Verreiben der neuen Verbindung (AB) und anschließend die Substanz AB über ihre Schmelztemperatur erhitzen. Nunmehrige Zugabe eines dritten Stoffes (z.B.: Kupfer, in gasförmiger Phase). Das Ganze nun unter Drucksteigerung auf mehrere 1000 Atmosphären chemisch reagieren lassen, bis eine Verbindung mit der bisherigen Substanz, im Verhältnis 2-1-4 Menge-Anteilen, eingetreten ist. Druck mindern, auskristallisieren lassen. Letztlich die physikalischen Normverhältnisse wieder herstellen ...*

Intuition – Management in der Chefetage

Nicht nur in der Wissenschaft hat dieses Umdenken nunmehr doch eingesetzt. Ganz ähnlich denkt mittlerweile auch der Unternehmensberater Dr. Norbert Obermayr. Der Wirtschaftsingenieur war Universitätsassistent und wechselte dann in ein Industrieunternehmen. Zuletzt war er Vorstand eines österreichischen Konzerns. Vor dreizehn Jahren machte er sich als Firmen-Consulter selbstständig und widmete sich vor allem Problemen bei logistischen Abläufen. Hierbei geht er jedoch nicht nur mit Fachwissen vor, sondern er arbeitet – wie er sagt – in erster Linie intuitiv. Auf seine innere Stimme hören, das tat er

---

[33] R.M. Hazen: „*Wettlauf um Kelvin 90 – Das Tagebuch einer aufregenden Entdeckung.*", in: *Bild der Wissenschaft*, 11/1989, S. 118f.

[34] Frank Close, Leiter der Abteilung für Theoretische Physik am berühmten Rutherford Appleton Laboratory in Großbritannien, beschreibt in seinem Buch, jene – um 1900 durch Beobachtung radioaktiver Zerfallsprozesse – neuen Einsichten und Erkenntnisse der Atomphysiker sowie deren überraschende wissenschaftliche Konsequenz: „*Es war eine der größten Entdeckungen, und durch sie wurde die Alchemie zu einer Wissenschaft.*" F. Close: „*Luzifers Vermächtnis – Eine physikalische Schöpfungsgeschichte.*", Berlin 2004, S. 151
Siehe auch Kapitel 16: Materie und Bewusstsein, Anmerkung 36
Wir können übrigens davon ausgehen, dass das „Verdammen der Alchemie" durch den Papst Johannes XXII im Jahr 1317 die Entwicklung der Chemie drastisch verzögert hatte.

[35] 0,1µm (sprich: 0,1 Mü-Meter) entspricht 0,00001 mm.

jedoch auch schon früher, als er noch Konzernvorstand war ... Norbert Obermayr: *„Ich bin in diesem Konzern Vorstand geworden und mein Vorgänger musste das Feld räumen, weil er die Produktion geleitet hat, aber er nicht imstande war, die Produkte zu erzeugen, die der Verkauf imstande war zu verkaufen. Und nach Eigentümerberechnung hätte die Kapazität ausgereicht. Jetzt bin ich gekommen. Und ich hab natürlich auch sehr viel Wissen auch von der Theorie – ich hab ja auch Produktions-Planung und Produktions-Steuerung unterrichtet – und hab versucht, eine Reihe von Dingen zu verbessern."* [36]
Alle Bemühungen fruchteten jedoch nichts und Norbert Obermayr geriet firmenintern immer mehr unter Druck *„... weil die erwarteten Verbesserungen nicht in diesem Ausmaß gekommen sind, wie sie vom Eigentümer, vom Aktionär, erwartet worden sind. Ich hab gemerkt: ,Also schön langsam bin ich mit meinem Wissen, mit meinem Latein, am Ende.' Es war ein Feiertag, es war eine ganz kuriose Situation. Ich bin gerade von einem Raum in den anderen Raum gegangen und plötzlich kam mir die Idee: ,Teamarbeit!' Ich hab aber sofort gewusst, worum es geht und hab mich zurückgezogen und hab dann in mehreren Seiten ein Konzept geschrieben: ,Wie schaut die Lösung aus.' Das war in der Weihnachtszeit. Ich bin am 7. Jänner dann zu meinen Mitarbeitern gegangen und hab sie gleich in der Früh zusammengeholt und hab gesagt: ,Okay, ich hab da jetzt eine Idee.' Das Interessante war, dass alle meine Mitarbeiter gesagt haben: ,Jawohl, das machen wir!' Wir haben dann eine Arbeitsgruppe gegründet und haben ein gutes halbes Jahr später die Firma komplett umgekrempelt. Es hat wunderbar funktioniert. Es sind 90 % aller Maschinen umgestellt worden und wir haben nach kurzer Zeit eine wesentliche Verbesserung der Produktivität gehabt und haben sämtliche Termine nach kürzester Zeit einhalten können. Und das war einfach diese eine Idee. Ich hab nicht gewusst, wie ich es machen soll. Ganz plötzlich war da ein Wort oder vielleicht waren es zwei Wörter, die waren da und ich habe sofort gewusst, worum es geht."* Heute trainiert Obermayr *„seine Intuition"* mit speziellen Übungen, die seine Frau und Unternehmenspartnerin entwarf und setzt nun die Weisheit des Unterbewussten ganz gezielt im Rahmen seiner Consultingaufträge ein. Norbert Obermayr: *„Ich habe mir zum Beispiel angewöhnt, wenn ich jetzt in meiner Tätigkeit als Unternehmensberater in eine Firma gehe – ich mache hauptsächlich Produktionsbetriebe – dann gehe ich hinein und stelle mir die Frage: ,Wo ist das Problem in der Produktion? Wo ist der Engpass?' Und das Interessante ist eben, dass mich diese Frage ganz, ganz schnell zu dem jeweiligen Engpass führt. In einer Geschwindigkeit, die meistens für den jeweiligen Werksleiter durchaus auch bedrohlich sein kann, wie ich's schon mehrmals erlebt hab, und wo es dann heißt: ,Woher können Sie das so schnell wissen?' Ich kann es dann auch nicht erklären, woher ich es ,weiß'. Ich weiß nur, dass ich sehr schnell zur richtigen Problemstelle komme."* Sein Beratungsinstitut bietet Intuitions-Trainings an, wo man lernen kann, wie man sich die kreative Kraft des Unterbewussten mittels systematischer Übungen erschließt. Dass diese Herangehensweise in der Wirtschaft zwar einerseits zunimmt, andererseits aber doch erst zum Teil

---

[36] N. Obermayr, in: „Gefühltes Wissen – Die Kraft der Intuition.", in: ORF, Radiokolleg, 2007, von: T. Arrieta (gilt auch für die nächsten Zitate in Folge).

anerkannt und salonfähig ist, weiß Obermayr aus eigener Erfahrung. Was er diesbezüglich vornehmlich erlebt und ortet, ist Widerstand gegen die Vorstellung, nicht mehr primär der Ratio zu gehorchen, sondern, ganz im Gegenteil zu beginnen, ihr konsequent die angestammte Entscheidungs-Kompetenz zu entziehen: *„Das große Problem bei Intuition in der Wirtschaft ist, dass einfach Entscheidungen, die intuitiv gefällt werden – dass man das eigentlich nicht sagen darf, weil es muss ja alles sehr rational gehen. Trotzdem passieren meines Erachtens ganz, ganz viele Entscheidungen auf intuitiver Basis. Und sehr, sehr viele dynamische Unternehmer haben eigentlich gar nicht die Möglichkeit, die ganzen Zahlen und Fakten wirklich auszuwerten und zu analysieren, sondern sie treffen Entscheidungen aus – man sagt dann so schön – aus dem Bauch heraus. Ich glaube aber, dass da sehr wohl viel Intuition dabei ist. Ich war ja selbst viele Jahre Vorstandsmitglied eines Konzerns und – man bekommt so viele Informationen. Es ist unvorstellbar. Die ganzen Abläufe und Prozesse sind sehr komplex und oft nicht überschaubar. Und man bekommt außerdem Informationen, die sind alle im Grunde genommen gefiltert. Gerade als Vorstand! Man bekommt sehr, sehr oft das gesagt, was die Mitarbeiter glauben, was der hören möchte – und oft auch nicht die Wahrheit. Und wenn sich dann ein Problem hartnäckig zeigt und sich nicht lösen lässt, dann ist die Wahrscheinlichkeit, dass die Information nicht richtig ist, relativ hoch. Da hat man nur die Möglichkeit herzugehen und zu schauen, wo bekommt man Information her, die ungefiltert ist, die richtig ist. Und da kann man dann meines Erachtens – wenn man das Bewusstsein hat, dass es Intuition gibt – diese gezielt und aktiv nutzen und bekommt so sehr, sehr gute Informationen."* Für Norbert Obermayr hat Intuition mittlerweile gar nichts Irrationales im eigentlichen Sinn mehr an sich. Er selbst zieht als Erklärungsmodell für sich die Quantenphysik heran. Diese zeigt – wie er zitiert – dass *„Information nicht verloren gehen kann, sondern stets und überall vorhanden ist."* Norbert Obermayr: *„Nachdem ich jetzt weiß, dass Intuition eigentlich wissenschaftlich erklärt werden kann – hat es für mich diesen ‚Hokuspokus' verloren und ist für mich eine Realität geworden."*

Intuition – *was jemand anderer braucht*

Dr. Bettina Reiter, Geschäftsführerin der Österreichischen Akademie für Ganzheitsmedizin: *„Intuition braucht eine Mordserfahrung, ein gutes Gefühl dafür was-jemand-anderer-braucht. Intuition braucht nicht zuviel Eitelkeit, also nicht soviel von dem eigenen Impetus ‚der-Beste-sein-zu-müssen' und unbedingt ‚die-eigenen-Sachen-durchsetzen-zu-müssen', sondern mehr Empathie und vor allem natürlich eine Variationenbreite und Flexibilität im eigenen medizinischen Denken. Die Intuition kann ja nur dann in eine sinnvolle medizinische Handlung kommen, wenn ich nicht '0-8-15' denken muss und wenn meine innere Struktur nicht zu starr ist."* [37] Gerade die Ganzheitsmedizin

---

[37] B. Reiter, in: „Gefühltes Wissen – Die Kraft der Intuition.", in: ORF, Radiokolleg, 2007, von: T. Arrieta (gilt auch für die nächsten Zitate in Folge).

ist sich in hohen Maß bewusst, dass der Heilerfolg von medizinischem Handeln auch der Intuition des Arztes zu verdanken ist. Dr. Bettina Reiter: *„Der klinische Blick, der einem ermöglicht, mehr oder weniger intuitiv, das, was an Krankheitsgeschehen in dem Patienten oder Patientin los ist, die einem gegenübersitzt, zu erfassen – das ist ein Phänomen, das es natürlich gibt. Das findet sich in jeder ernsthaft patientenorientiert verstandenen Medizin. Diese zentrale Stellung, die die Interaktion zwischen dem Arzt und dem Patienten hat, und wofür die Ganzheitsmedizin ein besseres Sensorium hat und womit sie auch besser umgehen kann, ist: dass das so ist! Dass jede Heilhandlung diesen Kontextfaktoren unterliegt und auch nur wirkt, wenn sie diesen Kontextfaktoren unterliegt."*

Nicht einmal klassische Operationen seien ohne Kontextfaktoren heilsam und gesundmachend, sagt Bettina Reiter. *„Meine allerliebste Lieblingsuntersuchung in dem Zusammenhang ist vor drei oder vier Jahren im ‚New England Journal of Medicin' publiziert worden. Das ist eine Untersuchung, wo in den USA in einem Spital in Boston Patienten arthroskopiert wurden, also wegen irgendwelchen Knieproblemen und jemand dort hat sich halt gefragt, denn komischerweise berichten Patienten oft, dass es ihnen nach diesen Arthroskopien besser geht, obwohl wir gar nichts machen konnten, weil das Gelenk schon so kaputt war. Jetzt haben sie ein Design gemacht, haben die Hälfte der Patienten tatsächlich arthroskopiert und die andere Hälfte der Patienten für die Operation vorbereitet, narkotisiert, in den OP gefahren, das Wasser laufen gelassen, alle Geräusche gemacht, einen kleinen Hautschnitt gemacht, damit eine Narbe da ist, sodass die Patienten nachher glauben konnten, dass sie tatsächlich operiert worden sind. Sie sind aber nicht operiert worden. Und dann haben sie sie 6 Wochen und ich glaub nochmals acht Wochen danach gefragt, wie es ihnen geht und siehe da, es ist völlig wurscht, ob man was macht oder nicht. Den Patienten geht es nachher gleich gut oder gleich schlecht – evidence-based erwiesen – ob man operiert oder nicht. Das ist meine Lieblingsuntersuchung, weil sie unter strengen Kriterien der naturwissenschaftlichen Medizin beweist, wie wirksam die Kontextfaktoren sind."*[38] Wie krass wir Menschen der westlich zivilisierten Welt heutzutage – für gewöhnlich – den unaufgeregten Zugang zu Intuition eingebüßt haben, wird einem selbst oft im Leben bewusst und habe auch ich kennengelernt, als ich mich zuzeiten meiner eigenen Studien während der Ausbildung auf meinen *Free Spirit* Kursen mit Telepathie sowie intuitiver Wahrnehmung beschäftigte. Das zunächst größte Hindernis stellte für mich meine mitgebrachte Ungläubigkeit und der Zweifel dar, *„so etwas"* zu können. Dabei kann ich mir heute gut vorstellen, dass ich als ein-eiiger Zwilling zu Beginn meines Lebens sehr viel Selbstverständlichkeit und Zeit im Zustand solchen Zutrauens mit meinem Bruder verbracht habe – sprachlos vermutlich. Ahnend-intuitiv.[39]

---

[38] Siehe auch Kapitel 9: Placebo, Anmerkung 2.
[39] Siehe auch Kapitel 3: Sprache als Quellpunkt menschlichen Erlebens, Anmerkung 2.

Dazu der Wiener Zahnarzt Allan Krupka: *„Von klein auf hat jeder Mensch eine ganz, ganz starke intuitive Komponente – so wie auch jedes Tier. Das Problem ist: Bei unserer schulischen Sozialisation wird diese Intuition, dieses ‚Instiktverhalten', praktisch immer mehr in den Hintergrund gedrängt. Und die Leute verlernen im Laufe der Zeit auf diese intuitiven Eingaben zu reagieren. Und das ist dann ein schwieriger Prozess für viele Leute wieder dorthin zu finden, von wo sie eigentlich herkommen. Was ist denn Intuition? Ist es nicht eine Art der Kommunikation, zu der wir einfach nur den Zugang verloren haben. Wo wir es einfach verlernt haben, diese nonverbale Sprache – diese Sprache auf einer anderen Ebene – zu senden beziehungsweise zu empfangen. Ich glaube, senden tut es eh jeder, aber das Empfangen ist das große Problem."* [40]

Dr. Allan Krupka leitet neben seiner Zahnarztpraxis auch die *Österreichische Gesellschaft für ärztliche und zahnärztliche Hypnose*, wo er fertige Mediziner in Hypnosetechniken ausbildet. Ein solches Vorgehen muss nicht zwangsläufig bedeuten, dass der Patient im klassischen Sinne hypnotisiert wird. Mitunter reicht auch schon die empathische Haltung des Arztes bei unangenehmen medizinischen Untersuchungen und Eingriffen. Der Patient entspannt sich, wird angstfreier. Auch diese einfühlsame Haltung lernen die Mediziner im Rahmen der Hypnoseausbildung. Hypnose ist eine Methode zur Trance-Induzierung. In der Trance ist der Patient entspannt, sein Unbewusstes ist zugänglich für neue Lösungen und für die Aufarbeitung von Ängsten, etwa auch solche, die zur Zahnarztphobie führen. Für die Hypnose ist Intuition wesentlich – sowohl beim Arzt als auch beim Patienten – sagt Allan Krupka: *„Bei der Hypnose lass ich mich total auf mein Gegenüber, auf den Patienten ein und ‚verschmelze' quasi mit ihm. Das heißt, wir sind quasi eine Einheit und da werden viele Informationen, die vom Patienten kommen, sozusagen zu mir 'rübergespielt und ich empfange sie als Empfänger und kann sie in Worte fassen oder weiß dann, worum es geht. Wenn sich jemand auf eine Hypnose einlässt, dann arbeitet er mit seiner Intuition, denn dann holt er aus seinem Inneren jene Ressourcen heraus, die notwendig sind, um ein gegebenes Problem zu lösen oder zu behandeln. Das heißt: Der Patient **wird** intuitiv wieder."*

Intuition – Systemische Aufstellungen

„Der Vorgang des ‚intuitiven Wahrnehmens' ist ein ungeheuer mutiger, denn Wahrheit – das Richtige – erscheint blitzartig und ganz kurz. Wenn ich irgendeinen Zweifel daran äußere, wenn ich mich frage: ‚Darf ich das?' – verschwindet die Wahrnehmung.", formuliert der bekannte Therapeut Bert Hellinger in einem Interview mit dem Fachmagazin *„Psychologie heute".* Die von ihm ins Leben gerufene Methode der „Therapeutischen Familienaufstellung" ist zwar umstritten, seine Techniken wurden jedoch von zahlreichen Psychotherapeuten und Wirtschaftsberatern übernommen und

---

[40] A. Krupka, in: „Gefühltes Wissen – Die Kraft der Intuition.", in: ORF, Radiokolleg, 2007, von: T. Arrieta (gilt auch für das nächste Zitat in Folge).

weiterentwickelt. Etwa von Siegfried Essen. Er ist Psychologe, Psychotherapeut und auch Ausbildner und Lehrtherapeut für Systemische Familientherapie sowie Integrative Gestalttherapie. In der Aufstellungsarbeit, so Siegfried Essen, geht es unter anderem um ein Leer-Werden von vorgefertigten Konzepten. Es geht darum, sich ganz jenen Gefühlen und Bildern zuzuwenden, die intuitiv entstehen. Für ihn bedeutet Intuition: *Gewahrsein in der Gegenwart* – ein Loslassen von Wissensmustern und ein Weitergehen vom Denken zum Spüren. Psychotherapeut Siegfried Essen: *„Sie haben vielleicht vorher schon intuitive Wahrnehmungen, aber Sie haben sie bisher unterdrückt, zugunsten von vernünftigen Überlegungen und logischen Schlussfolgerungen und handeln danach. Was jetzt in der Aufstellungsarbeit passiert, ist: Sie handeln mehr und mehr nicht nach Kopfkonzepten, sondern nach dem, was Ihnen Ihre innere Stimme sagt – oder Ihr Herz sagt, oder wie immer man die Intuition auch nennen mag. Und das ist ein Risiko, weil man kann abgelehnt werden, wenn man auf jemanden zugeht. Jemand kann sich erschrecken, wenn man jemand berührt. Jemand kann beleidigt sein, wenn man weggeht, und so entsteht plötzlich was Neues in diesen Systemen. Aber dazu sind die Leute – die ja unter alten, immer wiederholten Mustern leiden – ja da, dass sie mal was Neues erleben. Dass das System verlebendigt wird, ins Fließen kommt, die Blockierungen aufgelöst werden. Und das geschieht, je mehr sich die Systemmitglieder dieser Intuition anvertrauen.“* Und weiter: *„Viele kommen ja zur Aufstellungsarbeit nur, um diese Haltung des Nichtwissens – die Intuition – zu üben. Das ist eine Übung wie die Meditation, oder Ähnliches. Das Problem aller Probleme ist unsere innere Unfreiheit, unsere Bezogenheit auf angelerntes Wissen, unsere Automatismen. Wie ja Freud auch schon gesagt hat: ,... unsere Abwehrmechanismen, die aus Angst und aus Sicherheitsbedürfnis entstehen'. Ich denke, dies ist der Hauptsinn unserer Existenz: Ausweitung unseres Verhaltens und unseres Bewusstseinsradius – also Befreiung von inneren Zwängen, Mustern, Süchten. Freud hat von ,Abhängigkeit und Gegenabhängigkeit' gesprochen. Und es geht immer um Befreiung, um innere Befreiung. Und dazu braucht es Mut. Mut und Risikobereitschaft.“* [41]

Mut und Risikobereitschaft – dies darf mit Fug und Recht gesagt sein – ist ein ganz entscheidender psychosozialer Richtwert, um zu erleben, was das Leben IST. Dafür aber braucht es Vertrauen ins Leben. *Vertrauen ins Leben bedingt aber auch Vertrauen in die eigenen Integrität sowie Zutrauen zu sich selbst und zur eigenen Bereitschaft, größtmögliche Verantwortung für sein Leben zu übernehmen, für alles, was da kommt.* [42] Dies halte ich primär nicht nur für eine Gabe, sondern vielmehr für eine Fähigkeit, die oftmals auch erst wieder neu entdeckt und entwickelt werden will. Hand in Hand damit entfaltet sich in der Folge die Bereitschaft – auch wieder eine Fähigkeit, nämlich reales Vertrauen auch in den anderen, neu zu finden, beziehungsweise – einfach zuzulassen. Empathie – Interesse für den anderen: Staunen, als *„Denken-in-unbegriffener-Form"* wirkt da

---

[41] S. Essen, in: *„Gefühltes Wissen – Die Kraft der Intuition.",* in: *ORF, Radiokolleg, 2007,* von: T. Arrieta.

[42] Siehe auch Kapitel 13: Vertrauen, Anmerkung 11.

geradezu Wunder. Überlegen, nachdenken steht dieser Entwicklung – auch meiner eigenen Erfahrung nach – auf meist krass unterbewertete Weise entgegen. Was auf diesem Feld eine schlagartige Veränderung bewirkt, ist: *Fühlen*. Eine hohe Herausforderung für unsere gewohnheitsmäßig sehr verstandesausgerichtete Kultur-Spezies. Doch es beginnt mittlerweile selbst die Ratio, gestützt auf diverse wissenschaftlich belegte Untersuchungen, uns klarzumachen, in welcher Art diesbezüglich neue Wege zu beschreiten sind. Das seit Jahrhunderten verfochtene Primat eines allesbeherrschenden Verstandes erscheint heute mehr und mehr als in-die-Jahre-gekommen, während Fühlen einen neuen Frühling in unserem Bewusstsein erleben darf. Mehr und mehr sozusagen: neu-in-Mode. Ja, mehr als das: Es darf – mit wissenschaftlich fundierter Unterstützung – wieder in seine angestammten (Menschen-)Rechte inauguriert werden ...

So findet somit heute eine unvorhergesehene und in dieser Weise vom Verstand wohl auch so nicht vorgesehene Wende im zeitgenössischen Bewusstsein statt. Sie wurde durch die bahnbrechende Arbeit des portugiesischen Neurologen António Damásio von der University Iowa eingeleitet. Interessanterweise sind es maßgeblich die Kognitionswissenschaften, welche diesen Paradigmenwechsel für das menschliche Bewusstsein mitbewirkt und mit ihren aussagekräftigen Untersuchungen die Nase vorne haben. Damásio zählt zu den derzeit renommiertesten Neurologen der Welt. Mittels genialer Versuche erforschten er und seine Frau über Jahrzehnte die Wechselwirkungen zwischen Körper und Bewusstsein. Aus seinen zahlreichen empirischen Untersuchungen auf diesem Feld der angewandten Bewusstseinsforschung schloss Damásio, dass die über Jahrhunderte behauptete Trennung zwischen Körper und Geist, wie sie z.B. Descartes formulierte, falsch sei. Damásio konnte vielmehr zeigen, dass beide – Körper und Geist – einander bedingen. [43] Einen Beleg für seine Thesen liefern etwa jene Experimente mit gehirngeschädigten Probanden. Während ihre Intelligenz völlig normal ist, sind jedoch durch Schädigungen im Bereich des Stirnlappens ihre Gefühlsfähigkeit und somit auch ihre Intuition nicht mehr vorhanden. Es stellte sich heraus, dass diese Menschen unfähig sind – selbst einfachste – Entscheidungen zu treffen. Etwa die Bestellung eines Getränkes im Restaurant. So geben sie zwar mitunter eine wahre Flut von Gründen an, warum sie dieses oder jenes Getränk möchten, sie können jedoch nicht aktiv entscheiden.

Fazit von Damásios Untersuchung: *Entscheidungen, welche Menschen treffen, beruhen auf Gefühlen, und wo solche nicht mehr da sind, werden Entscheidungen verunmöglicht.* Nur die Fähigkeit zu fühlen, versetzt uns in die Lage Entscheidungen zu treffen und diese – real gewollt – durchzutragen und damit zur *uns-eigenen-Realität* zu machen. Verschiedenartig logische Begründungen – sogenannte: „Entscheidungskriterien" – werden in der Regel im Nachhinein „erfunden". Wenn kein Gefühl – oder

---

[43] Wichtige Werke Antonio Damásios sind unter anderem: „*Ich fühle, also bin ich – Die Entschlüsselung des Bewusstseins.*", München 2000; *Descartes´ Irrtum – Fühlen, Denken und das menschliche Gehirn.*", München 1994; sowie gemeinsam mit Hanna Damásio und Yves Christen: „*Neurobiology of Decision-Making.*", Berlin 1996.

nur auch keine Emotion – vorhanden ist, ist es nicht möglich, sich angemessen zu entscheiden beziehungsweise überhaupt Entscheidungen zu treffen. Was dieses Bild oft verzerrt und täuscht, ist die Versuchung, entsprechend rationale Erklärungen im Nachhinein beizufügen. Oft beruft man sich hernach nur deswegen auf die Vernunft, um nur ja ernst genommen zu werden, anstatt zuzugeben, dass man einfach auf sein Gefühl gehört hat. Damásio trennt zwischen Emotionen (emotions), die er als die durch somatische Marker verursachten Körperzustände beschreibt, und Gefühlen (feelings), die das bewusste Wahrnehmen der emotionalen Körperzustände darstellen." [44] So betont er auch: *„Das ‚Aussehen' von Emotionen kann* (mit künstlicher Intelligenz) *simuliert werden, doch wie sich Gefühle anfühlen, lässt sich nicht in Silizium nachbilden. Gefühle lassen sich nicht simulieren."* [45]

Ganz ähnlich unterscheidet Bruno Würtenberger, entsprechend eigener empirischer Bewusstseinserforschungen und Einsichten zwischen „Emotionen" und „Gefühlen": *„Ich unterscheide hier also deutlich zwischen Emotion und Gefühl. Emotionen sind immer Reaktionen auf von uns mit Bewertung aufgeladene Erfahrungen, wogegen Gefühle ungetrübt dem entsprechen, was gerade ist. Gefühle sind also etwas Gegenwärtiges, Emotionen nicht. Emotionen sind stets zeitversetzt. Sie sind stets mit Deiner Bewertung verknüpft und entstehen als Reaktion auf etwas Vergangenes oder Zukünftiges. Emotion* (engl.: emotion) *bedeutet auch ‚in Bewegung'. Emotionen versetzen Dein Inneres in Bewegung, sie sind aufwühlend, stürmisch, unruhig und aufwallend, wogegen Gefühle eher ruhig und berührend sind. Diesen Unterschied zu kennen, ist wichtig. Emotionen nehmen Dich in Beschlag, sie ergreifen Besitz von Dir und verzerren und trüben das klare Meer Deiner Gefühlswelt. Gefühle kannst Du bestimmen, Emotionen bestimmen Dich! Dies ist ein kleiner, aber sehr wesentlicher Unterschied."* [46] Allerdings unterscheidet er weiters auch noch bezüglich der Art einer getroffenen Entscheidung zwischen „reaktiv" und „aktiv" – und somit frei: *„Jeder Mensch hat die Möglichkeit reaktiv, aufgrund von Reaktionen seiner Muster oder aktiv, aufgrund unbeeinflusster, bewusster Entscheidungen, welche auf seiner Intuition beruhen, zu leben. Unbeeinflusste Entscheidungen sind unabhängig von irgendwelchen ‚logischen Fakten' oder Überlegungen und werden auch nicht aufgrund von Emotionen getroffen. Klare, freie Entscheidungen beruhen auf Intuition."*

Damásios Grundgedanken, die er schon 1994 in dem Buch „Descartes' Irrtum" vorstellte, hatten in der Fachwelt durchschlagenden Erfolg. Sein Buch wurde in siebzehn Sprachen übersetzt und lieferte unter anderem Daniel Goleman die Vorlage zu dessen Verkaufs-

---

[44] http://de.wikipedia.org/wiki/Antonio_Damasio; A. Damásio: „Descartes' Irrtum – Fühlen, Denken und das menschliche Gehirn.", München 1995, S. 178f.

[45] A.R. Damásio: „Ich fühle, also bin ich – Die Entschlüsselung des Bewusstseins." TB, Berlin 2009, S. 377.

[46] B. Würtenberger: „Free Spirit-Grundkurs – Teil 1", Zürich, 2005, S. 16 (gilt auch für das nächste Zitat in Folge).

schlager „*Emotionale Intelligenz*". [47] Diese Erkenntnisse hat die Psychotherapeutin und Unternehmensberaterin Regina Obermayr-Breitfuß konsequent umgesetzt. Sie selbst hatte nach jahrelanger Berufstätigkeit als Therapeutin, Lehrbeauftragte und Weiterbildnerin ihrer inneren Eingebung folgend, wie sie es bezeichnet, ihre Praxis aufgegeben und ist für ein Jahr in die USA gegangen, um bei der Intuitions-Trainerin Gail Ferguson ein Lehrstudium zu absolvieren. Wie Obermayr-Breitfuß berichtet [48], erlebte Ferguson, dass bestimmte Techniken, die sie schon lange anwandte, für viele Menschen keineswegs selbstverständlich sind und dass die ihr dort vermittelten Techniken nichts anderes als beschreibende Begriffe jener ihr längst selbstverständlichen, namenlosen Methode waren: „Intuition" – intuitives Lernen. Ihr Erstaunen war offensichtlich groß. Später studierte sie Neurobiologie und Transpersonale Psychotherapie. Ferguson bezeichnet sich selbst als Erziehungspsychologin mit klassisch-psychologischem Hintergrund. Nach mehr als 25-jähriger Beschäftigung mit dem Thema Intuition veröffentlichte sie 1999 ihre Erfahrungen in ihrem Buch: „*Cracking the Intuition Code.*" Im Rahmen ihrer Tätigkeit kooperierte Ferguson mit internationalen Behörden wie FBI, Scotland Yard oder der israelischen Polizei, aber auch mit den Leitern großer Institutionen (Krankenhäuser, Medien, Regierungen), welche sie um ihre „intuitiven Informationen" ersuchten; alle – mit durchwegs positiven Rückmeldungen. Anzahl der Konsultationen über die Jahre: etwa 20 000. [49] Schließlich begann Ferguson ihre eigene Lehrtätigkeit. In ihrem Buch beschreibt sie, welch faszinierende Erfahrung es für sie als Lehrende gewesen sei, die eigene Intuitionsfähigkeit auch bei anderen Menschen als das zu erfahren, was diese für sie schon immer gewesen ist: eine allgemeinmenschliche Fähigkeit – „*...etwas komplett Normales unter anderen menschlichen Wesen.*" [50] Nach jahrzehntelanger Erfahrung und Auseinandersetzung mit dem Wesen der Intuition fasst Ferguson ihre Forschungsergebnisse so zusammen: „*Intuition ist ein sensorischer Prozess im menschlichen Wesen, der durch besondere Arten von Interaktionen aktiviert wird, sowohl innerhalb als auch außerhalb unseres Körpers, was unsere Stabilität und optimale Funktionsweise beeinflusst. Dieser sensorische Prozess beeinflusst unser Verhalten, unsere Gefühle und, oder, unsere Gedanken, sodass wir uns entweder unbewusst bewegen und einen weiteren Schritt tun, oder faktische Informationen für unsere Entscheidungen darüber erhalten, in welche Richtung wir unsere nächsten Schritte setzen sollen.*"

Die Anerkennung der Intuition durch die Forschungen der Kognitionswissenschaften leitete auch auf dem Feld von Bewusstsein einen Paradigmenwechsel vom mechanistischen hin zum holistischen Weltbild ein. Intuition – als Kraft verstanden – verbindet die biologische Realitätsebene mit der Energie / Bewusstseins-Realitätsebene.

---

[47] Siehe selbes Kapitel, Anmerkung 9.

[48] R. Obermayr-Breitfuß: „*Intuition – Theorie und praktische Anwendung.*", 2005, S 249f.

[49] R.Obermayr-Breitfuß, in: „*Gefühltes Wissen – Die Kraft der Intuition.*", in: *ORF, Radiokolleg, 2007*, von: T. Arrieta.

[50] R. Obermayr-Breitfuß: „*Intuition – Theorie und praktische Anwendung.*", 2005, S 249f (gilt auch für die nächsten Zitate in Folge).

Sie erscheint als eine angeborene Fähigkeit und produziert benötigte Information, um unser Überleben zu sichern. *„Evolutionsbiologen würden sagen, dass der Hauptzweck der Intuition das physikalische Wachstum und die Anpassung sei, die sicherstellt, dass unsere Art weiter existieren kann. Das ist natürlich völlig richtig."*

Regina Obermayr-Breitfuß aus ihren persönlichen Erfahrungen mit Gail Ferguson als Ausbildnerin: *„Sie hat mir zum Beispiel in ihrem Praxisraum Gegenstände aufgestellt – immer sozusagen für jede Woche einen Gegenstand – und aus 10 km Entfernung lernte ich dann diesen Gegenstand intuitiv wahrzunehmen. Also eine Art ‚Reading' – wie man das im Englischen nennt. Diese Art der Fernwahrnehmung war für mich damals völlig neu. Ich hab mir auch nicht vorstellen können, dass ich das kann. So im langsamen Üben – damals hab ich noch mehrere Monate gebraucht, bis ich wirklich die ersten erfolgreichen Ergebnisse hatte – habe ich dann Vertrauen bekommen, dass es tatsächlich eine Wahrnehmungsfähigkeit in mir gibt, wo ich sogar aus Entfernungen Dinge wahrnehmen kann, die ich dann natürlich auch überprüfen konnte, ob ich auch wirklich richtig wahrgenommen hatte."* [51]

Nach Abschluss des Lehrgangs bei Ferguson betrieb Regina Obermayr-Breitfuß noch eine zweijährige Feldforschung auf Hawaii und Samoa. Dort stellte sie fest, dass besonders in den polynesischen Kulturen der Zugang zur Intuition etwas ganz Natürliches ist. Obermayr-Breitfuß: *„Besonders bei den Samoanen hab ich das erlebt. Die beziehen das zum Beispiel auch in politischen Entscheidungsprozessen mit ein, dass ganz klar die Intuitionsebene befragt wird. Zum Beispiel ist es darum gegangen, ob ein Hotel verkauft werden soll oder nicht. Irgendeine japanische Firma wollte das kaufen. Und dann hab ich erlebt, dass sie einfach sozusagen die Augen geschlossen haben und selbst befragt haben – die Intuition erstmal – ob überhaupt diese Unterlagen stimmen und dann, was sie jetzt sozusagen als Information bekommen aus der intuitiven Dimension zu dieser Problemstellung, ob das jetzt verkauft werden soll oder nicht. Dies Ergebnis haben sie dann beraten und haben dann reflektiert und es war einfach – genauso wie man sozusagen logisch denkt – war das ein intuitiver Denkprozess, der für sie selbstverständlich ist."* Ihrer Ansicht nach ist der intuitive Zugang in jenen Kulturen stärker, die mit großen Unsicherheiten zurechtkommen müssen. Das müssen nicht nur naturverbundene Völker wie die Samoaner sein. Ähnliches hat Regina Obermayr-Breitfuß auch in Kalifornien erlebt. *„Los Angeles ist zum Beispiel schon so eine Stadt, die dauernd bedroht ist mit Hurrikan oder sonstigen Gefahren. Ich hab ja damals auch Brandstiftungen erlebt, wo wir dann drei Tage lang eingesperrt waren. In solchen Umgebungen sozusagen, dort wo eine plötzliche Not auftreten kann, sind die Menschen besonders mit dieser intuitiven Antenne verbunden. Sie spüren oft Tage oder Wochen voraus die Gefahr, sind auch sehr sensibilisiert und sprechen auch darüber ganz offen, da werden auch mehr Träume ausgetauscht, dass irgendwie etwas ‚im Kommen' ist. Das war für*

---

[51] R.Obermayr-Breitfuß, in: „Gefühltes Wissen – Die Kraft der Intuition.", in: ORF, Radiokolleg, 2007, von: T. Arrieta (gilt auch für die nächsten Zitate in Folge).

mich damals sehr erstaunlich, weil ich hätte mir gewisse Phänomene in Österreich noch gar nicht erzählen getraut, ohne dass man als unprofessionell hingestellt wird."

Heute bietet Regina Obermayr-Breitfuß Intuitionstrainings für Führungskräfte ebenso wie für Hausfrauen an, macht Organisationsentwicklungen und Consulting für Groß- und Kleinbetriebe. Wenn sie über Intuition spricht, klingt immer wieder auch ihre eigene biographische Betroffenheit und Dankbarkeit an. Zum Beispiel, wenn sie über ihre eigenen Entwicklungen – im Blick zurück –, spricht: *„Die Intuition erkennt man – sie ist die stillste Stimme im Inneren. Sie ist ganz fein! Ich kann erkennen, etwas ..., das sofort dann als eine Antriebskraft im Organismus da sein kann, wo man sagt: Wie gibt es das? Ich war grad noch 5 Minuten vorher vielleicht noch ziemlich müde oder erschöpft und jetzt kommt die Erkenntnis und jetzt fühl ich, so geht's und plötzlich ist eine enorme Energie da, wo man sich fragt: Woher kommt es nur? Was glauben Sie – ich als das fünfte Kind von sieben Kindern – ich wär' ohne die Intuition niemals in die Südsee gekommen! Weil ich komm' aus einem Bergdorf und da ist man sehr vorsichtig: Da draußen die Welt – ist ein bisserl gefährlich. Aber die Intuition macht wahnsinnig mutig und sie gibt auch die Kraft, wenn ich zum Beispiel fühle, Handlungen im Leben setzen zu müssen – und mein Umfeld ist vielleicht damit noch gar nicht einverstanden. Als ich nach Amerika gegangen bin, war es überhaupt kein Fach-Thema, dass man nach Amerika geht, um ‚Intuition' zu studieren. Es war 1990 geradezu noch – beinahe eine Scharlatanerie. Dass ich aber so mutig war, um mich aus dem ganzen Kollegenkreis – aus den fachlichen Kreisen usw. – herauszubewegen, das ist eigentlich ...! Ich sag: Ja, woher nimmt man denn diese Kraft, dass das möglich ist?! Und das ist das Erstaunliche. Es war einfach so in Übereinstimmung mit meinem Innersten, dass von dorther die Kraft gekommen ist."*

Mediation – Intuitives Einstimmen in individuelle Bedürfnisbereiche

Intuitionsschulungen haben auch das Berufsleben von Dr. Elisabeth Pira-Stemberger, einer Salzburger Rechtsanwältin, sehr positiv verändert. Sie selbst meint dazu: *„Gerade im Anwaltsberuf ist es auch ganz wichtig, dass man zur richtigen Zeit die richtige Interventionstechnik setzt, oder dass man auch spürt, was im Gegenüber jetzt gerade abläuft. Man weiß ja zwischenzeitlich, dass bei der Kommunikation 20 % verbal ist und 80 % nonverbal. Das heißt also, dass jemand ganz etwas anderes sagen kann, als er fühlt und denkt. Und es ist ganz wichtig, dass man da das richtige Gespür dafür entwickelt beziehungsweise glaube ich sogar, wir haben alle das richtige Gespür, wir trauen uns nur nicht mehr, uns darauf zu verlassen."* [52] Es sei wichtig, diese Art von Grundfertigkeiten wieder zu lernen, meint die Rechtsanwältin. *„In meiner Kanzlei habe ich auch relativ viele Scheidungen und ich habe, bevor ich mich da so hineinbegab, jahrelang einen*

---

[52] E. Pira-Stemberger, in: „Gefühltes Wissen – Die Kraft der Intuition", in: ORF, Radiokolleg, 2007, von: T. Arrieta (gilt auch für die nächsten Zitate in Folge).

Prozess geführt, also wirklich einen grauenhaften Rosenkrieg, und dann hab ich mich mehr in dieses Thema hineinbegeben und angefangen, im Zuge des Verfahrens, so wie ich es im Rahmen auch der Mediationsausbildung – muss ich jetzt auch dazusagen – gelernt habe, aber auch mit der Intuition auf den Gegner einzugehen, zu spüren, was braucht der jetzt und ihm das auch zu geben. Das war ,Anerkennung', das war auch mal eine gewisse Form, dass er auch wirklich gehört wird. Dass man sagt: O.k., was Sie jetzt gesagt haben, das kommt bei mir an und ich spüre jetzt, es wäre für Sie so oder so gut. Das hat das Ganze aufgelöst. Wir waren innerhalb eines Monates mit einem Prozess fertig, den wir sicher 4-5 Jahre geführt haben." Elisabeth Pira-Stemberger übte täglich und praktizierte das von Regina Obermayr-Breitfuß beschriebene Objekt-Reading: *„Ich hab zum Beispiel mit einer Teilnehmerin an dem Kurs geübt – wir haben uns Objekte auf die Terrasse gelegt, sie jeweils auf ihrer Terrasse, ich auf meine – man weiß nicht, was sie hinlegt. Man kann sich dann einspüren, einfühlen und kann intuieren, was das für ein Objekt ist. Man sagt zum Beispiel: Es ist ein Gegenstand aus Stoff, bei dem auch Metall beinhaltet ist... . Und es kommt oft ganz, ganz nahe, manchmal kann man es zeichnen. Also, das ist beschreibend. Die Intuition ist eine sehr beschreibende Sprache und es ist auch etwas sehr Freilassendes. Man kann es nicht erzwingen. Das ist eine Gabe, die manchmal gegeben wird und manchmal geht es auch gar nicht. Dann muss man am Üben dranbleiben und halt durch Wochen hindurch das weiter versuchen. Da gibt es Phasen, da funktioniert es besser und dann gibt es auch wieder Phasen, da funktioniert es gar nicht. Aber ich meine, das ist nur **eine** Form, die Intuition zu schulen. Wir haben dann auch ganz gute Regeln mitbekommen. Dass – zum Beispiel – wenn jemand bei der Tür reingeht oder rausgeht, er immer die wichtigsten Dinge noch bespricht. Das hab ich mir gemerkt – und das stimmt. Ich hab ja lange, ja, stundenlange Besprechungen und wenn dann jemand bei der Türe rausgeht, dann sagt er mir erst das, was wirklich wichtig ist oder dazu noch, was ganz wichtig ist."* Seit sie ihre Intuition auf diese Weise schult, hat sich ihre berufliche Haltung wesentlich geändert. Pira-Stemberger: *„Ich bin vielleicht von diesem ,Nur-Kämpfen' weggekommen und es ist mehr lösungsorientiert. Es hat sich für mich insofern verändert, als es mich persönlich etwas entspannter macht. Ich kann mich offener hineinspüren. Früher hab ich immer gedacht, ich muss genauso kämpfen wie die Gegenseite. Aber: Die Gegenseite ist auch nur verunsichert. Nicht dass ich jetzt als Anwältin nicht kämpfe, natürlich vertrete ich die Position, nur: Dazu hab ich ja einen Anwalt, dass der mit einer gewissen Distanziertheit und nicht ganz so emotionell wie die Partei selber agiert. Es kann ja auch ein anderer Kollege zu sehr in die emotionelle Schiene gehen. Wenn der da zu weit hineingeht, dann ist man vom sachlich richtigen, wirklichen Arbeiten schon ein bisschen weg. Das ist nicht gut, das ist nicht produktiv. Das lieben auch die Richter nicht besonders. Und da haben wir in der letzten Zeit – kommt mir vor – haben wir uns dort schon hinbegeben, um da wieder auch ein bissl die richtige Form der Kommunikation mit Achtung hineinzubringen. Das find ich in der heutigen Zeit wirklich wichtig. Und da gehört Gefühl dazu, da gehört diese Intuition dazu: Wann passt jetzt die richtige Frage oder auch die richtige Antwort?"* Wer die Stimme der Vernunft durch die Stimme des inneren Gefühls ergänzt, kann dadurch zu mehr Lebensvertrauen finden und zu mehr Lebensintensität – so Pira-Stemberger. Denn die Informationen sind bereits vernetzt, man müsse sich nur einklinken in dieses Netzwerk.

Seit der Jahrtausendwende erlebt die Intuitionsforschung einen wahren Boom. Intuition steht vielfach für das Irrationale, Unkontrollierbare und damit eigentlich dem wissenschaftlichen Anspruch nach Ordnung und Gesetzmäßigkeit entgegen. Doch – wie wir sahen: Auch die Naturwissenschaft hat bereits wahrgenmmen, dass es nicht möglich ist, mit der Ratio alleine zu entscheiden. *„Wenn man gar nicht gegen die Vernunft sündigt, kommt man zu überhaupt nichts"*, sagte sogar bereits ein Albert Einstein. Auch aktuelle „Fehlerforschung" hat gezeigt, dass zum Beispiel die meisten Fehler dann geschehen, wenn menschliche Erwartungen *überraschend* nicht eintreten. Dann sind wir am anfälligsten für Fehler. Die Forschung vermutet auf Grund der Forschungsergebnisse eine Korrelation – einen verbindenden Zusammenhang – von effizienter Fehlervermeidung und Intuition. Intuition scheint die beste Methode zum Vermeiden von Fehlern. [53]

Nochmals die Psychotherapeutin und Unternehmensberaterin Regina Obermayr-Breitfuß: *„Das hat schon auch etwas mit einer Portion Demut zu tun. Das ist wirklich eine freilassende Gabe. Die Intuition ist so etwas, das lebenserhaltend ist. Das ist wie ein kurzer Wischer. Das ist wie: Pass auf jetzt! oder: Wenn Du das jetzt tust, das könnte gefahrvoll sein. Aber das kommt einmal kurz und ist nicht nachhaltig. Das ist wirklich etwas Freilassendes. Man hat den freien Willen, sich ,dafür' oder ,dagegen' zu entscheiden. Es wird bei Ihnen wahrscheinlich auch schon so gewesen sein, dass Sie sich im Nachhinein gedacht haben: Ah, das hab ich eh gespürt, da hätt' ich jetzt anders reagieren sollen. – Ich hab's gespürt, aber ich hab gegen dieses Gespür gehandelt. Es kommt immer wieder mal vor und wenn man dann achtsamer ist, dann kann man es eben schulen. Manchmal hat man jemanden, da denkt man sich, mit dem kann man nicht so gut arbeiten, das spürt man manchmal wirklich bei der ersten Begegnung. Wenn man über dieses Gespür drübergeht, dann kommt im Nachhinein vielleicht keine so gute Zusammenarbeit heraus. Zwischenzeitlich verlass ich mich auf dieses Gefühl, sprech' das auch ganz offen an und sage: Ich denke mir, Sie würden vielleicht besser zu jemand anderem passen. Das ist wichtig."* [54]

Savant-Fähigkeiten – Intuitives Erfassen von Wahrnehmungen

Die verblüffenden Fähigkeiten von Menschen mit dem sogenannten „Savant-Syndrom" – eine, wissenschaftlich besehen, sehr seltene Form des Autismus (es gibt weltweit nur etwa fünfzig sogenannte „*Savants*") – haben schon seit langem Kognitionswissenschaftler in hohem Maß herausgefordert. Savants – französisch für „*Wissende*" – sind

---

[53] Zitiert in: *„Schaltzentrale Gehirn"*: *„Fehler-Forschung.",* in: *Wissen aktuell.* in: *3sat, 17.3. 2009.*

[54] R. Obermayr-Breitfuß, in: *„Gefühltes Wissen – Die Kraft der Intuition.",* in: *ORF, Radiokolleg, 2007,* von: T. Arrieta.

„anders": Sie sind – meist einseitig – Höchstbegabte. Kaum einer dieser heute bekannten Menschen mit derartigen Fähigkeiten kann selbständig leben oder über die eigenen Denk- und Wahrnehmungserfahrungen klare Auskünfte geben.

Insofern bieten die Schilderungen von Daniel Tammet [55] einen sehr spezifischen Einblick – nicht nur in seine innere Welt und deren Art der Wahrnehmung – sondern auch, was Intuition vielleicht noch sein kann. Es sind nicht nur Tammets intuitive Rechen-fähigkeiten, die Begabung, Zahlen als Formen in unterschiedlichen Farben, Strukturen und Bewegungen zu identifizieren, es ist auch eine verstandesmäßig nicht fassbare Art des Spracherwerbs, welche völlig neue Aspekte dessen, was menschlicher *Geist* ist, aufzuwerfen imstande ist (Eine der grammatikalisch schwierigsten Sprachen der Welt – Isländisch – erwarb Tammet sich in nur einer Woche. [56]). Das wohl Außergewöhnlichste an den Möglichkeiten aber, über welche Tammet verfügt, ist die Fähigkeit, seine Art der Wahrnehmung selbst zu reflektieren und sie zu beschreiben. *„Daniel Tammets Sichtweise lässt uns unser eigenes Leben mit anderen Augen sehen. Er eröffnet uns den Blick für die Wundermaschine Gehirn. Er rückt das Wesen Mensch in ein anderes Licht."* [57]

Tammet selbst beschreibt die Art, wie er schwierigste Rechenoperationen – schneller als ein heutiger Computer und stets verlässlich richtig – berechnet, folgendermaßen: *„Wenn ich eine Multiplikation durchführe, sehe ich die beiden Zahlen als verschiedene Formen. Das Bild verändert sich und eine dritte Form taucht auf – die richtige Lösung. Das dauert nur Sekunden und geschieht ganz spontan. Es ist, als würde man rechnen ohne nachdenken zu müssen."* [58] Daniel Tammet, heute dreißig Jahre alt, hat also die wunderliche – wunderbare – Gabe, jede Zahl bis 1000, aber auch darüber hinaus, nicht nur einfach in Farbe zu sehen, sondern als ganz bestimmte Form, Struktur und Bewegung – immer wieder auch als Gefühlston. Rechnungs-Lösungen zeigen sich ihm dann als der Zusammenfluss dieser Formen, Farben und Strukturen zu neu entstehenden Verbindungen. [59] Was für eine erstaunliche Ganzheitlichkeit der Wahrnehmung! Liest man Tammets Buch, so wird seine große Liebe und Hingabe an diese Welt der Zahlen auch für den staunenden Leser immer wieder fühlbar. Zum Beispiel, wenn er sagt: *„Manchmal schließe ich die Augen und stelle mir die ersten dreißig, fünfzig oder hundert Zahlen vor, während ich sie räumlich, synästhetisch erlebe. Dann sehe ich sie vor meinem geistigen*

---

[55] D. Tammet: *„Elf ist freundlich und Fünf ist laut – ein genialer Autist erklärt seine Welt."*, Düsseldorf 2007.

[56] *„Der Dokumentarfilm ‚Brainman', der erstmals im Jahr 2005 in Großbritannien ausgestrahlt wurde, belegt, wie er in sieben Tagen die isländische Sprache meistert und seine neu erworbenen Kenntnisse am Ende der Woche in einem Life-Interview im Fernsehen anwendet, in dem er sich angeregt mit den isländischen Moderatoren unterhält."* D. Tammet: *„Elf ist freundlich und Fünf ist laut – ein genialer Autist erklärt seine Welt."*, Düsseldorf 2007, S. 9.

[57] D. Tammet: *„Elf ist freundlich und Fünf ist laut – ein genialer Autist erklärt seine Welt."*, Düsseldorf 2007, Melanie Mühl, Redakteurin der Frankfurter Allgemeinen Zeitung, Buchumschlag.

[58] Ebenda, S. 18.

[59] Ebenda, S. 10.

Auge ganz deutlich, wie schön und besonders die Primzahlen sind, weil sie sich so scharf von den anderen Zahlen abheben. Das ist genau der Grund, weshalb ich mich gar nicht daran satt sehen kann. Jede ist ganz anders als die vorhergehende und die nachfolgende. Ihre Einsamkeit unter den anderen Zahlen macht sie so auffällig und so interessant für mich. Wenn ich abends einschlafe, gibt es manchmal Momente, in denen sich mein Kopf plötzlich mit hellem Licht füllt und ich nur noch – Hunderte, Tausende – Zahlen sehe, die über meine Augen schwimmen. Es ist ein wunderschönes und beruhigendes Erlebnis für mich. In manchen Nächten, wenn ich Schwierigkeiten habe einzuschlafen, stelle ich mir vor, dass ich in meinen Zahlenlandschaften spazieren gehe. Dann fühle ich mich glücklich und geborgen. Ich habe nie Angst, mich zu verlieren, weil die Formen der Primzahlen wie Wegweiser wirken." [60]

Vermutlich sind es primär Daniel Tammets Liebe und Hingabe zu diesem Bereich der Welt, welche seine intuitive Sicherheit im Umgang mit dieser Ebene fließen lassen und bestärken. Tammets gewachsene zwischenmenschliche Kraft bestätigt offenbar jeder, der ihm begegnet. Er selbst meint heute von sich, dass er „*... über seinen Autismus hinausgewachsen sei.*" [61] Den Tag, an welchem Tammet – zwanzigjährig – beschloss, seiner gewohnten, Sicherheit gebenden Umgebung mutig *adieu!* zu sagen, um hinfort an den Erfolg seiner umwälzenden Unternehmung mit der ihm eigenen Gewissheit zu glauben, beschreibt er in seinem Buch – auch für alle so genannten gesunden oder zumindest normalen Menschen – schlicht und beeindruckend: „*Einerseits hatte ich natürlich Angst vor der Reise und fragte mich, ob die Stellenvermittlung erfolgreich verlaufen würde oder nicht. Aber da war auch noch eine andere Empfindung, eine freudige Aufregung, weil ich mein Leben und mein Schicksal endlich selbst in die Hand nehmen würde. Es war eine atemberaubende Vorstellung.*" [62] Kaunas, die zweitgrößte Stadt in Litauen, war für den gebürtigen Briten weit genug entfernt von allem Gewohnten, um mutig Neuland um sich zu bauen. Heute lebt Daniel Tammet in Kent und leitet erfolgreich ein Online-Unternehmen, das Sprachkurse anbietet. Seine persönliche Botschaft ist einfach: „*Man muss nicht behindert sein, um anders zu sein, denn jeder ist anders.*" [63] Und an Eltern gewandt: „*Vor allem sollten Sie Ihrem Kind so viel Selbstvertrauen vermitteln, dass es an seinen Träumen festhält, denn sie sind es, die seiner Zukunft Gestalt geben.*" [64]

Telepathie

„Die Forschung wird einfach bestätigen, was Wissenschaftler und Laien bereits wissen, aber dieses Wissen vielleicht noch nicht richtig ernst nehmen und begriffen haben:

---

[60] Ebenda, S. 23.
[61] Ebenda, S. 11.
[62] Ebenda, S. 137.
[63] Ebenda, S. 221.
[64] Ebenda, S. 61.

Alle Organismen, auch Menschen, nehmen ihre Umgebung durch Energiefelder wahr und kommunizieren durch sie. Weil wir Menschen vorwiegend auf die gesprochene und geschriebene Sprache fixiert sind, haben wir unsere Wahrnehmung der energetischen Kommunikation vernachlässigt. Wie jede biologische Funktion verkümmert sie aber, wenn sie nicht gebraucht wird." [65] Kennen Sie das Gefühl, wenn Sie intuitiv wissen, dass etwas, was Sie im Begriff sind zu tun oder auszusprechen, richtig ist – ohne dass Sie irgendeine Begründung dafür haben? Telepathie *funktioniert* nur dann, wenn Intuition zugelassen wird. Wenn zugelassen wird, dass es kein Argument des Verstandes gibt, *warum* man jetzt etwas sagt, jetzt – *gerade das* – tut. Dann aber kann man etwas höchst Interessantes erleben: Es gibt zwar keinerlei rechtfertigendes Argument, wie es unser Verstand so gerne zur Verfügung hätte, nichts, was einen selbst – vor sich selbst oder anderen – als ernstzunehmenden, seriösen Zeitgenossen bestätigen könnte. Nichts, was etwas rational Nachvollziehbares an sich trägt, aber etwas, was sich, intuitiv – vom Herzen betrachtet – als richtig anfühlt. Spricht man *derartig* Intuitives aus, so kann man erleben, dass sich überraschend rational fassbare Lösungen ergeben und andere Menschen verblüfft fragen, woher man diese – treffende – Einsicht gerade her habe. Auch ich selbst kenne dieses Gefühl gut, das sich hinter der Überzeugung verbirgt: Ohne geeignete *Begründung* meines Handelns könne ich einfach nicht eigenverantwortlich zu mir stehen. [66] Ich meine dieses intensive Gefühl: Du musst doch einen *Grund*, eine *Begründung* haben, für *was-immer-Du-tust*, für *was-immer-Du-willst*, für *was-immer-Du-sagst* ... . Bruno Würtenberger: *„Denken ist ein Impuls, der aus der Angst des Versagens geboren wird.*" [67] Das Statement klingt voreste mal wohl etwas krass und wird vermutlich zunächst Widerstand auslösen. Würtenbergers Aussage ist allerdings nicht wertend gemeint und sollte daher auch nicht als solches genommen werden. Denken Sie einfach mal kurz darüber nach, Sie werden merken: *Es ist schon so ...*

Medialitäts-Übungen von Bewusstseins-Trainings im Stil von *Free Spirit* helfen nicht nur *Fühlen-als-Wahrnehmungs-Organ* wiederzuerwecken, sondern machen den diesbezüglichen Umgang mit dem eigenen Bewusstsein erfahrbar. Und: Keiner wird jemals mehr den Moment eines derart unglaublichen, erstmaligen Erlebens vergessen, wenn der Irrtum während einer Telepathieübung plötzlich radikal abnimmt und man sich voll bewusst etwas aussprechen hört, von dem man nicht weiß, woher man „es" weiß – und doch stimmt es nachprüfbar! Diesbezüglich eigene Erfahrungen sammeln zu dürfen – welch unerhörte Bereicherung! Erfahrungen, welche das Vertrauen in die eigene Intuitionsfähigkeit deutlich bestärken. Wer solches erfährt, weiß, wie er sich in Zukunft entscheiden wird, wenn es darum geht, im Leben auf *für-den-Verstand-nachvollziehbare-Argumente* zwar immer wieder auch verzichten zu müssen, um Neues zu erfassen – dafür jedoch intuitiv *richtigliegen* zu dürfen ...

---

[65] B.H. Lipton: *„Intelligente Zellen – Wie Erfahrungen unsere Gene steuern.*", Burgrain 2006, S. 119.

[66] Siehe auch Kapitel 23: Bildung der Zukunft, Anmerkung 13.

[67] B. Würtenberger: Mitteilung an die Assistenten während der *Free Spirit*-Trainerausbildung, Kisslegg 25.1. 2010.

Denken – ist eben nur *ein* Aspekt unseres menschlichen Bewusstseins. Der Wissenschaftsphilosoph Univ.-Prof. Ervin Laszlo: *„Es zeigt sich, dass die lebende Welt in mancherlei Hinsicht fast genauso erstaunlich ist wie die Quantenwelt. Der laufenden Forschung in post-darwinistischer Biologie zufolge, zu der auch die neue Disziplin der Quantenbiologie gehört, sind nicht nur Teile eines Organismus, sondern auch ganze Organismen und ihre Umgebungen in gleichem Maße ‚verschränkt', wie die Mikroteilchen, die ihren Ursprung im selben Quantenzustand haben.* [68] ... *Die Entfernung scheint demnach bei Fernheilungen keine Rolle zu spielen und braucht folglich auch nicht berücksichtigt werden. Die Informationsübernahme bleibt intakt – unabhängig von der Entfernung vom Arzt oder Heiler. ... Merkwürdigerweise trat eine Besserung im Zustand des Patienten* (in Budapest) *schon zum Zeitpunkt ein, als die Therapie in England festgesetzt wurde. Das homöopathische Mittel kam erst 4 – 5 Tage später mit der Post! Andere britische Ärzte machten mit Patienten aus verschiedenen Ländern dieselbe Erfahrung. Hier, ähnlich wie bei den berühmten Quanten-Experimenten, ist eine sofortige ‚Verschränkung' zwischen allen Beteiligten wirksam. Auf Grund unseres heutigen Wissenstandes ist dies nur möglich, wenn man die Existenz des Psi-Feldes* [69] *annimmt, denn es kommt bei Fernheilung kein anderes Mittel der Informationsübergabe infrage.“* [70]

Der Geist eines Menschen scheint ganz offensichtlich imstande zu sein – quasi telepathisch – Informationen für einen anderen Menschen kommunizieren zu können, beziehungsweise auf Gehirn und / oder Körper eines anderen Menschen wirken zu können (telesomatisch). Etwas, das – glaubt man den Berichten renommierter Anthropologen – bei unterschiedlichsten Naturvölkern selbst heute noch gang und gäbe ist. Hierzu Einschätzung und Gedanken Albert Einsteins: *„Ein Mensch ist ein Teil des Ganzen, das von uns als Universum bezeichnet wird, ein Teil, der in Zeit und Raum begrenzt ist – wie eine Art optischer Täuschung seines Bewusstseins. Diese Täuschung ist für uns wie eine Art Gefängnis, das uns auf unsere persönlichen Entscheidungen und auf die Zuneigung zu einigen wenigen Menschen in unserer unmittelbaren Umgebung begrenzt.“* [71]

Bereits in den 70-er Jahren des 20. Jahrhunderts publizierten die Physiker Russel Targ und Harold Puthoff in *Nature* – einer der zwei diesbezüglich renommiertesten Fachzeitschriften der Welt – Versuche auf dem Feld transpersonaler Gedanken- und Bildübertragung. Bei diesen unter strengen Labor-Versuchsbedingungen durchgeführten Experimenten zeigten sich überraschend signifikante Ergebnisse: Trotz schalldichter und elektromagnetisch abgeschirmter Räume, in denen die menschlichen *Sender* beziehungs-

---

[68] Siehe auch Kapitel 1: Zeit, Anmerkung 23-25.

[69] „Psi-Feld" oder auch „5. Feld"
Siehe auch Kapitel 18: In-*forma*-tion – und andere Felder ..., Anmerkung 26-30, 33.

[70] E. Laszlo: *„HOLOS – die Welt der neuen Wissenschaften.“*, Petersberg 2002, S. 39, S. 174.

[71] A. Einstein, zitiert in: E. Laszlo: *„HOLOS – die Welt der neuen Wissenschaften.“*, Petersberg 2002, S. 57.

weise *Empfänger* saßen, konstatierten die Forscher, dass sich nach kurzer Zeit beim jeweiligen Empfänger dieselben rhythmischen Gehirnwellen-Muster einstellten wie beim Sender (bei diesem ausgelöst durch die Einwirkung heller Lichtblitze). Die Gehirnwellen-Synchronizitäten wurden jeweils durch Elektro-Enzephalogramme (EEG) aufgezeichnet. [72] Man wird sich in nächster Zukunft wissenschaftlich wohl damit arrangieren müssen, dass etwas, was nachweislich möglich *ist* – so man sich nicht dem Vorwurf reaktionär-wissenschaftlicher Borniertheit aussetzen mag – wohl weniger als Zufälligkeit interpretiert werden sollte, sondern vielmehr etwas, unserem Kosmos immanent Grundsätzliches, repräsentiert.

Das Bewusstsein dieses In-*forma*-tions-Feldes mag in der Komplexität seiner Entwicklung und Fülle für ein individuell-menschliches Verstandes-Bewusstsein unfassbar sein. Ist es dennoch möglich „es" zu erfahren ...? Zu den Pionieren der Bewusstseinsforschung zählt der Psychiater Dr. Stanislav Grof [73]. *„In vielen tausend Experimenten mit Patienten in veränderten Bewusstseinszuständen stellte Grof fest, dass Menschen in diesen Zuständen die Verschmelzung mit einer anderen Person in einer so umfassenden Einheit erfahren, dass sie die Identität dieser anderen Person annehmen. Es gibt Erfahrungen, in denen Menschen sich auf das Bewusstsein einer ganzen Gruppe von Menschen einstimmen oder ihr Bewusstsein in solch großem Umfang ausdehnen können, dass es die gesamte Menschheit umfasst. Einige Menschen können die Sphäre menschlicher Erfahrung und Identität gänzlich mit dem Bewusstsein von Tieren, Pflanzen und sogar anorganischen Objekten und Prozessen transzendieren. Noch bemerkenswerter ist Grofs Entdeckung, dass Menschen in veränderten Zuständen ein Bewusstsein erfahren können, das das Bewusstsein des Universums selbst zu sein scheint. Diese Erfahrung tritt bei Menschen auf, die sich der Aufgabe verschrieben haben, den Urgrund der Existenz zu begreifen. Wenn die Suchenden sich ihrem Ziel nähern, dann sind ihre Beschreibungen dessen, was sie als höchstes Prinzip der Existenz betrachten, einander auffallend ähnlich. Sie beschreiben das, was sie erfahren, als ein immens großes und unerschöpfliches Bewusstseinsfeld, das mit unendlicher Intelligenz und schöpferischer Kraft ausgestattet ist. Das Feld des kosmischen Bewusstseins, das sie erfahren, ist eine kosmische Leere – ein Nichts. Doch paradoxerweise ist es gleichzeitig eine essenzielle Fülle. Obwohl es nichts in einer konkret manifesten Form aufweist, enthält es die ge-samte Existenz als Potenzial."* [74] Diese Erfahrung korrespondiert übrigens in auffälliger – ja geradezu kongruenter – Weise mit dem heutige gültigen, physikalischen Modellbild der „Quantenfelder" im kosmischen Vakuum, auf Grund aktueller CERN-Foschungsergebnisse. Was da einstmals als „Leere" beziehungsweise

---

[72] Targ / Russel / Puthoff: *„Information transmission under conditions of sensory shielding."*, in: *Nature, Vol. 251, 1974.*

[73] Stanislav Grof gilt als Begründer der Technik des „Holotropen Atmens" und als Mitbegründer der ‚International Transpersonal Association". 2007 wurde er für sein Lebenswerk mit dem „Vision-97-Preis" der Vaclav-Havel-Stiftung in Prag ausgezeichnet.

[74] E. Laszlo: *„HOLOS – die Welt der neuen Wissenschaften."*, Petersberg 2002, S. 154.

als inexistent (Äther) gedacht war, gilt heute als potenziell gefüllter „Äther-Raum", aus dem alles entstehen kann und entsteht, wie wir das in den kommenden Kapiteln noch besprechen werden. [75]

Die treibende Kraft, Erfahrungen mit derartigen Weltwahrnehmungen zu machen – so können wir konstatieren – wandelt sich: War es früher wohl vornehmlich religiös motivierter Mystizismus, so ist die Erforschung heutzutage zunehmend von wissenschaftlichem Interesse geprägt.

All das hat heute dazu geführt, dass sogar jemand wie die beiden – meiner Auffassung nach – völlig materialistisch orientierten Wissenschaftler der Universität Newcastle in Australien, Univ.-Prof. Peter Walla (promoviert in Neurobiologie und Biologischer Psychologie) sowie der in Wien an der Medizinischen Universität lehrende Professor für Klinische Neurologie, Dr. Peter Dal-Bianco, in ihrem neuen Werk „*Verrückt – was unser Gehirn alles kann*" neuerdings die Offenheit besitzen, zu formulieren: „*Es könnte sogar sein, dass wir Empfängersysteme haben, von denen die Wissenschaft im Moment nichts weiß. Vielleicht gibt es Telepathie, wir wissen es in Wahrheit nicht.*" [76]

Zusammenfassung

Ziehen wir jene beobachtbaren und beschriebenen Phänomene mit in Betracht, wird deutlich, dass die behauptete, rigorose Trennung eines Individual-Bewusstseins vom Bewusstsein anderer lediglich eine Illusion darzustellen scheint, beziehungsweise eine klassische Anschauung, welche – ähnlich den Anschauungen der klassischen Physik – auf der Strecke bleiben wird müssen. Etwas, das der visionäre österreichische Quantenphysiker und Nobelpreisträger Erwin Schrödinger am eigenen Lebensende, in seinem autobiographischen Werk und persönlichem Vermächtnis „*Mein Leben, meine Weltansicht*", so formuliert hat: „*Es gibt innerhalb des Erscheinenden nirgends einen Rahmen, innerhalb dessen ‚Bewusstsein' im Plural vorgefunden wird, wir konstruieren das nur auf Grund der räumlich-zeitlichen Pluralität der Individuen, aber diese Konstruktion ist falsch. ... Der adäquateste, wenn auch zweifellos etwas mystische Ausdruck des Sachverhalts ist der: Die Ichbewusstseine der einzelnen Glieder sind untereinander und mit dem Ich höherer Ordnung, das sie etwa bilden, numerisch identisch. Jedes Glied ist in gewissem Sinne berechtigt zu sagen: ‚L'état c'est moi.' – ‚Der Staat, das bin ich.' ...*" [77]

Was mehr und mehr offensichtlich wird: *Intuition* schöpft aus einem Raum, einem Bereich von In-*forma*-tion, in welchem die Lösung bereits vorhanden zu sein scheint und sich in gewisser Weise nur erkennbar macht. Vielleicht könnten wir mit einem Wortspiel

---

[75]   Siehe auch Kapitel 15: „*Im Anfang war ...*", Anmerkung 4
       Siehe auch Kapitel 18: In-*forma*-tion – und andere Felder ..., Anmerkung 28-30.
[76]   P. Dal-Bianco / P. Walla: „*Verrückt – was unser Gehirn alles kann*", Etsdorf 2010, S. 46.
[77]   E. Schrödinger: „*Mein Leben, meine Weltansicht.*", Wien / Hamburg 1985, S. 83f.

sogar treffender sagen: „erkenntlich zeigt"; erkenntlich zeigt, wenn *wir wirklich bereit* sind, liebevoll und begeistert in diesen Raum einzutreten, uns einzulassen – um eingelassen zu werden. Es scheint, wie wenn alles immer schon da wäre und sich nur *finden* lässt, um in dieser Realität selbst Erfüllung zu finden. [78]

Das Kapitel abrundend, nochmals Bruno Würtenberger: *„Nun aber zurück zum Meister oder zur Meisterin in Dir. Wenn Du Dir die Bemühungen, alles im Leben zu berechnen, ersparen willst, dann vertraue einfach auf Deine Intuition, denn sie ist der Meister, die Meisterin in Dir. Wie bitte, das scheint Dir zu einfach zu sein? Gut, dann versuch es doch mal! Du wirst schnell bemerken, dass es gar nicht so einfach ist, wie es sich anhört. Ja, es ist nicht einfach, zu vertrauen, ohne über eine einigermaßen logische Entscheidungsgrundlage zu verfügen. Intuition entzieht sich beinahe jeglicher Logik. Einziger Punkt der Versicherung ist der, dass Du vermutlich jedes Mal, wenn Du nicht Deiner Intuition gefolgt bist, auf einen Misserfolg zurückblicken kannst und sagen wirst: Hätte ich doch! Der Meister oder die Meisterin in Dir kümmert sich nicht um Deine Ängste und lässt sich auch nicht von Deinen Zweifeln beeindrucken. Intuition ist einfach und sie bleibt so, wie sie ist. Du kannst Dich nach ihr richten oder nicht, und sie lässt auch nicht mit sich verhandeln. Intuition ist das klare Gefühl unmittelbaren Wissens. Nach ihr zu handeln ist immer angebracht. Du weißt es einfach. Wenn Du die Stimme Deiner Intuition einfach übergehst, weil sie sich nicht so lauthals aufdrängt, dann ist das Deine Sache, Deine Entscheidung. Durch bewusstes oder unbewusstes Überhören vergeben die meisten Menschen die größten Chancen ihres Lebens. Erfolg oder Misserfolg hat nichts mit Glück oder Unglück zu tun und auch nichts mit Deinem Erbgut. Es ist weder Schicksal noch Karma. Es hat ausschließlich damit zu tun, ob Du Deinem inneren Meister, Deiner inneren Meisterin vertraust oder nicht. Die meisten Menschen, welche einer äußeren Leitfigur folgen, oder ihr Leben einem Lehrer, Guru, Priester oder Meister anvertrauen, verleugnen leider ihre eigene Meisterschaft. Ja, sie misstrauen sich selbst und setzen ihr gesamtes Vertrauen in diesen äußeren Meister. Früher oder später resultiert daraus jedoch meistens Enttäuschung."* [79]

---

[78] Siehe auch Kapitel 2: Kunst als VorläuferIn eines neuen Bewusstseins, Anmerkung 16
    Siehe auch Kapitel 20: Wissenschaft und Spiritualität im Konsens, Anmerkung 23.
[79] B. Würtenberger: *„Free Spirit-Grundkurs – Teil 1"*, Zürich 2005, S. 17.

Teil 4 In-*forma*-tion als Naturgesetz

Physikalisches Dasein in Kosmos, Evolution und Leben

„Im Sinn der klassischen Physik und auch in unserem Alltagsweltbild ist die Wirklichkeit zuerst; die Information über diese Wirklichkeit hingegen eben etwas Abgeleitetes, etwas Sekundäres. Aber vielleicht ist es auch gerade umgekehrt: Alles, was wir haben, ist die Information, sind unsere Sinneseindrücke, sind Antworten auf Fragen, die wir stellen. Die Wirklichkeit kommt danach. Sie ist daraus abgeleitet, abhängig von der Information, die wir erhalten. Wir können unsere Grundidee also noch radikaler formulieren, da es offenbar keinen Unterschied zwischen Wirklichkeit und Information geben kann, können wir auch sagen: Information ist der Urstoff des Universums."

Anton Zeilinger

Kapitel 15: *„Im Anfang war ..."*

Von der Entstehung der Welt ...

Wetten Sie manchmal? Spielen Sie manchmal in einem dieser den Staat finanzierenden Glücksspiele mit, um vielleicht doch per Zufall den Jackpot zu knacken und für sich und Ihre Lieben „das-leben-zu-gewinnen"? Sie hätten jedenfalls um viele 10-er Potenzen höhere Chancen, als wenn ein imaginärer Geist zur *Geburtstunde des Universums* Wetten hätte abschließen können, dass „per Zufall" die Entstehung von Leben vonstatten gehen werde. Etwa vierzehn Milliarden Jahre später *gibt-es-uns* – auch physiologisch: Menschen, in ihrer gesamten Komplexität, als zur Selbsterkenntnis fähige, schöpferische Wesen.

Anders allerdings ergäbe sich diese Betrachtung und Rechnung, wenn diese Evolution doch kein rein zufällig sich entwickelndes Geschehen war und ist und dieser Geist, der da eventuell hätte wetten können, in-*form*-iert gewesen wäre, was da vor sich gehen wollte, weil ... ja, weil er die Information – das Bewusstsein, Gewahrsein – selbst war, ist und immer sein wird: Gewahrsein, Bewusstsein, In-*forma*-tion, welche die Welt erschafft, damals wie heute, und *sich-eins-lächelt*, ob der Naivität dieser „bewussten Wesen", die er selbst *ist*, oder *hat*, oder wie immer „Mensch" das begreifen mag.

Sir Karl Popper, einer der großen zeitgenössischen Philosophen-Geister staunend dazu: *„Wenn ich die etwas vage Idee einer kreativen oder ‚emergenten', einer Neues schaffenden Evolution aufnehme, so denke ich ... an die Tatsache, dass in einem Universum, in dem es (nach unseren gegenwärtigen Theorien) zu Beginn nichts gab als Wasserstoff, Helium, Neutrinos und Strahlung, kein Theoretiker, der die damals im Universum wirkenden und nachweislichen Gesetze gekannt hätte, die Eigenschaften oder überhaupt die Entstehung der noch nicht existierenden schweren Elemente hätte voraussagen können oder auch nur die Zusammensetzung der einfachsten zusammengesetzten Moleküle."* [1] Doch: *„... Dinge mit Eigenschaften entstanden, die gänzlich unvorhersehbar oder emergent waren: die Entstehung von Leben; die Entstehung von Empfindungen oder Gefühlen; die Entstehung des Ich-Bewusstseins."*

Heinz Oberhummer, Astrophysiker und Kosmologe, emeritierter Professor am Institut für Nukleare Astrophysik der Technischen Universität Wien und Erforscher des sogenannten „Triple-Alpha-Prozesses" in Sternen (eine wesentliche Theorie zur Entstehung von Kohlenstoff und Sauerstoff im Universum) staunt gleichermaßen über das vorliegende Ergebnis *Leben*. Von seiner speziellen Warte der Forschung aus schreibt er Folgendes über die geradezu unfassbare, präzis koordinierte Beziehung der vier grundlegenden physikalischen Kräfte (Gravitation, elektromagnetische Kraft, schwache

---

[1]   K. Popper / J.C. Eccles: *„Das Ich und sein Gehirn."*, München 2002 (1989), S. 37 (gilt auch für die nächsten Zitate in Folge).

und starke Kernkraft), welche „*... für die Existenz von Leben extrem fein abgestimmt sind.*": „*Die konkrete Frage, die wir uns stellten, war: ,Wie sensitiv ist die Erzeugung von Kohlen- und Sauerstoff und damit die Existenz von Leben auf Kohlenstoffbasis auf Veränderungen der Stärke und Reichweite von grundlegenden Kräften im Universum?' Oder allgemeiner ausgedrückt: ,Wie fein muss die Abstimmung dieser Kräfte im Universum sein, um Leben zu ermöglichen?' ... Das Ergebnis der Rechnungen für die Entstehung von Kohlenstoff durch den Triple-Alpha-Prozess in Roten Riesen (Endstadium eines Sternes) war verblüffend: Bereits minimale Variationen von etwa 0,5% der Stärke und Reichweite der Kernkraft führen zu einer 30- bis 1000-fachen Erniedrigung der Häufigkeit von Kohlenstoff oder Sauerstoff. Damit wäre Leben auf Kohlenstoffbasis extrem unwahrscheinlich. Nur Kohlenstoff hat nämlich die notwendigen Eigenschaften zur Bildung der komplexen und sich selbst organisierenden Moleküle, die für das Leben notwendig sind. Auch das Vorkommen von Sauerstoff und damit des für das Leben unabdingbaren Wassers würde um das Hundert- bis Tausendfache sinken. ... Die meisten Naturwissenschaftler hegen die Anschauung, dass die fundamentalen Naturgesetze einen objektiven Ursprung besitzen und nicht Zufälligkeiten oder gar menschliche Konstrukte sind. Auf der anderen Seite sind manche der numerischen Feinabstimmungen und Koinzidenzen viel zu ausgeklügelt, als dass sie noch mit unserem Sinn für Natürlichkeit in Einklang gebracht werden können.*"[2]

Wir sehen: Auch für zeitgenössische Kosmologen sind wesentliche Fragen rätselhaft und wie es aussieht – völlig offen. Man mag zu diesen Rätseln, Anomalien und Außergewöhnlichkeiten stehen, wie man will. Wir werden gewisse Fragen hier auch nicht zu klären versuchen. Was aber an dieser Stelle kurz dargestellt sein will, ist ein Abriss über die vier wesentlichen Evolutionsphasen des Kosmos, wie es die heutige Physik und Kosmologie sieht, beziehungsweise was sie dazu zu sagen hat. Weiters auch: Welche Funktionszusammenhänge können im Kosmos erkannt und als *Natur-Gesetzmäßigkeit* postuliert werden? Was offenbart sich uns darin letztlich als In-*forma*-tion, welche diesem Evolutionsprozess Gestalt verlieh?

Big Bang and more ...

Damit das Folgende besser lesbar und somit leichter verständlich wird, möchte ich an dieser Stelle die Pointe ausnahmsweise mal vorwegnehmen: *Alles was wir heute an Materiellem in der Welt sehen, besteht – ebenso wie wir Menschen selbst – nach dem heutigen Stand der Wissenschaft aus Sternen-Staub.* Alles, außer dem Element Wasserstoff, war

---

[2] H. Oberhummer, et al.: „*Stellar Production Rates of Carbon and Its Abundance in the Universe*", in: *Science Vol. 289 7/2000*, S. 88; H. Oberhummer, „*Kann das alles Zufall sein? – Geheimnisvolles Universum.*", Salzburg 2008, S. 142, S. 148f
Siehe auch Kapitel 18: In-*forma*-tion – und andere Felder ..., Anmerkung 6
Siehe auch Kapitel 6: Chaos und Strukturen der Ordnung, Anmerkung 1-4.

irgendwann einmal in einem Stern, einer (früheren) Sonne. Und: Alles in der Evolution hat stringent und ziemlich geradlinig dazu geführt, dass es heute biologisches Leben und auch uns Menschen gibt. Wobei „gibt" in seinem *Realitätsgehalt* einer näheren und späteren Klärung bedarf. In allem um uns, und in jedem von uns Menschen, tritt uns somit der Kosmos in seiner Universalität entgegen – so wir bereit sind, diesen Moment, dieses „Jetzt" dergestalt zu begreifen und zu erleben. Nun zur Historie selbst: Ausgehend vom sogenannten „Big-Bang", als dem heute gebräuchlichsten, trotzdem jedoch – wissenschaftlich seriös betrachtet – lediglich vorläufigen Modell der Weltentstehung, lassen sich heute vier wesentliche Phasen der Evolution unterscheiden, welche vom Standpunkt heutiger physikalischer Kosmologie für die Existenz und Reproduktion von Leben notwendig zu sein scheinen. Man nimmt an, dass die erste Phase weniger als eine Mikrosekunde dauerte und unmittelbar diesem – auch physikalisch unfassbaren – Schöpfungs-Geschehen folgte. [3] (Und so gibt auch die neue Gravitationstheorie des Physikers Verlinde zu völlig anderen Betrachtungsweisen Anlass ...!).

Im Gegensatz zu vielen anderen Kosmologen bemerkt der bekannte Physiker und Kosmologe Stephen Hawking dazu – durchaus ironisch: „*So fand unsere Arbeit am Ende allgemeine Anerkennung, und heute gehen fast alle davon aus, dass das Universum mit einer Urknall-Singularität begonnen hat. Die Sache hat nur einen Haken: Inzwischen habe ich meine Meinung geändert und versuche jetzt andere Physiker davon zu überzeugen, dass das Universum nicht aus einer Singularität entstanden ist. Wie wir noch sehen werden, können wir darauf verzichten, wenn wir Quanteneffekte in unsere Überlegungen einbeziehen.*" [4]

Doch bleiben wir zunächst einmal bei der heute gängigen Urknall-Theorie: In diesen Sekundenbruchteilen – so die Wissenschaft – entstanden die „Elementarteilchen", die

---

[3] Es handelt sich bei diesem Anfangsgeschehen um etwas, was die Physik als „Singularität" bezeichnet. Wie jede überraschende „Eigen-Artigkeit" fand etwas derart *Besonderes* im „wertneutralen" Forschungszusammenhang nur schwer seinen Platz. Statistisch betrachtet, unter dem Gesichtspunkt von Wahrscheinlichkeit also, sowieso ein „völliges Unding!" Alles, was heute physikalisch existiert, als in mehr oder minder einem einzigen Punkt, verdichtet zu denken. Und, obwohl der Wert physikalischer Modelle daran gemessen wird, bis zu welchem Maß es gelingt, alles in ihrem Kontext zu umschließen, war der „Urknall", der „Big Bang", immer noch die naheliegendste Erklärung unserer Ur-Vergangenheit, zu der sich die Wissenschaft letztlich durchgerungen hat. Es gibt immerhin Beobachtungen und Experimente, die so interpretiert werden, dass sie diese Modellvorstellung stützen (kosmische Hintergrundstrahlung etc.). Trotzdem: Anomalien in einem physikalischen Gesamtzusammenhang – oder gar Singularitäten! – führen zunächst immer zu wissenschaftlicher Irritation und tragen den Nimbus fachlicher Fragwürdigkeit. Kitty Ferguson, die persönliche Biographin des renommierten Physikers Stephen Hawking: „*Physiker mögen es nicht, auf Singularitäten zu stoßen. Es ist keine leichte Sache, die Tür vor der Nase zugeschlagen zu bekommen.*" K. Ferguson: „*Gott und die Gesetze des Universums*", München 2001, S. 42
Siehe auch Kapitel 17: Das Primat der Information, Anmerkung 55.

[4] Stephen Hawking: „*Eine kurze Geschichte der Zeit.*", Hamburg 1988, S. 72.

Elektronen und die *Quarks* [5], weiters begannen jene bekannten *vier Kräfte* ihr Werk, welche diese Teilchen [6] später zu komplexen Strukturen verbinden sollten. Das Universum, der Raum so nimmt man heute an, expandierte – mit Überlichtgeschwindigkeit. Diese Phase wird von der Wissenschaft als „Inflation" bezeichnet. Das Universum dehnte sich dabei auf das Millionenfache aus und kühlte langsam weiter ab. Innerhalb der nun folgenden etwa 100 000 Jahre kondensierten aus dem kosmischen Plasma die Quarks – zunächst in Protonen und Neutronen, den Bausteinen der Atomkerne. Diese verbanden sich schließlich mit den Elektronen zu den ersten (Wasserstoff-)Atomen. Im Universum wurde es ab nun erstmals „Licht" (etwa 300 000 Jahre nach diesem angenommenen Beginn) und die neue Materie (Wolke aus Wasserstoff- und Heliumatomen) verdichtete sich in der Folge zu ersten massereichen, kurzlebigen (Riesen-)Sternen – mit enormen Temperatur- und Druckwerten. Kern-Fusion (*Nukleo-Synthese*) setzte im Inneren dieser Sterne ein. Erstmals entstehen Elemente schwerer als Wasserstoff und Helium. Innerhalb nur weniger Millionen Jahre ist der anfängliche „kosmische Brennstoff" (Wasserstoff) dieser frühen „Sternenpopulation" verbraucht. Sie selbst reichern in der Folge – als Supernova explodierend – den Kosmos mit all jenen Elementen an, die wir heute um uns haben und aus denen wir bestehen und all das was wir heute kennen, und verändern so ganz wesentlich die Zusammensetzung der galaktischen Materie. *„Die Masse eines Sternes bestimmt nicht nur seine Lebensdauer, sondern auch die Art von chemischen Elementen, die er an das interstellare Gas abgibt und damit der nachfolgenden*

---

[5] 1964 erkannten die Amerikaner Murray Gell-Mann und Georg Zweig unabhängig voneinander, dass es sich beim „Proton", „Neutron" und ihren exotischen etwa 200 weiteren *seltsamen* Verwandten nicht um fundamentale Bausteine der Materie zu handeln scheint. Gell-Mann erhielt für diese Entdeckung 1969 den Nobelpreis für Physik. Er bezeichnete die – zunächst theoretisch – aufgefundenen „Teilchen" als „Quarks". Der Physiker Prof. Dr. Herwig Schopper, langjähriger Generaldirektor des CERN: *„Wenn ich von Quarks rede, ist das nichts anderes als ein Kürzel für einen sehr komplizierten Anregungszustand eines Feldes, das nichts Materielles im eigentlichen Sinn mehr ist."* (H. Schopper, in: H. Thomas: *„Naturherrschaft – Wie Mensch und Welt sich in der Wissenschaft begegnen.",* Köln 1990, S. 49.) Quarks ähneln in mehrfacher Hinsicht den Elektronen. Sie haben kaum Masse und – wie man sagt – denselben Spin (Eigenrotation) wie Elektronen. Was die heutige Wissenschaft unter Proton (oder auch Neutron) versteht, ist von dieser Ebene der Betrachtung eigentlich ein „Schwarm von Quarks", der von sogenannten „Gluonen-Feldern" (engl.: *glue* = Klebstoff) zusammengehalten wird (Als „Gluon" wird jenes „Teilchen" – „Quantenbündel" – bezeichnet, welches Träger, Repräsentant, Botenteilchen, also Übermittler der sogenannten „Starken (Kern-)Kraft" ist, während das „Photon" Trägerteilchen" – Repräsentant, Übermittler – der „elektromagnetischen Kraft" (z.B.: Licht) ist, das „Graviton" jenes der „Gravitationskraft" (bislang unentdeckt – nach dem neuesten Stand der Forschung vermutlich gar nicht existent; KP.) und das „W-Teilchen" („w" für engl.: *weak* = schwach, das für die vierte heute bekannte kosmische Kraft – die „Schwache (Kern-) Kraft" steht.)
Siehe auch Kapitel 17: Das Primat der Information, Anmerkung 5
Siehe auch Kapitel 22: Systemische Phänomene, Anmerkung 4.

[6] Wir werden in der Folge noch sehen, dass der hier verwendete Begriff „Teilchen" im Grunde genommen als irreführend bezeichnet werden muss.
Siehe auch Kapitel 17: Das Primat der Information, Anmerkung 3.

Sterngeneration zur Verfügung stellt." [7] *„Ihr einziger Lebenszweck war es offenbar, das Universum mit schweren Elementen anzureichern ..."* [8], quasi als kosmisch-energetische Brutstätte [9] für alle schwere Elemente, sodass die nachfolgenden Sterngenerationen – und damit viel später auch unsere Sonne, die Erde und – wir Menschen sowie die gesamte biologische Evolution auf allen uns heute bekannten Elementen aufbauen konnte. Ein bedeutender früher Schritt hin zu den physikalischen Grundlagen eines Universums mit höheren Lebensformen. In für astronomische Zeitskalen entsprechend kurzer Zeit von nur etwa einer Million Jahren war diese *lichtvolle Sternenaufgabe* beendet, und die erste Sterngeneration verschwand wieder aus den kosmischen Evolutionsabläufen. In den zitierten wissenschaftlichen Darstellungen wird dieser Teil der Evolution – gemäß der erfüllten Aufgabe für eine differenzierte Höherentwicklung des materiellen Aspekts unseres Universums – als einer *von höchster Bedeutung* gewertet. Früheste Struktur- und Evolutionsbildungen, welche es von einem entwicklungsmäßig später datierten Zeitpunkt – *jetzt!* – in seiner entscheidenden Wichtigkeit einzuschätzen gelingt. Man bezeichnet derartige wissenschaftliche Überlegungen als „Antizipatorische Kausalität": Hier nimmt die Astronomie ihre Anleihe im Bereich der Archäologie und lässt zeitlich spätere Strukturbildungen sprechen, um zu einem Verständnis früher Entwicklungsstufen der *„Anthropischen Evolution"* [10] – wie wir sie in unserem Universum erleben – vorzudringen. Auch hier scheint es wissenschaftlich erlaubt, aus der Form auf die Funktion zu schließen. *„Die erste Sterngeneration bestand (demnach) fast ausschließlich aus Wasserstoff und Helium. Durch Kernreaktionen im Inneren der Sterne wurden aber weitere chemische Elemente gebildet, darunter für das Leben so existenzielle Stoffe wie Kohlenstoff und Sauerstoff. Das Leben besteht also im buchstäblichen Sinne des Wortes aus Sternenstaub."* [11]

Halten wir einen Augenblick in unserer Betrachtung inne, um uns diese Ungeheuerlichkeit so richtig zum Bewusstsein zu bringen: Alles was heute rund um uns physisch und physiologisch existiert – von der Sonne selbst und der Erde angefangen – die gesamte sogenannte Schöpfung – die Atmosphäre, jeder Stein, jede Pflanze, jedes Virus,

---

[7] W.M. Tscharnuter / Ch. Straka: *„Im Anfang war nur der Wasserstoff ..."*, in: *Spektrum der Wissenschaft 2/2002*, S. 32.

[8] C. Chappini: *„Die Entstehung der Galaxis"*, in: *Spektrum der Wissenschaft 6/2002*, S. 41ff.

[9] S.v.d. Bergh / J.E. Hesser: *„Die Entstehung des Milchstraßensystems"*, in: *Spektrum der Wissenschaft 3/1993*, S. 36 (Ganz analog spricht man heutzutage in der Atomtechnologie übrigen auch bei Kernfusionreaktoren vom Typus des so genannten „Schnellen Brüters".).

[10] Von Stephen Hawking und anderen namhaften Kosmologen wird dieses Evolutionsprinzip als „Anthropisches Prinzip" bezeichnet: die Entwicklung des Kosmos hin zum Leben höherer Ordnung – letztlich zu intelligenten Lebewesen mit der Fähigkeit der Selbstreflexion wie dem Menschen (griech.: „Anthropos") S.W. Hawking: *„Eine kurze Geschichte der Zeit."*, Reinbek 1988, S. 160f. Siehe auch Kapitel 6: Chaos und Strukturen der Ordnung, Anmerkung 1

[11] H. Oberhummer: *„Maßarbeit im Universum"*, in: *Physik in unserer Zeit 33. Jahrgang 2002*, S. 108; H. Oberhummer, *„Kann das alles Zufall sein? – Geheimnisvolles Universum."*, Salzburg 2008, S. 79f.

jedes Tier, jeder Mensch: „*Sternenstaub-Dasein!*" Welch überwältigende Perspektive! Welches Wunder umschließt uns alle auf dieser Erde als große biologische Einheit! Welches Wunder, auch wir Menschen selbst?! [12] Doch zurück zu unserer Betrachtung: Nach der rein *physikalisch-chemischen Ära* kann nun die *biologische Ära* beginnen: vor etwa 4 Mrd. Jahren letztlich auch auf der Erde. Hier bilden sich in der Folge komplexe Moleküle [13], es werden Proteine synthetisiert. Aminosäuren entstehen und setzten sich zu DNA-Ketten zusammen: Leben wächst.

So also ist Leben – in der Form, wie wir es kennen – wissenschaftlich betrachtet, entstanden. Selbst unsere größten Computer können im Detail nicht den exakten Verlauf jener höchst komplexen Ereignisse nachrechnen, die diesen Prozess bilden, der letztlich zu Leben führte. Der „bestechenden Klarheit" derartiger wissenschaftlicher Modelle ausgeliefert sowie autoritätsgläubig, wie wir halt mal sind, erscheint uns der erforschte Entwicklungsablauf in der dargestellten Form heutzutage jedenfalls als schlüssig. Sei´s wie´s sei – zukünftige wissenschaftliche Überraschungen sind wohl vorprogrammiert.

Interessant ist die Offenheit, mit der manche der führenden Forscher sich bezüglich der Spekulativität ihrer eigenen Ergebnisse zu äußern bereit sind: „*Jede Generation kosmischer Objekte verändert also das intergalaktische Medium – das wiederum die Eigenschaften der nächsten Generation bestimmt. ... Derlei Rückkopplungen scheinen ein wahrhaft universeller Mechanismus zu sein – sie sind offenbar auf allen Größenskalen der astronomischen Forschung wirksam. ... Die neuen Forschungsergebnisse machen eines klar: Wir haben gerade erst begonnen, die Geschichte des intergalaktischen Mediums zu beschreiben, und neue Überraschungen erwarten uns.*" [14] Es entspricht heute jedenfalls wissenschaftlichem Standard, dass die *Substanz* unseres Sonnensystems, und somit auch jene der Erde – ja letztlich auch unsere eigene, die des Menschen – den Entwicklungsprozess während mehrerer Sternenleben absolvieren und durchlaufen musste, bevor die Basis für *höheres Leben auf Kohlenstoffbasis* vorbereitet und gegeben war.

Anomalie: *Erde* – ungeschliffener Rohdiamant wissenschaftlicher Forschung

Richtig ist, dass wir – nach heutigem Erkenntnisstand – in einem ganz offensichtlich rational strukturierten Universum leben. Und wir können erkennen, dass diese Rationalität mit unserer eigenen irgendwie in Einklang steht, sonst könnten wir diese Strukturen gedanklich gar nicht fassen. *Resonanz ist eben alles ... so wie´s jedenfalls scheint!* Und: Gleiches ist auch hier nur mit Gleichem vergleichbar und begreifbar und ermöglicht so den Zugang. Grundsätzlich hält die klassische Astronomie – inklusive ihres Ablegers aus

---

[12] Siehe auch Kapitel 19: Leben – ein Diskurs, Anmerkung 1.

[13] Siehe auch Kapitel 12: Fühlen, Anmerkung 17
        Siehe auch Kapitel 19: Leben – ein Diskurs, Anmerkung 3

[14] E. Scannapieco / P. Petitjean / T. Broadhurst: „*Die Macht der kosmischen Leere*", in: *Spektrum der Wissenschaft 11/2002*, S. 42f.

dem Bereich nichtlinearer Chaos- und Stabilitätsforschung – die Situation im solaren Planetensystem, sowohl von Seiten der Strukturbildung wie auch bezüglich vergangener und künftiger Entwicklungen für „*erschöpfend geklärt*". Daher hat sich die Planetenforschung mittlerweile bereits auf extrasolare Planetensysteme verlegt. Erschöpfend geklärt, ja – wären da nicht jene wissenschaftlich ignorierten und seit ihrer Entdeckung höchst skeptisch beäugten *Eigentümlichkeiten* in unserem Sonnensystem – gerade bezüglich der Erde – als *Trägerin des Lebens*. Höchst auffällige und überraschende Details blieben bislang astronomisch gänzlich unbeachtet und in den Wirkungen unerforscht – sowohl was ihren Entstehungszusammenhang betrifft als auch bezüglich der Bedeutung für die Entwicklung von Leben auf der Erde. Zum Beispiel die Besonderheit, dass *Sonne und Mond am Erdhimmel nicht nur gleich groß erscheinen, sondern auch, entsprechend der bekannten wissenschaftlichen Messdaten, bezüglich der Erde – aber ausschließlich bezüglich der Erde! – dieselbe Rotationsdauer aufweisen: 27,3 Tage.* Es herrscht somit eine augenfällige rhythmische Koinzidenz der beiden Hauptlichter Sonne und Mond bezüglich des *kleinen blauen Planeten*, dem Träger des Lebens im System. Dass diese Zeit-Konstante von 27,3 Tagen „rein zufällig" sogar das gesamte Sonnensystem im *Goldenen Schnitt* beziehungsweise der *Fibonacci-Folge* konstituiert, wurde von mir vor mehreren Jahren nachgewiesen und im „*Fremdkörper Erde*" [15] erstmals veröffentlicht. Dieses Faktum stellt eine weitere höchst auffällige systemimmanente Zeit-Skalierung dar, auf die hier im Detail leider nicht näher eingegangen werden kann.

Freiheit – Entwicklung eines gesamt-menschheitlichen Bewusstseins

Wenn wir heute in die Welt schauen, dann können wir sehen, dass sich diese Welt rasant zu ändern beginnt. Gut, rasant ist heute ja vielleicht alles, was wir auf dieser Erde erleben. Aber die Veränderungen, die ich meine, sind jene, welche uns einerseits wirtschaftlich – aber zunehmend auch mental – globalisieren.

Diese dahingehend ersten Entwicklungen weisen natürlich ihre *Kinderkrankheiten* auf und zeigen ihre Schattenseiten. Und doch: Viele Menschen spüren eine aufkeimende Verantwortlichkeit für diesen Planeten – mehr aber noch: für sich selbst. Da ist eine neue Suche und Bedeutung spürbar, diesem eigenen Menschen(er)leben wieder einen –

---

[15] Eine ausführliche Auseinandersetzung und Aufarbeitung der rhythmischen Phänomene im Sonnensystem, die auffällige Stellung der Erde in diesem Zusammenhang sowie weitere „verblüffende Zufälligkeiten" findet der interessierte Leser im oben genannten Buch „*Fremdkörper Erde*". Darunter auch eine Auseinandersetzung mit jener *Dissidenten-Stellung der Erde* im Kreis der Planeten sowie derjenigen „*ihres*" *Wassers* (Wasser besitzt nachweislich nur unter annähernd irdischen Druckverhältnissen jene „Anomalie", welche die Entwicklung sowie das Überleben von Organismen in Gewässern während der biologischen Evolution ermöglichte.)
K. Podirsky: „*Fremdkörper Erde – Goldener Schnitt und Fibonacci-Folge und die Strukturbildung im Sonnensystem.*", Frankfurt 2004, S. 145, S. 168, S. 286
Siehe auch Kapitel 6: Chaos und Strukturen der Ordnung, Anmerkung 34, 35.

individuell und frei gewählten – Lebenssinn zu geben. (Zu) lang schon haben sie äußeren Autoritäten entsprechend gehorcht und gelebt. Nun jedoch wollen sie Schritt für Schritt die ganze Verantwortung zurückhaben. Das individuelle Interesse an Fragen wie: Was bedeutet es, ein wirklich *Freier Geist*, ein freier Mensch zu sein?! – jenseits religiöser oder pseudoreligiöser Vorstellungen – wächst. Welchen Herausforderungen sehe ich mich dadurch gegenübergestellt?! Wie kann ich, in dieser Zeit scheinbar überbordender Dynamik, den eigenen Lebensanforderungen gerecht werden?! Gibt es vielleicht *doch* eine zeitgemäße, neue Verbindung und Verbindlichkeit zwischen Spiritualität und Wissenschaft, welche, das Leben bereichernd, eben diesem dienlich werden kann?!

In der Physik – in den Naturwissenschaften also – ist die Suche nach einer Vereinigung (der Verbindung zweier oder mehrerer Theorien zu einer) schon immer eine starke und erfolgreiche Triebkraft gewesen. Die heute vorliegenden Forschungsergebnisse auf den unterschiedlichsten Gebieten können auf den ersten Blick erstaunen und berechtigterweise höchst seltsam anmuten. Trotzdem: In der modernen Biologie, der Quantenphysik, vor allem aber auch in den sogenannten Kognitions-Wissenschaften – weisen mehr und mehr Details darauf hin, dass der *Information* – und dem *Bewusstsein* – eine bislang ungeahnte Bedeutung zukommen könnte. Es ist mittlerweile üblich und vom heutigen Stand der Dinge verständlich, dass viele unser gegenwärtiges Zeitalter als *Informations-Zeitalter* bezeichnen und meinen, dass es wohl auch als solches in die Geschichte eingehen würde. Meiner Auffassung nach halten wir als Menschheit kaum einen Zipfel dessen in Händen, was In-*forma*-tion in seiner wahren Bedeutung für die Entstehung des Kosmos sein kann, war, ist und, menschheitlich betrachtet, sein wird. Man braucht diesbezüglich wahrlich kein Sherlock Holmes zu sein, um die Vermutung anzustellen, die Holmes gegenüber Watson in seinen Ermittlungen fallen ließ: *„Wenn sich **zwei** seltsame Dinge ereignen, dann hängen sie vermutlich zusammen."* Dank enormer Fortschritte in der Beobachtungstechnologie und auf dem Feld experimenteller Methoden scheint nunmehr das Entscheidende die Bildung neuer Begriffe, beziehungsweise deren Wandlung. *„Wenn man in den Naturwissenschaften auf ein solches Paradoxon stößt, dann wird es meistens dadurch gelöst, dass man neue Begriffe einführt, die die Schwierigkeiten vermeiden. Dies stößt häufig auf Widerstände, da es im Allgemeinen schwerfällt, liebgewordene Konzepte aufzugeben.* [16]

Die Wichtigkeit und Wesentlichkeit einer Wissenschaft übergeordneter, gesamtheitlicher Entwicklungszusammenhänge bezüglich Natur und Kultur, Materie und Geist, Biologie und Kosmologie für eine echte Bewusstseins-Erkenntnis und menschliche Bewusstseins-Erneuerung ist kaum zu überschätzen. Die Bedeutung derartiger Forschung, verbunden mit absehbaren möglichen Angriffen, formulierte der Nobelpreisträger und renommierte Quantenphysiker Erwin Schrödinger in seinem eindrücklichen Appell an

---

[16] H. Schopper: „*Was heißt Materie – Beiträge der Elementarteilchenphysik zum Weltverständnis.*", in: H. Thomas: „*Naturherrschaft – Wie Mensch und Welt sich in der Wissenschaft begegnen.*", Köln 1990, S. 19.

die Wissenschaft: „*Wenn wir unser wahres Ziel nicht für immer aufgeben wollen, dann dürfte es nur einen Ausweg aus dem Dilemma geben: dass einige von uns sich an die Zusammenschau wagen, auch wenn sie Gefahr laufen, sich lächerlich zu machen.*" [17] Schrödinger – selbst Autor eines ganz und gar nicht physikalischen Buches: „*Was ist Leben?*" [18] – hat sich zeitlebens an seinen eigenen Appell gehalten. Die Lektüre dieses Buches gab Mitte des letzten Jahrhunderts zwei jungen Physikern jenen entscheidenden Forschungsanstoß, der letztlich dazu führte, die gesamte Biologie zu revolutionieren: Francis Crick und James Watson entdeckten neun Jahre nach Erscheinen seines Buches die Doppelhelix der DNA. [19]

Gene üben offensichtlich keinen *unmittelbaren* Einfluss auf den Körper aus. Vielmehr übernehmen Proteine – also Eiweiße – die unterschiedlichsten Aufgaben für den Körper. Eine Gruppe bildet die Baustoffe des Körpers, eine andere dient als Hormone zur Informationsübertragung, eine dritte stellt Enzyme dar, Katalysatoren, welche die chemischen Reaktionen im Körper beschleunigen. Dass Gene für die Produktion von Eiweißen verantwortlich sind, weiß die Entwicklungsbiologie bereits lange; *wie* und *ob* Proteine auf Gene wirken, war bis vor Kurzem ein Geheimnis. [20] Als Schlüsselerlebnis präsentierte sich für Biologen die Einsicht, dass sich Gene scheinbar wie Lichtschalter ein- und ausschalten lassen. Obwohl jede Körperzelle einen identischen Satz von Genen besitzt, benutzt jede einzelne Körperzelle nur einen bestimmten Teil des Ganzen. Und – noch verblüffender: Das menschliche Genom verfügt über unerwartet wenige Gene – wesentlich weniger als die Anzahl unterschiedlicher Proteine. [21]

Fundierte Ergebnisse empirischer Einzelforschung, welche auf den unterschiedlichsten Fachgebieten tragfähigen Grund dafür legen, sind reichlich vorhanden. Alles zielt – ähnlich wie nach der Jahrhundertwende vom 19. auf das 20. Jahrhundert – auf eine radikal

---

[17] H. Voitl / E. Guggenberger: „*Die Raupe kann den Schmetterling nicht verstehen – Erwin Schrödinger zum 100. Geburtstag*" (ORF-Filmdokumentation), Wien 1987, Transkription, Minute 58.

[18] E. Schrödinger: „*Was ist Leben? – Die lebende Zelle mit den Augen des Physikers betrachtet.*", München 1989 (Cambridge Uni. Press 1944).

[19] Im Jahr 1953 klärten die beiden jungen britischen Wissenschaftler James Watson und Francis Crick die Struktur der Erbinformation DNA, die so genannte *Doppelhelix*. Es zeigte sich zunächst, dass ein Gen ein langer DNA-Abschnitt ist, der aus einer jeweils einzigartigen Sequenz von 4 Basen besteht: Adenin (A), Thymin (T), Guanin (G) und Cytosin (C). Der genetische Code des Lebens schien sich als unglaublich simples Gebilde zu enttarnen; er wurde bis vor Kurzem von der Biologie als kaum mehr als eine Art „Kochrezept" verstanden: eine Information, wie das Körpereiweiß hergestellt werden soll. Aber bereits in den 70-er Jahren des 20. Jahrhunderts wurde offensichtlich, dass noch vieles völlig ungeklärt blieb, im Dunkeln lag: Francis Crick: „*Nachdem dieses Programm jetzt abgeschlossen ist, sind wir in einer vollen Kreisbewegung zum Ausgangspunkt zurückgekehrt ... zu den ungelöst zurückgelassenen Problemen. Wie kommt es zum Beispiel, dass ein verletzter Organismus sich zu genau derselben Struktur regeneriert, die er vorher hatte?*" (zitiert in: H.F. Judson, „*Der 8. Tag der Schöpfung.*", New York 1979, S. 209).

[20] Siehe auch Kapitel 10: Überzeugung und Gesundheit, Anmerkung 21, 27, 60.

[21] Siehe auch Kapitel 12: Fühlen, Anmerkung 18.

neue Sicht der Welt ab. Ganz so, wie es der bekannte österreichische Quantenphysiker und international bedeutendste Fachmann für Quanten-Teleportation Anton Zeilinger ausdrückt: *„Das Weltbild steht überhaupt nicht fest. Wir haben gerade erst begonnen, darüber nachzudenken.“* [22] Wir werden in ein paar Jahrzehnten, vielleicht aber auch bereits in wenigen Jahren, Klarheit darüber haben und im Blick zurück erkennen, welche grandioser Paradigmenwechsel heute gerade stattfindet. Ich selbst vermute, er wird dem diesbezüglich letzten, bereits stattgefundenen Wechsel (in Folge der Quantenphysik) an Radikalität sicherlich um nichts nachstehen ... Ganz im Gegenteil: War der letzte einer, welcher im Wesentlichen vornehmlich die Gelehrten in den Elfenbeintürmen von Physik und Chemie beschäftigte beziehungsweise schockierte [23], so wird jener, der eben im Gange ist, von grundsätzlich anderer Radikalität sein. Er wird – so vermute ich – das gesamte menschliche Zusammenleben von der Wurzel her revolutionieren und verwandeln. Ein wahrhaft dem Jahrtausendwechsel gebührender Paradigmenwechsel also ...! Und: Er wird meiner Einsicht nach auf einem völlig neuartigen Verständnis dessen gründen, was bislang unter „Information“ verstanden wurde. Ich jedenfalls glaube, man muss kein allzu großer Prophet sein (und ich glaube das von mir selbst auch nicht), wenn ich sage: In 1000 oder gar nur 100 Jahren werden viele (möglicherweise sogar die meisten) unserer heutigen Ansichten über unser Universum, über unsere Welt – über Gott-und-die-Welt – ziemlich naiv erscheinen.

Diese Prognose mag in den Ohren manches Zeitgenossen anmaßend klingen. Und so will in der vorliegenden Auseinandersetzung auch gezeigt sein, warum eine solche Aussage eventuell doch mehr als nur eine anmaßende darstellt. Letztlich wird es die Entwicklung selbst – bestätigen, oder widerlegen ...

Dass „In-*forma*-tion“ vielleicht *die* entscheidende Komponente darstellt, um gleichermaßen die schöpferische Entstehung des Universums (Natur) zu verstehen und einzuordnen, als auch ihre schöpferische Weitergestaltung durch uns Menschen (Kultur), scheint nicht zuletzt durch die Entwicklungen auf dem Feld der Quantenphysik an Bedeutung zu gewinnen. In-*forma*-tion – durchaus im Sinne von *Bewusstsein* also.

Die folgende Geschichte kennt man vielleicht ja schon. Und, kann sein, sie mag in ihrem Sarkasmus ätzend klingen und einen etwas schalen Geschmack zurücklassen; doch: Sie könnte jenseits unserer davon etwas strapazierten Gefühle auch wahr werden, wenn wir uns als Menschheit nicht bald unserer Ganzheitlichkeit entsinnen und intuitiv-schöpferisch beginnen, unser Handeln zu wandeln: *„Treffen sich zwei Planeten, sagt der eine zum anderen: Na, wie geht's denn so? – Na ja, nicht so gut, antwortet der andere*

---

[22] A. Zeilinger: *„Einsteins Schleier – Die neue Welt der Quantenphysik.“*, München 2003, Buchumschlag; Siehe auch Kapitel 9: Placebos und Überzeugungen, Anmerkung 22.

[23] Niels Bohr formulierte es damals so: *„Ein Mensch, der von der Quantentheorie nicht schockiert ist, hat sie nicht verstanden!“*
Siehe auch Kapitel 2: Kunst als VorläuferIn eines neuen Bewusstseins, Anmerkung 4
Siehe auch Kapitel 19: Leben – ein Diskurs, Anmerkung 18.

Planet, ich habe Homo-Sapiens. – Oje, erwidert der erste. Aber mach Dir keine Sorgen, das kenne ich, das vergeht von alleine!"

In einer wissenschaftlichen Symposions-Diskussion versuchte jemand vor einiger Zeit die Stoßrichtung der Diskussion mit der folgenden rhetorischen Bemerkung auf denn Punkt zu bringen: „*Hier stellt sich eine ganz andere Frage: ‚Welche geistigen Kräfte, Ideen und Weltbilder werden denn künftig geschichtsbestimmend sein?*". [24] Die mir allerdings viel wesentlicher scheinende Frage jedoch ist: Welche geistigen Kräfte, Ideen und Weltbilder werden künftig *lebensbestimmend* sein? [25]

Lassen Sie uns im kommenden Kapitel mit unserer physikalisch intendierten Standortbestimmung bezüglich Kosmos und Evolution fortfahren ...

---

[24] G. Küenzlen: „*Wissenschaft im Neuen Denken*", in: H. Thomas: „*Naturherrschaft – Wie Mensch und Welt sich in der Wissenschaft begegnen.*", Köln 1990, S. 197.

[25] Siehe auch Kapitel 24: Visionen und Ziele, Anmerkung 20.

Kapitel 16: Materie und Bewusstsein

Was wir in diesem Kapitel hinterfragen wollen, ist, wie *wirklich* unser aller Vorstellung von *Materie* ist. Weiters: „Welches sind die daraus eventuell ableitbaren Konsequenzen für unsere Fragestellungen bezüglich der Wirkungsebene von Bewusstsein *in* der (materiellen) Welt, beziehungsweise *auf* die (materielle) Welt?" – Von Bewusstsein, das im Sinne einer Hypothese mal mit In-*forma*-tion – gleichgesetzt wird.

Materie als Illusion – Begriffsbildungen der Gegenwartsphysik

„Materie ist nicht, sie geschieht." (Hermann Weyl [1])

Die Physikalische Forschung weist uns in vielerlei Hinsicht stets von neuem darauf hin, dass Begriffe, wie wir sie zur *Beschreibung der Welt* gebildet haben und benutzen, wirklich *nur* und *nichts anderes* sind als Begriffe aus einer „Modellsicht" der Welt. Keine *realen Dinge*. Dies gilt für etwas wie *Zeit, Raum, Schwerkraft*, aber eben auch für *Materie*. Verändern wir zum Beispiel den Standpunkt der physikalischen Betrachtung bezüglich Planetenbahnen von der 3. Dimension (Raum) zu jener der 4. Dimension (Raum-Zeit), dann kommt bereits die Physik Einsteins zu einer höchst eigentümlich anmutenden Begriffsbildung. Sie besagt nämlich, dass die Planeten auf ihren – scheinräumlich betrachteten – Kreisbahnen um die Sonne sich „eigentlich" in etwas bewegen, was man als einen „*4-dimensionalen Gravitationstrichter der Sonne in der Raumzeitkrümmung*" (die Raumzeit wird laut dieser Theorie durch die Masse der Sonne gekrümmt; KP.) bezeichnen könnte. Und diese, aus der räumlich 3. Dimension betrachteten, Kreisbewegungen, verlaufen aus 4-dimensionaler Sicht besehen – entsprechend der Einsteins Relativitätstheorie – vollkommen *geradeaus*! Etwas wie Schwerkraft (Gravitation) wurde von Einstein somit lediglich als „Reaktion" materieller Objekte auf das, was er als „Raumzeit-Krümmung" postuliert, enttarnt. Einstein hat den Begriff der „Schwerkraft" in seiner Allgemeinen Relativitätstheorie bereits 1915 gewissermaßen für wissenschaftlich hinfällig erklärt. Dasselbe geschah für den Begriff der „Zeit". So wie wir sie erleben, kann sie heute – auch wissenschaftlich betrachtet – lediglich als elementare Grundlage unseres Denkens eingestuft werden. Eine erlebbare Einsicht, zu der man übrigens – ganz ohne jegliches wissenschaftliche Vorwissen – durch ebenso einfache, wie auch gleichermaßen didaktisch brillant konzipierte Bewusstseins-Übungen à la *Free Spirit*

---

[1]   Hermann Weyl war einer der bedeutendsten Mathematiker des 20.Jhdts. So hat Weyl seinen Kollegen, den Physiker Erwin Schrödinger, in Zürich nicht unwesentlich bei dessen grundlegendem Aufsatz zur quantentheoretischen Wellenmechanik unterstützt, indem er ihm den Weg zur Lösung der Schrödingergleichung beim Wasserstoffatom wies – wofür Schrödinger 1933 letztlich den Nobelpreis erhielt.

(Übung: *Zeitbedingte Wahrnehmung* [2]) geführt werden kann. Dies jedenfalls entspricht meiner damit real gemachten, eigenen Erfahrung.

Unsere menschliche Wahrnehmung der Welt ist natürlich entscheidend davon geprägt, dass alles um uns herum als physisch-materiell erscheint, also etwas darstellt, was wir landläufig als „feste Materie" bezeichnen: Die Substanz dessen eben, was wir als unsere Dasein-Welt begreifen. Was für unsere Sinne gilt, die ja unser Bewusstsein ständig mit *Vorstellungen der Welt* bedienen – und wie wir feststellen können – auch bedingen [3], scheint von einem anderen Standpunkt der Betrachtung, und um diesen soll es hier jetzt gehen, wenig real. Denn, Materie macht sich, wie wir heute wissen, für unsere Wahrnehmung lediglich durch „unsichtbare Kräfte" zwischen den „Materie-Teilchen" bemerkbar. Materie besteht nämlich zu (fast) 100% aus leerem Raum! [4] Aber auch das Verb „besteht" ist in diesem Zusammenhang als Begriffsbildung bereits fragwürdig. Und wir bemerken, dass unsere Sprache mit ihren Bezeichnungsweisen für diesen Sachverhalt einfach keine passenden Worte kennt. Denn in *der* Hinsicht, wie wir heute als Physiker Materie begreifen, tritt unsere Vorstellung von etwas Zusammengesetztem viel zu kurz. So sagt man zwar auch heute noch zum Beispiel, dass Elementarteilchen aus sogenannten Quarks bestehen, weiß aber, dass es sich bei dieser Art der Formulierung viel mehr um eine Krücke unseres Verstandes handelt, als um die Beschreibung einer Realität. Was zum Vorschein kommt, wenn wir auf die zugrundeliegende Ebene vordringen, ist, dass Materie viel mehr etwas wie einen „Zustand" darstellt [5]. Etwas, was energetisch wirksam

---

[2]   B. Würtenberger: *„Free Spirit-Grundkurs – Teil 2"*, Zürich 2005, S. 24
      Siehe auch Kapitel 1: Zeit.

[3]   Siehe auch Kapitel 3: Sprache als Quellpunkt menschlichen Erlebens, Anmerkung 3ff.

[4]   Exakt zu: 99,9999999999 % – nach heutigem wissenschaftlichen Verständnis jedenfalls. Festigkeit und Gestalt entstehen – entsprechend des physikalischen Modells – als Auswirkung der Abstoßung (gleiche Ladung) zwischen den Elektronen, in den äußeren Atombereichen eines Stoffes, welche denselben Raum einzunehmen trachten. Für das Universum, im Großen besehen, und die entstandenen Strukturen (Galaxien, Sonnen, Planeten) wird das, was man wissenschaftlich als „Gravitation" bezeichnet, heute als *die* vorherrschende, Strukturen bildende „Kraft" betrachtet, doch bei massearmen Formen (z.B. Lebewesen) ist es – physikalisch betrachtet – die Wirkung der Elektronen und der dazwischen wirkenden „elektro-magnetischen Kräfte", die Gestalt, Form und Struktur zu verleihen scheinen. Wir werden in diesem Kapitel und auch später noch darauf zurückkommen, inwiefern jegliche Art materieller Strukturen letztlich – quantenphysikalischen Mutmaßungen zufolge – Ausdruck und Ergebnis von In-*forma*-tion im physischen Bereich darstellt.

[5]   Fritjof Capra, Professor für Hochenergiephysik der Universität Paris, später der Universität von Californien und Santa Cruz sowie der Uni-London: *„Die Quantenphysik hat gezeigt, dass subatomare Teilchen nicht einzelne Körnchen von Materie sind, sondern Wahrscheinlichkeitsstrukturen, Zusammenhänge in einem unteilbaren kosmischen Gewebe, das den menschlichen Beobachter und sein Bewusstsein einbezieht. Die Relativitätstheorie hat dieses kosmische Gewebe zum Leben erweckt, indem sie gewissermaßen dessen ureigenen dynamischen Charakter enthüllt und gezeigt hat, dass seine Aktivität sein eigentliches Wesen ist. Die modere Physik verwandelt das Bild vom Universum als einer Maschine in die Vision eines unteilbaren Ganzen, dessen Teile grundsätzlich in Wechselbeziehungen zueinander stehen und nur als Muster eines kosmischen Prozesses verstanden*

ist. Wenn man so will: eine Form geballt-gebündelter Energie. Da lagen die alten Chinesen mit ihrem Verständnis dessen, was sie als „*Chi*" (sprich: *Tschie*) bezeichneten, wohl ganz richtig: einer Art Synergie der wissenschaftlich benannten Aspekte *Energie* und *Materie*. $E = mc^2$ – diese Formel kennt in unserer Kultur heute (fast) jedes Kind. Dass allerdings, seit Louis de Broglies Theorie der Materiewellen, durch Versuche bewiesen – 1929! erhielt er dafür den Nobelpreis für Physik –, sowohl Materie (Elementar-Teilchen) als auch Licht (Photonen) sich nach den qualitativ selben Gesetzmäßigkeiten verhalten – oder sagen wir: „existieren" – ist selbst für den aufgeklärten Bildungsbürger nahezu unbekannt. Materie und Licht und somit sämtliche Elementar-Teilchen – einschließlich der Photonen – lassen sich, physikalisch betrachtet, mit den exakt gleichen Formeln, z.B. den sogenannten *Wellenfunktionen*, beschreiben. [6] Was da bislang also als „*Schwingung des elektromagnetischen Feldes*" interpretiert wurde, lässt sich nach heutiger physikalischer Sicht als „Wahrscheinlichkeits-Welle" entsprechend der Verteilung ihres Auftretens, ihres Realität-Werdens, nachweisen, „verstehen" [7].

Der Physiker und Professor der Universität Karlsruhe, Herwig Schopper, zunächst langjähriger Generaldirektor des CERN und in der Folge planender Leiter des LEP-Teilchenbeschleunigers in Genf: „*Die Entmaterialisierung der Grundbausteine der Materie geht aber weiter. Man hat erkannt, dass die Kräfte die alles bestimmenden Elemente für die Naturbeschreibung sind. … Die Kräfte werden beschrieben mit Hilfe sogenannter Eichfelder, deren Struktur wiederum durch die Symmetrie der Raum-Zeit-Mannigfaltigkeit festgelegt wird.* **Wir glauben heute, dass wir ein noch tieferes Prinzip als die Kräfte haben: Das sind die Symmetrien, Symmetrien unserer Raum- und Zeitstruktur.** *Letzten Endes sollen es also die Eigenschaften von Raum und Zeit sein, die die Eigenschaften der Kräfte bestimmen, und weiterführend bestimmen dann die Kräfte die Eigenschaften der Elementarteilchen. Wir stoßen hier also auf ein neues Element der Naturbeschreibung: die Symmetrie. … Als ‚first principle', als letztes Ordnungsprinzip der Naturerklärungen, schält sich immer mehr der Begriff der Symmetrie heraus. Was ist Symmetrie? Zum Beispiel eine Spiegelung. … Wir glauben jedenfalls heute, dass die Symmetrie der Raum-Zeit-Struktur und ihre Verletzung (‚Symmetriebrechung') letztlich die Eigenschaften der Kräfte und diese wiederum die Eigenschaften der Teilchen bestimmen.*" [8] Hört man

---

werden können. Auf subatomarer Ebene sind die Wechselbeziehungen und Wechselwirkungen zwischen den Teilen des Ganzen von grundlegenderer Bedeutung als die Teile selbst. Es herrscht Bewegung, doch gibt es letzten Endes keine sich bewegenden Objekte; es gibt Aktivität, jedoch keine Handelnden; es gibt keine Tänzer, sondern nur den Tanz." F. Capra: „*Wendezeit.*", Bern / München 1988, S. 97. Siehe auch Kapitel 17: Das Primat der Information, Anmerkung 3.

[6] Siehe auch Kapitel 18: In-*forma*-tion – und andere Felder …, Anmerkung 3.

[7] „*Insbesondere ist das durch dieses Denken erzeugte Abbild der Wirklichkeit wertfrei und nicht sinnbehaftet, da es bei seiner Konstruktion aus dem ganzheitlichen Sinnzusammenhang der eigentlichen Wirklichkeit herausgelöst wurde. Was und wie viel wir durch naturwissenschaftliches Denken von der eigentlichen Wirklichkeit verstehen können, hängt davon ab, was wir unter ‚verstehen' verstehen.*" H.P. Dürr: „*Das Netz des Physikers.*", München 1990, S. 48.

[8] H. Schopper: „*Was heißt Materie – Beiträge der Elementarteilchenphysik zum Weltverständnis.*",

solche Statements in all ihrer Widersprüchlichkeit, kann man einerseits erkennen: Die heutige Physik scheint sich wirklich in ziemlich „tumultösem Wandel" und am Weg der Neuorientierung zu befinden. Raum und Zeit werden physikalisch zwar als Illusion erkannt – andererseits konfigurieren und manifestieren deren beider Eigenschaften *doch* all das, was da *die Welt im Innersten zusammenhält*. Tja ...?! Die obige Darstellung weist uns jedoch auf eine bedeutende, neue Begriffsbildung in der Physik hin: Jene von *Symmetrie* beziehungsweise *Spiegelung*. Sollten diese beiden Aspekte tatsächlich derart universelle Bedeutung haben, wie hier dargestellt und somit entscheidenden Anteil daran, als In-*forma*-tion unser Universum zu konstituieren, dann – ja dann wäre es wohl sehr lohnend, sich auch im Bereich des zwischenmenschlich Sozialen auf die Suche nach solch einem Prinzip zu begeben. Lassen sich etwa auch hier Anzeichen für eine derartig *analoge Grundsätzlichkeiten* finden? Zum Beispiel der Art, wie sie uns in der philosophischen Idee: *Die Welt ist ein Spiegel von uns.*[9] begegnet: Eine systemische Sichtweise, die ja übrigens bereits weite Kreise der heutigen Psychologie bestimmt. Zunehmende Annäherung zwischen unterschiedlichen Weltzugängen jedenfalls beginnt sich vermehrt abzuzeichnen. Was lange Zeit auf vereinzelten Wegen und wohl ganz absichtsvoll isoliert unterwegs war – getrennt marschierte sozusagen – könnte so gestärkt, zukünftig vermehrt vereint zuschlagen. Ein gemeinsamer Zieleinlauf der aktuellen Etappe dieser *Tour der Raison* unserer Menschheitskultur steht vielleicht schon bald ins Haus ... Nochmals der Experimentalphysiker Herwig Schopper: „*Aus dem neuen Verständnis vom Wesen der Materie ergeben sich völlig neue Perspektiven und neue Möglichkeiten zu einer Überwindung des Grabens zwischen Naturwissenschaft und Philosophie, ja sogar der Religion. Denn die Konsequenz besteht darin, dass die Welt der Physik nicht durch rein materielle Elemente bestimmt ist, sondern einen transzendenten Hintergrund besitzt. Als Friedrich Dürrenmatt vor einiger Zeit CERN besuchte und ich ihm den LEP-Beschleuniger zeigte und die erwarteten Ergebnisse erläuterte, sagte er: ‚Jetzt verstehe ich, dass LEP eine philosophische Maschine ist.' ... Der Paradigmenwechsel, der sich in der Physik anbahnt, sollte eine Basis für den Dialog zwischen Naturwissenschaften und Philosophie beziehungsweise Ethik liefern. ... **Die Erforschung der Natur zwingt uns jedenfalls unsere Denkstruktur zu ändern, das halte ich für weit wichtiger als alle technischen Anwendungen der Naturforschung.*"[10]
Doch nochmals zurück zu unserer Ausgangsthematik. Auch das Licht wird heute physikalisch mehr als ein „Zustand" – nämlich der des sogenannten „elektromagnetischen Feldes" – begriffen, denn als ein eigenständiges „Etwas". Es scheint in gewisser Weise in grundlegendes Phänomen zu sein, welches sowohl für „Materie" als auch für „Licht"

---

in: H. Thomas: „*Naturherrschaft – Wie Mensch und Welt sich in der Wissenschaft begegnen.*", Köln 1990, S. 20ff.

[9] Siehe auch Kapitel 22: Systemische Phänomene, Anmerkung 9-13
Siehe selbes Kapitel, Anmerkung 24.

[10] H. Schopper: ‚*Was heißt Materie – Beiträge der Elementarteilchenphysik zum Weltverständnis.*", in: H. Thomas: „*Naturherrschaft – Wie Mensch und Welt sich in der Wissenschaft begegnen.*", Köln 1990, S. 23, S. 29f.

gilt: Materie verhält sich – ebenso wie Licht – wellenartig und Licht verhält sich unter gewisser Beobachtung (Versuch: *Photoelektrischer Effekt* – also: Energieübertragung in Form von Licht) wie eine Ansammlung von Licht-Teilchen – „Photonen". Es handelt sich also offensichtlich um zwei Erscheinungsformen desselben „Etwas', desselben „Zustands". Somit kann eben auch gesagt werden, dass *alle* Energie „gequantelt" ist – wie dies wohl ein Physiker formulieren würde. Man spricht daher auch von „Licht-Quanten" (Photon = Quantenbündel). Gemäß der sogenannten Quantentheorie [11] besteht der einzig *wesentliche* Unterschied zwischen Licht und Materie darin, dass Photonen keine Masse besitzen und dass Photonen offensichtlich die einzigen Teilchen sind, welche – ganz im Gegensatz zu *allen anderen* bekannten „Teilchen" im Kosmos – keine Anti-Teilchen besitzen, beziehungsweise, wie man dies eventuell exakter ausdrücken müsste: ihre eigenen Anti-Teilchen *sind*. [12] Vielleicht kann daraus auch abgeleitet werden, dass Licht etwas ist, was im Gegensatz zu allen anderen Energie-Formen (wie Elementar-Teilchen), gewissermaßen noch nicht den Schritt in die Dualität, in die Polarität und Komplementarität alles Materiellen gegangen ist ...?

Anhand dieser kurz gefassten Darstellung kann man unschwer erkennen: Unser Eindruck, unser Erleben, dass diese unsere materielle Welt *real* ist, mag für unser Alltagserleben in der Welt Sicherheit bieten und somit auch evolutiv im höchsten Maß förderlich (gewesen) sein. Für die Einschätzung beziehungsweise die Möglichkeit, *ob* wir mit unserem Bewusstsein Einfluss auf die Gestaltung dieser Welt nehmen können, oder auch *wie* wir in dieser Welt etwas bewirken können, könnte sich diese Vorstellung allerdings als zu unbeweglich, fest gefügt und be-dingt erweisen. Gleichermaßen gilt dies für die Vorstellung, dass alles aus lauter Teilchen bestünde. Derartige Vorstellungen durften noch über lange Strecken des 20. Jahrhunderts wissenschaftliche Gültigkeit für sich in Anspruch nehmen und wurden bis in die 60-er Jahre auch vom Nobelpreisträger für Physik Feynman, allen Ernstes kolportiert. [13] Der international geehrte Wissenschaftsphilosoph und Forscher Univ.-Prof. Laszlo: „*Laut Bohr ist schon allein die Frage danach, was ein Teilchen ‚in sich selbst' ist, sinnlos und sollte daher nicht gestellt werden. Um Eugen Wigners aufschlussreiche Formulierung zu verwenden:* **Die Quantenphysik befasst sich mit Beobachtungen, nicht mit Beobachtbarem.**" [14]

---

[11] Was zu Beginn dieses Kapitels vorgestellt wird, mag vielleicht für manchen Leser eine zu geraffte Darstellung eines äußerst komplexen Inhalts abgeben. Dafür muss ich mich wohl entschuldigen. Größere Ausführlichkeit ist jedoch im Zusammenhang des vorliegenden Buches nicht möglich. Der interessierte Leser sei jedoch auf zwei diesbezüglich empfehlenswerte Bücher verwiesen: N. Herbert: „*Quantenrealität – Jenseits der neuen Physik*", Birkhäuser Vlg., Basel 1987 oder auch: F.A. Wolf: „*Der Quantensprung ist keine Hexerei – Die neue Physik für Einsteiger.*", Birkhäuser Vlg., Basel 1986. Siehe auch Kapitel 17: Das Primat der Information, Anmerkung 3-6.

[12] J. Starkmuth: „*Die Entstehung der Realität.*" Bonn 2007, S. 89.

[13] Siehe auch Kapitel 3: Sprache als Quellpunkt menschlichen Erlebens, Anmerkung 4.

[14] E. Laszlo: „*HOLOS – die Welt der neuen Wissenschaften.*", Petersberg 2002, S. 25; (Eugen Wigner, Professor für Mathematik an der Princeton Universität und Nobelpreisträger für Physik 1963).

„wertfrei – nicht Sinn behaftet" [15]

Im kommenden Abschnitt möchte ich vermehrt Forscher und Wissenschaftler selbst zu Wort kommen lassen – Primärliteratur sozusagen. Denn: Selten wird uns bewusst, wie weit zeitgenössische wissenschaftliche Forschung bereits über das Wissen hinausgeschritten ist, das in unseren Schulbüchern immer noch weiter tradiert wird ...

Bruno Würtenberger: *„Nimm ein Elektronenrastermikroskop und untersuche Materie. Irgendwann kommst Du an den Punkt, wo Du erkennen kannst, dass alles gleich ist, danach wirst Du entdecken, dass alles verschwindet und Du bist bei dieser unsichtbaren, formgebenden Kraft angelangt, welche ich ‚Gott' nenne. Und so gerne ich darüber etwas erzählen möchte, ich kann es nicht. Es ist unbeschreiblich. Nicht unbeschreiblich ‚schön', sondern bloß unbeschreiblich. Es gibt keine Worte dafür. Alle Worte, die man im Laufe der Zeit dafür gebraucht hat, wurden missverstanden."* [16]

Es kursieren wissenschaftlich betrachtet unter den Forschern – vornehmlich aus dem Bereich der Physik, aber auch aus der Systemforschung – heute bereits mehrere, einander ergänzende oder auch konkurrierende Theorien, welche die sogenannte *neue Physik* begründen. Die Entdeckung des *Doppelaspekts der Materie* (Welle-Teilchen Dualismus) und die fundamentale Rolle, welche die Wahrscheinlichkeit in diesem Zusammenhang einnimmt (siehe oben) hat die klassische Vorstellung von festen Objekten – wie etwa Elementarteilchen – als „Teilchen" zerstört. Heute ist klar: Auf subatomarer Ebene lösen sich die scheinbar festen materiellen Objekte der klassischen Physik in wellenartige „Wahrscheinlichkeits-Strukturen" auf. Außerdem stellen diese Strukturen nicht Wahrscheinlichkeiten von *Dingen*, sondern vielmehr Wahrscheinlichkeiten von *Verknüpfungen* – also von *Beziehungen* – dar. Schon 1937 formulierte der berühmte Nils Bohr (nach ihm ist das Bohrsche Atommodell benannt; KP.) diese unglaubliche Wirklichkeit so: *„Isolierte Materie-Teilchen sind Abstraktionen, ihre Eigenschaften sind nur durch Zusammenwirken mit anderen Systemen definierbar und wahrnehmbar."* [17] In der Quantentheorie langt man also nie bei irgendwelchen Formen oder etwas Dinglichem an. Es sind vielmehr – aus heutiger wissenschaftlicher Sicht – *Gewebe von Wechselbeziehungen*, die all dem zugrunde liegen. Der renommierte Physiker Fritjof Capra – er studierte bei Werner Heisenberg, lehrte Hochenergiephysik an der Sorbonne in Paris, der University of California, Santa Cruz sowie der University of London, schreibt in seinem Werk: *„Wendezeit"*: *„Auf diese Weise enthüllt die moderne Physik die grundlegende Einheit des Universums. Sie zeigt, dass wir die Welt nicht in unabhängig voneinander existierende kleinste Einheiten zerlegen können. Beim Eindringen in die Materie finden wir keine isolierten Grundbausteine, sondern vielmehr ein kompliziertes Gewebe von Beziehungen zwischen den verschiedenen Teilen*

---

[15] H.P. Dürr: *„Das Netz des Physikers."*, München 1990, S. 48.

[16] B. Würtenberger: «*Heldenduft*», (noch unveröffentlicht), S. 87.

[17] N. Bohr: *„Atomtheorie und Naturbeschreibung."*, Berlin 1931, S. 57.

eines einheitlichen Ganzen." [18] Und der berühmte Physiker Werner Heisenberg drückt dasselbe mit den folgenden Worten aus: „*So erscheint die Welt als kompliziertes Gewebe von Vorgängen, in dem sehr verschiedenartige Verknüpfungen sich abwechseln, sich überschneiden und zusammenwirken und auf diese Art und in dieser Weise schließlich die Struktur des ganzen Gewebes bestimmen.*" [19] Dass alles auf dieser Welt – bis in die subatomare Ebene – miteinander in ursächlicher Verbindung steht, beweist und zeigt sich heute in den unterschiedlichsten Zusammenhängen – nicht nur im Bereich der Physik! Sei es in ‚Systemischer Aufstellungsarbeit', welche sich heute als unverzichtbares Szenario und Setting bis hinauf in die höchsten Etagen kreativer Unternehmens- und Managementberatung Anerkennung erworben hat, worauf das Buch ja bereits verwiesen hat. Ein Feld, wo heute vermehrt auf ‚Intuition' gesetzt wird – auch und wohl vor allem, um wirtschaftlich-monetäre Effizienz zu erreichen. [20] Somit also wohl alles andere als schöngeistig weltfremde Spinnerei! Aber auch in mehr therapeutischen Arbeitsbereichen ist dieses Faktum heute anerkannt: Die auf dem sozialen Geflecht und Zusammenhang und seinen ‚Bewusstseins-Feld' Aspekten aufbauenden ‚Systemischen Therapien' bilden heute wohl das ‚Um-und-auf' sowie die Basis praktisch eines jeden derartigen Vorgehens. Und auch auf der subatomaren Ebene hat sich Heisenbergs Sicht – nicht zuletzt durch die bahnbrechenden Arbeiten des Quantenphysikers und leitenden Professors für Experimentalphysik an der Uni-Wien, Anton Zeilinger, – bestätigt. Als international führender Fachmann für Teleportation (‚Beamen') konnte er in seinen Versuchen zeigen, dass alle ‚Teilchen' – die, wie wir wissen keine Teilchen sind, – sogenannten Spiegelungsgesetzen unterworfen sind. ‚Verschränkungen' nennt das die zeitgenössische Physik, welche bereits daran forscht, dieses Wissen für die nächste Generation von Quanten-Computern zu verwenden. Es zeigt sich hier zum Beispiel, dass Elektronen, aber auch andere 'Teilchen' – obwohl im Raum weit voneinander getrennt – durch unmittelbare, nichtlokale Zusammenhänge – miteinander verbunden sind. [21]

Der Physiker Henry Stapp von der Universität Kalifornien fasst diese Situation folgendermaßen zusammen, indem er sie als die „*... profunde Wahrheit, dass die Welt entweder grundsätzlich gesetzlos oder grundsätzlich unteilbar ist.*" [22] charakterisierte. Einen anderen Aspekt – im selben Zusammenhang betont der große Physiker David Bohm bereits 1951, wenn er sagt: „*Das Universum beginnt mehr wie ein großer Gedanke, denn wie eine große Maschine auszusehen.*" [23] Fritjof Capra drückt es so aus: „*Das Bild*

---

[18] F. Capra: „*Wendezeit*", Bern, München 1988, S. 83.

[19] W. Heisenberg: „*Physik und Philosophie.*", Berlin 1973, S. 85.

[20] Siehe auch Kapitel 13: Intuition, Anmerkung 5, 6, 7.

[21] A. Zeilinger: „*An experimental test of non-local realism*", in: *Nature Bd. 446*, S. 871, 2007
Siehe auch Kapitel 18: In-*forma*-tion – und andere Felder ..., Anmerkung 35
Siehe auch Kapitel 19: Leben – ein Diskurs, Anmerkung 13, 17, 18.

[22] H.P. Stapp: „*S-Matrix Interpretation of Quantum Theory*", in: *Physical Review, März 1971.*

[23] D. Bohm: „*Quantum Theory*", New York 1951, 169ff
Siehe auch Kapitel 3: Sprache als Quellpunkt menschlichen Erlebens, Anmerkung 7.

von den subatomaren Teilchen, das sich aus der ‚Bootstrap-Theorie' [24] *ergibt, lässt sich in dem provozierenden Satz zusammenfassen:* **Jedes Teilchen besteht aus allen anderen Teilchen.** *Man darf sich jedoch nicht vorstellen, dass jedes einzelne Teilchen alle anderen in einem klassischen, statischen Sinne enthält.* **Subatomare Teilchen sind keine separaten Einheiten, sondern untereinander verbundene Energiestrukturen in einem fortlaufenden dynamischen Prozess.** *Dies Strukturen enthalten sich nicht gegenseitig, sondern beziehen einander auf eine Weise ein, der man eine präzise mathematische Bedeutung geben kann, die sich jedoch nicht leicht mit Worten ausdrücken lässt."* [25] Und ein wenig später im Text ein weiterer maßgeblicher Hinweis von Seiten der Physik, der zum Denken anregen kann: *„Die Fähigkeit, Ordnung zu erkennen, scheint ein wesentlicher Aspekt des Verstandes zu sein; jede Wahrnehmung einer Struktur ist in gewissem Sinne die Wahrnehmung einer Ordnung. Die Klärung der Vorstellung von Ordnung in einem Forschungsbereich, in dem Strukturen von Materie und Strukturen von Bewusstsein mehr und mehr als Spiegelungen von einander erkannt werden, verspricht ein faszinierendes Neuland der Erkenntnis zu eröffnen. ... Die zunehmende Anwendung der ‚Bootstrap-Methode' eröffnet die noch nie dagewesene Möglichkeit, das Studium des menschlichen Bewusstseins ausdrücklich in künftige Theorien von der Materie einbeziehen zu können. Die Frage des Bewusstseins ergab sich bereits in der Quantentheorie im Zusammenhang mit dem Problem von Beobachtung und Messung. ...* **Einige Physiker sind der Ansicht, Bewusstsein könnte ein essenzieller Aspekt des Universums sein** *und wir würden unser weiteres Verständnis der Naturerscheinungen selbst blockieren, wenn wir es weiterhin beharrlich ausklammern."*

---

[24] Die sogenannte „Bootstrap-Theorie" entstand bereits in den frühen 60-er Jahren des 20. Jahrhunderts im Bereich der Theoretischen Physik. Ihr Begründer, Prof. Geoffrey Chew, Mitglied der National Academy of Sciences und der American Academy of Arts and Science, erhielt dafür den international renommierten *„Hughes Prize of the American Physics Society"*. Die Bootstrap-Theorie überwindet in ihrem Ansatz nicht nur die mechanistische und seit den Ergebnissen der Quantenphysik wissenschaftlich obsolete Vorstellung fundamentaler „Bausteine" des Universums, sondern betrachtet und begreift das Universum als dynamisches Gewebe untereinander verbundener Geschehnisse. Alle Eigenschaften irgendeines Teiles dieses Gewebes ergeben sich aus den Eigenschaften der anderen Teile. Und, das wohl Radikalste dieses wissenschaftlichen Forschungs-Ansatzes: *„Alle beobachteten Strukturen der Materie stellen Spiegelungen der Strukturen unseres Bewusstseins dar!"* Die Ausformulierung der Bootstrap-Theorie brachte in der Folge eine erste Offenheit mit sich, eine erste ernstzunehmende Bereitschaft – beziehungsweise sogar die aktuelle *Forderung* – nach wissenschaftlicher Erforschung des menschlichen Bewusstseins und seiner eventuellen Wechselwirkung auf die Welt unserer Wahrnehmungen. Ein ausdrücklich – und auch so formulierter – *erster Schritt*, um Ergebnisse dieser Forschungen in eine fundierte Materie-Theorie einzubeziehen – mit unabsehbaren Folgen für zukünftige, davon abgeleitete Kosmologien. Ein weiterer aus der Bootstrap-Theorie resultierender Forschungszweig ist die viel zitierte „Stringtheorie", die hier jedoch nicht weiter besprochen werden soll.

[25] F. Capra: *„Wendezeit.",* Bern, München 1988, S. 100f (gilt auch für das nächste Zitat in Folge)
Siehe auch Kapitel 10: Überzeugung und Gesundheit, Anmerkung 57, 60
Siehe auch Kapitel 19: Leben – ein Diskurs, Anmerkung 13, 14, 17.

Sehr interessant, insofern sich darin Weisheit und eine nicht zu unterschätzende Offenheit der Sichtweise zeigt, ist eine Äußerung von Patrick Bahners, welche dieser vor einiger Zeit während eines wissenschaftlichen Symposions verschiedener Spitzenwissenschaftler machte: *„Eine Interpretation nehmen wir für die Wahrheit, solange sie für unsere Zwecke so deutlich ist, dass wir sie nicht ihrerseits wieder interpretieren müssen. Wir können es beim ‚Für-Wahr-Halten' unserer Sätze bedenken, dass wir sie nur für eine gewisse Zeit als wahr nehmen. Es fällt uns so leichter, denen gegenüber gerecht zu sein, die sie jetzt schon nicht für wahr nehmen. ... Nach der Dekonstruktion hat jede Wahrheit ihre Zeit und ihre Geschichte. Insofern diese Geschichte sich ihrerseits nicht auf eine Wahrheit reduzieren lässt, können wir auch sagen: Es ist das Schicksal der Wahrheit nach der Dekonstruktion, dass jede Wahrheit ihr Schicksal hat."* [26]

Information und Materie

Auf Grund seiner Erkenntnisse meint der Experimentalphysiker und Quantenforscher Anton Zeilinger, dass der *Information (in der Evolution) infolge quantenphysikalischer Überlegungen sogar ein höherer Stellenwert beizumessen wäre als dem, was ganz allgemein unter Materie selbst verstanden wird.* [27] Zeilinger geht soweit, darauf zu bestehen, dass jegliche Art materieller Strukturen lediglich das „Korrelat" – der Ausdruck – von Information und somit nur ihr Ergebnis im physischen Bereich darstelle!

Welchen Stellenwert mag da wohl – von dieser Betrachtungsebene besehen – *unser Bewusstsein haben, als äußerst spezifisch gefüllter Informations-Träger* für die mit jedem von uns in Verbindung stehende Welt ...?! Das menschliche Gehirn gilt wissenschaftlich als *„... das komplexeste System im Universum – sehen wir einmal von eventuellen kosmischen Nachbarn ab, die vielleicht noch kompliziertere Methoden der Informationsverarbeitung besitzen."* [28]

Eine sehr interessante und darüber hinausweisende Sicht bezüglich Materie vertritt Friedrich Cramer, Professor für Organische Chemie in Darmstadt und später Direktor des Max-Planck-Institut für Experimentelle Medizin in Göttingen. Er schreibt: *„Formbildung wird weder allein strukturell noch allein mathematisch erklärbar sein. Selbstorganisation ist eine stark verkürzte Ausdrucksweise für eine Grundeigenschaft von Materie: Selbstorganisation (Formenbildung) im Evolutionsfeld. ... Selbstorganisation ist das Schöpfungspotenzial der evolvierenden Materie, und das gilt für die gesamte Materie. ... Nie war der Materiebegriff so reduziert und ausgehöhlt wie heutzutage in unserer Alltagsvorstellung. ... Die Untersuchung ergibt dann, dass der vielfach noch gängige naturwissenschaftliche Materiebegriff geopfert werden muss. Aber warum*

---

[26] P. Bahners: *„Vom Schicksal der Wahrheit nach der Dekonstruktion"*, in: H. Thomas: *„Naturherrschaft – Wie Mensch und Welt sich in der Wissenschaft begegnen."*, Köln 1990, S. 234.

[27] A. Zeilinger: *„Einsteins Schleier – Die neue Welt der Quantenphysik."*, München 2003, S. 213ff.

[28] Ebenda, S. 213.

eigentlich nicht? In der Kernphysik ist er längst geopfert worden, nur sind die Dinge dort so abstrakt, dass sie nicht ins allgemeine Bewusstsein vordringen. ... Materie in der Evolutionsfeldtheorie ist ideenträchtig." [29] So sieht es auch der Nobelpreisträger für Chemie (1977) und Präsident der *International Academy of Science* Ilja Prigogine, der meint, dass Materie umso intelligenter wird, je weiter sie sich von einem entropischen Gleichgewicht (Energie-Ausgleich aller Kräfte in einem System; K.P.) entfernt hat. [30] Ebenso wie Chaosforscher fragen: *„Wie macht die Natur ihre Strukturen dynamisch stabil?"* [31], stellt der österreichische Physiker und Nobelpreisträger Erwin Schrödinger in seinem Buch *„Was ist Leben?"* in Physikermanier die Frage, wie sich *„... lebende Materie dem Abfall in den Energie-Gleichgewichtszustand entzieht"* und findet auch gleich die Antwort: *„Der Kunstgriff, mittels dessen ein Organismus sich stationär auf einer ziemlich hohen Ordnungsstufe* (einer ziemlich *geringen* Entropiestufe; K.P.) *hält, besteht in Wirklichkeit aus einem fortwährenden Aufsaugen von Ordnung aus seiner Umwelt."* [32] Der Physiker und Universitätsprofessor Herbert Klima vom Atominstitut der Österreichischen Universitäten deutet *„... das Wirkungsgefüge eines offenen Systems"* ähnlich. Er weist darauf hin, dass ein derartiges System *„... während eines Prozesses aus der Umgebung dauernd Nachricht erhält und dadurch in entsprechende Prozessstrukturen beziehungsweise entsprechende Formen gebracht wird: d.h. es wird informiert. Durch eine Nachricht beziehungsweise eine Information verändert sich also die Entropie eines Systems: sie wird vermindert. ... Empfang von Information bedeutet Verminderung der Entropie des Systems."* [33] Durch jegliche von einem System aufgenommene – und *Form* werdende – In-*forma*-tion, nimmt seine Entropie somit ab und entfernt es sich vom (energetischen) End- und Ausgleichszustand – makrokosmisch als *Wärmetod des Universums* bezeichnet.

Die Schlussfolgerung aus dem Gesagten: Jedes System, das sich weit vom energetischen Ausgleich der Kräfte befindet, muss im Verlauf seines Evolutionsprozesses viel an Information aufgenommen haben, wodurch sich sein Ordnungszustand erhöht hat. Dies gilt für jegliche Struktur, für jeglichen Organismus im Kosmos, sei es nun ein Stern, ein Planetensystem, ein Lebewesen oder auch – unser Gehirn ...

---

[29] F. Cramer: *„Chaos und Ordnung – Die komplexe Struktur des Lebendigen"*, Stuttgart 1989, S. 230f
„*Organismen sind offene Systeme, die ständig weit außerhalb eines Gleichgewichts operieren.*"
F. Capra: *„Wendezeit – Bausteine für ein neues Weltbild"*, München 1988, S. 299
Siehe auch Kapitel 18: In-*forma*-tion – und andere Felder ..., Anmerkung 19.

[30] I. Prigogine / I. Stengers: *„Order out of Chaos."*, London 1984.

[31] H.O. Peitgen / H. Jürgens / D. Saupe: *„Bausteine des Chaos."*, Berlin 1992, S. 39.

[32] E. Schrödinger: *„Was ist Leben? – Die lebende Zelle mit den Augen des Physikers betrachtet."*, München 1989 (Cambridge Uni. Press 1944), S. 129
Siehe auch Kapitel 17: Das Primat der Information, Anmerkung 50.

[33] H. Klima / B. Lipp / H. Lahrmann: *„Möglichkeit niederenergetischer Bioinformation – Physiologische und Physikalische Grundlagen für Bioresonanz und Homöopathie."*, in: *Schriftenreihe der Wiener Internationalen Akademie für Ganzheitsmedizin, Band 17*, Wien 1997, S. 38
Siehe auch Kapitel 17: Das Primat der Information, Anmerkung 51.

Auch für die Wissenschaft – allen voran die Physik der Gegenwart – ist es heutzutage klar, dass sich die verschiedenen Daseins-Formen von Materie letztlich nur marginal, also mehr oder weniger unwesentlich, unterscheiden. Für sie ist Materie jeglicher Form – in gewisser Weise – hochenergetisch, quasi lebendig. Nicht nur das, was wir belebt nennen – selbst sogenannte unbelebte Gegenstände haben ein Sein oder eine Präsenz. Von sehr entsprechenden Wahrnehmungen, welche solche Auffassungen unterstreichen, wird heute verschiedenen Orts berichtet. Was aufs erste Hören einigermaßen „esoterisch" klingt, bestätigt letztlich jedoch bloß die Betrachtungsweise zeitgenössischer Physik: Diese erklärt heute, dass die Untersuchung der Atomstruktur – zum Beispiel eines Steins – zeigt, dass sie nicht „... *unähnlich lebendig"* ist, wie der menschliche Körper – es bestünden da nur „... *minimale Unterschiede"*.

Durch den *„Gegenstands-Bewusstseins Schleier"* betrachtet, mit welchem der Verstand alles abschirmt aber, erscheint der Stein tot. In ganz ähnlicher Weise erfährt letztlich jegliches Verstandesdenken die Welt als leblos. Infolge unserer mentalen Filter sind wir heute – vorab – meist zu keiner anderen Wahrnehmung mehr fähig. Verstandesdenken ist jedoch nur *ein* Aspekt menschlichen Bewusstseins. Und in dem Moment, wo diese Filter verändert werden – wir also mit unserem Bewusstsein wieder wachen Zugang zur Ebene des *Fühlens* finden – wird ein neues (vermutlich aber uraltes) Wahrnehmungs-Organ (wieder) bewusst und, Hand in Hand gehend damit, auch: dass *alles* lebendig ist. Solch eine persönliche Welt-Erfahrung verwandelt in ihrer Verwunderlichkeit das Leben von Grund auf (Angewandte Bewusstseinsforschung / Free Spirit-Grundkurs: *Authentisches Fühlen* [34]). Auch wenn Selbstorganisation (*„Selbstorganisation ist das Schöpfungspotenzial der evolvierenden Materie"*, F. Cramer: S. 230f) meiner Auffassung nach ein Begriffsbildungs-Konstrukt darstellt, welches tendenziell dazu neigt – zugegeben: in freundlicher Weise – die Frage zu verschleiern, die keiner in den Wissenschaften gerne konkret ausspricht: *Warum bitte sollte sich Materie* **(ohne In-forma-tion, ohne Geist zu sein!** [35]) *auf den Weg machen, um sich selbst zu organisieren?!* Worauf gründet wohl diese schöpferische Selbstgestaltungskraft der Materie? Was prolongiert diesen immer und stets differenzierender, Gestalt-bildenden Impuls im Kosmos? Gibt es sie – diese In-*forma*-tion tragenden Felder?

Der bekannte englische Forscher, Zell-Biologe und Biochemiker, Rupert Sheldrake sagt: „Ja!" und nennt sie *„Morphogenetische Felder"* – Gestalt-bildende Felder. Rupert Sheldrake propagiert als Prinzip ihrer Wirkungsweise eine, wie er es nennt, *„morphische Resonanz"*. [36] Die Frage allerdings wird heute zentral *auch* in den Naturwissenschaften

---

[34] B. Würtenberger: *„Free Spirit-Grundkurs – Teil 1"*, Zürich 2005, S. 104.

[35] Siehe auch Kapitel 17: Das Primat der Information, Anmerkung 12
Siehe auch Kapitel 18: In-*forma*-tion – und andere Felder ..., Anmerkung 23, 27
Siehe auch Kapitel 10: Überzeugung und Gesundheit, Anmerkung 37, 38, 45, 63.

[36] R. Sheldrake: *„Das Gedächtnis der Natur – Das Geheimnis der Entstehung der Formen in der Natur."*, Bern 1992, S. 132ff.
Siehe auch Kapitel 17: In-*forma*-tion – und andere Felder ..., Anmerkung 14.

gestellt.[37] Denn eigentlich spricht wissenschaftlich betrachtet ja alles dagegen, dass da überhaupt „irgendetwas" entstehen hätte können in diesem Universum. Univ.-Prof. Frank Close – Leiter der Abteilung Theoretische Physik am berühmten Rutherford Appleton Laboratory in Großbritannien und Professor für Physik an der Universität Oxford, sowie Forscher am CERN: *„Sich selber überlassen, tendiert Materie eher zur Unordnung, einfach weil es mehr Möglichkeiten dafür gibt. Diese Reihenfolge der Ereignisse – von Ordnung zu Unordnung – verbinden wir mit dem natürlichen Ablauf der Zeit ... Der Fluss der Zeit – angefangen beim Big Bang, über das Leben zum Tod, bis hin zum endgültigen Schicksal des Universums – könnte sich in gewisser Hinsicht als eine Illusion herausstellen, als das Produkt von Zufall und Wahrscheinlichkeit in den tänzerischen Bewegungen unzähliger Atome ... Auf fundamentalem Niveau scheint es für die Zeitrichtung eine Symmetrie zu geben. Die physikalischen Gesetze beispielsweise für die Wechselwirkung zwischen den Elementarteilchen erlauben es der Zeit, entweder vorwärts oder rückwärts zu laufen. Seit 1964 gab es jedoch Vermutungen, dass die Zeit nicht perfekt symmetrisch sein könnte, und im Jahr 1998 konnten die Physiker am CERN diese Vermutung auch beweisen. Die ‚Teilchen' in den Atomen kümmern sich zwar nicht um den Zeitpfeil, aber* **in der kosmischen Strahlung gibt es seltsame Teilchen, die in einem absoluten Sinne zwischen links und rechts sowie Zukunft und Vergangenheit unterscheiden können.** *Diese verblüffende Entdeckung könnte erstaunliche Auswirkungen haben und zwar nicht nur in Bezug auf die Existenz von Leben, sondern in Bezug auf die Existenz des gesamten materiellen Universums. Die Fragen, mit denen wir uns bisher beschäftigt haben ... sind unbedeutend im Vergleich zum größten aller Geheimnisse:* **‚Warum gibt es überhaupt etwas?'** *... Es könnte sein, dass sich in der geheimnisvollen Natur der Zeit eine Erklärung findet, warum nach dem Big Bang überhaupt etwas übrig geblieben ist, warum es in unserem Universum überhaupt Materie gibt statt nur Licht und Energie."* [38] Wir wollen diesen Abschnitt mit einer etwas kryptischen Bemerkung des Physiker John Wheeler zur Zeit beschließen, der – halb scherzhaft – meint: *„Zeit ist, was verhindert, dass nicht alles auf einmal passiert."* [39]

Vieles bleibt somit der heutigen Physik und Kosmologie mindestens – *rätselhaft*. Fragen sind offen ... Andererseits: Es tut sich doch viel im *Blätterwald kontemporärer Wissenschaft!*

---

[37] *„Warum gibt es überhaupt etwas und nicht nichts?"*, in: *Spektrum der Wissenschaft 3/1999*, S. 61
Siehe auch Kapitel 15: *„Im Anfang war ..."*, Anmerkung 1, 2.

[38] F. Close: *„Luzifers Vermächtnis – Eine physikalische Schöpfungsgeschichte."*, Berlin 2004, S. 283: *„Für materielle Dinge, einschließlich der Lebewesen, ist die Zeit eine Illusion ..."*
Frank Close – forscht u.a. am Europäischen Zentrum für Elementarteilchenphysik CERN bei Genf. Für seine großen Verdienste um die laienverständliche Vermittlung physikalischer Themen wurde er mit der Kelvin-Medaille ausgezeichnet (1996). Sein Buch ist – der aus dem Zusammenhang gerissene Ausschnitt mag täuschen! – für den interessierten Laien überraschend lesbar, spannend und somit echt empfehlenswert (KP.).

[39] Ebenda S. 267 f; Siehe auch Kapitel 1: Zeit, Anmerkung 4f.

Standpunkt: *Philosophie* – und die Wirklichkeit (menschlicher) Realität

„Die Feststellung, dass, wenn ich etwas messen und bestimmen kann, mit welchen Apparaten auch immer, das ‚Wirklichkeit' sei, ist ja selbst eine philosophische These. ... Nun verstehe ich Philosophie nicht als das Haben, das ‚Im-Besitz-Sein' von Wahrheit. ... Philosophie stellt Fragen, die wichtig sind, zum Beispiel nach dem Sinn von Physik. Das ist eine philosophische und keine physikalische Frage. Wittgenstein – der späte Wittgenstein – hat einmal gesagt: ‚Wenn wir alle physikalischen Antworten gegeben haben, haben wir noch keine einzige wesentliche Frage gestellt.' Das zielte wohl auf so etwas wie – beim späten Wittgenstein etwas mystisch eingefärbte – Philosophie, der gerne entgegengehalten wird, wozu sie eigentlich gut sei. Wozu ist Philosophie gut? Aristoteles antwortete darauf klassisch: ‚Zu sonst nichts.' Hinzugefügt hat er dann: ‚Aber abgesehen davon ist sie das Wichtigste überhaupt', weil nämlich in ihr verhandelt wird, was es eigentlich bedeutet, zu ‚etwas gut zu sein', wofür es sich lohnt, etwas zu tun, warum es sich lohnt Physiker zu werden. Die Frage ‚Wozu?' wird in der Philosophie verhandelt. Solange diese Frage nicht ausgegrenzt wird aus der Wirklichkeit, fühle ich mich auch nicht ausgegrenzt, wenn Physiker von Realität sprechen. Wenn die Realität einer Wissenschaft aber ‚die' Realität sein soll, dann trifft zu, was Karl Kraus einmal über die Psychoanalyse gesagt hat: ‚Die Psychoanalyse ist die Krankheit, für deren Heilung sie sich hält.' [40] Soweit Univ.-Prof. Reinhard Löw. Als Doktor der Chemie und Philosophie studierte er weiters Pharmazie sowie Geschichte und Mathematik. Der Professor für Philosophie an der Universität München gilt er als spektakulärer Vertreter arrivierter wissenschaftlicher Ganzheitlichkeit.

Ja, es herrscht ein Kampf der Geister und doch bahnt sich durch den „Paradigmen-wechsel in der Physik" eine neue Gesprächsbasis zwischen Naturwissenschaften und Spiritualität einerseits und Philosophie und Ethik andererseits an. Dies schafft neuen Raum, um beiderseits „alte Hüte auszumotten" und eine neue, spannende Etappe einzuläuten. Wir werden sehen, wohin dieser Weg unsere Kultur führen wird ...

Zusammenfassung

Als Zusammenfassung wähle ich hier die Einsicht, welche der Philosoph Sir Karl Popper und der Neurowissenschaftler und Nobelpreisträger Sir John C. Eccles in ihrem Buch: *„The Self and Its Brain – An Argument for Interactionism."*, wählten: *„Materie erweist sich als hochverdichtete, in andere Energieformen umwandelbare Energie und folglich als eine Art Prozess. ... Das Universum erscheint uns heute nicht als eine Ansammlung von Dingen, sondern als eine Menge von in Wechselwirkung stehenden Ereignissen oder Prozessen."* [41]

---

[40] R. Löw: *„Aussprache / Wirklichkeit in Raum und Zeit – Physiker im offenen Dialog"*, in: H. Thomas: *„Naturherrschaft – Wie Mensch und Welt sich in der Wissenschaft begegnen."*, Köln 1990, S. 124f.

[41] K. Popper / J.C. Eccles: *"The Self and Its Brain – An Argument for Interactionism."*, New York 1977

Lassen Sie uns nun im nächsten Kapitel der Thematik In-*forma*-tion von einer weiteren, etwas geänderten Betrachtungsebene begegnen und sie in ihrer Universalität beleuchten.

("*Das Ich und sein Gehirn.*", München 2002 (1989), S. 26).

Kapitel 17: Das Primat der Information [1]

Warum gibt es dieses Universum überhaupt und nicht nichts?! [2]

Als 1900 Max Planck die Quantentheorie ins Leben rief, hatte man ja zunächst keine wirklichen Vorstellungen darüber, welche Konsequenzen diese wissenschaftliche Inauguration für die Physik *wirklich* mit sich bringen sollte. Es dauerte nämlich noch ein Vierteljahrhundert bis der österreichische Physiker Erwin Schrödinger und sein deutscher Kollege Werner Heisenberg die Gleichungen (er)fanden, welche die Quantenregeln für Verhalten von sogenannten Elektronen in Atomen formulieren. Wenn man so will: Jene mathematischen Grundlagen, nach denen Elektronen ihren „Tanz" choreographieren. [3]

Eine der bemerkenswertesten Fragen, die sich die heutige Physik und die damit in Verbindung stehende materialistische Kosmologie, stellen, ist: *„Warum gibt's dieses Universum überhaupt und nicht nichts?!"* Es ist ein in dieser Frage-Form auch von der Wissenschaft bereitwillig artikuliertes Problem im Verständnis der Entwicklung des Kosmos. Ein Rätsel, für das die Physik bis dato keine Erklärung hat. Denn: Eigentlich weisen ihre Analysen aus den CERN-Experimenten [4] auf das genaue Gegenteil davon hin: Eine Symmetrie aus Materie- und Antimaterie-Teilchen exakt gleicher Größenordnung sollte zu Beginn aus dem Big Bang entstanden sein. Zwei Materie-Aspekte, die, einander, selbst überlassen, sich laut den anerkannten Modellen gegenseitig hätten vollkommen vernichten müssen. Und: (Unsere Art von) Materie, die nun mal rätselhafter Weise übrig blieb, obwohl sie gar nicht hätte übrig bleiben dürfen! – zeigt, sich selbst überlassen, in keinster Weise lediglich den zu erwartenden *Zerfall* von Ordnung hin zu einer Verminderung des Energieniveaus (Entropie), sondern ebenfalls – das krasseste Gegenteil: Höherentwicklung! Wie bereits in Kapitel 10: In-*forma*-tion – Überzeugung und Gesundheit angesprochen, wird heute immer öfter deutlich, dass es im Zusammenhang mit Materie „etwas" gibt, was diese stetigen Veränderungen und Weiterentwicklungen hin zu höherer Ordnung bewirkt, erschafft.

Es gibt wissenschaftlich jedoch noch ganz andere, signifikante und wesentliche Rätsel, die uns allerdings über die für unseren Zusammenhang wichtig zu besprechenden Aspekte hinausführen. Erwähnt seien einige davon trotzdem in Kürze. Univ.-Prof. Close: *„Die Natur scheint sich mit dem Elektron allein nicht zufrieden gegeben zu haben. Es gibt noch zwei schwerere Varianten, die als Myon (ungefähr 200-mal schwerer) und als Tau (ungefähr 4000-mal schwerer als das Elektron) bekannt sind ... Es gibt auch drei*

---

[1] A. Zeilinger: *„Einsteins Schleier – Die neue Welt der Quantenphysik."*, München 2003, S. 227.

[2] *„Warum gibt es überhaupt etwas und nicht nichts?"*, in: *Spektrum der Wissenschaft 3/1999*, S. 61
Siehe auch Kapitel 15: *„Im Anfang war ..."*, Anmerkung 1
Siehe auch Kapitel 16: Materie und Bewusstsein, Anmerkung 38.

[3] Siehe auch Kapitel 16: Materie und Bewusstsein, Anmerkung 5, 17, 18.

[4] Europäisches Centrum für Elementarteilchenphysik – CERN – bei Genf.

Formen von Neutrinos [5], *die jeweils als Partner des Elektrons, Myons und Taus auftreten. Diese Verdreifachung finden wir auch bei den Quarks (Down-Quark, Strange-Quark, Beauty-Quark / Up-Quark, Charm-Quark, Top-Quark) ... Es hat den Anschein, dass die jeweils drei Verwandten **in allen Eigenschaften außer ihren Massen, identisch** sind. Warum die Natur gerade drei Familien gewählt hat, ist immer noch ein Rätsel. Und wie die Natur die große Masse* (Masse = Energie; KP.) *des Top-Quarks (,wiegt' soviel wie ein ganzes Gold-Atom!) in einem für uns nicht messbaren Volumen konzentrieren kann, ist ebenfalls nicht bekannt. ... Elektronen und Quarks scheinen sich unter diesen Bedingungen sehr ähnlich zu verhalten, so als ob es ganz tief unten nur eine Form von Materie gibt. Das deutet auf eine tiefer liegende Symmetrie hin, eine ,große Vereinheitlichung' von Materie und Kräften, die zum Zeitpunkt der Schöpfung noch vorlag und kurz nach dem Big Bang verloren ging. Es gibt jedoch immer noch ein großes Rätsel: Der Gegensatz zwischen der Asymmetrie des heutigen Universums – und der Symmetrie, die wir mit dem Big Bang verbinden, und für die Materie und Antimaterie gleichberechtigt sind – ist verblüffend. Als ob irgendeine fundamentale darwinistische Auslese dafür verantwortlich wäre, bestehen wir, der Himmel und alles, was wir sehen, aus Materie. ... Nach der herrschenden Meinung wurde die Antimaterie zu einem sehr frühen Stadium durch einen kosmischen Darwinismus zerstört.*" [6]

Wir sehen auch hier: Bis in die früheste Entstehungsgeschichte unseres Universums hinein – nicht nur auf dem Feld *biologischer Evolution*, sondern auch auf der Ebene *physikalisch-energetischer Evolution* – vermutet die heutige Wissenschaft etwas wie ein astronomisch-kosmisches Ausleseprinzip (*surviving of the fittest*) wirksam. Etwas, was der Evolutions-Entwicklung dienlicher war beziehungsweise ist, als anderes, der Höherentwicklung weniger Dienliches, – was aber auch eintreten hätte können. Hier liegt möglicherweise ein sehr wesentlicher Verständnisbaustein bezüglich der evolutiven Bildungen und ihrer Bedeutung für das heutige Universum. Bemerkenswert für unser Thema ist nämlich, dass in solch rätselhaften Zusammenhängen selbst jene vom Materialismus (Darwinismus) indoktrinierte Wissenschaft auf eine in ihren Zusammenhängen ansonsten „reichlich verpönte" Betrachtungsweise zurückgreift: Darwinistische Selektionsmechanismen tragen nämlich – *per definitionem* – keinerlei „Absicht" in Richtung Weiter- beziehungsweise Höherentwicklung innerhalb der Evolution oder gar Gestaltbildung etc. an sich. Da gibt´s keinerlei „Zweck", um zu einer wie immer gearteten „Funktion" in der Evolution zu kommen – zumindest ist das die offiziell ausgewiesene Auffassung der Darwinisten. Trotzdem existiert bei den Darwinisten eine weit verbreitete Methode, um z.B. bezüglich der Funktion von Merkmalen ein treffenderes Verständnis zu erzielen, zu erwerben. Diese Methodik wird als „Rückverfolgen" (*revers engineer*) bezeichnet und begibt sich mit der Frage auf die Suche, *für* welche Anforderung auf

---

5   Siehe auch Kapitel 15: *„Im Anfang war ..."*, Anmerkung 1.

6   F. Close: *„Luzifers Vermächtnis – Eine physikalische Schöpfungsgeschichte."*, Berlin 2004, S. 265, S. 269, S. 278; Siehe auch Kapitel 16: Materie und Bewusstsein, Anmerkung 5, 13.

dem Feld der Evolution sich ein Merkmal entwickelt habe. [7] Ich empfinde ein derart opportunistisch-interpretierendes, weil der eigenen reduktionistischen Sichtweise entgegenstehendes Vorgehen, doch ziemlich überraschend, ja, geradezu *schräg* – oder, mehr als das: *wissenschaftlich unlauter*; gerade bei Forschern, welche ihre Auffassungen aus dem Darwinismus beziehen! Denn bei *revers engineer* schwingt – unbeabsichtigt, oder auch nicht – doch stillschweigend die „axiomatische Grundannahme" mit, dass es da eine Art „Programm" für eine irgendwie angelegte „Entwicklung" – ein *Wo-für* – gibt, das bereits im Entstehen anwesend ist und planend wirkt. Tja: *gewusst-wie, und warum!* können entstandene Merkmale und funktionale Zusammenhänge natürlich leichter begriffen beziehungsweise erschlossen werden! Dieses Vorgehen unter Darwinisten ist einfach „wissenschaftlicher Etikettenschwindel". Hier versucht eine Forschung es sich auf inkonsistent-doppelbödige Weise leicht zu machen, anstatt sich durch den eigenen reduktionistisch-materialistischen Argumentationsstandpunkt selbst zu begrenzen beziehungsweise diesen ganz prinzipiell zu hinterfragen.

„*Die Evolution ist die Entwicklung hin zu einem höheren Bewusstsein.*" so der Biologe, Professor Lipton – wie bereits in Kapitel 10 dargelegt. Lipton, Begründer der Neuen Biologie, begreift diese Evolution schlicht als Prozess der Wahrnehmungserweiterung, welcher sich physiologisch als Vergrößerung der Membranoberfläche definieren ließe. [8] Als Vergrößerung der Oberfläche der Zellmembran – vom Einzeller bis hin zum Zellverband! [9] Könnte dieser Entwicklung ein – wie auch immer geartetes – Programm zugrunde liegen? Naheliegend – oder nicht ...?! Natürlich – es bleibt heute noch wissenschaftlich offen, ob so ein *grundsätzliches* Programm vorhanden ist. In jedem Fall aber darf wohl die Frage aufgeworfen werden, ob diese Überlegung nicht im selben Maße *anthropomorphistisch* [10] ist wie das Konzept einer, wie auch immer gearteten

---

[7]   Einer der weltbekanntesten Neurowissenschaftler, V.S. Ramachandran, Professor für Psychlogie und Neurowissenschaft an der University of California in San Diego und Leiter des „Center for Brain and Cognition", schreibt hierzu: „*...die Ultra-Darwinisten halten hartnäckig an der Auffassung fest, dass fast alle Verhaltensmerkmale, außer denen, die offenkundig gelernt werden, spezifische Resultate der natürlichen Selektion sind. Für sie spielen Präadaptierung, Zufall und Ähnliches nur eine untergeordnete Rolle in der Evolution – als Ausnahmen, die die Regel bestätigen. Außerdem glauben die Ultra-Darwinisten, man könne prinzipiell verschiedene geistige Merkmale des Menschen ‚rückverfolgen' (‚reverse engineer'), indem man die umwelt- und sozial bedingten Einschränkungen betrachtet. ‚Rückverfolgen' geht von der Vorstellung aus, dass sich die Funktion eines Merkmals am besten verstehen lasse, indem man frage, für welche Umweltanforderungen es sich entwickelt habe. Dann gehe man rückwärts und betrachte plausible Lösungen für diese Anforderungen. ...Ich glaube zwar, dass die natürliche Selektion der wichtigste Motor der Evolution gewesen ist, doch ich bin auch der Meinung, dass jeder Fall einzeln untersucht werden muss.*" V.S. Ramachandran: „*Die blinde Frau, die sehen kann.*", Hamburg 2002, S. 337ff
  Siehe auch Kapitel 6: Chaos und Strukturen der Ordnung, Anmerkung 2
  Siehe auch Kapitel 8: Immunsystem Anmerkung 1.

[8]   B.H. Lipton: „*Intelligente Zellen – Wie Erfahrungen unsere Gene steuern.*", Burgrain 2006, S. 196.

[9]   Siehe auch Kapitel 10: Überzeugung und Gesundheit, Anmerkung 18, 19.

[10]   „*anthropomorphistisch*" bedeutet: „*vermenschlichten Überlegungen folgend*".

Absicht, welches vom Darwinismus als verschroben und unwissenschaftlich ablehnt wird. Wir sehen: Wir leben im Technologie- beziehungsweise Informations-Zeitalter, wo der Gedanke eines Evolutions-*Programms* schnell bei der Hand zu sein scheint. Programme gibt es viele heutzutage, aber keines von ihnen ist ohne einen (sinnvollen) Gedankengeber entstanden. Das Aussprechen dieser Tatsache *an sich* mag ja ebenfalls als „anthropomorphistisch" tituliert werden und so erscheinen. Sie muss allerdings als eine, dem Gedanken eines schöpferischen Programms *immanente* betrachtet werden. Beide Überlegungen (Programm und Absicht) erweisen sich somit gleichermaßen geprägt von anthropomorphistischer Welterklärung. Beide können durch ausschließlich naturwissenschaftlich fundierte Forschung weder bewiesen, noch widerlegt werden [11].Offen bleibt weiters, *warum* die Materie beziehungsweise die materielle Evolution überhaupt einem Programm, einer Information, folgt, beziehungsweise, ob sie – wissenschaftlich gesehen – vielleicht gar diese Information *ist*. [12] Welcher Informations-Spender, welcher Motivgeber ist da eventuell am Werk ...?! Wie komplex und schier unbegreiflich In-*forma*-tion *in* dieser, oder auch *als* diese Schöpfung am Werk ist, darauf weist uns der Genetiker Univ.-Prof. Kazuo Murakami hin. Er gilt als einer der Top-Genetiker weltweit. Unter anderem gewann er bereits 1990 den Max Planck-Forschungspreis. Seine Grundlagenforschungen führten zur Entwicklung von AIDS- und Bluthochdruck-therapien und schufen die Voraussetzungen für zur Konzipierung von Medikamenten mit Hilfe von Computergrafiken. Das Wissenschaftsjournal *Science* bezeichnete seine Bluthochdruckforschungen „... *als kreativste Entdeckung der letzten Jahre in diesem Bereich.*" Murakami erhielt 1996 den Japan Academy-Preis. Seit 1994 ist er Direktor des Advanced Research Alliance Centers der Universität von Tsukuba in Japan: „*Tatsächlich ist jeder Lebensprozess das Ergebnis chemischer Reaktionen, die dazu dienen, eine bestimmte Situation zu bewältigen. Genau das bedeutet ‚Leben'. ... Normalerweise arbeiten unsere Gene daran, uns am Leben zu erhalten und zunehmende Entropie zu verhindern* (Unter Entropie versteht man den Zerfall von Ordnungs-Strukturen; KP.). *Mit anderen Worten kann der Vorgang des Lebens als das Stattfinden von Prozessen betrachtet werden – die von Natur aus dem Tod und Zerfall zustreben – und deren Lenkung hin zur Ordnung. Dies wird als Entropieverringerung bezeichnet.*" [13] Wenn es stimmt, dass Gene im Prozess des Lebens Information verkörpern, so können wir daran erkennen, wie auch in diesem Fall In-*forma*-tion – *etwas rein Geistiges* – daran „arbeitet", Entropie zu verhindern und höhere Ordnung zu ermöglichen, zu erschaffen. Der Genetiker Murakami: „*Einige Menschen glauben fälschlicherweise, dass sich nichts mehr großartig*

---

[11] Interessant sind diesbezügliche Überlegungen und Arbeiten von Walter Heitler, Professor für Theoretische Physik an der Universität Zürich und Träger verschiedenster internationaler Auszeichnungen, die er in seinem Buch „*Naturwissenschaft ist Geisteswissenschaft*" darlegt. W. Heitler: „*Naturwissenschaft ist Geisteswissenschaft.*", Zürich 1972.

[12] Siehe auch Kapitel 16: Materie und Bewusstsein, Anmerkung 35
Siehe auch Einleitung, Anmerkung 8.

[13] K. Murakami: „*Der göttliche Code des Lebens – ein neues Verständnis der Genetik.*", Güllesheim 2008, S. 36, S. 42.

*ändert, wenn unser Körper das Erwachsenenalter erreicht hat. Schließlich bleiben nach dem Wachstum Größe und Gewicht gewöhnlich ziemlich konstant. Doch entgegen dem äußeren Erscheinungsbild finden mit enormer Geschwindigkeit Erneuerungen und Veränderungen statt. Die Blutzellen eines Erwachsenen zerfallen mit einer Rate von mehreren hundert Milliarden pro Tag und werden durch dieselbe Anzahl neuer Blutzellen ersetzt. Die Proteine in Nieren, Leber und Herz zersetzen und regenerieren sich mit unermesslicher Geschwindigkeit. Dieser Prozess wird als Stoffwechselumsatz bezeichnet und findet viel schneller statt, als wir es uns überhaupt vorstellen können. Dank der Enzyme ereignen sich die programmierten chemischen Reaktionen von Synthese und Zerfall in unseren Zellen mit Lichtgeschwindigkeit. Die Enzyme mit ihren fast magischen Fähigkeiten werden von Rezeptoren gesteuert, die ihrerseits der Steuerung der Gene unterliegen. **Indem wir unsere Gene beeinflussen, können wir daher indirekt die Enzyme kontrollieren. So manches ‚übernatürliche‘ Ereignis kann tatsächlich auf die Einwirkung des Geistes auf die Gene zurückgeführt werden, die wiederum chemische Hochgeschwindigkeitsreaktionen ankurbeln.*“ [14]

Die Frage, der wir uns wohl ehrlicherweise als Erkenntnis suchende Wesen stellen müssen, lautet: *Was weist* **heute**, *gemäß der heutigen, wissenschaftlich fassbaren Ebene des Evolutionsanfangs im Universum darauf hin, dass es unter diesen Anfangsbedingungen irgendwann einmal Höherentwicklung geben würde – bis hin zu einem sich seiner selbst bewussten Wesen Mensch?* Die Antwort ist schlüssig und eindeutig: *Nichts*! Im Anfang des physisch werdenden Universums scheint nach heutiger physikalischer Betrachtung der Wasserstoff zu stehen – eine Art Urstoff aller Substanzbildung. *Form follows function* [15] – ist es dieses Gestaltprinzip, das längst vor seiner Formulierung während der Moderne des 20. Jahrhunderts im Kosmos gang und gäbe war? Allem Anschein nach, scheint es offenbar In-*forma*-tion gewesen zu sein, welche diese „Funktionen“ vorgab, deren Formen wir heute um uns erleben. Wir werden in diesem Kapitel auf diesen Funktionszusammenhang noch in einem weiteren, sehr eigenwillig gelagerten Erkenntnisansatz – bezüglich der neuesten Gravitationstheorie – stoßen.

Trotzdem: *Noch* überwiegen bezüglich solcher Daten und Fragestellungen – wissenschaftlich betrachtet – die Skeptiker. Ein Spiegel jener Kultur-Realität, gemäß der unsere Denkbahnen, jahrhundertelang einer gleichsam nicht hinterfragten materialistischen Lehre (reduktionistische Axiomatik) – bis in die Pädagogik hinein – unterworfen waren und noch sind. Es ist diesbezüglich vermutlich höchst an der Zeit, die Gedanken eines großen Physikers, Freidenkers und geistvollen Satirikers, Georg Christoph Lichtenberg (1742-1799), beizuziehen, um als Menschheit der Moderne, neuen Wegen wissenschaftlich nicht selbst im Weg zu stehen. Dieser nämlich versichert: „*Es ist ein großer Unterschied, zwischen ‚etwas-glauben‘ und ‚es-wieder-glauben‘. Noch glauben, dass der Mond auf die Pflanzen wirkt, verrät Dummheit und Aberglauben, aber*

---

[14] Ebenda, S. 38.
[15] Siehe auch Kapitel 10: Überzeugung und Gesundheit, Anmerkung 44.

*es **wieder** glauben, zeugt von Philosophie und Nachdenken.*" [16] Und was wir heute auf wissenschaftlichem Feld sehen, ist im Grunde genommen durchaus erstaunlich: An allen wissenschaftlichen Ecken-und-Enden beginnt eine derartige Renaissance zaghaft Einzug zu halten: Vermehrte Offenheit prägt erfreulicherweise immer kühner die Wissenschaft unseres 21. Jahrhunderts. Diese Art undogmatisch wissenschaftlichen Vorgehens, welche neuerdings vor allem auf dem Feld neuer Grundlagenforschung Einzug hält und vermehrt die Forschungs-Gegenwart bestimmt, zeigt erstmals Wirkung: Langsam, aber kraftvoll, beginnt sich das größere Bild herauszugestalten – herauszuschälen – und beginnen dessen erstaunliche und nach wie vor teilweise rätselhaften Konturen sich mehr und mehr zu verdeutlichen. Vermehrte Unvoreingenommenheit, Ausdauer und Konsequenz haben zu Fortschritten beigetragen, die noch vor wenigen Jahren kaum für möglich gehalten wurden. An die damals auch noch keiner dachte! Revolutionäre Erkenntnisse haben das wissenschaftliche Denken mittlerweile begonnen in völlig neue Bahnen zu lenken und einer diesbezüglich immensen Entwicklungs-Dynamik Vorschub geleistet. Entscheidend neue Fragenstellungen kristallisieren sich heraus. Was könnte die Lösung dieser aufgeworfenen Rätsel sein? Vertraut man einem der bedeutendsten Wissenschafts-Philosophen des letzten Jahrhunderts Ludwig Wittgenstein, der meint: *„Rätsel gibt es nicht. Wenn sich eine Frage stellen lässt, dann kann sie auch beantwortet werden. Denn Zweifel kann nur bestehen, wo eine Frage besteht, eine Frage nur, wo eine Antwort besteht und diese nur, wo etwas gesagt werden kann."* [17] – so scheint uns der Weg der Veränderung doch bereits sehr weit geführt zu haben.

Das ist das erfreulich Eine. Das Andere allerdings sind die allseits vertrauten Dogmen mechanistischer Wissenschaft. Nach wie vor wird von dieser Seite versucht, die vom Standpunkt ihres traditionalistischen Welterklärungsmodells unverstandenen Evolutionsrätsel beschwichtigend zu rationalisieren, unerschütterlich *Kurs-zu-halten*. Kampflos wird – so wie's aussieht – wohl kaum das Feld geräumt werden. Hier wird unter der Erkenntnis-Flagge: *„Selbstorganisation des Universums"* weitergesegelt. Damit werden diese Rätsel – *Unfassbarkeiten!*, wenn man bereit wäre, sich ohne selbstbetrügerische Tendenzen illusionslos Rechenschaft zu geben – natürlich *nicht wirklich* ausgeräumt. Es sind letztlich alles Erklärungen, die (noch) auf ein menschliches Bereitschaftsmuster stoßen, welches man so umreißen kann: Bewege Dich solange nicht und verharre im gewohnten Bild Deiner Welt, bis es schließlich halt – wissenschaftlich anerkannt sowie persönlich unverschuldet, *das ist wichtig!* – der Selbstzerstörung zum Opfer fällt. Wir sind *alle* in gewissem Maß Gefangene von Denkmustern unserer Kultur und Zeit. Doch: *„Die Wahrheit ist dem Menschen zumutbar."*[18] Die Wahrheit, die da dem Menschen zumutbar

---

[16] G.Ch. Lichtenberg: *„Sudelbücher"*, zitiert in: F. Cramer: *„Chaos und Ordnung – Die komplexe Struktur des Lebendigen."*, Stuttgart 1989, S.118.

[17] L. Wittgenstein: *„Tractatus logico-philosophicus."*, Frankfurt 1971 und: *„Über Gewissheit."*, Frankfurt 1984.

[18] I. Bachmann: Titel ihrer Rede anlässlich der Verleihung des Hörspielpreises der Kriegsblinden für das Hörspiel: *„Der gute Gott von Manhattan."*, Köln 17.3. 1959.

ist, ist eine Wahrheit, die in Zukunft nicht nur auf biographisch-individualistischem Feld Gültigkeit erlangen wird, sondern gleichermaßen auch auf naturwissenschaftlichem. So mutet diese schlichte, neue Wahrheit – ziemlich konfrontativ – auch der gestrig / heutigen naturwissenschaftlichen „Aufgeklärtheit" und ihrem reduktionistischen Dogma mehr und mehr zu: Die Beschreibbarkeit verschiedener Phänomene ist durch bisherige Modelle nicht länger aufrechtzuerhalten. Es gibt schlicht keinen *rational fassbaren*, analysierbaren Aspekt oder Standpunkt, welcher glaubhaft machen kann, dass Materie einfach so – einfach aus sich heraus – derartige Wirkungen zu entfachen und zu entfalten versteht, wie sie sich als kosmische Evolution zeigen. Und vor allem: Warum sollte sich Materie wohl – bis hin zu höheren Lebensformen! – selbst organisieren (wollen)?! Worauf gründet diese *schöpferische Selbstgestaltungskraft* von Materie? Die einzig plausible Antwort für einen aufgeklärten Geist kann doch nur lauten: *Weil Materie gleichbedeutend mit etwas wie Geist ist!* Die Beharrungstendenzen herrschender Ideen sind enorm, das wissen wir. Auf Dauer gesehen endete aber noch jedes bekannte Dogma letztlich dort, wo es nur noch die ewiggestrigen Rechtfertiger ins letzte Gefecht zu schicken vermag. Die experimentellen Sucher haben zu dem Zeitpunkt längst die Seiten gewechselt und ihre Forscher-Nase auf neue Fährten angesetzt. Auch Wissenschaft ist dergestalt ein Kampfplatz: etabliert und reduktionistisch – gegen revolutionär und ganzheitlich. Kreative Argumente in Form von Experimenten. Bereits Charles Darwin – rückgreifend auf den griechischen Philosophen Heraklit von Ephesus (um 535 – 475 v.Chr.) – wusste: „*Nichts ist beständiger als der Wandel.*" [19] und daran wird sich in dieser Welt wohl auch künftig nichts vorbeibewegen ... Weiters zeigt sich, dass das neue Verständnis, diese moderne Einschätzung und Idee von Materie für heutige Physiker nicht notwendigerweise „Humbug" sein muss. Davon zeugen Überlegungen verschiedenster zeitgenössischer Spitzenphysiker, wie unter anderen Albert Einstein [20], David Bohm [21], Fritjof Capra, Hans Peter Dürr [22], aber auch jene des bekannten österreichischen Experimental-

---

[19] C. Darwin: „*Nichts ist beständiger als der Wandel. Briefe 1822-1859*", Frankfurt 2008, Buchtitel (in Anlehnung an Darwins Worte in den Briefen).

[20] Einstein schrieb von seiner tiefen Ehrfurcht gegenüber der „... *Rationalität, die in der Existenz zum Vorschein kommt,*" und davon, dass er nach „... *jener demütigen Geisteshaltung gegenüber der Größe der Vernunft*" strebe, „... *die der Existenz innewohne und die in seinen tiefsten Tiefen dem Menschen unzugänglich ist.*". Und weiter: „*Diese Haltung erscheint mir als eine religiöse Haltung im besten Sinn des Wortes.*" A. Einstein: „*Aus meinen späten Jahren.*" (abgedruckt aus einem Aufsatz Einsteins von 1939), Stuttgart 1956.

[21] Siehe auch Kapitel 16: Materie und Bewusstsein, Anmerkung 18, 23, 25.

[22] Der Träger des Alternativen Nobelpreises (1987) Hans Peter Dürr: „*Es gibt keine Dinge, es gibt nur Form und Gestaltveränderung: Die Materie ist nicht aus Materie zusammengesetzt, sondern aus reinen Gestaltwesen und Potenzialitäten. Das ist wie beim Geist: Im Grunde gibt es nur Geist, aber er verkalkt und wir nehmen nur den Kalk wahr, als Materie.*" H.P. Dürr, Vortrag: „*Gott, Mensch und Wissenschaft*", Wien 10.11.1998, zitiert in: *Der Standard*: „*Materie ist Kruste des Geistes*", Wien 12.11.1998
Siehe auch Kapitel 3: Sprache als Quellpunkt menschlichen Erlebens, Anmerkung 13, 14, 15
Siehe auch Kapitel 12 Fühlen, Anmerkung 9.

physikers Anton Zeilinger. Zeilinger geht – wie schon gesagt – sogar so weit, darauf zu verweisen, dass jegliche materielle Struktur, lediglich Ausdruck von Information und somit in Folge nur ihr Ergebnis im physischen Bereich darstelle! [23] Information aber – und das weiß natürlich auch die heutige Physik – *ist* etwas Geistiges. Sie ist etwas wie die *Software für die* / und *in der Hardware* – der Materie. Welche Information wohnt ihr da wohl inne? Und: Worauf weist sie uns hin? Was haben Information und Bewusstsein auf dieser *kosmologischen Ebene* gemeinsam ...?!

In-*format*-ion – das neue Paradigma der Phänomene *Materie* und *Leben*

Professor Zeilinger formuliert, was sich in der Wissenschaftsgeschichte der Physik mehrfach als essenziell bestätigt hat, nämlich: dass es jeweils auf „*... wenige, erstaunlich einfache und vernünftige Grundideen ankommt, auf die dann ein ganzes physikalisches Theoriegebäude aufgebaut werden kann.*" [24]

Begibt man sich nunmehr auf die Suche nach so einer entscheidenden Grundidee in der zeitgenössischen Physik, vor allem aber in der Quantenphysik und Kosmologie, dann möge das folgende Zitat des Physikers und leitenden Professors für Theoretische Physik an der Princeton Universität, John Archibald Wheeler, für sich sprechen, das Anton Zeilinger in seinem Buch anführt: „*Morgen werden wir gelernt haben, wie man die ganze Physik in der Sprache der Information verstehen und sie in dieser Sprache ausdrücken kann.*" [25] Zeilinger selbst stellt ebenfalls fest, dass Information (in der Evolution) infolge quantenphysikalischer Überlegungen sogar ein höherer Stellenwert beizumessen wäre, als dem, was ganz allgemein unter Materie selbst verstanden wird. Eine solche Idee kann ganz offensichtlich nur von jemand vorgeschlagen werden, der es – ganz real – wagt, über die Grenzen des etablierten Paradigmas hinauszugehen. Jemand eben, der wagt, Chancen zu ergreifen und seinen Fuß auf Neuland zu setzen, selbst wenn das Dogma herrschender Wissenschafts-Literatur sie noch verwirft. Derart intuitives Erfassen und Aussprechen neuer Realitäten hat für die Crème de la Crème derart innovativer Wissenschaftsgeister offensichtlich mittlerweile bereits jegliche Fremdartigkeit eingebüßt und sich als produktiv und stimmig erwiesen. [26] Zeilinger: „*Es ist offenbar sinnlos über eine Wirklichkeit zu sprechen, über die man keine Information besitzen kann. Es wird das, was man wissen kann, offenbar der Ausgangspunkt für das, was Wirklichkeit sein kann. In der üblichen, bisher herrschenden Alltags-Weltansicht ist es genau umgekehrt. Wir alle gehen davon aus, dass die Welt mit ihren Eigenschaften ‚da draußen' eben genau so existiert, wie sie unabhängig von uns existiert. Wir spazieren durch diese Welt, sehen*

---

[23] A. Zeilinger: „*Einsteins Schleier – Die neue Welt der Quantenphysik.*", München 2003, S. 208.

[24] Ebenda, S. 216f.

[25] Ebenda, S. 213.

[26] Siehe auch Kapitel 14: Intuition, Anmerkung 20, 21, 22
Siehe auch Kapitel 5: Überzeugungs-Netze und Leben, Anmerkung 16.

*dies, hören das, fühlen jenes und sammeln auf diese Weise Information über die Welt. **Im Sinn der klassischen Physik und auch in unserem Alltagsweltbild ist die Wirklichkeit zuerst, die Information über diese Wirklichkeit hingegen eben etwas Abgeleitetes, etwas Sekundäres. Aber vielleicht ist es auch gerade umgekehrt**: Alles, was wir haben, ist die Information, sind unsere Sinneseindrücke, sind Antworten auf Fragen, die wir stellen. Die Wirklichkeit kommt danach. Sie ist daraus abgeleitet, abhängig von der Information, die wir erhalten. Wir können unsere Grundidee also noch radikaler formulieren, da es offenbar keinen Unterschied zwischen Wirklichkeit und Information geben kann, können wir auch sagen: **Information ist der Urstoff des Universums.**"* [27] Auch Candace Pert – vermutlich eine der erfolgreichsten Neurologinnen und Psychoneuroimmunologinnen – sieht es durchaus ähnlich, wenn sie sagt: *„Es gibt eine Fülle eindeutiger neurophysiologischer Daten, die darauf schließen lassen, dass das Nervensystem nicht in der Lage ist, alles aufzunehmen. Offenbar kann es die Außenwelt nur auf Material durchmustern, das zu finden es aufgrund seiner Verdrahtung, seiner inneren Muster und früheren Erfahrungen vorbereitet ist. Der ‚Collicullus superior' im Mittelhirn, ein weiterer Knotenpunkt der Neuropeptidrezeptoren, steuert die Muskeln des Augapfels. Damit beeinflusst er, was für Bilder auf die Netzhaut treffen und was wir sehen. Als sich beispielsweise die hohen europäischen Schiffe erstmals der amerikanischen Küste näherten, waren sie mit der Wirklichkeit der Ureinwohner derart ‚unverträglich', dass ihre stark gefilterte Wahrnehmung das Geschehen nicht registrieren konnte und es ihnen buchstäblich nicht gelang, die Schiffe zu ‚sehen'. Aus ähnlichen Gründen mag dem gehörnten Ehemann entgehen, was alle anderen sehen. Sein emotional bedingter Glaube an die Treue seiner Frau ist so stark, dass seine Augäpfel nie auf das verräterische Verhalten gerichtet sind, das für alle anderen offenkundig ist.*" [28]

Und nicht nur fernen Eingeborenen kann es so gehen. In der Geschichte der Wissenschaft ist die Literatur voll mit tragischen Beispielen von Forschern, welche – hineingeboren in ihre Zeit und Wissenschaftskultur – nicht sehen konnten, was als Entdeckung wie „zum-Greifen-nahe" vor ihren Augen lag, ihrem Bewusstsein jedoch derart fern, dass es für sie letztlich unsichtbar und somit unbemerkt bleiben musste. [29]

Auch ich selbst habe mit meinem Zwillingsbruder einstmals etwas ganz kurios Entsprechendes erlebt – an unserem damalig 40. Geburtstag. Ich kam aus Norddeutschland und befand mich auf dem Weg nach Wien; er kam aus Innsbruck und fuhr heim nach München. Wir hatten uns über ein halbes Jahr nicht gesehen und ein Treffen um exakt 23:00 in einer Autobahn-Raststätte zwischen Salzburg und München vereinbart, die praktischerweise aus beiden Richtungen her kommend, zu erreichen war. Ort und genauer Zeitpunkt waren also vorher abgemacht. In meiner für ihn völlig unerwarteten

---

[27] A. Zeilinger: *„Einsteins Schleier – Die neue Welt der Quantenphysik."*, München 2003, S. 217

[28] C. Pert: *„Moleküle der Gefühle"*, Reinbeck / Hamburg 1997, S. 223f.

[29] Siehe auch Kapitel 6: Chaos und Strukturen der Ordnung, Anmerkung 16, 17
F. Close: *„Luzifers Vermächtnis – Eine physikalische Schöpfungsgeschichte."*, Berlin 2004, S. 142f.

Verkleidung und mit verstellter Stimme (es war nach Fasching und ich entschied mich spontan nochmals (m)eine Verkleidung für ihn anzuziehen: Englisch sprechende Tunte, die ihn händeringend ansprach, um über die Grenze mitgenommen zu werden), sah er mir minutenlang in die Augen – das Ansinnen ablehnend, er müsse noch auf seinen Bruder warten, mit dem er verabredet sei – während wir uns emotional unterhielten. Letztlich fiel es ihm dann doch irgendwann wie Schuppen-von-den-Augen und er sah hinter dem Pailletten-Jäckchen und der wasserstoff-blonden Perücke seinen Zwillingsbruder in mir ...

„Das normale Wachbewusstsein neigt dazu, die Informationen zu unterdrücken, die nicht unserer Vorstellung von der Welt entsprechen." – so formuliert es der bereits zuvor genannte Wissenschaftsphilosoph Ervin Laszlo in seinem bemerkenswerten Buch *„HOLOS – die Welt der neuen Wissenschaften."* [30]

Für den Physiker Anton Zeilinger kommt jegliche Information in der Welt nur gequantelt vor, d.h. in eindeutigen Einheiten. Er umschreibt, beziehungsweise bringt diese Tatsache ins Bild, wenn er sagt, dass *„... es so etwas wie eine gewisse Feinkörnigkeit in unserer Erfahrung der Welt geben muss."* Er sieht *„... die Welt als Repräsentant unserer Aussagen."* [31]

Die Frage, die für uns hier wichtig und daher naheliegend erscheint, ist: Was darf in dem für uns relevanten Zusammenhang – Bewusstsein, das die Welt prägt und gestaltet, würde dann ja gleichfalls nichts anderes als „In-*forma*-tion", beziehungsweise *Repräsentant einer Information* sein – als *Aussage* entsprechend der obigen Feststellung gelten? Könnte es nicht sein, dass auch jedwede Überzeugung, mit der wir im Leben der Welt begegnen, so eine *Aussage* darstellt, beziehungsweise abgibt ...?! Für Anton Zeilinger („Mister Beam"), als einen der arriviertesten aller experimentellen Quantenphysiker auf der Welt, steht – nicht zuletzt auf Grund seiner erfolgreichen Versuche zur Quanten-Teleportation (*„beamen"*) – das „Primat der Information" als neues Paradigma der Physik, für die Welt im 21. Jahrhundert, unzweifelhaft fest. Hören wir weiter, wie er selbst die Konsequenz aus seinen Überlegungen formuliert – und staunen wir über soviel revolutionären Sprengstoff – sobald man bereit ist, solche Überlegungen erst einmal für real zu erachten: *„Es ist ganz offenkundig sinnlos, nach der ‚Natur der Dinge' zu fragen, da eine solche* **Natur, selbst wenn sie existieren sollte, immer jenseits jeder Erfahrung liegt***. Man könnte meinen, dass man durch Fragen an die Welt näher an ihre Natur herankommen kann, jedoch ist dies immer mit dem Problem verbunden, dass der Sprung von dem, was gesagt werden kann, zu dem, was wir uns als Wirklichkeit vorstellen, immer etwas Willkürliches an sich hat, immer Annahmen von Eigenschaften, Größen, Systemen, Gegenständen, etc. erfordert, die nicht direkt der Erfahrung zugänglich sind. ... Ein zentraler Punkt beziehungsweise eine zentrale Frage bleibt:*

---

[30] E. Laszlo: *„HOLOS – die Welt der neuen Wissenschaften."*, Petersberg 2002, S. 65.

[31] A. Zeilinger: *„Einsteins Schleier – Die neue Welt der Quantenphysik."*, München 2003, S. 225.

‚Wenn Information der Urstoff des Universums ist, warum ist diese Information nicht willkürlich?' Warum haben nicht verschiedene Beobachter verschiedene Informationen? Dies könnte einerseits natürlich deshalb so sein, **weil es nur ein Bewusstsein gibt – nämlich das eigene – und alle anderen nur Vorstellungen in diesem einen Bewusstsein sind.** *Andererseits kann es sein, dass diese Übereinstimmung zwischen verschiedenen Beobachtungen bedeutet, dass eine Welt existiert. Eine Welt, die so beschaffen ist, dass die Information, die wir besitzen – und wir besitzen nicht mehr – offenbar in gewisser Weise auch unabhängig vom Beobachter besteht."*[32] Eine Entscheidung über diese spezielle Fragestellung lässt Zeilinger – bewusst – offen. Stattdessen fragt er (sich): *„Was sind aber nun diese Eigenschaften der Wirklichkeit? Gibt es überhaupt diese Eigenschaften der Wirklichkeit? Was können wir über diese Wirklichkeit je wissen? Was bedeuten diese Fragen, wo wir ja schon gesehen haben, dass Information eine zentrale Rolle spielt? Dazu möchte ich einen radikalen Vorschlag machen: ‚***Wirklichkeit und Information ist dasselbe.'** *Ich schlage also vor, die zwei Konzepte, die bisher anscheinend etwas völlig Verschiedenes beschrieben haben, als die zwei Seiten ein und derselben Medaille zu betrachten. … Daher sollten wir nun auch einen neuen Begriff prägen, der beides umschließt, die Wirklichkeit und die Information. Daran, dass es einen solchen Begriff nicht nur noch nicht gibt, sondern dass es uns offenbar auch schwerfällt einen solchen auch nur zu denken, erkennen wir schon, wie diffizil die damit verbundenen* **konzeptiven Probleme** *sind. Unsere frühere Aussage, dass Information der Urstoff des Universums sei, ist nun auch im Sinne dieses gemeinsamen Begriffs von Wirklichkeit und Information zu sehen."* [33] Sein Buch abschließend, erweitert Zeilinger den „1. Satz" des berühmten Philosophen Ludwig Wittgenstein, in dessen *„Tractatus Logico Philosophicus"*: *„Die Welt ist alles, was der Fall ist"* – um eine weitere Dimension, auf: *„… und auch alles, was der Fall sein kann."* [34] Dafür stehen Zeilingers Ergebnisse seiner quantenphysikalischen Versuchsreihen (Quanten-Teleportation) Pate.

Mehrere Aspekte sind hier von Professor Zeilinger angesprochen: Erstens, die Sinnlosigkeit nach der „Natur-der-Dinge" zu fragen, da sie jedenfalls der *Erfahrung des Verstandes* offensichtlich prinzipiell nicht zugänglich sind. [35] Andererseits jener Aspekt, der hier mit dem Begriff *„konzeptive Probleme"* umrissen wird. Zuvor aber möchte ich, fußend auf meiner eigenen Erfahrung mit Bewusstseinsprozessen, darauf hinweisen, dass es meiner Erfahrung nach eben sehr wohl eine Ebene des menschlichen Bewusstseins gibt, welcher die sogenannte „Wirklichkeit" erfahrbar und zugänglich ist: Die Ebene des „Fühlens". Womit ich aber – hier nochmals betont – keinesfalls jenes unüberschaubar weite Feld von Emotionen meine, welches ja wiederum lediglich gefühlter Ausdruck der eigenen (Be-)Wertungen ist und somit nichts anderes als der verlängerte Arm des Verstandes. Wovon hier die Rede sein will, sind – wie bereits

---

[32] Ebenda: S. 227f.
[33] Ebenda: S. 229.
[34] Ebenda: S. 231.
[35] Siehe auch Kapitel 4: Ich-Bewusstsein versus Wille, Anmerkung 6.

besprochen – Fühl-Wahrnehmungen, die unserem Bewusstsein *Direktwahrnehmungen der Wirklichkeit* ermöglichen. Konkret gesagt: „gesteuerte Aufmerksamkeit" – Energie –, welche an die Welt heranragt und Verbindung herzustellen vermag.

Für den Durchbruch und paradigmatischen Wechsel im Umgang mit menschlichen Fühlwahrnehmungen – und ihren Ausdrucksformen – zeichnet Bruno Würtenberger selbst verantwortlich. Seine Grundlagenforschungen im Bereich empirischer Bewusstseins-forschung haben einen völlig neuartigen Zugang zu diesem Phänomenbereich eröffnet. Würtenbergers Interpretationen und Differenzierungen auf diesem Feld ist es zu danken, dass das tätige Bewusstsein lernen kann, zwischen Eigenwahrnehmungen im Innern und solchen im Außen unterscheidungsfähig zu werden. Bedeutsam erscheint mir die im Selbstversuch erlebbare Schlüssigkeit der Forschungstechniken während des Studien-lehrgangs in empirischer Bewusstseins-Forschung (*Free Spirit*-Bewusstseins-Training). Meiner Ansicht nach, stellen die entsprechenden Übungen einen sowohl methodisch als auch didaktisch sauber konzipierten und ausgesprochen praktikablen Weg dar, um sich selbst vom *„reaktiven Fühlen"* (Emotionen) und *„interpretierenden Fühlen"* (klassifizierendes Tätigsein des Verstandes) zum *„authentischen Fühlen"* (Fühlen als neues Wahrnehmungsorgan) und *„Ich-Bin-Fühlen"* (Erleben des Seins) zu öffnen. Anhand dieses individuell durchgeführten „Verwandeln des Fühlens" wird unter anderem auch deutlich und erlebbar, wie Emotionen und Interpretationen einen selbst jeweils bestimmen, beziehungsweise sogar beherrschen, während das Fühlen als solches – als Wahrnehmungsorgan – bezüglich der Wahrnehmung völlig frei lässt. Der Schritt vom interpretierenden zum authentischen Fühlen lässt außerdem bemerken, wie die Aufmerksamkeit sich von einem selbst (von jenen mehr oder weniger ausschließlichen Kategorisierungen im Wahrnehmen der eigenen Bewertungen) lösen lässt. Man könnte auch sagen: Die Aufmerksamkeit emanzipiert sich quasi vom Verstand. Erst dann hat sie – vielleicht sogar erstmals im bisherigen Leben! – die „menschliche Größe", von einem selbst abzusehen, und sich so nicht mehr primär in der perpetuierten Endlosschleife der beobachtenden Wahrnehmung eigener Bewertungen zu verfangen. Erst jetzt kann Aufmerksamkeit wirklich mit voller Energie ausschließlich zum Vis-a-Vis nach außen gerichtet werden. Dieses „Absehen-von-sich-selbst" eröffnet dem Bewusstsein im Prozess der Wahrnehmung eine neue Welt – jenseits des Verstandes: Welch ein Staunen und unglaubliches Erleben für jeden, der solches erstmals fühlen kann. Es ist eine leuchtende Welt, voller Kraft, berührend im wahrsten Sinn des Wortes. Und: Jeder kann eigenverantwortlich und jederzeit die Ebenen wechseln, um sich auf jene Wirklichkeit einzulassen, die individuell erwünscht ist und gewählt werden will. [36]

Doch zurück zur radikalen, wenn auch von einer gewissen Warte aus betrachtet gar nicht so abwegigen Idee des Physikers Zeilinger, der auf Grund seiner Forschungen postuliert: Wirklichkeit und Information seien ein-und-dasselbe. Zwei bislang scheinbar

---

[36] B. Würtenberger: *„Free Spirit-Grundkurs – Teil 1"*, Zürich 2005, S. 98ff
    Siehe auch Kapitel 11: Erfahrungslernen, Anmerkung 26.

völlig verschiedene Konzepte – wissenschaftlich enttarnt als die „zwei-Seiten-ein-und-derselben-Medaille". Was für eine Ungeheuerlichkeit! Noch ahnen wir Menschen kaum die unerhörte – weil unabsehbare – Konsequenz dieser neuen Sicht: dessen, was Entwicklungs-Wirklichkeit ist, und nun – einmal bewusst geworden – auch für den Menschen zu werden bereit ist. Wenn wir „*... die Trennung zwischen Information und Wirklichkeit aufheben müssen*" [37], wie Zeilinger es formuliert, dann bedeutet das, dass *Information die Wirklichkeit zu beeinflussen vermag, weil sie eben die Wirklichkeit ist.*

Diese beginnende wissenschaftlich fundierte und doch erst anfängliche Einsicht und Erkenntnis ist es, welche die Welt von Grund auf verändern wird. Wo werden wir uns als Menschheit, infolge dieser Wandlung im Grundverständnis der Wirkungs-Zusammenhänge von Welt und Information – inklusive unserer „*Info-Bibliothek genannt Bewusstsein*" – wohl bald finden?! Spannend, wie vorsichtig Zeilinger diese nicht näher ausgeführten „*konzeptiven Probleme*" zur Sprache bringt. Dahinter verbirgt sich nicht mehr und nicht weniger als die paradigmatisch neue Weltsicht: „*Überzeugung schafft Erfahrung*", mit allen ihren Welt-verändernden Konsequenzen. Eigentlich unglaublich, einen Wissenschaftler dieser Provenienz – zugegeben immer noch ein wenig kryptisch – Derartiges formulieren zu hören. Und die wissenschaftliche Kollegenwelt hat meines Wissens nach keinesfalls hämisch oder übermäßig kritisch darauf reagiert – oder gar rebelliert ...!

In-*forma*-tions-Felder – Morphogenetische Felder

Die Phase wissenschaftlicher Transzendenzbereitschaft und Spiritualität im weitesten Sinn scheint eingeläutet. Und sie zeigt sich auch andernorts. Z.B. an der Idee „*... unendlich vieler Universen als Denkmöglichkeit ...*" [38], um den bisherigen (obsoleten) Modellen für unser Universum (Entwicklung, bis hin zu einem seiner selbst bewussten Wesen – Mensch, mit *Freiheitsgrad null* [39] – und das per Zufall! [40]) ihre Gültigkeit doch (noch) nicht absprechen zu müssen. Das beschriebene Modell „Selbstorganisation im Evolutionsfeld" [41] postuliert bereits eine Erweiterung rein materialistischer, naturwissenschaftlicher Sichtweisen. Einerseits vergrößert und erweitert es die Komplexität dessen, was wir Kosmos und kosmische Evolution nennen. Andererseits aber schafft es einen Zustand erneuerter wissenschaftlicher Rationalität. Denn: Mit *Feldaspekten*, welche in der materiellen Welt wirksam sind, hat die physikalische Forschung bereits wissenschaftlich

---

[37] A. Zeilinger: „*Einsteins Schleier – Die neue Welt der Quantenphysik.*", München 2003, S. 231.

[38] S.W. Hawking: „*Eine kurze Geschichte der Zeit.*", Reinbek bei Hamburg 1988, S. 158f.

[39] In der Wissenschaft wird unter einer Entwicklung mit „*Freiheitsgrad Null*" ein Prozess verstanden und bezeichnet, bei dem *kein einziger* Faktor hätte anders gesetzt sein dürfen, damit das entsprechende Ergebnis eintreten kann. (KP.).

[40] Siehe auch Kapitel 15: „*Im Anfang war ...*", Anmerkung 2.

[41] Siehe auch Kapitel 18: In-*forma*-tion – und andere Felder ..., Anmerkung 17, 18, 19.

äußerst erfolgreich Erfahrungen gesammelt. Als Felder erkennt die Wissenschaft Bereiche unterschiedlichster phänomenologischer Wirksamkeiten; z.B.: Gravitationsfeld, Magnetfeld, elektrisches Feld, elektromagnetisches Wellenfeld, Fluktuationsfelder im Vakuum, etc. Man weiß noch, wie hart der Erkenntnisprozess hin zu wissenschaftlicher Akzeptanz derartiger Feldbegriffe verlief! Mit der Evolutionsbiologie ist der Ausweg aus weiterer Argumentationsdilemmata gelungen; Quantenmechanik und Wellenmechanik haben aufgeräumt mit der beschränkten Sichtweise rein mechanistischer Physik – um nur die bekanntesten Beispiele zu nennen. Die *Wahrheit, die dem Menschen zumutbar ist* [42], hat offensichtlich bereits die nächste Etappe eingeläutet: Sie führt ins Feld der Gestaltbildungen. Die „Evolutionsfeldtheorie" und das „Morphogenetische Feld" sind wohl nur die ersten Stationen, die ersten Durchfahrtsstationen dieser *Tour de Raison*. Der Anstieg aus der Tief-Ebene materieller Mechanismen und seiner Formalprognosen hat längst begonnen – ja, ist in vollem Gange! Jeder Erklärungsengpass, durch den sich der wissenschaftliche Tross – sich selbst verwandelnd – weiter durchmüht, könnte den Blick zum Etappenziel eröffnen. Umstürzungen im Klassement dieser Tour zeigten sich nach jedem – bewältigten – ähnlichen Engpass; da hatten statistisch gesehen immer jene die Nase vorne, denen man das zunächst am wenigsten zugetraut hatte. Und vorgebliche Favoriten hatten ihr Scheitern anzuerkennen, wollten sie weiterhin ernsthafte Konkurrenten auf dieser Erkenntnis-Tour bleiben. Aktuelle Durchfahrtszeit: Beginn des 21. Jahrhunderts. Das Ziel dieser Etappe – wann kann es wirklich als erreicht gelten? Das Phänomen übermaterieller, Struktur-bildender Felder liegt zum Greifen nahe; ... aber auch diesbezüglich kann bezweifelt werden, dass damit, nach kaum 300 Jahren wissenschaftlich relevanter Forschung, schon das allerletzte Wort gesprochen ist ...

Der Wissenschaftsphilosoph und Forscher – Ervin Laszlo: *„Eine immer größere Zahl führender Forscher sucht nach grundlegend neuen Konzepten, um die anomalen Phänomene in einem sinnvolleren Licht zu betrachten. Die in den Grenzbereichen der Wissenschaft zutagetretenden Konzepte bleiben solange hypothetisch, bis sie einer systematischen Entwicklung und Prüfung unterzogen werden. Sie stellen phantasievolle Untersuchungen dar – so etwas wie ‚Fabeln'. Das Bild, das sie heraufbeschwören, ist ‚fabulös', aber nicht fiktiv. Wenn die Fabeln die Prüfungen bestehen, dann wird die Welt, die sie beschreiben, zu der Welt, die von den wissenschaftlichen Gemeinschaften anerkannt wird. Dann macht die Wissenschaft einen Sprung nach vorn: Sie bewegt sich hin zu einer neuen Weise, die Welt zu betrachten – zu einem ‚neuen Paradigma'. ... In Zeiten rasant schneller Entwicklung, in denen die grundlegenden Konzepte der Wissenschaft eine radikale Transformation erfahren, erlangen die wissenschaftlichen Fabeln ihrer führenden Forscher eine besondere Relevanz. ... An vorderster Front der Wissenschaften wird die Welt zunehmend fabulös. ... Jede Theorie kann durch bessere Theorien abgelöst werden. Wenn dies geschieht, dann wird sie wieder zu einer Fabel – diesmal allerdings nicht zu einer hoffnungsvollen, vorwissenschaftlichen, sondern zu einer obsolet,*

---

[42] Siehe selbes Kapitel, Anmerkung 18.

postwissenschaftlichen Fabel." [43] Und weiter: „*Der Kosmos ist ... ein erstaunlich kohärentes Ganzes. Diese Kohärenz deutet auf ein in subtiler Weise verbindendes Urfeld hin – auf das Paradigma von einem kosmischen Feld, das in Raum und Zeit alles mit allem verbindet, ... das subtile, aber gänzlich elementare Informationsfeld im Herzen des Universums. Eine Klärung und Kodifizierung der Natur und der Wirkungen dieses Feldes wären von großer Wichtigkeit. Sie würden die Wissenschaft und die Menschheit dem großen Ziel Einsteins ein beträchtliches Stück näher bringen: nämlich, das ,... einfachste mögliche Schema', zu finden, das die beobachteten Tatsachen miteinander verbindet ...*" [44]

Eine solch neuartige „Fabel" hat im (vergangenen) Jahr 2010 in *fabelhaft kurzer Zeit* den Sprung in die wissenschaftlichen *Top-Charts* geschafft – die weitreichendsten Erkenntniskonsequenzen auf unterschiedlichsten Ebenen miteinbeschlossen ... Es ist dies die neue Gravitationstheorie des Stringforschers und Physikprofessors an der Amsterdamer Universität Erik Verlinde. Und es ist *nicht nur* ihr spezieller Konnex zu In-*forma*-tion, der die Aufmerksamkeit diesbezüglich fesseln kann ...

Was Sie auf den kommenden Seiten zu lesen bekommen – darüber habe ich selbst erst in der Endphase dieser Buchproduktion (Oktober 2010) Kenntnis erhalten und mich letztlich im Februar 2011 entschlossen, diese fabulös-sensationelle-Neuigkeit, noch für die erste Auflage von „*Quantensprung*" ins bereits fertige Manuskript einzufügen ...

Ein warmes Grab für die Gravitation. [45] – In-*forma*-tion, Urstoff des Universums

Als Folge und gemäß dieser vielversprechenden Wissenschaftstheorie könnte sich nämlich auch das Phänomen der Schwerkraft als die Wirkung zunehmender In-*forma*-tion im Kosmos – beziehungsweise *freiwerdender* In-*forma*-tion – enttarnen ... Der Umkehrschluss scheint nahezu *noch* spannender, als eine *Aufnahme* freier In-*forma*-tion – *also Geist* – in die Materie hinein, als Vorgang gegenteiliger – nämlich *antigraver* – Wirkung gedeutet werden kann. Eröffnet sich von diesem Gesichtspunkt betrachtet gar ein wissenschaftlich besehen konstitutiver Aspekt für die Entwicklung des aufrechten Gangs beim Menschen? Hat sich – solch *antigraver Wirkung* gehorchend – seine Gestalt im Laufe der Evolution geradezu aufrichten müssen, insofern sein Gehirn, wie angesprochen, das vermutlich „*... komplexeste System im Universum*" [46] darstellt? Eine derartige Struktur dürfte diesbezüglich wohl auch am meisten In-*forma*-tion erhalten beziehungsweise

---

[43] E. Laszlo: „*HOLOS – die Welt der neuen Wissenschaften.*", Petersberg 2002, S. 14f.

[44] Ebenda: S. 73, S.188
    Siehe auch Kapitel 18: In-*forma*-tion – und andere Felder ..., Anmerkung 26-30, 33
    Siehe auch Kapitel 22: Systemische Phänomene, Anmerkung 6.

[45] R. Czepel / A. Stadler: „*Ein warmes Grab für die Gravitation – Erwin Verlindens Abschied von einer Naturkraft*", ORF Dimensionen – Die Welt der Wissenschaft, 2010.

[46] A. Zeilinger: „*Einsteins Schleier – Die neue Welt der Quantenphysik*", München 2003, S. 213.

aufgenommen haben – mit allen prognostizierbaren, antigraven Konsequenzen. Und: Wie beleuchtet diese neue Sicht den aufsteigenden Säftestrom der Pflanzen. Oder – andererseits – die Schwere eines Bewusstlosen oder Toten ...?

Bereits vor mehreren Jahren zeigten sich erste, auch naturwissenschaftlich ernst zu nehmende, Anzeichen für eine Neuinterpretation der Schwerkraft – weg von jener über Jahrhunderte aufgefassten Idee als einer der *4 Natur-Kräfte* im Universum: *Starke Kernkraft, Schwache Kernkraft, Elektromagnetismus* und eben: *Gravitation*. Damals letterte zum Beispiel die renommierte Wissenschaftszeitschrift *Spektrum der Wissenschaft* am Titelblatt: *„Schwerkraft – eine Illusion? Gut möglich – sofern unsere Welt ein Hologramm ist"*. [47] Seither herrschtc cin rcgclrechter Run bezüglich eines möglichen Durchbruchs auf diesem bedeutenden Feld der Forschung. Grund für diese intensive Suche ist vielleicht *das* Dilemma der Gegenwartsphysik, ein Erklärungsnotstand erster Güte! Besagte „Gravitations-Kraft" besitzt nämlich keine „Quanten-Manieren". Zwar scheint sie in den Weiten des Makrokosmos das Kommando zu haben – im Mikrokosmos hingegen kommen nur die drei anderen Natur-Kräfte zum Tragen. Denn: Unterhalb von 1mm ist sie weder messbar, noch gelang es, eine *Quantentheorie der Gravitation* zu entwickeln. Das Gros der Physiker scheiterte bislang virtuos an der Suche nach diesem Heiligen Gral moderner Physik. Die momentan revolutionärste und spannendste Gravitationstheorie ist jene des niederländischen Kollegen Verlinde. Er schlägt einen zunächst höchst exotisch anmutenden Weg ein. Und auch er stellt die Gravitation als Naturkraft infrage. In seiner bahnbrechend Theorie geht Verlinde von einem physikalisch besehen ähnlichen Phänomen – der Wärme – aus, wenn er sagt: *„Zwischen der Wärme in der Thermodynamik und der Gravitation besteht eine gewisse Analogie: Die Gravitation ist emergent – eine abgeleitete Kraft. Das bedeutet, sie existiert im mikroskopischen Bereich nicht. Also ist die Gravitation keine fundamentale Naturkraft."* [48]

Vom Standpunkt der In-*forma*-tion sind alle, als Evolution bekannte Form- und Strukturbildungen – bis hin zu höherem Leben –, und Entropie gegensätzliche, einander bedingende sowie inhärente Aspekte der Entwicklung. Die Entropie nimmt letztlich zu, indem In-*forma*-tion aus den Strukturen wieder frei wird ... Bereits im letzten Kapitel hatte ich mich mit der komplementären Beziehung von *Entropie* und *Information* und deren Bedeutung für die Entwicklung von Leben befasst. Dort findet sich ein Zitat des Nobelpreisträgers Schrödinger aus seinem Buch *„Was ist Leben"* zur Frage, wie sich *„... lebende Materie dem Abfall in den energetischen Gleichgewichtszustand* (Entropie) *entzieht?"* Er findet für sich die Antwort: *„Sie ernährt sich aus negativer Entropie* [49].

[47] J. Maldacen: *„Schwerkraft – eine Illusion?"*, in: *Spektrum der Wissenschaft 2006/3*, S. 36
K. Podirsky: *„Die Schwerkraft ist ja nur eine Phrase"*; in: *Info3 6/2006*, S. 50f.
[48] E. Verlinde, in: *„Ein warmes Grab für die Gravitation – Erwin Verlindens Abschied von einer Naturkraft"*, ORF Dimensionen – Die Welt der Wissenschaft, 2010, von R. Czepel / A. Stadler.
[49] *„Negative Entropie"* ist der gegenteilige Zustand: Je mehr *negative Entropie* ein Organismus aufweist, desto höher entwickelt ist der Grad seines Ordungszustands.

Der Kunstgriff, mittels dessen ein Organismus sich stationär auf einer ziemlich hohen Ordnungsstufe (einer ziemlich *geringen* Entropiestufe; KP.) *hält, besteht in Wirklichkeit aus einem fortwährenden Aufsaugen von Ordnung aus seiner Umwelt. ... Wir nehmen also wahr, dass eine waltende Ordnung die Kraft besitzt, sich selbst zu erhalten und geordnete Vorgänge hervorzurufen.*" [50] Der Physiker Univ.-Prof. Herbert Klima vom Atominstitut der Österreichischen Universitäten weist darauf hin, dass ein derartiges System „*... während eines Prozesses aus der Umgebung dauernd Nachricht erhält und dadurch in entsprechende Prozessstrukturen beziehungsweise entsprechende Formen gebracht wird. Durch eine Nachricht beziehungsweise eine Information verändert sich also die Entropie eines Systems: Sie wird vermindert. ... Empfang von Information, bedeutet Verminderung der Entropie des Systems.*" [51] Die Schlussfolgerung daraus kennen wir schon: Jedes System weit vom energetischen Gleichgewicht – wie z.B. alle Formen organischen Lebens – muss im Lauf seines Evolutionsprozesses viel an In-*forma*-tion aufgenommen haben.

Doch zurück zu der Auseinandersetzung mit Verlindes neuer Gravitationstheorie. Um richtig einzuschätzen, welche Entwicklungen in der Physik – vor allem in der Quantenphysik und Kosmologie – gegenwärtig Platz greifen, soll nochmals an John Wheelers prophetisch anmutenden Ausspruch erinnert werden: „*Morgen werden wir gelernt haben, wie man die ganze Physik in der Sprache der Information verstehen und sie in dieser Sprache ausdrücken kann.*" [52] Was aber zieht jenen Strom von Ordnung auf sich, sodass Zerfall vermieden wird – ja, dass Differenzierung und Komplexität im Bereich des Lebens stets zunahmen? Was *ist* „es", das hier als „*... waltende Ordnung, die Kraft besitzt, sich selbst zu erhalten und geordnete Vorgänge hervorzurufen?*" Trotz aller Vorstellungen: Wir wissen „es" nicht wirklich. Und es ist weiters zu vermuten, dass die Wissenschaft ebenfalls noch nicht weiß, welche Art von Realität sie dieser In-*forma*-tion zusprechen will, die – freiwerdend – Phänomene der Gravitation auszulösen imstande ist! Oder auch, *wo* solche In-*forma*-tion dann sein könnte ...!? Meine persönliche, naheliegende Auffassung, wie ich meine: In einem „In-*forma*-tionsfeld". Für solch eine „Annahme" spräche mittlerweile zweifelsfrei doch „einiges". Seit Isaac Newton stand für mehr als zweieinhalb Jahrhunderte fest, *was* die Gravitation ist: eine so genannte „*anziehende-Kraft-zwischen-Massen*". Seit 1915 aber trat die Gravitation in Folge der Erkenntnisse Einsteins und seiner Allgemeinen Relativitätstheorie als die „*geometrische Eigenschaft einer 4-dimensionalen Raumzeit*" auf: Die Materie sagt der Raumzeit, wie sie sich zu krümmen hat – Die Krümmung der Raumzeit, der Materie, wie sie sich zu bewegen hat. Seither fungiert die Gravitation nicht mehr als Kraft, sondern als

---

[50] E. Schrödinger: „*Was ist Leben?*", München 1989 (Cambridge Uni. Press 1944), S. 123, S. 126, S. 129, S. 134. Siehe auch Kapitel 16: Materie und Bewusstsein, Anmerkung 32.

[51] H. Klima / B. Lipp / H. Lahrmann: „*Möglichkeit niederenergetischer Bioinformation*", S. 38 Siehe auch Kapitel 16: Materie und Bewusstsein, Anmerkung 33.

[52] J. Wheeler, zitiert in: A. Zeilinger: „*Einsteins Schleier – Die neue Welt der Quantenphysik*", München 2003, S. 213ff.

geometrische Eigenschaft der Raumzeit. Eric Verlinde geht heute so weit, zu sagen: *„Die Gravitation ist eine Illusion. ... Natürlich haben Einstein und auch Newton Gleichungen formuliert, die die Gravitation beschreiben. Aber ich behaupte, sie haben nicht wirklich geklärt, wie Gravitation entsteht."* [53] Verlindes Hypothese: *„Die Gravitation taucht erst makroskopisch auf. Sie ist physikalisch nichts Fundamentales, sondern etwas Emergentes, etwas Abgeleitetes, wie beispielweise die Wärme."* Wärme – physikalisch gesehen das Resultat eines *kollektiven, mikroskopischen Zitterns*, das wir z.B. auf unserer Haut spüren. Temperatur und Gravitation stellen beide somit makroskopische Phänomene dar. Der niederländische Physiker kommt auf diesem Weg zu Begriffen wie *Information, Unordnung* und *Entropie* und zum *2. Hauptsatz der Thermodynamik*, der besagt, dass in einem abgeschlossenen physikalischen System Energie weder entstehen noch verschwinden kann. Nach Verlinde ist dies bei der Schwerkraft – die wir ja auch spüren – ganz analog: *„Temperatur ist nur ein Maß für die durchschnittliche Energie, die jedes Molekül besitzt. Einem einzelnen Molekül kann man ja keine Temperatur zuschreiben. Die Thermodynamik ist nur eine sehr ökonomische Beschreibung, ... ohne dass man dabei jedes einzelne Molekül berücksichtigen müsste. Aber wir wissen woher diese Gleichungen kommen, wir können sie ableiten. Und so ähnlich ist das auch bei der Gravitation: Sie ist das Ergebnis von etwas anderem, das eine ‚Kraft' bewirkt. Und wenn man will, kann man diesen Prozess eben auch in Gravitationsgleichungen ausdrücken."*

Aus Chaos entstehen im Universum – nach heutigem Stand der Naturwissenschaft – nur dann Strukturen (Ordnung), wenn „Energie" aufwendet wird. Ansonsten nimmt die Unordnung im gesamten Universum beständig zu. Um es mit dem Nobelpreisträger Boltzmann zu sagen: *„Die Entropie wächst."* In seiner Theorie verknüpft der Physikprofessor Verlinde die „Schwerkraft" mit Boltzmanns „Entropiesatz" und dem Begriff der „Information" Da In-*forma*-tion und Entropie physikalisch-kosmologisch betrachtet gegensätzlich-inhärente Aspekte jeglicher Entwicklung darstellen, muss – bei steter Entropie-Zunahme im Universum – gleichermaßen auch der Informations-gehalt im Universum wachsen. Die Schwerkraft deutet Verlinde somit als *„... emergentes Phänomen der Entropie-Zunahme"*, als Zunahme von Information aus komplexen Ordnungssystemen.

Das Postulat der wachsenden Entropie – zwingt gewissermaßen zum Beispiel einen Apfel zum Fallen. Zu einem Verhalten, das wir Menschen als Schwerkraft wahrnehmen. Erik Verlinde: *„Wenn wir den Apfel und die Erde beschreiben, dann sagen wir: Zwischen ihnen besteht eine ‚Anziehungs-Kraft'. In Wirklichkeit passiert aber Folgendes: Im physikalischen System ‚Apfel-und-Erde' steckt ein Informations-Betrag. Dieser Betrag ändert sich, wenn der Apfel fällt. Ein Teil der Informationen verschwindet, aber er entspricht genau der Energie, die der Apfel beim Fallen erhält. **Diese Änderung der***

---

[53] E. Verlinde, in: *„Ein warmes Grab für die Gravitation – Erwin Verlindens Abschied von einer Natur-kraft"*, ORF Dimensionen – Die Welt der Wissenschaft, 2010, von R. Czepel / A. Stadler (gilt auch für die nächsten Zitate in Folge).

Information ist der eigentliche Grund, warum der Apfel fällt. *Alle Dinge streben danach die Information wachsen zu lassen und der Apfel tut das – indem er fällt."* Rechnerisch betrachtet besteht zwischen In-*forma*-tion und Energie Kongruenz. Was aber *ist* In-*forma*-tion in diesem Zustand jenseits der „*Form*" – und *wo* geht sie hin, wenn sie wieder „reine In-*forma*-tion" wird? Auch hier gilt es Anleihe bei Sheldrakes Konzept der Morphogenetischen Felder zu nehmen, beziehungsweise ganz allgemein bei der Idee von In-*forma*-tions-Feldern.

Für manche Kollegen weist *Verlindes Entropiekonzept für die Gravitation* einen Schönheitsfehler auf: Es kann nur dann folgerichtig sein, wenn unser Universum ein sogenanntes *Hologramm* ist. Dabei wäre die gesamte In-*forma*-tion der 3-dimensionalen Welt auf einem 2-dimensionalen Bild gespeichert – ähnlich den glänzenden Zeichen auf Kreditkarten. Dass dieses holographische Postulat wissenschaftlich besehen durchaus die Realität darstellen könnte, zeigen theoretische Arbeiten zur Thermodynamik Schwarzer Löcher aus den 1980-er Jahren. Erstaunliche Erkenntnis: Die Entropie eines Schwarzen Lochs oder – komplementär betrachtet – sein Informationsgehalt wächst nicht proportional zu seinem Volumen, sondern – zu seiner Oberfläche. In-*forma*-tion – das was aller *Form* voran- beziehungsweise mit ihr einhergeht – scheint sein Da-Sein somit in einer Art *2-Dimensionalität* zu haben.

Verlinde gibt sich bezüglich seiner Theorie sicher, wenn auch bescheiden – sie sei eben noch nicht gänzlich fertig. Viele namhafte Kollegen billigen der esoterisch-anmutenden Theorie aber bereits heute beste Chancen zu, die wissenschaftliche Kosmologie grundlegend zu revolutionieren. Univ.-Prof. Franz Embacher, Physiker der Universität Wien: *„Die Mehrzahl geht davon aus, dass man diese Schwächen oder Lücken wird füllen können."* [54] Nun, wir werden sehen ... Erik Verlinde scheint das Tor zu einer völlig neuen Physik einen Spalt weit geöffnet zu haben. Auch von dieser Ecke-her-besehen könnte sich In-*forma*-tion letztlich als *der* fundamentale Begriff der Physik, als das Ur-Sprüngliche im Kosmos erweisen, während Begriffe wie Energie, Materie, Kraft, oder auch: Gravitation nur als Oberflächenphänomene eine Rolle spielen. Und so wie es bislang die bekannten *Gravitations-Gleichungen* gab, gilt es jetzt *Informations- Gleichungen* zu definieren.

Die neuen Erkenntnisgrundlagen bezüglich In-*forma*-tion und ihr Zusammenhang mit dem Phänomen der Gravitation zieht aber noch eine Fülle weiterer spannender Fragestellungen nach sich. Zum Beispiel die bereits eingangs gestellte: Lässt sich jegliche In-*forma*-tions-Wirksamkeit in die Materie hinein als Vorgang *antigraver* Wirkung deuten? War es etwa *doch* eine – wie immer geartete – Aufnahme freier In-*forma*-tion aus dem Kosmos, die da im „Anbeginn-aller-Zeiten" eine unvorstellbar anmutende, antigrave Wirkung derart enormen Ausmaßes entfachte – welche die Physik veranlasste von Urknall zu sprechen?! ... Nichts wäre es dann mehr mit jener obskuren Vorstellung,

---

[54] F. Embacher, in: *„Ein warmes Grab für die Gravitation – Erwin Verlindens Abschied von einer Naturkraft"*, *ORF Dimensionen – Die Welt der Wissenschaft, 2010*, von R. Czepel / A. Stadler.

dass alle im gesamten Kosmos vorhandene Energie und Materie bereits dazumal in dieser Singularität hätte vorhanden sein müssen! [55] Und, ist auch der wissenschaftlich erforschte und bislang unerklärliche Beschleunigungs-Impuls-des-Universums-bezüglich-seiner-Ausdehnung – sowie die überraschende Koinzidenz dieses Zeitpunkts mit dem Eintritt des Menschen in die Evolution – ebenfalls einer derart antigrav wirkenden, speziellen In-*forma*-tions-Aufnahme im Evolutionsverlauf zuzuschreiben?! Etwas, was übrigens auch nüchternen Physikern Stirnrunzeln bereitet, wenn sie sagen: *„Ist es nicht ein seltsamer Zufall, dass das Universum just dann, als denkende Wesen sich entwickeln, in den Schnellgang schaltete? ... Die kosmische Beschleunigung könnte genauso gut in ferner Vergangenheit oder ferner Zukunft beginnen ..."* [56] Die Physik-Theoretiker propagierten während der letzten zehn Jahre als wissenschaftliche „Erklärung" dieses verblüffenden Zusammenhangs mehrheitlich eine sogenannte *„... Quintessenz, die räumlich und zeitlich variable Energiequelle eines Quantenkraftfeldes."* Dunkle Energie, und, natürlich – wie sollte es auch anders sein! – *„... gravitativ abstoßend."*, einfach um die Diskrepanz zwischen Beobachtung und Theorie zu glätten.

Ein anderes weites Fragen-Feld: Wie steht´s mit antigraven Wirkungen in den Lebens-prozessen von Organischem, z.B. in den Pflanzen, mit ihrem aufsteigenden Säftestrom? – Oder auch bezüglich der Aufrichte des Menschen? – Hatte die physiologische Entwicklung seines Gehirns, als komplexe(ste) Strukturbildung im Kosmos, und die damit in Verbindung stehende In-*forma*-tions-Bindung in diese Physis hinein, eben solch „antigrave Wirkungen" freigesetzt? *Die aufrechte Menschengestalt – Anti-Gravitation durch In-forma-tion?!* Und, synonym dafür: Des Menschen frei getragenes, erhobenes Haupt, in welchem das Gehirn schwerelos schwebt ... . Welch Sinnbild derartiger Zusammenhänge?!

Wohin der Weg zielt? – Eventuell hat der Physiker und Professor der Universität Zürich, Walter Heitler, ausgezeichnet unter anderem mit der Max-Planck-Medaille der Deutschen Physikalischen Gesellschaft, eine sehr treffende Zielvorgabe bereits im Titel seines Buches formuliert: *„Naturwissenschaft ist Geisteswissenschaft."* [57] ... Und: Heitler hat damit sicherlich nichts Religiöses gemeint, sondern eine zukünftig erneuerte Wissenschaft, welche das Geistige in gänzlich unprätentiösem Sinn, aber durchaus real wirksam – z.B. als In-*forma*-tion – mit einbezieht. Spiritualität eben, ganzheitliche, erweiterte Forschung.

---

[55] Siehe auch Kapitel 15: *„Im Anfang war ..."*, Anmerkung 3, 4.

[56] J. Ostriker: *„Die Quintessenz des Universums"*, in: *Spektrum der Wissenschaft 2001/3*, S. 32ff (gilt auch für die nächsten Zitate in Folge).

[57] W. Heitler: *„Naturwissenschaft ist Geisteswissenschaft."*, Zürich 1972.

Kapitel 18: In-*forma*-tion – und andere Felder …

Interdisziplinäre Forschung

Wie schon bei der veralteten Gravitations-Vorstellung und ihrem Gravitations-Feld, haben sich die Menschen auch an die Modell-Vorstellung eines magnetischen Feldes gewöhnt, das sich durch den Raum erstreckt und dessen Stärke mit dem Abstand abnimmt. Nicht nur das Magnetfeld beruht, wie wir wissen, auf elektrischen und magnetischen Kräften. Alles, was wir sehen, enthält elektromagnetische Felder, und: Sie sind für unsere Existenz als Wesen auf der materiellen Ebene von fundamentaler Bedeutung. Bedenken wir doch: Vor nicht einmal 100 Jahren – wer hätte es damals für möglich gehalten, dass die Wirkungen elektromagnetischer Felder einstmals in derart vielfältiger Weise (Rundfunk, Fernsehen, Handy, Radar, etc.) das gesellschaftliche Leben, Kultur und Wirtschaft bestimmen würden?! Heute jedoch ist es geradezu selbstverständlich geworden, dass wir diese Wirkungen technisch nutzen. Und die Möglichkeiten sind vermutlich längst noch nicht annähernd ausgeschöpft.

Die Fragen, welche sich uns heute stellen, gehen in eine ganz ähnliche Richtung: Gibt es etwas, was man als „*Gedanken-Felder*" als *Intelligenz-*, *Mental-*, beziehungsweise ganz allgemein, als „*Informations-Felder*" bezeichnen könnte? Oder eben als „*Gestaltbildende-Felder*" – als: „*Morphische- oder Morphogenetische-Felder*", wie dies Rupert Sheldrake tut. Dieser formulierte die Theorie der von ihm so genannten „*Morphogenetischen-Felder*" als Grundlage seiner Hypothese eines *Gedächtnisses der Natur*. Und: Ist es berechtigterweise denkbar, auch *Bewusstsein* letztendlich als derartiges *Feld-Phänomen* zu begreifen? Vieles weist da wohl gerade in diese Richtung …

Felder – Fernwirkung von Kräften

Es gibt heute viele Phänomene, welche uns starke Hinweise darauf geben, dass es neben den mittlerweile allseits bekannten Fernwirkungen wie *Magnetismus* (Magnetfeld), *Elektromagnetismus* (Elektromagnetisches Feld), *Fluktuationsfelder im Vakuum* etc. noch weitere, andersartige *Informations-Fernwirkungen* gibt.

Nun, vor dem Hintergrund der jeweils vorherrschenden Philosophien war es nur natürlich, dass sich die Physiker des 18. und 19. Jahrhunderts etwas wie zum Beispiel die *Lichtwellen* als einen rein mechanischen Prozess dachten. Man konnte sich daher auch nicht vorstellten, dass es da *gar kein Medium* geben sollte, in welchem diese Kraftwirkungen vonstatten gingen. Erst im Zusammenhang mit den Erkenntnissen der Quantenphysik klärte sich auch das physikalische Bild von jenem seltsamen Konzept einer „*Kraft-die-über-ein-Feld-wirkt*". Für derartige *Wirkung-über-Distanz* wurden für die wissenschaftliche Modellvorstellung jeweils Teilchen dingfest gemacht – ein „Etwas", von dem wir wissen, dass es gar kein Teilchen, sondern lediglich etwas wie eine „*wirkende Eigenschaft*" ist. [1] Für das Elektromagnetische Feld heißt dieser Übermittler *Photon* (Licht-Quant), für das Gravitationsfeld nannte man ihn *Graviton*, usw. Es gibt noch weitere relevante – jedoch im Wesentlichen nur im wissenschaftlichen Zusammenhang bekannte (Quanten-)Felder. [2] Licht scheint – wissenschaftlich betrachtet – irgendeine schizophrene Natur zu haben. Manchmal verhält es sich wie ein Schwarm von Teilchen (Quanten-Bündel) und dann wiederum wie eine Welle. Vor knapp einem Jahrhundert wurde dieses Paradoxon durch die Formulierung der Quantentheorie gelöst. In diesem Zusammenhang klärte sich auch das physikalische Bild dieses seltsamen Konzepts einer Kraft, die über ein Feld wirkt. Nach der Quantentheorie ist ein Feld nicht etwas Passives, sondern es füllt in Form von meist ungeordneten Wellen den Raum aus.

Interessant ist, dass dieser „*... uns heute selbstverständliche Begriff ‚Feld' bei seiner Einführung keineswegs unproblematisch war. Newton, der sich viel mit Astrologie befasst hatte, in der es bekanntlich ‚Fernwirkung' gibt, hat diesen Begriff offenbar von dort her abgeleitet, ihn freilich in exakte mathematische Form gefasst. Derartiges blieb von seinen Zeitgenossen – zum Beispiel von Leibniz – nicht unwidersprochen, die ihm die Hereinnahme von ‚spukhaften Fernwirkungen' in die Physik vorwarfen. Der Begriff ‚Feld' bildet aber heute längst in der gesamten Physik die Grundlage aller Theorien und wird als solcher nicht mehr hinterfragt.*" [3]

Wir werden in der Folge lediglich zwei weitere Felder besprechen. Zunächst werden wir das so genannte „Higgs-Feld" und als zweites – wie erwähnt – das Konzept eines Informations-Feldes vorstellen, für welches heute der Name „Morphogenetisches Feld" gebräuchlich wurde, oder auch der Begriff „Psi-Feld" oder auch schlicht: „5. Feld" verwendet wird (Siehe gegen Ende dieses Kapitels).

Im 17. Jahrhundert wies Isaac Newton auf die *Äquivalenz-von-Gewicht-und-Masse* hin und entwickelte daraus sein universelles Gravitationsgesetz. Etwa zweihundert Jahre später erkannte Albert Einstein die *Äquivalenz-von-Masse-und-Energie* ($E = mc^2$). Und obwohl Newton und Einstein diese großartigen Erkenntnisse hatten: Keiner von beiden wusste, was Masse wirklich ist. Heute steht die Wissenschaft vermeintlich knapp vor einem experimentellen Beweis, der Erkenntnis, was Masse *ist*. Extra dafür wurde das größte und teuerste wissenschaftliche Experiment aller Zeiten entworfen, das Äußerste des (heute) technologisch Machbaren: Der LHC (Large Hadron Collider). Protonenstrahlen werden maximal beschleunigt und aufeinander prallen gelassen. Die entstehende Energiedichte entspricht für Sekundenbruchteile jener in den allerersten Augenblicken des Universums – Mikrosekunden nach dem sogenannten Big Bang – als nach dem heutigen Stand wissenschaftlicher Forschung zum ersten Mal Materie entstanden ist. Alles, nur um das so genannte „Higgs-Boson" – den Übermittler der Kraft des „Higgs-Feldes", benannt nach der postulierten Theorie des Physikers und

---

[1]   Siehe auch Kapitel 16: Materie und Bewusstsein 12, 13, 14.

[2]   Siehe auch Kapitel 15: „*Im Anfang war ...*", Anmerkung 5.

[3]   F. Cramer: „*Chaos und Ordnung – Die komplexe Struktur des Lebendigen.*", Stuttgart 1989, S. 231.

Universitätsprofessors Peter Higgs zu verifizieren – oder zu falsifizieren. Higgs selbst kommentierte seine Entdeckung 1964 zunächst folgendermaßen: *„Habe diesen Sommer etwas vollkommen Nutzloses entdeckt!"* [4] Etwa vierzig Jahre später bereiten Wissenschaftler am CERN [5] ein Experiment vor, das rund 1 Mrd. Dollar kosten wird. Eines der zentralen Ziele: Die *„nutzlose Idee"* von Peter Higgs zu testen. Dann wird sich vermutlich zeigen, ob Higgs abwertende Einschätzung zutreffend war, oder ob er dafür einen Nobelpreis erhalten wird. Wenn sie stimmt, erklärt die Higgs-Theorie nämlich das größte und vermeintlich herausforderndste Rätsel der zeitgenössischen Physik und Kosmologie: den Ursprung der Masse. Das Auftauchen von Masse – so vermuten die Physiker – gab dem Universum Inhalt und Form. Der Physiker und Universitätsprofessors Frank Close: *„Die Verwirklichung dieser Theorie könnte auf Zusammenhänge zwischen scheinbar völlig unterschiedlichen Phänomenen hindeuten, und die Masse wäre der Grund, warum die* **wahre Einheit** *verborgen ist. ... Die Masse bricht die Symmetrie der Schöpfung und sie ist gleichzeitig die Ursache für alle, seit jener Zeit entstandenen Strukturen, Muster und Asymmetrien. ... Die Theorie von Higgs geht von der Annahme aus, dass das ‚Vakuum' in Wirklichkeit ein strukturiertes Medium ist. ... Doch warum nehmen wir dieses Higgs-Feld nicht wahr? Die Antwort lautet: Wir nehmen es wahr! Sämtliche Strukturen, alles Existierende und alle Wesen geben Zeugnis davon, dass das Higgs-Feld den Elementarteilchen eine Masse verliehen hat – das zumindest glauben die Theoretiker. ... Unsere Existenz beruht auf einigen sehr delikaten Beziehungen zwischen den Massen der fundamentalen Teilchen. ... Wir verstehen nicht, warum die Massen diese ‚magischen Werte' besitzen. Doch wenn wir uns überlegen, wie unsere Welt aussähe, wenn auch nur einige dieser Werte anders wären, dann beginnen wir zu begreifen, von welchen Feinheiten unsere Existenz abhängt, und was wir noch alles zu klären haben"* [6]

Der Experimentalphysiker Anton Zeilinger äußert sich in einer Wissenschaftssendung zu der maßgeblichen Veränderung der Begriffe und ihrer Bedeutung für die Vorstellbarkeit der sogenannten „Wirklichkeit": *„Natürlich, der Begriff der Materie hat sich aufgelöst, wurde ersetzt durch Begriffe wie ‚Feld', oder ‚Wechselwirkung', solche Dinge, die mehr abstrakt sind. Aber auch diese Dinge sind Begriffe, mit denen man operationell agieren kann: Wie das wirkt, was das macht. ... Wir haben einen operationell, halb bildlichen Zustand gefunden, der nicht mehr materiell realistisch ist."* [7] Die Wissenschaft suchte

---

[4] Kurze Nachricht von Univ.-Prof. Peter Higgs an einen Studenten der Universität Edinborough. Zitiert in: F. Close: *„Luzifers Vermächtnis – Eine physikalische Schöpfungsgeschichte."*, Berlin 2004, S. 287.

[5] Siehe auch Kapitel 16: Materie und Bewusstsein, Anmerkung 38
Siehe auch Kapitel 17: Das Primat der Information, Anmerkung 4
Siehe auch Kapitel 22: Systemische Phänomene, Anmerkung 1, 15.

[6] F. Close: ‚*Luzifers Vermächtnis – Eine physikalische Schöpfungsgeschichte."*, Berlin 2004, S. 288, S. 300, S. 290, S. 294; Siehe auch Kapitel 15: *„Im Anfang war ..."*, Anmerkung 2
Siehe auch Kapitel 6: Chaos und Strukturen der Ordnung, Anmerkung 1, 2.

[7] A. Zeilinger, in: *„Humbug oder Wissenschaft – Im Grenzgebiet der Erkenntnisse."* Transkription, in: *ORF, Radiokolleg, 2003,* von: M. Adel.

lange Zeit die entsprechendste Vorstellung der Wirklichkeit zu finden. Sie orientierte und definierte diese Suche daran, welches Modell-Bild weniger Widersprüche in sich trage. Mit der notgedrungenen Anerkennung des sogenannten „Welle-Teilchen-Dualismus" von Licht (aber auch Materie!) [8] musste die Wissenschaft erstmals anerkennen, dass Widerspruchsfreiheit in den Wissenschaften ein für alle Mal passé geworden war. Herbert Pietschmann, Professor für Theoretische Physik der Uni-Wien, formuliert diesen Erkenntniszusammenhang – offensichtlich etwas desillusioniert – folgendermaßen: *„In der Logik wird oft von ‚wahren Sätzen' gesprochen. Ich verwende lieber das Wort ‚richtig', weil es sich zunächst ja nur darum handelt, die Widerspruchsfreiheit sicherzustellen. Wir haben gerade am Beispiel der Naturwissenschaft gesehen, dass es gar nicht um Wahrheit geht, sondern um Widerspruchsfreiheit, um formale Übereinstimmung mit vorausgesetzten Postulaten, um ‚Bewährung' in der Erfahrung ... Widerspruchsfreiheit wird zum eigentlichen Glaubensbekenntnis. ... Am Ende dieses Weges aber steht ein neuer Widerspruch, die Quantenmechanik, der (aufgehobene) Widerspruch Welle-Teilchen (oder diskretkontinuierlich)! ... Ganz entscheidend möchte ich aber betonen, dass wir uns diese Elimination des Widerspruches erkaufen um den Preis einer grundlegenden Veränderung der Welt (nicht nur unseres Weltbildes), die durch die Austreibung des Geistes wieder ein Stück Leben eingebüßt hat. Denn wir können nicht umhin, das, was im Weltbild fehlt, auch in der Wirklichkeit abzuleugnen oder in die Privatsphäre zu verweisen. ... Je weiter wir uns mit der Konstruktion (mit diesem neuzeitlichen ‚Turmbau zu Babel') vom unmittelbar persönlichen Bereich der Menschen entfernen, umso größer wird das **Bestreben, die Konstruktion mit der Wirklichkeit selbst zu verwechseln.** Wir bauen ein Vorurteil immer weiter aus: Wirklich ist das, was weniger Widersprüche enthält. Der Grund scheint mir auch darin zu liegen, dass mit diesem Eliminieren der Widersprüche, diesem Austreiben der Geister, eben auch das Leben ausgetrieben wird."* [9]

Paradigmenwechsel

Heute findet auf allen Ebenen ein auffälliger Paradigmenwandel statt. Die wissenschaftliche Forschung hat das – auch kulturelle – Dilemma sogenannter „rationalistischer Aufklärung" erkannt und beginnt neuerdings erste Konsequenzen aus dieser reduktionistischen Sichtweise zu ziehen. Ganz offensichtlich wandelt sich unsere Kultur – in Analogie zum Wechsel von der *Ratio* der sogenannten „Moderne" des beginnenden 20. Jahrhunderts zur „Post-Moderne" – nunmehr in eine Zeitgeist-Kultur der „Post-Aufklärung". Die Einseitigkeit jener Sichtweise vermeintlicher Aufgeklärtheit hat, gerade durch jenes angesprochene Phänomen des radikalen „*Austreibens-der-Geister-mit-dem-eben-auch-das-Leben-ausgetrieben-wird*", die zerstörerische Kraft

---

[8] Siehe auch Kapitel 16: Materie und Bewusstsein, Anmerkung 6, 7, 11, 22, 29.

[9] H. Pietschmann: *„Das Ende des naturwissenschaftlichen Zeitalters.",* Frankfurt / Berlin 1983, S. 52, S.175, S. 132, S. 86; (H.P. Dürr: *„Das Netz des Physikers.",* München 1990, S. 74) J. Briggs / F.D. Peat: *„Die Entdeckung des Chaos.",* München, Wien 1989, S. 207.

einer nüchtern abstrakten Verstandeskultur aufgezeigt. So *ent-deckte* sie sich und entblößte sich mehr und mehr bezüglich der ihr selbst eigenen Irrationalität. Parallel zur Langweiligkeit tradierter Rationalismen breitet sich im Bereich der neuen Wissenschaften deutlich etwas wie eine innovative Aufbruchstimmung aus: Dies schlägt heute bereits bis in die Redaktionen der Wissenschaftssendungen und Bildungs-Programme in Rundfunk und Fernsehen durch. Sendungen wie: *„Neuland – Kleine RNAs verändern das Weltbild der Biologie."* (*Dimensionen – die Welt der Wissenschaft, ORF Ö1:* 4.6.2008 [10]) ermöglichen einer interessierten Öffentlichkeit, an diesem kulturellen Wandel teilzuhaben. „Fachübergreifende Forschung" ist *das* Schlagwort. Was für das Forschungsgenie der Renaissance, Leonardo da Vinci, *noch* selbstverständlich war, kehrt auf einer gehobenen Ebene zeitgenössischer Wissenschaft neuerdings wieder.

Die Vision von der Einheitswissenschaft [11]

Dem in Wien aufgewachsenen, 1938 als 16-Jähriger vor den Nazis geflüchteten Gerald Holton, gelang in den USA an der Harvard University eine steile wissenschaftliche Karriere als Physiker und Wissenschaftshistoriker. 2008 wurde Holton in Österreich mit der höchsten nationalen Wissenschaftsauszeichnung, dem *Österreichischen Ehrenkreuz für Wissenschaft und Kunst erster Klasse*, geehrt. Anlässlich dieser – späten – Ehrung hielt er an der Universität Wien einen Vortrag zum Thema: *„Einheit und Vielheit der Wissenschaften"*. Die *Vision der Einheitswissenschaft* ist das Erbe des sogennanten *Wiener Kreises*, einer Gruppe – heute würde man sagen *„ganzheitlich-denkender-Wissenschaftler"* – die bereits in den späten 20-er, beginnenden 30-er Jahren des letzten Jahrhunderts entsprechend visionär tätig waren. Für sie erschien es damals schon essenziell, die Gräben zwischen den wissenschaftlichen Disziplinen zu überwinden, um so koordinierter nach den entscheidenden Fortschritten zu suchen. Ihre Idee in Kurzfassung: Die Wissenschaftsdisziplinen mögen vielleicht aus bürokratischen oder institutionellen Gründen getrennt sein, aber es gibt *nur eine Welt*, die sie untersuchen. Folglich sollten auch die Methoden der einzelnen Disziplinen früher oder später zu einer Fundamentalwissenschaft mit nur einer Sprache konvergieren. Implizite Annahme dieser Wissenschaftler: Man möge sich dabei am ehesten an der Physik orientieren. Eine Idee, die naturgemäß außerhalb der Physik auf wenig Gegenliebe stieß. Die Suche nach der Einheitswissenschaft war jedoch nur *ein* Aspekt einer viel umfassenderen Kultur-verändernden Bestrebung: Bereits in Rudolf Carnaps Buch: *„Der logische Aufbau der Welt"* aus dem Jahr 1928 steht etwa: *„Wir spüren eine Verwandtschaft der Haltung, die sich gegenwärtig auf ganz anderen Lebensgebieten auswirkt. Wir spüren diese Haltung in Strömungen der Kunst, besonders der Architektur und in den Bewegungen, die sich um eine sinnvolle Gestaltung des menschlichen Lebens bemühen, des persönlichen und gemeinschaftlichen*

---

[10] Siehe auch Kapitel 7: Epigenetische Vererbung, Anmerkung 10, 12.

[11] G. Holton, in: *„Die Vision von der Einheitswissenschaft"*, Transkription, in: *ORF Dimensionen – Die Welt der Wissenschaft, 2008,* von: R. Czepel.

Lebens, der Erziehung, der äußeren Ordnungen im Großen. Hier überall spüren wir dieselbe Grundhaltung, denselben Stil des Denkens und Schaffens. Es ist die Gesinnung, die überall auf Klarheit geht und doch dabei die nie ganz durchschaubare Verflechtung des Lebens anerkennt." [12] Rudolf Carnap lehrte zunächst als Professor an der Universität Wien, später unter anderem an der Princeton Universität sowie der University of California in Los Angeles. Diese Vision einer rationalen, an Klarheit orientierten, Gestaltung des Lebens ist heute, etwa 80 Jahre danach, aktueller denn je. Das sagt der hoch dekorierte Physiker Univ.-Prof. Gerald Holton kürzlich während seiner Ehrung in Wien: „*Warum ist all das heutzutage wichtig? Der Grund ist, es passiert etwas in dieser Welt, das vorangetrieben werden muss. Es gibt, ähnlich wie damals zu Beginn des 20. Jahrhunderts die Möglichkeit einer großen Vereinigung. Sehen sie sich um: In Österreich gibt es beispielsweise hunderte NGOs, die etwas in der Welt verändern wollen. Es gibt die Weltbank, die UNESCO, die UNO, die EU usw. Natürlich, sie machen alle Fehler, aber sie versuchen etwas, von dem man in der Zeit des ,Wiener Kreises' annahm, dass es in der Zukunft passieren würde! Vereinigung, humanitäre Initiativen, die das Beste aus dieser Idee machen wollen. Eine Vereinigung gegen jede Form von Unordnung, Kriegen, ethnischen und religiösen Kämpfen – das ist die Hoffnung für die Zukunft, dass es da einst ein Gefühl und einen Zeitgeist der Einigung geben wird. ... Die Einheitswissenschaft ist ein Traum – aber das Wichtigste, was heute passiert. Und es geht in den letzten Jahrzehnten immer schneller vor sich. Das ist eine Integration, die zwischen den einzelnen Wissenschaftsdisziplinen passiert. Lassen sie mich ein sehr kleinräumiges Beispiel geben: 40% aller Mitglieder meines Physik-Departements an der Harvard University sind auch Mitglieder eines anderen Departements – Chemie, Biologie, Astronomie, Ingenieurswissenschaften. Eine junge Frau ist sowohl im Physik- und Chemie- als auch im Biologie-Departement Mitglied. Das ist es, wo die Action passiert.* **Integration ist das neue Stichwort.** *Das heißt, wir untersuchen nun die schwierigen Probleme an den Frontlinien der verschiedenen Wissenschaften, die vor allem aus bürokratischen Gründen unterschieden wurden. Denn ,schöne' Probleme treten oft dort auf, wo eine Wissenschaft endet und die andere beginnt. Und das beeinflusst auch die Handlungsweise unserer Dekane und Bürokraten. Zum Beispiel wird neben unserem Physik-Gebäude gerade ein neues Gebäude errichtet. Es heißt: ,Labor für integrierte Wissenschaften und Technik'.*" [13] Naheliegend ist hier die Frage, ob bei aller Integration nicht dennoch die Spaltung der Wissenschaft in die zwei getrennten Welten – des Erklärens und Verstehens – bestehen bleiben wird. Gerald Holton jedenfalls kann ihr, von einem historischen Standpunkt aus, durchaus etwas Positives abgewinnen:

---

[12] R. Carnap: „*Der logische Aufbau der Welt.*", Berlin 1928, zitiert in: „*Die Vision von der Einheitswissenschaft*", Transkription eines Beitrags in: *ORF Dimensionen – Die Welt der Wissenschaft, 2008,* von: R. Czepel.

[13] G. Holton, in: „*Die Vision von der Einheitswissenschaft*", Transkription eines Beitrags in: *ORF Dimensionen – Die Welt der Wissenschaft, 2008,* von: R. Czepel. (gilt auch für das nächste Zitat in Folge).

„Aus meiner Sicht – und ich habe darüber auch von Zeit zu Zeit geschrieben – gibt es für jedes Thema, für jede thematische Idee eine anti-thematische Idee. Das ist bereits in unserer Sprache angelegt. In der Physik sprechen wir beispielsweise über Teilchen und Anti-Teilchen. Freud schrieb über Eros und Thanatos. In unserem Kreis gibt es Bifurkation (Verästelung, Verzweigung; KP.) *der Ideen. Das gilt auch für philosophische Konzepte. So finden Sie in jeder historischen Periode eine Bewegung in Richtung einer dieser Themata und eine dazu antagonistische, die sich in die entgegengesetzte Richtung bewegt. Das ist tatsächlich notwendig für den Fortschritt. Wie der dänische Physiker, Hans Christian Oersted, einmal sagte: ,Der Fortschritt braucht zwei Beine. Als erstes geht das eine vorwärts, dann das andere.' Sie helfen einander nur. Auch wenn es manchmal anders aussehen mag. Sie definieren einander sogar. Man kann das Konzept des Verstehens nicht begreifen, wenn man nicht auch sein Gegenteil, das Konzept des Erklärens, kennt. Daher ist es notwendig, dass wir es mit thematischen Gegensätzen zu tun haben, in der Philosophie wie in der Wissenschaft."* Die moderne Quantenphysik und neuere Untersuchungen und Überlegungen über die zeitliche Entwicklung von sogenannten „offenen Systemen" haben die Kluft zwischen Physik und Biologie, zwischen Materiellem und Lebendigem mittlerweile gewaltig verringert. Es waren Visionäre wie etwa der Nobelpreisträger für Chemie des Jahres 1977, Ilja Prigogine [14], der mit seinen Forschungen und intuitiven Ideen, Schritt um Schritt neue An- und Umstöße ins Denken brachte sowie eine erfrischende wissenschaftliche Weite und Offenheit.

Materie und die Spielregeln der Evolution – *Selbstorganisation*?!

Für den Bereich lebendiger Organismen gibt es heute im Wesentlichen zwei unterschiedliche, ganzheitlich-wissenschaftliche Ansätze. Den einen, welcher einen sogenannten „Typus", als Struktur-schaffendes Prinzip hinter den Strukturen, beschreibt, den anderen, der sich mit dem möglichen Aspekt von Feldern, als etwas den Formprozess Bewirkendes befasst. Es ist ein vereinigendes Ordnungsprinzip der beobachtbaren Phänomene, welches Forscher wie Rupert Sheldrake – er postuliert die Existenz sogenannter *morphogenetischer Felder* und *morphogenetische Resonanz* als ihr Wirkungsprinzip [15] – interessiert. Rupert Sheldrake stuft diese *Informations-*

---

[14] Prigogine gelang es als Erstem die Thermodynamik auf *„Systeme fern vom energetischen Gleichgewicht"* (z.B.: auch lebendige Organismen) anzuwenden. Im Durchfluss von Energie, der ein System vom energetischen Gleichgewicht fernhält, herrschen Bedingungen, die Ordnung und stabile Strukturen entstehen lassen können, sogenannte „Dissipative Strukturen". Am Beispiel chemischer Uhren, in denen sich Moleküle kohärent verhalten, sowie anderen geordneten und ordnenden chemischen Systemen, die in verschiedenen Ausprägungen charakteristisch für die chemische Ebene von Organismen sind, konnte Prigogine die Entstehung höherer Ordnungsniveaus aus einfachen, chaotischen Grundzuständen mathematisch beschreiben. Für diese Arbeit erhielt Prigogine 1977 den Nobelpreis für Chemie.

[15] R. Sheldrake: *„Das Gedächtnis der Natur – Das Geheimnis der Entstehung der Formen in der Natur."*, Bern 1992, S. 132ff.

Felder als dem Organismus immanent ein: „*Sie evolvieren im Bereich der Natur und unterliegen dem Einfluss dessen, was früher geschah.*" [16] Allein: Derartige Felder anderer – nichtbiologischer – Provenienz gäbe es dann natürlich auch im Bereich aller anderen Strukturen – wie den Gehirnstrukturen des Menschen oder auch den Planetensystemen – ebenso ausgestattet mit *Resonanzen morphogenetischer Art*. Auch Friedrich Cramer, Biochemiker, experimenteller Mediziner und emeritierter Direktor im Max-Planck-Institut in Göttingen, vertritt mit seiner „Evolutionsfeldtheorie" bezüglich des sogenannten „selbstorganisierenden Chaos" [17] ein interessantes – so wie er es darstellt, über rein materialistische Auffassungen hinausweisendes – Konzept. Die im Folgenden angeführten Überlegungen entstammen seinem Buch „*Chaos und Ordnung.*" Der Biochemiker Cramer gelangt auf Grundlage seiner Forschungen zur Auffassung, dass Formbildung „*... weder allein strukturell noch allein mathematisch erklärbar sein*" wird. Wir stoßen dann „*... allerdings an eine Grenze beim Begriff ‚Selbstorganisation‘, der naturwissenschaftlich nicht mehr erklärbar ist, sondern einer neuen axiomatischen Begründung bedarf.*" [18] Der Begriff „Selbstorganisation" ist für Cramer „*... eine stark verkürzte Ausdrucksweise für eine Grundeigenschaft von Materie: Selbstorganisation (Formenbildung) im Evolutionsfeld.*" Selbstorganisation wäre dabei nicht „*... ein bloßes Akzidens* (eine zufällige und unwesentliche Eigenschaft; KP.) *von Materie, sondern eine unabtrennbare Eigenschaft und ein Attribut der materiellen Substanz.*" Er betont, dass „*... Selbstorganisation das Schöpfungspotenzial der evolvierenden Materie* (ist), *und das gilt für die gesamte Materie.*" Und er betont weiters, was wir schon kennen: „*Nie war der Materiebegriff so reduziert und ausgehöhlt wie heutzutage in unserer Alltagsvorstellung.*" [19] Cramer weiter: „*Diejenige Materie, die ich in diesem Buch behandelt habe, nämlich die belebte, ist grundsätzlich weit entfernt vom Gleichgewicht* (gemeint ist hier das energetische Gleichgewicht – der sogenannte entropische Ausgleich aller Kräfte; KP.). *Wir können auch einfach ‚lebende Materie‘ sagen und meinen damit, dass Materie weit vom Gleichgewicht substanziell lebend ist. Das ist keine Tautologie; denn es ist eine physikalische Eigenschaft, lebend zu sein.*" [20] Nun ja, auch für derartige Äußerungen

---

[16] „*Der Gedanke, dass morphogenetische Felder ein Gedächtnis beinhalten, ist der Ausgangspunkt für die Hypothese der Formbildungsursachen. Ich stelle diese Hypothese auf, weil ich denke, dass sie uns zu einem wirklich evolutionären Verständnis des Lebendigen hinführen kann. Die bislang einzige Alternative – ich meine die Kombination von Platonismus und Materialismus zu einer mechanistischen Sicht der Dinge – wird dies wohl nie leisten können, denn sie wurzelt in einer vorevolutionären Vorstellung vom Universum, die nun auch von der Physik allmählich aufgegeben wird.*" R. Sheldrake: „*Das Gedächtnis der Natur.*", Bern 1992, S.142.

[17] Unter „selbstorganisierendem Chaos", oder kurz ‚Selbstorganisation‘, verstehen viele Chaosforscher eine aus den materiellen Strukturen wie „zufällig" sich entwickelnde Ordnung.

[18] F. Cramer: „*Chaos und Ordnung – Die komplexe Struktur des Lebendigen*", Stuttgart 1989, S. 230f Siehe auch Kapitel 16: Materie und Bewusstsein, Anmerkung 42, 47.

[19] F. Cramer: „*Chaos und Ordnung – Die komplexe Struktur des Lebendigen.*", Stuttgart 1989, S. 231, S.235.

[20] Ebenda: S. 235.

braucht es Bereitschaft zur Offenheit. Nicht jeder heutige Wissenschaftler wird an dieser Stelle der Argumentation dieses Forschers folgen wollen. Aber gerade darin liegt ja auch das Spannende. In einem suchenden Menschen paaren sich die gegensätzlichsten Ideen und befruchten sich gegenseitig. Dabei tritt eben die phänomenologische Grundsätzlichkeit jeglicher Entwicklung zutage. Der Biologe und Forscher Univ.-Prof. Wolfgang Schad formulierte eine diesbezügliche Grundthese einmal so: *„Immer wenn die Interpretation in der Gefahr steht zum Dogma zu werden, braucht es eine gerade gegenteilige Betrachtung. Die Wissenschaftsgeschichte gibt zahllose Beispiele für diese komplementären Tendenzen und Entwicklungen. Es herrscht hier eine Art von wissenschaftlicher Ko-Evolution ergänzender komplementärer Interpretationen.“* [21, 22] Friedrich Cramer schließt die Auseinandersetzung zu den Fragestellungen bezüglich Selbstorganisation im Kapitel *„Urknall – Idee oder Materie?“* in seinem Buch *„Chaos und Ordnung“* wie folgt: *„Es gibt keine Physik ohne metaphysische Grundlegung, aber es ist ungeheuer wichtig, die Nahtstelle zwischen beiden genau zu bezeichnen, um eine Begriffsverwirrung zu vermeiden. In der Evolutionstheorie ist der Begriff ‚Selbstorganisation' diese Nahtstelle zwischen Theorie und Meta-Theorie. Die Untersuchung ergibt dann, dass der vielfach noch gängige naturwissenschaftliche Materiebegriff ‚geopfert' werden muss. Und warum eigentlich nicht? In der Kernphysik ist er längst geopfert worden, nur sind die Dinge dort so abstrakt, dass sie nicht ins allgemeine Bewusstsein vordringen. Die Evolution könnte also in Gottes Willen liegen. Sie könnte Gottes Schöpfung sein. ... Wenn Gott die ‚Materie und die Spielregeln' geschaffen hat, warum soll nicht die Evolution in seinem Willen liegen können und sich vollkommen mit einer vernünftigen Evolutionstheorie vertragen? Die Sinnfrage bleibt aber in naturwissenschaftlichen Fragen und Erklärungen durch Voraussetzung ausgeschlossen.“* [23]

Gut, für die Betrachtung heutiger Naturwissenschaft bleibt sie per Voraussetzung ausgeschlossen, aber bei Cramer, als Mensch, besteht sie. Liest man sein Buch genau, so finden sich – gar nicht so versteckt – viele Hinweise auf sein Bedürfnis, Sinn-Fragen oder Teleologieaspekte aufzuwerfen. [24] Und mit einem gewissen Maß an Selbstironie zitiert Cramer John Scott Haldane, einen *„durchaus materialistisch"* denkenden Biologen – wie Cramer selbst bemerkt – und dessen wissenschaftssoziologisch pointierte Sichtweise in

---

[21] W. Schad / P. Sitte: *„Evolution in der Sicht der modernen Biologie.“*, Transkription aus: *Dialoge*, Wien, 2. März 2001.

[22] *„In einem dynamischen System wirken zwei gegensätzliche Prinzipien aufeinander und führen zu einer dynamischen Ordnungsbildung: zwischen Aufbau und Zerfall entsteht Ordnung.“* F. Cramer: *„Chaos und Ordnung – Die komplexe Struktur des Lebendigen.“*, Stuttgart 1989, S. 225.

[23] Ebenda, S. 240.

[24] Z.B.: *„Der Aufbau des Organismus wird nach einem Programm organisiert. Wer aber organisiert das Programm?“*. *„Ohne die Einsteinsche Frage nach dem Wozu? ausführlich zu diskutieren, müssen wir aber doch fragen: Inwiefern gibt es das Phänomen der Selbstorganisation? Wann und auf welches Substrat wirkt sie? ... Jedenfalls kann der Geist nicht aus Materie als Überbau entstanden sein. Eher ist es umgekehrt.“* F. Cramer: *„Chaos und Ordnung – Die komplexe Struktur des Lebendigen.“*, Stuttgart 1989, S. 227, S. 228, S. 229.

folgendem Bild: „*Die Teleologie ist für den Biologen wie eine Mätresse: Er kann nicht ohne sie leben, aber er will nicht mit ihr in der Öffentlichkeit gesehen werden.*" [25]

5. Feld (*Psi-Feld*): In-*forma*-tion – Seinsgrund eines evolvierenden Universums

Bereits 15-jährig als international renommierter Nachwuchspianist bekannt, später dann als Wissenschaftsphilosoph sowie Begründer des *Club of Budapest* – Univ.-Prof. Ervin Laszlo – geehrt unter anderem mit der höchsten zu vergebenden Auszeichnung der Sorbonne, der Pariser Universität: der Verleihung des Doktortitels honoris causa in Philosophie and Wissenschaften – sowie Gastprofessor verschiedenster Universitäten, fungierte ebenfalls viele Jahre als Berater des *Club of Rom*. Als Laszlos international vielbeachtete Pionierarbeit und Ergebnis seiner über 40-jährigen Forschungsarbeit muss die Konzeption der Theorie eines kosmischen Informations-Feldes gewertet werden („Psi-Feld" – nach jenem griechischen Buchstaben und Symbol benannt, welches der Physiker Erwin Schrödinger der Wellenfunktion gab, die den Zustand von Quanten definiert.). Dafür wurde Laszlo größte internationale Aufmerksamkeit zuteil. Laszlo: „*Unsere Erforschung der fabulös anmutenden Welten von Quantenphysik, postdarwinistischer Biologie, aktueller Bewusstseinsforschung und neuer Kosmologie, hat uns einige faszinierende Erkenntnisse geliefert. Wir haben eine Reihe bedeutsamer Anhaltspunkte für die Existenz eines verbindenden Urfeldes* (In-*forma*-tions-Feld; KP.) *in der Natur gefunden. Das Vorhandensein eines solchen Feldes ist die logischste Erklärung für die seltsame ‚Verschränkung' von Quanten, den kleinsten identifizierbaren Einheiten von Materie-Energie im Universum, für die ebenso rätselhafte, nahezu unmittelbare Kohärenz von Organismen, für die scheinbar esoterischen transpersonalen Verbindungen, die in den Randbereichen der Bewusstseinsforschung zutage treten, und für die verblüffende Kohärenz des Kosmos als eines Ganzen.*" [26]

Wissenschaftlich besehen, scheinen alle Entstehungsprozesse – im Großen wie im Kleinen – in signifikant entsprechender Weise systemisch offenen Wegen zu folgen. Rückkopplungen sind es, die auf jeder Ebene des Seins die Entwicklungen des Geschehens bestimmen – in kosmischen Dimensionen und in biographischen Entwicklungsabläufen. Was letztlich ja nicht wirklich verwundern kann, da es sich ja auf allen Ebenen um ein-und-dasselbe Universum handelt: „*Schließlich ist unser Universum nicht zufällig und planlos, sondern entwickelt sich gemäß kohärenter Gesetze und Konstanten. Diese Evolution ist sowohl in sich schlüssig als auch unumkehrbar. Ihre Prozesse bewegen sich auf eine definitive Art eines endgültigen Zustandes zu, aber sie legen nicht bereits von vornherein einen ganz bestimmten Zustand als das einzig mögliche Endergebnis fest. ...*

---

[25] R. Spaemann / R. Löw: „*Die Frage Wozu? Geschichte und Wiederentdeckung des teleologischen Denkens*", München 1981; zitiert in: F. Cramer: „*Chaos und Ordnung – Die komplexe Struktur des Lebendigen.*", Stuttgart 1989, S. 221.

[26] E. Laszlo: „*HOLOS – die Welt der neuen Wissenschaften.*", Petersberg 2002, S. 91.

Vertreter der Chaos- und dynamischen Systemtheorien bilden den Prozess nach. Hierbei wird durch in sich selbst unbestimmte Prozesse mit ‚chaotischen Attraktoren' ein bestimmter, einmaliger Endzustand in einem sich entwickelnden System erreicht. ... Im Hinblick auf Freiheit sind chaotische Attraktoren sehr tolerant. Sie lassen zu, dass das von ihnen gesteuerte System seinen eigenen evolutionären Weg wählt. Das bedeutet, dass der endgültige Zustand, den das System erreicht, bei jedem Durchlauf anders ist, und zwar auch dann, wenn es sich aus identischen Ursprungsbedingungen heraus entwickelt hat und von den selben Attraktoren gesteuert wird. ... Das sich ergebende Ziel wird durch das Spiel selbst geschaffen." [27] „*Eine Region des Raumes kann frei von Materie sein, aber sie ist niemals frei von Energie – von Energie tragenden Feldern, um genauer zu sein. Materiefreier Raum ist mit einer Vielfalt komplexer Feldern gefüllt. Dies sind Felder im Quantenvakuum, dem Energiemeer, das sich durch den gesamten kosmischen Raum erstreckt. Die Energien des Vakuums selbst sind nicht beobachtbar (obwohl sie Auswirkungen haben, die beobachtet werden können), und aus diesem Grund bezeichnet man sie als ‚virtuell'. ... Wie schon erwähnt, betrachtet die neue Physik das Vakuum als ein universelles Medium, als die Quelle aller Felder und Kräfte der Natur. Die virtuellen Vakuumenergien fluktuieren um ihren Nullpunkt-Basiswert und sind selbst am absoluten Nullpunkt der Temperatur noch aktiv.*" [28] Das Quantenvakuum scheint jegliche Form der In-*forma*-tion (Naturgesetze) in Form von Interferenzmustern zu bewahren. Alle anderen vier heute schon nachgewiesenen physikalisch wirksamen Felder – Gravitationsfeld, Elektromagnetisches Feld sowie die Felder der schwachen und starken Kernkraft – existieren im Medium des Quantenvakuums und nutzen allesamt dessen Eigenschaften. Während der sogenannte „Vektorwellenanteil" des Vakuums Kraftwirksamkeiten übertragen kann (z.B.: elektromagnetische Wellen; KP.), kann sein wissenschaftlich postulierter „Skalarwellenanteil" als Informationsträger fungieren, Träger eines „Wellen-Informationsgeschehens", das offensichtlich, entsprechend den Bedingungen und Eigenschaften nahe dem absoluten Temperatur-Nullpunkt – ähnlich widerstandslos wie Supraleitung und ebenso wenig wie diese, mit konventionellen Mitteln zu erfassen – funktioniert. So könnte es sein, dass die „Wellen" im Psi-Feld keine Kraft, sondern *lediglich* Information übertragen und speichern. Was bedeutet, dass sie sich mit heutigen Methoden (noch) nicht nachweisen lassen. Was man aber *bereits heute* über Skalarwellen weiß, ist, dass sie sich gegenseitig überlagern, statt sich gegenseitig zu durchdringen. Laszlo: „*Folglich produzieren Interferenzmuster, die durch Skalarwellen erzeugt wurden, sogenannte ‚Schrödinger-Hologramme', die Phaseninformationen speichern. Solche Informationen finden sich in verteilter Form an allen Punkten innerhalb des Bereichs der Wellenfronten. Dies erklärt wiederum, warum innerhalb eines bestimmten – vorstellbar: unermesslich großen – Bereichs eine quasi sofortige Korrelation zwischen den Teilchen stattfindet.*" [29]

---

[27] Ebenda, S. 129ff; Siehe auch Kapitel 6: Chaos und Strukturen der Ordnung, Anmerkung 3, 4.

[28] Ebenda, S. 93, S. 99f. Siehe auch Kapitel 14: Intuition, Anmerkung 74.

[29] Ebenda, S. 101.

Gleichwohl spannend wie auch wertvolles Verdienst von Laszlos Überlegungen: Einzelstücke spezialisierten Fachwissens in einem ersten, starken Wurf zu einem wissenschaftlich kohärenten Bild zusammengesetzt zu haben.

Gant entsprechend beschreibt es der *Grand Old Men of Vienna Physics* Universitätsprofessor Walter Thirring, in den Entstehungszeiten des CERN Direktor des *Theoretical Departments of Physics* am CERN sowie Professor für Theoretische Physik der Uni-Wien, in seinem neu erschienenen Buch *„Baupläne der Schöpfung – Hat die Welt einen Architekten?"*: *„Im Falle des Äthers ist es anders gekommen: Zunächst strich man seinen Namen aus den Physikbüchern, dann erkannte man, dass die Diskussion auf falschen Grundvorstellungen beruhte. Das Bild, dass die Materie aus ‚herumschwirrenden Atomen' besteht und sich zwischen ihnen nur Zwischenraum, d.h. nichts befindet, ist ontologisch falsch – das Wesen der Dinge ist anders. Laut Quantenfeldtheorie ist der gesamte Raum homogen erfüllt mit Quantenfeldern, die keinen materiellen Ursprung haben. Matereie ist nur eine lokale Anregung der Felder. Diese besitzen die Eigenschaften des Äthers und noch viele weitere, noch erstaunlichere. Sie erfüllen den ganzen Kosmos gleichmäßig. ... Außerdem ist auch im kleinsten Stück des Feldes der Bauplan des gesamten Universums gespeichert. Wo immer man im Kosmos genügend Energie zur Verfügung hat, kann man die gesamte Palette der Elementarteilchen aus dem Feld herauszaubern. In anderer Form und von falschen Vorstellungen gereinigt, existiert der Äther also sehr wohl, ja, er enthält sogar alles."* [30]

Bewusstsein – ein Feld-Phänomen ...?

Zum Abschluss dieses Kapitels sei die bereits zu Beginn unserer Ausführungen kurz angeschnittene Frage nun nochmals gestellt: *„Ist es möglich, dass sich auch (unser) Bewusstsein als physikalisches „Feld-Phänomen" begreifen lässt?"* Vieles, nicht zuletzt aber die Einsichten aus der Quantenphysik, wie wir sehen, deutet darauf hin: Das in diesem Zusammenhang beschriebene Quanten-Phänomen der „Nicht-Lokalität" [31] lässt wenig andere Möglichkeiten zu. Lediglich vielleicht die Deutung, dass alles, was *ist*, ausschließlich *in* unserem eigenen Bewusstsein stattfindet. Doch dazu ausführlich später in einem der letzten Kapitel dieses Buches. [32] In diesem Fall jedoch eröffnet sich natürlich – schlicht gesagt – ein *„sehr-viel-weiteres"*, zukünftiges Arbeitsfeld; ein zu bestellender Acker – sowohl für die Forschung, als auch für menschliche Kulturentwicklung.

Gespräche mit Wissenschaftlern sowie seine eigenen Überlegungen drängten Ervin Laszlo jedenfalls letztlich zur Auffassung einer eindeutigen Kongruenz – einer Übereinstimmung – der beiden Begriffsinhalte von „Information" und „Bewusstsein".

---

[30] W. Thirring / J. Huber: *„Baupläne der Schöpfung – Hat die Welt einen Architekten?"*, Wien 2011, S. 93. Siehe auch Kapitel 14: Intuition, Anmerkung 75.

[31] Siehe auch Kapitel 1: Zeit, Anmerkung 23, 24, 25; Siehe auch Kapitel 14: Intuition, Anmerkung 20.

[32] Siehe auch Kapitel 19: Leben – ein Diskurs, Anmerkung 11, 13.

Laszlo, mit einer anschaulichen Überlegung: „*Die Evolution des Bewusstseins nährt sich aus sich selbst heraus. ... Da das Spezies-Hologramm der Menschheit durch das ,Einlesen' der Hologramme lebender Menschen fortwährend erweitert wird, nimmt sein Reichtum an Information immer mehr zu. Menschen, die diese Information nicht unterdrücken, finden sich in einem wachsenden natürlichen ,Internet' wieder, das sie miteinander, mit der Umgebung und mit ihrer individuellen und kollektiven Geschichte verbindet. ... Unser Leben ist ein Tanz mit diesem Feld, mit der bleibenden Erinnerung der Natur.*" [33] Entsprechendes gelte selbstverständlich für jegliche Form des (materiellen) Daseins und auf allen Skalen des kosmischen Evolutionsgeschehens. Von diesem Gesichtspunkt betrachtet, ergäbe sich sogar jene Möglichkeit als real, dass die *eigene Lebens-Information*, welche jeder von uns in ein derartiges „In-*forma*-tions-Feld" einschreibt / einliest, sehr wohl als eine Art Hologramm weiter existent ist, selbst wenn sich unser individuelles Dasein auf der physischen Lebensebene – im Tod – als beendet erweist. Wissenschaftlich fundierte Bewusstseins-Forschungen stehen an und werden ansatzweise ja auch bereits durchgeführt ... („Unsterblichkeit" könnte somit irgendwann durchaus auch den Vorteil – und Nimbus – für sich in Anspruch nehmen können, nicht-mehr-und-nicht-weniger zu sein als das schlichte Ergebnis wissenschaftlicher Erkenntnis.)

Wenn es stimmt, was der innovative Automobilentwickler Henry Ford einst pragmatisch so formulierte: „*Ob Du glaubst, Du kannst es, oder ob Du glaubst, Du kannst es nicht – Du hast Recht!*" – dann werden wir auf diese Weise vielleicht einmal als gesamte Menschheit imstande sein, dasjenige im Leben auch – *absichtsvoll* – zu ernten, was wir – *voll bewusst und liebevoll* – säen. Das heute weitverbreitete Gefühl eines wie auch immer gearteten Opfer-Bewusstseins hat dann allerdings keine Zukunft mehr. Wir würden dann *das* (er)leben, was zu uns gehört – was auf uns „hört" – weil wir es, aus welchen Gründen auch immer, bewusstseinsmäßig vorher säten, um es zu erleben. Ganz entsprechend wie unsereins heutzutage ja auch vorher weiß, wen er oder sie an die *Strippe* bekommen wird, beim bewusst gewählten Anrufen einer Telefonnummer. [34]

Der studierte Philosoph und Physiker sowie vielleicht angesehenste Quantenphysiker des späten 20. Jahrhunderts, Prof. Dr.Dr. John Stewart Bell, leitender Mitarbeiter am CERN und Autor der nach ihm benannten „Bellschen Ungleichung" (mit einstmals dramatischen Konsequenzen für die Quantenphysik), bezieht sich in den folgenden Äußerungen während eines Interviews, wenige Monate vor seinem Tod, auf verschiedene Arten von Fernwirkungen in diesem Universum – wie etwa auch die sogenannte „Nicht-Lokalität". Davon ausgehend beschreibt er Idee und Begriffsbildung von Feldern sowie Aspekte des Bewusstseins. Abschließend aber auch, wie er selbst als Forscher Motive seines Handelns für sich zu finden trachtet – und dann entscheidet. Damit wird an dieser Stelle absichtsvoll bereits ein kurzer Vorgriff auf spätere Kapitel gesetzt. John S. Bell:

---

[33] Laszlo: „*HOLOS – die Welt der neuen Wissenschaften.*", Petersberg 2002, S. 148, S. 145ff.
[34] Siehe auch Kapitel 21: Kreative Feldaspekte des Bewusstseins, Anmerkung 12, 13, 15.

„Ich sagte: ‚eine bestimmte Art von Nicht-Lokalität'. Und das beunruhigt manche Leute. Viele finden diese Lage irgendwie schwer verdaulich. Ich will versuchen, Gründe dafür zu nennen, die ich in drei Richtungen suche. Erstens gibt es da unter Physikern die ganz allgemeine Vorstellung, dass Fernwirkung in der Physik kein reputierlicher Begriff für ehrbare Erklärung ist. Das ist eine sehr alte Vorstellung. ... Isaak Newton wurde berühmt wegen seiner Gravitationstheorie. Das war eine Fernwirkungstheorie. Tatsächlich haben seinerzeit manche seiner Kritiker diese Theorie als ‚okkult' verworfen. ... Wer damals den Gedanken der Fernwirkung in Umlauf bringen wollte, konnte also recht in Bedrängnis kommen." [35] Bell weiter zu Aspekten des Bewusstseins und des Welterlebens: *„Diese Art der Argumentation trifft aber nicht das eigentliche Problem. Diskussionen dieser Art liegt meines Erachtens eine stillschweigende Zweiteilung der Welt zugrunde. ... Wenn ich aber nicht daran glaube, dass die Welt in zwei Teile geteilt ist, dann muss ich eine Theorie erarbeiten, die beide Seiten integriert: das, was auf der einen Seite passiert, und das, was auf der anderen Seite geschieht."* [36] ***„Nichts außerhalb des eigenen Schädels verlangt von sich aus, daran zu glauben. Sie könnten gar nicht da sein.*** *Es könnte sein, dass außerhalb meines Schädels gar nichts da ist. Das liegt durchaus im Bereich der Möglichkeiten. Und es kann nicht widerlegt werden. Sollten wir also fortfahren wollen, ein ernsthaftes Gespräch zu führen, dann müssen wir hinnehmen, dass es darin nicht darum gehen kann, was logisch widerlegbar ist und was nicht, sondern* ***darum, was einleuchtend, interessant und brauchbar ist.*** *... Einverstanden, sagen wir besser: ‚außerhalb meines Geistes stattfindet'. ... Wenn wir uns also dennoch für etwas interessieren, was außerhalb unseres Geistes stattfindet, dann haben wir es nicht mehr mit Beweisproblemen zu tun, sondern mit der Suche nach Begriffen, die uns helfen, unser Leben und unsere Erfahrungen in eine Ordnung zu bringen. ... Die Begriffswelt, die uns zur Verfügung steht, ist, denke ich, in gewisser Hinsicht doch reichlich naiv."* [37]

Die Idee, dass dieses gesamte Universum möglicherweise primär lediglich „innerhalb-meines-Geistes" existiert, und mein Erleben dieser Welt somit aus lediglich *einer Ganzheit* – mir selbst, meinem Geist – stammt, ist ganz so irrational möglicherweise doch nicht, wie dies auf den ersten Blick vielleicht erscheint. Stellenwert, Bedeutung und Pseudowichtigkeit von Glaubenskriegen, Fremdverurteilungen etc., würden dann als Teil dieses Geistes begreifbar werden, den zu wandeln, die einzig heilsame Methode darstellen würde, um selbst etwas *anderes* zu erleben; nicht, weil man selbst lieber ein „besserer" Mensch sein möchte, sondern einzig und allein, weil die Idee und egoistische Illusion, mit projizierenden Außenbezichtigungen irgendeine wie auch immer geartete positive Veränderung erzielen zu können, als unsinnig enttarnt und erkannt wäre. Vor allem aber

---

[35] J. S. Bell: „Raffiniert ist Gott, aber boshaft ist Er nicht." (Einstein) – Wirklich nicht?", in: H. Thomas: „*Naturherrschaft – Wie Mensch und Welt sich in der Wissenschaft begegnen.*", Köln 1990, S. 289f Siehe selbes Kapitel, Anmerkung 3.

[36] J. S. Bell: „Raffiniert ist Gott, aber boshaft ist Er nicht." (Einstein) – Wirklich nicht?" in: H. Thomas: „*Naturherrschaft – Wie Mensch und Welt sich in der Wissenschaft begegnen.*", Köln 1990, S. 304.

[37] Ebenda, S. S. 310f, S. 325.

ergäbe unser ständiges, gewohnheitsmäßiges „Projizieren-von-Verantwortung" unseres eigenen Erlebens dieser Welt auf „die anderen" – verurteilend, Schuld zuweisend, bewertend und unfriedlich – dann auch keinerlei *rational-begründbaren* Sinn mehr. Und, beweisbar?!! – Mit Sicherheit *nicht* das Um und Auf in diesem Bewusstseins-Zusammenhang! ... Wo es ja schon einfach reichen würde, diese Haltung ganz allgemein bereits als hochgradig unheilsam, lieblos und zerstörerisch für das eigene Leben und seine psychische und auch sonstige Gesundheit zu erkennen. Sie, lieber Leser, werden im Lauf dieses Buches einige wissenschaftliche Erkenntnisaspekte kennengelernt haben, um sich selbst ein Bild zu machen, was Sie diesbezüglich selbst glauben wollen.

Wie also könnte diese zu erarbeitende Theorie aussehen, die beide Seiten integriert: das, was auf der einen Seite passiert, und das, was auf der anderen Seite geschieht und die uns hilft „*... unser Leben und unsere Erfahrungen in eine Ordnung zu bringen.*" – wie es der Physiker John S. Bell ziemlich unspektakulär und pragmatisch ausdrückt ...?! Bell gibt in dem Zusammenhang den folgenden Hinweis: „*Womöglich muss man zwischen ‚Beweis' und ‚Wahrheit' unterscheiden. Ich glaube an viele Dinge, die ich nicht beweisen kann.*" [38]

Zum Aspekt der möglichen Existenz eines Informations-Feldes, beziehungsweise von etwas wie In-*forma*-tion im Universum, welche durch diese Art von Feld für die wissenschaftliche Betrachtungsweise ja lediglich repräsentiert wird – „Botschaft" nennt Bell es, die da ihr „kursierendes-Da-Sein" hat beziehungsweise vorherrscht – nochmals der Quantenphysiker Bell: **„*Innerhalb der ordentlichen Quantenmechanik lässt sich ‚beweisen', dass Botschaften nicht schneller als Licht vermittelt werden könnten.* *Nur müssen Sie dann natürlich definieren können, was eine Botschaft ist. Zu definieren, was eine Botschaft ist, die nicht von Person zu Person geht, ist sehr schwer. Ich tue mir jedenfalls schwer damit, mir beispielsweise eine Botschaft zwischen dieser Flasche und dem Glas vorzustellen. Welche Art von Interaktion zwischen beiden könnte man schon mit ‚Botschaft' bezeichnen? Wenn es also um die Übermittlung von Botschaften geht, müssen wir über Menschen sprechen. Wie kommen Menschen in der Quantenmechanik vor? Es gibt zwei Stellen in der Quantenmechanik, wo man eine Person ausmachen kann, die mit ihren Fingern ins System eingreift. Sie können externe Felder erlauben oder einführen. Das heißt: Felder, die keinem festgelegten Gesetz folgen, denen vielmehr Werte zugeordnet werden, die der theoretische Physiker ihnen gibt. ... Wenn ein theoretischer Physiker ein externes, gesetzfreies Feld einführt, entschuldigt er sich für gewöhnlich damit, dass dies eine einstweilige Sache sei. Nachher würden wir die Gesetze dieses Feldes schon noch herausfinden und es mit allem anderen in Beziehung setzen.*" [39]

Mittlerweile wurde überraschend, nicht zuletzt durch die Fortschritte in der Quanten-teleportations-Forschung, deutlich, dass Informations-Übertragung-im-Universum nicht

---

[38] Ebenda: S. 317.
[39] Ebenda: S. 321.

nur schneller als Licht zu sein scheint, sondern *im Moment* stattfindet – und das selbst zwischen weit voneinander entfernten Teilchen (Phänomen der *Nicht-Lokalität*). Bell beschreibt mögliche Konsequenzen dieses Phänomens: „*Wenn Sie annähmen, dass irgendetwas schneller als das Licht ist, dann sind Sie zu dem Schluss gezwungen, dass die Dinge schneller als die Zeit gehen und Sie damit die Vergangenheit ändern können. Das ist für mich schwer zu schlucken. Die gesamte Vorstellung ‚kausaler Struktur‘ wird damit dunkel. Das ist eine höchst unbehagliche Vorstellung, aber ich sehe nicht, dass ‚schneller als Licht‘ und ‚rückwärts in der Zeit‘ Verstöße gegen die Logik beinhalten. Allenfalls können Sie sagen, dass so etwas unserem tiefsten Instinkt widerstreitet und unsere tiefsten Gefühle über den Weltgang verletzt. Aber möglicherweise sind es nur die Grenzen unserer Erfahrung, die hier Hindernisse aufstellen. Schließlich verfügen wir über Erfahrungen eines Lebens bei relativ niedriger Temperatur und relativ niedrigen Geschwindigkeiten. Womöglich warten auf uns noch ganz andere Erfahrungen.*“. [40] Nun ja, da wird wiederum massiv an den Grundvorstellungen von Zeit als „in-eine-Richtung-ablaufendes-Phänomen" gerüttelt ...! Vielleicht ist aber in realiter ja lediglich etwas wie *Ewigkeit*, Kontinuität, ohne ein Vorher oder Nachher vorhanden. [41] Wir wissen das alles nicht – allerdings Derartiges nur deshalb für absurd zu erklären und auszuschließen, weil „nicht-sein-kann-was-nicht-sein-darf" – muss als wissenschaftlich wenig seriös gewertet werden. Und vielleicht ist da ja was dran; vielleicht warten wirklich „*... auf uns noch ganz andere Erfahrungen.*"

Abschließend hören wir, wie John S. Bell für sich formuliert, auf welche Weise der Forscher Bell – wohl aber auch der Mensch Bell – die entsprechenden Motive für sein Handeln findet, um persönliche Entscheidungen in seiner Ausrichtung zu treffen: „*Die Schwierigkeit in der Wissenschaft besteht aber nicht so sehr darin, unterschiedlichste, spekulative Möglichkeiten herauszufinden, als vielmehr darin:* **Gründe zu finden, warum man angesichts verschiedener Möglichkeiten das eine statt dem anderen wählt, tut**. *Das Spektrum ist zu vielfältig. ... Man braucht also ein begründetes Motiv, um ein bestimmtes Konzept zu verfolgen und sich an anderen gar nicht erst zu versuchen.*" [42] Es wäre von diesem Gesichtspunkt aus somit für jeden von uns individuell bedeutsam, erfühlen zu können, welches Motiv für ein derart neues Konzept – sich und die Welt zu begreifen sowie mit sich und der Welt umzugehen – wert wäre, individuell erprobt und gelebt zu werden. Da ist jeder Einzelne individuell aufgerufen, *seines* für sich zu formulieren. Für mich wär´s: (Er)leben zu wollen, was uns als Menschen in unserer Lebendigkeit und Entwicklung stärkt! Welches, so fragte ich mich irgendwann, könnte – nachhaltig betrachtet – dafür wohl ein stärkeres Motiv, einen wesentlicheren Grund abgeben angesichts verschiedener Möglichkeiten, das eine statt des anderen zu wählen, als: Wertschätzung seines eigenen menschlichen Schöpferseins und somit der „*Liebe zur*

---

[40] Ebenda: S. 323.

[41] Siehe auch Kapitel 1: Zeit, Anmerkung 22.

[42] J. S. Bell: „Raffiniert ist Gott, aber boshaft ist Er nicht." (Einstein) – Wirklich nicht?" in: H. Thomas: „*Naturherrschaft – Wie Mensch und Welt sich in der Wissenschaft begegnen.*", Köln 1990, S. 325.

eigenen Tat" – sowie ein daraus erwachsendes Begreifen und Verständnis des Anderen aus derselben Einsicht, getragen vom Mut zur Eigenverantwortlichkeit des Herzens. Ich weiß: Das klingt „hehr", ja. Doch, undogmatisch und frei gelebt, können nachhaltiges Glück, gelebte soziale Pluralität und ein vermehrtes Gefühl inneren und äußeren Friedens die Folgen sein. Vielleicht ist das Lebens-Konzept und die ihm immanente Erlebenskonsequenz von *„Wir ernten, was wir säen, ob wir wollen oder nicht"* in letzter Konsequenz ebenso unbeweisbar. Vielleicht ist aber *auch hierfür* der Schlüssel, dass man eben – wie Bell es sagt – „... *zwischen Beweis und Wahrheit unterscheiden"* lernen muss. Es könnte sein, dass die Wahrheit dieses Konzepts auf nichts anderem beruht und ruht, es sich durch nichts anderes beweist (so es das überhaupt braucht), als: dass es vom „rechten Motiv" erwählt wurde ... Und, in Zukunft: „... *sich an anderem gar nicht erst versuchen."* An ein derartiges Motiv – freudig und leicht – aber mit der Konsequenz eines liebenden Herzens zu glauben – im Sinne von: dieses Motiv wertschätzend *für sich* wählen zu wollen, es zu „lieben" – kann in unserem Bewusstsein und Universum Leben verwandeln. *„Was wir säen, werden wir ernten"*, dabei könnte es sich durchaus um *das* Grundprinzip aller Evolution in diesem Universum handeln – sollte *„morphogenetische Resonanz"* etwas mit In-*forma*-tions-Übertragung zu tun haben. Vieles erhärtet heute diese These. Irgendwie scheint mir dieses Konzept geeignet, *unser Leben und unsere Erfahrungen in eine Ordnung zu bringen.* Eine Ordnung, welche Mitgefühl, Eigenverantwortlichkeit, Freiheit, Begeisterung und Liebe atmet. Liebe – leider ein äußerst missbrauchtes Wort – hier steht es allerdings für nichts anderes als die gelebte Bereitschaft, einen Raum zu erschaffen, in dem Veränderung stattfinden darf – für sich selbst, für andere ... Man beginne sinnvollerweise und eigenverantwortlich zunächst mal – den *eigenen* Acker zu bestellen ... [43] Doch davon mehr, in den noch folgenden Kapiteln.

Es scheint für mich jedenfalls keine Frage: Die eigene Denkungsart, der eigene Umgang mit Leben sowie mit dem „Rest-der-Welt" verändert sich, sobald man beginnt, sich mehr und mehr mit der Betrachtung anzufreunden, jemand zu sein, der durch ein Energie-Feld, ein In-*forma*-tions-Feld mit *jedem und allem* – im Sinne einer Einheit – verbunden ist ...

Schlussbemerkung

In welcher Weise ist es also möglich, mehr über die Art herauszufinden, wie In-*forma*-tion in diesem Universum wirkt? Und: Wie kann man diese *Informations-Felder* in ihren Eigenheiten tiefgehender erforschen, um sie letztlich bewusster kennenzulernen? Solch eine Haltung wird notwendig sein. Denn nur so werden sie uns ihre Aktualität preisgeben und ihre Wirksamkeit und uns darin bestärken, *mit* ihnen – und *auf sie bauend* – als *mündige Menschen*, als kreative, verantwortliche Schöpfer umzugehen und sie auch sinnvoll für unsere Entwicklung nutzbar zu machen.

---

[43] Siehe auch Kapitel 6: Chaos und Strukturen der Ordnung, Anmerkung 26, 27ff.

Viele heutige Forscherpersönlichkeiten sind nicht nur überzeugt, dass solche Felder existieren. Wie sie, bin auch ich gewiss: In wenigen Jahrzehnten wird, durch die Erkenntnis ihrer Wirkungsart im Universum und deren Nutzbarmachung, ein völlig neues Verständnis von „In-*forma*-tion und Bewusstsein" unsere Menschheitskultur bestimmen. Die menschliche, mentale Potenzialität wird sich in ungeahnter Weise steigern und unsere Kultur – nicht nur, aber auch – im zwischenmenschlichen Bereich in markanter Art und Weise verändern. Bedeutender noch als es die Entdeckung der elektromagnetischen Felder im 19. Jahrhundert auf informations-technologischem Gebiet für unsere Kultur mit sich brachte. Man muss aber nun nicht „unbedingt" untätig auf diesen fernen Tag warten. Jeder von uns kann auf seine Weise bereits *heute* damit beginnen.

Du kannst Dir ebensogut sagen: *„Das ist der Anfang einer neuen Phase des Lebens."* Freie Geister sind wir alle. Wir dürfen es ruhig auch für möglich halten, glauben – um es zu erleben. Und daraus, beginnend auch zu handeln ...

Teil 5 In-*forma*-tion als bewusstes Sein

Evolution als Weg schöpferischer Bewusstheit

„Wenn ich das Bewusstsein von seinem Podest herunterhole, so gilt dieser Anschlag nicht dem menschlichen Geist. Es ist nur so, dass das, was den menschlichen Geist aufs Podest erhebt und dort auch halten sollte, eben nicht nur die biologischen Phänomene sind, die unter dem Begriff Bewusstsein zusammengefasst werden, sondern auch viele andere Phänomene, die wir beschreiben, benennen und wissenschaftlich verstehen müssen. ... Das Bewusstsein hat noch nicht den vollen Geschmack der Frucht vom Baum der Erkenntnis, aber das unschuldige Bewusstsein hat die Dinge in Gang gebracht, vor vielen, vielen Arten und vielen Millionen Jahren, noch bevor der Mensch sich einen Begriff von der eigenen Natur zu machen begann.“

António Damásio

Ich lebe mein Leben [1]

Ich lebe mein Leben in wachsenden Ringen,
die sich über die Dinge ziehn.
Ich werde den letzten vielleicht nicht vollbringen,
aber versuchen will ich ihn.

Ich kreise um Gott, um den uralten Turm,
und ich kreise jahrtausendelang;
und ich weiß noch nicht: bin ich ein Falke, ein Sturm
oder ein großer Gesang.

Rainer Maria Rilke

---

[1]   R. Rilke: „*Das Stundenbuch*“ (1905), Leipzig 1972, S. 11

Kapitel 19: Leben – ein Diskurs

Leben – physisch / physiologisch betrachtet

Was an dieser Stelle – wissenschaftlich besehen – zum Phänomen „Leben", meiner Einsicht nach, Entscheidendes gesagt werden kann, weist auf die *Einheit allen Lebens* hin und lässt sich vielleicht am treffendsten in einigen der folgenden Punkte charakterisieren:

Alles Leben – physisch betrachtet: „*Sternenstaub-Dasein*"! [1] Etwas, was mich selbst, seit ich es von dieser Dimension aus begreife und aktiv für mich zu fühlen begonnen habe, persönlich zutiefst bewegt und mit ungeteilter Verwunderung und Bewunderung berührt. Immer wieder, wenn ich mir diese wissenschaftliche Sicht bewusst mache, wird mir von Neuem klar, dass bislang kaum ein Mensch auf dieser Erde von dieser biophysikalischen Unglaublichkeit wirklich Notiz nehmen konnte, darüber wirklich Bescheid weiß. Aber: Welches Bild! – Welches Bild, um sich der gewaltigen Größe – und Großartigkeit – der Evolutions-Zusammenhänge bis hin zur Entfaltung des Lebens und zu uns Menschen, die wir über die Genialität dieses Kosmos reflektieren können, bewusst zu werden. Mich berührt so ein Bild in höchstem Maß: Sollte es möglich sein, dass wirklich nichts an mir existiert – an meinem Körper ist – nichts auf der ganzen Erde, nicht ein Atom! – das *nicht* einer alten, längst vergangenen Sonne (einem Stern) aus fernster Frühzeit entstammt?! Alles das: Durch den Seins-Prozess von Sternen gegangene und auf diese Weise erschaffene Substanz. Die In-*forma*-tion aller (schweren) Elemente – alle außer Wasserstoff – als physikalisch-materielle Basis und Notwendigkeit, um das Entstehen von Leben erst zu ermöglichen. Ein Geschehen, eine Entwicklung, welche der Biologe Friedrich Cramer, emeritierter Direktor des Max-Planck-Instituts für Experimentelle Medizin in Göttingen heute ganzheitlich besehen, wenn auch völlig ungerührt und nüchtern, als „zum Phänomen Leben" gehörig wertet, indem er sagt: „*Wir können auch einfach ‚lebende Materie' sagen, und meinen damit, dass Materie weit vom (energetischen) Gleichgewicht substanziell lebend ist. Das ist keine Tautologie; denn es ist eine physikalische Eigenschaft, lebend zu sein.*" [2] Nun, ich weiß, dass ich hier, im Detail betrachtet, nicht mit dieser Auffassung übereinstimmen will, da ich selbst *Leben* als „*über-das-Physikalische-hinausweisend*" erlebe. Und doch weist uns auch diese Auffassung darauf hin, wie sehr zeitgenössische Wissenschaft heute auch bereit ist, alles als die eine große Ganzheit zu begreifen. Als Ausdruck einer umfassenden und alles erfassenden In-*forma*-tion, die im Kosmos „waltet", wirkt.

Weiters wissen wir – wissenschaftlich fundiert – bereits seit über fünfzig Jahren, dass alle Formen von Leben auf der Erde ursprünglich aus offensichtlich einer einzigen Zelle

---

[1] Siehe auch Kapitel 15: „*Im Anfang war ...*", Anmerkung 11.
[2] F. Cramer: „*Chaos und Ordnung – Die komplexe Struktur des Lebendigen.*", Stuttgart 1989, S. 238
   Siehe auch Kapitel 18: In-*forma*-tion – und andere Felder ..., Anmerkung 20.

stammen.[3] Einer Zelle, deren Weiter- und Höherentwicklung jeden heutigen Menschen als irdisch-körperlichen Organismus ausmacht. Allerdings – biologisch betrachtet – gänzlich anders, als wir Menschen das als Einzelindividuen empfinden: eine kooperative Gemeinschaft von ungefähr 50 Billionen einzelliger Mitglieder – alle kommunikativ verbunden durch ein internes Informations-Netzwerk höchst effizienter Botenstoffe (Hormone) beziehungsweise auch auf Basis sogenannter Biophotonen-Strahlung (kohärentes Licht der Zellen für den DNA Zell-Stoffwechsel zwischen den Zellen) – die alle infolge zum Wohl des Gesamtorganismus kooperativ tätig sind.[4] Hierzu der Genetiker Murakami: *„Die meisten Menschen glauben, das Gehirn spiele die wichtigste Rolle, wenn es um die Steuerung von Handlungen geht. Tatsächlich aber sind es die Zellen und das Netzwerk, das die Zellen miteinander verbindet, die die ganze Arbeit leisten, und es sind die Gene, die die Zellen steuern. Die Gehirnfunktion hängt von den Informationen in den Gehirnzellen ab. ... Obwohl die Zellen die Anweisungen des Gehirns befolgen, sind sie zugleich auch unabhängige Einzelorganismen."*[5] Auch von diesem Aspekt betrachtet das Gleiche: Wir bilden mit allen Lebewesen eine einzige, große, verwandte Ganzheit: die Einheit irdischen Lebens. Und selbst wenn man heute vermuten will beziehungsweise zu wissen meint, dass es *„mit-Kometen-aus-dem-Kosmos"* auf die Erde kam[6], oder auch, neuesten Überlegungen entsprechend (2009), sich zeitgleich mit dem Planetensystem gebildet haben könnte. Es ist wohl genau diese Einheit allen Seins, welche es möglich

---

[3] Siehe auch Kapitel 10: Überzeugung und Gesundheit, Anmerkung 8.

[4] Zu Beginn des 20. Jahrhunderts wurde noch *gemutmaßt*, dass jede lebende Substanz Licht abgibt, später in der Mitte fanden sich zunehmend Messergebnisse, die das auch bewiesen. In den 1970er-Jahren wiesen mehrere Wissenschaftler erneut Photonenstrahlung aus biologischem Gewebe nach, unter anderem der deutsche Physiker Univ.-Prof. Fritz-Albert Popp, von der Universität Marburg. Dabei handelt es sich um geordnetes Licht, man spricht von *kohärentem Licht*. Dieses Licht eignet sich hervorragend Informationen zu übertragen. Es mehren sich die Hinweise, dass dieses laserartige Licht eine zentrale Steuerfunktion in jedem Organismus ausführt.
Siehe: www.healthcare-2000.info/front_content.php?idart=568; de.wikipedia.org/wiki/Biophoton.

[5] K. Murakami: *„Der göttliche Code des Lebens – Ein neues Verständnis der Genetik.",* Güllesheim 2008, S. 50.

[6] J. Kissel / F.R. Krueger: *„Organic Component in the Dust from Comet Halley.",* in: *Nature 326/6115,* 1987, S. 755ff *„Tatsächlich finden sich Grundsubstanzen des Lebens auch in Meteoriten und Kometen sowie im kosmischen Staub, der stetig auf die Erde nieder rieselt. ... Das Vorhandensein von Molekülen, die sich vielleicht auch noch selbst reproduzieren, bildet aber nur eine der notwendigen Bedingungen für Leben; denn Leben ist mehr: Seine Elemente sind Systeme, die sich nach den Prinzipien der Evolution selbst organisieren."* J. Kissel / F.R. Krueger: *„Urzeugung aus Kometenstaub.",* in: *Spektrum der Wissenschaft 5/2000,* S. 66
M.P. Bernstein et al.: *„UV Irradiation of Polycyclic Aromatic Hydrocarbons in Ices.",* in: *Science Bd. 283,* S. 1135-1138; 2/1999. *„Wenn das Wasser der Kometen aus interstellaren Wolken stammt, sollte dies auch für die komplexen organischen Moleküle gelten. Höchstwahrscheinlich entstammen die organischen Moleküle der meisten Kometen einer Kombination aus der interstellaren Gefriertruhe und dem protoplanetaren Brennofen. Diese Dualität zeigt sich zumindest beim kosmische Staub, dessen Körnchen teilweise tiefgekühlt die Jahrmilliarden überdauerten."* M.P. Bernstein: *„Kamen die Zutaten der Ursuppe aus dem All?",* in: *Spektrum der Wissenschaft 10/1999,* S. 32.

gemacht hat, dass – seit der „Geburtsstunde" des Universums vor etwa 14 Mrd. Jahren, im ominösen *Big-Bang*, so es diesen überhaupt jemals gegeben hat – sich so etwas extrem Unwahrscheinliches wie Leben letztlich daraus entwickeln konnte. Eine Chance, welche bis heute lebt, dank dessen, was wir heute als jeglichen derartigen Prozess intendierende sowie gestaltende In-*forma*-tion begreifen. Wer – welcher Theoretiker, der die in den Anfängen dieser Entstehungsgeschichte im Universum wirkenden und nachweislichen Gesetze gekannt hätte – wäre wohl bereit gewesen, auch nur einen Pfifferling zu setzen, dass so etwas Komplexes wie Leben eine Chance haben könnte, zu entstehen ...?! Der große Wissenschafts-Philosoph Sir Karl Popper meint: *„Keiner"*![7] – Nicht jedenfalls: „per Zufall" – also ohne die Annahme eines immanenten und somit dem Prozess innewohnenden Wirkens entsprechender In-*forma*-tion Richtung Leben. Ob wir derartige In-*forma*-tion und ihr Wirken nun als „Plan" bezeichnen mögen oder nicht und was auch immer die beiden Begriffe sprachlich unterscheiden könnte, ist vermutlich nicht das Wesentliche und sei jedem Leser selbst überlassen. Etwa vierzehn Milliarden Jahre später jedenfalls gibt es uns – auch physiologisch: Menschen, in ihrer gesamten Komplexität und als zur Selbsterkenntnis fähige, fühlende und kreative Wesen: „Hochentwickeltes Leben", eine Ganzheit, alles miteinander verwandt ...! Und dann ist da auch noch dieser unglaublich Ablauf an Ordnung, Erneuerung, und Entwicklung, welcher – gebaut auf und intendiert durch In-*forma*-tion – das Leben erhält, gestaltet, entwickelt. Ja, heute können wir exakt dieses Leben in und an uns beobachten und als selbstbewusstseins-begabte, kreative Wesen sogar konstatieren, dass wir dieses Leben gewissermaßen sogar selbst *sind*. Was unser Verstand da zur Analyse vorliegen hat, lässt uns ehrlicherweise doch wohl nur fassungslos staunen, ob dieser immanenten Entwicklungs-Kraft des Lebens, die alles, diesem „Roten-Faden-der-Entwicklung-Entgegenstehende" ausräumte und noch heute wandelt: *„Chemische Hochgeschwindigkeits-Reaktionen von mehreren hundert Milliarden Lebensimpulsen pro Tag, programmierte chemische Reaktionen von Synthese und Zerfall in unseren Zellen mit Lichtgeschwindigkeit. ... Einwirkung des Geistes auf die Gene. Wie bereits erwähnt, enthält jedes Gen riesige Mengen an Informationen, die Tausenden von Büchern entsprechen, genetische Informationen aus der Vergangenheit, einschließlich der Gene von Fischen und Reptilien."*[8] Es sind dies auch die Phasen der (menschlichen) Evolutionsentwicklung, die wir – jeder von uns – als Fötus, während der eigenen Embryonalentwicklung, selbst auch nochmals durchlebt haben.[9]

Alles jedenfalls hat seit Anbeginn *zugunsten* der Entstehung von Leben gespielt. So sieht es auch der Astrophysiker und Kosmologe Univ.-Prof. Heinz Oberhummer von der Technischen Uni in Wien, mit Blick auf die numerischen Feinabstimmungen und Koinzidenzen der Kräfte im Universum, um Leben zu ermöglichen. Und genau diese Koinzidenzen bezeichnet – unter mittlerweile vielen anderen – der international

---

[7] Siehe auch Kapitel 15: *„Im Anfang war ..."*, Anmerkung 1.

[8] K. Murakami: *„Der göttliche Code des Lebens – Ein neues Verständnis der Genetik."*, Güllesheim 2008, S. 38, S. 99f, S.102. Siehe auch Kapitel 17: Das Primat der Information, Anmerkung 14.

[9] Siehe auch Kapitel 10: Überzeugung und Gesundheit, Anmerkung 9.

renommierte Physiker als „*… viel zu ausgeklügelt, als dass sie noch mit* unserem Sinn für Natürlichkeit in Einklang gebracht werden können." [10] Die, wissenschaftlich besehen, zentrale Information, welche Welt und Leben quasi als Botschaft für uns bereithält, kann knapp so zusammengefasst werden: „Alles ist eins." Dieser Prozess umfasst uns alle. In-*forma*-tion lebt im gesamten Kosmos gleichermaßen, umfasst und durchdringt alles. Nichts, was sich dieser Domaine nur im Entferntesten entziehen könnte. Und: Keiner, der jemals – durch welche Handlung immer – daraus herausfallen könnte.

Nicht-Lokalität im Informations-Feld – ein neues Verständnis von *All-Wissenheit*

Gerade die Quantenphysik mit ihrer Einschätzung und Interpretation dessen, was sie als sogenannte „Nicht-Lokalität" (der Information) bezeichnet, verweist auf obige Sichtweise. Es handelt sich somit um eine „Quantenphysikalische Interpretationen von Welt und Leben": Zeitgenössische Spitzenphysiker formulieren es so: Entweder wir akzeptieren als Interpretation und Erkenntnis aus den quantenphysikalischen Phänomenen, dass In-*forma*-tion – auch Information bezüglich Veränderungen an Teilen dieses Kosmos – überall im Kosmos zeitgleich vorhanden ist, d.h.: momentan und ohne Zeitverzögerung an jeder anderen Stelle dieses Kosmos auch in ihren Wirkungen nachweisbar ist (*Nicht-Lokalität*), oder wir müssen noch radikalere Sichtweisen als Interpretation beziehungsweise Annahme akzeptieren. Nicht-Lokalität beschreibt also das Phänomen, dass eine Wechselwirkung nicht bloß zwischen zwei Objekten eintreten kann, wenn sie sich am gleichen Ort und zur selben Zeit befinden (*Lokalität*), sondern – überraschend – eben auch zwischen zwei Objekten, die sich zur *selben* Zeit an höchst *verschiedenen* Orten befinden! Als alternative Interpretation, um die in diesem Zusammenhang höchst eigenwilligen, eigenartigen Beobachtungen zu begreifen, und als derart radikalere Sichtweise bringt der bekannte österreichische Quantenphysiker und international renommierte Experimentalphysiker (Bereich: „Teleportation") Anton Zeilinger in einem Symposion die Möglichkeit ins Spiel, dass alles, was wir beobachten, sich lediglich in unserem eigenen Bewusstsein abspielt. Oder gar auch – beides. Zeilinger: „*Die Quantenmechanik lehrt uns vielleicht, dass solche Systeme nicht-lokal sind. Das ist aber nur eine der möglichen Interpretationen, es ist nicht die einzige Möglichkeit. Nur, dann müsste ich den Realitätsbegriff aufgeben, was die meisten Physiker sich heute weigern zu tun. … Die Nicht-Lokalität ist die Position, die den meisten Physikern gefällt, denn sie erlaubt, immer noch davon auszugehen, dass es eine Wirklichkeit gibt, die ich als Physiker untersuche. Das rettet sozusagen meinen Beruf. Die Wirklichkeit hat dann eigenartige Eigenschaften. … Professor Mittelstaedt sagt, dass die Welt die Dinge unter einen Schleier legt und wir nur sehen, was wir beobachtet haben, über alles andere gebe es keine Aussagen. … Man kann es noch radikaler formulieren: Über alles andere dürfen wir nicht mal versuchen, Aussagen zu machen, denn gewisse Aussagen, die wir machen*

---

[10] Siehe auch Kapitel 15: „*Im Anfang war …*", Anmerkung 2.

würden, gerieten in Widerspruch zu durchführbaren Beobachtungen. Damit erhebt sich die Frage: ,Ist hinter diesem Schleier denn überhaupt irgendetwas?' Dies nur, damit wir nicht in den Fehler verfallen, zu behaupten, es gebe nicht noch andere Positionen als die Akzeptanz der Nicht-Lokalität." [11]

In großer Übereinstimmung damit Bruno Würtenberger: „*Es gibt keine ,objektive' Welt oder Realität, es gibt nur die Reflexion Deines Glaubens. Ansonsten wäre es gänzlich unerklärlich, wie in ein und derselben Welt so viele unterschiedliche Erfahrungen gemacht werden können. Ja, man weiß, dass sogar im Laufe streng wissenschaftlicher Forschungen das Bewusstsein des Forschenden das untersuchte Material beeinflusst und sich immer bloß das entdecken lässt, wonach man sucht. Sucht man im Licht nach ,Teilchen', so wird man sie finden, sucht man nach Wellen', so wird man auch ,Wellen' finden. ... Ja, selbst organisches Untersuchungsmaterial verändert und verhält sich entsprechend der Erwartungen der jeweiligen Forscher. Je mehr Platz also in Deinem Bewusstsein ist, desto mehr Möglichkeiten tun sich auf. Je unbegrenzter Deine Innenwelt ist, desto unbegrenzter präsentiert sich Dir Deine Außenwelt. So können wir alle in derselben Welt leben, ohne die gleiche Erfahrung zu machen. Ganz gemäß dem Sprichwort: ,Wir leben zwar alle unter demselben Himmel, haben aber nicht alle den gleichen Horizont'.*" [12]

Zeilingers Kollege Antoine Suarez, Professor für Physik an der Universität Genf, in seiner damaligen Replik zu Zeilinger: „*Vielen Dank für Ihren Hinweis auf die ,radikalere Position'. Sie wirft die Frage auf, ob mein Bewusstsein die Instanz ist, welche die Wirklichkeit konstituiert, wobei sich dann das Problem stellt, ob die Existenz der anderen Physiker auch von meinem Bewusstsein abhängt. Von daher ist es verständlich, dass die meisten Physiker keine große Sympathie für eine solche Position empfinden. und – wie Sie sagten – die Erklärung anhand der Nicht-Lokalität vorziehen. Ich denke, dass das Verhältnis Bewusstsein / Wirklichkeit ein Hauptpunkt unserer Diskussion hier sein sollte.*" [13]

Der international renommierte Neurowissenschaftler und Leiter des *Brain and Creativity Institute* der University of Southern California Univ.-Prof. António R. Damásio: „*Wenn ich das Bewusstsein von seinem Podest herunterhole, so gilt dieser Anschlag nicht dem menschlichen Geist. Es ist nur so, dass das, was den menschlichen Geist aufs Podest erhebt und dort auch halten sollte, eben nicht nur die biologischen Phänomene*

---

[11] A. Zeilinger: „*Aussprache / Wirklichkeit in Raum und Zeit – Physiker im offenen Dialog.*", in: H. Thomas: „*Naturherrschaft – Wie Mensch und Welt sich in der Wissenschaft begegnen.*", Köln 1990, S. 122, S. 164.

[12] B. Würtenberger: „*Free Spirit-Grundkurs – Teil I*", Zürich 2005, S. 74.

[13] A. Suarez: „*Wirklichkeit in Raum und Zeit – Physiker im offenen Dialog.*", in: H. Thomas: „*Naturherrschaft – Wie Mensch und Welt sich in der Wissenschaft begegnen.*", Köln 1990, S. 165
Siehe auch Kapitel 16: Materie und Bewusstsein, Anmerkung 25
Siehe auch Kapitel 18: In-*forma*-tion – und andere Felder ..., Anmerkung 31.

sind, die unter dem Begriff Bewusstsein zusammengefasst werden, sondern auch viele andere Phänomene, die wir beschreiben, benennen und wissenschaftlich verstehen müssen. ... Das Bewusstsein hat noch nicht den vollen Geschmack der Frucht vom Baum der Erkenntnis, aber das unschuldige Bewusstsein hat die Dinge in Gang gebracht, vor vielen, vielen Arten und vielen Millionen Jahren, noch bevor der Mensch sich einen Begriff von der eigenen Natur zu machen begann." [14] Und an anderer Stelle seines Buches „Ich fühle, daher bin ich": *„Der Einfluss unbekannter Faktoren auf den menschlichen Geist ist seit langem bekannt. Im Altertum nannte man diese unbekannten Faktoren Götter und Schicksal."* [15] Heute allerdings geht die Wissenschaft davon aus, dass es sich dabei um keine „extrinsischen Faktoren", sondern vielmehr um etwas „Intrinsisches" handelt: Informationen wie diverse anerzogene Wertmaßstäbe, innere Haltungen, Überzeugungen – Glaubensmuster im weitesten Sinn eben ... Und: Alles, was wir tun, denken und – vielleicht vor allem – fühlen, wirkt, insofern wir auf der quantenphysikalischen Ebene mit allem eins und verbunden sind, zeitgleich und nicht etwa *nur* mit Lichtgeschwindigkeit, sowohl in uns als auch – überall im gesamten Kosmos gleichermaßen! Dass ein EEG – ein Elektro-Enzephalogramm – unsere Gehirnströme messen kann, dass also auch hier etwas – solange wir leben – stets über den Körper in den Raum hinauswirkt, ist bekannt. Information verlässt uns – Information erreicht uns, Information lebt in uns, erfüllt unseren ganzen Körper – als Botenstoffe, als Peptide. Wir *müssen* dazu natürlich nicht „Geist" sagen, oder gar „Gott", wie die Forscherin Candace Pert. [16] Tatsache allerdings: Es handelt sich hier jedenfalls nicht um etwas klassisch Physisches, sondern um Energetisches – oder noch allgemeiner formuliert, um In-*forma*-tion, welche die Welt, das Leben – und letztlich all unser Handeln bestimmt.

Interessant, welche Brücke der Quantenphysiker Suarez in diesem Zusammenhang zu klassischen Begriffsbildungen aus der Welt der Philosophie oder sogar Theologie (vor)schlägt: *„Eminente Vertreter der Quantentheorie weisen immer wieder auf die Bedeutung des Geistes hin: Wigner zum Beispiel sagt: ‚Der Geist (‚mind') ist die grundlegende Realität' und Wheeler hat vorgeschlagen, dass die Wirklichkeit der materiellen Welt gewissermaßen von der Beteiligung des Geistes abhängig sein kann. Nach einem Ausdruck Bells haben wir es – in Analogie mit den Erklärungsschwierigkeiten, die Newton mit seinen mathematisch definierten Fernwirkungen der Gravitation hatte – mit einer Art ‚unbeobachtbaren Äthers' zu tun. Doch kann die nicht-lokale Kausalität kaum das Produkt eines menschliche Bewusstseins sein. Wir haben es da eher mit einem allgegenwärtigen ‚Geist' zu tun, in dem die Mathematik, das Universum gestaltet, Wirklichkeit hat. Im Rahmen der Quantentheorie scheint sich*

---

[14] A. Damásio: *„Ich fühle, also bin ich – Die Entschlüsselung des Bewusstseins."* Berlin 2009, S. 372f.

[15] Ebenda, S. 355f.

[16] Candace Pert äußert, Bezug nehmend auf diesen Informationsstrom im Körpernetzwerk, und auf Grundlage ihrer wissenschaftlichen Einsichten, etwas plakativ: *„Gott ist ein Neuropeptid."* C. Pert: *„Moleküle der Gefühle – Körper, Geist und Emotionen.",* Reinbeck / Hamburg 1997, S. 17 Siehe auch Kapitel 10: Überzeugung und Gesundheit, Anmerkung 54.

eine unbeobachtbare, nicht der Raumzeit unterworfene Ursache aufzudrängen, denn das Prinzip, welches für die Nicht-Lokalität verantwortlich ist, wirkt unmittelbar und zugleich auf alle Körper, die im Universum bestehen. Es kann einen Zusammenhang zwischen zwei getrennten Regionen herstellen, ohne den Zwischenraum zu beeinflussen. Dies galt philosophisch stets als eine göttliche Eigenschaft." [17] Gewissermaßen wird hier der Begriff der *„All-Wissenheit"* durch die Erkenntnisse der (Quanten-)Physik ins Spiel gebracht! Mal von äußerst unerwarteter Seite – als physikalisches Phänomen sozusagen ... Betrachtet man dieses fast schon skurril anmutende Paradox, so wird vermutlich deutlich, was Niels Bohr bereits 1927 ahnte beziehungsweise erkannte, als er formulierte: *„Wer von der Quantentheorie nicht schockiert ist, der hat sie nicht verstanden."* [18] Interessant auch, dass der womöglich arriviertteste Quantenphysiker der Gegenwart, John S. Bell [19] in diesem Zusammenhang eine Art *„unbeobachtbaren Äther"* apostrophiert – etwas *„... wie ein Feld"* – ein Feld, welches *„... das Universum gestaltet und Wirklichkeit hat"* – wie hier gesagt wird. In-*forma*-tion – überall gleichermaßen anwesend, beziehungsweise wirksam. Etwas, was auch von anderen Wissenschaftlern proklamiert wird: Von einigen zeitgenössischen Wissenschaftlern und Forschern wird es als *„PSI-Feld"* bezeichnet, andernorts sehr allgemein als *„Informations-Feld"*, oder schlicht als: *„Geist"*. Von wieder anderen, wie etwa dem Zell-Biologen Rupert Sheldrake, als *„Morphogenetisches Feld"*. Aber auch der Geisteswissenschaftler und Erst-Herausgeber von Goethes Naturwissenschaftlichen Schriften, Dr. Rudolf Steiner, hatte bereits vor mehr als 100 Jahren ganz verschiedene Namen dafür parat. Ähnlich wie Bell nannte er dieses „In-die-Form-Wirkende", Gestalt-Bildende: *„Äther-Leib"*. An anderen Stellen seines Werkes: *„Bildekräfte-Leib"*, oder auch *„Lebenskräfte-Leib"*. Offensichtlich verschiedene Worte mit entsprechendem Begriffsinhalt, welche doch letztlich alle dieselben In-*forma*-tions-Phänomene beschreiben.

Leben – seine Repräsentanz als Botschaft von der Einheit allen Seins

„Das primär Erfahrene ist jeweils ein so oder so Bedeutsames in der Fülle seiner Bestimmungen und Beziehungen. Wir erfahren keine Sinn-nackte Faktizität, sondern eine nach vielen Hinsichten differenzierte Dignität. ... Die fachwissenschaftliche Fragehinsicht ist eine unter möglichen anderen, sie ist weder von der Sache erzwungen, noch ist sie die einzig legitime. ... Die globale These von der Wertneutralität der (Fach-)Wissenschaft

---

[17] A. Suarez: *„Nicht-lokale Kausalität – Weist die heutige Physik über die Physik hinaus?"*, in: H. Thomas: *„Naturherrschaft – Wie Mensch und Welt sich in der Wissenschaft begegnen."*, Köln 1990, S. 142f.

[18] N. Bohr, in: *„Zitate und Äußerungen bekannter Physiker."*; http://www.holoenergetic.ch Siehe auch Kapitel 2: Kunst als VorläuferIn eines neuen Bewusstseins, Anmerkung 4.

[19] J.S. Bell: *„Speakable and Unspeakable in Quantum Mechanics."*, in: *Cambridge University Press*, 1987, S. 155; John Stewart Bell arbeitete – bevor er 1990 für den Nobelpreis nominiert wurde und in diesem Jahr dann auch verstarb – hauptsächlich auf dem Gebiet der Quantenfeldtheorie am CERN.

ist längst nicht mehr haltbar. ... Die naturwissenschaftliche Realität ist keineswegs die maßgeblichste, sondern die von der naturwissenschaftlichen Methode zugelassene Realität. Die Charakterisierung der allgemein-menschlichen Erfahrung als einer ‚vor-wissenschaftlichen' ist insofern illegitim, als sie den Anschein erweckt, es handle sich um eine bloß zu überwindende Vorstufe der Fachwissenschaft, womit im Grunde diese zum Vergleichsmaßstab für jene erhoben wird. ... Und, die fachwissenschaftliche Rationalität ist weder die einzige noch die maßgebliche Form von Vernünftigkeit. ... Ethische Fragen könnten sonst nicht mehr Thema eines vernünftigen Gesprächs, sondern nur noch Durchsetzungsprogramme des Stärkeren sein." [20] Dies sagt Univ.-Prof. Günther Pöltner anlässlich eines wissenschaftlichen Kongresses im Expertengespräch zum Thema *„Menschliche Erfahrung und Wissenschaft"*.

Alles, was uns im Leben entgegentritt, zeigt sich uns als *Repräsentant* und spricht zu uns als *Botschafter* des gesamten Kosmos. Jener einen großen Einheit, welcher auch wir selbst angehören. [21] Die Welt kommt uns somit in jeder – egal welcher – Wahrnehmung quasi „besuchen". Unter diesem Aspekt betrachtet: Welch ein Glück, wenn es einem selbst gelingt, wirklich anwesend zu sein, um die Welt, das Leben und ihre diversen Botschafter mit deren Berichten und Erzählungen vom *Sein-des-Lebens* jeweils ganz wach zu empfangen. Erst mit der menschlichen Bereitschaft des bewussten Erlebens jedes Augenblicks erlangt das Leben in jedem von uns Präsenz. Zerstreut sich unsere Aufmerksamkeit allerdings und richtet man sie nicht vornehmlich – oder noch besser: ausschließlich – auf das, was in der Qualität des „Jetzt", als gegenwärtiger Augenblick, geschieht, so kann das Leben nicht wirklich erfahren werden und – Begegnung findet nicht statt. Ebenso, wenn wir in sogenannter schlechter Verfassung, sozusagen geistesabwesend und versunken in eigene Gedanken oder mit Zukunftssorgen beschäftigt sind oder verärgert darüber, was in der Vergangenheit geschehen ist. Präsenz, so wie sie hier gemeint ist, bedeutet *auch* nicht: präsent-sein, damit nur ja-nichts-Falsches-geschieht. Kontrollieren, aufpassen, achtgeben um etwas zu vermeiden – ist diesbezüglich nicht gemeint. Sondern: achtsam-sein, hingegeben-sein, verbunden-sein mit dem Strom dessen, was *ist*. Denn auch präsent-in-der-Kontrolle-sein bedeutet nicht wirklich „*da*" zu sein, hindert. Und dann, ist auch die Welt für einen nicht da. (Selbst, wenn es für uns selber manchmal den Anschein hat, es sei ganz entscheidend, diese Haltung der Kontrolle einzunehmen.). In-*forma*-tion, beziehungsweise ihr intuitiver Fluss, setzt aus und zieht an uns vorbei. Intuition – das, was im Fluss des Feldes leise, doch stets zur Verfügung steht und somit für uns abrufbar wäre, tritt hinter den Zurufen unseres lauten Verstandes zurück, wird unhörbar – überhörbar. Schade, wenn man weiß, als wie weise und lebensförderlich derartige Informationen mittlerweile von Intuitionsforschern eingeschätzt werden. [22] Auch haben wir unter anderem oftmals eine ziemlich konkrete

---

[20] G. Pöltner: *„Menschliche Erfahrung und Wissenschaft."*, in: H. Thomas: *„Naturherrschaft – Wie Mensch und Welt sich in der Wissenschaft begegnen."*, Köln 1990, S. 242, S. 246ff.

[21] Siehe auch Kapitel 21: Kreative Feldaspekte des Bewusstseins, Anmerkung 3, 5, 6.

[22] Siehe auch Kapitel 14: Intuition.

Vorstellung von dem, was „Glück-für-uns" bedeuten möge. Und meist ist es gerade diese Vorstellung, welche zum Hindernis für unser reales Glück (werden) wird.

Vielleicht klingt dies ja trotzdem für manches heutige Ohr weit hergeholt oder eventuell auch zu schön-geistig und esoterisch ... Dennoch: Es ist genau das, was bedeutende heutige Forscher als wirksamen Urgrund des Seins und als den stimmigen Umgang damit propagieren. [23]

Der brasilianische Schriftsteller Paolo Coelho in seinem (Hör-)Buch: *„Die Tränen der Wüste" („Isabel kehrt aus Nepal zurück ...")*: *„... Eines Nachmittags machte Isabel mit einem Mönch in der Umgebung einen Spaziergang, als er die Tasche öffnete und lange hineinsah. Dann sagte er zu meiner Freundin: ‚Wussten Sie, dass Bananen Sie lehren könnten, was das Leben bedeutet?' Damit zog er eine faule Banane aus seinem Beutel: ‚Dies ist das Leben, das vorbeigegangen ist und nicht im rechten Augenblick genutzt wurde. Jetzt ist es zu spät.' Dann zog er eine grüne Banane aus dem Beutel, zeigte sie meiner Freundin und steckte sie wieder ein: ‚Dies ist das Leben, das noch nicht geschehen ist, und man muss noch auf den rechten Augenblick warten.' Schließlich zog er eine reife Banane hervor, schälte sie und teilte sie mit Isabel: ‚Das ist das Leben in diesem Augenblick. Nähren Sie sich von ihm und leben Sie Ihr Leben ohne Angst und Schuldgefühle.' ..."* [24]

Leben – Die Forderungen der Zauberer von heute, morgen und übermorgen

Dieses Kapitel abschließend, ein Text von André Heller, bekannter österreichischer Poet, Liedermacher, Autor, Kulturmanager, Schauspieler und international tätiger „Möglichmacher", Aktionskünstler sowie Mitbegründer des Zirkus Roncalli – eine wahrhaft kreativ-schillernde Persönlichkeit durch und durch. Er outet sich im anschließenden Liedtext selbst als *„Spiegelnarr, Schwieriger und Märchenhund"* und zu Da-Sein, Leben, Tod und zum „Zauberer-Sein" des Menschen: *„Und wann amal mei Stimm verblüaht, kann sein scho morgn, wie Löwenzahn vablüaht, ziagt's ma mei Fell ab, spannt's es auf a Tromml und lasst's es klingen, klingen weit über Wasser, Feuer, Erd und Luft: Der Zauberer ist tot, der Zauberer ist tot, der Spiegelnarr, der Schwierige, der Märchenhund ist tot. Und tot sein heißt: Er lebt. Er wechselt nur die G'stalt, er geht von sich, durch sich, zu sich. Der Zauberer ist tot. Das grelle Licht vom Wolkenplatz legt Feuer ins Getreide, ich seh, ich seh', was Du nicht siehst und seh' es für uns beide. Die Hiobsbotin aus Peru mit Nattern in den Wangen, ich seh, ich seh', was Du nicht siehst, darin bist Du gefangen. Die Kleinmut ist ein Stück vom Dreck, die schneidet*

---

[23] Siehe auch Kapitel 20: Wissenschaft und Spiritualität im Konsens, Anmerkung 13
Siehe auch Kapitel 21: Kreative Feldaspekte des Bewusstseins, Anmerkung 19.

[24] P. Coelho, Transkription aus dem Hörbuch: *„Die Tränen der Wüste."*, Zürich 2008. Paolo Coelho wurde mit vielen Literaturpreisen geehrt und 2007 von UN-Generalsekretär Ban Ki-moon zum Friedensbotschafter berufen.   http://de.wikipedia.org/wiki/Paulo_Coelho#Werke.

Dir die Aussicht, die schneidet Dir die Einsicht, die schneidet Dir die Zukunft weg.
Kummt's meine Freund, meine Musikanten, spielt's, dass alle hören können, dass alle
hören müssen, weit über Wasser, Feuer, Erd und Luft: Der Zauberer ist tot ..." Und dann
übergibt Heller im Lied an einen Kindersprechchor und lässt diesen „*... die Forderungen*
der Zauberer von heute, morgen und übermorgen" – wie er es formuliert – aussprechen:
„***Sich irren dürfen, verwirren dürfen, unlogisch handeln, sich lernend verwandeln, der***
Sehnsucht vertrauen, Seltenes schauen, unbequem werden, Feind sein der Herden,
Träume auch machen, wach sein und lachen, phantastischer leben, Freiheit auch
geben." („*Verwunschen"* [25])

„*... Die Kleinmut – ein Stück vom Dreck, ... die schneidet Dir die Zukunft weg ...".*
Auch wenn wir wissen, dass kein Acker je mit Gold, sondern immer nur mit
„Sch...dreck" gedüngt werden kann, so ahnen wir doch, dass *diese* Art von „Dreck"
nichts Lebens-Förderliches sprießen lassen kann, weil dem Kleinmut einfach kein Mut
zum Säen, zur „Hin-Gabe" – nach der Düngung – zueigen ist.

„Hin-Gabe". Hingabe – diese wunderbare Gabe ist als Wort leider heutzutage
vielerorts in Misskredit geraten. Man könnte daher besser von „Achtsamkeit" des
Bewusstseins oder von „Gewahrsein" sprechen, als einem weniger missbräuchlich
verwendeten und somit weniger belasteten Wort. Denn, worauf wir ja auch schon früher
im Buch zu sprechen kamen: Es gibt sie, jene Menschen, welche meinen hingebungsvoll
zu sein, mittels derartiger „*Hingabe"* aber in Wirklichkeit vor sich und anderen lediglich
ihre innere Leere überdecken. Vermeidend, diese fühlen zu müssen und: um *auch* etwas
zu bekommen – von außen! –, was sie sich selbst nicht zu geben verstehen. [26] Solchen
Menschen mangelt es oftmals an der rechten Selbstachtung. Hingabe aber ist nie Ersatz
für ein unerfülltes Leben, kann es nicht sein. Da muss zunächst ja etwas da sein, um
hingegeben werden zu können: Achtung und Lebensfreude zum Beispiel – Fülle. Und
trotzdem weit entfernt von dem Gefühl etwas „her zu geben". Echte Hingabe ans Leben
öffnet für das Jetzt, ist Geschenk und Gabe gleichermaßen. Nichts, was bemüht gemacht
werden kann. Sie erfließt aus dem eigenen Verbundensein und der erlebten Würde mit
allem-was-ist *da zu sein,* Letztlich entsteht sie aus gelebter Dankbarkeit; davon mehr in
einem der späteren Kapitel – Kreative Feldaspekte des Bewusstseins.

Bruno Würtenberger seinerseits weist in spezieller Weise auf diese beharrlich-
bedingungslose Hingabe ans Leben und Sein hin, wenn er betont: „*Freiheit ist*
keine Frage des Wollens oder Nicht-Wollens, des Tuns oder Nicht-Tuns, sondern ein
Seins-Zustand jenseits davon. Freiheit ist eine Sache des Seins. Sein! – Ob Du willst
oder nicht! Frei-Sein – in erster Linie somit nicht eine Frage des Willens, sondern der
Hingabe. Ja, der bedingungslosen Hingabe an das Sein. An das, was ist – bedingungslos!
Freiheit ist Liebe, bedingungslose Liebe. Liebe, die nicht bedingungslos ist, ist keine

---

[25]   André Heller: „*Verwunschen.",* Cut 10: *Der Zauberer ist tot,* Wien 1980.
[26]   Siehe auch Kapitel 6: Chaos und Strukturen der Ordnung, Anmerkung 25.

Liebe, sondern Lust. Lust kann zwar lieb-haben aber nicht lieben. Lieb-haben ist immer von persönlichen Präferenzen abhängig. Zu lieben nicht. Lust fordert immer vom anderen – Liebe nicht, Liebe fordert von Dir. Sie fordert, dass Du Dich einlässt!" [27]

Und ...?! Sind wir schon bereit für solches Einlassen, für solche Hingabe? – Dafür, die „*... Forderungen der Zauberer von heute, morgen und übermorgen*" als die neue In-*forma*-tion des Lebens anzuerkennen? – Quasi als zukunftsweisendes *Menschenrecht-auf-Wertschätzung-einer-freien-Menschheit-in-Entwicklung*? Und, was würde dies wohl für das *Leben selbst* bedeuten ...?

---

[27] B. Würtenberger, Briefverkehr in einem Mail, 15.2. 2010.

Kapitel 20: Wissenschaft und Spiritualität im Konsens

Präsenz, Vernetzung, Bezogenheit. Spiritualität und wissenschaftlicher Weltbezug

„Wir besitzen ein biochemisch-psychosomatisches Netzwerk, das von einer Intelligenz gesteuert wird. Einer Intelligenz, die keine Grenzen kennt und sich nicht im Besitz eines Individuums befindet, sondern uns allen gehört, die wir Teil eines größeren Netzwerks sind. ... Und in diesem größeren Netzwerk der ganzen Menschheit, allen Lebens, ist jeder von uns ein individueller Knotenpunkt, jeder ein Punkt, der Zugang zu einer größeren Intelligenz gewährt. Aus diesem umfassenden, uns allen gemeinsamen Zusammenhang erwächst unser tiefstes Empfinden für Spiritualität. Es gibt uns das Gefühl, miteinander verbunden, ein Ganzes, zu sein." [1]

Immer noch wird Spiritualität vom Gros der Gesellschaft als überwiegend mit Religion, oder – etwas moderner – mit Esoterik und deren pseudo-spirituellen Zeremoniell, in Verbindung stehend betrachtet. Hier wirkt nach wie vor ein überkommenes und einer konfessionell grauen Vorzeitlichkeit verhaftetes Gedankengut nach. Was ja keineswegs zu verwundern braucht. Dennoch: Es zeichnet sich bereits – spätestens seit Beginn des 21. Jahrhunderts – ein mit auffallender Dynamik behafteter, überraschender Wandel ab. Waren es im 20. Jahrhundert vornehmlich die, wissenschaftlich besehen, bedeutendsten *Physiker* und *Kosmologen* wie Einstein, Heisenberg, Schrödinger, Weizsäcker, Bohr, Bohm, Hubble, Hawking usw., welche in Folge ihrer Beschäftigung und ihrer Einsichten in den Mikro- und Makrokosmos, eine verwandelte, im besten Sinn als „spirituel" zu bezeichnende Haltung an den Tag legten, so sind in den letzten wenigen Jahren namhafte Vertreter der zeitgenössischen Biologie sowie der Neurowissenschaften dazugestoßen. Hier beginnt man seit Neuestem, begleitet vom Staunen über das Wunder dessen, was da an evolutiv-genialen Zusammenhängen neu entdeckt wird, zu begreifen, dass Spiritualität – Geist im Sinne der, jener neuen Wissenschaftlichkeit zugänglichen In-*forma*-tion – viel mehr mit Naturwissenschaft gemein hat, als lange vermutet. Ihr positives Plädoyer für Offenheit in dieser Causa zeichnet viele der namhaftesten Spitzenwissenschaftler der Gegenwart aus. Berührungsängste hin zu spirituell-ganzheitlichen Betrachtungen verlieren sich bei den meisten Forschern im selben Maß, wie die klare Wissenschaftlichkeit der Verfasser in deren Wissenschafts-Community außer Streit gestellt ist. Ansonsten korrumpiert leider oft der allgegenwärtige Druck hin zu Anpassertum und damit zu wissenschaftlicher Konformität.

Zur angesprochenen Thematik äußert sich einer der weltweit bedeutendsten Genetiker, Kazuo Murakami: *„Falls Sie diese Information zu technisch finden, werden wir (in Kapitel 6) noch einmal das Wunder unserer Gene besprechen, wie wir im Einklang mit den Naturgesetzen leben können und wie tief Wissenschaft und Spiritualität miteinander*

---

[1] C. Pert: *„Moleküle der Gefühle – Körper, Geist und Emotionen.",* Reinbeck 1997, S. 479.

verbunden sind."[2] „Bei meinen Forschungen über genetische Informationen überkommt mich oft ein Gefühl der Ehrfurcht und des Erstaunens. Ich frage mich, wer einen so ausgezeichneten Lebensentwurf geschrieben haben kann, und wie. Informationen mit einer so komplexen und umfassenden Bedeutung können unmöglich rein zufällig entstanden sein. Deshalb bin ich gezwungen, ihn als Wunder zu betrachten, das die menschliche Intelligenz oder das menschliche Begriffsvermögen bei weitem übersteigt. ... Je mehr ich über die Gene lerne, desto mehr bin ich gezwungen, ihre Großartigkeit anzuerkennen. Unsere Gene, die so klein sind, dass sie unsichtbar sind, enthalten drei Milliarden Kombinationen aus vier chemischen Buchstaben, die perfekte Paare bilden. Diese enorme Informationsmenge erhält uns am Leben – und nicht nur uns, sondern jeden lebenden Organismus auf der Erde ... Ich finde das absolut unglaublich, doch es ist eine unbestrittene Tatsache. Für mich ist das Beweis genug für die Existenz von ‚Etwas Großem', wie ich es nenne."[3]

Ähnlich ganzheitlich betrachtet und fachübergreifend äußert sich Kitty Ferguson, Wissenschaftsjournalistin und persönliche Biographin des Physikers und Kosmologen Stephen Hawking, welcher wertschätzend über sie sagt, sie sei „... die Einzige, die seine Arbeit wirklich erklären könne." Ferguson: „Sowohl in den Naturwissenschaften als auch in der Spiritualität gehen wir von der Relevanz und Authentizität der menschlichen Erfahrung aus. Diese Zuverlässigkeit wird jedoch immer wieder auch in Zweifel gesetzt und in den Rang einer bloßen ‚Annahme' gestellt. Trotzdem, Tatsache ist: Wir gehen alle davon aus, dass unsere persönlichen Erfahrungen ein gültiger Beweis sind. Weiters hat es sich als relevant herausgestellt und als triftiges Argument für die Gültigkeit einer Theorie – wenn sich dadurch die Daten zu einem sinnvollen Ganzen ordnen lassen, welche vorher verwirrend und unerklärbar erschienen."[4] Je nachdem, wie man den Begriff Spiritualität verstehen will – ich selbst stelle ihn synonym für eine wache Präsenz des Lebens und insofern hat Spiritualität, wie bereits erwähnt, für mich auch nichts-am-Hut mit religiösen (oder auch wissenschaftlichen) Dogmen – wird wahrnehmbar, dass Wissenschaft und Spiritualität aus derselben Quelle schöpfen. Die, sich von religiösen Praktiken und Dogmen emanzipierende und somit durchaus wesentliche und wertvolle Phase des eine-Zeit-getrennt-Marschierens geht dem Ende zu.[5] Jene Befreiungs-Wissenschaft hat ihre Ziele erreicht. „Emanzipation" auf dieser Ebene hat stattgefunden ... Carl Friedrich von Weizsäcker, der große deutsche Physiker, hat diesen wissenschaftlichen Standpunkt einstmals so formuliert: „Die Wissenschaft verdankt ihren Erfolg unter anderem dem Verzicht auf das Stellen gewisser Fragen."[6] Doch: Es zeichnet sich ganz offensichtlich bereits eine neue, weil zeitgenössischere Wahrheit – mit neuen Aufgaben, erweiterten

---

[2] K. Murakami: „Der göttliche Code des Lebens – Ein neues Verständnis der Genetik.", Güllesheim 2008, S. 97.

[3] Ebenda, S. 124f.

[4] K. Ferguson: „Gott und die Gesetze des Universums.", München 2001, S. 394.

[5] Siehe auch Kapitel 18: In-forma-tion – und andere Felder ..., Anmerkung 11-13, 21, 22.

[6] C.F. v. Weizsäcker: „Deutlichkeit.", München 1978, S. 167.

Ansätzen und Herangehensweisen ab: Es ist an der Zeit, beide Wege wieder miteinander zu versöhnen um in neuer – intuitiver – Weise dieselbe Quelle offen und selbstbewusst zu nutzen, zu erforschen und daraus kreative Kraft zu schöpfen: zu leben ...

In-*forma*-tion – Beziehung als Zugang zum Feld

„In der Wissenschaft gibt es zweierlei Arten von Informationen: offizielle Informationen aus etablierten, anerkannten Quellen, und inoffizielle Informationen aus persönlichen Quellen. In der Forschung sind letztere oft ausschlaggebend. ... Informationsaustausch durch persönliche Beziehungen kann Ihr Leben verändern. Lassen Sie nicht zu, dass diese Gelegenheiten ungenutzt an Ihnen vorüberziehen." [7]

Alle zuvor angeführten Forscherpersönlichkeiten haben in sehr individueller Weise während ihres Forscher-Seins – und somit über ihre Arbeit – *Beziehung* erfahren. Beziehung nicht nur zu all den anderen Forschern und deren Entdeckungen, sondern zum *Genialen* selbst, zum Genius dieser Schöpfung. Wer in derartiger Weise in Beziehung zu treten imstande ist, der findet seine persönliche „Begeisterung", seinen persönlichen Zugang zu etwas, was man im umfassenden Sinn mit „*Geist*" bezeichnen darf; zu „*Etwas Großem*", wie Murakami es in sehr freilassender Weise zu benennen versteht, oder – noch schlichter – zum „*Leben*". Für diese Menschen hat Begeisterung stattgefunden. Diese Forscher „wissen", was uns alle – weit jenseits unserer bewussten Lebensanstrengungen und Bemühungen – trägt. Murakami: „*... alleine das Geborenwerden schon, ist ein Wunder. ... Je mehr ich mich damit befasse, desto mehr staune ich über das außerordentliche System des menschlichen Körpers. Die Tatsache, dass die winzigen Informationen in unseren Zellen Charakter, Verhalten, Gesundheit und Krankheit beeinflussen, faszinierte mich in meiner gesamten wissenschaftlichen Laufbahn, und meine Ehrfurcht ist seither kein bisschen geringer geworden.*" [8]. Und Murakami weiter: „*Gene sind jedoch nicht mit dem Leben gleichzusetzen. Sie sind nur der Entwurf, das Konzept und nicht die Realität. Wenn das Leben nicht in unseren Genen zu finden ist, wo und was ist es dann? Wir wissen es nicht.*" [9] Ich gestehe: Ich erachte es als ungemein spannend, eine derart differenzierende Sicht aus dem Mund eines Top-Genetikers zu hören! Und doch war und ist diese Erkenntnis – wohl auch jedem unbefangenen Bewusstsein – so würde man meinen – letztlich längstens klar und leicht zugänglich: Es ist In-*forma*-tion – ob in den Naturgesetzen oder den Genen – durch welche sich die notwendigen Wirksamkeiten bis hin zur Aus-*form*-ung des Lebens entfalten. *„Ist eine fundamentale Wahrheit einmal gefunden, hilft sie auch bei der Beantwortung offener Fragen in anderen Bereichen und*

---

[7]   K. Murakami: „*Der göttliche Code des Lebens – Ein neues Verständnis der Genetik.*", Güllesheim 2008, S. 70f.

[8]   Ebenda, S. 104, 120.

[9]   Ebenda, S. 126.

wird nach und nach als „Realität' akzeptiert." [10] Doch lassen Sie uns zunächst nochmals zurückkehren zu Murakamis Aufruf zum *Informationsaustausch durch persönliche Beziehungen.* Es scheint mir im angeführten Zusammenhang – angeregt durch Murakamis individuelle Forscher-Erfahrung – entscheidend, einen erweiternden Standpunkt aus ebenfalls eigener Erfahrung – meiner – anzuregen: einen „Informations-Austausch" sehr *spezieller* Art. Nämlich: Indem wir *persönliche Beziehung* aufnehmen zu jenem oftmals weniger wertgeschätzten und uns daher meist unbekannt-verborgenen Wesen hinter den Masken des eigenen alltäglichen Selbstbildes: mit *uns selbst.* Auch diese Gelegenheiten sollten wir nicht noch länger ungenutzt an uns vorüberziehen zu lassen. Es ist mit am wesentlichsten, wenn gerade dieser Informationsquell – *wertgeschätzt* – für uns zu fließen beginnen kann. Denn auch hier – oder besser noch gesagt: im Speziellen hier – gilt: *„Informationsaustausch durch persönliche Beziehungen kann Leben verändern."*

Wenn es überhaupt Antworten und Wahrheit gibt, dann werden wir sie wohl genau *dort* finden. Dort, wo wir sie vielleicht am wenigsten gesucht haben: *in uns selbst* als unserer In-*forma*-tions-Quelle.

Wer sind wir? Welche In-*forma*-tion kann, will sich – gerade durch uns – ausdrücken, im Zusammenhang von *„Leben"*? Wir können uns das für uns als Individuum ebenso fragen, wie für uns als Menschheit: *Was will durch uns in die Welt?* Sind wir bereit damit in Beziehung zu treten, dann könnte sich uns ein Potenzial erschließen. Sowohl für uns als Individuum und – insofern wir auf diese Art und Weise ja auch Menschheit *sind* – auch für uns als Menschheit. Können dergestalt, *gerade* jenseits rein intellektuellen Bemühens, die großen aktuellen Anforderungen lösbar werden? *Vertrauen ist eine Kraft.* Vornehmlich auch jenes Vertrauen, dass *alles, was ist, immer für uns spielt.* Und Vertrauen bedeutet ja keineswegs sich mit „blauäugiger Blindheit" schlagen, sondern sich den Zugang eröffnen lernen zu dieser immanenten Kraft [11] des Intelligenz-Feldes von *„Etwas Großem".*

Entsprechend der Sicht des bekannten expressionistischen Künstlers Alexej von Jawlensky, welcher bekennt, dass echte Kunst *„ein großer Schreck"* sei, kann dieses psychische Wort-Bild wohl auch für wahre Wirklichkeits-Wahrnehmung gelten, wie dies oft bestätigt wird. Das ach-so-gewohnte-Wirklichkeits-Bild zugunsten einer anderen Wirklichkeit zu verlieren, welche unserem Verstand keinerlei Nahrung gibt, vermag für den, der das erlebt, zunächst ebenso ein großer Schreck zu sein – selbst dann, wenn dies nur für kurz ist. Reine Wahrnehmung, existentielle Verbindung mit dem Leben selbst, wird oft auch als Erleuchtung bezeichnet. Ganz im Jetzt aufgehen – „sein" ... Im Englischen heißt Erleuchtung – wie man weiß – „Enlightenment". Und doch meint ja dieser Begriff sowohl *Erleuchtung* als auch *Erleichterung.* „Er-wachen" kann beides sein.

---

[10] F. Close: *„Luzifers Vermächtnis – Eine physikalische Schöpfungsgeschichte.",* Berlin 2004, S. 144
    Siehe auch Kapitel 16: Materie und Bewusstsein, Anmerkung 36.
[11] Siehe auch Kapitel 5: Überzeugungs-Netze und Leben, Anmerkung 6
    Siehe auch Kapitel 8: Immunsystem, Anmerkung 25.

In-*forma*-tion – Oder: Kommunikation mit *Etwas Großem*

Kazuo Murakami: „*Seit mehr als zehn Jahren nenne ich das: ‚Etwas Großes'. Ich weiß nicht genau, was es ist, aber das Leben, das auf Grundlage eines immensen Entwurfs, der in einer winzigen Zelle Platz hat, ungemein gut funktioniert, ist ohne es einfach nicht vorstellbar. In den Biowissenschaften hat man enorme Fortschritte gemacht, die es uns ermöglichen, die Geheimnisse des Lebens eines nach dem anderen zu enthüllen. Und dennoch wäre ein ganzes Team von Nobelpreisträgern nicht in der Lage, eine einzige Bakterie zu erschaffen. Die Erschaffung von Leben von Grund auf, liegt jenseits unserer Fähigkeiten. ... Wie um alles in der Welt, fragte ich mich, konnte ein derart winziger, aber präziser Entwurf des Lebens erschaffen werden?*" [12]

Staunen inspiriert. Wahres Interesse verbindet. Das Einzige aber, was Wunder wirken kann, sind Begeisterung und Enthusiasmus. Jene unbezwingbare Freude darüber, dass wir *Menschen* sind. Dass wir Menschen sein dürfen, sozusagen als Botschafter von „*Etwas Großem*", welches stets für die Existenz und Verwirklichung von Leben unterstützend tätig ist. So betrachtet und gefühlt, kann es – wie schon gesagt – mehr und mehr zur unterstützenden Tatsache des eigenen Daseins werden: freudig dankbar zu sein dafür, dass das *Leben immer für uns spielt* – sodass wir mehr und mehr absichtsvoll bereit sind, uns diesem Leben und seinen Intuitionen zu öffnen und hinzugeben.

Der Gen-Forscher Murakami: „*Eine Methode, die ich aus eigener Erfahrung empfehlen kann, ist, sich inspirieren zu lassen. Wenn Sie momentan nichts inspiriert, denken Sie an eine Zeit zurück, in der Sie zutiefst von etwas bewegt waren. Inspiration ist eine Kombination aus Freude und Begeisterung. ... Ich bin der Überzeugung, dass unsere Gene, wenn wir inspiriert sind, nie in eine ungünstige Richtung steuern. ... Nennen Sie es Intuition oder die Hypothese eines Wissenschaftlers, aber wenn ich mich inspiriert fühle, spüre ich, wie sich dieses Wohlgefühl bis in meine Zellen ausbreitet. ... Es gibt eine Kommunikationsmethode mit Ihren Genen, die ich Ihnen für ein langes Leben ans Herz lege: regelmäßig zutiefst bewegt und stark inspiriert zu sein. ... Obwohl starke Gefühle uns die Tränen in die Augen treiben, sind es physiologisch gesehen unsere Gene, die das erst möglich machen, ein Indiz dafür, wie der Geist unsere Gene beeinflusst. ... Für ein langes, erfülltes Leben empfehle ich Ihnen unbedingt Aktivitäten und Beziehungen, die ehrliche Gefühle in Ihnen wecken, die aus tiefstem Herzen kommen.*" [13]

Bruno Würtenberger dazu in sehr eigenwilliger Weise aus der erlebten Praxis von Bewusstseinsprozessen: „*Dankbarkeit ist Teil vom Glücklich-Sein – nicht aber dessen Folge. Jeglicher Erfolg, echter Erfolg, ist die natürliche Folge von Glücklich-Sein. Wo Du nicht an Dank von anderen denkst, wo Du nichts erwartest und wo Du nichts verlangst, wirst Du alles bekommen. Anders jedoch wirst Du so leicht nichts bekommen,*

---

[12] K. Murakami: „*Der göttliche Code des Lebens – Ein neues Verständnis der Genetik.*", Güllesheim 2008, S. 16f, S. 30. Siehe auch Kapitel 21: Kreative Feldaspekte des Bewusstseins, Anmerkung 4.
[13] Ebenda, S. 16f, S. 51ff.

*sondern Dir alles erkämpfen müssen. Die meisten laufen dem Glück hinterher. Sie haben es noch nicht verstanden; nur wenige warten mit offenen Armen das Glück zu empfangen und die wenigsten laufen ihm entgegen. **Nicht Unglücklichsein führt zu Undankbarkeit, sondern ganz im Gegenteil führt Undankbarkeit zum Unglücklichsein. Und somit führt auch Glücklich-Sein nicht zu Dankbarkeit, sondern auch da läuft es andersrum.***

*Undankbar ist alles, wofür man Dank erwartet! Erkauftes Glück, mit welchen Mitteln auch immer, ist kein wahres Glück. Kalkuliertes Glück, nach welcher Formel auch immer, ist kein wahres Glück. Erwartetes Glück, aus welchen Gründen auch immer, ist kein wahres Glück. Wahres Glück entspricht dem 'Sich-Freuen' darüber, dass man überhaupt existiert, dass man etwas für andere tun kann. Es wird nicht aus diesem Grunde gefühlt oder getan, aber es ist die Folge dessen, dass Du glücklich bist Du-selbst-zu-sein. Entweder Du Bist es – jetzt – oder Du wirst es nie sein. Bist Du es noch nicht, so bedeutet dies, dass Du auf etwas wartest. Mein lieber Freund, das funktioniert so nicht. Da kannst Du ewig warten. Glück ist entweder jetzt oder nie. Das Glück von jetzt lässt sich nun mal nicht morgen erleben und das Glück von morgen, das kommt ... morgen ... morgen ... morgen. Nun, eigentlich ist damit alles zum Thema gesagt. Die Essenz ist wohl klar und deutlich. Solltest Du daran zweifeln, stell Dir folgende Fragen: 'Was sind die Gründe dafür, dass ich nicht glücklich bin?'. 'Wen mache ich im Augenblick verantwortlich für meine Situation?' 'Wer oder was bestimmt gerade, ob ich glücklich bin oder nicht?'. Deine Antworten werden für sich sprechen, wenn Du ehrlich bist. Zum Schluss frage Dich: **Bin es wirklich ganz alleine ich, der / die bestimmt, wie ich mich fühle?**"* [14]

Epigenetische Einflüsse auf das Entwicklungspotenzial – Schöpferisches Leben

Gleich vorneweg, es gilt in der Entwicklungspsychologie längstens als geklärt: Die soziologisch betrachtet jeweils nächsten Menschen um uns sie sind die *realen Entwicklungshelfer* und gelten somit heute in der epigenetischen Forschung als *„Gen-Aktivierer"* schlechthin. Fehlen diese Vorbilder und entwicklungs-helfenden Geister allerdings, oder werden Menschen ausgegrenzt, so bleiben sie auf ihrem Entwicklungs-Niveau stehen und ihre Entwicklung stagniert. [15] Dann haben vornehmlich angestammte Gedankenmuster das Sagen und übernehmen das Kommando über das Leben. Und: Was, wenn wir uns *selbst* ständig ausgrenzen ...? Wenn wir uns durch lieblose Kritik oder unfaire Haltungen selbst mobben, heruntermachen und durch zerstörerische Abwertungen um jede reale Chance auf zukünftiges Wachstum bringen ...?! – Dies nämlich scheinen die nachhaltigsten und zerstörerischsten Ausgrenzungen vom Strom des Lebens zu sein, derer Herr (Frau) zu werden im Leben, sich mehr als nur lohnen würde. Festgesetzt in unseren Köpfen, greifen sie ansonsten in unsere Welt und die unserer Nächsten ein und säen stillschweigend ihre Saat von Opfer, Isolation, Verzweiflung, Hass und Wut.

---

[14] B. Würtenberger: *„Der Free Spirit – Eine kurze Einweihung."*, Zürich 2006, S. 101f.
[15] Siehe auch Kapitel 22: Systemische Phänomene, Anmerkung 15.

Sein eigener bester Freund werden ... – ist unter anderem eines der zentralen und nachhaltigen Anliegen während des *Free Spirit*-Bewusstseinstrainings, dem Forschungs-Lehrgang für Bewusstseinsbildung. Vertrauen finden in die eigenberechtigte Wertschätzung seiner selbst: einfach der Großartigkeit wegen, weil jeder von uns als Mensch auf dieser Welt sein Da-Sein lebt – auf seine wunderbare, ganz persönliche Art und Weise. Selbst das persönliche Gefühl, eigene Lebenszeit würde vergehen und uns alternd verbrauchen, stellt sich genau dann nicht ein, wenn ein Mensch bereit ist, genau *das* zu leben, was *wirklich seines* ist. Solch ein Mensch reift – anstatt zu altern. Und: Man kann den Menschen Derartiges durchaus auch äußerlich ansehen. Was es allerdings dazu braucht, ist: eine klare Vision zu haben und – eine entsprechende Portion Mut. Der amerikanische Entwicklungspsychologe und Buchautor Joseph Chilton Pearce hat es für sich so auf den Punkt gebracht: *„**Um schöpferisch zu leben, müssen wir die Angst vor dem Irrtum verlieren.**"* [16]

„Viele denken nur an die äußere oder physische Umwelt – etwa Luftverschmutzung, Lärmbelästigung und Wasserverschmutzung – wenn sie den Begriff ‚Umweltfaktoren' hören. Ich meine aber, dass zur Umwelt auch die psychologischen Auswirkungen von Informationen bezüglich der physischen Umwelt gehören. Der Geist ist von der Umwelt nicht getrennt. ... Der Geist hat einen enormen Einfluss auf das Individuum. Kranheiten, nicht bestandene Prüfungen oder Arbeitsverlust können dankbar akzeptiert werden, wenn sie positiv interpretiert werden. ... Ein glücklicher oder gesunder Zustand hat seinen Ursprung im Geist. Es gibt einen Weg, schädliche Gene zu deaktivieren und gute zu aktivieren, der jedem ungeachtet von Umgebung oder Umständen offen steht: die Änderung der geistigen Einstellung." [17] Und weiter: *„Vielmehr ist der Hauptfaktor, der das menschliche Potenzial hemmt, unsere Denkweise. ... Von uns wahrgenommene Grenzen basieren fast immer auf dem Vergleich mit anderen, eine äußerst begrenzte Perspektive. Trotzdem sind wir überzeugt, dass es diese Grenzen gibt, und wir betrachten unsere eigene Erfahrung und unser Wissen als absolut. Das ist eine sehr engstirnige Sichtweise."* [18]. Murakami verweist auf das biologische Phänomen einer Tomatenpflanze, welche, entsprechend einer Theorie und neuen Anbaukultur des Agrarwissenschaftlers Shigeo Nozawa – nicht durch Genmanipulation, sondern lediglich durch eine Änderung der Anbaubedingungen (Wasserkultur statt Erde) – den 1000-fachen Ertrag lieferte. Er schreibt: *„Nozawa war fähig, das Leben aus dem Blickwinkel einer Tomatenpflanze zu betrachten. Hieraus wird ersichtlich, dass selbst Tomaten ein Potenzial haben, das weit über unsere Vorstellungskraft hinausgeht. Wenn Nozawas Philosophie Pflanzen half, ihr Potenzial zu verwirklichen, was würde passieren, wenn wir diese Philosophie auf Menschen anwenden würden? ... Denn: Mit dem Menschen verhält es sich genauso. Wenn wir alle Hindernisse beseitigen und für eine geeignete Umgebung sorgen, ist unser*

---

[16] J.C. Pearce, zitiert in: http://www.glückssinntrainer.de/philosophie.php?WEBYEP_DI=3.

[17] K. Murakami: *„Der göttliche Code des Lebens – Ein neues Verständnis der Genetik."*, Güllesheim 2008, S. 49f.

[18] Ebenda, S. 130, S. 129.

Entwicklungspotenzial grenzenlos. ... Ich nahm meine Studenten und stellte sie neben Nozawas Riesentomatenpflanzen. ,Wenn Tomaten das können', sagte ich ihnen, ,dann haben Sie noch ein viel größeres Potenzial.' Nozawa behauptete, die Erde hemme das Wachstum der Pflanzen. **Welche Faktoren sind es, die die Entfaltung des menschlichen Potenzials hemmen?"** [19]

Gut, die Frage von Seiten dieses Naturwissenschaftlers ist gestellt: Welches könnten also jene ganzheitlichen Umwelt-Bedingungen sein – jene Gesetze des lebendig schöpferischen Lebenspotenzials und somit des Mensch-Seins auf dieser Erde? Des Mensch-Seins als Bewusstseins-Träger, als Teil eines alles durchdringenden, alles erfüllenden Informations- beziehungsweise Intelligenzfeldes. Wie kommt die In-*forma*-tion unseres Mensch-Seins wieder in Übereinstimmung mit den lebensförderlichen Bedingungen unseres Natur-Wesen-Seins, sodass Selbstheilung gewährleistet ist sowie Gesundheit und die Entfaltung des menschlichen Potenzials gefördert und befreit werden kann – und darf? Für Murakami ist es – aus seiner Einsicht in die Funktionsweise der Gene – klar, dass sie sich, weil genial unbewusst wirkender Aspekt der Natur, immer in ursächlichem Einklang mit den Naturgesetzen befinden. Können wir es aus dieser Einsicht für möglich halten, dass allem, was uns aus diesem Feld, aus diesem Informations- oder ,Intelligenzfeld' – genannt „*Leben*" – zukommt, immer und *grundsätzlich(!)* lebensförderliche Bedeutung zugeschrieben werden kann? Murakami: „*Gene, die Glück regulieren, müssen latent in jedem existieren. Sie warten nur darauf eingeschaltet zu werden. Was wir tun müssen, ist, sie zu aktivieren und so zum Arbeiten zu bringen, dass sie unser Leben positiv beeinflussen. Soweit wir wissen, arbeiten lediglich fünf bis zehn Prozent unserer Gene; was der Rest macht, ist unbekannt. Mit anderen Worten sieht es so aus, als wäre der Großteil unserer Gene inaktiv. Die Tatsache, dass unser psychologischer Zustand die Funktionsweise unserer Gene verändern kann, liegt vielleicht tatsächlich daran, dass so viele Gene schlafen. Einige der Gene, die wir noch nicht verstehen, reagieren möglicherweise stark auf unseren geistigen Zustand. Wie können wir dann bewirken, dass unsere Gene so arbeiten, dass wir glücklich sind? Die Antwort lautet: indem wir jeden Tag in vollen Zügen mit einer positiven Einstellung genießen. Meine Hypothese lautet, dass eine enthusiastische Sichtweise auf das Leben zum Erfolg führt und die Gene aktiviert, die uns Glück erfahren lassen. Im Leben läuft alles glatt, wenn wir eine positive Lebenseinstellung bewahren und voller Enthusiasmus und Lebensfreude sind. Ich nenne das ein Leben mit eingeschalteten Genen oder ,genetisches Denken'. Dieser geistige Zustand aktiviert gute Gene und deaktiviert schlechte. ... Letztendlich ist das, was für einen gut ist, von der Einzelperson abhängig. ... Die Tatsache, dass dieser Ein-/ Aus-Mechanismus existiert, ist keine Hypothese mehr. ... Es ist nicht so, dass eine nicht vorhandene Fähigkeit spontan entsteht, sondern dass eine vorhandene einfach ruht. ... Obwohl also die Gene mit Unmengen von Informationen ausgestattet sind, werden diese nicht vollständig genutzt. Die Gene im Zellkern werden an jede Boten-RNA übertragen,*

---

[19] Ebenda; weiters: S. 130, S. 129.

wenn sie gebraucht werden. ... Die Erfahrung, dass bestimmte Fähigkeiten nicht spontan aus dem Nichts heraus entstehen, sondern vielmehr latent in unseren Genen vorhanden sind, war dazumal eine wirklich bahnbrechende Entdeckung." [20] Für diese – frühe – wissenschaftliche Entdeckung erhielten die Forscher François Jacob und Jacques Lucien Monod bereits 1965(!) gemeinsam mit André Lwoff den „Nobelpreis für Physiologie oder Medizin".

Für derartige Veränderungen kann der Blick auf ganz reale Lebenserfahrungen, wie sie wohl jeder von uns in der einen oder anderen Weise erfahren hat und kennt, Mut machen. Murakami schildert sein derartiges Erleben als Forscher folgendermaßen: „*Der Umzug einer Person in ein neues Land verändert natürlich nicht die Gene dieser Person. Aber die Konfrontation mit einer neuen Umgebung kann als Auslöser wirken, der schlafende Gene einschaltet. ... Das nämlich öffnet einem die Augen für neue Möglichkeiten. ... Ohne solche Gelegenheiten ist es schwierig, sich von neuen Ideen inspirieren zu lassen. Ich rate Ihnen, von Zeit zu Zeit aus ihrer normalen Routine auszusteigen, um zu sehen, was andere Orte und Menschen zu bieten haben.*" [21] Als ähnlich hilfreich aber stellt sich – wie ja schon angedeutet – ein Wechsel der Sichtweise dar. Murakami: „*Ich spreche aus persönlicher Erfahrung: Bei langen Forschungsprojekten stecken Wissenschaftler häufig in schwierigen Situationen. Es ist nicht ungewöhnlich, dass einen dann Gefühle des Misserfolgs und der Hoffnungslosigkeit überfallen. Der springende Punkt ist, in solchen Zeiten nach Wegen zu suchen, um nicht den Mut zu verlieren. Bei mir funktioniert da eine bestimmte Technik. Ich erinnere mich daran, dass jede Situation im Leben zwei Seiten hat: sowohl gute als auch schlechte. Es hängt einfach von der eigenen Interpretation ab. ...* **Der Trick besteht darin, die Sache aus einem größeren Blickwinkel zu betrachten und darauf zu vertrauen und davon überzeugt zu sein, dass das Schwierige einem helfen wird, sich konstruktiv weiterzuentwickeln.** [22] *Wir müssen unsere Sichtweise erweitern und versuchen, in allem, was uns im Leben passiert, das Positive zu sehen. Falls sie das für unmöglich halten, spiegelt Ihre Reaktion eigentlich nur eine der Unzulänglichkeiten des modernen Menschen wider. Die Wissenschaft ist hervorragend im rationalen Denken. ... Bis zu einem bestimmten Punkt ist Rationalität wichtig, aber nicht alles in dieser Welt ist rational. ...* **Die Rationalität zu überwinden bedeutet nicht, eine irrationale Welt zu betreten, sondern vielmehr, diejenigen Aspekte anzuerkennen, die mit der gängigen Meinung oder der aktuellen Wissenschaft nicht zu erklären sind, wenn wir Entscheidungen treffen.** *Diese Herangehensweise kann uns helfen, das Gesamtbild zu erfassen, auch wenn es einwenig unscharf ist. ... Werfen Sie Ihre Gewohnheiten regelmäßig über Bord, um sich zu erfrischen und zu stärken – geistig wie körperlich.*" [23]

---

[20] Ebenda, S. 19f, S. 26f, S. 34.

[21] Ebenda, S. 20, S. 65f.

[22] Siehe auch Kapitel 21: Kreative Feldaspekte des Bewusstseins, Anmerkung 2, 9.

[23] K. Murakami: „*Der göttliche Code des Lebens – Ein neues Verständnis der Genetik.*", Güllesheim 2008, S. 45f, S. 67. Siehe auch Kapitel 10: Überzeugung und Gesundheit, Anmerkung 58.

„... Gewohnheiten regelmäßig über Bord zu werfen" – das bedeutet mehr und mehr offen zu *sein* für jene Intuitionen, jene Informationen, welche das jeweils situationsbezogene Leben als Lösung für uns bereithält, mitliefert – so wir dafür präsent, wach und bereit sind. Oder, mit den Worten des Biologen Bruce Lipton etwas wissenschaftlich-technischer formuliert: Stets „*... für möglichst viel konstruktive Interferenz mit dem eigenen Leben zu sorgen."* [24]

Reue / Treue, der Weg des Herzens – Oder: Leben aus innerer Bezogenheit

Bruno Würtenberger: *„Reue ist ein Gefühl, welches – Gott sei Dank – viele Menschen noch kennen. Wer echte Reue noch fühlen kann, zeigt, dass er noch ein Herz hat. Reue sollte jedoch nicht mit Moral oder Schamgefühl verwechselt werden. Reue fühlt man am authentischsten dann, wenn noch kein anderer davon weiß, was man bereut. Sobald jemand davon weiß oder etwas herausgekommen ist, ist es nicht mehr gar so leicht, Reue von Schuld oder Scham zu unterscheiden. Reue ist ein Gefühl von betroffenem ‚Es tut mir aufrichtig Leid', ohne dass jemand davon weiß. Reue ist ein sehr intimes Gefühl, welches kein Publikum braucht. ... Reue ist ein starkes Gefühl und macht mutig. Reue plus Mut ergibt Demut. Echte Demut, große Demut: ebenfalls ein starkes und kein schuldiges Gefühl. Auf Schuld folgt immer irgendeine Form der Bestrafung, auf Reue aber Dank. ... Die schmerzhafteste Reue ist jene, welche zu spät auftaucht. Jene Reue, die sich auf etwas bezieht, was man nicht mehr in Ordnung bringen kann. Es gibt Studien, in welchen erforscht wurde, was die Menschen am Ende ihres Lebens am meisten bereuen. Diese führten zu einem hochinteressanten Ergebnis: Die meisten Menschen bereuen nämlich nicht ihre Fehler am meisten, sondern jenes, was sie nicht getan haben, also die Unterlassungen. ... Dies ist mit ein Grund dafür, dass ich stets rate, dem Weg seines Herzens zu folgen. Tue was Dein Herz Dir befiehlt, dann wirst Du zumindest nicht mit dieser, der schmerzhaftesten Form der Reue, Bekanntschaft machen müssen ... T-Reue: Treue wird auf diesem Planeten groß geschrieben. Schon mal bemerkt, dass in diesem Wort die Reue verborgen ist? Es verdeutlicht den Zusammenhang und die Wichtigkeit dessen, dass nur, wer sich selbst treu ist, zur Reue fähig ist. Wir müssen unbedingt unseren Träumen treu sein und dem Weg unseres Herzens folgen. Denn das, was wir einst bereuen werden, sind all jene Entscheidungen und Taten, welche gegen den inneren Herzensimpuls gerichtet und ausgeführt wurden. Tue, Dir das nicht an. ... Wenn wir sagen, dass jemand von allen guten Geistern verlassen sei, dann ist es in der Tat so, dass nur **ein** Geist sie verlassen hat – der eigene. Nur so ist es möglich, seelenlose und geistlose Taten zu vollbringen. Es hat nichts mit den anderen, der Umwelt oder der Kindheit zu tun, sondern damit, was der einzelne Mensch daraus macht. ... Es gibt da einen Unterschied zwischen ‚Reue' und ‚bereuen'. Normalerweise empfinden die Menschen*

---

[24]   B.H. Lipton: *„Intelligente Zellen – Wie Erfahrungen unsere Gene steuern."*, Burgrain 2006, S. 120
Siehe auch Kapitel 14: Intuition, Anmerkung 54.

Reue immer im Nachhinein. Bewusste Menschen können jedoch Reue auch im Vorhinein empfinden. Wenn man nämlich bewusst lebt, dann ist man sich schon, bevor man etwas tut, bewusst darüber und man fühlt schon dann, ob es etwas sein wird, was man bereuen würde. Unbewusste Menschen bemerken diese Impulse nicht und bereuen immer erst im Nachhinein. Das ist mit ein Grund dafür, dass unbewusst lebende Menschen sich eher schuldig fühlen als bewusste Menschen und auch viel mehr Fehler begehen. Unbewusst zu leben ist daher ziemlich anstrengend und unangenehm. ... Sinnvoll wäre demnach nachzufragen, was die Menschen dazu bringt, ihre innere Stimme nicht zu vernehmen und weshalb sie andere verletzen. Und es wird Dich nicht verwundern, dass die Antwort heißt: Angst. Es ist immer in irgendeiner Art die Angst vor dem Zu-kurz-kommen." [25]
Die ständige Sorge „*Zu-kurz-zu-kommen*" und „*dem-Weg-des-eigenen-Herzens-folgen*", lässt sich nicht vereinbaren. Intuitionsfähig sein, dem eigenen Herzensweg folgen, kann nur derjenige, welcher die Einheit mit *allem-was-ist* begreifen und die eigene Bereitschaft des Fühlens zulassen kann. Viele heutige Menschen haben diese Fähigkeit völlig *Verschütt-gehen-lassen*. Sich bloß nicht verletzbar zeigen oder Verletzungen fühlen! „Cool-sein" wurde als *die* zeitgenössische Lösung und Devise propagiert. Doch die Hilflosigkeiten, welche solch ein Vorgehen, solch eine Lebensführung, letztlich mit sich brachte, motiviert die Menschen heute doch wieder vermehrt dazu, Gefühle zuzulassen. Ja: fühlen wieder systematisch zu erlernen, wie etwa im Studienlehrgang in empirischer Bewusstseins-Forschung à la *Free Spirit*. Wobei den Menschen – vielleicht erstmals im Leben – auch der grundlegende Unterschied zwischen Emotionen und Gefühlen deutlich fühlbar wird: ***Authentische Gefühle können die Menschen gestalten und bestimmen. Umgekehrt aber bestimmen Emotionen die Menschen*** ...

Vergebung und Loslassen

Die Psychoneuroimmunologin Candace Pert: „*Wir haben gehört, dass starke Gefühle, die nicht verarbeitet werden, nachhaltig auf Zellebene gespeichert werden. ... Entweder integrieren Sie die Information im Dienste ihrer persönlichen Entwicklung, oder Sie entscheiden sich für Vergebung und Loslassen. ... All die negativen Gedanken und Gefühle, die ganze Negativität, die wir in uns tragen, tritt im Körper in Erscheinung und macht uns krank. Vergebung heißt, das Herz zu öffnen und lieben zu lernen.*" [26] Lösungsorientierte, *Hilfe-zur-Selbsthilfe*-Trainings haben heute höchste Aktualität. Entsprechende Übungen, wie sie im Free Spirit-Kurs trainiert werden, sind gleichermaßen einfach wie didaktisch präzise konzipiert und schaffen auf sanft-konfrontierende Weise die entsprechende Selbsterfahrung als eigenverantwortlich-schöpferischer Mensch – und somit auch die rechte Motivation zur Veränderung. *Hier, wie überall, gilt: Mitteilen durch Außenstehende und Drüber-Reden allein genügt nicht! So lässt sich nichts nachhaltig verändern oder heilen.*

---

[25] B. Würtenberger: „*Reue*", in: *Die Andere Realität*, Gladbeck 5/2009, S. 6.
[26] C. Pert: „*Moleküle der Gefühle – Körper, Geist und Emotionen.*", Reinbeck / Hamburg 1997, S. 444, S. 470.

Das *Heft-selbst-in-die-Hand-nehmen* ist wohl der einzige wirklich zeitgenössische Weg in unserer von den Wissenschaften dominierten Zeit, der zu mündigen Menschen führt. Einen ganz entsprechenden Standpunkt nimmt auch Candace Pert aus physiologischer Sicht ein: *„Etwas zu wissen, wirkt sich nicht immer auf das aus, was wir fühlen. Daher müssen wir wohl über die rein verbale Kommunikation hinausgelangen, um Zugang zu unseren Gefühlen zu gewinnen. ... Unser Körper ist das Unbewusste und lässt sich nicht durch bloßes Reden heilen."* [27] Ja, jeder ist letztlich aufgerufen, sich mit sich selbst auseinanderzusetzen und Entdecker seiner selbst und der herrschenden Prägungen (psychische Seelenanteile = „Identitäten") zu werden. Der *innere Beobachter* steht schon lange dafür fühlend, doch (ab)wartend, bereit. Hier – nein, *herrscht* nicht Freiheit – hier *lebt* Freiheit. Freiheit, die allerdings auf unsere liebevolle Hinwendung zu uns selbst und zum Leben angewiesen ist. *„Das Leben – spielt immer für uns."* Diese Idee in der eigenen Welt absichtsvoll beobachten zu lernen, ist vermutlich *der* Schlüssel schlechthin für psychische und physiologische Gesundheit. So wir uns nur dazu bereit finden, das Herz zu öffnen und lieben lernen – zunächst erstmal auch *uns selbst*. Solches hört sich möglicherweise zunächst pseudo-idealistisch oder auch egoistisch an. Doch: Vergebung und Loslassen beginnt immer im *Zentrum-des-eigenen-Universums*: bei einem selbst! „Sein-eigener-bester-Freund-werden", mag sich vielleicht sehr einfach anhören. Denn: Viele wissen ja meist *ganz* genau, welchen Rat sie ihrem besten Freund in eventuell schweren Zeiten geben würden. Doch wissen sie es gleichermaßen auch für sich selbst?! Jeder von uns kennt die Antwort: Nein, meist gar nicht! Meist sind wir dazu einfach nicht willens. Vermutlich, weil es psychische Anteile, Seelenanteile oder eben „Identitäten" gibt, die *keinerlei-gesteigertes-Interesse* haben, die Veränderungen und vermeintlichen Folgen gegen sie selbst zuzulassen – und dann auch noch *eigenverantwortlich!* – zu verantworten. Derartig unerlöste Identitäten können sein: „der Feigling", „die faule Sau", „der Bequeme", „das Opfer", „der Beste", usw. Diese Identitäten neigen – in ihrem Bedürfnis auch weiterhin unentdeckt und somit verdeckt die „Fäden-ziehen-zu-können" – dazu, andere Identitäten vorzuschieben, sich anderer Identitäten zu bedienen. Dies könnte zum Beispiel „der Besserwisser" sein, „der Zweifler", „der Selbstlose", „der Stolze", aber auch „der Gerechte", „der Rächer" etc. Cluster von Identitäten, Konglomerate von „parasitären Verbündeten" [28] sind da am Werk. Ist allerdings der Funktionszusammenhang einmal offengelegt, so büßen diese Anteile zu einem hohen Prozentsatz ihre Pseudo-Allmacht in unserem Leben ein. *Nichts ist so mächtig, wie derartige, im Verborgenen wirkende Mechanismen, Muster und Überzeugungen.* Einmal dieses, ihres mächtigsten Schutzes – der Unbewusstheit, infolge bislang prolongierter Ahnungslosigkeit und Tarnung – beraubt, sind derartige Identitäten entmachtet. Sie sind aber dadurch auch von ihrer „unsympathischen Aufgabe" auf unseren individuellen Wegen hin zu echter Freiheit erlöst und – Veränderung kann beginnen. Wahre Bezogenheit und echte Beziehungen sind dann die Folge ...

---

[27] Ebenda, S. 469f.

[28] Siehe auch Kapitel 4: Ich-Bewusstsein versus Wille, Anmerkung 7.

Kapitel 21: Kreative Feldaspekte des Bewusstseins

Was soll das denn ...?! – Paradigmenwechsel

Univ.-Prof. Bruce Lipton schreibt in seinem Buch *„Intelligente Zellen"*: *„Ich war als Nukleus-zentrierter Biologe* (lat.: nukleus = Kern (der Zelle); KP.) *ausgebildet worden, ebenso wie Kopernikus als Erd-zentrierter Astronom ausgebildet worden war. Daher war es für mich ein Schock, als ich erkannte, dass der Nukleus mit seinen Genen nicht die Zelle programmiert. Die Daten werden durch die Rezeptoren in die Zelle beziehungsweise in den Computer eingegeben. Die Rezeptoren entsprechen also der Tastatur der Zelle. Sie lösen einen Reiz auf die Effektorproteine der Zellmembran aus: den Prozessor. Die Prozessor-Proteine setzen die Umweltinformation dann in das Verhalten des Organismus um. In den frühen Morgenstunden erkannte ich, dass die neueste Zellforschung, in der sich das Geheimnis der magischen Membran immer weiter offenbart, eine ganz andere Geschichte erzählt als die konservative Biologie mit ihrem genetischen Determinismus."* [1]

Etwas Großes spielt(e) immer für uns [2]

Auch ich wurde, wir alle wurden wohl, im Sinne jener „Wahrheit" erzogen, dass es ein *Programm von Gut & Böse* in dieser Welt gebe. Ein Programm, das – als selbstverständliche Immanenz – den Nimbus des Absoluten an sich trug. Etwas, was seinem Inhalt nach, für die Menschheit bestimmend und ewig wäre. Doch, was liegt real *wirklich* vor: Das Programm wurde mir und uns allen lediglich von unseren Eltern und der herrschenden Kultur weitergegeben – „ein-gebildet". Ab dann jedoch bestimmte es konsequent unser aller Leben, Tag für Tag.

Ja, und wir alle sind wohl auch – analog zum Inhalt des obigen Textes – als *„nukleus-zentrierte Sozialbausteine"* (aus)gebildet worden. Ich jedenfalls erkannte lange Zeit meiner Biographie nicht, was für eine entsprechend lebensförderliche Wahrnehmung entscheidend ist. Nämlich: meine Wahrnehmungskanäle primär auf *„fühlende, nicht-wertende Offenheit"* einzustellen. So erst wurde es möglich, dass mich diese Signale auch erreichen konnten – und nicht nur meine *Absolutheits-Programmierung* wirkte – und ich diese *scheinbar äußere* „Welt-da-draußen" erreichen konnte. Erst so wurde es möglich, dass mein Herz antworten lernte – in gesunder und *ansprechender* Weise: frei, intuitiv und mit dem Vertrauen begabt, dass in einem derart konzipierten *Universum voll realer Wunder und hochgradiger Ganzheit aller Zusammenhänge*, das

---

[1] B.H. Lipton: *„Intelligente Zellen. Wie Erfahrungen unsere Gene steuern."*, Burgrain 2006, S. 90.
[2] Siehe auch Kapitel 20: Wissenschaft und Spiritualität im Konsens, Anmerkung 22, 27f
  Siehe selbes Kapitel, Anmerkung 10.

Leben gesamtheitlich betrachtet, immer zugleich und gleichermaßen *für mich*, wie auch *für alle(s) andere(n)* spielen kann – und auch spielt.

Wenn man sich zunächst nur mal einige der lediglich *physiologischen* Fakten des bereits existenten Lebens bewusst macht wie zum Beispiel jene 400 000(!) Seh-Sinneszellen auf nur einem Quadratmillimeter menschlicher Netzhaut – ganz zu schweigen von der Entwicklung des menschlichen Gehirns – dann weiß man, was hier ganz anfänglich betrachtet mit „Wunder" gemeint ist. [3] Dankbarkeit für dieses Leben von *Etwas Großem* [4], wie Kazao Murakami es für sich benennt, entfaltet sich. Dankbarkeit, dieses Leben anteilig auch selbst zu *sein*! [5] Murakami *„Jeder Mensch wird allein dadurch, dass er geboren wird, zum Teilnehmer am Leben. Es liegt einfach schon ein Wert darin, hier zu sein, egal, was daraus wird. ... In Dankbarkeit zu leben heißt, dankbar dafür zu sein, dass man existiert. Mit dieser Einstellung können wir jeden Tag begrüßen und genießen, ungeachtet dessen, ob an diesem Tag irgendetwas Besonderes geschieht oder nicht. ... **Es gibt immer Raum für Entscheidungen.** Das bedeutet nicht, dass wir deshalb vor Tragödien gefeit sind, sondern vielmehr, dass wir nach der Lektion oder nach der Güte Ausschau halten sollten, die sich in einem unglücklichen Ereignis verbirgt. Wenn Sie meinen, das ginge nicht, denken Sie einfach daran, dass ‚Etwas Großes' uns niemals Leid zufügen würde. Diese Einstellung kann uns helfen, alles zu akzeptieren, was uns begegnet, und Krisen als Chancen zu sehen. ... Eine positive Einstellung ist der wichtigste Faktor zur Beeinflussung unserer Gene, egal wie negativ die Situation auch ist."* [6] Das Zulassen intuitiv gefühlter Wahrnehmungsimpulse als Grundlage meines neuen Lebensweges fiel dementsprechend leicht, lag es doch an meiner offenen Herzens-Bereitschaft, mir selbst, jene, diesem Standpunkt entsprechende, konkrete Einsicht eröffnen zu lassen. Da musste dann größtenteils kein Bemühen herhalten, um dankbar einzusehen – inwiefern das Leben stets gerade *jetzt* für mich zu spielen bereit war. Nicht einem allwissenden und festgelegten Programm fiel somit ab dann die entscheidende Rolle zu „Welt-zu-erleben", sondern dem nunmehr geöffneten – von vorprogrammierten Wertungen befreiten – Feld meiner Wahrnehmung. Überall da, wo nicht widerstandslos ein lebensförderliches Agieren stattfand, sondern Kampf und Krampf in meiner Seele, lernte ich erkennen, dass ich gerade mal wieder nicht zu wirklich „intuitiver Präsenz" fähig und bereit war – sondern eine Art „Auto-Programm" abzulaufen schien. Es war deutlich: *Wahr ist, was dem Leben dient.* Lüge, was dem Leben nicht dienlich ist – was es zerstört, was weh tut. Was dem eigenen *Verstand* schnell als *demütigend* erscheint, kann jedoch ein Herz, das fühlt – zu *wahrer Demut* leiten. ...

---

[3]   Siehe auch Kapitel 20: Wissenschaft und Spiritualität im Konsens, Anmerkung 12
      Siehe auch Kapitel 16: Materie und Bewusstsein, Anmerkung 23, 25, 35.

[4]   Siehe auch Kapitel 20: Wissenschaft und Spiritualität im Konsens, Anmerkung 3, 12.

[5]   Siehe auch Kapitel 19: Leben – ein Diskurs, Anmerkung 21.

[6]   K. Murakami: „*Der göttliche Code des Lebens – Ein neues Verständnis der Genetik.*", Güllesheim 2008, S. 136ff.

Der Biologe Bruce Lipton: *„In meinem Publikum gab es zudem immer mehr Menschen, die für die spirituellen Implikationen meiner Entdeckung offen waren. Der Wandel von einer nukleus-zentrierten zu einer membran-zentrierten Biologie war aufregend, aber nur deswegen wäre ich nicht so aufgeregt in die Bibliothek gerannt. In jener Nacht in der Karibik verwandelte ich mich nicht nur in einen membran-zentrierten Biologen, sondern auch von einem agnostischen Wissenschaftler in jemand, der fest daran glaubt, dass das ewige Leben unseren Körper transzendiert.“* [7]

Einschub: Dankbarkeit und Freude – Oder: *Doppelmühle mit Herz*

Mühle-auf – *Mühle-zu* ... Erinnern Sie sich noch, als Sie als Kind erstmals von einem Kundigen ins quasi *Höhere-Einmaleins-des-Mühlespielens* eingeweiht wurden, oder es auch zufällig selbst entdeckten? An jenes Aha-Erlebnis und spätere Vergnügen einer „Doppel-Mühle" im dann eigenen Spiel, welche so freudig beflügelte ...?! Im Öffnen einer Mühle – eine andere schließen! Genial einfach und doch: für jedes Kind unglaublich begeisternd. Die Spiel-Regeln kennen – ist eines, sie kreativ und das eigene Spiel förderlich zu nutzen, dann doch noch mal etwas gänzlich anderes.

Nun, auf der Ebene vom *Spiel-des-Lebens* spielt Bewusstsein *mit* sich, beziehungsweise bei den meisten Menschen leider meist *gegen* sich selbst. Eine Mühle zu schließen(!) – damit dies *wirklich* beflügelt – von Mühle zu Mühle zu spielen – bedeutet auf dieser Ebene nicht nur die *Spielregeln-des-Bewusstseins* zu kennen, sondern vielmehr: zu erkennen, wie Hand in Hand durch ein Sich-Öffnen eines Feldes sich ein neues erschließen lässt. *Dankbarkeit* zum Beispiel erschließt *Freude*. *Freude – Dankbarkeit* ... und ein „Mühlstein-des-Lebens" darf jeweils vom Brett, von der „Bühne-des-Lebens", entfernt werden. *Dankbarkeit – Freude, Freude – Dankbarkeit, Dankbarkeit – Freude*, ... Und irgendwann landen wir dann wohl auch dabei, unsere Haltung *dem Spiel gegenüber* zu wandeln: Wir *spielen* das Spiel nicht mehr – ernsthaft, sondern: Wir beginnen allen Ernstes *mit dem Spiel* zu spielen. Welche Wandlung! [8] Wer Mühle kennt, weiß allerdings: Die letzte große Herausforderung des eigenen Bewusstseins kommt dann doch noch irgendwann. Dann, wenn es darum geht, die letzten drei Steine des eigenen Gegners im Spiel aus-dem-Weg-zu-räumen. Wer dafür vorbereitet sein will, wird stets auch offen sein müssen, sich beizeiten weiterer Bewusstseins-Elemente (Mühle-Steine) zu bedienen um diese einzusetzen sowie waches Interesse und den Mut aufzubringen, um an entscheidender Stelle – selbst auf das bekannte Zusammenspiel dieser beiden ach-so-erfolgreichen-Mühlen – verzichten zu wollen. Bereitschaft für das Risiko, sich allem zu öffnen, was immer da auch kommen könnte. Verzicht auf jegliches Kalkül – um eine vielleicht letzte Mühle zu schließen ...

---

[7] B.H. Lipton: *„Intelligente Zellen. Wie Erfahrungen unsere Gene steuern.“*, Burgrain 2006, S. 91.

[8] Siehe auch Kapitel 24: Visionen und Ziele, Anmerkung 13-15.

Welche persönliche Erfahrung war wohl federführend in Kazuo Murakamis Leben, die ihn zur folgenden Einsicht führte: *„Wahre Selbstbeschränkung entspringt dem Wissen von der Existenz von ‚Etwas Großem', und dieses Bewusstsein kann uns helfen, uns als Menschen ungemein weiterzuentwickeln."* [9]

Freier Geist – Vom Umgang mit sich selbst und der Welt ...

Wir hören uns heutzutage doch alle gerne sagen, dass wir in einer *pluralistischen Gesellschaft leben*. Wie jedoch lebt es sich als *passionierter Rechthaber* in dieser sogenannten pluralistischen Gesellschaft ...?! Und: Rechthaberei ist, wie ja wohl jeder weiß, *fast* allgegenwärtig. Ich jedenfalls kann davon ein Lied singen. Denn ich lernte es mit gnadenloser Konsequenz an eigenem Leib und eigener Seele kennen: sehr anstrengend, sehr wenig authentisch – eine *heillose Gratwanderung des Bemühens!* Brüchiges Eis, auf welchem – stets um Toleranz „bemüht", wie es sich für einen „guten Menschen" gehört – gegen die eigene Intoleranz anzuleben versucht wurde. Der Besserwisser und Rechthaber – sehr erfolgreich getarnt. Wer das *nicht* kennt, der werfe den ersten Stein! Ich beteuerte und – verordnete mir Akzeptanz!!! *Schonungslos vorgelebte Gelassenheit.* Klarheit in meiner Äußerung, und doch: Ein halbes Menschenleben festgelegt und bemüht in dieser vordergründig verbrieften Kulturhaltung der „Toleranz" – wie vermutlich (fast) jeder möchtegern-entwickelte Zeitgenosse: Der innere Spagat zwischen jenem zeitgenössisch adäquaten Geltungsbedürfnis und dem, was sich selbst noch damit meint schmücken zu können, all diese Andersdenkenden und Andershandelnden „*trotzdem!*" selbstbeherrscht geltenlassen zu können. Pluralismus „*angesagt*" eben – selbstverordnet. Als Ideal gemeint, gedacht. Vielleicht ja sogar, ein *Not*-wendiger, erster Schritt.

Es wurde mehr und mehr zur liebevollen, inneren Wohltat – zunächst für mich selbst: erwachen zu können dafür, dass wirklich *alles gut ist, so wie es ist.* Und: *dass dieses Leben immer für uns spielt.* [10] Da wurde etwas real anders in meinem Leben, da hat sich tatsächlich seelisch Neues in mir erschlossen, Neuland der Seele: Eine große Dankbarkeit brach auf, für alle meine Seiten, für diesen Menschen, der da so vielfältig im Hier-und-Jetzt lebt, und mehr und mehr mutig Seines selbst in die Hand nimmt. Der zu verantworten bereit ist, was ihm da alles *scheinbar* zustößt – und auch all jenes, was er so *will*. Hand in Hand damit fühle ich heute aber auch die Dankbarkeit für all die wunderbare Vielfalt rund um mich, für diese höchst bemerkenswerten, andersartigen Menschenwesen und ihr Da-Sein. Mein Neuland bedeutet: Pluralismus fühlen *dürfen*. Es *ist* ein Unterschied! Ich staunte selbst über diesen Wandel zur Mühelosigkeit, über dieses innerliche Zur-Verfügung-Stehen. Nichts *bemüht* sich seither *groß* – und doch ist da etwas bemerkbar Verwandeltes.

---

[9] K. Murakami: *„Der göttliche Code des Lebens – Ein neues Verständnis der Genetik.*", Güllesheim 2008, S. 145.

[10] Siehe auch Kapitel 20: Wissenschaft und Spiritualität im Konsens, Anmerkung 22.

Mensch-ärgere-Dich-nicht. Oder: *Erleuchtung* – Spiel in höchster Verantwortung

Kürzlich erzählte mir ein naher Freund begeistert über seine Erfahrung am eigenen 4-Jährigen und dessen kindliches Erleben beim letzten *Mensch-ärgere-dich-nicht*: David – welche Überzeugungs-Sicherheit hat dieses Kind! – Nachdem er mit den *roten Männchen* verloren hatte, spielte er mit den „Siegermännchen" – den blauen. Und wirklich: auch diesmal gewinnt Blau! Der Kleine fühlt den Triumph natürlich an sich selbst, aber gewonnen ...?! Gewonnen – so mein Freund – hat für David ganz offensichtlich nicht *er selbst*, sondern die *blauen Männchen*. Es sind die blauen Männchen, denen David den Sieg zu verdanken meint, die roten, derentwegen er den Verlust erlitt.

„Magische Phase", nennen wir Erwachsene solche Paradebeispiele kindlicher Projektion. Aus der Metaebene des vom Kind distanzierten Erwachsenen geschildert, hat die Geschichte einfach etwas Köstliches: *Diese Kinder, so herzerfrischend naiv ...!* Und damit legen wir für gewöhnlich derart amüsante Geschichten ad acta.

Nur einen kleinen, wenn vielleicht auch fernen, Schritt weitergehend und es somit anders betrachtet: Was für ein unvergleichlich sprechendes Analogiebild menschlichen Alltagsbewusstseins! David versus Goliath. Seien wir doch ehrlich: Unbewusst, wie wir meist leben, erkennt doch kaum einer von uns Erwachsenen seine eigenen, ganz alltäglichen „Mensch-ärgere-dich-nicht-Situationen" im Spiel des Lebens. Kommt so ein Mensch-ärgere-dich-nicht-Spiel uns „Goliaths" nämlich nicht partout in Form seines quadratischen Spielbretts und den bekannt bunten Figuren entgegen, dann ist meist nichts in uns (vor)bereit(et), „es" als das zu erkennen, was es ist und uns entsprechend spielerisch darauf einzulassen. Dass sich kleine Kinder im Spiel so völlig dem Ärger hingeben können, oder Sieg und Niederlage auf die Farbe der Spielmännchen zurückführen, erscheint uns bestenfalls wie eine sehr ferne eigene Erinnerung und – *entsprechend kindisch*. So ganz und gar nicht mehr unserem ach-so-erwachsenen Entwicklungsstand entsprechend! Dass wir selbst es sind, die gewinnen, oder verlieren, dass es natürlich unsere Entscheidungen, unsere Handlungen und unser Spielglück sind, dass es unserer Wachheit und Aufmerksamkeit, ja auch unserer Sieger-Mentalität zuzurechnen ist – oder der ebenfalls selbst zu verantwortenden und anzuerkennenden Looser-Mentalität – wie das Spiel ausgeht, auch das ist uns auf dem bekannten „quadratischen Spielbrett!" völlig klar. Dafür reicht unser Erwachsen-Sein allemal. Hier verkraften wir – gönnerhaft und meistens mit vor den Kindern zur Schau getragener Leichtigkeit – „jene Dimension" von Eigenverantwortung.

Wie aber, wenn unsere Mitmenschen für ihre Spielzüge nicht explizit jenes bekannt quadratische Spielbrett verwenden?! Kaum einer, der dann nicht im Handumdrehen emotional völlig involviert ist. Kaum jemand, der nicht dazu neigt, jegliche Verantwortlichkeit am Spielverlauf auf die *blauen oder roten Männchen* in Form unserer Kinder, Partner, Arbeitskollegen etc. zu projiziert und sich im Gesamten gesehen, primär als Opfer der Umstände, Zufälle und Unwägbarkeiten auszugeben trachtet. Ja, genau so sind wir – bis wir „erleuchtet" sind! Genauso *köstlich bis kindisch* – je nach dem eingenommenen Standpunkt der Bewertung. In jedem Fall aber der qualitativ gleichen „magischen Illusion" verhaftet, wie David, der 4-Jährige. Also: *Raus aus der Illusion und rein in die Wirklichkeit!*

An David, dem 4-Jährigen, ist jedem *erwachsenen Goliath* das Wunder der Illusion längst deutlich. Diese Aspekte des eigenen Lebens einer geänderten Betrachtungsweise und Eigenverantwortung zuzuführen, ist ein erster Schritt Richtung „Erleuchtung". Jenseits davon gehen – aus ganzem Herzen – bedeutet, die volle Verantwortung für *denjenigen* zu übernehmen, der bislang nach wie vor – im Positiven wie im Negativen – auf die Verantwortung der Spiel-Männchen setzte. Erleuchtung bedeutet letztlich nicht (viel) mehr als sich eigenverantwortlich, einsichtig und frei als der zu begreifen und vor sich selbst zu outen, welcher jegliche Verantwortung – sowohl für alle *Mensch-freue-dich-* wie gleichermaßen auch für die *Mensch-ärgere-dich-nicht-Spiele* des täglichen Lebens und deren Ausgang trägt. Allerdings: Davidsche Begeisterung, Davidsche Glaubenskraft und Davidsche Freude am Spiel mit eingeschlossen. Und bei Schach sowie jeglicher Art von Strategie-Spielen (also: ganz allgemein im täglichen Leben!) gilt natürlich Entsprechendes ...

... was für ein *großer*, kleiner Schritt! Geben wir es doch einfach zu: ein wahrhaft „*begeisternder Wahnsinn*", oder?! ;-)

Wir sind Schöpfer der eigenen Realität – ob wir wollen oder nicht

Bruno Würtenberger: „*Bevor Du nicht anerkennst, dass Du selbst Deine eigene Realität erschaffst, hast Du sehr schlechte Karten im Spiel des Lebens. Du wirst immer den ‚Schwarzen Peter' haben. Es gibt keine allgemeingültige Realität, der Du Dich fügen müsstest. Die meisten tun es zwar, aber sie tun es bloß, weil sie nicht wissen, wie Realität erschaffen wird. Sie sind unwissend oder oft auch einfach zu bequem. Sie bekämpfen lieber die Gegebenheiten, als neue zu erschaffen. Sie sind lieber Opfer als Täter, lieber passiv als aktiv, lieber Schöpfung als Schöpfer. Natürlich, es wurde uns ja auch lange genug eingetrichtert, dass es eine Anmaßung sei, ja gotteslästerlich, zu behaupten, Schöpfer zu sein. Dies war und ist der Trumpf aller, die uns klein halten und kontrollieren wollen. Ja, Schöpfer kann man weder kontrollieren noch ausnützen, man kann sie nicht manipulieren und wie Marionetten fernsteuern. Ein Mensch, der sein schöpferisches Potenzial erkannt hat, entwickelt seine eigenen Visionen und investiert seine ganze Energie in deren Verwirklichung. Ja, er ist schon auf dem Weg zum Ziel glücklich, denn das, was r wirklich erreichen wollte, ist: Freiheit.*" [11]

„*Unsere Wirklichkeit und unsere Möglichkeiten reichen nur so weit wie unser Glaube.*" Die tiefe Einfachheit dieses Statements hatte für mich bereits in den frühen 30-er Jahren

---

[11]   B. Würtenberger: „*Free Spirit-Grundkurs – Teil 1*", Zürich 2005, S. 174.

meiner Biographie etwas höchst Anziehendes, Bewegendes und hat mich seither begleitet; lange Jahre hing dieser Gedanke von Gerhard Kunze neben meinem Schreibtisch, später neben meinem Bett. Ich spüre, dass diese *Wahrheit-des-Glaubens* mein Leben geprägt hat und prägt – genau genommen: solange ich zurückdenken kann. *Glaube im weitesten Sinn*: der Glaube an die schöpferische Einzigartigkeit jedes Menschen zum Beispiel; und seit Ende meiner 40-er Jahre auch die Einsicht, dass all das, was wir über uns selbst, die anderen, die Welt und unser Wollen glauben – wovon wir also überzeugt sind, im Positiven wie auch im Negativen – unsere persönlichen Anweisungen ans eigene Leben darstellen, dessen Regisseur jeder von uns sein darf, ja: ist! Verantwortung in diesem neu erkannten Sinn begann, und eine neue Art von Kreativität, Großzügigkeit und Frieden im Leben. Spirituelle, individuelle Wahrheit – der Weg, der dann beginnt – erweist sich als ein Scheiden-der-Geister im eigenen Inneren. *Intuition* als unvoreingenommenes Wandeln, Wahrnehmen und Handeln – aus einem großen, inneren *„Ja"*.

Spannend ist, dass mehr und mehr Menschen heute Wahrnehmungen beziehungsweise intuitive Einsicht für und in diese Ebene haben und sich etwas Wesentliches in ihnen zu wandeln beginnt. Neue / alte Fragen werden gestellt – und: Fragen lösen sich auch wieder wie von selbst auf: Wie wirkt *Bewusstsein*? Wie wirkt *Wille*?

Der Quantenphysik-Forscher Antoine Suarez: *„Warum zeigen Physiker zunehmend Interesse für solche Fragen? Der Grund ist meines Erachtens, dass in den letzten Jahren gewisse Dinge in der Physik geschehen sind, die auf Wirklichkeitsbereiche hinweisen, die den Bedingungen von Raum und Zeit nicht unterworfen sind, auf Wirklichkeitsbereiche also, die ‚jenseits-der-Physik' liegen."* [12]

Welches *sind* nun die *spirituellen und mentalen Implikationen* all dessen? – Nicht unsere Indoktrinationen und Programmierungen haben „das-Sagen-zu-haben", sondern vielmehr unsere *Intuition*. Intuition, die an der Wahrnehmung ansetzend – wahrhaft dem Leben dienend, das Leben selbst seiend – initiierender, tätiger Wille werden will und kann! „*Wille*" im Sinne eines *Agens-des-lebendigen-Gottes*, oder einfacher: eines *Ich Bin* – oder eben: *des Lebens selbst*. [13] Es ist der Wandel von einem „Vorstellungsdenken-geprägten-Leben", zu einem vom Fühlen geprägten und intuitionsoffenen Leben. Vom Agnostiker, der noch an absolute Wahrheiten (Programmierungen, Festlegungen) glaubt – zu einem *Freien Geist*. Zu einer Offenheit, die „es" für möglich hält, glaubt und letztlich Gewissheit und Zugang zu dieser Kraft in sich findet, dass *etwas Freies, Ewiges* unseren Körper führen kann und darf, und ihn – wie der Biologe Bruce Lipton es nennt – *„transzendiert"*. Interessant, dass auch die universitäre europäische Philosophiegeschichte ganz Ähnliches bezüglich eines eventuellen „Absolutheitsanspruchs der Erkenntnis von Wahrheit" zu liefern imstande ist: *„Je näher wir der Wahrheit kommen,*

---

[12] A. Suarez; *„Nicht-lokale Kausalität – Weist die heutige Physik über die Physik hinaus?"*, in: H. Thomas: *„Naturherrschaft – Wie Mensch und Welt sich in der Wissenschaft begegnen."*, Köln 1990, S. 132.

[13] Siehe auch Kapitel 4: Ich-Bewusstsein versus Wille, Anmerkung 4.

desto mehr verflüchtigt sie sich. ... Die Wahrheit der Wahrheit ist die Distanz selbst, die Abwesenheit von Wahrheit." [14] Lipton: „*Die Kontrolle über unser Leben wird im Augenblick unserer Empfängnis nicht einem genetischen Würfelspiel überlassen, sondern in unsere eigenen Hände gelegt. Wir können unsere eigene Biologie steuern. Wir haben die Macht, die Daten zu bestimmen, die wir in unseren Biocomputer eingeben, so wie wir wählen können, welche Worte wir tippen. Wenn wir begreifen, wie die IMPs (die Integralen Membran-Proteine) die Biologie steuern, dann werden wir zu Meistern unseres Schicksals.*" [15] Wow! Wie klingt so etwas aus dem Mund eines Spitzenwissenschaftlers, dessen Einsicht ausschließlich auf erfolgreicher, naturwissenschaftlichbasierter Forschung ruht ...?! Was da im letzten Satz dieses Zitats auf den ersten Blick wissenschaftlich etwas sperrig klingt, hat sehr einfache, und doch auch sehr bedeutsame Handlungskonsequenzen.

Nochmals der Quantenphysiker Suarez: „*In einer statistischen Auffassung von den Naturgesetzen, wie sie die Quantentheorie nahelegt, gibt es breiten Spielraum für freie Handlungen. Sicher müssen für große Zahlen sich die Gesetze erfüllen, aber ab welcher Zahl beginnen die Zahlen groß zu sein? Damit scheint der normale Rahmen gegeben zu sein, in dem sich die menschliche Freiheit abspielt. ... Die ‚Existenz Gottes‘ bedarf nicht der Quantentheorie. Die Quantentheorie ist wichtig, damit freie Menschen existieren können.*" [16]

Bescheidenheit: Geben erfüllt von Freude. Oder: Von der wahren Großzügigkeit

Hier noch ein Statement von Bruno Würtenberger: „*Bescheidene Menschen tragen die Verantwortung für alles, was sie tun und für alles, was auf dieser Welt geschieht. Sie trennen sich nicht ab mit Gedanken wie: ‚Das hat nichts mit mir zu tun ...‘ oder: ‚Das ist nicht meine Aufgabe ...‘ oder: ‚Ich kann nichts dafür ...‘ usw. Und da sie Verantwortung übernehmen, fühlen sie sich nicht schuldig. Schuldig fühlen sich nur Menschen, die auf irgendeiner Ebene für irgendetwas die Verantwortung nicht übernehmen wollen. Deshalb sind bescheidene Menschen auch mutige Menschen. Sie sind mutig genug, die Geschicke dieser Welt in die eigenen Hände zu nehmen, mutig genug, zu dem zu stehen, was sie glauben, denken, fühlen, sprechen und tun. Mutig genug, um ihre Verbundenheit mit allem, was ist, nicht zu verleugnen. Sie sind eins mit der Welt. Und nur wer eins ist mit der Welt, kann eins mit sich selber sein und eins sein mit Gott. Aus diesem Grunde*

---

[14] P. Bahners: „*Vom Schicksal der Wahrheit nach der Dekonstruktion.*", in: H. Thomas: „*Naturherrschaft – Wie Mensch und Welt sich in der Wissenschaft begegnen.*", Köln 1990, S. 215
Siehe auch Kapitel 4: Ich-Bewusstsein versus Wille, Anmerkung 5, 6.

[15] B.H. Lipton: „*Intelligente Zellen. Wie Erfahrungen unsere Gene steuern.*", Burgrain 2006, S. 92
Siehe auch Kapitel 18: In-*forma*-tion – und andere Felder ..., Anmerkung 34.

[16] A. Suarez; „*Nicht-lokale Kausalität – Weist die heutige Physik über die Physik hinaus?*", in: H. Thomas: „*Naturherrschaft – Wie Mensch und Welt sich in der Wissenschaft begegnen.*", Köln 1990, S. 135f.

spielen Eigenverantwortung und Bescheidenheit eine wesentliche Rolle auf dem Weg zur Erleuchtung. Bescheidene Menschen sind deshalb aber nicht unterwürfig und lassen sich nicht versklaven. Sie gehen ihren Weg und das scheint manchmal sehr egoistisch zu sein. Ich denke dabei an Menschen wie Mutter Theresa oder Mahatma Gandhi. Sie hatten stets ein größeres Ganzes vor Augen, eine Vision, welche vielen Menschen diente. Auch alle anderen Menschen dieser Qualität hatten stets ein der Persönlichkeit übergeordnetes Weltbild, eine Vision im Dienste aller, im Dienste der Menschheit." [17]

Mehr zum Thema *Visionen* – in einem späteren Kapitel ... Doch hier noch etwas Wesentliches zum Ende *dieses* Kapitels:

Spiritualität – Oder: Von der Vollkommenheit der Unvollkommenheit

Bruno Würtenberger: *„Solltest Du Dich auf dem spirituellen Pfad befinden, wirst Du Dich möglicherweise nach all Deinen Kräften bemühen, perfekt zu sein. Du hast den Blick für die ‚Vollkommenheit der Unvollkommenheit' verloren. Du möchtest keine Fehler mehr haben, hast sie aber. Du willst immer nur gut sein, schaffst es jedoch nicht. Du möchtest nur gute Gedanken, nur gesund essen, nur weise reagieren, doch es funktioniert nicht – Du bist ein Mensch. Und der Mensch, ja die gesamte Schöpfung, ist nicht perfekt, deshalb sind ja auch Entwicklung und Wachstum möglich. Was sich nicht mehr weiter entfalten kann, ist nicht perfekt, sondern tot. Selbst ‚Gott' wird mit jedem Augenblick größer, wächst und entfaltet sich mit jedem Augenblick mehr und mehr. Dadurch ist auch ‚Er' vollkommen. Aber was geschieht und geschah tatsächlich bei Dir, während Deiner Bemühungen zur Perfektion? Du musstest alles, was nicht sein durfte, unterdrücken, denn es widersprach Deinem Ideal. Dies führte zur größten Misere der Menschheit. Und da es keine Menschheit gibt, sondern nur Menschen, ist es Deine Misere. Sie gehört Dir. Die Menschheit, die Gesellschaft, Kulturen oder Systeme laufen Dir nicht über den Weg – nur Menschen. Es ist immer der einzelne Mensch, der es ausmacht. Nicht die Menge kann die Welt verändern, sondern der Einzelne: Du. Nun sage ich nicht, Du sollest keine Vorbilder haben. Du sollst sie jedoch bloß als eine Art Richtschnur betrachten, nicht als etwas, was unbedingt erreicht werden muss, sondern als etwas, was Dir die Richtung anzeigt und Dir – einem Leitstern gleich – den Weg weist. Auch nicht als etwas, zu dem Du werden solltest, sonst läufst Du Gefahr, eine Kopie zu werden. Deine Verwirklichung liegt aber eben gerade darin, Du selbst zu sein. Ohne Kompromisse. **Du bist hier, um Du selbst zu werden; Dich selbst zu erleben, Dich selbst auszuprobieren, solange bis Du erkennst, wie wunderbar göttlich Du bist.** ... **Alles, was lebt, ändert sich und der Grund Deines Daseins ist: zu leben.** Was Du jedoch bis anhin versucht hast, ist, Dich dem Leben vorzuenthalten: Du hast Dich dem Leben verschlossen, weil es so viele Gefahren in sich zu bergen scheint. Weil es einfach nicht möglich ist, in einer Welt wie dieser perfekt zu*

---

[17]   B. Würtenberger: *„Free Spirit-Grundkurs – Teil 1"*, Zürich 2005, S. 187f.

sein." [18] Als erster Schritt gilt es wie stets im Leben: frei zu werden *von* etwas – um frei zu sein *für* etwas: z.B. von seinen zerstörerischen Selbst-Zweifeln und der mangelnden Selbst-Achtung. Auch hier gilt: Für Freiheit muss letztlich auch die Bereitschaft und der Wille gefunden und aufgebracht werden, ein Risiko auf sich zu nehmen. Dann aber wird man auch belohnt, eben mit der Freiheit *für* etwas: für das Leben, seine grundsätzliche Liebe und Lebendigkeit. Doch der Preis dieser Freiheit ist: *Rückhaltlose Verantwortung all dessen, was ist.* Nicht Schuld – Verantwortung!

Idee der Freiheit

Der Geisteswissenschaftler und Philosoph Dr. Rudolf Steiner – Begründer der Anthroposophie und Waldorfpädagogik, Initiator der biologisch-dynamischen Anbau-methode sowie der Marken „Demeter", „Weleda", und vieles mehr, spricht in seiner Dissertation (1891) aus, was wahre Moralität, Würde und Freiheit für den mündigen Menschen bedeuten können. Er bezeichnet seine – aus damaliger, aber wohl auch heutiger Sicht – radikale Idee der Liebe und Hingabe als „ethischen Individualismus":
*„Während ich handle, bewegt mich die Sittlichkeitsmaxime – insofern sie intuitiv in mir leben kann; sie ist verbunden mit der Liebe zu dem Objekt, beziehungsweise zu dem, was ich durch meine Handlung verwirklichen will. Ich frage keinen Menschen und auch keine Regel: ‚Soll ich diese Handlung ausführen?' – sondern ich führe sie aus, sobald ich die Idee davon gefasst habe. Nur dadurch ist sie **meine** Handlung. Wer nur handelt, weil er bestimmte sittliche Normen anerkennt, dessen Handlung ist das Ergebnis der in seinem Moralkodex stehenden Prinzipien. Er ist bloß der Vollstrecker. Er ist ein höherer Automat. Werfet einen Anlass für sein Handeln in sein Bewusstsein und alsbald setzt sich das Räderwerk seiner Moralprinzipien in Bewegung und läuft in gesetzmäßiger Weise ab, um eine christliche, humane, ihm selbstlos geltende, oder eine Handlung des kulturgeschichtlichen Fortschritts zu vollbringen. Nur wenn ich meiner Liebe zu der Sache folge, dann bin ich es selbst, der handelt, ... weil ich in mir selbst den Grund des Handelns – die Liebe zur Handlung – gefunden habe. Ich prüfe nicht verstandesmäßig, ob meine Handlung gut oder böse ist; ich vollziehe sie, weil ich sie liebe. Sie wird gut, wenn meine in Liebe getauchte Intuition in der rechten Art in dem intuitiv zu erlebenden Weltzusammenhang drinnen steht; ‚böse', wenn das nicht der Fall ist. Ich frage mich auch nicht: ‚Wie würde ein anderer Mensch in meinem Falle handeln?' – sondern ich handle, wie ich – diese besondere Individualität – zu wollen mich veranlasst sehe. Nicht das allgemein Übliche, die allgemeine Sitte, eine allgemein-menschliche Maxime, eine sittliche Norm leitet mich in unmittelbarer Art, sondern meine Liebe zur Tat. ...*

Der bloße Pflichtbegriff schließt die Freiheit aus, weil er das Individuelle nicht anerkennen will, sondern Unterwerfung des letzteren unter eine allgemeine Norm fordert. Die Freiheit des Handelns ist nur denkbar, vom Standpunkt des ethischen Individualismus

---

[18] Ebenda, S. 109.

*aus. Wie aber ist ein Zusammenleben der Menschen möglich, wenn jeder nur bestrebt ist, seine Individualität zur Geltung zu bringen? Damit ist ein Einwand des falsch verstandenen Moralismus gekennzeichnet. ... Der Unterschied zwischen mir und meinem Mitmenschen liegt durchaus nicht darin, dass wir in zwei ganz verschiedenen Geisteswelten leben, sondern dass er aus der uns gemeinsamen Ideenwelt andere Intuitionen empfängt als ich. Er will **seine** Intuitionen ausleben, ich die **meinigen**. Wenn wir beide wirklich aus der Idee schöpfen und keinen äußeren (physischen oder geistigen) Antrieben folgen, so können wir uns nur in dem gleichen Streben, in denselben Intentionen begegnen. Ein sittliches Missverstehen, ein Aufeinanderprallen, ist bei sittlich freien Menschen ausgeschlossen. Nur der sittlich Unfreie, der dem Naturtrieb oder einem angenommenen Pflichtgebot folgt, stößt den Mitmenschen zurück, wenn er nicht dem gleichen Instinkt und dem gleichen Gebot folgt. **Leben in der Liebe zum Handeln und Lebenlassen im Verständnis des fremden Wollens, ist die Grundmaxime des freien Menschen.** ... Nur weil die menschlichen Individuen eines Geistes sind, können sie sich auch nebeneinander ausleben. Der Freie lebt in dem Vertrauen darauf, dass der andere Freie mit ihm einer geistigen Welt angehört und sich mit ihm in seinen Intuitionen begegnen wird. Der Freie verlangt von seinen Mitmenschen keine Übereinstimmung, aber er vertraut darauf, weil sie in der menschlichen Natur liegt. Damit ist nicht auf die Notwendigkeit gedeutet, die für diese oder jene äußeren Einrichtungen besteht, sondern auf die Gesinnung, auf die Seelenverfassung, durch die der Mensch in seinem Sich-Erleben unter von ihm geschätzten Mitmenschen der menschlichen Würde am meisten gerecht wird."* [19]

Wir werden uns mit dieser Zukunfts-Sicht im letzten Kapitel näher zu beschäftigen haben.

---

[19] Rudolf Steiner: *„Philosophie der Freiheit. (1894 Berlin)"*, Dornach 1962, aus: Kap. IX *„Die Idee der Freiheit."*, S. 128ff.

Kapitel 22: Systemische Phänomene

Symmetrie / Symmetriebrechung / Spiegelung. Oder: Systemisches aus der Physik

„In den vergangenen Jahren wurde für die Wissenschaftler immer deutlicher, dass verborgene Symmetrien ein ganz wesentlicher Bestandteil im Plan der Natur sind und möglicherweise sogar der entscheidende Schlüssel, um zu verstehen, wie aus einer ursprünglich ‚perfekten' Schöpfung schließlich Strukturen entstehen konnten. ... Diese Asymmetrie im Herzen der Materie (ist) *für unsere Existenz wesentlich. ... Wenn man in der modernen Kosmologie von einem Credo der Schöpfung sprechen kann, so lautet es: Am Anfang war das Universum symmetrisch."* [1] Soweit Frank Close, Professor für Physik und Forscher am Europäischen Zentrum für Elementarteilchenphysik CERN zu gewissen systemischen Phänomenen aus der Forschung im Bereich Quantenphysik und Kosmologie. Ähnlich der Physiker Peter Mittelstaedt, Professor für Theoretische Physik an der Universität Köln: *„Wir glauben heute, dass die Symmetrien letzten Endes die Felder bestimmen. Wir fragen jetzt: ‚Was sind Felder?' Die Felder sind sicherlich auch etwas Nicht-Materielles, etwas Abstraktes, etwas Mathematisches, wenn Sie so wollen. Die Teilchen sind dann – in unserer Sprache – angeregte Zustände dieser Felder, auch wieder nichts Materielles."* [2]

„Nichts als Musik: Die Grundlagen der Stringtheorie" [3]

„Seit langem schon dient die Musik den Philosophen und Naturforschern, die sich über die Rätsel des Kosmos den Kopf zerbrechen, als Lieblingsmetapher. Von den ‚Sphärenklängen' der Pythagoreer im antiken Griechenland bis zu den ‚Harmonien der Natur', die Jahrhunderte lang das Leitmotiv der Forschung waren – immer wieder haben wir im majestätischen Gang der Himmelskörper wie im ausgelassenen Treiben der subatomaren Teilchen das Lied der Natur gesucht. Mit der Entdeckung der Superstringtheorie gewinnen diese musikalischen Metaphern eine verblüffende Realität, denn die Theorie geht davon aus, dass die mikroskopische Landschaft mit winzigen Saiten – den Strings – gefüllt ist. Nach der Superstringtheorie bringt der Wind der Veränderung das ganze Universum wie eine riesige Äolsharfe zum Klingen. ... In der Physik – wie in der Kunst – ist die Symmetrie ein entscheidender Aspekt der Ästhetik. Doch anders als in der

---

[1] F. Close: *„Luzifers Vermächtnis – Eine physikalische Schöpfungsgeschichte.",* Berlin 2004, S. 32, S. 164, S. 180.

[2] P. Mittelstaedt: *„Wirklichkeit in Raum und Zeit – Physiker im offenen Dialog.",* in: H. Thomas: *„Naturherrschaft – Wie Mensch und Welt sich in der Wissenschaft begegnen.",* Köln 1990, S. 177f
Siehe selbes Kapitel, Anmerkung 15
Siehe auch Kapitel 17: Das Primat der Information, Anmerkung 6.

[3] B. Greene: *„Das elegante Universum.",* S. 163.

Kunst hat die Symmetrie in der Physik eine sehr konkrete und exakte Bedeutung. Indem die Physiker dem Symmetriebegriff bis in seine letzten mathematischen Verästelungen gefolgt sind, konnten sie im Laufe der letzten Jahrzehnte Theorien entwickeln, in denen Materieteilchen und Botenteilchen (der vier bekannten Grundkräfte; KP. [4]) *weit enger miteinander verflochten sind, als irgendjemand vorher für möglich gehalten hätte. Solche Theorien, die nicht nur die Naturkräfte, sondern auch die Bausteine der Materie vereinigen, weisen eine in bestimmtem Zusammenhang größtmögliche Symmetrie auf und werden deshalb als ‚supersymmetrisch' bezeichnet. ... Richtig ist auch, dass sich die eine oder andere Entscheidung theoretischer Physiker auf ein ästhetisches Urteil gründet – welche Theorien in ihrem Aufbau ähnliche Elleganz und Schönheit besitzen, wie sie unsere Erfahrungswelt aufweist. Natürlich gibt es keine Gewähr dafür, dass diese Strategie zur Wahrheit führt. Trotzdem: Wenn wir in Bereiche vordringen, wo unsere Theorie Aspekte des Universums beschreibt, die sich unserem experimentellen Zugriff weitgehend entziehen, orientieren wir theoretischen Physiker uns zunehmend an solchen ästhetischen Gesichtspunkten, um Holzwege und Sackgassen zu vermeiden, in die wir uns sonst vielleicht verirren würden. Bislang hat sich diese Methode als nützlich und erkenntnisförderndes Hilfsmittel erwiesen.*" [5] Dies sagt einer der führenden Physiker auf dem Gebiet der „Superstrings" und leitender Professor für Physik und Mathematik an der Columbia University in New York, Brian Greene, in seinem wissenschaftlichen Bestseller: *„Das elegante Universum."* Es ist diese Art von *Schönheits-Suche* nicht sehr weit entfernt von jener wichtigsten Prämisse des naturwissenschaftlichen Ansatzes, wie von Albert Einstein selbst knapp formuliert und hier auch bereits einmal angeführt: *„Wir suchen nach dem einfachsten möglichen Gedankenschema, das die beobachteten Tatsachen miteinander verbindet."* [6]

Nun, es gibt erwiesenermaßen viele Phänomene, welche sich in den unterschiedlichsten Bereichen und Zusammenhängen unseres Kosmos – sowohl des universellen, als auch des sozialen gleichermaßen – auffinden lassen. Was im *physikalischen Kosmos* offensichtlich Gültigkeit zu haben scheint, bestätigt sich als Kontext tagtäglich auch im erlebbaren *sozialen Kosmos.* Irgendwie scheinen wesentliche Prinzipien gleicher Art da wie dort am Werk. Der Physiker Frank Close: *„Sich selbst überlassen, nehmen physikalische Systeme über kurz oder lang den Zustand mit der geringsten Energie ein. ... In der flüssigen Phase bewegen sich die Wassermoleküle ungeordnet umher; im Eis schwingen sie nur um feste Positionen."* [7] Können wir nicht exakt dasselbe – systemisch betrachtet – auch in partnerschaftlichen Beziehungen erleben und formulieren?! Schwingt in derartigen „Systemen", wenn sie erkalten und in eine Phase des Erstarrens übergehen, nicht auch

---

[4] Siehe auch Kapitel 16: Materie und Bewusstsein, Anmerkung 5.

[5] B. Greene: *„Das elegante Universum."*, S. 163, S. 199 (gilt auch für das nächste Zitat in Folge).

[6] A. Einstein, zitiert in: E. Laszlo: *„HOLOS – die Welt der neuen Wissenschaften."*, Petersberg 2002, S. 182.

[7] F. Close: *„Luzifers Vermächtnis – Eine physikalische Schöpfungsgeschichte."*, Berlin 2004, S. 220, S.267.

alles nur noch um „*... feste Positionen*"? Zugegeben, Aussagen wie die folgenden des Biochemikers und emeritierten Direktors am Max-Planck-Institut in Göttingen, Friedrich Cramer, können befremden, und doch scheint vom Standpunkt seiner *Evolutionsfeldtheorie* daran auch etwas Schlüssiges vorzuliegen. Er jedenfalls formuliert seit längerem – die Phänomene lakonisch materialistisch kommentierend – dass „*... Materie, weit vom energetischen Gleichgewicht entfernt, substanziell lebend*" sei; es sich einfach um eine „*... physikalische Eigenschaft handle, lebend zu sein.*"[8]

Was in der Physik der Gegenwart mittlerweile zu den, das Verstehen förderlichsten und tragfähigsten Theorien bezüglich des Werdens im Kosmos gezählt wird, nämlich: die Bedeutung von *Symmetrien* – beziehungsweise auch jene von *Symmetriebrechungen* – wird heute zunehmend auch in den Bereichen Biophysik und Biologie als grundlegend erkannt. Professor Close: „*Die negativen Ladungen (Elektronen) vermitteln und steuern die biochemischen Prozesse in Lebewesen, während die positiven Ladungen (Protonen) – zu schwer, um groß umherbewegt zu werden – eher an ihrem Platz verweilen und so ein festes Gerüst bilden. Diese Asymmetrie der Massen ist für die Struktur der Materie wesentlich.*"[9]. Und – wie angesprochen und dargestellt – selbst für das Zusammenspiel der Materie in lebenden Organismen.

Die signifikante Bedeutung von Spiegelungsprozessen für die Entwicklung organischen Lebens beziehungsweise auch die „Kehrseite-dieser-Medaille": Prozesse sogenannter „Spiegelungsbrechung", sind damit jedoch noch lange nicht erschöpft. Nochmals Close: „*Doch auch das scheint für die Existenz von Leben nicht auszureichen. Die Funktionsweise von Organismen basiert vermutlich auf einer Asymmetrie unter Spiegelungen, also einer Unterscheidung zwischen links und rechts in der Grundstruktur organischer Moleküle. ... Das Leben ist asymmetrisch unter Spiegelung. ... Die Aminosäuren und Moleküle der einen Form bilden lebende Organismen und haben die Fähigkeit erlangt, sich ihrer Existenz bewusst zu werden und das Universum zu erkennen. Ihre Spiegelbilder sind anorganisch und leblos. Lebende Organismen wählen nur die eine Form, die andere wird verstoßen. Der Körper kann Substanzen in der einen Form als notwendige Nahrung aufnehmen und verdauen, während er die gespiegelte Form ungenutzt ausscheidet oder, sogar von ihr vergiftet wird.*"

Ebenso begreift man heutzutage „Symmetrien" aber auch für Bereiche der Soziologie und Psychologie als entscheidend. Seien es nun jene in der Fachpresse als „*sensationell*" eingestuften Entdeckungen sogenannter „Spiegelneuronen" im Gehirn, weche die (menschliche) Fähigkeit erschaffen, gegenseitige Empathie aufzubringen, Verständnis

---

[8] F. Cramer: „*Chaos und Ordnung – Die komplexe Struktur des Lebendigen.*", Stuttgart 1989, S. 238
Siehe selbes Kapitel, Anmerkung 16
Siehe auch Kapitel 18: In-*forma*-tion – und andere Felder ..., Anmerkung 20
Siehe auch Kapitel 19: Leben – ein Diskurs, Anmerkung 2.

[9] F. Close: „*Luzifers Vermächtnis – Eine physikalische Schöpfungsgeschichte.*", Berlin 2004, S. 18f (gilt auch für die nächsten Zitate in Folge).

und Mitgefühl zu entwickeln, sowie eine physiologische Grundlage für Intuition und Resonanz zu ermöglichen. Aber auch die Bildung von Vertrauen wäre, wie man heute weiß, ohne derartige *zwischenmenschliche Symmetrien* nicht möglich. Ebenso bestätigte sich neuerdings auch in der Medizin, was man schon lange vermutet hatte: Spiegelung und Resonanz sind eines der wirksamsten Mittel zur Heilung. Und in der Psychotherapie bilden sie das Wesentliche der Basis für den therapeutischen Prozess. [10] Der Mediziner, Neurobiologe und Psychotherapeut, Univ.-Prof. Joachim Bauer von der Abteilung für Psychosomatik der Freiburger Universitätsklinik, verdeutlicht ihre eminente Bedeutung, indem er formuliert: *„Spiegelung: eine Art Gravitationsgesetz lebender Systeme.“* [11]

Lernen aus Beobachtung. – Die Bedeutung der Spiegelneuronen für die Intuition

*„Die Gefühle! Die Gefühle sind die verbindenden Elemente, fließen zwischen den Individuen und nehmen die Gestalt von Einfühlungsvermögen, Mitgefühl, Trauer, Freude an. ... Wir bezeichnen diesen Vorgang als emotionale Resonanz. Jedenfalls ist es ein wissenschaftliches Faktum, dass wir fühlen können, was andere fühlen. Das Einssein allen Lebens beruht auf diesem simplen Tatbestand: **Alle unsere Gefühlsmoleküle schwingen in Resonanz.**“* [12] Das sagt Dr. Candace Pert, Psychoneuroimmunologin und seit mehr als dreißig Jahren erfolgreich in der Erforschung von körpereigenen Botenstoffen (Peptiden) und deren Kommunikationsprozessen tätig.

„Spiegelneuronen sind ungefähr vor zehn Jahren von Rizzolatti in Italien entdeckt worden und er hat dabei eben Experimente mit Affen gemacht und dabei entdeckt, dass eine Nervenzelle, die er eben dann ‚Spiegelneuron‘ nennt, auch feuert, wenn ein Affe eine Handlung nur beobachtet und nicht nur selbst ausführt. Also diese Zelle ist zuständig für Handlungen, aber auch eben, wenn man Handlungen nur beobachtet. Und das nennt man jetzt auch biologische Resonanz.“ [13] Dies sagt Dr. Gabriele Heyers, Fachärztin für Psychosomatische Medizin und Psychotherapie am *TraumaHilfeZentrum München.*

Die Entdeckung der Spiegelneuronen im Gehirn war unter anderem bahnbrechend für ein tiefgreifenderes Verständnis, wie „implizites Wissen“ beim Menschen wirksam wird. Spiegelneuronen sind der Beweis dafür, dass es auf der biologischen Ebene eine Resonanz auf eine Handlung gibt, die wir im Außen lediglich *beobachten*. Wirksam ist dieses gefühlte Wissen auch in ganz alltäglichen Begegnungen. Gabriele Heyers: *„Also wir brauchen es auf jeden Fall in allen Beziehungen, wo wir mit Menschen in Bewegung, in Kontakt kommen. Also ob Sie sich jetzt eine volle Fußgängerzone vorstellen, oder*

---

[10] J. Bauer: *„Warum ich fühle, was du fühlst – Intuitive Kommunikation und das Geheimnis der Spiegelneurone.“*, Hamburg 2006, S. 8.

[11] Ebenda, S. 172.

[12] C. Pert: *„Moleküle der Gefühle – Körper, Geist und Emotionen.“*, Reinbeck 1997, S. 480.

[13] G. Heyers, in: *„Learning by doing – Wie Erfahrung und Gespür unser Können prägen.“* Transkription, in: *ORF Radiokolleg, 2007*, von: J. Caup (gilt auch für die nächsten Zitate in Folge).

eben starken Verkehrsfluss, oder eben ein Fußballspiel – wo Menschen in Bewegung aufeinander reagieren und das so schnell abläuft, dass wir gar nicht drüber nachdenken können, dass wir jede Bewegung sozusagen berechnen: Da sind wir auf viel schnellere Informationsverarbeitungsmechanismen angewiesen, und da helfen die Spiegelneuronen ganz wesentlich." Wichtig sind die Spiegelneuronen beispielsweise für die Fähigkeit, uns in die Gedanken- und Gefühlswelt des anderen Menschen einfühlen zu können. Sie ermöglichen uns überhaupt erst empathisch – also mitfühlend – in Verbindung zu sein und zu handeln. *„Wenn wir verstehen, was Spiegelneuronen können, dann verstehen wir auch, dass sie unsere Umwelterfahrung, unsere Biologie beeinflussen, indem eben da bestimmte neuronale Verschaltungen gefördert werden – oder nicht. Also ob wir uns z.B. viel Stress aussetzen. Dann funktioniert es gerne anders, als wenn es eben nicht im Stress ist, da werden auch andere Bahnungen gemacht. Und wenn wir das jetzt bewusst steuern, dann können wir uns überlegen, welche Art von Engrammen – also die Spiegelneuronen machen ja biologische Engramme von dem, was wir erleben – welche Art von Engrammen möchten wir in uns haben. Denn diese Engramme sind sofort wieder abrufbar, wenn es den entsprechenden äußeren Reiz gibt. **Und da haben wir eine große Verantwortung, finde ich, was wir da in uns hineinnehmen, welchen Bildern und Situationen wir uns aussetzen. Also wenn Sie sich klarmachen, dass jede Handlung, die wir auch nur beobachten – ganz zu schweigen, wenn wir sie erleben – aber jede Handlung, die wir beobachten, dass wir dieses Handlungsprogramm in uns abspeichern, simultan. Und dass es dann auch in uns vorhanden ist, als hätten wir es auch selbst getan.** Dann können Sie sich vorstellen, was es für uns in unserem Leben bedeutet, welches Repertoire an Handlungsmustern wir zur Verfügung haben, je nachdem, in welcher Umgebung wir uns bewegen. Und das ist, finde ich, ganz besonders wichtig, wenn wir mit Kindern umgehen, was die da lernen. So also, wenn Kinder sehr viel positive Erfahrungen machen – also gute Bindungen erleben, sichere Bindungen, die Kreativität und Individualität ermöglichen – dann ist es genauso auch biologische Grundlage.*"

Forscherteams aus Computer- und Neurowissenschaftlern der Technischen Universität Graz untersuchten, wie das menschliche Gehirn virtuelle Realitäten, wie sie etwa beim Neurofeedback zum Einsatz kommen, wahrnimmt. Wesentlich dabei ist die Tatsache, die der leitende Mitarbeiter Robert Leeb so formuliert: *„Bei Bewegungen wie etwa das Fangen eines Balles, werden bestimmte Hirnareale aktiv. Diese Aktivität gibt es aber auch, wenn sich jemand diese Bewegung nur vorstellt.*"[14] Zurzeit entwickelt die Forschergruppe auf Grund der genannten Erkenntnisse ein optisches Brain-Computer-Interface-(BCI)-System, das eine Kommunikation zwischen Mensch und Computer möglich machen soll. Eingesetzt soll diese Technologie unter anderem im Zuge von Rehabilitations-Prozessen werden.

---

[14]   R. Leeb, in: *„Kommt die Gehirn-Computer-Schnittstelle?*", gmx homepage-info – 3.4. 2006.

Für uns hier aber ist es wesentlich, zur Kenntnis zu nehmen, was hier gesagt wird; nämlich, dass die **Gehirnaktivitäten auf Grund von gefühlten Vorstellungen exakt der gleichen Art sind, wie wenn wir diese Inhalte im realen Leben fühlend erleben**. Diese Tatsache wird in verschiedenen Bewusstseins-Trainings wie auch bei *Free Spirit* und den dabei praktizierten Bewusstseins-spezifischen Übungsreihen genutzt, um Menschen auf rein mentale Weise durch emotional besetzte Gefühlswahrnehmungen zu leiten, und für sie auf einem derart sanften Erlebens-Weg, Integration und Heilung zu ermöglichen.

Doch nochmals zurück zur Ebene der Physik, ihren neuesten Experimenten am CERN, und ihrem Bemühen, dem Phänomen der Symmetrien und dem Entstehen der Masse, als Grundlage unseres physischen Universums, wissenschaftlich auf die Schliche zu kommen: Frank Close: *„Einer meiner Kollegen studierte 1964 an der Universität von Edinburgh und als er in jenem Jahr aus seinen Sommerferien zurückkehrte, fand er auf seinem Schreibtisch eine kurze Nachricht seines Professors: ‚Habe diesen Sommer etwas vollkommen Nutzloses entdeckt!‘, unterschrieben: Peter Higgs.“* [15] Wie bereits in einem früheren Kapitel angeführt, läuft am CERN das bislang teuerste Experiment aller Zeiten, mit dem zentralen Ziel *die nutzlose Idee des Peter Higgs* auf ihre Stimmigkeit zu testen. Nobelpreis – oder nicht?! – das ist hier die Frage ... *„**Die Schönheit der Mathematik war in der Vergangenheit oft ein guter Ratgeber auf dem Weg zur Wahrheit. Die Physiker vermuten, dass dies auch jetzt wieder der Fall sein wird**. Es gibt jedoch ein Problem: Die fundamentalen Gleichungen sind nur dann vollkommen symmetrisch, wenn alle Teilchen – sowohl die Teilchen der Materie als auch die Vermittlerteilchen der Kräfte – masselos sind. Doch das vertraute Universum ist anders: Masse hält die Welt in Bewegung. Im 17. Jahrhundert zeigte Isaac Newton die Äquivalenz von Gewicht und Masse und entwickelte daraus sein Gravitationsgesetz. Zweihundert Jahre später zeigte Albert Einstein die Äquivalenz von Masse und Energie ($E = mc^2$). Obwohl Newton und Einstein diese großartigen Erkenntnisse hatten, wusste keiner von ihnen, was Masse wirklich ist. Die Higgs-Theorie erklärt den Ursprung der Masse. Gleichzeitig macht sie auch die Masse für die Zerstörung der vollkommenen Symmetrie nach der Schöpfung verantwortlich. Das Auftauchen von Masse gab dem Universum Inhalt und Form. ... Wir haben somit gesehen, wie die Natur Symmetrien verbergen kann. Die Verwirklichung dieser Theorie könnte auf Zusammenhänge zwischen scheinbar völlig unterschiedlichen Phänomenen hindeuten, und die Masse wäre der Grund, warum die wahre Einheit verborgen ist. Die Masse wurde zum Hauptverdächtigen bei der Suche nach der Lösung des Geheimnisses um ‚Luzifers Vermächtnis‘. Die Masse bricht die Symmetrie der Schöpfung, und sie ist gleichzeitig die Ursache für alle seit jeher entstandenen Strukturen, Muster und Asymmetrien. Higgs hat die zu Grunde liegende Theorie formuliert, nun müssen die Experimente den Beweis liefern; und diese Experimente beginnen im Jahr 2006 am CERN.“* (Die diesbezüglich wesentlichen Fragen sind wissenschaftlich noch nicht entschieden; KP.)

---

[15] F. Close: *„Luzifers Vermächtnis – Eine physikalische Schöpfungsgeschichte.“*, Berlin 2004, S. 287f (gilt auch für das nächste Zitat in Folge)
Siehe auch Kapitel 18: In-*forma*-tion – und andere Felder ..., Anmerkung 4, 5, 6.

Materie, weit vom energetischen Gleichgewicht entfernt ist substanziell lebend. [16]

Sollte stimmen, was heutige Wissenschaft *wieder-entdeckt* hat, nämlich, dass „alles-mit-allem-zusammenhängt", und dass daher im Makrokosmos auch keine grundsätzlich anderen Gesetzlichkeiten wirken *können* als im Mikrokosmos (wie beispielsweise Resonanzen; KP.), dann können wir davon ausgehen, dass Systeme auf verschiedenen Skalierungen – Größenordnungen – sich durchaus analog verhalten; entsprechend dem alten Satz: „Wie im Großen, so im Kleinen" – was ja bereits lange vor unserer heutigen, wissenschaftlich dominierten Zeit, allen großen Geistern klar war.

Symmetrien – wie auch Symmetriebrechungen – sowie Spiegelungen lassen sich daher, wie bereits angeführt, in ihren Ausformungen auch auf *anderen Ebenen*, als jenen rein physikalischer Zusammenhänge, auffinden. Sie sind – nicht wirklich überraschend – auch da von herausragender Bedeutung. Inwiefern also spiegelt sich am Immunsystem beziehungsweise den „Immun-Antworten" seiner einzelnen Immunzellen und der höchst individualistischen, auf die Gesundheit des Gesamt-Organismus bezogenen, Arbeitsweise auch die Arbeitsweise unseres individuellen Bewusstseins. Dieses ist in seinen intuitiven „Sozial-Antworten" letztlich gleichfalls auf die Gesundheit des Gesamtorganismus *Menschheit* bezogen. Symmetrien hier wie da also ... Wer diese Einsicht anzuerkennen vermag, für den bekleiden die hier angeführten Aspekte nicht den Rang billiger „Analogien", sondern erscheinen in gänzlich anderem Licht: als *synonymes Prinzip eines ganzheitlichen Werk-Zusammenhangs.*

Und: Was ist es, das im Immunsystem – und vor allem: analog dazu im Bewusstsein – zu entsprechenden Phänomenen wie jenen der *Symmetriebrechung* in der Physik führt? Phänomene, welche zeigen, wie die Vollkommenheit energetischen Seins – Gesundheit – gebrochen wird? Wie ist es weiters möglich – hier wie da – „Gesundheit", für den Gesamtorganismus Heilsames und Förderliches, zu unterstützen? Welche Bedeutung haben in diesem Zusammenhang und von diesem Feld der Betrachtung aus besehen *Intuition* und *Verstand* und deren unterschiedliche, höchst spezifische *Spiegelungen* ...?

Leben versus *Sorgen ums Selbstbild.* – **Immunsystem & Bewusstsein** [17]

Man spricht in Medizinerkreisen ja oft von *dem* Immunsystem. Es handelt sich da jedoch weniger um ein homogenes System, sondern es verbirgt sich dahinter vielmehr etwas in mannigfaltiger Hinsicht höchst Individuelles. Es kommt nämlich nicht nur darauf an, *wo* die einzelnen Immunzellen entstanden sind beziehungsweise herangereift wurden (Knochenmark oder Thymusdrüse [18]), sondern außerdem, wohin diese Zellen dann auswandern. Sie werden jedenfalls entscheidend durch ihre später eingenommene

---

[16] Siehe selbes Kapitel, Anmerkung 8.
[17] Siehe auch Kapitel 8: Immunsystem, Anmerkung 1.
[18] Siehe auch Kapitel 8: Immunsystem, Anmerkung 6, 7.

Umgebung beeinflusst und werden dementsprechend dann ihre Reaktionsweise ausbilden. Das heißt: Obwohl alle diese Zellen im Prinzip jeweils von der gleichen Linie abstammen, wird erst vor Ort entschieden, wie die aktuelle Reaktionsweise dieser Zellen sich darstellt. Immunzellen können sich somit in ihren Funktionen – je nachdem, wo sie gerade sind – fast unbegrenzt verwandeln. Das Entscheidungsprinzip, ob eine Zelle in der jeweiligen Situation etwas tun wird oder nicht, hängt davon ab, ob jene Zelle des Organismus, welche jeweils vor Ort konfrontiert ist, etwas als möglicherweise schädigend empfindet – egal ob das nun fremd oder körpereigen ist. Mittels Botenstoffen, ohne die auch da nichts funktioniert, kommunizieren Zellpopulationen diese In-*forma*-tion untereinander als vernetzte Entscheidung.

Wie also hat es das Immunsystem geschafft, der herausfordernden Unzahl an eventuell gefährlichen Mikroorganismen, mit denen wir Kontakt haben könnten, gewachsen zu sein?! Der Mikrobiologe und Professor am *Vienna Biocenter* der Medizinischen Universität Wien, Univ.-Prof. Dr. Thomas Decker meint, das angeborene Immunsystem habe das Problem dadurch gelöst, dass in der Evolution das „Prinzip der Mustererkennung" erfunden wurde. Erkennungsstrukturen wurden erschaffen und befähigt, molekulare Muster auf der Oberfläche von Mikroben zu erkennen, die alle durch etwas jeweils Grundsätzliches im Muster charakterisiert sind. [19] Diese Art von Präsenz unseres Immunsystems zeigt uns – als biologisches Synonym – für uns bewusste Menschen, wie auch wir *präsent* das Feld unseres Lebens und die hier wirksamen Eigentümlichkeiten erfassen können. In der Psychologie nennt man diese eigen-artigen Wirksamkeiten treffend: „Schatten-Anteile", „Identitäten", oder eben – ganz allgemein – „Muster". Entsprechend der Eigenart unseres angeborenen Immunsystems und des hier angewandten Prinzips der Mustererkennung ist es auch uns Menschen möglich, solche *seelische Muster* zu identifizieren, sie anschließend in ihrer Realität als *zu-einem-selbst-gehörig* anzuerkennen; dann: Uns damit fühlend (wertfrei und achtsam wahrnehmend) zu verbinden, um sie infolge integrierend zu verarbeiten und dadurch in ihrer Wirksamkeit aufzulösen. Auch hier gibt es somit auffällige Entsprechungen, ja, spiegelt sich ein höchst individuelles Geschehen der biologischen Ebene in einem solchen der seelischen Ebene. Im Zusammenhang des *Free Spirit*-Bewusstseinstrainings bezeichnet man diese Art der „Mustererkennung" als „*Arbeit an den Identitäten*". Als *Identitäten* werden hier eigene Anteile der Psyche identifiziert, deren (Über)Leben darauf gründet, ihren „Wirt" – nennen wir's mal: *unser Wesen* – zu beherrschen, zu belasten und uns letztlich ungesund und unfrei – zu machen, beziehungsweise zu belassen. Unser auf höchst individuelle Weise tätiges Immunsystem darf in seinem Vorgehen wohl auch für unser menschliches Bewusstsein als durchaus vorbildlich eingestuft werden. Ja, so geht es Richtung Gesundheit!

Und noch einem weiteren synonym höchst interessanten Aspekt bezüglich des zwischenmenschlich sozialen Lebens und Erlebens können wir an der Art und Weise,

---

[19] T. Decker, in: „*Von Killerzellen und Antikörpern – Das menschliche Immunsystem.*", Transkription in: *Radiokolleg, 2009*, von: E. Schütz.

wie unser Immunsystem arbeitet – oder eben nicht arbeitet – begegnen. Entsprechend der aktuell gültigen Hypothese bezüglich jener mittlerweile epidemischen Ausbreitung von Allergien und deren grundlegender Ursachen – der *„Hygiene-Hypothese"* – ist es der moderne Lebensstil, geprägt von den Auswüchsen unseres überbordenden *Sauberkeits-Fetischismus*, der den entscheidenden Anteil daran trägt. Die aus Brasilien stammende Allergologin Univ.-Prof. Dr. Fatima Ferreira der Universität Salzburg: *„Die Umwelt ist heute viel sauberer und keimfreier als zu der Zeit, als sich das menschliche Immunsystem entwickelt hat. Früher musste sich das Immunsystem mit einer sehr ‚schmutzigen Umwelt' auseinandersetzen und hatte mit weitaus mehr Mikroorganismen Kontakt, als dies heute der Fall ist. Dass die Lebensbedingungen von heute Ursache für das Ansteigen von Allergien sind, das ist der zentrale Punkt der Hygiene-Hypothese. Dieser Hypothese zufolge, ist das Fehlen eines Kontakts mit vielen Mikroorganismen – ob die nun krankmachend sind oder nicht – Ursache für das Ansteigen der Allergien. Nach der Hygiene-Hypothese kann das Immunsystem, durch den fehlenden Kontakt mit Mikroorganismen, nicht lernen, die richtigen Immunantworten zu setzen."* [20] Was hier angesprochen ist, bedeutet nichts weniger als die medizinische Konfrontation mit dem Dilemma einer fehl verstandenen und gesundheitspolitisch schwächenden ‚Vermeidungs-Strategie', der unsere Gesellschaft heute auf fast allen Ebenen verfallen ist. Bezeichnend scheint nicht nur jenes zunehmende Fehlen von Realkontakten auf unterschiedlichsten Erlebens-Ebenen (Outdoor-Erlebniswelten). Ebenso zeigt sich ein zunehmendes *Sich-Entziehen* und, wo immer möglich, Vermeiden individueller Auseinandersetzung mit einer, dem jeweils Eigenen fremden – vielfach als *menschlich schmutzig* bewerteten – Umwelt. Mangelnde Bereitschaft und zunehmende Angst vor echter Begegnung mit vielem – ob es nun *real* krankmachend ist oder nicht, sind in der Gesellschaft heute kaum zu übersehen. Man kann es durchaus als eine Form des *„Sozial-Autismus"* [21] bezeichnen, was da im Begriff ist, sich auszubreiten, nämlich: *„Das Fremde sei pfui ..."* – oder mindestens zu meiden.

Wir können uns durchaus pragmatisch die Frage stellen, was es für uns als Menschen im Zusammenleben, im Sozialen, braucht, um die richtigen – „Immun-Antworten" setzen zu lernen. Mit Sicherheit ist eine alles entscheidende Antwort darauf: „Mut!" Mut, einerseits zur bewussten Kontaktaufnahme und wertschätzenden Konfrontation mit dem zunächst Irritierenden einer kulturell fremden Umwelt – gerade auch – um daran sinnvollen Antworten *entgegenzuwachsen*. Andererseits, und vermutlich noch entscheidender für die Entwicklung angemessen *intuitiver Sozial-Antworten* sowie *Integration selbstschädigender Muster*, ist der ehrliche Umgang mit sich selbst und dem *irritierend-Fremden-in-einem-selbst*. Hier wird die wertschätzende Bedeutung von Integration und Ehrlichkeit für die Herausbildung stimmiger Toleranzen mehr als nur augenfällig. Wie auch für das Immunsystem gilt: *Ohne das Fremde entsteht kein*

---

[20] F. Ferreira, in: *„Von Killerzellen und Antikörpern – Das menschliche Immunsystem."*, Transkription, in: *Radiokolleg, 2009*, von: E. Schütz
Siehe auch Kapitel 6: Chaos und Strukturen der Ordnung, Anmerkung 28, 29.

[21] Siehe auch Kapitel 20: Wissenschaft und Spiritualität im Konsens, Anmerkung 15.

starkes und gesundes Eigen-Leben, sondern Dekadenz, Degeneration, Anfälligkeiten jedweder Art – vor allem aber die Gefährdung des ‚Lebendigen' in uns verlustig zu gehen. „Heuchlerischer Sauberkeits-Wahn", „krank-machender Kontrollismus", „Angst-vor-Fehlern" – und die beständige „Sorge um das eigene Selbstbild" –, das kennen wir doch alle! Ignorieren oder abspalten – das lehrt uns auch unser Immunsystem in eindrücklicher Weise – stellt jedenfalls auf Dauer besehen keinen sinnvollen Umgang mit der eigenen Gesundheit dar: weder beim Erkennen eines Tumors für unser Immunsystem, noch im Fall entsprechend gelagerter Identitäten – allesamt Wucherungen wie Neid, Gier, Besserwisserei, Kritik etc. – für den Bereich seelischer Gesundheit. Unseren eigenen (Fehl-)Stellungen und (Miss-)Entwicklungen nicht begegnen zu wollen, sondern sie durch „Tarnkappen-Konstrukte" vor anderen – aber oft auch vor uns selbst – ungesehen machen zu wollen, geht nicht lang gut. Verpassen und verfehlen wir besser nicht den rechten Zeitpunkt, um uns selbst mit der notwendigen Ehrlichkeit zu begegnen. Täuschen wir uns doch nicht ad infinitum selbst. Wahre, liebevolle „Ent-Täuschung" tut Not – aus Einsicht! Denn, es beginnen diese Aspekte irgendwann in Folge ihr „Eigenleben" zu führen, richten sich gegen den Organismus und tricksen diesen letztlich regelrecht aus. Was zunächst vielleicht nur *Kränkung* war und psychosomatisch, führt zu *Krankheit* und letztlich frühzeitgem Absterben des gesamten Organismus.

Der Immunologe und Universitätsprofessor Dr. Michael Miksch vom Institut für Krebsforschung der Medizinischen Universität Wien: *„Ich kann mich sehr gut erinnern, dass man früher gesagt hat: ‚Na ja, die Krebszellen haben eine Tarnkappe, die sie aufsetzen oder überziehen können.' D.h. sie verändern ihre Oberflächenstrukturen. Dadurch werden sie für das Immunsystem unsichtbar. Heute gehen wir davon aus, dass das Tumor Anti-Gen, von dem wir glauben, dass es die Immunreaktion verursacht, einfach abgestoßen wird, sodass das Immunsystem die Gefahr nicht erkennt und auch nichts dagegen unternimmt."* [22] Man geht in der Forschung heute davon aus, dass „... *ein Tumor das Anti-Gen, an dem er erkannt werden könnte, abstößt, um so vom Immunsystem nicht entdeckt zu werden, oder aber der Tumor verschleiert sein Gefahrenpotenzial."* Dazu muss man wissen, wie ein Tumor entsteht: Zunächst gesunde Körperzellen verändern sich so lange, bis sie beginnen Faktoren zu produzieren, die die Tumorzellen für das eigene Überleben nutzen. Die Tumorzellen sind irgendwann dann in der Lage, über sehr komplexe Mechanismen die Abwehrzellen außer Gefecht zu setzen. Univ.-Prof. Dr. Maria Sibila, ebenfalls von der Medizinischen Universität Wien: *„Es ist mehr so, dass das Immunsystem vom Tumor einfach getrickst wird."* [23]

Das Immunsystem kann somit Ratgeber der weisheitsvollen *Natur-in-uns* sein – so wir es so sehen wollen und auch zulassen.

---

[22] M. Miksch, in: *„Von Killerzellen und Antikörpern – Das menschliche Immunsystem."*, Transkription, in: *ORF Radiokolleg, 2009*, von: E. Schütz (gilt auch für das nächste Zitat in Folge).

[23] M. Sibila, in: *„Von Killerzellen und Antikörpern – Das menschliche Immunsystem."*, Transkription, in: *ORF Radiokolleg, 2009*, von: E. Schütz.

Wir – Spirituelle Wesen am Feld menschlicher Erfahrung. *Soziales Hauptgesetz*

„Sich wiederholende Muster sind in der Natur eine Notwendigkeit, kein Zufall ... Trotz unseren Ängsten vor dem scheinbaren Chaos in der Welt, folgt die Natur einer inneren Ordnung. Die sich wiederholenden ‚fraktalen Muster' der Evolution ermöglichen uns, vorauszusehen, dass die Menschen einen Weg finden werden, ihr Bewusstsein so zu erweitern, dass sie eine weitere Sprosse der evolutionären Leiter erklimmen werden. Die Fraktale Geometrie [24] *bietet uns **ein anschauliches Modell, mit dem wir die scheinbare Willkür, Wahllosigkeit und Zufälligkeit, welche die Darwinisten der Evolution zuschreiben, überwinden können.** Eine Vorstellung, welche – wie wir sehen – Überzeugungen und soziale Haltungen in den Menschen bestärkt, die der Entwicklung des Planeten und der Menschheit auch keineswegs förderlich sein können.“* [25] Soweit der Zellbiologe und Begründer der Neuen Biologie Univ.-Prof. Dr. B.H. Lipton. Wenn wir bereit sind, unsere einzelindividuellen Daseinsängste zu überwinden und uns zu einer globalen Gemeinschaft zusammenfinden – ähnlich wie es bereits einstens einzellige Organismen schafften, nämlich: sich selbstlos zu derartig mehrzelligen Gemeinschaften zusammenzuschließen – kann analog dazu auch für uns Menschen, auf einer nächsten Ebene, eine *ähnlich glorreiche Epoche* beginnen. Eine solche wie in jener Zeit der Evolution vor etwa 700 Millionen Jahren, als sich Einzeller zum Zweck-der-Weiterentwicklung zu mehrzelligen Lebensformen zusammenschlossen. [26] Diese Einzeller verfügten mit Sicherheit über kein Gehirn und auch über keinerlei Nervensystem, und doch gab es wohl irgendeine Art von Information, der sie weisheitsvoll nachkamen ... Der bereits andernorts zitierte Genetiker Kazuo Murakami: *„Meine Genforschungen haben mir gezeigt, dass unsere Existenz selbst ein fantastisches Wunder ist. Das wird mir besonders deutlich, wenn ich die Beziehung zwischen der einzelnen Zelle und dem Organismus als Ganzes betrachte. Wir bestehen aus 60 Billionen Zellen, die auf Grund einer äußerst differenzierten Ordnung Organe, Gewebe und andere Körperteile bilden. Sehen Sie einmal eine Leberzelle an. Es sind nur diejenigen Gene eingeschaltet, die notwendig sind, dass sie als individuelle Zelle funktioniert, gleichzeitig aber bildet sie einen Teil der Leber. Das ist vergleichbar mit einem Angestellten, der in einer Firma arbeitet. Der Angestellte übt eine bestimmte Tätigkeit für die Firma aus, aber gleichzeitig ist er ihr nicht untergeordnet. Der Angestellte führt ein eigenes Leben. Mit einer Zelle verhält es sich genauso. Einerseits arbeitet sie als Leberzelle, andererseits hat sie ihre eigene Individualität und lebt autonom und selektiv innerhalb des Organismus.“* [27] ... Und gleich weiter zur Niere: *„Obwohl sie ein unabhängiges Organ ist, besteht die Niere aus individuellen Zellen mit unterschiedlichen Aufgaben,*

---

[24] Siehe auch Kapitel 6: Chaos und Strukturen der Ordnung, Anmerkung 11.

[25] B.H. Lipton: *„Intelligente Zellen – Wie Erfahrungen unsere Gene steuern.“*, Burgrain 2006, S. 195ff.

[26] Siehe auch Kapitel 10: Überzeugung und Gesundheit, Anmerkung 5.

[27] K. Murakami: *„Der göttliche Code des Lebens – Ein neues Verständnis der Genetik.“*, Güllesheim 2008, S. 133f.

darunter Blutgefäße von verschiedener Größe sowie Filterungsmechanismen, und diese bilden gemeinsam die Niere und arbeiten zusammen, um eine grundlegende Funktion im menschlichen Körper zu erfüllen. Wenn wir uns die individuellen Zellen ansehen, aus denen sie besteht, sehen wir, dass jede Zelle, während sie gewissenhaft ihre Aufgaben für die Niere erfüllt, gleichzeitig auch effizient und unabhängig Funktionen wie Zellpflege und -reparatur ausübt, die einzig mit der individuellen Zelle zu tun haben. Wenn die Zellen in einem Blutgefäß zum Beispiel nicht alle autonom arbeiten würden, dann könnte die gitterartige Struktur des Blutgefäßes nicht ständig repariert werden. Wenn sich aber Zellen zusammentun, um ein Blutgefäß zu bilden, stimmen sie die Geschwindigkeit der Zellteilung und ihre Form auf die anderer Zellen ab. Während die Zelle nur einen Teil bildet, wird sie mit den Eigenschaften des Ganzen versehen." [27] Spannend, von diesem Standpunkt nicht nur auf die Beziehung von Zelle und Niere hinzusehen, sondern auch auf jene zwischen Mensch und Welt. Wir alle leben als Menschen auf vielfältigste Art verbunden mit der Naturordnung auf diesem Planeten; und nehmen doch auf höchst komplexe Art und Weise an der Erschaffung dieser Ordnung teil. Alles hier ist von diesem Standpunkt betrachtet somit „unser Leben". Das, was uns im Grunde genommen hier als Menschen ausmacht. Wir sind „es". Wir erschaffen „es" – indem wir leben. Welch unglaubliche Größe und Freigebigkeit dieses Leben *sein* zu dürfen!

Die Arbeitsteiligkeit heutiger Wirtschaft zeigt – wenn auch noch mit deutlich sozial-darwinistischem Gehabe behaftet und befrachtet – die Möglichkeiten derartiger Zusammenschlüsse auf. „*Das Heil einer Gesamtheit von zusammenarbeitenden Menschen ist umso größer, je weniger der Einzelne die Erträgnisse seiner Leistungen für sich beansprucht, das heißt, je mehr er von diesen Erträgnissen an seine Mitarbeiter abgibt, und je mehr seine eigenen Bedürfnisse nicht aus seinen Leistungen, sondern aus den Leistungen der anderen befriedigt werden.*" [28] Der Querdenker und „Frei-Geist" sowie Begründer der „Anthroposophie" (*Weisheit vom Menschen*; KP.), Dr. Rudolf Steiner, hat diese „Überlegung" aufgeschrieben. Ja, er meinte sogar: *Dieses (soziale) Hauptgesetz gilt für das soziale Leben mit einer solchen Ausschließlichkeit und Notwendigkeit, wie nur irgendein Naturgesetz in Bezug auf irgend ein gewisses Gebiet von Naturwirkungen gilt.*" Dass die Zellen jedes Organismus – *ohne ihre spezifische Eigenart und Eigenständigkeit einzubüßen!* – in exakt dieser Weise dienend zusammenarbeiten, zum Wohl ihres *Gesamtorganismus* und *nur* insofern auch zum eigenen Wohl, liegt auf der Hand. Wären wir Menschen imstande auf unsere Intuition zu hören und zu vertrauen, könnten wir das mühelos mit unserem Herzen einsehen. Und, wir könnten auch problemlos Wert, Wesenheit und Bedeutung dieser *Einheit und Gesamtheit von Menschheit-und-Erde* empfinden und als lebendigen Gesamtorganismus erkennen sowie anerkennen. Vor allem, wenn wir den Wortlaut von Steiners Aussage umkehren, wird ihr Realitätsgehalt mehr als deutlich: Das Heil einer Gesamtheit von zusammenarbeitenden Menschen ist umso

---

[28] R. Steiner: „*Das soziale Hauptgesetz.*" (1905), in: „*Geisteswissenschaft und soziale Frage.*", Dornach 1982, S. 34 (gilt auch für das nächste Zitat in Folge).

kleiner, je mehr der Einzelne die Erträgnisse seiner Leistungen für sich beansprucht, das heißt, je weniger er von diesen Erträgnissen an seine Mitarbeiter abgibt, und je weniger seine eigenen Bedürfnisse aus den Leistungen der anderen, sondern aus den eigenen Leistungen befriedigt werden. Kein Gesamt-Organismus könnte (über)leben, wenn seine Zellen untereinander so „heillos" veranlagt wären, wie wir Menschen – noch – unterwegs sind. [29] Rudolf Steiner: „*Alle Einrichtungen innerhalb einer Gesamtheit von Menschen, welche diesem Gesetz widersprechen, müssen auf längere Dauer irgendwo Elend und Not erzeugen.*" [30] Das Gefälle zwischen Nord-und-Süd auf dieser Erde, aber auch die heutigeFinanz- und Wirtschaftskrise repräsentieren tiefe Wunden aus der Verletzung dieses *Sozialen Hauptgesetzes*. Doch: In-*forma*-tion liegt vor und Intuition versteht. „*Der Königsweg für mich ist fühlen.*" [31] Zeit, das Herz *dafür* zu öffnen. Allerdings nicht, „*um-ein-besserer-Mensch-zu-sein*", sondern um diese ebenso simple wie nüchterne Einsicht zu leben.

Der Wind dieses Gesetztes mag dem Ego ungelegen und unangenehm kommen und „einigermaßen-steif-um-die-Ohren-brausen". Aber, wir wissen ja: „*Es kommt nicht so sehr darauf an, woher der Wind weht, sondern: wie man die Segel setzt!*" Welche Genugtuung sich diesem Wind in kreativem Umgang und Vollbesitz eigener schöpferischer Freiheit lebendig auszusetzen. Da lebt und liegt die Zukunft. Spirituelle Wesen, die sich ihrer Möglichkeiten bewusst werden können, um in Kooperation zu leben – das sind wir Menschen. Wenn wir es so *wollen*! *Lerne einfach die Segel zu setzen!* Bruce Lipton sagt es auf seine Weise: „*Das Überleben des Liebevollsten ist die einzige Ethik, die uns nicht nur ein gesundes persönliches Leben, sondern auch einen gesunden Planeten sichert.*" [32]

Entwicklungen im Spiel-Verständnis – Oder: Wie der Film gedreht wird

Das Leben *ist* ein Spiel – und wir selbst und unsere nächsten und ferneren (Mit) Menschen sind dabei die kongenialen (Mit)Spieler, auch wenn uns das im Normalfall kaum bewusst ist. Natürlich: Man *kann* sich dieses Bewusstsein schaffen, um seinem „*wahren Mensch-Sein*" (Schiller) [33] einen entscheidenden Schritt näher zu kommen. Einfache Übungen wie jene während des Bewusstseins-Trainings von *Free Spirit* können entscheidend dabei helfen, diesen Standpunkt sehen und einnehmen zu lernen, um ihn dann auch lebendig zu verwirklichen. – Freiheit wächst. Als Menschen und lebendige

---

[29] Siehe auch Kapitel 10: Überzeugung und Gesundheit, Anmerkung 19.
[30] R. Steiner: „*Das soziale Hauptgesetz.*" (1905), in: „*Geisteswissenschaft und soziale Frage.*", Dornach 1982, S. 34.
[31] Siehe auch Kapitel 13: Vertrauen, Anmerkung 9.
[32] B.H. Lipton: „*Intelligente Zellen – Wie Erfahrungen unsere Gene steuern.*", Burgrain 2006, S. 202.
[33] Siehe auch Kapitel 2: Kunst als Vorläuferin eines neuen Bewusstseins, Anmerkung 3
Siehe auch Kapitel 24: Visionen und Ziele, Anmerkung 13, 14.

Wesens, die auf Freiheit hin konzipiert sind, wachsen wir in diese Freiheit hinein. Entwicklungspädagogisch betrachtet, bedeutet das: Das Heranwachsende wiederholt während seiner individuell-biographischen Entwicklung exemplarisch nochmals die menschheitliche Kulturentwicklung. Es versucht sich in der *magischen Phase*, es sucht die *geliebte Autorität*, um sie nachzuahmen und es *findet sich* gewissermaßen in der Mündigkeit der Selbsterziehung im Erwachsenenalter. Diese exemplarische Wiederholung wird auch als „*Psychogenetisches Grundprinzip*" bezeichnet und stellt auf der kulturellen Ebene das Pendant zum „*Biogenetischen Grundprinzip*" auf der embryonalen Ebene dar. Hier durchläuft ja der Embryo im Mutterleib nochmals alle wesentlichen Stadien der Evolution des irdischen Lebens bis zum Menschen.

An Hand der Beobachtungen des Regelspiels spiegeln und beschreiben sich diese sozio-kulturellen Entwicklungsstufen wie von selbst: Das 5-jährige Kind ordnet sich noch gerne der Regel der Großen unter, ohne zu verstehen; ist das Kind in Verbindung, so „*will*" es die Regeln. Es befolgt sie in geradezu ritueller Weise und genießt das auch. Es handelt aber nicht aus einem Begreifen heraus wie wir Erwachsenen. Das Kind spielt und – es verliert meist noch mit ebensolchem Vergnügen, wie es gewinnt. Mogeln wird noch nicht als Mogeln erkannt. Sein Ziel: Es „so-zu-machen-wie-die-Älteren" (z.B.: Abschlagen-Spielen: sich verstecken, schreien, sich wohlfühlen). Das hat damit zu tun, dass ein gesundes (Klein-)Kind noch keine Bewertungen als „Filter" zwischen sich und der Welt hat. Die bilden sich erst beim älteren Kind. Daher nimmt es in seinen ersten Lebensjahren hauptsächlich *Ganzheiten* wahr – „Gestalt". Auch: ein Spiel als Gestalt. (Beim Aufrichten- und Gehen-Lernen des Kindes wird dies besonders deutlich: Es lernt nicht aus der Einzelwahrnehmung, sondern aus dem Auffassen ganzer Gestalt-Zusammenhänge). Ebenso ist dies im Sprache-Lernen, im Denken-Lernen und beim Lernen im Bereich der Sozialität. Das (Klein-)Kind weiß und begreift noch intuitiv-überbewusst, man braucht daher nichts erklären. Es ist in seinem Erleben noch eingebunden in den Gesamtzusammenhang, in einen quasi-paradiesisch überbewussten Zustand. *Es spielt das Leben.* Daher lernt es auch so schnell (ca. 95% dessen, was der Mensch im Lauf seines Lebens lernt, erwirbt er auf diese Weise in den ersten Lebensjahren: Das Kind lernt in dieser Zeit: gehen, sprechen, denken.) Dann sagt es „*ich*" und dieser erste Zauber verblasst. Alles wird ab jetzt mühsamer. Der *kulturelle Rest*, auf den wir *so* stolz sind, ist schwer abgerungen und – gesamt gesehen – nur ein kleiner Bruchteil.

Doch, das Kind lernt nun in dieser Phase der Entwicklung eine höchst effiziente Methode: „Fragen stellen". Wichtig ist für uns Erwachsene dann darauf *intuitiv* zu achten, *wer* es ist, der da diese Frage stellt, und welche Art von Antwort *ein Kind* hören *will*! Welche Antwort *stimmt, weil sie für das Gegenüber stimmt*?! Welche Elemente schaffen wir aus Liebe zum Kind, damit einwenig von seinem *offenen Wesen*, von seiner sich sacht entwickelnden Gestaltungskraft, Nahrung bekommt? Und *diese* Fähigkeit ist vielleicht jene wichtigste, die wir als Erwachsene durch die Erziehung der Kinder lernen können – so wir uns auf die Situation mit dem Werdenden präsent einzulassen bereit sind. Und: Wir können sie im Leben für jegliche zwischenmenschliche Situation brauchen!

Das Kind lernt irgendwann die Regeln der Erwachsenenwelt. Wir sehen wie sich soziales Verhalten mit anderen verändert. Für Kinder im Alter von etwa 7-8 Jahren will die Regel schwierig sein – dann ist sie richtig. Sie nehmen die Regel sozusagen als *sakro-sankt*, als unveränderbar. Und das bleibt auch bis zum 10. / 11. Lebensjahr in etwa so, bis es sich dann jedoch entscheidend ändert. Erst jetzt sind Kinder dann bereit und imstande zu erkennen, dass sie *in Absprache miteinander* jene Regel finden können, die für sie im Spiel gilt, gelten soll – durchaus auch abweichend von der überlieferten Regel. In diesen Kindergesellschaften geht dann die Regel vom „Souverän" – *dem Volk* – aus und nicht von alten, aufgezwungenen Überlieferungen. Im Spiel zeigt sich dabei ein kindlich-jugendlicher Vorgriff auf jene – menschheitlich betrachtet – heute anstehenden Lösungsansätze im gesellschaftlich zwischenmenschlichen Kontext. [34]

Hier in der Pubertät beginnt somit die Zeit, welche potenziell bereits die Keime für eine moralisch organisierte, auf Autonomie und Zusammenarbeit basierende Gesellschaftsform in sich trägt. Die Änderung der Regel durch das Individuum entbindet aber keinesfalls von der Verpflichtung, dem „ewigen Gesetz" treu zu bleiben; dies bildet die Grundlage jeder späteren, als echt gefühlten, und erkannten Moralität – *ist* aber noch nicht Moral, weil es noch äußerlich ist. *Was hier jedoch als moralisch bezeichnet werden kann, ist diese neue Gesetzgebung-in-Zusammenarbeit – eine Morgenröte dessen, was im eigenverantwortlichen, späteren Leben tragend werden kann.* Jean Piaget formulierte dies folgendermaßen: „Vernunft – als eine Moral des Denkens" und „Moral – als eine Vernunft des Handelns." [35]

Moralität jenseits des Verstandes – *„Leben in der Liebe zur Handlung ..."* [36]

Wenn jeder von uns lebt, was er – intuitiv, authentisch und frei von Angst – *ist*, dann – und nur dann – ist es uns Menschen möglich, aneinander die rechten sozialen Antworten und Fähigkeiten zu entwickeln, Gesundheit und Freiheit zu fördern und zu (be)wahren. Wir erstarken aneinander, an jeglicher individuellen und kulturellen Andersartigkeit, dankbar, dass es so viel herausfordernde Vielfalt unter uns gibt, zum Wohl und zur Gesundheit des gesamten Menschheits-Organismus auf dieser Erde. Es *ist* möglich. Es ist möglich, wenn wir uns *entschließen, präsente, liebevoll klare Beobachter dessen zu werden, was ist.* Auf unsere Intuitionen zu hören, auf unser Gefühl, das uns nicht nur über uns-in-uns Auskunft gibt, sondern auch über uns-in-der-Welt-draußen. Was *in* uns

---

[34] J. Piaget: *„Das moralische Urteil beim Kinde."*, Stuttgart 1983, S. 89ff, S. 127.

[35] Ebenda, S. 21.

[36] R. Steiner: *„Die Philosophie der Freiheit."*, 1894, GA4; Kap. IX S.131.
Siehe auch Kapitel 21: Kreative Feldaspekte des Bewusstseins, Anmerkung 19
Siehe auch Kapitel 24: Visionen und Ziele, Anmerkung 9.

ist, was *mit* uns ist, was *um* uns ist. Die Reihenfolge – bei uns selbst beginnend(!) – scheint mir zentral und entscheidend für den Erfolg. Uns mit dem Leben konfrontieren. Mit dem Leben *in* uns, mit dem Leben *um* uns. All unsere maskenhaften Tarnkappen der *Selbst-Täuschung* aufgeben und sie alle unserer liebevollen Wertschätzung anvertrauen. Leben in der Liebe zum Eigenen und auch zum Fremden. *„Liebet eure Feinde, tut Gutes, denen die euch hassen."* [37] Was für eine Wahrheit?! Welch intuitives Begreifen des Sinnzusammenhanges zwischen den „eigenen Schatten" und dem, was sich als „Signal-der-Selbst-Täuschung" in unserer Umgebung spiegelt – um es erkennen, sehen und in der Folge eventuell annehmen und integrieren zu lernen ...

Schwingung & Resonanz – Das Prinzip aller Bezogenheit und Entwicklung

Die vielleicht wenig überraschende Conclusio: *Alles im physikalischen Kosmos Entstandene scheint basierend auf dem Prinzip von Schwingung und Resonanz Existenz erlangt zu haben.* Und in diesen evolutiven Tenor reiht sich, wissenschaftlich besehen, auch die gesamte biologische Evolution – auf allen Ebenen betrachtet – ein. Angenommen es stimmt, dass In-*forma*-tion alles durchdringt – ja IST! – was je Form annahm und annimmt: Masse, auch biologische Masse, die ja letztlich gar noch zum Träger von Psyche avancierte. Und wenn weiters gilt, dass alles mit allem eins ist – wie es die Erkenntnisse der Quantenphysik nahelegen ... – dann kann es wohl kaum überraschen, dass dieses „*Prinzip-von-Schwingung-und-Resonanz*" generelle Gültigkeit hat. *Über-All!* Ausgehend von der Annahme, dass dieses In-*forma*-tionsprinzip als durchgängiges Grundprinzip jeglicher Entwicklung wirkt, ergäbe sich als schlüssige Konsequenz – zunächst vielleicht mal nur als Denkmöglichkeit betrachtet – dass unser Bewusstsein und unsere Biographie, unser Leben, *grundsätzlich* nur mit all jenem in der Welt in Resonanz kommen kann, was ihm von seiner individuellen Eigenart qualitativ entspricht. Anders ausgedrückt: *Unser Leben, die anderen Menschen darin, ihr Verhalten – so wie wir damit in Resonanz kommen –, unsere Erlebnisse an ihnen, inklusive all unserer Wertungen, können in diesem Fall nie und nimmer als etwas anderes erscheinen – etwas anderes sein – als die konsequente Reflexion unserer eigenen (Be)Sonderheiten, Wertungen, Liebe und ‚Lieblosigkeiten'.* Alles da draußen, so wie es für *unser* Bewusstsein erscheint, ist primär – oder sogar ausschließlich: *wir selbst!*

Ausgehend von einer derartigen Auffassung und Einsicht in die evolutiv wirksamen Resonanz-Funktionszusammenhänge von In-*forma*-tion wird letztlich verständlich, nachvollziehbar und wohl mehr und mehr beobachtbar, inwiefern die „Außen-Welt" – in unserem Bewusstsein – sozusagen immer als „Spiegel-unserer-selbst" erscheint und auch nur so erscheinen kann! Diese *Außenwelt* dient somit unserem eigenen seelischen Kennenlernen („*Mensch, erkenne Dich selbst.*") und daran anschließenden, eventuellen

---

[37] Jesus, zitiert nach: „*Die Bibel / Neues Testament.*", Matthäus 5/44.
Siehe auch Kapitel 6: Chaos und Strukturen der Ordnung, Anmerkung 28, 29.

eigenen Entwicklungen. Alles was wir daran erleben, sind somit: *„Signale für unser Selbsterkennen"*. Alle unsere Wertungen, welche unser Bewusstsein bezüglich der Welt (zu der *auch* wir selbst gehören) vornimmt, alle Verurteilungen und an der Welt erlebten Enttäuschungen: lediglich Projektionen nach außen. Die vielleicht etwas nüchterne Konsequenz daraus: Alles das sind wir – wir, so wie wir in unserer „Sonderheit", „Be-Sonderheit" sind. Und nur insofern vermag das Universum – über unser Bewusstsein – mit uns *mittels Resonanz* in Verbindung zu treten. Alles das: Informationen aus der Ebene von In-*forma*-tion. Information darüber, was in unserem Bewusstsein real lebt, sein Wesen – beziehungsweise auch sein (Un)Wesen – treibt. In-*forma*-tion umfasst alles, *ist* alles. Was wir hingegen, identifiziert mit den Identitäten unseres Bewusstseins, an der Welt emotional-abwertend wahrnehmen und erleben, sind alle jene noch abgespaltenen Aspekte unseres (unbewussten) Da-Seins, die anzunehmen – *gut-zu-lieben* und zu *integrieren* – wir bislang verabsäumten. *„Liebet eure Feinde, tut Gutes denen, die euch hassen."* Ja, so könnte es beginnen – bei uns selbst und den sogenannten, (scheinbaren) Feinden in uns selbst. Schmerz, Krankheit, Enttäuschung – alles zunächst Feinde ... Oder aber: wertvolle, weil lebensrettende Information, durch die unser Bewusstsein aufgerufen wird, *auf-zu-merken*, um Not-wendige Veränderungen einzuleiten. *Veränderung beginnt bei uns selbst – oder nirgends.* Was diesem Prozess zuliebe jedoch zunächst mal zu opfern sein wird, ist unser aller Neigung zur konsequent-betulichen Pflege unseres illusionär-makellosen Selbst-Bildes (... und: ich *weiß*, wovon ich spreche!).

Fassen wir es doch einfach mal ganz pragmatisch auf: Welche geniale, großartige Möglichkeit für unser Bewusstsein, den eigenen Entwicklungszustand zu erahnen, zu erkennen – und zu verwandeln, so wir dazu willens sind. Und auf diese Weise besteht auch in realiter die Möglichkeit *Gleiches-mit-Gleichem-zu-heilen*: Die ungeliebten Schatten-anteile in uns, durch die Anerkennung und Wertschätzung dieser Schattenteile im Außen, an den anderen – die ja auch wir sind. *„Liebe Deinen Nächsten wie Dich selbst."*[38] *„Richtet nicht, so werdet ihr auch nicht gerichtet. Verdammet nicht, so werdet ihr nicht verdammt. Vergebet, so wird euch vergeben. Gebet, so wird euch gegeben."*[39] *„Weshalb wascht ihr die Außenseite des Bechers? Erkennt ihr nicht, dass der, der die Innenseite schuf, auch der ist, der die Außenseite schuf."*[40] – Scheint ganz so, als hätte vor 2000 Jahren bereits jemand anderer dieses *Grundprinzip der Resonanz* im Kosmos gefühlt, erkannt, begriffen und auf seine Weise in einfachen Sätzen ausgedrückt. Was Religion daraus leider gemacht hat, ist hinlänglich bekannt: Ängste-schürende Verhaltens-Dogmen, die – letztlich lieblos, weil lediglich *eigenes-Seelenheil-erheischend* umgesetzt und die-Außenseite-putzend – keine echte Moral und Entwicklungs-Bedeutung erlangen konnten. Erlebbare Folgen, um auf solch ausgedachtem Weg des dogmatischen „etwas-weg-haben-Wollens", des „etwas-weg-Bemühens" um zur Vollkommenheit zu gelangen – wie könnte es anders sein! –

---

[38] Jesus, zitiert nach: *„Die Bibel / Neues Testament."*, Matthäus 22/39.

[39] Jesus, zitiert nach: *„Die Bibel / Neues Testament."*, Lukas 6/37f.

[40] Jesus, zitiert nach: *„Die Bibel / Neues Testament."*, Thomas Evangelium, Vers 89.

vollkommen unerträglich werden. (... und: ich weiß auch da reichlich genau, wovon ich spreche!) Von welcher Leichte, Freude und Wertschätzung für sein individuelles So-Sein und die Welt gestaltet sich andererseits ein derartiger Resonanz-Prozess, ausgerüstet mit dem entsprechenden Bewusstseins-Werkzeug à la *Free Spirit – es* sich selbst bewusst machen, *es* dankbar als wertvolle In-*forma*-tion annehmen, *es* selbst-verantworten und selbst-bewusst zu sich nehmen – integrieren. *Wie viel Lebensenergie wird dabei fühlbar freigesetzt, wenn nichts mehr abzulehnen, zu verbergen, zu beschönen und zu vertuschen ist! „Es ist, was es ist."* Und *es* ist wieder das Bewusstsein und die Bewusstheit von *Etwas Großem*, mit dem man sich verbunden fühlt, was da lebt.

Bruno Würtenberger: *„Im gleichen Maß, wie sich Dein Inneres ändert, Deine innere Einstellung, in dem Maße spiegelt sich das in Deinem Leben wider. Wie innen, so außen ... und wenn Du es auch nicht weißt, es geschieht stets nach Deinem Willen. Denn das ist der Wille-Gottes – dass Du entscheiden kannst, wie Dein Leben aussieht, dass Dir stets nach Deinem Glauben geschieht. Das war sehr klug von ‚Gott', denn so hat er viel weniger Arbeit mit uns. :-) Er kann einfach zuschauen, weil er weiß, dass alles, was auf Erden geschieht, von den Menschen so gewollt wurde. Das, was wir erleben, ist also die konsequente Folge unseres freien Willens. Aber ich gebe zu, dass es bei gewissen Dingen, die geschehen, schwer vorstellbar für uns sein kann. Trotzdem dürfen wir nicht vergessen, dass andere Menschen, welche sich vielleicht auch auf einer ganz anderen Entwicklungsstufe befinden, auch ganz andere Wünsche, Vorstellungen, Hintergründe und Standpunkte haben, welche ihre Handlungen wiederum verständlich machen."* [41] Und – na ja – auch wir selbst stehen innerlich wohl auch nicht immer da, wo wir uns selbst nur allzu gern glauben machen wollen, zu stehen. Du musst nicht bemühterweise „gut" oder gezwungenermaßen „gerecht" sein im Leben – doch: sei liebevoll und wertschätzend! – mit Dir, mit den anderen, mit der Welt.

Es könnte somit für jeden von uns geklärt sein, dass *grundsätzlich* nichts „andocken" kann an uns und auftauchen in unserer Biographie, in unserem Leben – wie zufällig – das nicht etwas ist, was In-*forma*-tion uns als Information zur Verfügung stellt – wozu auch immer wir es verwenden wollen ... *Opfer* gibt's – von diesem Standpunkt betrachtet – keine. Nur *Täter*. Natürlich, auch: Täter, die sich in ihrem Bewusstsein lieber selbst zum Opfer erklären. Es eröffnet eine neue Sicht auf Leben: sein eigenes Schöpfer-Sein, ob unbewusst oder bewusst gelebt, zu verantworten, das eigene (Lebens)Künstler-Sein anzuerkennen und damit sowohl mutig wie demütig umzugehen. Diese neue Sicht auf sein eigenes Mensch-Sein motivierte Nelson Mandela in seiner Antrittsrede als Präsident Südafrikas 1994 zu folgenden Worten: *„Jeder Mensch ist dazu bestimmt, zu leuchten! Unsere tiefste Angst ist nicht, dass wir unzulänglich sind, unsere tiefste Angst ist, dass wir unermesslich machtvoll sind. Es ist unser Licht, das wir fürchten, nicht unsere Dunkelheit ..."* [42]

---

[41] B. Würtenberger: *„Free Spirit-Grundkurs – Teil 1"*, Zürich 2005, S. 202.
[42] Voller Wortlaut des Zitats: Siehe Kapitel 24: Visionen und Ziele, Anmerkung 19.

So, wie durch In-*forma*-tion im Universum die Eigenart des menschlichen Bewusstseins erschaffen wurde beziehungsweise entstand, werden auch „Qualitäten dieses Bewusstseins" – wie *Bewusstheit* und *Freiheit* – künftig im Evolutionsprozess konsequent mehr und mehr an Bedeutung gewinnen. [43] An welchem Scheidepunkt der Entwicklung sind wir Menschen da heute letztendlich doch angelangt ...?!

---

[43] Siehe auch Kapitel 1: Zeit, Anmerkung 30
     Siehe auch Kapitel 11: Erfahrungslernen, Anmerkung 26.

Kapitel 23: Bildung der Zukunft

Bezogenheit und *Offenheit* – Festgefügte Vorstellungen als Wachstums-Killer

„Wir haben oft eine Vorstellung von dem, was Glück bedeutet, aber gerade diese Vorstellung wird uns zum Hindernis für unser Glück." [1] Der angeführte Satz kann stellvertretend stehen für jegliche Art von Fortschritt im Sinne von Vorwärtsschreiten. Es liegt eine mächtige Wahrheit darin, was schon Franz von Assisi erkannte: *„Wanderer, es gibt keinen Weg, der Weg entsteht im Gehen."* Der rechte, der echte, individuell unterscheidbare Weg – entsteht erst im Gehen. Das braucht vor allem eines: Mut. Einen Mut, der beglücken kann, wenn man selbst fühlt, wie dieses eigene Leben sich zu entfalten beginnt – jenseits übernommener Vorstellungen und Projektionen. Im Strom des Werdens (be)findet sich nur der glückliche Mensch – solch einer Art von Weg folgend, wo intuitiv persönliches Neuland beschritten wird. Was zeigt diese Einsicht für eine zukunftsweisende Pädagogik auf? Um die Förderung welcher Basiskompetenzen und ihr eventuelles Erreichen will es wohl in Zukunft gehen? Was ist entscheidend? Trotzdem: Auch hier gilt nicht die Frage: Was *sollen* wir bloß tun? Sondern: Worauf *wollen* wir auf diesem Feld setzen?! Was *wollen* wir für möglich halten, damit es Realität werden kann – befestigt durch unser Grund-legendes Vertrauen! Durch welche innere Haltung kann diese Ausrichtung in der Erziehung bestärkt werden? Wie erschaffen wir Wirklichkeit, nicht als primär Reagierende, sondern als Agierende?! Und: Wie öffnen wir uns für In-*forma*-tion, da hinein also, wo jener *intuitive Wille* lebt, willens und frei genug, als Produkt einer gesetzten Handlung entsprechend physische Form anzunehmen.

Nach innen hören – Präsenz: Vom Ton, der aus der Stille kommt

Bezüglich echter Innovation können wir von der Kunst Entscheidendes lernen. Lassen Sie uns also auf die Kunst als kreativ-improvisatorischen Bereich menschlichen Seins hinschauen. Dabei wird ihre Vorreiterrolle, als intuitive, vorbildliche Schaffensebene menschlicher Innovation deutlich. Alegre Corea, aus Brasilien stammender und in Wien lebender Jazzkünstler, zählt zu jenen Art von Musikern, die von ganz klein auf primär durch leidenschaftliches Tun gelernt haben: *„Die Musik selbst, das ist eine einfache Emotionsbotschaft, weil: Der beste Musiker für mich ist der, welcher der Musik ‚folgt', und so seine Botschaft gibt. Und diese Botschaft – so er ehrlich ist und klar – kann eigentlich nur bedeuten, die Liebe geben an die Leute. Diese Liebe ist der Respekt vor: ‚Alles'. Besonders, in dem Moment, wo man ‚es' erzeugt, in dem Moment, wo man komponiert und eine neue Aussage macht, eine neue Geschichte erzählt, sollte man ‚da' sein."* [2]

---

[1] T.N. Hanh: *„Schritte der Achtsamkeit."*, Freiburg 1998, S. 111.

[2] A. Corea, in: *„Learning by doing – Wie Erfahrung und Gespür unser Können prägen."*, Transkription, in: *ORF Radiokolleg, 2007*, von: J. Caup (gilt auch für das nächste Zitat in Folge).

Da-sein und *präsent-sein*, wieder auf die eigene innere Stimme hören, aus der heraus für den Komponisten und Musiker eine wahrhaftige und neue musikalische Geschichte entsteht ... . Corea: *„Besonders die Musik hat heute mehr denn je die Aufgabe diese Liebe mitzuteilen, sie kollektiv unbewusst weiterzugeben und die Leute zu überzeugen, dass wir zusammenbleiben müssen und da leben, uns organisieren für die Liebe, für den Respekt auf der Welt. Für mich ist es einfach: ‚da-sein‘. Es ist das wohl Höchste. Das ist jeweils eine Geschichte, obwohl es eine Atmosphäre hat – aber es ist eine Geschichte. Und der Respekt kommt von der allerersten Aussage vom Gefühl her, nicht von den Tönen. Diese erste Aussage kommt vom Gefühl her und daraus folgt – was eben rauskommt. Folgen, mit Respekt folgen, und immer als Künstler, als Musiker, immer ‚hinter‘ der Musik sein, nicht ‚vorne‘.“*

Wie entscheidend wichtig es ist, Musik gänzlich am eigenen Leib zu erfahren, einzutauchen, ganz präsent und voller Leidenschaftlichkeit zu leben, das wird hier deutlich. Bei Corea begann das in Brasilien bereits als Kleiner, und so wuchs ihm über die Jahre dieses Wissen aus seiner Begeisterung zu. Das Beispiel mag etwas Entscheidendes verdeutlichen, da es letztlich doch lediglich stellvertretend ist für *jeglichen* Aspekt von Leben, der für uns da ist. Der da ist, um einzutauchen, sich zu verbinden, um das Leben aufzunehmen – all seine unwiederbringlichen Qualitäten des Seins. Jeder wird spüren, wohin seine ureigenste *Be-Geisterung* ihn hinzieht, sodass Verbundenheit geschieht. Nichts daran ist zufällig. Nur: Die Möglichkeiten müssen „passieren" dürfen. Vielfalt muss wieder passieren dürfen in unserer Kultur. *So lernen* macht auch fähig, *so zu leben*: Im Wechselspiel mit dem Leben, das *ist*, – das wir *sind*. Damit *einverstanden eins-sein*. Wie ein Künstler – ein „Lebens-Künstler" sein, schöpferisch *vom* Leben *fürs* Leben informiert – als kreativer Schöpfer des Lebens ...

Hans Gruber, Professor für Pädagogik an der Universität Regensburg, beschäftigt sich mit der Vermittlung von derart praktischem Wissen. Gruber hat zahlreiche Jazzmusiker befragt, wie sie ihre intuitive Improvisationsfähigkeit im Zusammenspiel entwickeln: *„Da hat uns der bestimmte Jazzmusiker offen gesagt, dass die Grundlage immer das sein muss, dass man ein riesiges Repertoire sehr sicher hat. Er hat das Bild verwendet, dass er sich auf seiner Gitarre, auf dem Griffbrett so fühle, wie in seiner Wohnung – wie zu Hause. Er gehe sozusagen von Zimmer zu Zimmer und ist sich dabei immer vollkommen sicher, wo er sich befindet, sodass er die Grundlagen dessen, wie er sich bewegt, wenn er Musik macht, völlig stabil zur Verfügung hat. Und somit dann, wenn er mit anderen in einer Session zusammenspielt, den Freiraum hat, zu hören, was die anderen machen, darauf zu reagieren, neue Dinge zu erfinden, die aber auf einem sehr großen, sehr soliden Grundstock von Fähigkeiten, Fertigkeiten beruhen, die fürs Publikum dann natürlich sensationell wirken, oder ungewöhnlich, oder den Anschein erwecken, dass der schon von Geburt an Dinge konnte, die kein anderer Mensch kann. Aber da würde sich – wenn man jetzt nicht an Legendenbildung arbeiten möchte – jeder Jazzmusiker dagegen verwehren. Weil der sagt, dass all das auf so viel Arbeit beruht. Dass es ihm* *nicht zugeflogen ist, sondern dass er sich das sehr hart erarbeitet hat – im wahrsten Sinne des Wortes.*" [3]

Tägliches Übung sowie das technische Beherrschen der Instrumente sind also unverzichtbare Voraussetzung dafür, dass man sich in der Jazzmusik freispielen kann. Der Jazzmusiker Harald Rüschenbaum, Professor an der Musikhochschule München, vergleicht das Erlernen von Jazz mit dem Spracherwerb: *"Wenn ich der englischen Sprache mächtig bin, kann ich überall auf der Welt mit Leuten, die auch Englisch sprechen, eine Unterhaltung beginnen. In diesem Sinne ist Jazz Musik. Musik – eine Sprache, die man da und dort kennen muss. ... Dann kann man miteinander kommunizieren. Dann geht's darum, dass halt zwischen den Musikern was passiert. ... Man bekommt Kontakt zu den Mitmusikern und atmet mit denen und – ist wirklich ein Organismus: Nicht vier Leute. Sondern, man versucht wenigsten dahin zu kommen, dass man zu viert als ein Organismus spielt.*" [4]

Langjährige Erfahrung und inneres Gespür schaffen den Raum für kreativ Neues und den eigenen Weg, den man schließlich als Musiker geht. Alegre Corea: *"Alles im Leben ist eine Sache der Einstellung. Das heißt in der Musik für mich: Alles, was von draußen kommt, am Anfang der Geschichte des Musizierens, ist wichtig. Von großen Komponisten, von großen Instrumentalisten lernt man Musik lesen können, Musik analysieren zu können. Aber wenn man eine eigene Identität suchen will, sagst Du Dir: ,Wo soll ich denn hinschauen?' – Nach innen! Z.B.: Über fünfzehn Jahre jetzt höre ich keine Musik. Ich habe keine CDs. Die CDs, die ich habe, sind Geschenke von Freunden, die auch Musiker sind, aber ich höre nichts davon. Weil, warum?* **Ich brauche Platz, um die innere Musik zu hören.** *Wenn ich drei Tage keine CDs höre, dann gehe ich nach Hause und höre sofort Melodien und Sachen, weil ich höre eine Musik. Die Musik ist in der Natur und auch in den Herzen der Menschen drin. Ich fang plötzlich an, komplette Passagen zu hören mit Arrangement und Kontrapunkt und allem. Und dann manchmal, wenn das so stark ist, dann geh ich nach Hause und dann sitz ich und such mir raus auf dem Instrument, damit ich schreiben kann und nichts vergesse vielleicht, und mit den Kollegen auch durchspielen, was ich da gehört habe. Das heißt, desto mehr man nicht äußere Musik hört, sondern mehr innere Musik hört und mehr versucht diese Musik, die man gehört hat, dann zu organisieren, hat man langsam immer mehr Identität. Das heißt, ich empfehle einem Musiker: Spielen und Platz machen für die ,innere Musik' zu hören.*" [5]

---

[3] H. Gruber, in: *"Learning by doing – Wie Erfahrung und Gespür unser Können prägen."*, Transkription, in: *ORF Radiokolleg, 2007*, von: J. Caup.

[4] H. Rüschenbaum, in: *"Learning by doing – Wie Erfahrung und Gespür unser Können prägen."*, Transkription, in: *ORF Radiokolleg, 2007*, von: J. Caup.

[5] A. Corea, in: *"Learning by doing – Wie Erfahrung und Gespür unser Können prägen."*, Transkription, in: *ORF Radiokolleg, 2007*, von: J. Caup.

Präsenz, Intuition, Achtsamkeit – Schlüsselaspekte innovativer Verantwortung

Um die praktische Wissenskompetenz zu stärken, braucht es in Bildung und Beruf eine Richtungskorrektur. So etwas sagt der Soziologe Hans Bauer von der *Gesellschaft für Ausbildungsforschung und Berufsentwicklung* in München. Es gelte, die Pädagogik der Wissensmöglichkeiten zu ergänzen um eine Pädagogik der Lern- und Erfahrungsmöglichkeiten: *„Es liegt auf der Hand, dass das, was wir so als ‚primäre Erfahrungsmöglichkeiten' bezeichnen, dass das sehr viel mehr Raum und Platz kriegt. Also, dass ich eben einfach ganz konkret in Situationen reingehe, dass ich Möglichkeiten habe, mich, meine Sinne, meine Gefühls-, Gespürqualitäten einzusetzen und zu merken, wo sie unscharf, stumpf geworden sind. Sie zu üben. Das würde ich als einen ganz wichtigen ersten Punkt nennen. Da gibt es den ganzen Bereich der Erlebnispädagogik, der das leider etwas stark nur so auf der Natur- und Sportebene tut, das ‚nur' meine ich in Anführungszeichen, denn das ist natürlich ein unheimlich wichtiger Bereich, in dem wir unsere Sinne üben können. Also wir sind ja in einer Situation, in der viele unserer Sinne durch Medien usw. schier verkümmern. Und insofern ist das mit Sicherheit ein Bereich, der in Bildungsprozessen sehr viel mehr Beachtung finden muss, als er es tut."* [6] Mit welch umwälzenden Herausforderungen und Auswirkungen der anstehende Paradigmenwechsel auf unser heutiges, reproduzierendes Bildungssystems auftrifft, mag aus den folgenden Äußerungen Murakamis – selbst Lehrender und Ausbildner seiner innovativen Mitarbeiter – abgelesen werden: *„Die heutigen Bildungssysteme in den meisten hochentwickelten Ländern richten sich allerdings gegen die vielseitige Natur unserer Gene. Ihr Augenmerk liegt auf den standardisierten Tests und Aufnahmeprüfungen für Universitäten. ... Doch jeder Einzelne ist mit einem einzigartigen und vielseitigen Gensatz ausgestattet und der Zeitplan und die Art und Weise, wie diese Gene aktiviert werden, sind ganz unterschiedlich. ...* **Innovative Ideen fangen da an, wo es keine Antworten gibt**, *und Studenten, die in solchen Systemen hervorragende Leistungen erbringen, scheinen nicht mehr weiterzuwissen, sobald es darum geht, Unbekanntes zu erforschen."* [7]

Weiters noch Leo Ezaki, Rektor der Tsukuba-Universität und Träger des Nobelpreises für Physiologie oder Medizin aus dem Jahr 1973. Er hat ein paar wenige, aber umso interessantere „Do's und Dont's" parat, um „den-Nobelpreis-zu-gewinnen": *„1.) Lassen Sie sich nicht von Konventionen in die Falle locken. 2.) Horten Sie kein Wissen und 3.) Befreien Sie sich von unnötigen Informationen, um Raum für neues Wissen zu schaffen. In einer Welt, in der Originalität verlangt wird, können Sie sich nicht hervortun,*

---

[6] H. Bauer, in: *„Learning by doing – Wie Erfahrung und Gespür unser Können prägen.",* Transkription, in: *ORF Radiokolleg, 2007,* von: J. Caup
    Siehe auch Kapitel 2: Kunst als Vorläuferin eines neuen Bewusstseins, Anmerkung 7.

[7] K. Murakami: *„Der göttliche Code des Lebens – Ein neues Verständnis der Genetik.",* Güllesheim 2008, S. 80.

wenn Sie sich zu sehr auf alte Kenntnisse oder Informationen stützen."[8] Ich finde, dass diese Hinweis-Sammlung nicht nur von möglichen „Möchtegern-Nobelpreisträgern" zu beherzigen sei, sondern dass sie vielmehr für jeden Menschen gelten kann, der mehr als nur ein angepasstes Leben leben möchte ...

Erfahrung macht klug – Wie aber fördern wir praktisches Wissen?

„Man müsste überhaupt sehen, dass das was Wichtiges ist. Und dann diese verschiedenen Bausteine des gefühlten Wissens – ein bestimmter Umgang mit Gegenständen: dass Dinge, Gegenstände nicht einfach was sind, was man anfasst und manipuliert, sondern dass man sie erspürt, dass man auch Empathie gegenüber so etwas wie technischen Vorgängen entwickeln kann, Wahrnehmungsfähigkeit, das assoziative Denken – all dieses müssten wir eigentlich vom Kindergarten bis zur Grundschule einbauen in den Unterricht."[9] Das sagt der Augsburger Soziologe und Universitätsprofessor Fritz Böhle. Ihm geht es zentral darum, dass das praktische Wissen, das gefühlte und verkörperte Wissen, in unseren Bildungsprogrammen wahrgenommen und auch gezielt gefördert und unterstützt wird. Böhle: *„Es gibt eben diese Restbereiche wie den musischen Unterreicht oder Sportunterricht, aber ansonsten haben wir eine ganz klare kognitiv-rationale Ausbildung, die mit der anderen Seite der Intelligenz nichts zu tun hat. Die kommt eben zufällig rein, insofern ist es richtig: Wir müssten eigentlich unser gesamtes Bildungs-verständnis umbauen, neu sortieren. Und das hat jetzt nichts damit zu tun, dass man rationalitätsfeindlich ist. Ganz, ganz im Gegenteil! Ich sage nur, es reicht nicht. Und die zweite These ist: Je mehr Sie auch diese andere Seite können, umso besser können Sie vielleicht auch das Rationale. Ich glaube, dass viele Schulmisserfolge auf dieser Vereinseitigung beruhen. Wir wissen, dass gute Mathematiker – und das ist ja immer das Interessante: die wirklich guten – die weichen ja immer von diesem Modell des Rationalen ab. Auch Einstein hat eben nicht nur logisch rational gedacht.*"

Handlungswissen lässt sich nun mal nicht auswendig lernen und ebensowenig in Theoriekursen erwerben und – nicht im Internet googlen. Es wächst einzig und allein mit der praktischen Beschäftigung, braucht vornehmlich *Präsenz* sowie Zeiten und Bereitschaft zur Selbstvergessenheit, wo sich der Mensch mit dieser Tätigkeit verbindet, sich ihr hingibt. Dieses erfahrene Wissen macht Menschen kompetent. Der Frankfurter Pädagoge sowie Professor an der Goethe Universität in Frankfurt, Wolfgang Müller-Commichau, ist Autor des Buches „*Fühlen lernen – Emotionale Intelligenz als Schlüsselqualifikation.*" Er setzt sich vehement und initiativ für eine Stärkung der intuitiven Handlungsqualifikation bei Heranwachsenden und Lernenden ein: *„Ich*

---

[8] L. Ezaki, zitiert in: K. Murakami: *„Der göttliche Code des Lebens – Ein neues Verständnis der Genetik.*", Güllesheim 2008, S. 86.

[9] F. Böhle, in: *„Learning by doing – Wie Erfahrung und Gespür unser Können prägen.*", Transkription, in: *ORF Radiokolleg, 2007*, von: J. Caup (gilt auch für das nächste Zitat in Folge).

*glaube, eine zentrale Basis, **eine zentrale Voraussetzung dafür, intuitiv handeln zu können und sich das auch zu gestatten, ist ein gewisses Maß an Selbstvertrauen**. Selbstvertrauen, Selbstbewusstsein. Und das lässt sich nicht unmittelbar schulen in pädagogischen Situationen, in Schulen, in der Universität, oder wo auch immer. Aber es lässt sich ermöglichen, indem ich als Erzieher, als Lehrer, als Hochschullehrer oder wer auch immer, an mein Gegenüber in einer wertschätzenden Weise herantrete und ihm oder ihr Mut mache, zu den eigenen Gefühlen, auch zu der Spontaneität, die jemand wahrnimmt in sich, zu stehen. Das heißt, ich spreche Ressourcen an. Ich spreche nicht nur Kompetenzen an, die ich wahrnehme bei der jeweiligen Person, sondern auch noch-versteckte Kompetenzen - Ressourcen eben. Und ich bin davon überzeugt, wenn **das** eine Grunderfahrung ist, die Menschen, gerade junge Menschen, Kinder, Jugendliche machen, über längere Zeit hinweg, dann gelingt es ihnen, zu dem, was sie intuitiv spüren, was notwendig erscheint, was richtig erscheint in der jeweiligen Situation, dass sie zu dem dann auch stehen und das leben."* [10]

Learning by doing – Fehler machen dürfen, gehört dazu!

Wir alle werden von einem Wissen geleitet, das wir *nicht* theoretisch gelernt haben – und das wir auch gar nicht *theoretisch* lernen könnten. Es ist das *Leben selbst*, das diese Dinge lehrt. Zugegeben – auch für sie muss so manches Lehrgeld bezahlt werden. Aber: Dieses *Lernen aus Fehlern* macht sich grundsätzlich bezahlt. Es ist eben die (Lebens) Erfahrung, die den Meister macht, den Könner. [11]

Ähnlich verhält es sich überall, wo es um *lebens-praktisches Wissen,* aber auch um so etwas wie *Kunst* oder auch das *Leben-als-Kunst*, geht: So wie ein Bauer Wetter, Boden und Wachstum seiner Pflanzen beobachtet, um den besten, den *rechten* Zeitpunkt für Saat und Ernte zu bestimmen, sind zum Beispiel auch die Musiker gefordert, wenn sie Melodie, Rhythmus und Dynamik zu etwas ganz einzigartig Neuem zusammenfügen wollen. Oder auch ein Maler, der den rechten Pinselschwung in der Hand spüren muss, um die Farbe mit der entsprechenden Dynamik oder Besinnlichkeit auf die Leinwand zu setzen. Tischler und Steinmetze entwickeln ein unglaubliches Feingefühl und Gespür, um allein am Material, anhand von bloßer Berührung zu erkennen, wie Holz oder Stein zu bearbeiten sind. Derartiges muss man selbst entdecken dürfen. Selbst im technischen Bereich finden gute Mechaniker und Servicetechniker Fehler in einer Maschine anhand ihres Gehörs. Sie alle wissen, dass sie derartige Sicherheit nur durch entsprechende Hingabe an die Erfahrung und dabei aufkeimende Intuition erwerben können. So entwickelt sich eine Art Instinkt, auf den sie dann *wie blind* vertrauen können, weil sie auf anderer Ebene *Sehende* geworden sind. Diese Lernzeit braucht es auch im Leben

---

[10] W. Müller-Commichau, in: „*Learning by doing – Wie Erfahrung und Gespür unser Können prägen.*", Transkription, in: *ORF Radiokolleg, 2007*, von: J. Caup.

[11] Siehe auch Kapitel 11: Erfahrungslernen, Anmerkung 2, 3.

selbst, ganz allgemein – nennen wir sie „Jugend". Es ist die Zeit, wo die Gesellschaft – wir Menschen – den jeweils anderen Menschen, zugestehen, den Mut und das Risiko einzugehen, Fehler zu machen, nicht perfekt zu sein, ohne dafür ausschließlich lieblose Verurteilung auszuteilen, beziehungsweise zu ernten. *Wie wunderbar, jene Gabe zu entwickeln, auch den Mut bewundern zu lernen, der darin liegt, etwas zu wagen, dessen Ausgang noch nicht feststeht.*

Fast jeder wünscht sich etwas wie „ewige Jugend" – für sich. In der Gesellschaft wird Derartiges Realität werden dürfen, möglich werden, wenn jeder jedem „Fehler-zu-machen" zugesteht – *vor allem aber auch sich selbst* – und die Wertschätzung dabei nicht vergessen wird! Welches gigantisches Lernpotenzial wird dann in der Menschheit auf diese Weise frei werden! *„Ein Gärtner weiß, dass aus Abfall Kompost wird und sich Kompost in Blumen verwandeln lässt. ... Und wenn diese Blumen und Früchte dann wieder zu Abfall werden, wird keiner mehr Angst haben, denn wir sind mit der Kunst vertraut, ihn wieder in Blumen und Früchte zu verwandeln. ... Unwohlsein ist die Substanz, aus der wir Wohlsein herstellen können, wenn wir lernen es mit Achtsamkeit zu umarmen und dem Leben Dankbarkeit zu zollen. ... Keiner ist ohne Abfall. Doch der Erwachsene – Erwachte – hat keine Angst, da er weiß, wie ihn wieder in Blumen zu verwandeln. ... Wenn wir tief schauen und unsere schwierigen Energien fühlen, anlächeln und sie so integrieren, bemerken wir, dass es **unsere Einsicht** und **unsere Tat** ist und nicht Gnade, die Befreiung und Erlösung bringt."* [12]

Um für zukünftige Entwicklungen und Menschheits-Aufgaben im Bildungssystem Stimmigkeit und Effizienz zu gewährleisten, werden somit Basiskompetenzen wie Präsenz, Intuition, Eigenverantwortlichkeit (in einem erweiterten Verständnis [13]) gefragt sein – und: Mut. Es wird Lehrerpersönlichkeiten brauchen – und letztlich wohl auch geben –, welche sich ganz bewusst als Mit-Schöpfer und Mit-Gestalter dieses Kosmos begreifen, um volle Verantwortung zu übernehmen – für das, was *ist* und noch *werden will.*

Neuropädagogik: Erneuerte Pädagogik durch neurologischen Paradigmenwandel

Die Neurowissenschaften dringen immer weiter in andere Fächer ein. Neurolinguistik, Neuroökonomie, Neurotechnik, Neuropädagogik sind gängige Schlagworte geworden.

Manfred Spitzer, einstmals jüngster Professor an einer Psychiatrieabteilung in Deutschland, ausgebildeter Mediziner, Psychologe, Philosoph und Hirnforscher, heute Direktor der psychiatrischen Universitätsklinik in Ulm sowie Leiter des *Transferzentrums für Neurowissenschaften und Lernen: „Aus meiner Sicht ist Pädagogik nichts weiter als in genau dem gleichen Sinne angewandte Gehirnforschung beziehungsweise*

---

[12] T.N. Hanh: „*Schritte der Achtsamkeit.*", Freiburg 1998, S. 132, S. 122.
[13] Siehe auch Kapitel 14: Intuition, Anmerkung 66.

angewandte Neurowissenschaft." [14] Lernen bedeutet aus Sicht der Neurowissenschaften, dass Nervenzellen immer wieder gereizt werden. Dann verbinden sie sich zu einem neurologischen Schaltkreis, der im Gehirn etwas Bestimmtes repräsentiert. Neurologisch scheint heute belegt zu sein: Ohne Wiederholung gibt´s keine Meisterschaft zu erlangen. Diese Einsicht wird verschiedentlich durch gesicherte Forschungsergebnisse belegt. [15] Etwas plakativ formuliert, nennt man es: die „Zehntausendstundenregel": *„Egal was man tut, als Lernender benötigt man etwa 10000 Stunden, um zur Könnerschaft zu gelangen. Dies gilt für völlig unterschiedliche Tätigkeiten. Ob alte Frauen auf Kuba Zigaretten drehen, oder junge Orchestermusiker, die Tuba blasen, 10000 Stunden sind das Maß der Dinge. Wie viele Tage der Übung sind das? Gesetzt den Fall, Sie üben tagaus tagein etwa drei Stunden, dann sind Sie gute zehn Jahre beschäftigt."* [16]

„Übung macht den Meister" besagt schon ein altes Sprichwort. Zwar kann explizites Wissen geradezu sprunghaft einsetzen (Aha-Effekt: *Ich hab´s!*) Implizites Wissen hingegen erlernt man durch langes Üben. Wer Profi-Geiger wird, hatte also bereits im Alter von zehn Jahren rund 1000 Stunden Geige geübt, als Teenager 4000 Stunden und mit zwanzig Jahren über 10000 Stunden. Mäßig gute Streicher haben nur halb so viel Zeit mit ihrem Instrument zugebracht. Amateure nur ein Viertel der Zeit. – Es ist also mit Sicherheit noch „kein Meister vom Himmel gefallen." „Zeit!" – es ist jenes Wort, das Experten gegenüber Eltern fast schon anklagend einfordern; nicht Bestrafung gegenüber „schlimmen Kindern" ist angebracht, nicht etwas wie Disziplinierung durch die Eltern, sondern: *Zeit – von den Eltern.* In Deutschland und Österreich – in der Schweiz dürften die Verhältnisse durchaus ähnlich gelagert sein – verbringen Väter und Mütter pro Tag weniger als eine Stunde mit ihren Kindern im Schulalter zusammen. Wobei hier nicht mal die Zeit gemeint ist, wo eventuell gespielt würde, nein: der wie auch immer geartete direkte Kontakt liegt im Minutenbereich. Für den Beruf wenden beide Elternteile bekannterweise jeweils acht Stunden auf, fürs Gespräch mit dem eigenen Kind nur noch wenige Minuten. Der Kinderarzt und Univ.-Prof. Remo Largo – eine Institution in Sachen Kindererziehung aus Zürich – meint: *„Etwas vom Kostbarsten, das Eltern und Lehrer den Kindern geben können, ist ihre Zeit."* [17] Kleine Menschen aber brauchen (diese) Zeit, um das komplizierte Instrumentarium zu entwickeln, das es ihnen ermöglicht, ein Kulturwesen zu werden. Sind es nicht die Eltern, so müssen es andere sein, die sich kümmern, der Computerbildschirm kann es sicher nicht leisten. *„Es braucht ein ganzes Dorf, um ein Kind zu erziehen."* [18] – so hat es Hillary Clinton – damals Präsidentengattin, heute Außenministerin der USA – formuliert und zu diesem Thema 1996 auch gleich ein Buch publiziert.

---

[14] M. Spitzer, in: *„Neuropädagogik – Oder: Was Schule heute leisten sollte.",* Transkription, in: *ORF Radiokolleg, 2009,* von: P. Weber.

[15] M. Spitzer: *„Lernen",* Heidelberg 2002.

[16] M. Wehr: *„Welche Farbe hat die Zeit?",* Frankfurt 2007 S. 91.

[17] R. Largo, in: *„Neuropädagogik – Oder: Was Schule heute leisten sollte.",* Transkription, in: *ORF Radiokolleg, 2009,* von: P. Weber.

[18] http://en.wikipedia.org/wiki/Hillary_Clinton.

Es trifft die Wahrheit, wenn gesagt wird: *Kinder sind die Leib-gewordene-Antwort auf den Erziehungsstil der Eltern.* Der Hirnforscher und Universitätsprofessor Dr. Manfred Spitzer: *„Viele Eltern geben ihre Kinder gerne ab an Lehrer, die Ballett oder Geige oder Fußball oder sonst irgendwas unterrichten – und natürlich dann auch an der Schule, wo alles andere auch noch unterrichtet wird. Und nach dem Motto: ‚Macht mal ordentliche Kinder aus meinen, ich hab's bislang nicht geschafft und ich hab auch gar nicht die Zeit dafür, denn ich muss arbeiten'."* [19]

Das Gehirn – darüber sind sich alle Forscher mittlerweile einig – wird also von der Umwelt geformt. Wie Umwelt und Biologie zusammenspielen, zeigen „Synapsen". Synapsen sind die Verbindungsstellen von Nervenzellen. Neuronenwege, die oft gebraucht werden, vertiefen sich, im Gegensatz zu anderen, die absterben. *Synaptische Plastizität* ist das wissenschaftliche Codewort in diesem Zusammenhang. Trifft ein Reiz mehrmals auf eine Synapse, verändert sich diese. Das Gehirn hat „gelernt". Wie man *richtig* lernt, lässt sich kurz und bündig zusammenfassen: wiederholen, wiederholen, wiederholen. Das wirkliche Problem beim Lernen ist nicht die Frage, wie man richtig lernt, *sondern woher die Motivation dafür kommen kann.* Wie schafft es ein Lehrer, seine Schüler zu begeistern?!

Lernen als *Spaß-des-Lebens*. Lob – Wahre Impulse für Ausdauer und Freude

Lernen und Glück hängen eng miteinander zusammen. *Das menschliche Glückszentrum ist ein Lernzentrum*, sagt Manfred Spitzer, Professor an der Universitätsklinik in Ulm: *„Ich glaube, es ist wichtig, dass Lehrer um diese Mechanismen wissen, und wir wissen heute um die Gehirnmechanismen, die dies bewirken. Wir wissen, dass Lernen und Glück tief in unserem Gehirn von ganz ähnlichen Strukturen bewirkt werden, die eben dafür sorgen, dass mit positiven Emotionen Dinge, die neu, interessant und besser als erwartet sind, sehr rasch gelernt werden. **Wir wissen im Grunde genommen heute, dass es in unserem Gehirn gar kein Glückszentrum gibt, wie man früher angenommen hat: Nein, dieses Zentrum ist in Wahrheit ein Lernzentrum.** Es bewirkt, dass, wenn etwas positiv für uns ist, wenn etwas gut ist, wenn es Spaß macht, wenn es interessant ist und neu ist, und wenn es unerwartet ist, dann wird es besonders schnell gelernt und bei diesem Prozess werden auch die sogenannten Glückshormone ausgeschüttet, nämlich selbstgemachtes Opium – die sogenannten Endorphine – und die werden genau dort ausgeschüttet, wo in unserem Gehirn letztlich das Erlebnis: ‚Mensch, klasse!' produziert wird. Tief in unserem Kopf sitzen also Glücksgefühle und rasches Lernen ganz eng beieinander. Wenn man dies weiß, dann versteht man, dass z.B. das Gerede über die Schule als der ‚Ernst-des-Lebens' ziemlich falsch ist. Man kann auch sagen, wer so redet, liegt ganz gründlich daneben. Eigentlich müsste*

---

[19] M. Spitzer, in: *„Neuropädagogik – Oder: Was Schule heute leisten sollte.",* Transkription, in: *ORF Radiokolleg, 2009,* von: P. Weber.

*die Schule also nicht der ‚Ernst-des-Lebens' heißen, sondern: der ‚Spaß-des-Lebens'. ...
Dass Lernen Spaß macht, ist wichtig".* [20]

Zugegeben: interessante Fakten ... Aber, und so empfinden wohl viele: *Lernen hat nur
selten Spaß gemacht* – und schon gar nicht in der Schule! Wie also kann ein Hirnforscher
und Neuropädagoge wie Manfred Spitzer schlicht das Gegenteil behaupten? Warum soll
unser Gehirn überhaupt lernen wollen?! Doch damit sind wir wieder beim zentralen
Thema – der „Motivation". In der Schule ist eine der Hauptantriebsfedern, warum Kinder
Spaß am Lernen finden: Lob. Anerkennung und Wertschätzung durch den Lehrer und von
Mama und Papa. Jüngere Kinder sind darauf geradezu angewiesen, um nicht zu sagen:
abhängig. Je kleiner sie sind, desto mehr. Es sind nicht die guten Schulnoten, die sie
antreiben, nicht *für das Leben* lernen sie, sondern zunächst ausschließlich *für den Lehrer*
oder *für die Eltern* und deren Anerkennung. Ihnen zuliebe leisten sie Ungewohntes:
büffeln Vokabeln und lösen Textaufgaben – *Erfahrungslernen*, etwas was Motivation
aus sich selbst garantiert, sieht anders aus, wie wir wissen ... [21]

Erst frühestens im Alter von sechzehn Jahren ist auch das menschliche Gehirn
als Träger des Bewusstseins in seiner Reifung soweit, die abstrakten Folgen eigenen
Handelns einschätzen zu können. Erst jetzt können sich Jugendliche beginnend darüber
klar werden, dass *fürs-Leben-lernen* eine *Realität* darzustellen vermag.

Doch zurück zu Anerkennung und Lob: Auch Erwachsene lassen sich primär dadurch
motivieren und in ihrem Tun anspornen. Der Universitätsprofessor und Psychiater
Manfred Spitzer zitiert dazu eine Untersuchung, welche diesbezüglich eine deutliche
Sprache spricht: Man ging in der Studie wie folgt vor: Probanden wurden zunächst
veranlasst, unter Anleitung einen „Sehtest" zu machen. Anschließend wurden sie für
einen zweiten Test zu einem Computer geführt, wo die Teilnehmer „... *gespiegelte
3D-Figuren in Übereinstimmung bringen*" sollten. Die beiden Tests hatten – inhaltlich
gesehen – wohlgemerkt nichts miteinander zu tun. Die Computer-Tätigkeit mit den
3D-Figuren entpuppte sich für die Probanden lediglich anfangs als kompliziert. Sobald
aber der richtige Kniff entdeckt war, wurde die Sache ziemlich schnell langweilig. Genau
das aber sollte der Test auch bewirken, da die Psychologen daran primär interessierte,
wie lange die jeweilige Person durchhalten würde. Spitzer: „*Beiläufig sagte jemand,
der mit der Auswertung des Sehtests beschäftigt war, entweder Folgendes: ‚Also wissen
Sie, Sie sind einer der Besten, den wir je in diesem Sehtest hatten'. Oder er sagte gar
nichts. Oder er sagte: ‚Sie haben in dem Sehtest besser abgeschnitten als 95 % der
übrigen Teilnehmer'. Das war alles. Dann ging die Aufgabe los mit der Drehung, die
langweilig war und man stoppte einfach die Zeit, bis Leute sagten: ‚Ich hab jetzt keine
Lust mehr'. Was zeigte sich ...? Diejenigen, denen zuvor gleichsam beiläufig mitgeteilt
wurde, dass sie richtig gut waren – man hat ihnen gleichsam mental auf die Schulter*

---

[20] M. Spitzer, ebenda.
[21] Siehe auch Kapitel 11: Erfahrungslernen, Anmerkung 2, 3.

geklopft: „Junge, richtig gut gemacht! – die hielten im anschließenden, langweiligen Aufgabenlösen deutlich länger durch, mehr als 50 % länger, als die anderen, denen entweder gar nichts mitgeteilt wurde oder nur ganz objektiv ihr Testergebnis mitgeteilt wurde, ohne das verbale Schulterklopfen: ‚Junge, richtig klasse gemacht!‘. Wenn er das glauben kann, weil er nebenbei bemerkt eben gar nicht weiß, wie gut er tatsächlich im Sehtest abgeschnitten hat, und wenn er es dann glaubt, dann beflügelt ihn dieser Glaube – ‚Mensch, ich kann was, ich bin wer, und ich bin richtig gut!‘ – beim Arbeiten an der nächsten Aufgabe, auch wenn die mal nicht so viel Spaß macht: Und er wird länger durchhalten! Was heißt denn das für die Schule? Das heißt ganz klar: Wenn ich in der Schule bestärkt werde, wenn ich gesagt bekomme: ‚Mensch, du kannst das!‘ – dann werde ich es können. Denn das ehrliche: ‚Du kannst das!‘ sorgt dafür, dass man sich gut fühlt, dass man Kraft hat und man wird dann länger lernen, und wer länger lernt, der wird mehr lernen und beim nächsten Mal mehr können. Er wird positiv verstärkt und so kann ein kleines Lob zur rechten Zeit ein bisschen Stolz vermitteln. Und dieser ‚Stolz‘ kann lange tragen und kann dafür sorgen, dass der Betreffende tatsächlich gut wird.“ [22]

Daraus folgt einerseits: Es muss ehrlich gemeintes Lob sein; eines, das vom Übenden auch angenommen werden kann. Andererseits – eine mindestens ebenso wesentliche und wichtige Einsicht: „*Ich muss nicht unbedingt genau das Gleiche loben, von dem ich hinterher will, dass es besser wird. Lob allein – und zwar so, dass es ankommt und angenommen werden kann – genügt und ich halte länger durch.*“ Denn: In der zuvor beschriebenen Studie hatte der *Sehtest* mit dem *Computertest* ja im Prinzip nichts zu tun! OK, dass Lob Freude macht, ist so wohl für niemanden eine geradezu sensationelle Neuigkeit. Neurowissenschaftler aber wären nicht Wissenschaftler, würden sie sich nicht fragen, was sich *Mutter Natur* dabei wohl gedacht haben könnte – Entwicklungsbestärkung auf diese Weise neurophysiologisch zu verankern, *sodass* Lob motiviert. Und vor allem, *wie* hat sie diesen Ansatz, diese Idee, umgesetzt? Es mag erstaunen, aber die Neurobiologie meint mittlerweile die rechten, neurologisch bedingten, Antworten zu kennen. Wenn es ums Thema *Lernen* geht, kommt der Molekular- und Neurobiologe, Internist und Psychiater Univ.-Prof. Dr. Joachim Bauer von der Universität Freiburg, er ist unter anderem wissenschaftlicher Leiter des *Instituts für Gesundheit in pädagogischen Berufen* in München, schnell auf Hirnbotenstoffe zu sprechen: „*Die Motivationssysteme sind also in der Lage, dem eigenen Körper Botenstoffe auszuschütten, die uns wohlfühlen lassen und die unsere Gesundheit stabilisieren. Das heißt, man kann davon ausgehen, dass wir* **unbewusst unser Verhalten so einrichten, dass wir Situationen erzeugen, die die Motivationssysteme dazu bringen, diese Botenstoffe, diesen Glückscocktail, auch auszuschütten.*“ [23] Natürlich ist man heutzutage wissenschaftlich daran interessiert, herauszufinden, was das für Situationen

---

[22] M. Spitzer, in: „*Neuropädagogik – Oder: Was Schule heute leisten sollte.*“, Transkription, in: *ORF Radiokolleg, 2009*, von: P. Weber (gilt auch für das nächste Zitat in Folge).

[23] J. Bauer, in: „*Neuropädagogik – Oder: Was Schule heute leisten sollte.*“, Transkription, in: *ORF Radiokolleg, 2009*, von: P. Weber (gilt auch für das nächste Zitat in Folge).

sind, in denen die Motivationssysteme einen Cocktail derartiger körpereigener Opioide freigeben – konkret: die Hormon-Botenstoffe „Dopamin" und „Oxytocin". Es sind dies übrigens auch jene Opiat-Komponenten, welche in der Drogenszene, in erhöhter Dosis, eingenommen werden. Aus der Medizin wusste man, dass Süchtige ihrem Gehirn diesen Cocktail zuführen, indem sie Drogen schlucken. Daher sprach man zunächst davon, dass Menschen im Gehirn über ein Suchtzentrum verfügen.

*„Bei der Suche nach den Voraussetzungen, unter denen die Motivationssysteme ihren Glücks- und Gesundheitscocktail ausschütten, ist man bei einem Ergebnis angekommen, von dem die Neurobiologen selbst sehr überrascht waren. Man hat nämlich gefunden, dass die Motivationssysteme immer dann anspringen, wenn wir Menschen die Beachtung und die Zuwendung anderer Menschen bekommen, wenn wir eine Aussicht auf soziale Gemeinschaft haben, in der wir Anerkennung und Zuwendung und Bestätigung bekommen. Das ist **die** Situation, welche die Motivationssysteme des Gehirns zur Aktivität bringt."* Das heißt: ohne soziale Vernetzung keine Bereitstellung von Dopamin! [24] Und ebensolches gilt auch für den zweiten wesentlichen Motivationsstoff, das Hormon Oxytocin. Es wird von einer Struktur gebildet, die tief im Gehirn liegt: dem sogenannten „Hypothalamus" – Steuerungszentrum des „Vegetativen Nervensystems".

---

[24] Siehe auch Kapitel 8: Immunsystem, Anmerkung 25-29.

Kapitel 24: Visionen und Ziele

Beharrlichkeit

Im Wort Begeisterung steckt natürlich nicht von ungefähr das Wort *Geist*. Inspiration – *in spirito* – da ist etwas beteiligt, was Wesentliches mit sich führt: eine Botschaft von jenem *Etwas Großem*, um es mit Murakamis Worten auszudrücken. Wahre Ziele und Visionen kommen fühlbar aus einer nicht-intellektuellen Ebene. Derartige Inspirationen und innerlich gefühlte Antriebe beflügeln, stärken und führen auch jene Kräfte mit sich, welche uns Krisen überdauern lassen und somit Mut zur Beharrlichkeit spenden. Der Genetiker Murakami weiß aus der Erfahrung eines Forscherlebens: *„Es gibt immer Misserfolge im Leben, aber jeder einzelne beginnt erst in dem Augenblick, in dem wir anfangen zu denken, wir seien gescheitert. Solange wir uns aber weigern aufzugeben und glauben, dass wir trotzdem noch eine Chance haben – sind wir nicht gescheitert, egal wie schlecht es für uns zu laufen scheint. ... **Der Schlüssel ist, einfach weiterzumachen. Beharrlichkeit führt zur Stärke.** Solange Sie es weiter versuchen, haben Sie eine Chance. Das ist die Gewinnermentalität. ... Immer wieder, so meine Beobachtung, beginnen in dem Augenblick Wunder zu geschehen, in dem die Niederlage unvermeidlich erscheint. ... Während ich einerseits etwas erreichen möchte, pflege ich andererseits auch ein Bewusstsein, das über das unmittelbare Resultat hinausgeht: Das Wissen, dass Sinn in meiner Arbeit liegt, auch wenn ich das Rennen verliere. ... Das sind die Zeiten, in denen ich fühle, dass meine positiven Gene wirklich aktiviert sind. ... Die Japaner sagen oft: ‚Inbrünstige Wünsche erreichen den Himmel.‘, aber die Erfahrung lehrt mich, dass solche Gedanken wohl eher an die Gene in unseren Zellen gesandt werden als zum Himmel."* [1]

Nur wenige leben diese Art von Beharrlichkeit und „*... es braucht Größe und ein stattliches Maß an Selbsterkenntnis, anzuerkennen, dass es – selbst in erwachsenen Beziehungen – leider so ist, dass wir ständig nichts anderes tun, als die anderen in unsere eigenen Begrenzungen hineinzupressen, sie uns anzupassen, sodass wir mit ihnen auskommen können. Wenn Du genau beobachtest, wirst Du feststellen, dass sich jene Menschen am meisten mögen, welche dieselben Begrenzungen haben, dieselben Ansichten, denselben Glauben, dieselbe Meinung und dieselben Vorstellungen vom Leben. Sobald jemand eine größere Vision hat, als wir selbst, sagen wir: ‚Unmöglich!‘ Wir sind Meister geworden im Zerstören der Träume anderer. ... Gott sei Dank gibt es und gab es jedoch auch Menschen mit ‚Löwen-Bewusstsein‘ – mit Willenskraft, Hoffnung und Ausdauer. ... Menschen mit Visionen, Menschen mit einem unglaublich starken Eigenwillen, Menschen mit einer unerschöpflichen Ausdauer sowie ziel- und lösungsorientiertem Geist. Menschen mit Träumen, welche sie sich von*

---

[1]   K. Murakami: „*Der göttliche Code des Leben – Ein neues Verständnis der Genetik.*", Güllesheim 2008, S. 88, S. 90, S.92, S. 94f.

‚nichts-und-niemandem' nehmen ließen. Man konnte sie einsperren, ächten oder gar umbringen, aber ihre Visionen lebten weiter. Das sind die wahren Meister, das sind die wahren Heiligen, das sind die Löwen unter uns, jene, die die Begrenzungen anderer nicht anzunehmen bereit sind, bloß um ein ruhiges und bequemes Leben zu führen. ... Ansonsten gäbe es weder Strom noch Telefon, weder Fahr- noch Flugzeuge, weder Hochhäuser noch Aufzüge, weder Medizin noch andere Errungenschaften, weder Schiffe, noch Fernsehen, noch sonst irgendetwas, was das Massenbewusstsein der Menschen oder ihr Vorstellungsvermögen einst überstieg! Vermutlich würden wir noch in Höhlen hausen und uns mit Keulen die Köpfe wund schlagen. Wir hätten wohl noch nicht bemerkt, dass nicht der stärkste Muskel überlebt, sondern der stärkste Geist. Muskeln und Menschen sterben, Ideen nicht. Ganze Völker können verschwinden, ganze Kulturen, aber nicht ihre Visionen!" [2] So formuliert dies Bruno Würtenberger in den Ausbildungsunterlagen seines *Free Spirit* Bewusstseins-Training.

Nun aber nochmals Kazuo Murakami: *„Was auch immer unser Gehirn für möglich hält, ist auch möglich, und über was auch immer wir nicht nachdenken, befindet sich jenseits des Möglichen und Unmöglichen zugleich. ... Obwohl das menschliche Potenzial wissenschaftlich gesprochen begrenzt ist, müssen wir uns dieser Grenze nicht bewusst sein, weil die in unseren Genen verschlüsselten Informationen alles bei weitem übersteigen, was wir uns je vorstellen könnten. ... Wunder geschehen immer wieder. Bei den meisten Wundern ereignet sich etwas, was Menschen für unmöglich hielten. Genetisch gesprochen gehören Wunder aber durchaus zum Programm. Wir alle sind mit dem Potenzial geboren, zu einem lebendigen Wunder zu werden."* [3]

Haben Sie eigentlich schon mal jemand sagen hören *wer nicht an Wunder glaube, sei kein Realist ...?!* So absurd das für unseren Verstand auch klingen möge – es könnte da durchaus etwas dran sein. Betrachten Sie unter diesem Aspekt doch einfach nur mal die Welt rund um Sie, in der Sie leben ...

Mut zur Ganzheit – Oder: Komplementarität als zwei Seiten derselben Münze

„Mutige Schritte wie diese ähneln dem, was auf Zellebene geschieht, wenn Gene sich als Reaktion auf Umweltveränderungen radikal neu kombinieren. Was die Beharrlichkeit angeht, so meine ich damit nicht, an gängigen Methoden festzuhalten und änderungsresistent zu sein, sondern vielmehr, den eigenen Herzenswunsch wahrzumachen. ... Mit anderen Worten kann Beharrlichkeit tatsächlich zu Flexibilität führen und zu der Bereitschaft, Methoden zur Erreichung eines Zieles drastisch zu ändern. Die Menschen neigen zu der Ansicht, sie müssten sich bei zwei Optionen entweder für die eine oder die andere entscheiden. Aber die Gene, der Entwurf des Lebens, sind so nicht beschaffen. ... Statt

---

[2]   B. Würtenberger: *„Free Spirit-Grundkurs – Teil 1"*, Zürich 2005, S. 45.

[3]   K. Murakami: *„Der göttliche Code des Lebens – Ein neues Verständnis der Genetik."*, Güllesheim 2008, S. 56f.

also eine Option zu wählen und die andere abzulehnen, entscheidet sich die Natur für symbiotische Koexistenz. In derselben Weise sind sowohl Mut als auch Beharrlichkeit notwendig. Von dieser Eigenschaft unserer Gene können wir einiges lernen, was für die Gesellschaft und auch unsere Lebensweise von Bedeutung ist." [4]

Wie bereits im Kapitel „Zeit" dargelegt, scheint dieses irdische Leben – vom Standpunkt unseres menschlichen Bewusstseins her betrachtet und erlebt – *in-der-Zeit* zu verlaufen. Ergebnisse, Veränderungen – bis Physisches, auch für unser irdisches Bewusstsein wahrnehmbar und erlebbar die schöpferische In-*forma*-tion umgesetzt haben wird – benötigen ein unterschiedliches Maß an Zeit. Und doch: Es ist im Irdischen offenbar lediglich eine Frage-der-Zeit, bis jegliche Art von In-*forma*-tion wirksam geworden sein und sich entsprechend – *in ihrer Form* – zeigen wird. Kazuo Murakami: „*Kein Ziel kann erreicht werden, ohne Zeit und manchmal scheinbar unbelohnte Bemühungen in die Vorbereitung zu stecken. Wenn wir dabei den Mut verlieren, dann deshalb, weil es uns an Überzeugung mangelt. Umgekehrt werden wir, wenn wir unerschütterlichen Glauben* [5] *in das Ergebnis haben, niemals aufgeben. Durchzuhalten ist das größte Geheimnis des Erfolgs. Dazu müssen wir unseren Blick nicht auf die unmittelbare Zukunft, sondern auf die größere Perspektive richten und daran glauben, dass nichts unmöglich ist. Um unerschütterlich daran zu glauben, müssen wir stolz darauf sein, was wir bisher erreicht haben, ... vom Bewusstsein über ‚Etwas Großes' inspiriert sein und von der Überzeugung, dass man, wenn man stets bestrebt ist, das Richtige zu tun, vom Glück verwöhnt wird. Einige mögen das bezweifeln, ich jedoch nicht, weil ich selbst erlebt habe, dass es sich genau so verhält.*" [6]

Über sich selbst hinauszudenken – über die Betrachtungsenge der eigenen Sichtweise, über die Enge des Ego-Standpunkts bezüglich der Welt – bedeutet sich auszudehnen und auch all das einzubeziehen, was jenseits unserer Beschränkungen, an *Informeller Dimension*, an Ganzheit und Größe lebt. Gelingen kann dies jedoch nur, insofern wir bereit sind „es" uns zumindest vorstellen zu wollen.

Nochmals Bruno Würtenberger: „***Überzeugung / Glauben erschafft Realität.*** – *Zugegeben, es klingt ein wenig moderner, etwas neutraler vielleicht, ja sogar ein wenig wissenschaftlich, aber trotzdem ist es immer noch dieselbe klare Feststellung darüber, dass sich die Materie offenbar nach dem Geiste richtet und nicht umgekehrt. Wer diese Wahrheit in seiner ganzen Tragweite erfassen kann, wird überwältigt sein davon, wie tiefgründig selbst die kleinsten Worte eines echten Meisters sind. Wer dies erfassen kann, weiß um die Entstehung der Erde, des Menschen, der Universen und Galaxien. Alles wonach wir ständig suchen, die Lösung all unserer Probleme, alles wonach es sich lohnt zu suchen, alles was wir jemals an Wissen und Weisheit finden können, alles, aber*

---

[4] Ebenda, S. 140f.

[5] Siehe auch Kapitel 5: Überzeugungs-Netze und Leben, Anmerkung 13.

[6] K. Murakami: „*Der göttliche Code des Lebens – Ein neues Verständnis der Genetik.*", Güllesheim 2008, S. 142f.

*auch restlos alles, wurde uns von solch' großen Geistern schon unzählige Male und in unterschiedlichsten Sprachen und Variationen offenbart und dennoch verzweifeln wir fast an unseren kleinen Alltagssorgen. ... Es gilt also auf der Suche nach Weisheit nicht alles **wissen** zu wollen, sondern alles als das **erleben** zu wollen, was es ist – jenseits der Interpretationen des Verstandes. Wenn Du versuchst, Weisheit über Wissen zu erlangen, dann hast Du einen weiten Weg vor Dir. Denn erst, wenn Du alles wüsstest, würde sie sich einstellen. Und da der Verstand immer begrenzt ist, würde auch Deine Weisheit beschränkt sein."* [7]

Moralität der Liebe – Von menschlichen Bedürfnissen, Mut und (Selbst-)Achtung

Als Menschen haben wir alle Bedürfnisse; körperliche, seelische und auch geistige. Eines der markantesten, häufigsten – wenngleich unbewusstesten – Bedürfnisse ist, sich „normgerecht", der gängigen Norm angepasst, zu verhalten. Sich selbst *„bloß-nichts-vorwerfen-zu-müssen"*, beziehungsweise bloß keinen Anlass zu bieten, sich von irgendjemand anderem „etwas-vorwerfen-lassen-zu-können". Vielleicht *das* Grundbedürfnis der heutigen Menschen schlechthin, genährt aus Angst. Diese Art „Bedürfnis" zu leben, wird heutzutage gerne als „Moralität" bezeichnet, als Moralität im landläufigen Sinn. Dennoch darf man sich ja fragen: Sind wir überall da, wo wir unsere realen menschlichen Bedürfnisse nicht zu leben bereit sind und anstelle dessen dem Bedürfnis *Moralität – im Sinne von Anpassertum* – Loyalität erweisen, bessere Menschen? Oder bedeutet derartiges Verhalten letztlich vielleicht doch nichts anderes, als: *ein sehr spezielles* Bedürfnis, *all den anderen* Bedürfnissen vorzuziehen? Zum Beispiel dem Bedürfnis nach *ungewohnten Erfahrungen*, oder auch jenem danach, mal *halblang-zu-machen*, oder auch nur dem Bedürfnis mal *nein zu sagen*, wenn man *nein spürt*. Oder zu einem Bedürfnis – jenseits der oben genannten Art von „Moral" – auch mal „ja" zu sagen. Oder dem Bedürfnis, etwas scheinbar *Un-Sinniges* haben zu wollen oder zu erleben. Wenn wir uns diesbezüglich ehrlich, aufrichtig und *ohne-wenn-und-aber* Rechenschaft geben, bemerken wir natürlich, dass wir tatsächlich geneigt sind, stillschweigend davon auszugehen, dass diese *Höhere Instanz* – so sie für unsereins existiert – dieses „Schöpferisch-Geistige" wie In-*forma*-tion, welches ja ALLES gleichermaßen durchdringt und entstehen hat lassen, Bewertungen vornehmen würde. Sozusagen bewerten würde, welches der menschlichen Bedürfnisse höherwertiger sei, welches minderwertiger. Doch: Hat nicht *ein jedes* unserer Bedürfnisse mit unserer Subjektivität und unserem Egoismus, unserer Individualität zu tun?! Wir Menschen *haben* eben Wünsche und Vorlieben – und wir fühlen sie ja auch. Da gibt es wohl die unterschiedlichsten „Blüten" (welche einem fremden Verstand so manches Mal durchaus auch lediglich als *Stilblüten* erscheinen mögen). Irgendwie scheint es, dass wir *Menschen* – gemäß unserer subjektiven Bewertungen – dazu neigen, unseren Blick voller Wohlgefühl lediglich auf *einer Blüte* ruhen zu lassen und ihren

---

[7]   B. Würtenberger: *„Free Spirit-Grundkurs – Teil 2"*, Zürich 2005, S. 77, S. 87.

Duft zu riechen – an einem unscheinbaren Strauch jedoch bedeutend weniger Interesse entwickeln und diversem *Un-Kraut* (etwas, was wir halt gar nicht schätzen), gar den Nährboden entziehen. Doch die Göttlichkeit, *Etwas Großes* – davon können wir wohl ausgehen – kennt in seiner unendlichen Größe derartige Vorlieben wohl nicht. Und: Dies gilt vermutlich nicht nur für Pflanzen, Blumen und Tiere, sondern auch für die Menschen, ihre Eigenheiten, Einseitigkeiten und Bedürfnisse. Ja, es wird wohl so sein: *„Gott lässt seine Sonne aufgehen über den Bösen und über den Guten und lässt regnen über Gerechte und Ungerechte gleichermaßen."* [8] Zu meinen, die Göttlichkeit hätte irgendwelche derartigen Vorlieben, und dieses eine menschliche Bedürfnis – nämlich sich landläufig moralisch zu verhalten – wäre für diese Instanz wertgeschätzter als andere Bedürfnisse von uns Menschen, kann doch kein Mensch ernsthaft glauben. Warum saß Jesus, laut Überlieferung, wohl lieber mit den Wenig-Geschätzten der Gesellschaft, mit den Zöllnern und Huren an einem Tisch als mit den landläufig Moralischen der damaligen Zeit, die er des Öfteren als *„Heuchler und Natterngezücht"* bezeichnete ...?! Soweit jedenfalls die Überlieferung.

Falls es für diese Instanz überhaupt einen Gesichtspunkt differenzierter Wertschätzung geben könne, dann scheint es mir derjenige der Hingabe und Liebe zu sein. Dann wären all jene Bedürfnisse *wesentlicher und wesenhafter*, wohin unser innerstes und wahrstes Interesse und unsere Liebe uns führt – und wo nicht unsere Angst die Fäden zieht. *„Leben in der Liebe zur Handlung und leben lassen im Verständnis des fremden Wollens, ist die Grundmaxime des freien Menschen."* [9] Welch grundsätzlich andere Sicht von Moralität für schöpferische, mündig-freie Menschen liegt einer derartigen Äußerung zu Grunde?! Von diesem Standpunkt besehen, lebt wahre menschliche Moralität in jenem Bereich von Handlungen, die von Menschen mit echter Hingabe, Achtung und Liebe getan sind. Alles andere – alles Halbherzige, alles freudlos und ungeliebt Getane, fiele von diesem Gesichtspunkt aus betrachtet in die Kategorie: „unmoralisch". Diese Sicht, dieser Standpunkt wird sicherlich von vielen Zeitgenossen als *blauäugig* und *weltfremd* eingeschätzt oder auch abgetan werden. Eines ist sie vom Standpunkt heutiger Lebenskultur sicherlich: *kulturfern*. Es könnte aus dieser Sichtweise und Haltung aber ein (zwischen)menschlich-sozialer Paradigmenwechsel erwachsen, welcher imstande wäre, uns in unsere eigene Stimmigkeit und Verantwortlichkeit zu führen und auf neue Weise mit unserer eigenen Göttlichkeit zu verbinden. Könnte diese Moralität der Liebe und Hingabe an das eigenes „Blühen", an unsere eigene individuell-menschliche Art, den Keim zu neuer, eigenverantwortlicher Moralität in sich tragen – und somit Frieden für uns selbst und unseren Nächsten? Für mich ist die Antwort eindeutig: *„Ja!"* Dieses *„Liebet und tut, was immer ihr wollt!"* [10] – als neuen Leitstern des Mensch-Seins zu begreifen und zu leben, wird uns in dem Maße mehr und mehr gelingen, wie wir

---

[8] Jesus, zitiert in: *„Die Bibel / Neues Testament."*, Matthäus 5/45.

[9] R. Steiner: *„Die Philosophie der Freiheit."*, 1894, GA4; Kap. IX S.131
Siehe auch Kapitel 21: Kreative Feldaspekte des Bewusstseins, Anmerkung 19.

[10] Augustinus, frühes 5. Jhdt, *„Predigt 4 über den 1. Brief des Johannes"*, Osterwoche 407.

willens sind, *Etwas Großem* zu vertrauen und dieser Instanz auch die nötige Größe und Großzügigkeit zuzutrauen. Die notwendige Grundhaltung ist somit: *Vertrauen*. Vertrauen, dass alles in Ordnung ist, so wie es ist. Es braucht davor – erfahrungsgemäß – aber noch etwas Entsprechendes: Vertrauen – in uns selbst: *Selbst-Vertrauen* und *Großzügigkeit* und *Wertschätzung* uns selbst gegenüber – sowie die Bereitschaft zu natürlicher *Selbst-Verantwortlichkeit*. Und, bemerke: *„Das Gesicht, das man verlieren kann – ist nie das eigene!"* [11] Die eigenen Bedürfnisse und Wünsche bereit zu sein, sich selbst einzugestehen – sowie auch, sie einander zuzugestehen und zu gestehen, sie vor einander zu verantworten – bedeutet Ehrlichkeit. Bedeutet den ersten Schritt, ohne „verdeckte Vorhaben" und Geheimnisse dem Leben zu trauen – dem Leben über den (eigenen) Weg zu trauen.

Zum Thema „Verdeckte Vorhaben" gibt es im *Free Spirit* Intensiv-Workshop IWS 4: *„Integrität"* geniale Übungen, um die diesbezüglich raffiniert-strategische Arbeitsweise des (eigenen) Bewusstseins – zunächst kennenzulernen – und in der Folge auch eigenverantwortlich zu (ver)wandeln.

Den Mut aufzubringen, unsere individuellen Bedürfnisse anzuerkennen und ihnen allen gleichermaßen ihre Eigenart und Berechtigung zuzugestehen, verhilft dem Bewusstsein auch jenen Shift zu fühlen, welcher einer wertschätzenden, nicht-wertenden Göttlichkeit in uns entspricht. – *Der Friede sei mit uns.*

Dieser Friede kann wieder mit uns sein, wenn wir lernen, die Wertschätzung für uns als Seiende, als göttliche Wesen, aufzubringen und zuzulassen ...

Ehrlichkeit und *Integrität* – Klarheit in Fühlen, Denken und Tun

Die Psychoneuroimmunologin Candace Pert: *„Eine einfachere, weniger formale Technik als die Meditation, aber für die Stresssituation genauso wirksam, ist Selbst-Ehrlichkeit. Mit Selbst-Ehrlichkeit meine ich, dass Sie ehrlich gegen sich selbst sind, dass Sie Ihr Wort anderen und sich selbst gegenüber halten und in einem Zustand persönlicher Integrität leben. Es gibt einen triftigen physiologischen Grund, warum Ehrlichkeit Stress reduziert. ... Es gibt im Hinblick auf diesen Prozess eine physiologische Integrität und Direktheit, die daher rührt, dass ich mir über meine Absichten vollkommen im Klaren bin. Doch wenn ich nicht weiß, was ich will, halbherzig auf ein Ziel hinarbeite, aber nicht wirklich daran glaube, eines sage, aber etwas ganz anderes tue, dann sind meine Gefühle verwirrt, meine Integrität leidet, und das überträgt sich auch auf meine physiologische Integrität."* [12] Klarheit und Ausdauer – doch ohne die verbissene Ernsthaftigkeit und Schwere, die damit in unserer heutigen „Leistung-um-jeden-Preis"-Kultur leider fast immer „verbandelt" ist, Hand in Hand geht. Zu verstehen, dass „Leistung-aus-Freude-

---

[11] B. Würtenberger: *„Free Spirit-Grundkurs – Teil 1"*, Zürich 2005, S. 128.
[12] C. Pert: *„Moleküle der Gefühle – Körper, Geist und Emotionen."*, Reinbeck 1997, S. 451f.

und-Begeisterung" nie gleichzusetzen ist mit „Leistung-aus-Verbissenheit", ermöglicht die nötige Leichte im visionären Prozess. Daher sagt Pert aus ihrer Erfahrung, was jeder wirkliche Pädagoge und systemische Therapeut wohl nur bestätigen kann: *„Spielen ist ein ideales Gegenmittel, weil es unsere Gefühle zum Fließen bringt, und unsere Gefühle sind der Aspekt unseres Selbst, der die Verbindung zu anderen herstellt, uns das Gefühl von Einheit vermittelt, den Eindruck, dass wir zu etwas Größerem gehören."* [13] Und auch Friedrich Schiller, der große Impulsgeber der deutschen Klassik, formulierte es ja bereits ähnlich. Schiller: *„Der Mensch spielt nur, wo er in voller Bedeutung des Wortes Mensch ist, und er ist nur da ganz Mensch, wo er spielt."* [14] Interessante Aspekte bezüglich der Komplementarität von Spiel und Ernst sowie Aspekte einer – für unser abendländisches Verständnis verlustig gegangenen – „Ernsthaftigkeit im Spiel" weiß die angewandte Philosophie beizusteuern. Der Philosoph und Redakteur für Geisteswissenschaften der FAZ (Frankfurter Allgemeine Zeitung) Patrick Bahners auf einem hochklassig besetzten Wissenschafts-Kongress: *„Der Begriff des Spiels ist in unserer Sprache auf etwas reduziert worden, was ihn als Gegenbegriff zum Ernst verwendet. Wenn wir nicht mehr denken könnten, etwas sei ernst, wüssten wir auch nicht mehr zu sagen, was das heißen sollte: zu spielen. In Wirklichkeit hält jeder der beiden Begriffe sein Gegenteil schon in sich: Wer spielt, muss zumindest die Regeln ernst nehmen; und für wen etwas ernst ist, für den steht etwas auf dem Spiel. Für das, was auf dem Spiel steht, setzt er vielleicht sogar etwas aufs Spiel: wenn es ihm denn wirklich ernst ist. Gewöhnlich gilt der Ernst für das, worauf es ankommt, das Spiel für das, worauf es nicht ankommt. ... Wer sich gegen das Spiel entscheidet, spielt auch. Er spielt sogar ein gefährliches Spiel, ein Spiel mit hohem Einsatz. Derrida sagt über Hegel, er habe ‚gegen das Spiel und den Zufall gewettet'. Er war für die Möglichkeit seiner eigenen Wette mit Blindheit geschlagen – für die Tatsache, dass die bewusste Unterbindung des Spiels (beispielsweise im Zustand des Durchgangs durch die Wahrheit der ‚Selbstgewissheit' sowie den Zustand der Herrschaft als Selbständigkeit des Selbstbewusstseins) selber eine Phase des Spiels ist. Dafür, dass das Spiel die Arbeit des Sinns oder den Sinn der Arbeit begreift, dass es sie jedoch nicht in den Begriffen des Wissens, sondern in Begriffen des Eingeschriebenseins enthält: der Sinn ist eine Funktion des Spiels, er ist an einem Ort in die Konfiguration eines Spiels – das keinen Sinn hat – eingeschrieben.' Demjenigen, dem alles Spiel ist, der kann auch mit dem spielen, der alles ernst nimmt. Wer aber alles ernst nimmt, kann den nicht ernst nehmen, dem alles Spiel ist. Alles ernst zu Nehmen, ist also gar nicht möglich. Eine Philosophie, der alles Spiel ist, ist einer Philosophie, die alles ernst nimmt, überlegen, weil sie mehr sieht; dem, was sie sieht gerechter werden kann und es insofern ernst nimmt."* [15]

---

[13] Ebenda, S. 453.

[14] F. Schiller: „Briefe über die ästhetische Erziehung des Menschen." (1795), Reclam, Stuttgart 2000, 15. Brief, S. 62
Siehe auch Kapitel 2: Kunst als Vorläuferin eines neuen Bewusstseins, Anmerkung 3
Siehe auch Kapitel 21: Kreative Feldaspekte des Bewusstseins, Anmerkung 8.

[15] P. Bahners: „Vom Schicksal der Wahrheit nach der Dekonstruktion.", in: H. Thomas: Naturherrschaft – Wie Mensch und Welt sich in der Wissenschaft begegnen.", Köln 1990, S. 219f.

Ist es nicht höchst bemerkenswert – ja, geradewegs zum Staunen – in welch freilassender Art und Weise Menschen heute ihre bislang meist vermeintlich festgefügten Realitäten zu relativieren willens sind?! Dies jedoch ist offensichtlich erst möglich – wenn sie sich ‚erlauben', einen streng vorgegebenen, inhaltlichen ‚Glaubens-Fundamentalismus' des Verstandes-Denkens hinter sich zu lassen. Voraussetzung: Zu erkennen, dass jegliche festgelegte oder festlegende Wertung das freie Spiel der Individuen letztlich behindern muss. Es wird das Spiel des Lebens wohl immer nur dann interessant bleiben, wenn wir ‚Spielregeln' zulassen. Das bedeutet: Es ist sinnvoll, dass sich Menschen dazu bereit finden, Entscheidungen aus der eigenen Intuitionsebene heraus zu treffen. Ohne allerdings zu meinen, dass lediglich jene Regeln die ‚absolut richtigen' wären, die man als ‚von-Gott-gegeben' interpretieren will. Bereits Kinder finden im Spiel ab einem gewissen Alter zur Einsicht, dass die „beste", *sozial schönste* und *interessanteste* Regel die ist, auf die man sich gemeinsam zu einigen bereit ist, wie dies bereits vor etwa hundert Jahren der Psychologie-Forscher Jean Piaget auf Grund seiner Forschungen zur Kindersozialisierung erkannte. [16]

Die Menschen scheinen zunehmend an einer wesentlichen Entwicklungsschwelle hin zur Freiheit angelangt. Vermehrt treten in diesem 21. Jahrhundert freie Geister mit Visionen jenseits von Dogmatik und Absolutheitsanspruch auf. Intuitive Einsicht könnte in Zukunft das freie Spiel höchst individueller Lebensansätze zu Tage fördern und einen echten Entwicklungssprung im Sozialen ermöglichen.

In Kapitel 4: *Ich-Bewusstsein versus Wille* stand der Satz: „*Die Wissenschaften gehören zu unseren Einteilungen der Wirklichkeit, und wie alle Einteilungen stehen sie im Dienste unserer Zwecke und sind Resultat unserer Arbeit.*" [17] Deutlich wird: *Es sind wir selbst, welche durch unsere Visionen mit ihren Wertungen, Vorgaben und Überzeugungen das Feld der auf uns zukommenden Wirklichkeiten bestellen und säen.* Es liegt auch im Bereich der Wissenschaften an uns, welchem Zweck unsere Dienste in der Arbeit dienen. Es sind freie Geister – *Free Spirits* – die den sozialen Mut aufbringen, sich zukünftig nicht mehr grundsätzlich von *überlieferten Spielregeln* dominieren zu lassen. Es werden pluralistische Spiele sein, die gespielt werden. Spiele, die ihr Dasein und Entstehen *intuitiven Einfällen* verdanken. Darüber Konsens zu erzielen, bedeutet erst einmal: Übereinkunft im eigenen Innern herzustellen, als Saat *im Innern* für ein *Außen*. Es mehren sich die Zeichen, dass wir als Menschheit im Begriff sind, jene Vorstufe zu verlassen, welche nur jene Spiel-Realitäten anerkennt und für sozial vertretbar wertet, die vermeintlich „absoluten Wahrheiten" entsprächen: Also: dass im Spiel (des Lebens) nur jene „richtig" spielen würden, die sich an allgemein vorgegebene und von äußeren Autoritäten festgelegte Regeln zu halten bereit wären.

---

[16] Jean Piaget war 1929-1954 leitender Professor für Psychologie an der Universität Genf und Professor an der Sorbonne in Paris.   Siehe auch Kapitel 22: Systemische Phänomene, Anmerkung 34.

[17] Siehe auch Kapitel 4: Ich-Bewusstsein versus Wille, Anmerkung 12.

Hier nun drei Fragen an Sie, liebe LeserIn: „Welche Vision repräsentiert Ihr Zukunftsbild von *Mensch-Sein* am besten?" „Was will Ihrer Einsicht nach Wirklichkeit werden?" „In welchen Dienst an der Zukunft wollen Sie Ihre Gegenwart und Präsenz stellen?"

Halten Sie an dieser Stelle einfach mal absichtsvoll inne. Fühlen Sie, ob sich da etwas in Ihnen meldet. Vielleicht gibt es etwas, was *es* in Ihnen *will*. Vielleicht spüren Sie zunächst lediglich ein vages Gefühl; vielleicht hören Sie sich auch etwas sagen. Vielleicht ist Ihre Vision etwas sehr Konkretes – vielleicht auch etwas, was Ihnen ein wenig Angst macht. Etwas, was sagt: *Ich kleiner Mensch kann das doch nicht erreichen!* Denken Sie daran: Die ganze Menschheit bewegt sich in eine *Richtung*. Zu „Beginn" dieses Kosmos – Sie erinnern sich? Erstes Kapitel *„Im Anfang war ..."*, das Szenario betrachtend: Welches „Verstandes-Bewusstsein" hätte damals auch nur einen Cent darauf verwettet, dass ein solch wundersamer Kosmos sich entwickeln könnte. Keiner! Wäre da nicht eine immanente Entwicklungskraft vorhanden, welche die Evolution im Großen wie im Kleinen vorantrieb und -treibt. Eine Kraft, die alles schöpferisch begabt, erneuert und verwandelnd impulsiert. *Etwas Großes* nennt es Murakami; mit: In-*forma*-tion als Begriff würde sich ein eingefleischter heutiger Wissenschaftler eventuell leichter und somit lieber arrangieren wollen. Eine in-*form*-ierende, evolvierende Kraft jedenfalls, die alles und jeden durchdringt – auch uns, insofern wir eben auch Teil dieser Entwicklung sind und daran Anteil haben. Zeit, uns dessen wieder vermehrt bewusst zu werden und alles das, was diese seit Äonen gewachsene Verbindung belastet und womit wir uns bewusstseinsmäßig abschotten, „auszumisten". Ja, jeder von uns trägt seinen inneren Rucksack voller *„Schrott aus alten Zeiten"* mit sich. Kein Wunder, dass die Sorgen, etwas nicht zu bewältigen, etwas nicht zu schaffen, keine echte Veränderung zu bewirken, oft größer sind, als die Kraft und die Freude, es anzugehen. Doch dieser Rucksack voll vergangenem Schrott, der all das repräsentiert, was uns kulturell und individuell als Last mitgegeben wurde und den wir seither – wenngleich ungeliebt, so doch mit unerbittlicher Konsequenz – mit uns rumschleppen, alle diese Selbstzweifel, unheilsamen Überzeugungen, unreflektierten Dogmen und ihre Folgethemen, die klein machen und schwächen – können integriert werden, abgelegt und damit hinter sich gelassen. In Bewusstseinstrainings à la *Free Spirit* gelingt dieses große Reinemachen – wie ich selbst erleben durfte – innerhalb weniger Tage. Und es gelingt umso geradliniger, desto mehr jeder Bereitschaft und Beharrlichkeit mitbringt, Kraft, Freude und Mut auf sein Herzens-Ziel zu setzen und es auch real fühlen zu wollen.

Sehen Sie, Barack Obama: Wie gut standen die Chancen und wie groß waren die Wahrscheinlichkeiten, dass gerade er der erste schwarze Präsident der USA werden könnte? Ein Ex-Sozialarbeiter, ohne bedeutendem Familienklan und Großkapital. Sie wissen, es ist dieses *„Yes We Can!"* – das er verkörperte und immer wieder aussprach. *„Don't tell me we can't change. Yes, we can. Yes, we can change. Yes, we can. Yes, we can heal. ... Yes, we can seize our future. ... it's the same message we had when we were* *up and when we were down, **that out of many, we are one**; that while we breathe, we will hope."* [18] Ebenso: Nelson Mandela, der während des weißen Apartheid-Regimes 28 Jahre im Gefängnis zubrachte: Wie gut standen dazumal die Chancen, dass gerade dieser Häfling, welcher nur knapp der Todesstrafe entging, der erste schwarze Präsident Südafrikas werden würde?! In seiner Antrittsrede 1994 sprach er seine Überzeugung – das was ihn erfüllte und beflügelte – mit folgenden Worten aus: *„Jeder Mensch ist dazu bestimmt, zu leuchten! Unsere tiefste Angst ist nicht, dass wir unzulänglich sind, unsere tiefste Angst ist, dass wir unermesslich machtvoll sind. Es ist unser Licht, das wir fürchten, nicht unsere Dunkelheit. Wir fragen uns: ‚Wer bin ich denn eigentlich, dass ich leuchtend, hinreißend, begnadet und phantastisch sein darf? Aber wer bist Du denn, es nicht zu sein?! Du bist ein Kind Gottes. Wenn Du Dich selbst klein hältst, dient das der Welt nicht. Es hat nichts mit Erleuchtung zu tun, sich so klein zu machen, dass andere um Dich herum sich nicht verunsichert fühlen. Wir sind alle bestimmt, zu leuchten, wie es die Kinder tun. Wir sind geboren, um die Herrlichkeit Gottes zu verwirklichen, die in uns ist. Sie ist nicht nur in einigen von uns, sie ist in jedem Menschen. Und wenn wir unser Licht erstrahlen lassen, geben wir anderen Menschen die Erlaubnis, dasselbe zu tun. Wenn wir uns von unserer eigenen Angst befreit haben, wird unsere Gegenwart ohne unser Zutun andere befreien."* [19] Welche Wahrheit! Welche Wahrheit für die, die verantworten wollen, was in ihnen verborgen schlummert, weil es da ist, um *Leben* und *Lebendigsein* zu repräsentieren. Es ist dieser *intuitive Mut*, zur eigenen kraftvollen Wahrheit zu stehen: Zu beginnen, sein eigener Herr zu sein.

Ja, es ist natürlich richtig: Es kann nachweislich immer nur *einer* Präsident der USA sein und nur *einer* als Präsident Südafrika regieren, selbst wenn es sich alle im jeweiligen Land vornehmen würden, innerlich visualisieren, etc! Das Argument unseres cleveren Verstandes scheint unwiderlegbar. Aber, wie die meisten Argumentationen des Verstandes, ist es eher lebensfern. Es geht hier ja letztlich um ganz etwas anderes, als in solcher Weise zu argumentieren. Um etwas bedeutend Sinnvolleres, Lebensnaheres für unser eigenes reales Leben, da wo jeder von uns eben steht ...?! Wer möchte denn wirklich ein solches Staatsamt haben?! Mit all den Konsequenzen, wie *davor-im-Gefängnis-zu-sein*, oder ein Leben führen, wo hinter vorgehaltener Hand Wetten abgeschlossen werden, wie lange

---

[18] http://edition.cnn.com/2008/POLITICS/01/26/obama.transcript/index.html

[19] Ursprünglich stammt diese Textpassage aus der „inspirierten Feder" von Dr. Helen Schucman, Professorin für klinische Psychologie an der medizinischen Fakultät der Columbia University in New York (bis 1977). Nelson Mandela hat den Text bei seiner Antrittsrede in die Rede eingebaut. Schucman brachte es im „Course Of Miracles" zu Papier. Sie selbst bezeichnete sich bis zu dem Zeitpunkt, als sie im Jahr 1965 „Inspirationen" hörte, und diese während sieben Jahren niederschrieb, als *rationale Atheistin*. An eine Veröffentlichung wagte sie sich zunächst, aus Sorge um ihre Reputation als Universitätsprofessorin, nicht heran. 1976 wurde das Manuskript doch veröffentlicht. „Der Kurs in Wundern" ist nicht als Grundlage für einen weiteren Kult oder eine weitere Religionsgemeinschaft gedacht. Sein Zweck sei vielmehr, Menschen einen Weg und Anstoß zu eigenständigem, spirituellem Wachstum zur Verfügung zu stellen, auf dem sie ihren eigenen *inneren Lehrer* finden können. http://de.wikipedia.org/wiki/Helen_Schucman

man sich (Obama) im Amt halten könnte, ohne einem Attentat zum Opfer zu fallen?! Es gibt allerdings für jeden von uns die *individuell-analoge Variante*, eine nicht unähnliche und durchaus auch interessante Vision, selbst wenn sie zugegebener Weise auf den ersten Blick weniger Prestige-trächtig erscheinen mag. Ganz gemäß der afrikanischen Weisheit: *„Jeder Mensch ist (s)ein eigenes Land."* – hat jeder Mensch die Chance, sich auf den Weg zu begeben, zu beginnen, *sich selbst zu regieren*, zu führen. Mit jenen Eigenschaften, die er selbst gerne von (s)einem Präsidenten erleben will: *klar*, vielleicht – *fair – mitfühlend – ehrlich*, ohne Korruption, wertschätzend, liebevoll. Hier besteht dann auch die lebensnahe und reale Chance endlich als *sein-eigener-bester-Freund* agieren und leben zu lernen. Nicht *anderen* den Weg vorzugeben, sondern *sich selbst*. Charismatisch oder schlicht, energisch oder auch ruhig und besonnen – die eigene Richtung vorgebend. *Yes We Can! Jeder kann „Präsident" werden. Präsident seiner selbst, im eigenen Land*! Und: „Ich Bin – der Weg, die Wahrheit, das Leben" kann sich dergestalt auf völlig unprätentiöse Weise ohne jegliche religiöse Dogmatik bewahrheiten. Der *eigene* Weg, die *eigene* Wahrheit, das *eigene* Leben – jeder. Das kann man zulassen, wollen und leben. Wirklich! Das kann man lernen und üben, es als neue und heilsame *Wahrheit* zuzulassen. Und dann: erinnern wir uns – „*... out of many, we are one.*". Auch das darf gelten.

Stellen wir uns doch an dieser Stelle die Frage: „Welche geistigen Kräfte, Ideen und Weltbilder mögen künftig für uns selbst, aber auch für die Menschheit als Ganzes, lebensbestimmend sein?" [20]

Die eigene Vision finden – und *leben*

Bruno Würtenberger im Kapitel „*Gegenwart – Ziele – Ressourcen*" seines Studien-lehrgangs in angewandter Bewusstseins-Forschung: „*Selbst wenn man seine Vision, seine Ziele oder seine Wünsche bereits kennt, ist es wichtig zu wissen, wo man sich gerade befindet; denn es ist viel einfacher zu wissen, in welche Richtung man gehen muss, wenn man weiß, wo man gerade steht. ... Meist ist es jedoch so, dass die Menschen entweder wissen,* **wo sie sind,** *oder:* **wo sie hin wollen.** *Solange sie jedoch nur das eine wissen und das andere nicht, irren sie auf ihrer Suche nach Erfolg und Glück umher und enden früher oder später in einem Gefühl der Frustration. Seinen Weg zu gehen, ohne zu wissen, wo man sich befindet oder wohin man eigentlich will, wird zu einer endlos langen Suche, ohne dass man etwas wirklich Nennenswertes dabei erreicht. Doch dem kannst Du nun ein Ende setzen. Du kannst nun den scheinbar unscheinbaren Grundstein dazu legen und Dir mittels der folgenden Übung über Dein Fundament klar werden. Es kann zu einer wahren Startrampe werden, welche es Dir ermöglicht, selbst Deine kühnsten Visionen und Träume zu verwirklichen. Wenn Du also noch Großes erreichen möchtest in Deinem Leben, dann solltest Du gerade die kommende, unscheinbare Übung genau*

---

[20] Siehe auch Kapitel 15: „*Im Anfang war ...*", Anmerkung 25.

durchführen. Genauso wie alle folgenden Übungen ist auch diese die Vorbereitung für den nächsten Schritt. Du wirst am Ende des Kurses staunen, wozu die gewissenhafte Ausführung jeder einzelnen Übung führt. Lass mich Dich Schritt für Schritt begleiten auf Deiner abenteuerlichen Reise hin zu dem, was Du wirklich bist. Ich danke Dir für Dein Vertrauen. Ach ja und denke daran, dass alles, was Du in Deiner Vergangenheit findest, einerlei ob Du jene Erfahrungen als positiv oder negativ bewertest, wichtige Steinchen zum Bau Deines Fundamentes beigetragen haben!" [21]

Wertschätzung des bisherigen Weges – das ist das Wesentliche. Das ist wahrhaft entscheidend! Wir tun es vermutlich viel zu selten, mit viel zu wenig Bewusstheit, Achtung und Dankbarkeit. Denn: Genau so sind wir jeweils zum jetzigen Punkt unseres Lebens, unseres Da-Seins, gelangt, von dem aus Neues möglich werden kann. Ohne dieser Wertschätzung ist es nicht möglich *fühlend* wahrzunehmen, wo wir *wirklich* stehen, weil unser Verstand dazu neigt, uns diesbezüglich zu täuschen. Dann aber ist kein rechter Neustart möglich. Ebenso wenig, wie es möglich ist, von Wien nach Berlin zu fahren – wenn ich nicht bereit bin anzuerkennen, dass ich mich vielleicht immer noch in – sagen wir – „Kleinkröissing" herumtreibe ...

Nochmals Bruno Würtenberger: *„Vision. Jeder Mensch trägt eine Mission, eine Vision in sich. Ich meine damit nicht das, was möglicherweise ein ‚Gott', ein Lehrer oder sonst irgendjemand von Dir erwartet oder verlangt hat, sondern jene tiefe, innere Vision, welche Du Dir selbst setzen möchtest und auch kannst. **Jene Vision, welche vollkommen frei von einem Muss ist** und Dich, wenn Du nur daran denkst, bereits glücklich macht. Ziele, die man sich in diesem Zusammenhang setzt, sollten realistisch sein. Realistisch heißt, sie sollten für Dich, in Deinem Bewusstsein nicht als unmöglich gelten. Nimm Dir also nicht vor, fliegen zu können, wenn Du noch keine Flügel hast und es Dir unrealistisch erscheint. Wenn Du fliegen möchtest, um einen Berggipfel erreichen zu können, dann setz Dir vernünftigerweise besser das Ziel, diese oder jene Bergspitze zu erreichen. Dies lässt Dir dann mehrere Möglichkeiten offen, wie das zu erreichen ist. Dies wäre realistisch. Ab sofort lägen Dir somit mehrere Möglichkeiten offen, Dein Ziel auch wirklich erreichen zu können. Jetzt könntest Du einen Weg dorthin erschaffen. Der Weg dorthin besteht aus kurzfristigen, mittelfristigen und langfristigen Zielen. So wanderst Du von Erfolg zu Erfolg hin zur Verwirklichung Deiner Vision. Das garantiert, dass Du unterwegs nicht entmutigt oder müde wirst und aufgibst. Es ist wie mit einer Leiter: Wie hoch auch immer sie sein mag – das ist einerlei. Du kannst sie erklimmen, sofern die Sprossen nicht zu weit auseinanderliegen. Ziele zu haben ist äußerst wichtig. Die Menschen tun nichts und gehen nirgendwo hin, ohne dass sie ein Ziel haben, und wenn es auch ein noch so kleines ist. Dies hast Du ja eben gerade mit der vorhergegangenen Übung entdeckt, oder? Ja, selbst wenn Du ‚ziellos' irgendwo hingegangen bist, musstest Du Dich unmittelbar davor entscheiden, ‚irgendwo' hinzugehen. Hättest Du das nämlich nicht getan, so stündest Du noch immer an Ort und Stelle. Und selbst wenn man sich*

---

[21] B. Würtenberger: *„Free Spirit-Grundkurs – Teil 1"*, Zürich 2005, S. 49.

*vornimmt, sich **nichts** vorzunehmen, ist das ein Ziel, welches Du nur durch eine bestimmte Aktion verwirklichen könntest: Nämlich die Aktion, keine Aktionen durchzuführen. Somit würde absoluter Stillstand eintreten und da ein solcher in dieser Dimension, in der wir leben, offenbar nicht vorgesehen ist, ist es nicht möglich, wirklich ohne irgendein Ziel auszukommen. Wenn Du nun also so-oder-so Ziele hast, was spräche dagegen, Dir solche auszusuchen, welche Dich mit Sinn und Freude beglücken? Sei also mutig. Mutig genug, Dir tatsächlich jene Ziele zu stecken, welche Dich mit solch großer Freude erfüllen, dass Dein Leben durch sie und alleine schon durch den Weg auf sie zuzugehen, von Freude, Lebendigkeit und Sinnhaftigkeit durchtränkt ist. Somit erlebst Du dann genau das, was viele Erleuchtete wie folgt formuliert haben: ,Der Weg ist das Ziel.' Ja, Du bist dann schon glücklich, bevor Du Deine Ziele, Deine Visionen, verwirklicht hast. Und gerade dieses Glücklichsein ermöglicht es Dir, Dein Endziel mit Leichtigkeit und Freude zu erreichen. ... Das Erreichen eines Zieles ist also nicht davon abhängig, wie groß es ist, wie es um die Wirtschaftslage steht, welche Talente man hat, was die anderen dazu sagen oder welche spirituellen Ansprüche Du hast, sondern davon, ob Du genügend Ausdauer hast. Du hast dann genügend Ausdauer, wenn Du Dir wirklich Ziele vornimmst, welche Dich in Deinem tiefsten Inneren wahrhaftig inspirieren! Ziele, die uns inspirieren, führen uns dermaßen viel Energie und Kraft zu, dass selbst scheinbar Unmögliches möglich wird.*" [22]

„*Selbst die irdischen Ziele oder Geschäfte können über eine spirituelle Vision oder Motivation verfügen. Es ist nicht in erster Linie, **was** Du tust, sondern **wie** Du es tust. Damit Deine Tätigkeiten von Erfolg gekrönt werden, sollten sie nicht nur Dir selbst dienen, sondern auch den anderen Menschen. Natürlich dürfen Deine Visionen persönliche Ziele beinhalten, aber es sollten nicht die einzigen sein. Sie dürfen auch ein übergeordnetes Ziel verfolgen. Etwas, das im optimalen Falle der gesamten Menschheit und dem Planeten Erde irgendwie zugute kommt. Denn je größer Dein Ziel ist, desto größer wird auch Dein Erfolg sein. ,Größer' bezieht sich jetzt aber nicht auf Materielles, sondern auf die Deiner Vision zugrunde liegende Motivation. Selbst wenn Deine Motivation die edelste und bescheidenste ist – nämlich der Dienst am Nächsten – kann sich so großer materieller Erfolg einstellen, dass Du nicht mehr weißt, wie Dir geschieht. Gutes tun ist nicht nur für Dein Seelenheil hilfreich, sondern auch für Deine Geschäfte. Fehler werden allemal verziehen, wenn die Leute Deine edle Gesinnung erkennen können.*" [23]

„*Selbstwert entsteht durch wertvolle Taten.*" [24] – Taten, die wir jedenfalls für uns selbst als wertvoll erkennen wollen ... (und nur deshalb, weil es im „Ikea Family-Magazin" steht, muss es ja *nicht unbedingt* „falsch" sein!)

---

[22] Ebenda, S. 57f.
[23] Ebenda, S. 198.
[24] F. Ward, zitiert in: „*Ikea Family Live.*", 2009/ 4.Quartal, S. 39.

Über die Kunst, sein Tun zu lieben. Oder: Anfänger-Geist als Meisterschaft

„Wissen Sie noch, was der weiße Gürtel im Judo bedeutet? Richtig, der weiße Gürtel ist das Zeichen des Anfängers. Jeder möchte ihn schnellstmöglich ablegen und höhere Ränge erobern. Das Zeichen der Meisterschaft aber – gerade für Jugendliche mit der Aura des Unbesiegbaren umgeben – ist der schwarze Gürtel. Aber halt! Es gibt ja nicht nur die Meister, sondern auch noch die Großmeister. Von ihnen wissen die meisten nichts – sie tragen gemeinhin einen roten. Und dann existiert da noch ein weiterer Gürtel, der von eingeweihten Kampfkünstlern als Zeichen der Vollendung angesehen wird. Dieser Gürtel hat die Farbe – weiß." [25] Auf den ersten Blick eine kurios anmutende und vielleicht auch irritierende Sachlage, von der Marco Wehr, studierter Physiker und Philosoph, uns in seinem Buch „Welche Farbe hat die Zeit?", da in Kenntnis setzt. Wehr, Wissenschaftler – und Künstler durch und durch – promovierte über spezielle Aspekte der Chaostheorie und arbeitet gleichzeitig seit über zwanzig Jahren als Berufstänzer, wo er als einer der besten seines Fachs gilt. Die „Zeit" bezeichnete ihn seiner geistig-sportlichen Doppelbegabung wegen als „Kopf mit Körper". Marco Wehr hat jedenfalls langjährige persönliche Erfahrung mit dem, wovon er spricht und scheint somit befugt, in seinem Buch über Qualitäten des Weges zum Ziel zu philosophieren.

Und, so darf man wohl fragen, ist es nicht gerade das *mit-großen-Mühen-erworbene* Wissen, auf welchem aller Fortschritt – auch in den Wissenschaften – fußt ...?! „Ja" und doch auch – „nein". Von einer anderen Warte betrachtet, mag einem verständlich werden, dass es letztlich nicht primär um das Erreichte geht, um das Ziel, um Effizienz oder Know-how – sondern um *die Art, wie man sich dem Ziel nähert.* Kinder bringen diese Kreativität und Bereitschaft zum Leben, zum Lernen, mit. Sie verfügen über die Magie solchen Beginnens, eines vollendeten Anfänger-Geistes – noch; und Erleuchtete: wieder. Natürlich unterscheiden sie sich: Kinder mögen noch nicht meisterlich sein in dem, was sie können, wohl aber in der Art ihres Offenseins gegenüber dem Geist des Lernens. Beider ganze Aufmerksamkeit aber liegt in der Präsenz und Hingabe an den großen Moment allen Seins. Kinder, weil sie noch kein starkes Ich-Bewusstsein ausgebildet haben und ihr Tun (noch) nicht reflektieren – Meister, weil sie das durch die Wirkungen des Verstandes abgespaltene *Ich* als grundlegende Illusion enttarnt haben. So geht es hier in eindrücklicher Weise um Unmittelbarkeit. Der *weiße Gürtel* im Judo repräsentiert die Kunst, dem Leben in rechter – sprich unbeschriebener – Weise stets neu und staunend zu begegnen. „Geist bedeutet in diesem Zusammenhang vor allen Dingen ‚Aufmerksamkeit'. Diese innere Aufmerksamkeit ist ein wichtiger Schlüssel zum Anfängergeist. Sie geht nämlich Hand in Hand mit der Neugier, der Lust, Veränderung zu erleben." [26] So lernen Kinder gehen. So hören Kinder die immer-gleichen Geschichten stets neu! Ihr Interesse zielt auf die Tätigkeit als solche. Das Tun (Üben) selbst ist interessant und die Neugier korrespondiert mit ihrer unstillbaren Lust an erlebbarer

---

[25] M. Wehr: „Welche Farbe hat die Zeit?", Frankfurt 2007, S. 77.
[26] Ebenda, S. 87.

Selbstveränderung; so erlangen Menschen meisterliche Virtuosität. Marco Wehr: So ist der „*... Marathon zur Meisterschaft zu bewältigen. ... für Menschen, die eine Sache um ihrer selbst willen machen, ist nicht so wesentlich, was beim Üben herauskommt. Wichtig ist, was beim Üben hereinkommt! Das Üben ist der Prozess, in welchem sich der Übende selbst verändern muss, damit die Kunst zu ihrer Vollendung gelangen kann. ... Die Vollendung wird dann erreicht, wenn wir in der Ausübung der Kunst uns selbst nicht mehr bewusst sind. Es sind Momente vollkommener Entäußerung, in der sich das Innere völlig ohne Scham nach außen wendet und alle Beobachtenden unmittelbar ergreift. Kindern ist das wesenseigen. Die lange Wegstrecke, die auf dieses Ziel hinführt, kann nur hinter sich bringen, wer beim Üben den Anfängergeist kultiviert.*" [27] ... während andere, für die Tätigsein lediglich *Mittel-auf-einen-Zweck-hin* bedeutet, Leidende werden und Sklaven ihrer zweckorientierten, (selbst)verordneten Ziele.

Was als Folge solch eines Auseinanderklaffens von Anspruch und Wirklichkeit auftritt ist: Stress. Stress, der „das Leben" in einer solchen (eigenen) Haut doch ziemlich unwohl anfühlen lässt. Könnte es vielleicht gar einleuchten, dass – vom „In-*forma*-tions-Standpunkt" betrachtet – ein auf letztere Weise erreichtes Ergebnis nie mehr *wirklich* von derartig erlebtem Leid losgelöst werden kann ...?! Schauen wir auf die Biographie eines der anerkanntesten Könner des Show-Bizz, Michael Jackson und die Art, wie er „trainiert" wurde, so scheint diese Frage ziemlich eindeutig beantwortbar. Der Schriftsteller Paolo Coelho formulierte in seinem Buch „*Die Tränen der Wüste.*": „*Jeder Mensch hat eine weibliche und eine männliche Seite. Es gilt, Disziplin intuitiv einzusetzen und Intuition möglichst sachlich.*" [28] Welch ein Hinweis ... Vielleicht weisen deshalb bedeutende Frei-Geister immer wieder auf die Bedeutung eines menschlichen „*Lebens in der Liebe zur Handlung ...*" [29] hin und begreifen darin eine zukünftig neue Art *menschlicher Moralität* – jenseits von Standesdünkel und Traditionen. In diesem Licht besehen, wächst die Bedeutung des Erkennens, eines intuitiven Findens, *eigener* Ziele und der *eigenen* Vision im Leben. Dies kann zur wesentlichsten und lichtvollsten Unterstützung und Hilfe im Gelingen einer solchen Art lebendiger Moralität werden. Im Englischen klingt die Gegenüberstellung beider möglicher Entwicklungswege vielleicht etwas plakativ, jedenfalls aber einprägsam: „*Virtuous Circle*" versus „*Vicious Circle (Teufelskreis)*". Bruno Würtenberger: „*Nicht wer auf dem Siegerpodest stehen will, wird erfolgreich, sondern wer von ganzem Herzen liebt, was er macht.*" [30]

„*Der als Aphoristiker bekannte Albert Einstein wurde einstmals gefragt, was ihn besonders auszeichne. Er erwiderte trocken: ‚Stirn und Nase.' Stirn steht in diesem*

---

[27] Ebenda, S. 94, S. 112.

[28] P. Coelho, Transkription aus dem Hörbuch: „*Die Tränen der Wüste.*" (*Statuten des neuen Jahrtausends. – Artikel 8*), Zürich 2008.

[29] R. Steiner: „*Die Philosophie der Freiheit.*", GA4 1894, Kap. IX S. 131
Siehe selbes Kapitel, Anmerkung 9.

[30] B. Würtenberger: „*Free Spirit-Grundkurs – Teil 1*", Zürich 2005, S. 203.

Zusammenhang für eine Unbeirrbarkeit, die mit ausgeprägtem Selbstbewusstsein verbunden ist. Und Nase für Intuition. Könnten somit Unbeirrbarkeit und Intuition zu den Eigenschaften gehören, die selbst intelligenteste Menschen brauchen, um wirklich Außergewöhnliches zu leisten?" [31]

Zukunftsmusik

Wie bereits in einem vorangegangenen Kapitel, möchte ich nun auch dieses, letzte Kapitel des Buches mit einem Liedtext von André Heller beenden.

Heller: *„Du, da draußen in dem Land,*
von dem es heißt, dass es das unsere ist.
Du, im Dorf und in der Stadt,
wo Du mit Rechten und mit Pflichten Bürger bist.
Siehst Du nicht die Zeichen an den Wänden,
riechst Du nicht das Blut an manchen Händen,
hörst Du nicht die Phrasen der Betrüger,
wirst Du denn durch Schaden niemals klüger ...?!
Dieser Stern ist uns doch nur geliehen,
von Künftigen, die nach uns sind.
Wer will da einst als schuldig gelten,
als Zerstörer kluger Welten,
bei dem Kind des Kindes, von seinem eig'nen Kind.

Erhebet Euch Geliebte,
wir brauchen eine Tat
und Eure tiefste Sehnsucht,
sei Euer bester Rat.
Erhebet Euch Geliebte,
noch ist es nicht zu spät.
Erhebet Euch, erhebet Euch,
eh dieser Tag zu Ende geht." [32]

Das Lied „Erhebet Euch Geliebte.", galt in den frühen 80-er Jahren des 20. Jahrhunderts als eine *der* „Hymnen" der deutschsprachigen Friedensbewegung. [33] Mit nur wenigen, pointierten Strichen skizziert der Künstler zeichenhaft Richtungen, um das – oft so träge – Herz anzustoßen, sein eigener – und unseres Planeten – bester Freund zu werden ...

---

[31] A. Einstein, zitiert in: M. Wehr: *„Welche Farbe hat die Zeit?"*, Frankfurt 2007, S. 69.
[32] André Heller: *„Stimmenhören.",* Cut 9: *Erhebet Euch Geliebte.,* Wien / Hamburg 1983 (gilt auch für das nächste Zitat in Folge).
[33] http://de.wikipedia.org/wiki/Andr%C3%A9_Heller.

Für mein Erleben hat dieser Text in seiner schlichten Aufforderung ein Maß an Aktualität erreicht, das kaum zu überbieten ist. Mögen wir diese Botschaft und In-*forma*-tion als eine neue Saat mit annehmen – als Leit-Stern für all unsere Visionen, für das Leben unseres Sterns – unserer Menschheit, unserer Erde.

Mut!

„... unsere tiefste Sehnsucht sei unser bester Rat."

Epilog – Nachwort

Gegenwärtigkeit leben

Nun haben Sie – lieber Leser, liebe Leserin – diese Auseinandersetzung bezüglich der neuen wissenschaftlich-spirituellen „Zeitgeistlichkeit" gelesen. Vielleicht hat das Buch „*Quantensprung*" einiges Neues an Sie heranbringen können, beziehungsweise etwas in Ihnen selbst in Schwingung gebracht oder Sie sonstwie individuell anstoßen können.

Viele Experten aus verschiedensten wissenschaftlichen und geisteswissenschaftlichen Bereichen kamen im Buch zu Wort. Kam etwas in Ihnen zum Klingen?! Was mich betrifft, was ich für mich an dieser Arbeit selbst als innere Entwicklung wahrnahm, war das Spannungsfeld zwischen den *eigenen* Bewusstseins-Erfahrungen, welche einzuordnen mir auch heute teilweise noch schwer fällt und den Erkenntnissen, welche andere Menschen – Forscher – aus den jeweils ihnen eigenen Wahrnehmungen und Erfahrungen mit der Welt, an Einsichten und Überlegungen für sich selbst zogen. Was bleibt, ist die spannende Einsicht und Erkenntnis, dass wir alle Zeitgenossen sind. Zeitgenossen einer Zeit, welche eine unerhörte Dynamik einerseits und andererseits aber auch eine enorme Trägheit auszeichnet – eine Trägheit des Geistes, so will ich es mal – etwas provokant, ich weiß – bezeichnen.

Einige leben diese *unglaubliche Dynamik aller Entwicklungsprozesse* in unserer Zeit (noch) mit – und darauf kann man natürlich mit Ablehnung, Widerstand und absichtlicher Regression antworten – andere haben resigniert und überfordert „w.o." gegeben. Wie jedoch sich dieser unerhörten Dynamik hingeben, *ohne* im hektischen Getriebe verloren zu gehen? Denn: Ohne das sachgemäße, *notwendige* Werkzeug für diese Dynamik erworben zu haben, ist die „Sozio-Diagnose" mehr als nur naheliegend, nämlich: dass übermäßiger Stress, Überforderung und – Hand in Hand gehend damit – Aggression die Menschen überfallen werden, mit der gleichen Tendenz jener allerorts beschriebenen akzelerierten Dynamik.

Die Welt – so wie wir sie heute erleben – hat eben eine Entwicklungsdynamik erreicht, welche uns Menschen oftmals zweifeln lässt, ob das Leben so noch bewältigbar oder gar lebenswert ist.

Vor wenigen Monaten las ich in einer Fachzeitschrift einen Artikel über Forschungen zur „Informations-Dynamik" während der Evolution als Gesamtes. Die Geschwindigkeit der Innovationen nimmt hier – von der *kosmischen* Evolution über die *biologische*, bis herauf zur kulturellen Evolution unserer Gegenwartskultur, exponentiell zu. Der Autor stellte in einfach nachvollziehbarer Weise dar, wie In-*forma*-tion – zunächst im Bereich des Kosmos als solchem, ausgehend von der Annahme des so genannten „Urknalls" vor ca. 14 Milliarden Jahren – in Formenbildungen mündete und die ersten Sonnen- und Galaxien-Formen entstehen ließ: Diese Art der Information nennen wir heute *Naturgesetze*: In-*forma*-tion – Wirksamkeiten, die über Äonen von Jahren Gestalt- und Form bildend wirksam waren. Man spricht in diesem Zusammenhang gerne von *Selbstorganisation*, was immer das inhaltlich bedeuten will ... Um diese Darstellung nun nicht zu vielschichtig werden zu lassen, sei nur zusammenfassend gesagt, was der Autor dieses Artikels vermitteln wollte: Bezüglich der ‚Informations-Dynamik' lässt sich in unserem Universum seit seinem Bestehen für die Entwicklung von Galaxien, Sternen, Leben, und letztlich die Menschenwelt mit ihrer Kultur und Technik, eine exponentiell zunehmende Dynamik nachweisen: *In 10-er Potenzsprüngen wurden beziehungsweise werden die Intervalle sich selbstorganisierender, beständig neu generierender Information dynamisch kürzer.* 10 Mrd. Jahre (= 10^{10} Jahre) später, also vor etwa 4 Mrd. Jahren, bildete sich unsere heutige Sonne samt dem Planetensystem und der Erde. Eine weitere Milliarde Jahre (= 10^9 Jahre) später, also vor 3,5 Mrd. Jahren, wird, heutigen Forschungen entsprechend, erstes Leben auf der Erde nachweisbar. Und so geht es kontinuierlich weiter: vor 350 Mio. Jahren (Größenordnung: 10^8) finden sich Landpflanzen sowie erste Wirbeltiere an Land – der Beginn von *Höherem Leben*. Vor 35 Mio. Jahren: erste Primaten, vor 3,5 Mio. Jahren: Homo Habilis mit aufrechtem Gang. Dieser Prozess, so wird vom Autor herausgearbeitet, setzt sich bis in die menschheitliche *Kultur-Evolution* – ja, bis zum heutigen Tag, fort: Was sich als Beginn der modernen Wissenschaft vor etwa 500 bis 350 Jahren (Isaac Newton) zu entfalten begann, mündet heute im sogenannten *Informations-Zeitalter*: Die Dynamik der letzten 100 Jahre (= 10^2 Jahre) zeigt vornehmlich Technologie-Entwicklungen, die sich allesamt zu überschlagen scheinen – bis hin zur Erforschung und Beherrschung atomarer Kraft-Prozesse. Vor nunmehr 50 Jahren wurde die Doppelhelix-Struktur der DNA entdeckt; vor 30 Jahren wurde die erste Herztransplantation gewagt und seit 10 Jahren (= 10^1 Jahre) ist die Information auf diesem Feld nun bereits so weit fortgeschritten, um gen-technologisch erstmals künstlich ein Lebewesen zu klonen: das *Schaf Dolly*. Vom Heute wird gesagt, dass sich menschliches Wissen (Informations-Input unserer Kultur) jährlich (1 Jahr = 10^0 Jahre) verdoppelt.

Nun, worauf weist dieser Prozess der Informations-Eigendynamik im Laufe der gesamten Evolution hin – welcher im Grunde genommen ja die Evolution selbst IST?! Den Phänomenen dieser evolutions-immanenten Informations-Dynamik entsprechend, kann man darauf schließen, dass sich dieser Prozess wohl in der Weise fortsetzen wird. Mathematisch beschrieben bedeutet das nun, dass sich die 10-er Potenz-Hochzahlen jener Dynamik in den negativen Bereich fortsetzen werden (10^{-1} = 1/10 Jahr; 10^{-2} = 1/100 Jahr etc.). Die der Evolution offensichtlich innewohnende Dynamik scheint das Leben – und damit uns Menschen, die wir nicht nur Teil dieser Evolution sind, sondern durch die Kultur- und Technologieentwicklung selbst radikal Anteil genommen haben an dieser Dynamik – letztlich in eine *Augenblicklichkeit* zu versetzen, für die bislang wenig brauchbare Werkzeuge entwickelt werden konnten. Daher auch die oft vertretene, verständliche Forderung, diese Dynamik möglichst zu drosseln, daraus wieder aussteigen, das Rad-zurück-drehen zu wollen ...

Es stellt sich die Frage, ob diese Haltung – dieses Sich-Abkoppeln-Wollen – die rechte Antwort auf jene Dynamik ist, nur weil uns die Entwicklung und ihre Art der Dynamik zu überfordern scheint. An dieser Stelle schlage ich einen Standpunktwechsel vor und frage: Was könnte uns die Analyse des beschriebenen Evolutions-Prozesses und die Akzeptanz, beziehungsweise Wertschätzung dieser Dynamik lehren?! Wozu könnte sie uns Menschen – so wir die Bereitschaft zur Veränderung annehmen wollen – anstoßen?! *Alle Entwicklung von Anbeginn des Universums steuert ja ganz offensichtlich auf eine Art von „Augenblicklichkeit" hin, welche sich zu Beginn des 21. Jahrhunderts auf alle Bereiche menschlichen Lebens erstrecken will.*

Zunächst kann das absehbare Szenario ja auch Angst machen. Aber muss es das ...?! Die Evolutions-Entwicklung scheint völlig neu auszubildende Fähigkeiten einzufordern: Die Fähigkeit absoluter Präsenz zum Beispiel; die Fähigkeit und Bereitschaft, dem Leben stets neu und unvoreingenommen zu begegnen: mutig, selbstverantwortlich in unserem Entscheiden. Und – das vielleicht Wesentlichste: frei, ganz aus der Kraft der Intuition und aus der Sicherheit heraus, dass derartiges Handeln das Leben nicht nur „bewältigbar" machen wird, sondern: begeisternd lebendig, wahrhaft lebenswert. Sich darauf einzulassen, die Notwendigkeiten in diesem Prozess zu erkennen und anzuerkennen sowie entsprechende Fähigkeiten zu entwickeln, stellt nicht nur einen *Quantensprung der menschlichen Entwicklung* dar, sondern ist auch jener liebevolle Akt menschheitlicher Selbsterneuerung, der wohl schon des Längeren ansteht – jetzt allerdings eine Überlebens-Forderung unserer Zeit darstellt.

Wie also können wir Menschen jenes meist verloren gegangene *Vertrauen in unsere intuitive Ebene* wiedergewinnen? Was braucht es an innerer Kraft, um uns in dieser Dynamik nicht selbst restlos zu überfordern und uns infolgedessen gar gegenseitig zu zerstören?

Der zielstrebige Umgang mit dem eigenen Bewusstsein, das Anerkennen und freie Verantworten der eigenen Handlungsimpulse – letztlich die Liebe zum eigenen Handeln werden wieder fühlbar werden. Werkzeuge, wie jenes von *Free Spirit*, legen Ebenen offen, um *eigenverantwortlich Ja-sagen* zu lernen. „Ja-sagen" zu dieser Evolution, welche aus der *kosmischen* Größe geboren ist und – hier auf der Erde jedenfalls – nur aus der *menschlichen* Größe heraus auch weitergeführt werden kann. Und so gilt es, *die Segel setzen zu lernen!* Wer sich bereit findet, den *sachgemäßen Umgang* dafür zu erwerben, der wird sich auch in der heutigen Gegenwart als Teil dieser Evolution und Ganzheit fühlen dürfen und – *lebendig-sein.*

Wohin man sich somit als Zeitgenosse des 21. Jahrhunderts durch die dargestellte Entwicklung hereingefordert empfinden kann, ist der gelebte *Paradigmenwechsel* unseres Selbst- und Weltbegegnens. Dieser steht heute unwiderruflich an. Vorläufer dieser Botschaft gab es in unserer abendländischen Kultur, wie bereits erwähnt, einige.

„Liebe und tu, was immer Du willst.“ [1] – das Wort des Frei-Geistes und Philosophen Augustinus. *„Leben in der Liebe zur Handlung und leben lassen im Verständnis des fremden Wollens als Grundmaxime eines freien Menschen.“* [2] – jenes, des Frei-Geistes und Vordenkers des ausklingenden 19. Jahrhunderts, Rudolf Steiner, der wegbereitend mein Leben geprägt hat. Beide machten – jeder auf seine Weise – deutlich, dass es für die Menschheit am *Evolutions-Weg-zur-Freiheit*, einer erneuerten Qualität / Fähigkeit bedarf, jenseits eines unsere Zeit beherrschenden, depressiv grübelnden Denkens: einer Sicherheit des Herzens – zu fühlen, was sich als eigene Wahrheit im Innern ausspricht. Diese Fähigkeit wiederzugewinnen, ergibt sich für die *Free Spirits* somit geradezu als Forderung unserer Zeit. Es ist ein Liebesdienst – nicht nur an sich selbst – das entsprechende Herzens-Werkzeug auszubilden. Es stellt darüber hinaus einen ebensolchen Dienst an der gesamten Schöpfung dar. Es ist die In-*forma*-tion, die wir als Menschen einbringen können – zurück geben ... Natürlich wird es Menschen geben, die solches als weltfremd einstufen. Wer jedoch bereits seine diesbezüglich ersten, selbständigen Schritte in so eine neue Präsenz des Lebens zu setzen begonnen hat, der weiß, dass sich das Leben plötzlich wieder leicht und gestaltbar anfühlt, der stete Nebel einer lieblos-hastigen (auch gegenseitigen) Überforderung sich verzogen hat und das Dasein wieder Freude und Leichtigkeit atmen darf – ohne uns (selbst) abzuwerfen.

„Unsere Wirklichkeit und unsere Möglichkeiten reichen immer nur so weit wie unser Glaube.“ [3] Das zu erleben, und zu leben, lässt Dankbarkeit wachsen, Achtsamkeit und Klarheit – ist ein Segen. Insofern dürfen wir uns durchaus realistisch sagen: Die Chancen stehen auf-die-Spitze-getrieben, aber gut – um mit einer dynamisch erneuerten Zeitqualität voller *Gewärtig-Sein* offen umgehen zu lernen, anstatt reaktionäre Tendenzen an den Tag zu legen und die zugrundeliegende Entwicklung meinen bremsen zu müssen. Nehmen wir doch den frischen Wind der Evolutions-Entwicklung an! Seien wir mutig und selbstbewusst genug, um jene Not-Wendigkeit einer neuen Beziehung zwischen Herz und Welt zu erschaffen; eine, welche es ermöglicht, endlich wirklich den Augenblick zu leben und jede Entscheidung-zur-Tat einem unbekümmert wachen, liebevollen Herzen entspringt zu lassen. So, dass sich die *Gegenwart aus der Wahrhaftigkeit unserer Intuitionen stets so abschließen kann, dass die gesamte individuelle Aufmerksamkeit einem „Jetzt-Erleben“ zufließt, ohne dass eine scheinbar offene Vergangenheit zu verwalten übrig bleibt oder eine ständig projizierte Zukunft uns belastet.* Dann steht allemal genug Kraft und Klarheit für jeden Augenblick – für alles, was da werden will – zur Verfügung!

---

[1] Augustinus: *„Predigt 4 über den 1. Brief des Johannes“*, Osterwoche 407 n. Chr.
     Siehe auch Kapitel 24: Visionen und Ziele, Anmerkung 10.
[2] R. Steiner: *„Die Philosophie der Freiheit.“*, GA4 1894, Kap. IX, S. 131
     Siehe auch Kapitel 21: Kreative Feldaspekte des Bewusstseins, Anmerkung 19
     Siehe auch Kapitel 24: Visionen und Ziele, Anmerkung 9.
[3] Zitat des Philosophen Gerhard Kunze.

Wunsch an die Leser von „*Quantensprung*"

Ich wünsche dem vorliegenden Buch die entsprechende Publizität um die notwendigen Veränderungen zu stärken. Es möge ein wahrer Anstoß sein, in jeder Leserin, in jedem Leser, den nötigen Mut zur Selbst-Verwandlung einzuleiten. Das Bewusstseins-Werkzeug steht heute für jeden zur freien Verfügung. Es ist Zeit zu handeln. Wann denn, wenn nicht jetzt!?!

Sei mutig! Lebe den Augenblick: Man sieht (doch) nur mit dem Herzen gut ... [4]

So bleibt für uns alle die spannende Frage: Wird sich die Menschheit zu einer derart klaren Entscheidung zugunsten einer Moment-getragenen, neuen Lebendigkeit entschließen können? – Und, um abschließend doch auch noch etwas persönlich werden zu dürfen: Was ist diesbezüglich wohl jeder von uns – *selbst!* – willens zu tun? ...

---

[4] A.de Saint-Exupéry: „*Der kleine Prinz.*" (1945), Zürich 1992, S. 72.

Entgegenkommen [1]

Die ewig Unentwegten und Naiven
ertragen freilich unsre Zweifel nicht.
Flach sei die Welt, erklären sie uns schlicht
und Faselei die Sage von den Tiefen.

Denn sollt es wirklich andre Dimensionen
als die zwei guten, altvertrauten geben,
wie könnte da ein Mensch noch sicher wohnen,
wie könnte da ein Mensch noch sorglos leben?

Um also einen Frieden zu erreichen
so lasst uns eine Dimension denn streichen!

Denn sind die Unentwegten ehrlich
und ist Tiefensehen so gefährlich,
dann ist die dritte Dimension entbehrlich.

Hermann Hesse

---

[1] H. Hesse: „*Die Gedichte*", Band 2, Berlin 1977, S. 629.

... über den Autor:

Klaus Podirsky

Diplom-Ingenieur, geboren 1955 in Wien; Vater zweier Kinder; studierte 1974-1983 Architektur an der TU-Wien sowie anschließend drei Jahre Waldorfpädagogik. 1986-2000 Oberstufenlehrer in Physik, Mathematik, Ethik, später auch Biologie, Geologie, Astronomie etc.; Initiative und Redaktion des Österreichischen (jetzt: Internationalen) Lehrplans der Waldorfschule. 1999-2008 Dozent am Rudolf Steiner-Seminar Wien für Heilpädagogik und Sozialtherapie.

Sein heutiges Berufsfeld ist die Erziehungshilfe („Jugend-Coach") im Raum Graz. Weiters: *Free Spirit* Trainer für Angewandte Bewusstseinsforschung & Selbstmanagement. Seit drei Jahrzehnten freischaffender Künstler, Maler und Lyriker. Klaus Podirsky ist Autor mehrerer Bücher: *„Fremdkörper Erde"* (2004) – über Goldenen Schnitt und Fibonaccifolge im Sonnensystem, *„Zeiten der Zeitlosigkeit"* (2006) – 33 Lebens-Gespräche im Zuge einer Sterbebegleitung des Künstlers Dénes Dembitz sowie: *„sehend hörend sprechend. texte"* (2011) – Lyrik & Realsatiren von 2005-2010. Seit 2010 – Dissertation am Institut für Interdisziplinäre Forschungen (IIF) der Universität Klagenfurt zum Buch-Thema: *„In-forma-tion in Bewusstsein und Kosmos"*.

Klaus Podirsky beschreibt sein zentrales Lebensanliegen selbst, wenn er sagt: *„Naturwissenschaft und Spiritualität sind eins! Ich bin Botschafter in Sachen Sinn & Selbstwert."*

http://www.klauspodirsky.at

... über den Ko-Autor:

Bruno Würtenberger

Bewusstseinsforscher, geboren 1960 in Zürich; Vater eines Sohnes; zunächst Ausbildung zum Dipl.-Hotelfachmann; 1987-2000 eigene Naturheilpraxis. Parallel dazu mehrere Jahre Fachexperte der Prüfungskommission des „SVNH" (größter Heilerverband der Schweiz). Langjährige Ausbildung in empirischer Bewusstseins- und Persönlichkeits-forschung in den USA. Würtenbergers Ideen bezüglich Leben und Bewusstsein wurden stark durch frühe persönliche Nahtod-Erfahrungen geprägt und gaben unter anderem Impuls und Ausgangspunkt für seine nunmehr über 30-jährige Forschungstätigkeit. 2006 – Begründung des von ihm konzipierten *Free Spirit*-Bewusstseinstraining.

Bruno Würtenberger gilt im deutschsprachigen wie anglikanischen Raum als genialer Vortragsredners und originärer Revolutionär bezüglich einer neuen Spiritualität und Weltsicht jenseits von Religion und Esoterik. Er ist weiters freischaffender Redakteur diverser Fachzeitschriften und Autor vieler Bücher, wie: „*Klartext – jenseits der Illusion*" (2002), „*Der Free Spirit*" (2006), „*Revolution*" (2007), „*Sein im Zentrum der Mitte*" (2007), „*Das Interview*" (2011). Weitere Gründungen: „*Spirituelle Schule Schweiz*", „*New Peace*" sowie das *Free Spirit*-Kinderhilfswerk: „*FSCIS-Compassion*", uvm. 2006 wurde Würtenberger für seinen Friedensauftrag nach Serbien eingeladen und sprach im Wiener Hauptsitz der UNO anlässlich des Weltfriedenstages.

Bruno Würtenbergers Vision und Lebensparadigma: „*Nur glückliche Menschen er-geben eine glückliche Menschheit, als Basis für ein globales friedliches Miteinander.*"

http://www.freespiritinfo.com